U0929979

LI XIAN YEARBOOK

澧县年鉴

2021

中共澧县县委党史研究室
澧县地方志编纂室 编

九州出版社
JIUZHOUPRESS

图书在版编目（CIP）数据

澧县年鉴．2021 / 中共澧县县委党史研究室，澧县地方志编纂室编．-- 北京：九州出版社，2021.10
ISBN 978-7-5225-0567-1

Ⅰ．①澧… Ⅱ．①中… ②澧… Ⅲ．①澧县－2021－年鉴 Ⅳ．①Z526.44

中国版本图书馆 CIP 数据核字（2021）第 199748 号

澧县年鉴．2021

作　　者　中共澧县县委党史研究室　澧县地方志编纂室　编
责任编辑　刘　嘉
出版发行　九州出版社
地　　址　北京市西城区阜外大街甲 35 号（100037）
发行电话　（010）68992190/3/5/6
网　　址　www.jiuzhoupress.com
印　　刷　成都市兴雅致印务有限责任公司
开　　本　889 毫米 ×1194 毫米　16 开
印　　张　25.5
字　　数　669 千字
版　　次　2021 年 10 月第 1 版
印　　次　2021 年 10 月第 1 次印刷
书　　号　ISBN 978-7-5225-0567-1
定　　价　168.00 元

《澧县年鉴》编纂委员会

《澧县年鉴》编辑人员

实施扬长补短战略

推动澧州高质量发展

魅力澧州（2020）

2021 年 1 月 10 日，县委经济工作会议在翊武剧院召开

2020 年 12 月 25 日，中国共产党澧县第十二届委员会第八次全体（扩大）会议在县工人文化宫召开

2020 年 9 月 8 日，2020 年澧县教育大会在翊武剧院召开

2020 年 3 月 6 日，澧县召开生态环境保护工作会议暨县生态环境保护委员会 2020 年第二次全体会议

2020 年 9 月 17 日，澧县扫黑除恶专项斗争第一次新闻发布会在行政中心会议室举行

2020 年 5 月 28 日，市人大党组成员、市总工会主席谭弘发（右二）和县人大主任冯文元（右三）等市、县领导及人大代表视察澧阳平原生态环境保护工作

2020 年 6 月 24 日，县政协主席金贤松（右二）视察食品药品安全监管工作

2020 年 1 月 13 日，澧县首届年货节在县翊武公园隆重开幕

县委书记廖可元宣布澧县首届全民健身运动会开幕

2020 年 8 月 20 日，澧县首届全民健身运动会在县体育中心举行

2020 年 6 月 12 日，澧州文庙在闭馆修缮一年后举行对外开放仪式

2020 年 11 月 27 日上午，澧县新建商品房“交房即交证”改革试点启动仪式在金源国际项目部举行

2020 年 8 月 18 日晚，澧县第十五届葡萄节在县体育馆隆重开幕

2020年9月23日，沅澧共庆2020年中国农民丰收节暨消费扶贫优质农产品对接会（分会场）在县城头山国家遗址公园盛大举行

编辑说明

一、《澧县年鉴》是由中共澧县县委、澧县人民政府主办，澧县地方志编纂室编撰的地方综合年鉴，已连续出版14卷。

二、《澧县年鉴（2021）》坚持以马克思主义、毛泽东思想、邓小平理论、“三个代表”重要思想、科学发展观、习近平新时代中国特色社会主义思想为指导，用辩证唯物主义和历史唯物主义的立场、观点和方法指导编纂工作，系统记载2020年澧县政治、经济、文化、卫生、教育、军事、科技等方面的情况，旨在为“资政、存史、育人”服务，为各级领导决策服务，为广大读者掌握信息、积累资料、了解澧县服务。

三、《澧县年鉴（2021）》记述时限为2020年1月1日至12月31日，个别条目的上下限有所突破。采用分类编辑法。根据湖南省地方志编纂院《关于地方综合年鉴编纂出版若干问题的补充规定》的通知（湘志编〔2021〕1号）精神，对个别类目做适当调整。全书分27个部类，部类下设分目、条目，以条目为主体；部类、分目用不同的字号、字体区别；少数条目的内容或有交集。

四、《澧县年鉴（2021）》收录范围为县属各镇（街道）、县直及省市驻澧各单位。年鉴初稿由各单位安排专人撰写（图片由各单位提供），经所在单位负责人审核，然后由《澧县年鉴》编辑部编辑。凡涉及澧县经济和社会发展的主要数据，均以县统计局提供的资料为依据（少数单位的数据因统计口径不同，可能与统计公报不一致）。年鉴稿件最后由县委、县政府领导及年鉴正副主编定稿。

五、本年鉴框架结构基本保持稳定，因政府机构改革，部分结构略有调整。

六、《澧县干部名录》由县委组织部提供。

七、本年鉴编辑出版，得到全县各级各部门和驻澧各单位的大力支持，在此表示真诚的感谢！由于某些主客观原因，错漏之处在所难免，敬请读者批评指正。

编　者

2021年12月

目 录

镇（街道） …… 308

地方文献 …… 342

附　录 …… 364

特　载

奋进新时代　开启新征程
奋力谱写再造澧县辉煌的新篇章

——2021年1月18日在澧县县委经济工作会议上的讲话

县委书记　廖可元

县委书记廖可元作工作报告

同志们：

这次大会的主要任务是，全面贯彻落实中央和省委、市委经济工作会议精神，总结2020年工作，分析当前经济形势，部署2021年工作。

正处新时代，应须砥砺奋进；开启新征程，更要跃马扬鞭。通过澧州精神广泛引领、扬长补短深入实施、全县干群辛勤耕耘，澧州大地春潮涌动、生机勃发，全县上下政通人和、基础坚实，发展进入全新转折点，我们要接续奋斗、勇往直前，创造更加灿烂的辉煌！

一、放眼新时代，要珍惜来之不易新局面

过去一年，是极不平凡、极具挑战的一年。一年来，我们坚持以习近平新时代中国特色社会主义思想为指导，深入贯彻上级决策部署，团结奋进、共克时艰，交出满意的答卷。全年实现地区生产总值393亿元，增长4.3%；地方一般公共预算收入12.5亿元，增长7.1%；固定资产投资增长17.8%；规模工业增加值增长6.2%；社会消费品零售总额增长1%；城乡居民人均可支配收入

增长7%，主要经济指标好于预期，全市排名优于往年。

过去一年，最难能可贵的是，打赢了“三场硬仗”。一是全力战大疫。面对全市与湖北接壤里程最长、在武汉从业人数最多、精准摸排任务最重的严峻疫情，我们汇聚磅礴伟力，构筑铜墙铁壁，守牢湖南“北大门”，实现“确诊病例零死亡、医务人员零感染、境外疫情零输入”，在全市率先推进复工复产。疫情常态化防控和卫生应急体系建设受到省政府重点工作大督查通报表彰。二是精准防大汛。面对2003年以来未遇的严重水情汛情，我们以“誓死打赢涔水大堤保卫战”为重点，同心协力防汛抗灾，全县没有死亡一人、未溃一堤一垸、未垮一库一坝，得到上级领导的充分肯定和人民群众的广泛点赞。三是脱贫迎“大考”。面对脱贫攻坚收官之战，我们坚持用心用情、落实落小，推动问题整改清零，开展“空城帮扶”行动，满分通过省实地考核，1210户2430名未脱贫人口全面脱贫，县农业农村局被省政府推荐为“全国脱贫攻坚先进集体”。

过去一年，最振奋人心的是，壮大了“三次产业”。一是工业强势补短板。全年亿元工业项目新签约17个、新开工10个、新投产10个、新入规19个。冠源制衣、润创电子、萌恒绣花线等亿元项目竣工投产，重啤国人、新鹏陶瓷、康哲制药等骨干企业逆势上扬，重啤国人全年上缴税费5822万元，是第一个税收过5000万元的工业企业。运达机电、嘉业达等企业成功转型，盈成油脂重整来势看好，7家僵尸企业有效盘活，平安医械和运达包装、康哲制药获国家、省级小巨人企业，工业补短板动能不断增强。二是农业大力创品牌。订单优质稻面积33万亩，居省市前列。“阳光玫瑰”葡萄持续扩面提质，成为全国单品种面积最大的种植县，成功举办“一会一节”[1]，澧县葡萄声誉更响。太青茶叶重组成功，“双上绿芽”重现“江湖”。“澧县石菖蒲”通过国家农产品地理标志专家评审，农民职业教育培训被全国推介，荣获中国阳光玫瑰葡萄标准化生产示范县、全国粮油生产全程机械化示范县等称号。三是三产全面提档次。总投资40亿元的万达欢乐城一期主体建筑已经建成，总投资30亿元的三科农商城项目高速推进、一期已成功封顶，创造“三科奇迹”。投资10亿元、辐射湘西北湘鄂边的澧州国际汽车城全面开工建设，年产100万头生猪智能化产业链项目成功签约。消费券派送、直播经济热火朝天，社会消费品零售总额和增幅居全市前列，房地产销售面积除市本级外持续居全市首位。

过去一年，最引人注目的是，推进了“三大建设”。一是城市建设有成效。纳入全国新型城镇化补短板强弱项示范县，是全省5个、全市唯一的县（市）。群星北路、屈原路东延全面完工，小街小巷改造、雨污管网综合整治、老旧小区改造和黑臭水体治理等有力推进，河湖连通工程全面竣工，“五大秩序”[2]攻坚和“三大垃圾”[3]治理扎实推进，有效提升城市“颜值”。二是镇村建设有亮点。建成一批高质量美丽庭院和幸福屋场，超额完成“厕所革命”任务。自然资源局在省厅考核中位列全省第一，并被推荐为“国务院2020年真抓实干督查激励先进单位”，农村宅基地和集体建设用地房地一体确权登记工作经验、土地“5321”执法模式被全省推介。城头山镇国富村、詹家岗村分别被评为全国文明村、全国乡村治理示范村，澧南镇乔家河村被评为中国美丽休闲乡村，天供山农庄被评为国家级五星农庄。三是基础建设有力度。完成如东、复兴等6个镇污水处理设施，全县所有集镇实现全覆盖。灾后重建有力推进，洞庭湖北部补水工程竣工，全省最大泵站——小渡口泵站即将建成。

[1] 一会一节：全国阳光玫瑰葡萄标准化生产学术研讨会暨澧县第十五届葡萄节。

[2] 五大秩序：市容秩序、渣土秩序、建设秩序、停靠秩序、卫生秩序。

[3] 三大垃圾：生活垃圾、建筑垃圾、工业垃圾。

经过艰苦努力，群众广泛关注的G207新裕公路改造项目终于成功落地，旧历年前可开标建设。G353小毛公路建设、屈原路澧州大桥至张公庙白改黑、G207张公庙至洄水渠大修、S233边山河省际边界公路提质改造全面完成，成功创建全省农村四好路示范县。以空前力度和举措“治超”，有效遏制超载超限行为。

过去一年，最值得点赞是，优化了“三个环境”。一是生态环境明显改善。扎实推进蓝天、碧水、净土保卫战，深入开展工地和道路扬尘治理、秸秆禁烧、工业企业应急减排等专项整治行动，纵深推进农村人居环境整治，污染防治攻坚和“洞庭清波”专项行动年度考核任务全部整改销号，环境质量稳步向好。二是营商环境不断优化。统筹推进行政审批制度改革，大力推广“指尖办”“刷脸办”“自助办”，786项事项实现“一站式”办理。基层公共服务（一门式）全覆盖有力推进，超额完成市级规定的服务下沉任务。落实“四减四放宽”[4]，企业开办环节“一网通办”[5]，开办时间压缩至2个工作日，“办事不求人”环境正在形成。三是社会环境持续向好。债务风险稳定可控，财政工作获省政府真抓实干表扬激励。法治澧县、平安澧县建设深入推进，安全生产扎实有序，综治和安全生产工作受到省委省政府表彰，是全市唯一连续两年获双表彰的县（市）。信访工作扎实有力，被评为全省信访工作“三无”县。扫黑除恶纵深推进，专项成绩排全省第一，群众安全感满意度明显提升。

过去一年，最令人欣慰的是，抓实了“三个民生”。一是狠抓“基本民生”。一中学生公寓、澧州实验小学建成，新二中投入使用，芙蓉学校主体建筑已封顶，大班额全面消除。代表全省唯一迎国检县（市），通过国家义务教育发展基本均衡县评估验收。综合医改纵深推进，高标准完成卫生应急指挥中心建设，县疾控中心投入使用，镇村卫生院（室）标准化建设任务提前完成。成功举办首届全民健身运动会，澧县先后5次亮相央视。大堰垱镇九旺村在全省首届“十佳”村规民约评选中获第一名。二是保障“底线民生”。低保、医保、养老保险应保尽保，低保、特困人员和残疾人补贴全面提标。老人和儿童关爱政策有效落实，在全省率先建成县级公共就业服务云平台——澧州好工作，社保中心窗口被授予“全国敬老文明号”称号。三是解决“热点民生”。各项为民办实事项目全面完成。扎实推进供水工程建设，基本解决山丘区季节性缺水问题。禁捕退捕工作全面完成，渔民安置保障工作在全省做交流发言。湖州管理所改革和市场服务中心债务处置推进有力，有效化解一批累积多年的历史遗留问题。

过去一年，最引以为豪的是，营造了“三种氛围”。一是营造讲政治、善团结的氛围。通过政治建设凝心聚魂、澧州精神教育引领、奖惩双向激励约束，党员干部的政治站位高度、思想情怀温度明显提升。县几套班子以大局为重，以发展为重，实现空前的团结，形成全县上下心往一处想、劲往一处使的良好氛围。二是营造讲担当、重实干的氛围。坚持立功受奖、提拔重用、福利待遇等，向实干人员倾斜、向基层一线倾斜，营造正确的工作导向。特别是经历防疫防汛的“双考验”，全县干部群众克难奋进、干事创业的热情空前高涨，比学赶超、竞相发展的局面加速形成。三是营造讲规矩、扬正气的氛围。坚持“改作风、勇担当”“高扬正气、狠抓项目”，深入整治形式主义官僚主义，严肃查处腐败，持续正风肃纪，意识形态向上向好，党风政风呈现新气象。

在肯定成绩的同时，我们也要清醒认识到，

[4] 四减四放宽：减环节、减材料、减时限、减跑动，放宽许可事项、放宽经营范围、放宽名称限制、放宽住所限制。

[5] 一网通办：依托一体化在线政务服务平台，通过规范网上办事标准、优化网上办事流程、搭建统一的互联网政务服务总门户、整合政府服务数据资源、完善配套制度等措施，推行政务服务事项网上办理，推动企业群众办事线上只登录一次即可全网通办。

还存在一些问题和不足。主要是：产业发展特别是工业短板仍然突出，支柱产业、骨干企业支撑力不足，规模化、集群化的程度有待提升；制约发展的瓶颈依然明显，人才、资金等要素制约有待突破；干部务实担当不够，工作抓落实不够，执行力、落实力有待进一步加强等等。对这些困难和问题，今后我们将采取更加有力有效措施，认真加以解决。

二、立足新时代，要明晰目标把握新机遇

县委十二届八次全体（扩大）会议紧跟新形势，把握新要求，谋求新发展，集中研究“十四五”发展重大问题，审议通过规划《建议》，提出“积极推进津澧行政合并、挺进全国前百强、跃居全省前五席、勇当全市排头兵”的愿景，明确“建设常德市域副中心城市、湘鄂边消费中心城市、环洞庭湖融合发展先行区”的定位，为全县经济社会发展确定了奋斗目标、指明了前进方向。

当前，澧县既面临国家稳增长等系列政策利好，也面临中部崛起、长江经济带、洞庭湖生态经济区规划建设等战略机遇，更迎来特有的三个重大历史机遇，必须以更大的信心和干劲向“十四五”目标奋进。

一是启动津澧融合的历史机遇。按照省市部署，津澧融合即将启动。两地合并能有效地规避体制壁垒、同质竞争、重复建设等一系列问题，可进一步做强经济实力、做大城市规模、做优公共服务、做活要素资源，推进农业大县向经济强县、小城市向中等城市、县域小城向市域副中心城市跨越，实现强强合并、互利双赢。特别在经济发展上，更有利实施扬长补短战略，实现优势互补、错位发展，让澧县的资源禀赋、文化底蕴更好发挥，让三产优势更加凸显。

二是迈进高铁时代的历史机遇。呼南高铁已基本确定经过澧县，武贵高铁也初步规划经过澧县，澧县即将迈进高铁时代。这将极大地突破地域空间瓶颈，带来更多资金流、技术流、人才流等资源，特别在国内大循环为主体、国内国际双循环相互促进，以供给侧结构性改革为主线、加强需求侧的大背景下，这个机遇对澧县发展更为有利。我们一定要借助高铁时代“快车道”，跑出澧县高质量发展“加速度”。

三是重大政策支持的历史机遇。2020年澧县被纳入全国新型城镇化补短板强弱项示范县。国家发改委明确“四提”，即公共服务设施提标扩面、环境卫生设施提级扩能、市政公用设施提档升级、产业培育设施提质增效。项目全部由国家发改委直接调度。澧县在争取中央预算内投资、地方政府专项债券、国家城乡融合发展基金、政策性金融支持等方面，具有无可比拟的优势。我们一定要用好这个机遇，把一批过去很想办、但没有能力办的事情办成办好。

2021年，是全面开启现代化建设新征程的第一年，是“十四五”开局之年，也是中国共产党建党100周年。做好今年工作，要以习近平新时代中国特色社会主义思想为指导，全面贯彻党的十九大和十九届二中、三中、四中、五中全会精神，坚决落实习近平总书记关于湖南工作系列重要讲话指示精神和中央、省委、市委经济工作会议精神，坚持稳中求进工作总基调，立足新发展阶段，贯彻新发展理念，构建新发展格局，以推动高质量发展为主题，以深化供给侧结构性改革为主线，以改革创新为根本动力，以满足人民日益增长的美好生活需要为根本目的，坚持系统观念和底线思维，更好统筹发展和安全，认真贯彻省委“三高四新”[6]、

[6] 三高四新：“三高”即国家重要先进制造业高地，具有核心竞争力的科技创新高地，内陆地区改革开放高地。“四新”即在推动高质量发展上闯出新路子、在构建新发展格局中展现新作为、在推动中部地区崛起和长江经济带发展中彰显新担当、奋力谱写新时代坚持和发展中国特色社会主义的湖南新篇章。

市委“开放强市产业立市”战略，深入推进扬长补短，突出抓好作风、环境、项目、产业四个关键，扎实做好“六稳”[7]工作、全面落实“六保”[8]任务，推动经济平稳健康运行和社会大局和谐稳定，确保“十四五”开好局，以优异成绩庆祝中国共产党成立100周年。

县委考虑，今年主要预期目标是：地区生产总值增长9%以上，地方一般公共预算收入增长8%以上，规模工业增加值增长8.5%以上，固定资产投资增长10%以上，社会消费品零售总额增长10%以上，居民人均可支配收入增长9%以上，城镇调查失业率控制在市定目标以内，完成上级下达的能耗“双控”[9]目标，确保粮食播种面积和产量稳定。

围绕预期目标，做好今年工作，最根本的是加强党的全面领导，认真落实“破瓶颈、抓产业、优结构、强队伍”的工作要求，凝聚共识、汇聚力量，形成推动高质量发展的强大合力。最重要的是，全面落实“找回澧州精神、再造澧县辉煌”的总要求，“坚定一个战略、突出两大主题、紧扣三大定位、抓好四个关键”。“一个战略”，就是大力实施扬长补短战略，扬三产之长、补二产之短，扬资源优势之长、补产业发展之短。“两大主题”，就是心无旁骛抓发展，尽心竭力惠民生。“三个定位”，就是加快建设常德市域副中心城市、湘鄂边消费中心城市、环洞庭湖融合发展先行区。“四个关键”，就是抓住“作风、环境、项目、产业”四个关键，以作风优化环境，以环境引进项目，以项目带动产业。全县上下一定要按照这个总思路，全面发力、持续努力，向既定的目标奋勇前进。

三、奋进新时代，要守正创新开启新征程

坚持在守正中巩固好的来势，在创新中开拓新的局面，推动澧县高质量发展行稳致远。着力抓好七个方面重点工作：

（一）聚焦产业发展重心不移。产业是县域经济的支撑。要坚定不移实施扬长补短战略，统筹三次产业协调发展，加快建设产业强县。

要主攻工业短板。坚持以园区为主平台，着眼于产业链、聚集度、大项目，全力做大做强工业。坚持壮大现有主导产业与发展新兴产业“两手抓”。立足建链补链强链延链，持续壮大“两主两特”[10]产业，着力打造“百亿产业”和优势产业集群；培育发展新材料、新能源等新兴产业，加快数字化智能化融合发展，确保战略性新兴产业总产值占工业总产值18%以上。坚持培育骨干企业与扶持中小微企业“两促进”。支持重啤国人、萌恒服装、新鹏陶瓷等骨干企业转型升级，做大总量、提升质量，新增纳税过5000万元企业2家以上，积极培育“镇园之宝”；推进“腾笼换鸟”，清零“僵尸企业”，落实减税降费、援企稳岗等纾困惠企政策，倡导澧县人用澧县造，精准扶持小微企业发展壮大，形成大企业顶天立地、小企业铺天盖地、大中小企业竞相发展的局面。坚持推进在建项目与持续招大引强“两不误”。加快推进力创电子、博睿实业、石灰石精深加工等重大项目建设；全力引进战略投资者、产业链关键环节和核心企业，确保亿元项目新引进15个、新开工12个、新投产10个。坚持推进平台建设与深化服务保障“两手硬”。加快推进园

[7] 六稳：稳就业、稳金融、稳外贸、稳外资、稳投资、稳预期工作。

[8] 六保：保居民就业、保基本民生、保市场主体、保粮食能源安全、保产业链供应链稳定、保基层运转。

[9] 能耗“双控”：控制能耗总量和强度。

[10] 两主两特：生物医药与健康食品、新型建材与家居两大主导产业和纺织服装、机械电子两个特色产业。

区调区扩区，构建“一园三区”[11]格局。节约利用土地，高效引进项目。完善基础设施配套，推进园区公司市场化，优化PBOS[12]合作，高速推进科创产业园一期运营、二期建设。强化企业服务，在招工、物流等方面探索新帮扶措施，营造有求必应、无事不扰的“软环境”。

要发挥三产优势。加快商贸项目建设，确保万达广场、三科农商城、澧州国际汽车城等项目建成运营，农机大市场、东信家居广场二期等项目落地。按照发展大商业、建设大市场、加速大流动的要求，培育引进一批三产龙头企业，促进三产提质转型。稳步发展房地产业，大力发展现代物流业，升级改造传统市场，焕发传统三产新活力。壮大文旅产业，大力推进全域旅游和“旅游+”，推进城头山大游客服务中心、农耕文化体验园、青少年拓展基地建设和国家AAAAA级景区创建，引进澧州兰江古城战略投资者，加快天供山森林公园建设，利用老区优势发展红色旅游。大力发展电子商务，打造湘鄂边电商中心，争创国家电子商务进农村综合示范县。发展数字商贸等新业态，积极培育医养康养、信息广告、家政服务、会展服务等新兴产业，促进现代服务业向价值链高端提升。

要打响农业品牌。全面落实国家粮食安全战略，加强种质资源保护和利用，在继续重点抓好粮食、油料、生猪等保供产品基础上，构建现代农业产业体系，建设品牌农业大县，让农业发展挑上“金扁担”[13]。要把品质做“优”。引进培育优良品种，推进标准化生产，以“阳光玫瑰”葡萄为重点，大力推进葡萄、柑橘、茶叶、中药材等特色产业扩面提质，加快建设葡萄智慧产业园、葡萄科技展示馆和现代农业产业园。要把市场做“活”。按照供给侧结构性改革要求，紧跟市场需求，强化农产品“梳妆打扮”和营销宣传，加强产后分级、包装、仓储、物流和营销，推进更多农产品走出澧县、走向全国。要把链条做“长”。推动农业向深加工、旅游、文化和健康养老等产业深度融合，做强加工链、拓展功能链、提升价值链，打造一二三产融合、上中下游一体、产供销加互促的“六次产业”[14]。要把品牌做“响”。持续抓好“澧县葡萄”“城头山大米”“复润苹果柚”“双上绿芽”等农产品区域公共品牌培育推介，办好葡萄节等重点节会活动，擦亮“世界稻作之源”和“南方吐鲁番”名片。

（二）聚焦项目建设劲头不松。牢固树立“项目为王”意识，确保有效投资力度不减、速度不降，切实以项目稳增长、促转型、强后劲。

要把握主方向。围绕津澧融合、高铁规划，围绕国家“两新一重”[15]、省委“三高四新”和全国新型城镇化补短板强弱项示范县建设，深入对接上级政策导向，有针对性地筛选、论证和申报项目，确保争资占全市1/7以上。聚焦产业发展等领域，瞄准三类500强[16]等大型企业，大力

[11] 一园三区：一园指园区，即澧县高新技术产业开发区；三区即东区（创新创业园）、西区（西区综合产业园和澧南建材产业园）和复兴片区（复兴集镇与二广高速出入口为核心范围的健康食品产业园）。

[12]PBOS：定位、建设、运营、共享。以市场化方式替代原有的行政化方式开发运营产业园区，有效破解产业园区建设资金、土地、招商、运营、服务等难题，促进园区产业落地。

[13] 金扁担：2020年5月23日，习近平总书记在看望参加政协会议的经济界委员时指出，“将来上山干活就挑着金扁担”，“这个‘金扁担’，我就理解为农业现代化”。

[14] 六次产业：鼓励农户搞多种经营，延长产业链条，不仅种植农作物（第一产业），而且从事农产品加工（第二产业）与流通、销售农产品及其加工产品（第三产业），以获得更多的增值价值，为农业和农村的可持续发展、农民增收开辟光明前景。

[15] 两新一重：新型基础设施建设，新型城镇化建设，交通、水利等重大工程建设。

[16] 三类500强：世界500强、中国500强和民营500强。

招商引资，重点引进一批关联度大、带动力强、聚集度高的大项目好项目，力争产业项目投资占重点投资比重60%以上。

要突出主攻点。重点抓产业项目。加快推进一批在建产业项目，提高速度、加快进度，确保尽快竣工投产。积极跟踪化妆品产业园、澧州兰江古城等意向项目，力争尽快签约落地。重点抓要素保障。通过积极向上争取、向外借力、向内挖潜等多元途径，破除土地、资金、人才、配套等方面制约，为项目建设提供更加有力的保障。重点抓项目服务。通过深入整治营商环境、严厉打击“三强”[17]行为、深化行政审批改革等途径，为项目建设提供优质的服务。

要唱响主旋律。把项目建设作为经济发展的总抓手，用项目化的思路谋划发展、推动工作，坚持领导干部主要精力向项目集中、工作重心向项目集聚、资源要素向项目集结。认真落实“五个一”[18]“五级调度”[19]等有效机制，把项目建设作为绩效考核重要内容，以项目建设论英雄定奖惩，掀起大抓项目、上大项目、大上项目的高潮。

（三）聚焦城市建设标准不降。启动全国文明城市创建，优化城市布局，提升城市品位，提高承载辐射力，打造群众高品质生活空间。

布局要展现高度。以津澧新城总规为引领，积极推进津澧融合，大手笔谋划重点片区、重大项目、高铁站建设，建设县城地标群。要抓好高压杆线转移，为津澧融合腾出发展空间。要发掘城市文化，延续历史文脉，留住城市记忆。要确立城市主轴线，抓好现代商圈、专业市场、澧州古城、工业新区的总体布局，加快形成内外结合、东西互补、南北辉映的城市发展格局。

建设要体现温度。坚持从满足群众宜居宜业出发，强力推进澹水西路、体育馆路、卢家河路、蜚云塔路等道路建设，加快主城区小街小巷、老旧小区改造，配套建设公共绿地、休闲场所、停车场、菜市场、学校等公共产品，为居民生活提供便利。加快推进城市森林花园建筑试点，大力提升人居环境品质。启动建筑垃圾资源化利用项目，强力推进城区污水管网整治、建设和黑臭水体治理“十大工程”[20]煞尾，确保城市水体达标，在兰江顺利举行全县首届龙舟比赛。

管理要增加强度。迎接国家卫生城市复检，推进城市网格化管理，持续开展城市“五大秩序”集中攻坚，全面规范县城区路牌名牌，继续以高压态势管控“两违”[21]，维护良好的城市秩序。引进智慧停车系统，解决县城区车辆乱停乱靠问题。大力提升市民素质，让全体居民共同参与城市管理，实现城市共治共管、共建共享。

经营要发掘深度。坚持以城建城、以城养城，通过市场运作等手段，做活城市经营文章。要对城市各种有形无形资产进行集聚、重组和经营，盘活存量，扩大增量。特别要结合国有资产专项清理整治、投融资平台公司整合转型等机会，依法收回长期闲置土地和国有资产，进一步提高经营效益，增强城市发展的内生动力。

基础建设加力度。沅澧快线、安慈高速澧县段要建成通车，高质量推进G207新裕公路改造，打造全县公路样板。加快汽车运输综合服务中心、澧水航道等建设，抓好呼南高铁、郑高公路

[17] 三强：强揽工程、强行阻工、强买强卖。

[18] 五个一机制：一个重点项目、一名牵头县领导、一个责任单位、一套工作方案、一抓到底。

[19] 五级调度机制：县委书记、县长季调度，县专项领导小组月调度，包联县领导周调度，项目责任单位“一把手”和分管负责人日调度，县产业办负责日常调度。

[20] 黑臭水体治理“十大工程”：引澧济澹工程、栗河及襄阳河治理工程、城关主排渠治理工程、德隆水体治理工程、珍珠机埠水体治理工程、移民渠治理工程、柳家干渠治理工程、黄泥岗河治理工程、澹水老河槽治理工程、群星机埠水体治理工程。

[21] 两违：违法用地、违法建设的建筑。

前期工作，推进城乡客运一体化，持续整治“超限超载”，提质改造县乡公路，争创国家“四好农村路”[22]示范县。完成城市防洪圈、河堤应急除险工程、小渡口泵站续建配套等工程，补齐水利建设短板。推进城区地表水厂、城乡供水及管网提质改造，实现城乡安全供水全覆盖。

（四）聚焦乡村振兴主题不变。以实施乡村振兴战略为总抓手，坚持农业农村优先发展，促进农业高质高效、乡村宜居宜业、农民富裕富足。

*全域振兴大推进。*按照全市“4+9”[23]示范片建设部署，抓好城头山核心示范片建设，创建全国农业产业强镇、省级美丽乡村示范村和特色精品乡村。坚持以点带面，推进由集中建设向全域推进。重视和支持集镇建设，着力打造一批中心镇、特色小镇、边界镇和口子镇。

*人居环境大提升。*坚持以“五线五区”[24]建设为总抓手，持续开展七大专项整治[25]、“万户清洁”行动、“百日行动”，重点抓好改厕和污水、垃圾处理。以建设幸福屋场、美丽庭院为重点，打造县镇村三级样板。要广泛发动群众，激发内生动力和主体意识。推进危房改造、道路硬化、电网改造、燃气进乡村等，不断提升农村生产生活条件。

*基层治理大进步。*加强和改进乡村治理，完善村（社）综合服务平台，推动社会治理和服务重心下移，构建“三治融合”[26]乡村治理体系。推进乡村文明创建，深入整治“人情风”，大力推进殡葬、婚俗改革，推进农村移风易俗，加快形成文明乡风、良好家风、淳朴民风。

*脱贫成效大巩固。*严格落实“四个不摘”[27]的要求，主要政策措施不能急刹车、驻村工作队不能撤，保持现有帮扶政策、资金支持、帮扶力度总体稳定，持续落实就业、产业和消费扶贫等措施，加强监测预警，做好困难群体兜底保障，切实将脱贫人口扶上马送一程。

（五）聚焦生态建设力度不减。坚持以习近平生态文明思想为指导，按照国家碳达峰行动要求，深入打好污染防治攻坚战，持续改善生态环境质量，争创省级生态文明示范县。

*要持续推进污染防治。*持续打好蓝天碧水净土保卫战，抓好秸秆垃圾禁烧、扬尘污染、车辆尾气和企业减排，强化黑臭水体和污水治理，推进城乡垃圾一体化、固废危废规范化处置和受污染耕地治理，依法完成19家石煤矿山停产、关闭和生态修复任务，以最坚决态度抓好上级反馈问题整改销号，让澧州大地青山常在、绿水长流、空气常新。

*要强化生态保护修复。*坚持共抓大保护、不搞大开发，抓好长江经济带环境保护修复，坚决落实长江“十年禁渔”重大任务。统筹山水林田湖草系统治理，实施生态涵养工程，完善落实河（湖）长制、林长制，开展国土绿化行动，推动经济和环境可持续均衡发展。

---

[22] 四好农村路：建好、管好、护好、运营好农村公路。

[23]“4+9”示范片：4个一类乡村振兴示范片，即桃花源、柳叶湖、西湖和西洞庭；9个二类乡村振兴示范片，澧县是城头山镇示范片。

[24] 五线五区：五线即贯穿全县国、省、县、乡四级交通主干道的5条干线，①城头山—澧西—澧浦—澧澹—小渡口—官垸；②小渡口—如东—复兴—盐井—金罗—火连坡；③澧南—沿江大道—城头山—大堰垱—王家厂—火连坡—甘溪滩—码头铺；④澧浦—涔南—梦溪—复兴（新G207国道）；⑤澧阳—涔南—梦溪—盐井（老G207国道）。五区即产城人文融合发展区、平原现代农耕引领区、红湖水产健康养殖区、山区生态保护利用区、丘陵橘柚生态经济区。

[25] 七大专项整治行动：“空心房”集中整治行动、主干道路清六乱行动、沟塘河湖清四乱行动、“厕所革命”攻坚行动、路肩培护补绿行动、畜禽粪污清理行动、城乡接合部专项整治行动。

[26] 三治融合：自治、法治、德治相结合。

[27] 四个不摘：摘帽不摘责任，摘帽不摘政策，摘帽不摘帮扶和摘帽不摘监管。

要推进绿色低碳发展。把生态文明融入经济、政治、文化和社会建设全过程，持续优化产业结构，发展资源节约型、清洁生产型循环经济，推进传统产业绿色改造、产业园区循环改造，加快建立绿色低碳发展模式。树立绿色发展观念，推动形成绿色消费文化和生活方式，促进环境保护从末端治理向源头防治、前端创新转变。

（六）聚焦改革创新步伐不停。坚定不移将改革进行到底，推动各领域改革全面突破，为高质量发展蓄力赋势。

要深化重点领域改革。对标上级决策部署，深化“放管服”改革，推广“容缺审批”[28]，持续开展减证便民行动和规范中介服务，最大限度方便企业和群众。深化农村集体产权制度、农业综合执法改革，激发乡村活力。重点推进财税体制改革、供销合作社综合改革等，统筹抓好事业单位、医药卫生体制等改革，确保各项改革落地生根。

要大力推动科技创新。着力培育高新技术企业，落实认定奖补政策，力争年内认定10家以上。深化产学研合作，支持企业与中南大学、湖南农科院等院校开展科技合作，力促与科研院所签订合作协议10项以上。打造科技创新平台，加快省级科技企业孵化器、众创空间、“潇湘要素大市场”澧县站等建设，年内建成省级重点实验室、省级星创天地、省级工程技术研究中心各1家。

要着力培养引进人才。坚持不求所有、但为所用，灵活运用柔性人才政策。坚持以龙头企业、创新成长企业为重点，加快引进和培育一批优秀企业经营管理人才。围绕农业、教育、卫生、金融等重点领域，培育引进一批高精专人才。弘扬“工匠精神”，推进产教融合，培养一批电子机械、生物医药等领域技术骨干。强化保障措施，在子女教育、家属就业等方面优先保障，让人才无后顾之忧。

（七）聚焦改善民生目标不改。扎实办好各项民生事业，有效防范化解风险隐患，推动高质量发展、创造高品质生活，不断实现人民对美好生活的向往。

要发展社会事业。加快以芙蓉学校为重点的项目建设，统筹抓好义务教育、职业教育、高中教育。切实减轻中小学教师负担，营造良好教育教学环境。加强医疗人才队伍建设，补齐卫生健康服务体系短板，加强公立医院运营管理，完成县三医院迁建。完善公共卫生“五大中心”[29]，提升卫生应急能力。进一步完善公共文化服务体系，广泛开展文化惠民活动，精心打造品牌赛事，丰富群众文体生活。

要强化社会保障。持续扩大就业，完善就业服务体系，切实做好渔民、退役军人等群体就业工作。加强社会保障体系建设，认真落实各项惠民政策，加大特殊群体关爱力度，推进城乡居民养老保险全覆盖。提升养老服务和儿童福利，加快推进养老中心、中心敬老院、农村留守儿童之家建设，着力提升社会保障水平。

要防范重大风险。把防范政治安全风险放在首位，守住政治敏感事件、涉稳群体性事件、暴力恐怖事件、严重刑事案件和重大公共安全事故“零发生”底线。持之以恒抓好疫情防控，严格落实防控责任，做好打持久战的准备，把疫情拒之门外。深入开展安全生产隐患大排查，持续开展道路交通、食品药品等领域综合整治，坚决防范安全事故发生。

要维护和谐稳定。以中国共产党成立100周年维稳保安为主线，坚定维护政治安全、社会安定、人民安宁、网络安靖。强化基层治理，加强平安澧县、法治澧县建设，推进扫黑除恶常态化，持续开展“无上访村（社）”创建，完善信

---

[28] 容缺审批：申请人基本条件具备、主要申请材料齐全且符合法定条件，但部分资料不规范的情况下，可以先予以受理，再由申请人在规定时间内将相关材料补充齐全。

[29] 五大中心：卫生应急指挥、检验检测、公共卫生培训、应急物资储备和传染病救治五大中心。

访工作机制，依法依规、合情合理调处化解矛盾纠纷，及时化解各类群体性事件，确保大局和谐稳定。

四、建功新时代，要勠力同心谱写新篇章

没有离开经济的政治，也没有离开政治的经济。各级党组织要加强对经济工作的领导，发挥党员干部骨干作用，推动各项任务落地见效。

（一）要保持清醒坚定的政治意识。加强政治建设，善于从政治上看问题，善于把握政治大局，不断提高政治判断力、政治领悟力、政治执行力。一要强化思想武装。深入学习贯彻习近平新时代中国特色社会主义思想，推动党的创新理论入脑入心。围绕中国共产党成立100周年开展系列宣传教育活动，从党的百年光辉历程中汲取精神力量。落实意识形态工作责任制，加强网络舆情管控，牢牢把握领导权话语权主动权。推动不忘初心牢记使命制度化常态化，教育广大党员干部坚定理想信念、传承红色基因，永葆共产党人政治本色。二要提高政治站位。善于用政治眼光观察和分析经济社会问题，善于洞察经济活动的政治后果，把牢经济发展正确方向。始终坚持观大势、谋大局、抓大事，从政治和战略高度思考研究经济问题，把澧县发展放在时代大背景、放在全国全球大格局去研究谋划。三要增强工作本领。强化思想淬炼、政治历练、实践锻炼、专业训练，在摸爬滚打中经风雨、长才干。增强补课充电的紧迫感，带头学经济、懂经济、抓经济，尤其要学深悟透习近平经济思想，强化专业思维、专业素养、专业方法，提高驾驭经济工作能力，努力成为新时代贯彻新发展理念、推动高质量发展的行家里手。

（二）要具有与时俱进的现代意识。以思想之变引领行为之变，以观念之变推动发展之变。一要有时代眼光。要有宽阔视野，站在时代潮头，跳出澧县看澧县，拥抱新时代、学习新思想、接纳新事物，打造澧县开放发展新的高地。要有全局观念，始终站在长远的、全局的、发展的高度，自觉服从大局、服务大局、维护大局，不能抱有“局外人”心态、扮演“旁观者”角色，置身于澧县发展之外。要有敏锐判断，具有见微知著的敏感性、未雨绸缪的洞察力，见事早行动快，不做事后诸葛亮。二要有人文情怀。要有平民思想。领导干部不论权力多大级别多高，都来自百姓，最后也回归百姓，不能因为担任领导干部，就产生高人一等的思想，高高在上，妄自尊大，看不起群众。要有大爱情怀，传递人性至美，展现人间大爱，把群众的冷暖放在心头，真心真诚关爱群众。三要有法律精神。坚定法律信仰，把握公平正义内涵，坚持照章办事、依法办事，不能有职位傲慢、权力傲慢、专业傲慢。要摒弃特权思想，以遵章守纪为荣，以享受特权为耻，维护公正公平的市场秩序，创造公平竞争的经营环境，不钻空子、不卖面子，更不能赚黑钱。

（三）要增强引领发展的进取意识。一要树正气。各级领导干部要以正立身、以身作则，带头讲规矩、树正气、走正道，做到思想上秉持公心、标准上同尺丈量、程序上公开透明，决不拿原则做交易、送人情、得好处。对不正之风要敢于斗争、勇于亮剑，让歪门邪道在澧县没有市场空间，让浩然正气在澧州大地蔚然成风。二要振士气。树正用人导向，让干实事、有实绩、敢担当的干部出彩，让不担当、不称职、不胜任的人员出局。今年是县乡换届之年，正是考验干部的时候，大家一定要调整个人心态，把主要精力用在抓工作、抓发展上来，要相信“只有干得好、才能用得好”“成绩不好看、组织不看好”，用实打实的成绩接受组织的挑选。坚决容错纠错，旗帜鲜明支持干事者、保护改革者、宽容失误者、追究诬告者，为干事创业的干部鼓劲撑腰。加强保障激励干部，继续抓好省委“1+5”文件、市委1号文件落实，促进工作重心、干部力量、财政投入向基层倾斜，进一步激发基层干部的干事热情。三要聚人气。把优化营商环境作为长期工程，让澧县环境更好、市场更活，吸引

更多客商来澧投资兴业。要在澧为澧，多说对澧县好的话，多做对澧县好的事，争当对外宣传的"大使"、招商引资的"红娘"，引导更多人参与澧县建设。要以包容心态对待和关心企业家，对他们所做贡献予以大力褒扬，形成"成就企业家、厚待投资者"的浓厚氛围。四要正风气。严格落实中央八项规定精神，大力查处隐形变异的"四风"问题，制止舌尖上的腐败和浪费。深入整治形式主义、官僚主义，大力精简会议活动、检查考核，真心关爱基层干部，切实为他们减负减压松绑，有更多的时间和精力抓发展。深化运用好监督执纪"四种形态"[30]，稳步推进巡察全覆盖，聚焦政治监督、创新日常监督长期监督工作新模式，促进监督常态长效。标本兼治反腐倡廉，一体推进不敢腐、不能腐、不想腐，坚决查处重点领域和群众身边腐败问题。

（四）要强化一抓到底的落实意识。一要有具体深入的态度。经济工作是实打实的，一具体就深入，一深入就具体。要具体深入研究工作，了解全面情况，把握真实问题，既要有路线图，也要有施工图，既要有时间表，也要有进度表，既要有责任人，还要立军令状。各单位"一把手"要一线指挥、一线调度，推动工作一线落实。二要有久久为功的韧劲。发扬钉钉子精神，围绕县委县政府既定的目标任务，咬定青山不放松，以一锤接着一锤敲的耐心和劲头，经常抓、反复抓、持之以恒抓，不获全胜决不收兵。三要有攻坚克难的勇气。保持不怕苦、不畏难、不服输的血性，拿出"逢山开路、遇水架桥"的魄力，干在实处、挺在难处、守在险处。遇到矛盾挺身而出、主动承担，千方百计去化解；碰到难题知难而进、迎难而上，啃掉"硬骨头"，拔除"硬钉子"。特别是在座的村（社）党组织书记，大家身处第一线，很多工作最终要靠大家去推进、去落实，任务很重、困难很多、责任很大。大家很多都是新当选的，一定要不负重托、不辱使命，把大事难事做稳妥，把小事易事做精致，把"分内事"做出高水平，把"分外事"做出高境界。四要有争先创优的决心。发展是"马拉松"，更是"追逐赛"。要树立争先意识，与最优者"对标"，与最强者"比拼"，与最快者"赛跑"，做就做到最好，干就干到极致，既要在全县争先进，更要在省市争位次，推动各项工作市内创品牌、省内争先进、全国有影响。

同志们，百舸争流，破浪者领航；千帆竞发，奋勇者当先。让我们紧密团结在以习近平同志为核心的党中央周围，全面贯彻落实中央和省市决策部署，大力弘扬"为民服务孺子牛、创新发展拓荒牛、艰苦奋斗老黄牛"精神，永葆初心、乘风破浪，推动"十四五"高质量发展开好局、起好步，以优异成绩向党的百年华诞献礼！

---

[30] 四种形态：经常开展批评和自我批评、约谈函询，让"红红脸、出出汗"成为常态；党纪轻处分、组织调整成为违纪处理的大多数；党纪重处分、重大职务调整的成为少数；严重违纪涉嫌违法立案审查的成为极少数。

澧县人民代表大会常务委员会工作报告

——2021年1月21日在澧县第十七届人民代表大会第七次会议上的讲话

县人大常委会主任　冯文元

县人大常委会主任冯文元作县人大常委会工作报告

各位代表：

我受澧县第十七届人民代表大会常务委员会的委托，向大会报告工作，请予审议。

2020年工作回顾

2020年，是全面建成小康社会和“十三五”规划的收官之年，是实现第一个百年奋斗目标的决胜之年。一年来，县人大常委会坚持以习近平新时代中国特色社会主义思想为指引，在县委的坚强领导下，依法履职，务实进取，为促进全县经济社会发展、推进民主法治建设做出积极贡献。一年来，共召开常委会会议8次、主任会议12次，听取和审议专项工作报告31个，组织开展执法检查2次，交办审议意见7件，作出决议决定17个，全面完成县十七届人大六次会议确定的各项工作任务。

一年来，我们坚持对标对表，把牢政治方向，以最高标准展现人大站位。

坚持党的全面领导。深入学习贯彻习近平新时代中国特色社会主义思想、十九届五中全会和习近平总书记考察湖南重要讲话精神，注重学思用贯通、知信行统一，“四个意识”不断增强，“四个自信”更加坚定，“两个维护”更加坚决。坚持以党的方向为方向、以党的意志为意志，凡是人大工作的重大事项、重要活动，都及时向县委请示报告，自觉把党的领导贯穿人大工作全过程、各方面。

坚决贯彻党委决策。全面落实县委十二届七次、八次全会精神，倾力助推“扬长补短”发展战略，促成砾石加工项目签约落地、膜科技项目开工建设。注重发挥人大常委会重大事项决定作用，凝聚发展合力、推动工作落实，及时对国民经济和社会发展计划、财政预算调整、规划调整等重大事项作出决议决定，确保经济社会平稳运行。坚持党管干部和人大依法任免相结合原则，认真落实组织人事意图，全年共任免国家机关工作人员34人次。

坚定不移服务中心。始终与党委同向，与政府同行，与人民同心，事不避艰、行不畏难。面对突如其来的新冠疫情和复杂艰巨的严峻汛情，常委会组成人员、机关干部、各级人大代表主动投身一线，彰显人大为民情怀和担当本色。持续助力三大攻坚，围绕防范化解重大风险，开展政府性债务专题调研，确保守住“隐性债务不新增、借新还息不发生、三保资金不断链”底线；围绕精准脱贫，以“决战决胜脱贫攻坚，民族团结共同繁荣”为主题，开展民族团结进步行动，巩固少数民族地区脱贫成果。坚持主任会议成员办点示范、机关干部联村包户，带着责任、带着感情、带着温度，高质量完成扶贫点村脱贫攻坚任务；围绕污染防治，听取年度环境状况和环境保护目标完成情况，促进生态环保各项指标总体提升。组织“推进垃圾分类处理、共建生态文明澧州”环保世纪行系列宣传活动，配合市人大常委会开展《常德市城乡生活垃圾管理条例》执法检查，引导全民增强环保责任意识。

一年来，我们坚持善作善成，主动担当作为，以监督实效助力发展大局。

聚焦经济发展精准监督。关注开放经济。听取开放型经济发展情况报告，针对平台搭建、主体培育、政策服务提出意见建议，帮助外贸企业提振信心，应对疫情冲击，渡过发展难关。关注农业产业。听取和审议葡萄产业发展情况报告，推动葡萄产业持续健康发展。开展《中华人民共和国农民专业合作社法》执法检查，围绕加强示范创建、清理整顿空壳社等工作，提出7项具体任务清单，促进乡村振兴和农民增收。关注规划编制。开展“十四五”规划和二〇三五年远景目标纲要编制情况调研，建议政府完善指标体系，量化目标任务，力争改革发展成果更多更公平惠及人民群众。听取城乡规划年度实施情况报告，支持政府充分发挥规划的调控和引领作用，推动澧水流域中心城市和产城融合新型城镇化示范基地建设。

聚焦财政绩效深度监督。在完成审议预算执行，审查批准县级财政决算、预算调整方案等规定工作的基础上，认真落实《中共中央国务院关于全面实施预算绩效管理的意见》，听取政府财政资金使用绩效评价工作报告，对县文旅广体局整体支出和垃圾发电厂垃圾处理费、城区园林绿化市场养护、殡仪馆建设、乡村振兴战略发展及人居环境整治等专项资金使用绩效开展满意度测评，督促每一笔钱都用在刀刃上、紧要处，用政府“紧日子”换来百姓“好日子”。加大预算联网监督力度，正式连入财政指标系统，实现对全县各单位预算执行情况的实时、全程监督。狠抓审计发现突出问题整改，听取和审议审计工作报告以及审计发现问题整改情况报告，促进县本级财政及4个部门共42个问题整改到位。对问题整改落实情况实行满意度测评，较好解决了屡审屡犯和“一审了之”的问题。

聚焦环境优化持续监督。全面总结前两年评议工作经验，对县发改局等28个政府工作部门开展优化经济发展环境工作评议，打响评议工作收官战。坚持问题导向，成立工业推新、项目推进、依法行政等7个专项评议调查组，全方位、多层次走访调查，收集、发现各类问题108个，被评议部门对交办的问题清单全盘认领、积极跟进，一批交办问题得到有效整改。评议会议首次开展专题询问，对“用工难”“审批慢”等企业和群众反映多、意见大的问题，县直相关部门负责人当面回答、当场表态，使测评更加客观、评议更具实效。

一年来，我们坚持用心用情，立足人民中心，以实际行动回应群众关切。

着眼改善民生民利。紧贴“老有所养、幼有所教”，助推“一老一小”工作再上新台阶。听取和审议老年人权益保障工作情况报告，提出提高优待政策落地速度等5个方面建议，切实维护老年人权益；听取和审议学前教育工作情况报告，多次组织考察调研、代表视察，着力解决入园难、入园贵，截至12月，全县公办幼儿园在园幼儿占比超过50%，较2019年增长26.4个百分点。紧扣生活宜居，持续督办《中华人民共和国城市房地产管理法》和《湖南省物业管理条例》执法检查审议意见的落实，推动部分难点工作和热点问题取得突破，10个问题楼盘和2处安置小区完成办证，39栋影响消防通道畅通的违章建筑被依法拆除。

着重夯实安全基础。开展《中华人民共和国道路交通安全法》执法检查，县人民政府及有关部门积极落实问题整改，致力打造安全稳定的道路交通环境。听取县人民政府安全饮水工作情况报告，确保全县居民喝上放心水。“农产品质量安全行”突出“绿色、优质、健康”主题，对486家农产品生产经营主体信息进行注册、审核，保障人民群众“舌尖上的安全”。“农民健康行”以“加强慢性病健康管理，提高农民健康生活水平”为主题，助推农民群众就医条件改善。

着力推进依法治县。听取“七五”普法工作情况报告，尊重法律、崇尚法治的工作理念进一步深化。继续选取行政执法部门的案件进行评析，对全县具有行政执法职能的28个部门进行全覆盖的案卷质量评查，反馈评查意见138条，监督行政执法部门规范执法。以“提高依法治理能力，助推经济社会发展”为主题开展司法公正常德行活动，各成员单位积极组织“护企暖企”专项行动，为企业发展保驾护航。全面加强备案审查制度和能力建设，严格落实“有件必备、有备必审、有错必纠”，依法审查报送备案的规范性文件9件。积极引导群众依法信访维权，全年接待群众来信来访157人次，及时转办、督办涉法涉诉信访案件55件，有力维护群众权益和社会稳定。

一年来，我们坚持聚心聚力，强化管理服务，以优质工作赢得代表满意。

保障代表高效履职。继续实施代表履职能力培训计划，组织50名县人大代表赴省人大培训基地集中学习，提高代表的法律素质和履职能力。推进代表联系群众工作室建设，在全县19个镇街的村（社区）建立人大代表联系群众工作室88个，代表依托平台积极开展活动、主动为群众排忧解难。落实常委会组成人员集中走访联系代表活动，活动期间收到代表意见建议70条，经梳理甄别、归纳整理，交办10项反映集中的共性问题，现已全部整改落实。坚持邀请代表列席常委会会议、参加执法检查，组织代表开展视察调研、工作评议等各项活动，代表参与常委会工作更加广泛深入。

加强代表监督管理。推进代表述职工作，4名市人大代表、53名县人大代表、39名镇人大代表向原选举单位或原选区选民述职，代表的责任意识进一步增强。健全代表履职管理机制，指导各镇街人大对县人大代表履职情况建档立卡，实现全程量化管理。大力推介代表先进典型，榜样示范作用进一步发挥，尤其是在疫情突发时期，代表们主动作为、无私奉献的动人事迹在各级媒体得到广泛宣传报道。突出典型激励，通报表彰30名县人大代表活动积极分子。严格代表资格审查，依法终止代表资格16名，补选县人大代表11名。

推进代表建议办理。县人大六次会议和闭会期间，共收到代表建议143件，分别交办到34个部门，已全部办结并答复代表，已经解决或基本解决92件，占64.3%，解决率较往年有明显提升。继续开展代表建议办理工作评议，选取5个部门进行代表建议办理工作满意度测评，测评满意率均在90%以上。特别是经过各级代表们的持续鼓与呼，一些利长远、关全局、惠民生的大事、要事、难事取得突破进展，新裕公路提质改造、津澧融合指日可待、高铁时代即将到来。

一年来，我们坚持从严从实，打造良好形象，以务实举措推动自身建设。

把政治建设摆在首位。坚持以党的建设为统领，设立县人大常委会机关党组，推进支部“五化”建设，不断完善组织机构体系，巩固“不忘初心、牢记使命”主题教育成果。强化常委会党组领导作用，严肃党内政治生活，落实意识形态工作责任制，夯实党建基础。全面落实从严治党主体责任，严格贯彻执行中央八项规定精神，坚持不懈纠“四风”、转作风。积极支持纪检监察工作，全力配合县委政治巡察，从严推进各项问题整改落实。

把质效提升作为前提。制定主任会议议事规则，建立健全“两规则七办法”，规范议事程序、提高议事效率。坚持常委会会议“会前学法”制度，组织开展监督法、残疾人保障法等专题法律知识讲座，进一步提升审议能力、增强审议实效。始终把调查研究作为做好人大工作的基本功，深入一线、深入实际，掌握实情、找准问题，真正了解群众所思所盼、解决群众所急所需。各专门委员会围绕城乡垃圾处理一体化运行、农业特色产业发展、就业培训等工作完成专题调研27次，调研成果被县委政府采纳运用。

把配合联动引向深入。主动对接上级人大，配合开展《常德市大气污染防治若干规定》《常德市农村村民住房建设管理条例》立法调研，以及食品安全法、野生动物保护法等执法检查，工作得到上级充分肯定。积极参与全市人大制度理论研讨活动，选送的10篇参评论文有5篇获奖，获奖数量和等级居全市前列。落实联系镇街人大工作机制，定期召开全县人大工作座谈会，推动镇街人大工作与时俱进、创新发展。比如，澧阳街道人大工委全力发动代表助力疫情防控，代表累计捐款35万元、口罩7万多个、消毒液500多公斤；澧南镇人大在10个村（社区）建成代表联系群众工作室，接待群众来访160人次，现场解决问题、化解矛盾；官垸镇人大扎实推行民生实事项目人大代表票决制，经验成效在全市作典型发言；王家厂镇人大深化代表活动，对7个站所开展脱贫攻坚工作专项评议；甘溪滩镇人大组织代表对全镇11个农田水利项目开展集中视察，推动4处损毁设施及时得到修复。

各位代表，回顾过去一年的工作，我们抓紧抓实、守正创新，多项工作取得成效、创出特色。

第一，坚持不懈推进审议意见落实。注重法治原则，突出实际成效，创新开展审议意见落实情况满意度测评。如在国有资产管理审议意见落实情况测评中，因满意度不高，被要求重新办理，促成《澧县行政事业单位国有资产管理暂行办法》《澧县国有资产专项整治实施方案》的出台。

第二，坚持不懈督办“一号议案”决议。持续加力加压助推关于全力保护澧阳平原生态环境决议的落实，组织省市县三级人大代表开展澧阳平原生态环境保护工作集中视察和专题询问，朱家湖、熊家湾、羊湖口等地生态环境整治成效明显，澧阳平原生态环境逐步得到改善，经验做法被《湖南日报》2次宣传推介。

第三，坚持不懈创建省级文明单位。咬定创建目标，机关上下全员参与、共同努力。统筹开展“我们的节日”、道德讲堂、志愿服务等各类活动，文明氛围更加浓厚、创建成效日益凸显。一名机关干部获评“常德市最美志愿者”、一个干部家庭获评“常德市最美家庭”，县人大常委会机关顺利通过省级文明单位考评验收。

第四，坚持不懈创先争优。严格实行目标责任管理，切实强化争先意识，层层压实责任，工作成效不断提升。全市选举任免联络工作联系会、市人大农业委全会等重要会议在澧县召开，岳阳市、益阳市、永州道县等7个市县人大常委会派员来澧县学习交流。2020年度全市人大工作评比，在仅有的三名综合先进中，我们名列前茅，在市七届人大六次会议上得到表彰。

第五，坚持不懈加强乡镇人大工作。深入贯彻实施《湖南省乡镇人民代表大会工作条例》，编印条例解读，努力把条例的规定动作、刚性要求落细落实。开展民生实事项目人大代表票决制试点工作，通过认真制定方案、借鉴外地经验，积极探索、稳步推进。澧南镇、官垸镇、盐井镇人大代表票决的污水处理、高标准农田建设等8个民生实事项目得到群众广泛认可。

各位代表，一年来，常委会各项工作任务的完成、各项成绩荣誉的取得，得益于县委的坚强领导、高度重视，得益于“一府一委两院”的密切配合、大力支持，得益于全体人大代表和常委会组成人员的共同努力、辛勤付出，得益于全县干部群众、社会各界的关心关注、支持信任。在此，我谨代表县人大常委会，向大家表示衷心的感谢和崇高的敬意。

一年来的工作有进步有成效，但我们始终清醒地认识到，对照法定职能、岗位职责，对标县委要求、人民期盼，常委会的工作还有一定差距。主要是：依法监督的实际成效有待进一步增强；审议意见的督办力度有待进一步提高；代表履职的服务管理有待进一步完善；自身建设的严谨规范有待进一步强化，等等。对于这些问题，今后我们将采取有效措施，切实加以改进。

2021年工作安排

各位代表，2021年是中国共产党建党100周年，是“十四五”规划开局之年，也是人大换届选举之年。做好今年的工作，责任重大，意义深远。常委会今年工作的总体要求是：以习近平新时代中国特色社会主义思想为指导，全面贯彻党的十九大和十九届二中、三中、四中、五中全会精神及习近平总书记考察湖南重要讲话精神，始终坚持党的领导、人民当家作主和依法治国有机统一，在县委的坚强领导下，紧紧围绕“扬长补短”发展战略，依法履职、担当作为，为发展社会主义民主政治、推动全县经济平稳健康运行、社会和谐稳定贡献人大力量。根据这一总体要求，常委会将重点抓好以下四个方面工作：

突出政治统领，努力在落实党委决策上展现新担当。

坚定政治方向。把坚持党的领导作为重要政治原则，把贯彻执行党的路线方针政策作为重要政治任务，把坚持在县委的领导下开展工作作为重要政治纪律，进一步深入学习贯彻习近平新时代中国特色社会主义思想，切实增强“四个意识”，坚定“四个自信”，做到“两个维护”。深学笃用习近平总书记关于坚持和完善人民代表大会制度的重要思想，全面担负起宪法和法律赋予的各项职责。

增强行动自觉。自觉维护县委总揽全局、协调各方的领导核心作用，在行使法定职权的过程中，无论是审议重大事项、依法开展监督，还是任免国家机关工作人员，始终坚持向县委请示报告，确保党的各项主张通过法定程序转变为人民意志。主动跟进县委经济工作会议精神，围绕县委决策部署履职行权，为全县改革发展增添动力、减少阻力、凝聚合力。

抓实换届选举。把党的领导贯穿于人大换届选举工作的全过程和各方面，确保换届选举工作在县委的统一领导下依法有序进行。着力优化代表结构，严格把好代表候选人的政治关、素质关，充分保证代表的广泛性、先进性。着重依法依规办事，严格落实换届纪律要求，始终严明政治纪律和政治规矩，确保选举各个环节严格按照法定程序进行。

依法履职行权，努力在服务全县大局上取得新成效。

促进经济高质量发展。听取和审议计划、预算执行、财政资金使用绩效情况报告，为高质量发展把脉助力。严格落实国有资产管理、审计查出问题整改情况向人大报告制度，督促国有资产管理更加公开透明、资金使用更加规范有效。完善预算联网监督工作流程和管理制度，充分发挥查询、分析、预警、服务作用。听取和审议工业园区建设、粮食产业发展情况报告，开展农业特色产业、园区企业用工、文旅康养等工作调研，全面助力“扬长补短”发展战略纵深推进。

推动民生持续改善。坚持以人民为中心，顺应人民群众对美好生活的向往。着眼扮靓“面子”、做实“里子”，开展老旧小区改造工作调研、听取县城区雨污水管网整治工作情况报告。持续关心关爱弱势群体，听取社会救助工作情况报告、开展社区养老工作调研。围绕人民群众生命健康安全保障，听取公共卫生服务体系建设情况报告。坚持主题引领，以“五行”活动作为改善民生的有力抓手，不断巩固扩大活动成果。

筑牢法治建设根基。组织开展《中华人民共和国环境保护法》执法检查，跟进中小企业促进法、农民专业合作社法执法检查审议意见的贯彻落实，突出“法律巡视”监督利剑作用。听取公益诉讼审议意见落实、公安派出所和交警大队执法规范化建设等情况报告，着力营造更加公正高效的法治环境。听取法治政府建设、规范性文件备案审查工作情况报告，开展法律顾问制度落实情况调研，助推全面依法治县。严格对标省、市人大常委会，适时听取县监委相关专项工作情况报告。

提升主体地位，努力在增强履职实效上寻求新进步。

精心组织活动。全面完成代表培训计划，适时启动新当选代表的初任培训和新一届代表轮训。认真做好常委会组成人员联系代表、代表联系选民的“双联”工作，进一步加强代表联系群众工作室的建设和运行。高质量组织市、县人大代表专题调研和集中视察等活动，推进落实“一次调研、一次评议、一次视察、一次述职”的“四个一”代表小组活动。

精细服务管理。加强代表履职监督管理，落实代表履职登记工作，探索开展履职情况公开和履职情况考核通报。认真组织代表述职活动，倡导职务代表带头述职，接受选民或选举单位评议，推动代表积极履职。继续深入挖掘、培育代表先进典型，大力宣传、推介代表先进事迹，激发代表履职热情。

精准督办落实。全力督办关于澧阳平原生态环境保护的“一号议案”决议，确保决议按时办结、落地见效。充分尊重代表意愿，继续加强代表建议撰写指导，把好建议质量关。以提高解决率为重点，落实主任会议成员牵头督办、专门委员会归口督办、联工委协调督办等工作机制，继续开展代表建议办理工作评议，突出办理实效。

坚持强基固本，努力在加强自身建设上续写新篇章。

强化党的建设。坚持党对人大工作的全面领导，认真落实政治机关、权力机关、工作机关和代表机关建设要求，加强政治理论和法律法规的学习培训。切实履行从严治党主体责任，坚持不懈抓好党风廉政建设，严格落实意识形态工作责任制，巩固文明单位创建成果，营造风清气正、心齐气顺的政治生态。

推进效能提升。进一步落实常委会会议“会前学法”制度，组织各专门委员会有针对性开展业务学习，不断提高审议质量。着力督促审议意见落实，加强满意度测评结果运用，切实增强监督的权威和实效。突出调查研究的基础地位，深入基层、深入群众开展调研，推进调研成果转化运用，发挥调查研究最大功能。

加强联系指导。全面贯彻落实《湖南省乡镇人民代表大会工作条例》，加强对镇街人大工作的联系、指导和监督，提升全县人大工作的整体水平。在全县各镇全面推行民生实事项目人大代表票决制，使政府项目成为问需于民、造福于民、取信于民的民生工程。

各位代表，风劲潮涌，自当扬帆破浪；任重道远，更需策马加鞭。让我们高举习近平新时代中国特色社会主义思想伟大旗帜，紧密团结在以习近平同志为核心的党中央周围，在县委的坚强领导下，永葆初心、牢记使命，鼓足干劲、砥砺前行，为再造澧县辉煌作出新的更大贡献，以优异成绩庆祝中国共产党成立100周年！

政府工作报告

——2021年1月21日在澧县第十七届人民代表大会第七次会议上的讲话

县长　王兆铭

县长王兆铭作政府工作报告

各位代表：

现在，我代表县人民政府，向大会报告工作，请予审议，并请各位政协委员和其他列席人员提出意见。

回首“十三五”及2020年：不平凡，不简单

过去的五年是攻坚克难、砥砺奋进的五年，也是快马加鞭、浓墨重彩的五年。五年来，我们在县委的坚强领导下，大力发扬“开放、大气、务实、担当”澧州精神，全力实施“扬长补短”战略，全县经济社会保持良好发展态势，取得重大发展成果。

五年来，我们始终铭记发展是第一要务，推动经济提档升级，综合实力大幅增强。2020年，全县完成地区生产总值393亿元，年均增长7.7%；固定资产投资260.3亿元，年均增长7.9%；地方一般公共预算收入12.5亿元，年均增长5.1%；规模工业增加值年均增长7.8%；社会消费品零售总额176亿元，年均增长10.8%；城乡居民人均可支配收入24158元，年均增长

8.8%。市场主体达到43370家，年均增加4000家。金融机构各类存款余额430亿元，存贷比提高12.8个百分点。县域经济综合实力大幅提升，小康社会全面建成。

五年来，我们始终铭记产业是第一抓手，推动结构调整优化，三次产业持续壮大。三次产业结构调整为15.5∶32.5∶52，二、三产业比重上升3.3个百分点。农业现代化进程加快，省市级龙头企业达49家，国省星级农庄达15家，“二品一标”达99个，被确定为第一批国家农业可持续发展试验示范区，获评中国好粮油行动计划国家级示范县、全国粮油生产全程机械化示范县。粮、油、生猪等大宗农产品生产稳定，粮食生产连续四年被评为全省先进。葡萄、柑橘、茶叶、中药材、水产等高效产业扩规提质。创新创业园建成标准化厂房16.8万平方米，签约入驻率100%，经开区成为省级高新技术产业园区、绿色园区。规模工业企业净增32家，总数达135家；国家高新技术企业净增14家，总数达22家，成功入选全省首批创新型县。“两主一特”产业优势进一步放大，重啤国人税收过5000万元，平安科技获评国家级小巨人企业。东信家居广场、万象金街建成营运，商品房销售面积425万平方米，批发零售、住宿餐饮等传统服务业持续火爆，城头山、彭山景区获批国家AAAA级旅游景区。三产税收贡献率超过68%，湘鄂边消费中心城市地位日益显现。

五年来，我们始终铭记攻坚是第一重任，推动问题系统解决，三大战役成效显著。坚持把脱贫攻坚作为最大的政治任务，45287名建档立卡贫困人口全部脱贫，42个贫困村全部退出。坚持把污染防治作为最大的民生工程，中央、省生态环保督察及“回头看”交办问题全部整改办结，县城区环境空气质量优良率达96.7%，省控水质监测断面达标率100%，森林覆盖率32.9%，建成涔槐国家湿地公园，澧阳平原生态环境保护三年行动计划积极推进。坚持把防范化解政府性债务风险摆在突出位置，全力控增量、化存量，债务风险稳定可控。扫黑除恶、禁赌禁毒取得重大成果，安全生产监管进一步强化，“无上访村（社区）”创建卓有成效。

五年来，我们始终铭记提质是第一期盼，推动区域一体建设，城乡面貌焕然一新。县城建成区面积扩大到35平方千米，人口达到35万人，城镇化率达51.5%。新建改造城区主次干道35条，完成棚改1.86万户，建成临时停车场53个、街头小品21处，沿江风光带、澧州广场、河湖连通工程竣工，城市体量面貌大蝶变、颜值气质双提升，成功创建省级园林县城，国家卫生县城、省级文明县城创建成果进一步巩固提升。澧北干线通车，汽车总站运营，改造农村公路1322千米、危桥133座，自然村水泥路实现“组组通”，获评省级“四好农村路”示范县。中小河流治理、水库除险加固、重点垸堤防治理推进有力，建成高标准农田31.5万亩，新建改造电网2155千米、大中型变电站7座。推动乡村振兴，村庄规划编制实现全覆盖，在全市率先实现城乡垃圾处理一体化，完成农村危改7200多户，改厕2.4万座，拆除空心房2500多栋，建成幸福屋场67个，农村环境综合整治整县推进通过省级验收。持续开展“法治澧州·德行万家”活动，深入整治人情风，城头山镇詹家岗村被评为全国乡村治理示范村，澧西街道向阳社区和城头山镇万兴村、国富村获评全国文明村庄，澧南镇乔家河社区入选中国美丽休闲乡村，大堰垱镇九旺村在全省首届“十佳”村规民约评选中获第一名。

五年来，我们始终铭记改革是第一动力，推动体制机制创新，发展活力有效释放。国家新型城镇化试点取得示范成效，通过国家发改委第三方评估验收。新型农村社会化服务被列为国家中小城市综合改革试点9大经典模式之一。重点领域改革纵深推进，机构改革全面完成，放管服改革、农村综合改革、医疗卫生改革、公车改革、社会信用体系建设取得积极成效。农村承包地确权登记颁证工作被评为全国先进，农村宅基地和集体建设用地房地一体确权登记工作经验、“5321”土地执法模式被全省推介。大力开展“迎老乡、回故乡、建家乡”“澧商澧才”系列活动，先后举办环中国国际公路自行车赛、世界稻作文明论坛、全国考古遗址保护与利用论坛、“中国航天日”科普巡展、全国葡萄学术研讨会等活动，展示开放、包容、大气的澧县形象。

五年来，我们始终铭记为民是第一职责，推动民生不断升温，发展成果全面共享。民生支出占财政一般公共预算支出的比重达74.3%，提高4.9个百分点。完成省市重点民生实事121件。新增城镇就业3.2万人、农村劳动力转移就业超过3万人，获评全省就业工作先进县。城乡居民基本养老保险、基本医疗保险实现全覆盖。特困供养、城乡低保、残疾人“两项”补贴持续提标，被确定为全省“五化”民政重点县和创新实验县。澧州实验学校、九澧初中、新二中、一完小桃花滩分校建成使用，改造义务教育薄弱学校80所，义务教育大班额全部消除，顺利通过“国家义务教育发展基本均衡县”评估验收和省政府“两项督导评估考核”。疾控中心、澧阳血防站搬迁项目投入使用，镇卫生院、村卫生室标准化建设全面完成，累计培养乡村本土医生111名，人民医院、中医医院获评三级医院，两大健康集团挂牌运行。新增全国重点文物保护单位2处，孙家岗遗址获选“十三五”全省十大考古新发现。修缮澧州文庙，省文物考古研究所澧阳平原考古工作站正式启用，工农革命军第四军王家厂暴动纪念碑揭碑，获评第二批全国革命文物保护利用片区重点县。完成第三次全国农业普查、第四次全国经济普查。第七次全国人口普查顺利推进。第三次国土调查工作走在全省前列。国防动员、国防教育、人防建设和民兵预备役工作持续加强，第五次获评全省双拥模范县。机关事务、民族宗教、侨联、残联、老年、方志、档案、慈善、志愿服务等工作取得新进步，工会、共青团、妇联、工商联等群团组织作用充分发挥。

五年来，我们始终铭记作风是第一保证，推动自身效能提升，民主法治有力彰显。“七五”普法教育成效明显，法治政府基本建成，法治澧县建设迈上新台阶。坚持依法科学民主决策，严格落实规范性文件备审制度，不断强化审计监督，自觉接受县人大及其常委会的法律监督、工作监督和县政协的民主监督，办理人大代表建议1061件、政协委员提案596件，综合解决率持续提升。政府系统党的建设全面加强，“两学一做”学习教育常态化制度化，“不忘初心、牢记使命”主题教育扎实开展。驰而不息“纠四风”，会议文件有效压减，考核评比逐步规范，“三公”经费持续下降。35项工作获省市真抓实干表扬激励，县自然资源局被推荐为国务院2020年真抓实干督查激励先进单位。党风廉政建设和反腐败工作扎实开展，政府公信力进一步提升。

刚刚过去的一年，面对疫情、汛情双重考验，我们在县委的坚强领导下，坚持全县一盘棋、上下一条心、拧成一股绳，扎实做好“六稳”工作，全面落实“六保”任务，较好地完成了各项收官和年度发展任务。

这一年，我们勠力同心，干了一些感动人心的大事。面对突如其来的新冠肺炎疫情，我们闻令而动、众志成城，构筑严密防线，牢牢守住湖南疫情防控的“北大门”，疫情常态化防控和卫生应急体系建设受到省政府重点工作大督查通报表彰。面对40年来降雨量第二高值的雨情和历史罕见的汛情，我们全面动员、科学指挥，星夜抢筑北民湖子堤，及时处置澧南管涌群，紧急转移受困群众，打赢涔水大堤保卫战、库坝保安总体战、澧水管涌阻击战等七大战役，全县未溃一堤一垸、未垮一库一坝、未因灾死亡一人，得到省市领导的充分肯定和人民群众的广泛点赞。

这一年，我们逆势奋进，干了一些鼓舞人心的要事。全力推动经济企稳回暖，全年地区生产总值增长4.3%，固定资产投资增长17.8%，规模工业增加值增长6.2%，社会消费品零售总额增长1%，地方一般公共预算收入增长7.1%，城乡居民人均可支配收入增长7%，主要经济指标好于预期、全市排名优于往年。粮食面积和总产实现双增，获评全国阳光玫瑰葡萄标准化生产示范县，“澧县石菖蒲”顺利通过国家农产品地理标志专家评审。第一时间出台“稳企十条”和促进工业企业高质量发展办法，积极落实惠企政策，精心组织暖企活动，规模工业增加值第二季度顺利实现转负为正。万达广场、三科农商城、澧州国际汽车城等引领性项目加快实施，三产档次全面提升。举办“百万红包领不停·美好生活消费季”、直播带货、房交会、葡萄节等活动，消费市场全面复苏，社会消费品零售总额和增速居全市前列。

这一年，我们砥砺前行，干了一些振奋人心的喜事。坚持项目为王理念，大力招商引资、争项争资，全力推进项目建设，全年新引进、新开工、新投产亿元以上项目分别达29个、21个、17个，是近年来力度最大、成效最好的一年。润创电子、冠源制衣、明德禾润、萌恒绣花线等项目竣工或投产，科创产业园、宏申物流设备、小渡口泵站、沅澧快线1号大道和2号大道1标段等项目推进顺利。全年争取到位上级各类补助资金58.6亿元，增长14.3%，其中到位债券资金13.8亿元，总量和增幅居全市前列，有力保障了卫生、教育、文旅等重点项目建设。

这一年，我们迎难而上，干了一些激励人心的硬事。聚焦经济社会发展中的重点难点问题，采取超常手段、过硬措施强力攻坚。出台《园区绩效考核细则》，新澧投公司成立，高新区市场化运营迈出坚实步伐。“两矿”渣山整治顺利通过验收，石煤矿山全面停产整治，集镇污水处理设施实现全覆盖。禁捕退捕成效明显，渔民社保和就业安置工作为全省提供了经验。政府性债务风险防控有力，财政工作获省政府真抓实干表扬激励。完成湖洲管理所等4家经营性事业单位改革，盘活僵尸企业7家，11个小区房屋产权办证难问题有效化解。公路治超成效显著，人民群众反映强烈的超限超载行为得到有效遏制。强化政府资源经营理念，出台《澧县加油站规划和审批管理暂行办法》《澧县行政事业单位国有资产管理暂行办法》。G207新裕公路提质改造取得省交通厅支持，即将开工建设。

这一年，我们坚守初心，干了一些牵挂人心的实事。民生支出达45.2亿元，社保支出达9.8亿元。2430名未脱贫人口全部脱贫，脱贫攻坚收官“大考”满分交卷，县农业农村局被省政府推荐为“全国脱贫攻坚先进集体”。省市重点民生实事全面完成。在全省率先建成县级公共就业服务云平台。农村学校建设三年行动扎实推进，公办幼儿园占比超过50%，高考成绩稳居全市前茅。高标准建成卫生应急指挥中心，乡镇卫生院全科医生、行政村卫生室公有产权建设实现全覆盖，血吸虫病传播阻断达标通过省级验收。改造小街小巷22条、老旧小区64个，成功入选全国新型城镇化补短板强弱项示范县。全面推行“一次办”改革、“一门式”服务，群众办事更加便捷，社保中心服务窗口被授予“全国敬老文明号”称号。成功举办首届全民健身运动会，进一步激发了干部职工干事创业激情。

这一年，我们守稳底线，干了一些顺应人心的好事。深入开展安全生产专项整治三年行动、“强执法防事故”、交通问题顽瘴痼疾集中整治等专项行动，没有发生较大及以上生产安全事故，被评为全省安全生产和消防工作优秀单位。扫黑除恶专项斗争纵深推进，打掉涉黑组织3个、恶势力集团或团伙21个，破获涉黑涉恶案件208起，专项成绩排名全省第一。深入开展重点工程、重点企业、重点园区治安环境专项整治行动，获评全省平安建设（综治工作）先进县。先后化解矛盾积案129件，化解率达92.8%，被评为全省信访工作“三无”县，民调满意率高于全省平均水平。

各位代表！“艰难方显勇毅，磨砺始得玉成”。过去五年特别是2020年，疫情防控责任之重，防汛抗灾压力之大，经济发展挑战之多，世所罕见、前所未有。我们以一往无前的政治勇气和一抓到底的使命担当，实现稳中有进、稳中有为。成绩的取得，源自县委的坚强领导，得益于县人大、县政协和社会各界的监督支持，归功于全县人民的团结奋斗。在此，我代表县人民政府，向为澧县经济社会发展付出辛劳的广大党员干部群众，向各位人大代表、政协委员，向驻澧官兵、离退休老干部，向各人民团体、各界人士和所有关心支持澧县建设发展的同志们、朋友们，表示衷心的感谢！

在看到成绩的同时，我们也清醒地认识到，澧县经济社会发展和政府工作仍然存在一些问题和不足。主要表现为：工业总量不大、增量不多、后劲不足，与高质量发展要求有差距；财政收支矛盾突出，保障能力与现实需求有差距；企业和群众办事还存在卡点，营商环境与先进地区、群众期盼有差距；少数干部斗争精神不强、斗争本领不高、真抓实干劲头不足，与澧州精神的要求有差距。对此，我们将高度重视，采取有力措施，切实加以解决。

展望“十四五”：新起点，新征程

今后五年，是开启全面建设社会主义现代化国家新征程、向第二个百年奋斗目标进军的第一个五年，也是澧县再造辉煌的关键五年。面对新形势，我们必须勇立潮头、奋楫争先。当今世界格局深刻调整，新冠疫情影响深远，不稳定不确定因素明显增多。进入新发展阶段，国家发展仍然处于重要战略机遇期，但机遇和挑战都有新的发展变化。我们要准确识变、科学应变、主动求变，在危机中育先机、于变局中开新局。面对新机遇，我们必须因势利导、乘势而为。当前，中部崛起、长江经济带、洞庭湖生态经济区等战略深入实施，沿海产业向内地加速转移，尤其是津澧融合带来的历史性机遇，必将引领两地资源整合、优势互补、活力迸发，津澧发展前景可期可待。我们要主动融入、抢占先机，把发展机遇转化为发展优势。面对新要求，我们必须策马扬鞭、大干快上。习近平总书记在湖南考察时，勉励湖南打造“三个高地”、践行“四新”使命，从战略和全局高度为我们发展作出科学指引。我们要努力在省委、市委发展战略和区域经济发展格局中找准位置，吹响冲锋号，按下快进键，以高质量发展的新成就谱写再造澧县辉煌的新篇章！

“十四五”发展的指导思想是：坚持以习近平新时代中国特色社会主义思想为指导，深入贯彻党的十九大和十九届二中、三中、四中、五中全会精神及习近平总书记考察湖南时的重要讲话指示精神，全面贯彻党的基本理论、基本路线、基本方略，紧紧围绕统筹推进“五位一体”总体布局和协调推进“四个全面”战略布局，按照省委“三高四新”战略总要求，坚定不移贯彻新发展理念，大力实施“扬长补短”战略，奋力把澧县建设成为常德市域副中心城市、湘鄂边消费中心城市、环洞庭湖融合发展先行区。

“十四五”时期经济社会发展的总体目标是：积极推进津澧行政合并，挺进全国前百强、跃居全省前五席、勇当全市排头兵，实现经济总量、城市品质、乡村建设、人民生活水平“四大跨越”，澧州人民迈入高铁时代。

“十四五”时期的重点任务是：持续提升发展质效。高质量发展体系全面建立，综合实力持续增强。地区生产总值年均增长8%左右，地方一般公共预算收入年均增长9%左右，固定资产投资年均增长10%以上。“两主两特”产业加快壮大，建成一个千亿园区。粮食综合生产能力稳定在50万吨以上。社会消费品零售总额跨越400亿元大关。

持续推进项目建设。全县实施重大建设项目390个以上，总投资2000亿元以上。其中，基础设施项目100个以上，总投资720亿元以上；产业项目140个以上，总投资930亿元以上；生态环保项目40个以上，总投资200亿元以上；社会民生项目90个以上，总投资150亿元以上。

持续协调城乡发展。城乡融合发展取得显著成效，基础设施一体化水平大幅提升，收入差距比进一步缩小，社会保障一体化体系全面建立，常住人口城镇化率跨越60%大关，建成湖南省首批乡村振兴快进县，建成一批省级乡村振兴示范村。

持续改善生态质量。环境管理体系、监管机制、执法体制进一步完善。主要污染物排放总量明显减少，单位GDP能耗和二氧化碳排放明显降低，城区环境空气质量优良率稳定在88%以上，地表水达到或优于Ⅲ类水体比例达95%以上，森林覆盖率达35%以上。

持续增进民生福祉。城乡居民人均可支配收入年均增长10%以上，城镇调查失业率控制在4.5%以内。基本实现教育现代化，劳动年龄人口平均受教育年限达11年以上。卫生健康系统更加完善，基本公共服务均等化水平明显提高，人均预期寿命达到78.5岁。建成应急管理信息化体系。

奋斗新一年：开好局，起好步

2021年是中国共产党建党100周年，也是“十四五”的开局之年，做好今年工作，事关全局、意义重大。

今年政府工作的总体要求是：以习近平新时代中国特色社会主义思想为指导，全面贯彻党的十九大和十九届二中、三中、四中、五中全会精神，坚决落实习近平总书记关于湖南工作系列重要讲话指示精神和中央、省委、市委、县委经济工作会议精神，坚持稳中求进工作总基调，立足新发展阶段，贯彻新发展理念，构建新发展格局，以推动高质量发展为主题，以深化供给侧结构性改革为主线，以改革创新为根本动力，以满足人民日益增长的美好生活需要为根本目的，坚持系统观念和底线思维，更好统筹发展和安全，认真贯彻省委“三高四新”、市委“开放强市产业立市”、县委“扬长补短”战略，突出抓好作风、环境、项目、产业四大关键，扎实做好“六稳”工作、全面落实“六保”任务，推动经济平稳健康运行和社会大局和谐稳定，确保“十四五”开好局，以优异成绩庆祝中国共产党成立100周年。

经济社会发展的主要预期目标是：地区生产总值增长9%以上，地方一般公共预算收入增长8%以上，规模工业增加值增长8.5%以上，固定资产投资增长10%以上，社会消费品零售总额增长10%以上，城乡居民人均可支配收入增长9%以上，城镇调查失业率控制在市定目标以内，完成上级下达的能耗“双控”目标，确保粮食播种面积和产量稳定。

为确保目标任务全面完成，要重点抓好以下九个方面工作：

1.坚持转型升级，培植先进制造新优势。以发展先进制造业为核心，以培育产业集群为重点，久久为功抓项目、夯平台、强帮扶、兴产业，加快打造高质量发展的新引擎。

补齐产业短板。大力培育市场主体，支持重啤国人、新鹏陶瓷、康哲制药、平安科技、萌恒辅料等骨干企业做大做强，培育一批“小巨人”企业，新增纳税过5000万元企业2家以上。坚持抓大不放小，推动小微企业升级壮大，新增规模工业企业15家以上。加快推进重点项目，力争石灰石精深加工、砾石加工、建筑材料循环利用、美鑫五金等12个亿元项目开工建设，博睿绿色智能包装、佳鑫钢化玻璃、台达半导体等10个亿元项目竣工投产。大力提升产业链，围绕“两主两特”产业，编制产业链全景图和现状图，出台“一链一策”提升计划，促进产业链向两端延伸、向高端迈进。清零僵尸企业。

壮大园区平台。优化园区布局，推动高新区调区扩区，着力构建“一园三区”发展格局。抓好特色园、园中园培育，创建一批省级以上示范基地和智慧园区，着力打造“镇园之宝”。加快推进科创产业园建设，建成标准化厂房20万平方米，启动兰韵路、大巷口路建设，完成基础设施投入8亿元以上。加快产城融合，完善各类配套设施，为企业生产和员工生活创造良好环境。进一步优化园区管理体制机制，做强新澧投公司，增强园区承载力和竞争力。

提升帮扶质效。继续实施县级领导、科局长联系企业制度，“一企一策”精准服务，着力解决企业用水、用电、用气、物流等突出问题，帮助企业打通堵点、连接断点、降低成本。全面落实减税降费、援企稳岗政策，积极兑现财政扶持政策，落实好《关于进一步促进工业企业高质量发展暂行办法》，积极倡导“澧县人用澧县造”。建成“金融超市”，力争新增贷款10亿元以上。用好用活工业发展基金，鼓励金融机构在澧拓展业务，缓解企业融资难问题，降低企业融资成本。

2.坚持乡村振兴，打造富饶美丽新农村。坚持农业农村优先发展，以产业发展和人居环境整治为抓手，加快推进农业农村现代化，促进农业高质高效、乡村宜居宜业、农民富裕富足。

注重提升传统农业。扛稳粮食安全政治责任，确保粮食播种面积只增不减，达到125万亩以上。推广超级稻、再生稻、优质稻等高产栽培新技术，扩大订单化生产面积。建设高标准农田9万亩以上，不断提高粮食综合生产能力。稳定油菜播种面积65万亩以上。建好高标准生猪养殖示范基地，保持生猪调出大县地位。培育壮大新型农业经营主体，扶持农业龙头企业拓展社会化服务。

致力做优精细农业。统筹抓好葡萄、柑橘、茶叶、中药材、蔬菜、四大家鱼等高效产业发展。充分发挥葡萄总社、柑橘协会和农民专业合作组织作用，抓好葡萄智慧园、展示馆建设，加快打造一批现代农业产业园。引进培育葡萄、柑橘、中药材加工企业，着力提高产品附加值。支持冷链物流设施建设。加强产销对接，拓宽销售渠道，高标准举办各类特色农产品节会活动，不断扩大澧县农业品牌的知名度和影响力。

加快建设美丽乡村。加强规划引领，开展“多规合一”试点，规范农村有序建房，着力解决乡村“有新房无新村、有新村无新貌”问题。依托高效产业走廊，深耕农旅融合，培育独具特色的农业产业风景线。开展改善农村人居环境整治提升行动，结合“五线”“五区”建设，整合项目和资金，分类打造基础版、升级版、创新版，重点抓好空心房整治、农村无害化厕所改造、生活垃圾处理、污水治理和农业面源污染治理，建设幸福屋场50个、美丽庭院1000个。大力抓好城头山示范片建设，积极创建全国农业产业强镇、省级美丽乡村示范村和特色精品乡村。规范农村集体资产管理，扶持壮大村级集体经济。推行路长制，巩固公路治超成果，争创国家“四好农村路”示范县。坚持“三治”融合，推动形成文明乡风、良好家风和淳朴民风。

巩固拓展脱贫成果。做好巩固拓展脱贫攻坚成果同乡村振兴有效衔接，促进减贫战略和工作体系平稳转型。严格落实“四个不摘”要求，保持现有帮扶政策、资金、力量总体稳定。继续开展常态化监测，持续跟踪脱贫人口收入变化和“两不愁三保障”巩固情况，定期核查，及时帮扶，动态清零。强化易地搬迁后续扶持，确保搬迁群众稳得住、有就业、能致富。发展壮大扶贫产业，抓好就业扶贫，持续巩固脱贫质量。

3.坚持需求带动，提升全面开放新水平。准确把握国内大循环为主体、国内国际双循环相互促进的新发展格局，扩大传统消费，培育新型消费，持续释放需求潜力。

拓展消费业态。大力发展现代服务业，新增规上限上企业13家以上。加快商贸项目建设，确保万达广场、三科农商城、澧州国际汽车城等项目运营，农机大市场、东信家居广场二期等项目落地。办好各类节会展会，发展夜间经济，提升城市商圈人气。积极发展现代物流，建立完善县乡村三级物流配送体系。大力发展电子商务，争创电子商务进农村国家级示范县。发展在线教育、在线医疗、智慧零售、智慧旅游等新业态，提升城乡便民消费服务水平。以全省全域旅游示范县建设为统揽，推进城头山大游客服务中心、农耕文化体验园、青少年拓展基地建设和国家AAAAA级旅游景区创建，抓好天供山森林公园开发。培强彭山景区、涔槐庄园、黄家套旅游度假庄园辐射功能，加快优周岗田园综合体建设，打造生态康养、田园风光新名片。完善社会信用体系，营造放心消费环境。

强化投资拉动。加快重点项目建设，建成沅澧快线2号大道、1号大道接线工程、安慈高速澧县段，完成G207新裕公路提质改造，推进汽车运输综合服务中心建设，积极做好郑高公路项目前期，加快襄常高铁荆州至常德段、松虎航道等重大项目前期准备工作，抓好澧水石门至澧县航道建设。完成小渡口泵站、城市防洪圈、重点垸堤防加固、大中型灌区续建配套及现代化改造等项目建设，抓好水库除险加固、西北部补水、农村安全饮水巩固提升等工程。新建三贤110千伏和玉皇220千伏变电站，改造乔家河110千伏变电站。建成5G基站270个，实现县城区5G网络全覆盖。加快工业互联网、充电桩等基础设施建设。积极推进燃气进乡村。

狠抓招商引资。强化招商引资“一把手”责任，营造全员招商浓厚氛围。完善招商考核办法，重点考核项目履约率、开工率、资金到位率，全年到位内外资总额110亿元以上，引进亿元产业项目20个以上，其中“三类500强”项目2个以上。持续开展节会招商，发挥驻点招商联络处和异地商会作用，办好“迎老乡、回故乡、建家乡”系列招商活动。紧盯龙头企业、总部经济开展产业链招商。积极承接京津冀、长三角、粤港澳等重点区域产业梯度转移。深入推进委托招商、以商招商，加强与金荣集团合作，大力引进优质企业落户科创产业园，确保租售率100%、入驻率80%以上。

全力争项争资。深入对接上级政策导向，精准策划、包装、论证、申报项目，力争更多的项目进入国、省“十四五”项目笼子，为基础设施建设提供有力保障。加大汇报衔接力度，确保争资占全市1/7以上。

扩大对外开放。落实税收优惠政策，出台鼓励开放型经济发展办法，新增外贸实绩企业5家以上，全年进出口总额增长15%以上。积极申报建设园区外贸综合服务中心，大力引进外贸综合服务企业和生产型企业。支持企业自营出口，促进破零倍增和业绩回流。培育葡萄、蔬菜出口基地，引导农业企业拓展海外市场。

4.**坚持创新驱动，释放加快发展新动能**。积极开展创新型县建设，增强改革创新在经济社会发展中的支撑作用。

加强创新能力建设。加大研发投入，确保科技支出占一般公共预算支出比重达1.4%以上，全社会研发投入占GDP比重达2.5%以上。加大高新技术企业和科技型中小企业培植力度，新认定高新技术企业10家以上，科技型中小企业达到30家以上。支持企业增强自主创新能力和竞争力，争创省长、市长质量奖。完善创新创业服务平台，抓好“潇湘要素大市场”澧县站建设。支持企业建设行业研究院、产业技术创新联盟和自主研发机构，力争新增省级重点实验室、工程技术研究中心、星创天地各1家。

培育引进创新人才。坚持用事业造就人才，用环境吸引人才，用制度激励人才，用规章保障人才，加快打造人才聚集的“强磁场”。采取“不求所有、但求所用”的柔性引才方式，吸引各类人才来澧发展，建设澧县智库。加大各类优秀人才培养力度，深化职业教育产教融合，培育本土技能人才，稳定基层实用人才。持续开展“澧州工匠”评选活动，营造尊重劳动、尊重知识、尊重人才、尊重创造的浓厚氛围。

推动科技成果转化。加大科技成果转化资金投入，继续协助开展“智汇洞庭·科创常德”科技成果转移转化澧县专场活动。积极为企业与高校、科研院所、院士专家团队牵线搭桥，推动产学研深度融合，签订科技合作协议10项以上。加强知识产权保护，力争规模工业企业发明专利申请400件以上。加强知识产权运用，优化知识产权质押融资服务。

创新管理体制机制。实行零基预算，完善政府采购管理、国库集中支付制度，建立财政审计联动机制，推动审计全覆盖，促进预算绩效管理落地见效。强力推进国有资产专项清理整治，确保国有资产保值增值。深化供销合作社综合改革。抓好农村土地“三权分置”、农业综合执法改革，积极探索宅基地管理制度改革。推进土地、劳动力、资本、技术、数据等要素市场化改革。

5.**坚持融合引领，树立城镇发展新标杆**。抢抓津澧融合历史性机遇，全力推进全国新型城镇化补短板强弱项示范县建设，加快打造常德市域副中心城市。

加速津澧融合。坚持规划引领，严格按照《津澧新城总体规划》，加强与津市对接合作，加快打造津澧融合发展核心区。积极推进“五横两纵”骨干路网建设，加强水、电、路、气、管网等基础设施配套，重点抓好津澧大道供水管网东延、桃花滩片区开发等项目建设。推进津澧两地教育、医疗、交通等公共服务深度融合。

加快城市提质。完善城区路网，完成澹水西路、体育馆路、卢家河路、蜚云塔路等道路建设，改造老街老巷10条。完成17个片区老旧小区改造。引进智慧停车系统，建成万寿宫停车场，着力解决停车难题。加快推进城市森林花园建筑试点。建好澧水外滩公园。推行海绵城市建设。开展城市“微改造”，打造一批小微公园、街头小品。强力推进城区污水管网综合整治“两年行动”，完成东部城区污水管网建设和县城区黑臭水体整治。积极谋划高铁新城。

加强城镇管理。积极推动智慧城市建设，提高科学化、精细化、智能化管理水平。推行社区网格化管理，加大卫生秩序、交通秩序、经营秩序常态化管控力度。狠抓“两违管控”，积极推进交地即交证、交房即交证，完善住房市场体系和保障体系。建立物业管理联席会议制度，理顺物业管理机制，确保小区有人管、管得住、管得好。全面规范县城区路牌门牌。抓好全国文明城市创建和国家卫生县城迎复检工作。优化公交线路，积极推动城乡客运一体化。重视和支持中心集镇、特色小镇和边界镇、口子镇建设，提高集镇文明卫生管理水平。

6.**坚持绿色发展，建设生态宜居新家园**。把保护和修复生态环境摆在压倒性位置，加快绿色转型发展，全力打造人与自然和谐共生的绿色家园。

加强生态系统保护。统筹推进山水林田湖草系统保护，大力创建全省生态文明建设示范县，确保34个考核指标全部达标。着力保护珍贵的文化遗存和生态资源，确保澧阳平原生态环境保护三年行动计划圆满收官。加强湿地保护修复，积极推进小微湿地建设、退化湿地修复、退耕还湿等工程。突出耕地保护，强力整治农村乱占耕地建房问题。深入开展“绿色澧州”三年行动，推行林长制，加大野生动植物保护力度，提高生物多样性。

深化环境治理修复。深入打好污染防治攻坚战，认真开展突出环境问题排查整改“回头看”。持续开展“五个专项整治”，确保县城区环境空气质量优良率稳定在88%以上。坚决落实“十年禁渔”重大任务，持续巩固禁捕退捕成果。深化河湖长制，强化饮用水源地保护、集镇污水处理设施运营管理，确保水环境质量持续改善。加强固废危废规范化处置监管，开展矿山整治修复，严格土壤污染管控与治理，依法完成19家石煤矿山停产、关闭和生态修复任务。

推动绿色低碳发展。加快淘汰落后产能，推行重点行业和重点领域清洁生产、绿色化改造，加强重点耗能企业节能管理。大力推广装配式建筑。推进水产健康养殖，抓好畜禽粪污、秸秆、建筑垃圾等废弃物资源化利用。推行生活垃圾分类，规范餐厨垃圾收集转运体系。倡导简约适度、绿色低碳生活方式，鼓励支持绿色出行，坚决制止餐饮浪费行为。

7.**坚持民生为本，顺应美好生活新期待**。牢固树立以人民为中心的发展思想，不断健全基本公共服务体系，办好省市民生实事，解决好群众的各项急难愁盼问题。

健全社会保障体系。落实就业优先政策，促进重点群体就业。全力推广“澧州好工作”公共就业服务云平台，加强职业技能培训，新增城镇就业5500人、农村劳动力转移就业5800人以上。大力推进全民参保计划。稳步提高城乡低保标准和救助水平，做好特困群体兜底保障。提升社会救助、养老服务、儿童福利、慈善事业等工作水平，做好澧县残疾人康复托养中心运营。深入开展根治欠薪专项行动，保障农民工合法权益。

办好人民满意教育。优化教育资源供给，推动义务教育优质均衡发展。实施新一轮学校建设三年行动计划，推进城区学校扩容提质，确保芙蓉学校建成招生。推动高中学校多样化发展，基本消除普通高中大班额。加强公办幼儿园建设和普惠性幼儿园管理。支持职业教育、民办教育、特殊教育发展，加强校外培训和托管机构管理。重视青少年身体素质和心理健康教育。加强师资队伍建设，减轻中小学教师负担。

推进健康澧县建设。抓好健康澧县规划体系和工作体系建设。加强“三医联动”，推动以治疗为中心向以健康为中心转变，为全县人民提供全方位全周期健康服务。完成三人民医院整体迁建。完善公共卫生“五大中心”功能，提升卫生应急能力。加强医疗人才队伍建设，纯正医德医风，抓好乡村医生培养和管理。坚持中西医并重，传承发展中医药事业。抓好血吸虫病消除达标工作。推进红十字会、计生协会改革，关心关爱特困计生家庭。发展老龄事业，保障老年人权益。

加快打造文化强县。加强文艺精品创作，深入挖掘传承稻作文化、州府文化和红色文化，弘扬澧州精神，传播澧州声音。抓好文化遗产的传承和保护，启动多安桥抢救性修缮工程，争创国家文物保护利用示范区。推进文化惠民活动，做好公益演出进基层工作。推动文旅融合发展，讲好故事、谋好项目、做好产品，重点抓好澧州古城建设，提质升级红色旅游景点。积极争创全国全民运动健身示范县。

统筹发展其他事业。坚持财力向基层倾斜，镇街公务费年保障标准平均提高20万元，村社区运转经费平均提高3万元，严格落实提高乡镇机关事业单位人员工资收入相关政策。扎实推进第七次全国人口普查。加大殡葬改革力度，倡导厚养薄葬和节地生态安葬。做好革命老区工作。加强退役军人和重点优抚对象服务教育管理，做好国防动员、国防教育、民兵预备役等工作。支持工会、共青团、妇联等群团组织工作。做好物价、方志、档案、气象、人防、科协等工作。

8.**坚持常抓严管，开创安全稳定新局面**。把安全发展贯穿到经济社会发展的各领域和全过程，建设更高水平的平安澧县。

抓好常态化疫情防控。严格“外防输入、内防反弹”措施，落实落细常态化疫情防控“三嵌入两闭环一纳入”防控措施。强化网格化管理，筑牢联防联控、群防群控工作体系。严格人员管控、医院管理、冷链物流检疫等工作，加强物资、技术储备，提升应急处置能力。实时监测疫情动态，及时完善防控策略和应对举措，持续巩固新冠疫情防控成果。

防范化解重大风险。落实隐性债务化解措施，坚决遏制增量，妥善化解存量，平滑缓释债务风险。积极争取地方政府债券资金，规范政府专项债券管理。建立健全平台公司现代企业制度，拓展经营范围，提高经营效益。优化金融生态环境，依法打击和处置非法集资，积极稳妥防控涉众型非法经营稳定风险，维护区域金融稳定。

全力守稳安全底线。大力推进安全生产专项整治三年行动，加大交通问题顽瘴痼疾整治力度，深入排查整治风险隐患，建立健全问题隐患和制度措施两个清单，有效防范和遏制一般事故，坚决杜绝较大及以上事故。扎实开展安全生产“打非治违”，坚决杜绝非法违法生产行为，积极推进安全生产标准化建设，确保高危行业领域标准化创建全覆盖。

维护社会大局稳定。推动扫黑除恶常态化，打好禁毒人民战争，集中打击突出违法犯罪活动，不断提高安全指数。坚持和发展新时代“枫桥经验”，完善信访制度，推进人民调解组织建设，从基层和源头化解矛盾纠纷。严防严控食品药品和农产品质量安全风险，加快创建省级食品安全示范县。统筹抓好防汛抗旱、动植物疫病防控、防震减灾、消防、森林防火等工作。

9.**坚持永葆初心，展现奋发作为新形象**。牢记初心使命，尽心履职尽责，甘当为民服务孺子牛、创新发展拓荒牛、艰苦奋斗老黄牛，努力建设人民满意政府。

强化政治自觉。旗帜鲜明讲政治，增强“四个意识”，坚定“四个自信”，做到“两个维护”。严守政治规矩，坚决响应党中央的倡议，坚决执行党中央的决定，自觉在思想上政治上行动上同以习近平同志为核心的党中央保持高度一致。全面履职尽责，不折不扣贯彻落实党中央国务院、省委省政府、市委市政府和县委的决策部署。

强化民本情怀。坚持人民至上，站稳人民立场，做到重大决策依民而定，工作措施依民而出。践行群众路线，深入基层、深入一线，及时深切感受群众需求变化。高度重视群众诉求，认真做好县长热线来电来访办理工作，实行受理、办理、督办、反馈、回访“一站式”服务，着力解决老百姓操心事、烦心事、揪心事，不断增强人民群众获得感、幸福感、安全感。

强化法治思维。坚决维护宪法法律权威，严格落实行政执法“四项制度”，持续深化法治政府建设。依法接受县人大及其常委会法律监督和工作监督，执行县人大及其常委会决议决定，自觉接受县政协民主监督，认真办理人大代表建议和政协委员提案，积极听取和采纳工商联、人民团体、无党派人士意见建议。

强化执行能力。大力推行“六步工作法”，形成推动工作落实的完整闭环。落实清单化管理和红黄牌警示制度，提高政府系统工作效能，推动各项重大决策部署加快落地见效。健全容错纠错机制，为担当者担当、为负责者负责；大力推动创先争优，树立奖优罚劣工作导向，充分调动干部干事创业的积极性、主动性和创造性。

强化政务服务。大力深化服务型政府建设，全面提升政务服务效能。加快政府职能转变，当好服务企业和群众的“店小二”。推进“一件事一次办”改革和“一门式”服务，加快打通数据壁垒，推动更多事项就近办、刷脸办、掌上办。持续精准纾困解难，帮助群众解决在中介服务、办事环境、便民生活等方面遇到的难题，着力打造“办事不求人”的环境。

强化廉政建设。严格落实从严治党主体责任，认真履行党风廉政建设责任制。持续整治形式主义、官僚主义，大力倡俭治奢，压减一切不必要的政府投资和行政开支，以政府的“紧日子”换取老百姓的“好日子”。坚决查处重点领域和群众身边腐败问题，树立政府系统清正清廉的良好形象。

各位代表！梦想照亮前方，奋斗正当其时。让我们在县委的坚强领导下，同心同德，锐意进取，真抓实干，为加快实施“扬长补短”战略、再造澧县辉煌而努力奋斗！

中国人民政治协商会议澧县第九届委员会常务委员会工作报告

——2021年1月20日在政协澧县第九届委员会第七次会议上的讲话

县政协主席　金贤松

县政协主席金贤松作政协常委会工作报告

各位委员、同志们：

我代表中国人民政治协商会议澧县第九届委员会常务委员会，向大会报告工作，请予审议，并请列席会议的同志提出意见。

2020年工作回顾

2020年，是“十三五”规划收官之年，是全面建成小康社会和脱贫攻坚决战决胜之年，是应对新冠肺炎疫情的大考之年。在中共澧县县委的坚强领导下，县政协常委会坚持以习近平新时代中国特色社会主义思想为指导，全面贯彻中央和省委、市委、县委政协工作会议精神，牢牢把握专门协商机构性质定位，紧紧围绕县委县政府的中心工作，在建言资政和凝聚共识上双向发力，全面履职，积极作为，为加快推动全县高质量发展贡献政协智慧和力量。

一年来，我们始终坚持政治引领守初心，扛牢新时代践行者的政协使命。

强化理论武装。把学习贯彻党的创新理论作为思想武装的重中之重，进一步落实党组理论中心组引领学、常委会议专题学、机关干部会议交流学、委员培训集中学等理论学习制度。全年举办各类学习活动80余场次，深学细悟中共十九大和十九届二中、三中、四中、五中全会精神，习近平总书记关于加强和改进人民政协工作的重要思想、习近平总书记在湖南考察时的重要讲话精神以及《习近平谈治国理政》第三卷等内容，增强“四个意识”，坚定“四个自信”，做到“两个维护”。

强化党的领导。坚持党对政协工作的全面领导，落实县委会同县政府、县政协制定年度协商与监督工作计划制度。严格执行重大问题请示报告制度，全年就重点工作安排向县委做6次专题汇报。完善党建组织体系，报请县委批准设立县政协机关党组，形成“政协党组—机关党组—机关党总支—机关党支部、老干部党支部”党建组织体系。全会期间设立临时党组和临时党支部，委员培训期间设立临时党支部，实现党的组织对党员委员全覆盖，党的工作对政协委员全覆盖。去年11月18日，作为全省4个优秀区县市政协代表之一，澧县政协在“省政协系统党的建设工作座谈会”上做交流发言。

强化主体责任。坚定不移压实管党治党主体责任，制定出台党风廉政建设责任制工作要点，组织开展集中整治形式主义官僚主义专项整治行动，扎实开展例行谈心谈话和“两同时”谈话572人次，积极配合县委第三巡察组对县政协办政治巡察，营造风清气正的政治生态。坚持把意识形态工作抓在手上、落实在行动上，专题研究落实意识形态工作责任制，建立意识形态工作分析研判机制，加大政协舆情管控力度，牢牢把握意识形态工作的领导权和主动权。

一年来，我们始终坚持突出主业助发展，找准新时代推动者的政协定位。

政治协商有高度。把助推全县经济高质量发展作为政协履职的重要着力点，围绕工作重点、发展难点和落实堵点，精心选题、精深调研、精准建言。先后就农村安全饮水、规范矿山管理、农村建房和墓地管理进行全会协商；解决城区房屋产权办证难进行常委会议协商；科学编制澧县“十四五”规划、加强国有（集体）资产归集管理进行主席会议协商，形成的建议案与上级决策部署不谋而合，县委政府高度重视，相关部门认真办理，对部分集镇自来水管网进行提质改造，新建杨花桥水厂；在全市率先完成《砂石土矿专项规划》，砂石土矿整治压减比例居全市第一，19家石煤矿山全部关闭；出台《澧县宅基地管理改革和规范农村村民建房工作实施方案》，压实工作责任；县长亲自部署化解房屋产权办证难问题，7名县级领导分别包联12个问题楼盘，一周一调度，启动“交房即交证”改革试点；召开高规格会议部署国有资产专项清理整治工作，县委书记任专项清理整治工作组第一组长、县长任组长。同时，相关专委会、处组还围绕加大农村安全饮用水水源地保护、发展外向型经济、中药材产业发展、公共卫生服务体系建设、生猪产业健康发展等，开展对口协商、界别协商，形成一批有价值的建言成果。

民主监督有力度。聚焦县委决策部署落实落地，组织开展协商式监督。开展委派民主监督小组监督，以助推县委“扬长补短”战略落实为主题，组建6个民主监督小组，分别对县高新区、发改局、商务局、工信局、自然资源局、文旅广体局等6个单位进行“一对一”监督。各监督小组坚持监督与支持并重，认真履行监督评议职责，扎实推进监督工作，走访企业50多家，调研座谈30多场次，提出监督建议20多条。召开民主监督评议会开展小组点评、民主测评和集中交办，将政协民主监督意见转化成县委县政府工作部署和要求。同时，规范特约监督员监督，向10个单位委派特约监督员41名，政协民主监督的针对性、实效性进一步增强。

参政议政有温度。把提案作为推动解决重点民生问题的抓手，努力在提高提案质量、办理质量和服务质量上下功夫，出台《政协澧县委员会提案工作实施细则》《政协澧县委员会关于提高提案质量的实施办法》，完善党政领导领衔办理提案机制，强化提案督办，开展建议案、重点提案民主评议等，推动提案有效办理。县政协九届六次会议共征集提案122件，并案后交办83件，办复率100%。聚焦食品药品安全监管、农村安全饮水、城乡垃圾一体化处理等开展常委会议、主席会议视察。引导委员深入基层，广泛收集民意，积极反映民情，在政协云上"微建议"。全年收到社情民意信息183条，审核受理微建议211条，通过编报、交办，有效推动事关人民群众切身利益问题的及时解决，28条微建议被省政协收录到政协云工作案例库。

一年来，我们始终坚持服务大局善作为，彰显新时代参与者的政协担当。

积极投身疫情防控、防汛一线。面对突如其来的新冠肺炎疫情，县政协第一时间响应中央和省委、市委、县委号召，成立疫情防控领导小组，安排部署防控工作，第一时间发出倡议。政协主席会议成员按照县防控指挥部统一部署，深入镇（街道）、村（社区）、企业，坚守防控前哨，现场指挥督导，织严织密基层防控"安全网"。政协机关干部下沉一线，投身社区及居民小区防控工作，做好卡口值守、人员排查、政策宣传、物资保障等工作。广大政协委员秉持为国履职、为民尽责的情怀，主动以各种方式为战"疫"贡献智慧和力量，捐款捐物近350万元。面对历史罕见的汛情，主席会议成员和政协机关干部职工，闻"汛"而动、主动出击、全员参与，奋战涔水大堤保卫战第一线，以实际行动彰显政协责任与担当。

积极助力决战决胜脱贫攻坚。坚决落实中央和省市县委决策部署，聚焦脱贫攻坚，深入开展"双助双行动"，积极参加"湖南政协人助力巩固脱贫攻坚成果万户帮扶行动"，全县各级政协委员和机关干部共组成94个帮扶小组，结对帮扶94个贫困户，采取主席会议成员联点包镇、全县政协系统上下联动、帮扶小组挂图作战等举措，为决战决胜脱贫攻坚出智出力。主席会议成员和政协机关联系帮扶的6个贫困村和4个非贫困村，基础设施不断加强，人居环境日益改善，脱贫成果持续巩固。

积极服务重点项目建设。按照县委统一部署，牵头抓好现代商贸与金融专项小组工作，配合做好生物医药与健康食品、交通物流、智能制造、新型建材与家居等专项小组工作，协调推动政策落实，协调督促项目落地。县政协牵头负责的重点项目达到预期，总投资30亿元，第一期投资12亿元的三科农商城主体工程已封顶；投资10亿元的澧州国际汽车城正抓紧建设。以"助力化解疫情影响，助推'扬长补短'战略落实"为主题开展委员走访月活动，引导企业界委员安全稳妥做好复工复产工作，动员职务委员立足本职岗位落实落细惠企政策，力所能及地帮助委员企业解决了物流、用工、融资等一批实际困难，协助县委县政府做了一些强信心暖人心的工作。

一年来，我们始终坚持团结民主增共识，汇聚新时代奋进者的政协力量。

促进合作共事。发挥人民政协作为实行新型政党制度重要政治形式和组织形式的作用，邀请工商联、人民团体和无党派人士参与政协开展的重点协商课题调研、委派民主监督小组、主席会议视察等重大履职活动，积极为他们参政议政创造良好条件。工商联、人民团体全年共提交提案12件，反映社情民意信息和微建议48条。

深化团结联谊。积极配合省、市政协来澧县开展落实社会保障兜底扶贫政策、建立解决农村相对贫困的长效机制、加强乡村人才队伍建设、推动乡村振兴、粮食安全生产等课题调研视察。注重加强与住澧市政协委员的联系服务，邀请住澧市政协委员列席重要会议、参加重要活动。密切与各地政协的横向交流，先后有张家界市、钟祥市、东安县等地政协11批次来澧县考察交流。有计划地带着课题走出去，到省内外和周边地区考察学习，交流工作经验，启发工作思路，加强互助协作。密切同港澳台同胞和海外侨胞的团结联系，注重发挥人民政协在团结民族宗教界人士中的独特作用，定期开展民族宗教界委员界别活动，为促进民族团结、宗教和睦、社会和谐作出了积极贡献。

强化文史宣传。坚持以文化人、以史资政，协助省、市政协广泛征集“抗击新冠肺炎疫情”“亲历扶贫”和“常德古建筑”等文史资料，报送优质文史资料11篇，古建筑图片20余张。樊哲富委员撰写的《心路》被省政协《亲历扶贫》编辑部采用，胡祖新委员8年支援50名残障儿童先进事迹被文史博览报道，有效推介澧县的先进典型。加强新闻宣传工作，抓好政协云、政协网站、微信公众号等宣传阵地建设，制作年度履职纪实专题片，在县级以上媒体发表各类新闻稿件多篇，被省政协评为宣传工作先进单位，进一步讲好澧县发展的故事、协商民主的故事、政协委员的故事。

一年来，我们始终坚持提升素质强队伍，展现新时代奔跑者的政协形象。

强化委员责任担当。全会期间，邀请省政协研究室副主任廖鸿兵以培养“责任型委员”为题，对全体县政协委员进行集中培训；组织95名县政协委员分两期到韶山干部教育学院进行红色教育和业务培训，提升履职能力。完善《委员履职工作规则》《委员履职评价细则》，强化委员管理，暂停4名同志履行委员职责，撤销1名委员职务，督促委员做好“委员作业”。涌现出李宗贵、姜守云、王怀霞、邓杰、孙日东、吴生明、李孟丽、曹永霞、赵明、覃艳等一批履职尽责、爱岗敬业、引领发展、热心公益的先进典范，他们以实际行动展现新时代委员的靓丽风采。

发挥处组基础作用。继续坚持主席会议成员、专委会联系政协处组制度。推进镇（街道）政协联络处规范化建设，全县19个镇（街道）联络处全部做到“六有”。落实处组履职经费保障，优化处组工作绩效考核，组织镇（街道）政协联络处年度述职，充分调动处组工作积极性。各镇（街道）政协联络处和县直政协工作组充分发挥各自优势履职尽责，紧贴中心助力添彩。如东镇、澧浦街道、大堰垱镇等镇（街道）政协联络处聚焦发展热点、难点调研考察，积极为党委政府出谋划策，为群众排忧解难，履职成效明显。农业、经济综合、教育、祖统、商贸、工业等县直政协工作组围绕产业发展、民生热点问题开展界别协商和对口视察，医卫组积极参与疫情防控，做最美逆行者，受到社会好评。

提升机关服务水平。全面从严要求政协机关干部，积极支持派驻县委办纪检监察组履行职能，组织机关干部职工开展“不忘初心·传廉声”诗词朗诵、赴芷江开展理想信念教育等活动，营造风清气正的良好政治生态。选调优秀青年干部充实机关力量。发挥专委会基础作用，将全体政协委员按界别划入6个专委会，由专委会联系界别委员开展履职活动，组织专委会向常委会议述职。修订完善内部管理制度，坚持用制度管人管事，机关工作更加规范，运转更加高效。抓细抓实文明机关创建，深化文明单位创建成果。组队参加全县首届全民健身运动会，集体荣获“体育道德风尚奖”，赛出了政协人的精神风貌。

各位委员、同志们，过去一年极不容易、极不平凡，取得这样的成绩，是县委高度重视的结果，是县政府及社会各界大力支持的结果，是政协各参加单位和广大政协委员倾情付出的结果。在此，我代表政协澧县第九届委员会常务委员会表示衷心的感谢！

回顾一年来的履职实践，我们深切体会到：

——做好新时代人民政协工作，必须始终坚持党的全面领导、担负起政协党组的政治责任。坚持把加强党的领导贯穿政协工作的全过程和各方面，自觉在县委领导下履行职能、推进工作，注重发挥县政协党组把方向、管大局、保落实的重要作用，确保人民政协事业坚定正确的政治方向。

——做好新时代人民政协工作，必须始终坚持围绕中心服务大局、与党委政府同频共振。坚持把围绕中心、服务大局作为政协工作的主题主线，找准县委县政府正在谋划的重大问题、正在实施的重要战略、正在推进的重点工作，深度调研、广泛议政、有效监督，做到县委想什么、政协议什么，政府抓什么、政协帮什么。

——**做好新时代人民政协工作，必须始终坚持在履职中创新、在创新中履职**。坚持在传承历届政协成功经验的基础上，紧跟时代发展步伐，建立完善一系列工作制度，探索一些新方法，打造一些新亮点，推动社会主义协商民主在澧县的生动实践。

——**做好新时代人民政协工作，必须始终坚持强化委员责任担当、发挥委员主体作用**。坚持发挥广大政协委员在本职工作中的带头作用、在政协工作中的主体作用、在界别群众中的代表作用，努力使政协工作与时代同步、与党政合拍、与群众共鸣。

回顾一年的工作，我们也清醒地看到工作仍然存在一些薄弱环节和不足之处。主要是：建言资政的针对性还有待增强，一些涉及全局性前瞻性的问题需要看得更准、想得更深、谋得更实；加强思想政治引领、凝聚共识的方式方法还需要进一步探索；界别特色优势和作用的发挥还不够充分，等等。我们必须坚持问题导向，在今后的工作中认真研究解决。

2021年工作任务

2021年，是中国共产党成立100周年、“十四五”规划开局之年、现代化建设进程中具有特殊重要性的一年，也是县政协承上启下的换届之年。县政协工作总体要求是：以习近平新时代中国特色社会主义思想为指导，全面贯彻中共十九大和十九届二中、三中、四中、五中全会精神，坚决落实习近平总书记关于湖南工作系列重要讲话指示精神和中央、省委、市委、县委经济工作会议精神，立足新发展阶段，贯彻新发展理念，构建新发展格局，推动高质量发展，认真贯彻省委“三高四新”、市委“开放强市产业立市”、县委“扬长补短”战略，紧扣“作风、环境、项目、产业”四大关键，扎实做好“六稳”工作、全面落实“六保”任务，忠诚履职、务实履职、创新履职，为助推澧县“十四五”良好开局作出政协贡献，以优异成绩庆祝中国共产党成立100周年。

（一）坚持把强化党建引领作为“主轴”，在政治站位上提升新高度。始终坚持党对政协工作的全面领导，确保政协工作沿着正确的政治方向前进。强化政治理论学习。制定年度学习计划，健全学习制度，通过党组理论学习中心组集中学、党组会议、主席会议、常委会议专题学和委员培训班等形式，深刻领会《习近平谈治国理政》第三卷和中共十九届五中全会精神，深入贯彻习近平总书记考察湖南重要讲话精神，持续在学懂弄通做实上下功夫。推进政协党的建设。充分发挥政协党组在政协工作中把方向、管大局、保落实的政治责任，自觉把政协工作置于县委的坚强领导之下，严格执行重大事项报告制度，始终聚焦县委决策部署和中心任务，主动担当作为，不缺位、不错位、不越位。认真落实意识形态工作责任制，坚持党管宣传、党管媒体，加强对政协云、政协网站、微信公众号等宣传阵地管控，牢牢把握意识形态工作的领导权和主动权。切实压实党风廉政建设责任，驰而不息深化作风建设，营造风清气正的政治生态。巩固拓展学习成果。巩固提升习近平总书记关于加强和改进人民政协工作的重要思想学习研究成果，提请县委出台新时代加强和改进人民政协工作的实施意见，推动中央和省委、市委、县委关于政协工作的部署要求在澧县政协落地生根。

（二）坚持把服务中心大局作为“主线”，在助力发展上做出新贡献。充分发挥人民政协作为专门协商机构作用，聚焦县委县政府中心任务履职尽责，做到党委有号召，政协有行动。找准政治协商重点。把助推“十四五”高质量发展作为协商议政的重中之重，年内围绕公路养护、小区物业管理、澧县人用澧县造，组织开展1次常委会议协商和2次主席会议协商。发挥政协专委会作用，以处组为基础、界别为依托，组织开展6次对口协商或界别协商，促进问题解决，回应民生关切，助力高质量发展。增强民主监督实效。把2021年确定为“政协重要履职成果监督回访年”，采取跟踪回访、现场视察、民意调查等形式，对本届政协履职成果的转化落实情况进行“回头看”，努力促成协商建言成果更好地转化为县委县政府的决策部署。进一步深化民主评议、特约监督等工作。积极运用提案、社情民意、微建议等形式开展经常性监督。加大参政议政力度。紧紧围绕县委十二届八次全体（扩大）会议和县委经济工作会议提出的目标任务、确定的重点工作，坚持问题导向、需求导向，主动对标对表，有针对性地开展调研活动，通过调研报告、建议案等形式，建睿智之言，献务实之策。充分考虑委员行业特点、专业优势和履职意愿，通过视察考察、座谈研讨、情况通报等，积极参政议政，为县委、县政府科学决策提供参考。

（三）坚持把增进民生福祉作为“主旨”，在恪守初心上展现新作为。贯彻落实以人民为中心的发展思想，努力为保障和改善民生献计出力。做深提案工作。把数量适度质量为要的理念强起来，不调研不提案。严格立案标准，加大审查力度，倒逼提案质量提升。强化跟踪督办，深化民主评议提案工作，让提案真正发挥改善民生福祉的作用。做细反映社情民意信息工作。充分发挥政协云平台优势，抓好信息员队伍建设，完善社情民意信息收集、整理、编报、跟踪反馈、考核激励等机制，鼓励政协委员更多更好的反映社情民意。做实微建议工作。加强微建议、微协商、微监督“三微”联动，推动委员微建议办理取得实效，让百姓有实实在在的获得感。大力推动和支持委员及社会各界参与乡村振兴、帮困济弱、捐资助学等公益活动。组织有专长的委员，开展文化、科技、卫生、法律宣传咨询服务活动，以实际行动传递政协温度、体现政协温情，做到人民政协为人民。

（四）坚持把促进团结民主作为“主题”，在凝心聚力上取得新成效。认真落实全国政协关于进一步加强和促进人民政协凝聚共识的意见，坚持把加强思想政治引领、广泛凝聚共识作为中心环节，多做增助力、添合力的工作。加强团结合作共事。密切与工商联、各人民团体和无党派人士的联系，鼓励和支持他们在政协平台上发挥作用。加强与非公有制经济人士、新的社会阶层人士，港澳台同胞、海外侨胞，民族宗教界人士的沟通联系。深化联络联谊交流。主动接受省市政协的工作指导，密切工作联系。加强与兄弟区县（市）政协的互动交流，积极宣传澧县、推介澧县。加强与旅外委员及各界商会、行业协会的交流联谊，为招商引资，招才引智搭建桥梁，不断扩大澧县发展的朋友圈、凝聚澧县发展的向心力。做好文史宣传工作。发挥文史资料存史、资政、团结、育人的作用，做好文史资料征编出版工作。密切与党委宣传部门、新闻媒体的联系，广泛宣传政协履职成效和委员风采，扩大政协社会影响。

（五）坚持把全面从严要求作为“主调”，在固本强基上展示新形象。从严从实加强自身建设，切实扛起政治责任，不断提高政治判断力、政治领悟力、政治执行力，进一步推动政协队伍作风之实和履职之能有机结合。全面加强能力建设。举办本届第五期委员履职能力专题培训班，继续开展“集中走访委员月”活动，抓好实践基地建设，加大政协云二期推广使用力度，强化履职考核，引导委员始终把增强“四个意识”、坚定“四个自信”、做到“两个维护”作为首要政治任务，把为国履职、为民尽责作为使命追求。努力提升服务水平。完善处组工作制度，更好地发挥处组联系和服务委员的作用。发挥专委会基础作用，开展富有界别特色的履职活动。提高机关服务质量，时时处处用服务体现职责和价值，推进政协整体工作进一步提质增效。扎实做好换届工作。对本届委员五年来履职情况进行综合考核评价，把考核评价结果作为留任新一届政协委员的重要依据。加强与组织、统战等部门衔接沟通，做好新一届委员的提名、推荐、考察等基础性工作，落实好换届的每一项具体工作任务。

各位委员、同志们，使命因担当而光荣，履职因有为而精彩。让我们更加紧密地团结在以习近平同志为核心的中共中央周围，在中共澧县县委的坚强领导下，同心同德、群策群力，为加快实施“扬长补短”战略，再造澧县辉煌作出新的更大贡献！

专　题

澧县新冠肺炎疫情防控工作纪实

澧县地处湘鄂边界，辖15个镇、4个街道，其中如东镇、复兴镇、盐井镇、金罗镇、火连坡镇、甘溪滩镇6个镇与湖北省公安县、松滋市两地相邻，边界线长123千米，历来群众往来密切，经济社会活动交流频繁。2020年，面对新中国成立以来传播速度最快、感染范围最广、防控难度最大的新冠肺炎疫情，县委、县政府团结带领全县干部群众，坚决贯彻党中央、国务院，省委、省政府和市委、市政府决策部署，全力以赴，展开一场疫情防控的人民战、总体战、阻击战。

1月22日，澧县开始集中收治留观病例。1月25日，首次报告新冠肺炎确诊病例。自2月23日起无新增病例。3月9日，调整为低风险地区。全县29名确诊病例、9名无症状感染者全部得到救治，做到病例零死亡、院感零发生、医务人员零感染，经济社会发展逐步回归正轨，疫情防控工作取得阶段性重大成果。

坚持生命至上，全力以赴阻断疫情传播

提高站位，快速行动。全省新冠肺炎疫情防控知识培训和电视电话会议召开以后，澧县迅速行动，按照上级要求，成立疫情防控工作领导小组和指挥部，制定防控工作方案，全面铺开疫情防控工作。2020年1月23日晚，湖南启动重大突发公共卫生事件一级响应。1月24日（腊月三十）上午，召开县委常委会专题研究疫情防控。1月26日（正月初二）下午，召开四大家班子成员参加的调度会紧急动员，防控工作领导小组升格为县委书记担任第一组长，县委副书记、县长担任组长、指挥长，联防联控工作10个小组升格为县级领导牵头；全体县级领导连夜分赴19个镇（街道）现场督导疫情防控。全县一盘棋、上下一条心，迅速构建起以综合协调、疫情防控、医疗救治、市场管理、交通运输、社会稳定、宣传引导、督查指导、后勤保障为框架的防控体系；纪监、组织、宣传、财政、公安、卫健、医保、民政、交通、交警、工信、应急、教育、商务、林业、住保、农业农村、市场监管、城管执法、文旅广体等部门全力行动，镇（街道）、村（社区）党员干部全员下沉，全县居民主动“禁足”，筑起一道疫情防控的铜墙铁壁。

强化保障，积极救治。开展全员培训。1月16日、17日，组织全县医疗卫生单位开展疫情防控知识培训，累计培训医务人员4000余名，增强基层医务人员对新冠肺炎的早期识别和规范处置能力。加强力量配备。明确县人民医院为新冠肺炎医疗救治定点医院，人民医院感染科、结核病防治所、澧南镇卫生院、红十字医院为定点隔离留观点，开放隔离单间95个，抽调精干医务人员116人。面向全县发布《关于主动请战参与抗击新型冠状病毒感染的肺炎临床一线救治工作的倡议书》，700多名医务人员主动请战。及时诊疗救治。围绕“病人零死亡、医务人员零感染”，实行24小时科学调度，全面落实有效救治措施。各定点隔离留观点对每个隔离留观病人做到“一人一方案”“专家一日一会诊”；加强对发热门诊转诊病人的甄别和留观，一旦确诊，第一时间转诊至市定点医院，确保所有病例救治

县委书记廖可元（中）考察新冠肺炎定点救治医院防控工作

有序和生命安全。做好防护保障。加强一线医务人员防护技能培训，做到防控知识人人过关。多管齐下，口罩、防护服等防护物资得到保障。全面落实一线医务人员和防疫工作人员相关待遇。

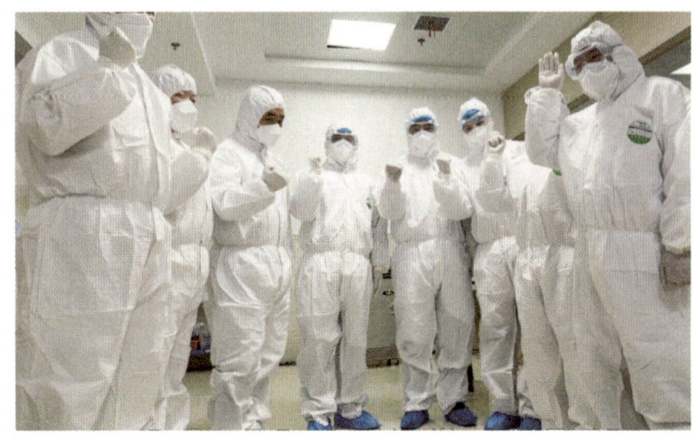

白衣执甲　逆行出征

全面排查，规范管控。加强重点人群摸排。公安、交警、卫健及三大电信运营商组成专班，坚持电话访查与上门核查相结合、网络追踪与技侦相结合、属地监测与建档管控相结合，对省通管局推送的大数据、湖北方向经高速入澧县车辆等信息进行全方位摸排。严守边界卡口。对全县2个国省干线卡口、53个镇村小道卡口，实行24小时值勤检测，坚持“一断三不断”，守住第一道防线。规范集中隔离。对涉鄂人员原则上一律集中隔离，5家定点宾馆均由1名副科级以上干部牵头的专班值守，做到值班值勤、技术防护、人文关怀全方位到位。加强健康筛查。对密切接触者、由湖北入澧县人员均进行核酸检测，部分复工复产企业员工也通过第三方机构进行检测排查。强化宣传引导。通过镇村两级推送公开信、强化集中隔离费用收缴等措施，尽量减少疫源地人员输入。

多措并举，内防传播。一是防人员聚集。加强社会宣传、巡查驱散，聚集现象明显减少。二是加强行业防控。各行业主管部门履行职责，压实企业主体责任，较好地做到管行业必管防疫。卫健部门重点加强村卫生室、个体诊所、镇卫生院、民营医院等薄弱环节监督检查，确保绝对不发生漏诊、不发生院感、不发生医护人员感染。三是加强社区防控。全县推广“四清一通告”，继续强化县城小区管理，切实做到联防联控。

县委副书记、县长王兆铭（右一）督导社区疫情防控工作

科学施策，维护秩序。保基本通行正常。在严防死守省际边界线的同时，严格按上级政策做到不封路、不封村、不封城。2020年2月7日起，有序恢复公共交通，保证县内外正常交通基本不受阻。保市场供给正常。强化疫情防护物资调度，千方百计保证市场供应不断货；定时定点开放农产品交易市场及县城区六大生活超市，保障群众生活物资需求；加强市场监督检查，严厉打击囤积居奇、哄抬物价等行为，做到货源稳定、价格平稳、质量安全。保公共服务正常。疫情防控期间，政务服务和水电气、垃圾收集处理等公共服务正常运转，没有给群众的生产生活造成影响。

坚持科学决策，迅速恢复经济社会秩序

从2020年3月8日澧县疫情风险等级转为低风险以来，全县上下在坚决防范麻痹思想、厌战情绪、侥幸心理、松劲心态，继续做好疫情防控工作的同时，有序推进复工复产，较好地实现疫情防控和经济社会发展“两手抓、两不误、两促进、两必胜”目标。

突出边境卡口联防联控。主动与湖北省松滋市、公安县联系，共同建立省际边界联防联控机

制。一是指挥响应“一盘棋”。建立三县指挥部日通报、周会商制度，及时通报疫情防控策略、边界管理动态信息，并通过指挥系统下达到各镇、村和检疫点，实现指挥响应“四级联动”。二是边界管理“两手抓”。省界三县边界所在镇与镇、村与村、检疫点与检疫点之间建立工作微信群，点对点互通、人与人互动，统筹做好省际边界地区疫情防控和复工复产、春耕生产工作。三是精准防控“三同步”。坚持“外防输入”总体策略，同步宣传疫情防控政策、同步维护省际边界秩序、同步落实“一断三不断”措施，形成阻断疫情传播的工作合力。

突出涉外人员落地即管。采取“五在先”措施，前移防控关口，全面加强涉外来澧人员管理，确保“人落地、即管理”。一是镇村预告在先。对澧县籍所有身处境外人员，安排镇村干部逐一上门，通过其家属宣传疫情防控知识、法律责任、入境后需配合事项，并要求其入境前主动报备。二是摸排预警在先。通过出入境信息、大数据比对、上门摸排，与拟入境人员预先取得联系，掌握其入境航班、车次、健康状况、旅居史、接触史等具体信息。三是专班预备在先。设立“服务涉外人员工作组”，抽调科级干部、公安干警、医护人员组成2个专班（一班在长沙驻点、一班在澧县预备），安排专车为入境人员接机接站，“点对点”接回澧县定点宾馆隔离。四是管控预案在先。明确境外来（返）澧人员管理措施、服务流程，对境外入澧人员一律细化制定健康监测、生活服务、心理疏导、外事协调等集中隔离方案。五是风险预估在先。综合入境对象各方面情况，评判感染风险，对风险较大人员，提前介入流行病学调查，先后对50多名人员提前进行“流调”。

突出集中隔离规范管理。坚持力量配备、健康监测、信息联络、安全保卫、后勤保障、心理疏导“六个到位”，对各类重点隔离对象实行一人一房单独隔离，每天2次体温检测、3次送餐上门、2次亲情电话，确保集中隔离人员住得安、吃得好、稳得住。

做好“服务”文章。坚持问题导向，精准指导和帮扶，加快复工复产。一是精准对接帮助企业复工。明确32名县级领导“点对点”联系企业，选派138名优秀科级党员干部担任驻企联络员，帮助企业制定防控方案、指导安全复产、协调解决问题。开辟“澧州好工作”App线上招聘，达成就业意向3200余人。截至2020年3月18日，全县规上工业企业复工117家，复工率100%；员工返岗10251人，返岗率96.2%。制定《澧县2020年重点建设项目实施计划》，举行一季度重点项目集中开工仪式，三科农商城、万达广场、韩顺电子、膜科技、澧州实验小学等项目开工，32个建筑施工项目及交通、水利、农业等重点基础设施项目全部复工。二是联社联户指导农业复产。安排农技人员“一对一”帮联服务农业新型经营主体，指导开展春耕备耕、田间管理、防疫防灾等工作，全县初步落实水稻播种面积105万亩。加大订单生产力度，推广“公司+合作社、农户”模式，建立优质稻基地30万亩。开展脱贫攻坚“暖冬十大行动”，有效提升群众满意度和获得感。193支驻村工作队、449名驻村干部全员到岗，开展驻村帮扶和疫情防控工作。加大贫困人口返岗稳岗就业力度，先后帮助7626名贫困劳动力返岗就业。三是分批分类引导三产复市。按照保障一批、支持一批、暂缓一批的原则，建立复市清单，指导商贸服务业分批分类、错峰有序复市。截至2020年3月18日，全县92家规上服务业企业除4家教育机构外，均全部复市；88家限上服务业企业已复市65家，未复市的主要集中在餐饮住宿和文体娱乐行业；29家房地产营销中心已复工27家。除湖北方向外，其他线路客运班线、公交车、出租车、渡船已恢复营运，人流、物流、车流应通尽通。

做好“保障”文章。主动作为，靠前服务，重点帮助企业解决防疫物资紧缺、原材料供应困难、资金缺口等保障问题。一是全力筹集防疫物资。在企业自备基础上，采取政府采购、社会捐赠等方式，累计为企业提供一次性口罩7.29万个、红外线测温仪100余个、84消毒液4000千

县中医医院为复工复产企业派发预防性中药汤剂

克、酒精700千克、防护服120套、中药“预防1号方”3万余袋。鼓励医疗企业转产保供，平安科技获批医用口罩生产资质，日产量达35万只。二是全力保障通道畅通。建立微信群，开通24小时热线电话，及时掌握复工企业物资运输情况，加大向上汇报和对外衔接力度，有效解决企业防护物资和急需原材料运输受阻问题。先后开具“绿色通道”通行证200余个，协调运输防护物资和原材料700余吨。三是全力化解资金压力。强化金融支持，开辟信贷审批“绿色通道”。坚持能贷尽贷，先后为15家企业新放贷款1.8亿元；坚持能续尽续，先后为42家企业续贷1.83亿元；坚持能降尽降，全面下调贷款利率，普遍下调0.4—1.2个百分点。

做好“惠企”文章。出台《澧县应对新型冠状病毒感染的肺炎疫情支持中小微企业稳定发展的十条》，优化营商环境，兑现惠企政策，帮助企业渡过难关。一方面，持续优化办事服务。安排疾控专家，采取现场讲解、辅导授课等方式，指导各行各业落实疫情防控技术指引。对重点企业外地来澧高管和技术骨干，免费进行核酸检测，累计检测823人。依托在线监管平台，为28个项目开展远程审批服务。通过线上和线下模式，办理市场主体设立、变更和注销登记237户。另一方面，严格落实减税降费。严格落实中央和省市关于疫情防控期间减免相关税费政策，共减免房产税、土地使用税192万元，免征增值税511万元，办理退税190万元。坚持严格政策、能免尽免。2020年2月至6月，全县中小微企业可减免基本养老保险、工伤保险、失业保险3000万元。综合采取降低预售门槛、加快产权颁证登记、加快公积金放款速度、加大对商业门面和住房按揭贷款力度、取消廉租房公租房保证金、降低房地产业相关税费等措施，有效推动房地产业复苏。

坚持常抓不懈，为经济社会发展保驾护航

2020年4月8日起，新冠肺炎疫情防控工作进入常态化防控新阶段。澧县坚持机构不撤、队伍不散、力量不减，全力以赴防松懈、防反弹、防逆转，推动常态化疫情防控措施落地见效。

抓外来人员摸排。继续通过大数据比对、入户排查、自主报备、群众报告等途径，全面摸排境外来澧和国内其他中高风险地区来澧人员信息，做到精准防控。全县累计摸排涉外人员信息1952人、涉鄂12742人、涉汉8191人，摸排车辆信息29681条。

抓重点人员管控。严格“四类”人员管控。各镇（街道）严格落实包保措施，对管控的64名“四类”人员，密切关注动态，把好各自关口。严格外来人员管控。率先在全市建立“五在先”措施，对境外来澧人员实行“无缝对接、落地即管”。疫情防控工作启动以来，全年共集中隔离1329人。加强核酸检测。县人民医院、中医医院、疾控中心均能开展核酸检测，全县累计检测6.4万份，其中应检尽检6万份。

抓重点场所管理。严格封闭场所管理。监所、养老院、精神康复医院等机构，继续执行封闭式管理。严格医院感染防控。个体诊所、村卫生室、社区卫生服务站、民营医院等继续暂停接诊发热病人。各医疗机构加强医疗资源和医护力量统筹调配，做好预检分诊，优化服务举措，进行分类救治，确保就医安全。医疗机构落实落细各项防控措施，严防院内感染。加强公共场所指导。指导商场超市、网吧、KTV、交通站场、酒店等人群密集场所做好查体温、查验健康码、查

戴口罩“三查”工作，引导群众做好个人防护，重点督促教育部门落实好学校复课各项疫情防控工作。

抓重点物品管理。严格冷冻产品市场准入管理，进入澧县的冷冻产品一律先检疫后上市。加大对冷冻冷藏肉品（海鲜）排查力度，开展部门联合专项整治行动，全力保障食品安全。查扣冷链食品5258千克，下达责令整改31家，停业整顿6家，立案查处17家，行政拘留4人。

抓应急能力建设。以县疾控中心、县人民医院为平台，陆续投入资金5600万元，集中力量建设卫生应急指挥、检验检测、公共卫生培训、应急物资储备、传染病救治“五大中心”，实现院前急救资源的深度融合，检验检测和应急处置能力全方位提升。澧县疫情防控和卫生应急能力建设获省政府、市政府真抓实干表扬激励。

抓重点措施落实。将疫情防控纳入全县重点工作绩效考核，纳入安全生产责任考核体系，建立管行业管业务管生产经营必须管疫情防控的“三管三必须”机制，疫情常态化防控嵌入到人民群众日常生活、企业生产、部门管理之中。县指挥部定期督导，相关行业部门联合督导检查，做到思想认识到位、责任压实到位、措施落实到位、督查指导到位，在抓常抓长抓落实上下功夫，巩固和扩大疫情防控工作成果。

抓健康教育宣传。控制聚集性活动规模，引导群众非必要不前往境外和国内中高风险地区，出入人群密集场所戴口罩，加强个人防护，勤洗手、勤通风、勤消毒，严格遵守疫情防控工作相关要求。　　（县卫生健康局办公室）

决战决胜夺取脱贫攻坚战全面胜利

澧县共有建档立卡贫困人口15249户45287人，涉及全县19个镇（街道）、268个村（社区），其中贫困村42个。2014—2019年脱贫14039户42857人，42个贫困村全部出列。2020年，澧县脱贫1210户2430人，实现建档立卡贫困人口全部脱贫。

组织保障。县委、县政府高度重视。成立以县委书记、县长为组长的扶贫工作领导小组，县委、县政府每年召开2次以上专题会议，及时贯彻落实上级会议及相关文件精神；县委书记、县长及其他县级领导多次深入贫困村具体指导精准扶贫工作。加强督查检查。出台全县精准扶贫实施工作方案、驻村帮扶工作管理办法、精准扶贫工作考核细则等相关文件，扶贫开发领导小组每季度组织一次督查，并将扶贫工作纳入全县重点工作绩效考核。严格干部问责制。根据省委、省政府办公厅《关于印发〈市州、县市区党委和政府脱贫攻坚工作考核办法〉和〈省直和中央驻湘单位扶贫开发责任制考核办法〉的通知》（湘办〔2016〕30号）精神，出台相应考核办法，对当年未完成脱贫攻坚目标的镇（街道）党政主要负责人、分管负责人和相关工作人员年度考核实行“三不”，即不评优、不提拔、不调动，对相关后盾单位责任人也要予以严肃问责。

资金保障。落实扶贫工作资金。2014年以来，财政专项扶贫资金3.8亿元，用于扶贫的社会事业方面财政资金（教育、就业、医保等）4.6亿元，社会扶贫资金（捐赠）152.3万元，每个贫困村每年落实扶贫专项资金30多万元，每个工作队每年落实工作经费1万元。重点支持贫困村建设。定点扶贫、驻村帮扶等共投入2.16亿元；整合行业部门资金。教育、医疗、卫计、住建、发改、国土、水利、人社等扶贫开发领导小组成员部门全力支持扶贫工作，全县共整合各行业部门扶贫资金10.57亿元。

结对帮扶。合理调配驻村力量。全县共选派驻村工作队193个，其中市派工作队4个，县派工作队49个，联合选派工作队140个，共选派驻村队员439人，实现贫困村和贫困人口在100人以上非贫困村驻村工作全覆盖。并出台《澧县县委驻村帮扶工作队管理办法》《澧县驻村帮扶工作业务指南》《澧县脱贫攻坚工作相关知识问答》等指导性文件和资料。强化日常督查。坚持“一月一督查，一月一通报”。2020年，全年共开展专项督查4次，编发督查通报4期，下发督办函43份，交办问题245个，约谈县直单位主要负责人17人次，督促相关单位“一把手”约谈直接责任人38人次，并对问题突出的12名直接责任人取消年终评先评优资格。抓实结对帮扶。开展定期走访活动，加大扶贫政策宣传力度，帮助贫困户落实政策、解决问题，提高满意率。全面推进申报备案工作。2020年6月10日前，全县结对帮扶责任人全面完成申报备案工作。县驻村办分3次通报工作进度，并结合专项督查工作对各单位申报验收情况进行抽查，确保各类问题全部清零。

建档立卡。实行挂图作战。全县县、镇、村三级均完成挂图工作，村级将贫困户户主姓名、帮扶责任人、脱贫时间等基本信息挂在公布栏指导本村脱贫工作，自觉接受群众监督。贫困户一户一档。全县贫困农户均建立档案，内容涉及基本情况、影像资料、致贫原因、收入情况、帮扶计划、帮扶情况、评议记录、公示记录等，将每户贫困户从建档立卡到脱贫的全过程记录在册。完善帮扶记录。每个贫困户都建立结对帮扶连心牌、填写并发放扶贫手册，帮扶干部随身携带结对帮扶连心卡。入户走访中，贫困户对帮扶责任人满意程度较高，电话抽查结对帮扶责任人，帮扶责任人对贫困户家庭情况了解清楚，走访帮扶情况得到贫困户认可。

脱贫成效。2020年，全县派出7个指导组深入镇村，对贫困户及边缘户的收入、“三保障”政策落实及疫情影响等情况进行“户户清”摸底排查；对2014年以来已脱贫户、未脱贫户、边缘户及其他特殊困难群体（低保户、重残户、重病户）和贫困村开展“回头看”，做到不漏一村一户一人一项。年内，全县所有突出问题全部整改清零，贫困户及档外五类对象均达到“一超过两不愁三保障”脱贫标准。

“五个应尽”保政策落实。应改尽改。住房鉴定户数（时点数）15338户，其中C、D级危房户数5010户，完成C级危房改造户数1949户，完成D级危房改造户数3061户，D级危房建新拆旧户数2430户，完成易地扶贫搬迁户数298户875人，享受后续产业、就业户数298户，完成拆旧户数226户，完成复垦户数226户，实现安全饮水人数45842人，新建自来水项目，解决贫困人口饮水人数12679人，建制村实现通畅村数198村1200千米，全县25户100人以上通水泥（沥青）路的自然村个数865个921千米；应办尽办。为6909名建档立卡残疾人集中新办或换发残疾证；应补尽补。对新办残疾证的建档立卡贫困户全面落实残疾补助及助学政策。教育扶贫资助人数6828人，享受雨露计划人数3689人，致富带头人培训人数433人。享受大病保险报销人数4635人，享受基本医疗保险报销人数25009人，边缘户医保缴费人均补助62.5元，发放交通补助2390人78.38万元。应贷尽贷。为有能力有意愿的贫困户提供小额贷款，帮扶户数4386户，发放贷款金额19540.29万元，贴息金额1350万元；应签尽签。对所有建档立卡贫困户落实家庭医生签约履约服务，完成纸质化签约和电子化签约。保险扶贫覆盖人数49898人，保险补贴金额708万元。

“四大举措”扩帮扶成效。空城行动大结对。5月，县委总调度，全体结对帮扶干部集中开展“空城帮扶”行动，每周走访时间不少于2天。所有结对帮扶责任人严格按照“一超过、两不愁、三保障”脱贫标准，入户算好收入账，进一步落实扶贫政策，细化帮扶措施，并实行销号备案申报制度。就业岗位大开发。转移就业帮扶16515人，其中安排公益性岗位1602人，生态护林员74人，享受就业交通补贴13871人，享受一次性求职创业补贴1943人，产业项目帮扶3.48万人，乡村旅游扶贫帮扶人数4078人，电商扶贫帮扶4795人，解决一批贫困劳动力及返乡回流人员就业问题。产业项目大投入。县财政每年专门预算1000万元以上农业产业发展资金，制订重点产业项目招商手册，把优质农产品编入澧品汇，在深圳、广东、长沙举行推介活动，在市长热线、澧商澧才活动上由县长专题宣传澧县优势产业。县财政每年预算200万元产业扶贫发展专项资金，重点向优势特色产业和带动能力强的经营主体倾斜。2019年评选53个新型农业经营主体进行奖励，奖励资金106万元，2020年参与产业扶贫主体730家，比上年增加230家。建成村级光伏扶贫电站14个，装机量共960千瓦，受益农户160户。通过重点产业扶贫项目，扶持湖南城头山红薯科技有限公司等13家主体，联系贫困户参与产业扶贫2287户，带动贫困户稳定致富。同时，全面补齐农村基础设施和公共服务短板。新建、改建乡镇卫生院19个，行政村卫生室117个；新建、改建村级综合服务平台227个，面积8.56万平方米。（张新佩）

大事记

1月

1月3日 常德军分区司令员李兴刚来澧县调研基层武装工作并召开座谈会。县委书记廖可元，县领导熊汉澍、李建华、王毅参加会议。

1月7日 县委书记廖可元主持召开全县领导干部大会。市委组织部常务副部长张运华出席并宣布市委决定：王兆铭任中共澧县县委委员、常委、副书记，免去徐莐中共澧县县委副书记、常委、委员职务；提名王兆铭为澧县人民政府县长候选人，免去徐莐澧县人民政府县长职务。

1月9日 在县政府二办公楼三楼电视电话会议室召开全省、全市“不忘初心、牢记使命”主题教育总结会议，市委第四巡回指导组组长李德智出席会议并讲话。

1月10日 2020年县委经济工作会议在县翊武剧院召开。

1月13日 澧县召开2019年度县直单位党组织书记抓基层党建暨落实意识形态工作责任制述职评议会议。

1月14日 在县行政中心6号楼1号会议室召开全县“不忘初心、牢记使命”主题教育总结会议暨县处级领导班子和领导干部2019年度考核述职测评会，市委第四巡回指导组组长李德智出席会议。

1月15日 县委书记廖可元在县委常委会议室主持召2020年县委理论学习中心组第一次集中学习。中心组成员王兆铭、马永忠、胡元琴、翦鹰、张元安、熊汉澍、高建平、李阳、江毅、周澧参加学习。

同日下午 市委常委、市委政法委书记黄清宇来澧县开展脱贫攻坚“暖冬十大行动”春节慰问活动。黄清宇一行先后走访慰问澧西街道敬老院的五保户及澧西街道部分贫困户。县委书记廖可元，县委常委、政法委书记高建平陪同参加活动。

1月16日 县委书记廖可元前往甘溪滩镇、码头铺镇开展脱贫攻坚“暖冬行动”春节走访慰问活动。

1月19日 省第十一届纪律检查委员会第五次全体会议召开，澧县设立分会场。县“四大家”领导班子成员及县法院院长钟欣吾、检察院检察长成来彪，县纪委监委领导班子成员等参加会议。

1月20日 县委书记廖可元，县委副书记、代县长王兆铭，县人大常委会主任冯文元，县政协主席金贤松等领导前往武警大队澧县中队、公安“快警”执勤点、县消防救援大队、供电公司、澧州水务公司、步行街城管执勤点和环卫工人清扫现场等地走访慰问一线工作人员。

1月21日 澧县召开主题为“2020，过年我们回家吧——迎老乡、回故乡、建家乡”招商引资工作恳谈会，邀请150余名来自北京、上海、深圳等13个驻点招商联络处联络员及客商代表、本土企业家代表出席。

同日晚间 “幸福澧州人”澧县2020年春节联欢晚会在瑞高酒店一楼宴会厅举行。县委书记廖可元等全体在家县级领导与各界代表现场观看演出。

1月26日 市委副书记、市长曹立军来澧县督导新型冠状病毒感染的肺炎疫情防控工作，先后前往二广高速城头山服务站和二广高速澧县收费站出口检测点，重点对检测点的体温检测、人员配备、车辆疏导等防控工作进行实地查看。副市长、市公安局局长李忠，县委书记廖可元，县委副书记、代县长王兆铭，副县长丁保国、陈世杰陪同督导。

同日晚间 县委书记廖可元在县纪委一楼会议室主持召开新型冠状病毒感染的肺炎疫情防控工作紧急调度会。

同日晚间 县委书记廖可元前往澧阳街道督导新型冠状病毒感染的肺炎防控与摸排工作。

1月27日 县委书记廖可元前往二广高速澧县收费站、复兴收费站及207国道卷桥等检测站点督导疫情检测防控工作落实情况。

1月28日 县委书记廖可元前往县新型冠状

病毒感染的肺炎防控指挥部和澧阳街道黄桥社区专题调度疫情防控摸排统计工作。

同日下午 市疾控中心专家组来澧县会商疫情防控工作。

1月29日 在县纪委一楼会议室召开“贯彻落实全市疫情防控工作汇报会精神”会议。县“五大家”领导班子成员，县新型冠状病毒感染的肺炎疫情防控工作指挥部成员单位负责人及各镇（街道）党委（工委）书记参加会议。

同日晚间 县委书记廖可元前往县新型冠状病毒感染的肺炎疫情防控工作指挥部、澧阳街道桃花滩社区、孟家港社区、高桥社区等地，细致督导疫情防控数据摸排工作落实情况。

1月30日 县委书记廖可元前往凤凰林小区、澧澹街道邓家滩村和大巷口安置小区、澧州食品城、瑞高酒店等地督导新型冠状病毒感染的肺炎疫情防控工作。

1月31日 县委书记廖可元前往二广高速澧南出入口、澧县收费站、澧州广场等地实地督导疫情防控工作。

同日下午 爱心企业助力澧县疫情防控捐赠仪式在县疫情防控工作指挥部举行。湖南运达集团、澧县金龙玉凤餐饮管理有限公司分别捐赠100万元和50万元善款，支持全县疫情防控工作。

2月

2月1日 县委书记廖可元前往澧阳街道徐家嘴社区、澧西街道大西门社区、澧浦街道羊古社区相关确诊病例与疑似病例密切接触人员医学隔离留观现场察看。

2月2日 县委书记廖可元前往县城区财富广场、梦溪镇新堰村督导疫情防控工作。

2月4日 省、市疾控专家组来澧县指导新型冠状病毒感染的肺炎疫情防控工作并召开汇报会议。

2月5日 省委常委、省委统战部部长黄兰香来澧县督导检查疫情防控工作，先后前往县疾控中心、澧州印象小区、鑫玲卫浴有限公司、复兴镇卷桥检测点等地现场察看。市、县领导周德睿、曹立军、陈华、涂碧波、廖可元、王兆铭等陪同督导。

2月6日 县委书记廖可元前往平安医械科技有限公司、益翔实业有限公司、康哲制药有限公司，实地调研企业复产复工情况。

2月7日 全县新型冠状病毒感染的肺炎疫情防控工作推进会在县委组织部视频会议室召开。县委书记廖可元出席会议并讲话。

2月8日 市委书记、市人大常委会主任周德睿来到二广高速复兴厂出口、复兴镇207国道卷桥防控点、复兴镇双堰村、莱茵小镇小区督导疫情防控工作。县委书记廖可元陪同督导。

2月17日 县委书记廖可元前往火连坡镇边山河、金罗火车站、盐井镇万花、三圣庙和二广高速县城入口检测点检查督导疫情防控工作。

2月18日 县委书记廖可元先后前往维也纳酒店集中隔离医学观察点和六合家电、萌恒服装辅料、重啤国人、新鹏陶瓷等企业督导疫情防控和企业复工复产工作。

2月20日 市工商联（总商会）为澧县疫情防控工作捐赠仪式在澧县指挥部举行。市政协副主席、市工商联主席张业梅代表异地常德商会为澧县新冠肺炎疫情防控指挥部捐款31.87万元。

2月21日 县委书记廖可元深入大堰垱镇，对该镇疫情防控工作进行督导。

同日下午 市委副书记、市长曹立军前往澧县看守所、怡天苑养老院、澧西街道敬老院等部分重点单位和人员密集场所的疫情防控工作进行督导。副市长龚德汉、市政府秘书长李正才，县领导廖可元、王兆铭等参加督导。

同日下午 县疫情防控与复工复产工作调度会在县行政中心6号楼1号会议室召开，县委书记廖可元主持会议。

2月23日 县委书记廖可元前往维也纳酒店、隆元酒店和澧州国际酒店3处集中医学观察点，对集中医学观察工作进行督导。

2月24日 县委书记廖可元前往大堰垱镇督导新冠肺炎疫情防控工作，实地查看该镇新冠肺炎确诊患者居住点，以及周边居民区居家隔离情况，并就路面管控和超市、市场、药店经营等情况，听取联镇的县委常委、宣传部部长李阳和大堰垱镇主要负责人汇报。

2月25日 县委书记廖可元前往县城区农贸市场、药店、超市、社会客运站、社区小区等地督导检查疫情防控和市场经营情况。

2月26日 县委书记廖可元在县政府二办公楼三楼电视电话会议室主持召开全县统筹推进新冠肺炎疫情防控和经济社会发展工作调度会。

2月27日 县委、县政府等机关党员干部职工自发为支持新冠肺炎疫情防控工作踊跃捐款。县委书记廖可元，县委副书记、代县长王兆铭带头捐款。

2月28日 县委书记廖可元前往澧浦街道、澧澹街道和王家厂镇实地督导疫情防控工作。

2月29日 县委书记廖可元先后前往澧县新鹏陶瓷有限公司、湖南运达绿色包装股份有限公司，实地查看企业复工复产现状。

3月

3月2日 县委书记廖可元前往县人民医院感染科，慰问坚守在抗疫一线的医护人员。

3月3日 县委书记廖可元前往如东镇各村（社区）、敬老院、杨家垱检测点督导疫情防控与春耕备耕、秸秆禁烧、产业发展等重点工作。

3月4日 县委书记廖可元前往湖南嘉业达电子有限公司、湖南平安医疗器械科技有限公司、湖南鑫宝精密仪器制造有限公司、欢乐城·万达广场项目、三科农商城等地视察企业和项目复工复产情况。

3月6日 澧县2020年一季度重点项目集中开工仪式在县三科农商城项目建设现场举行。

同日下午 县委书记廖可元在县纪委一楼会议室参加中央涉密视频会议。

3月9日 市疫情防控指挥部督导组来澧县督导疫情防控工作。县领导廖可元、王兆铭、丁保国参加督导汇报会。

3月10日 中共澧县第十二届纪律检查委员会第六次全体会议召开。

3月12日 县委书记廖可元及县委、县人大、县政府、县政协、县人武部“五大家”县领导和机关干部来到澧水右岸澧南镇彭山景区东门，开展义务植树活动。

3月13日 县实施乡村振兴战略指挥部暨县委农村工作领导小组全会在县行政中心6号楼5号会议室召开。

3月15日 副市长汤祚国带领市发改委、税务局、工信局、农业农村局等单位主要负责人来澧县调研企业复工复产工作。汤祚国一行先后前往湖南平安医械科技有限公司、湖南锦绣千村农业专业合作社等企业进行实地调研。县委书记廖可元，县委常委、常务副县长蒯鹰，县高新区党工委书记刘力耕参加调研。

3月16日 澧县举行脱贫攻坚省委联点督导见面会，省委组织部副部长蔡建和，省委督导组组长、省委两新工委办副主任宁勇华出席。县委书记廖可元，县委副书记、代县长王兆铭，县委副书记马永忠，县委常委、县委组织部部长胡元琴参加会议。

同日下午 省委组织部副部长蔡建和率省委脱贫攻坚联点督导组一行先后到澧县官垸镇、小渡口镇督查脱贫攻坚工作。县委书记廖可元陪同督查。

3月17日 省委组织部副部长蔡建和率省委脱贫攻坚联点督导组一行前往澧南镇调研美丽乡村、脱贫攻坚、产业发展、基层组织建设等重点工作。县委书记廖可元陪同调研。

同日下午 县委书记廖可元与金荣集团董事长李文金一行就EPC+O项目进行对接洽谈。县委副书记、代县长王兆铭，县人大常委会主任冯文元，县委常委、常务副县长蒯鹰等参加。

3月18日 县委书记廖可元先后前往王家厂镇、甘溪滩镇、码头铺镇调研脱贫攻坚工作，实地察看王家厂镇大团村中草药种植扶贫产业基地，视察码头铺镇易地搬迁集中安置点，并前往甘溪滩镇和码头铺镇的部分贫困户家中走访。

3月20日 县委以视频形式召开全县脱贫攻坚暨农村工作会议，设县政府主会场和县直、镇（街道）分会场。

同日上午 2020年澧县脱贫攻坚第一轮常态化联点督查问题反馈会在瑞高酒店一楼1号会议室召开。

同日下午 澧县项目建设、争资争项、招商引资暨优化营商环境工作会议在县行政中心6号楼1号会议室召开。

3月23日 省委常委、省纪委书记、监委主任傅奎来澧县调研纪检监察与疫情防控工作。省纪委常委、省监委委员、秘书长、办公厅主任罗智斌，市委常委、市纪委书记、监委主任罗翠林，县委书记廖可元，县委常委、县纪委书记、监委主任江毅参加调研。

3月25日 市委书记、市人大常委会主任周德睿来澧县开展“三走访、三签字”活动，调研春耕生产、水利建设、脱贫攻坚等工作。市委常委、市委秘书长罗先东，市政府副市长龚德汉，县委书记廖可元，县委副书记、代县长王兆铭等参加活动。

3月26日 常德市革命老区振兴发展规划前期研究工作澧县座谈会在瑞高酒店8楼8号会议室召开。市老区建设促进会会长刘春林、常务副会长王孝山出席会议，县委书记廖可元，县委副书记、代县长王兆铭，县老促会会长刘锡达、常务副会长姚大曰以及市直相关部门、县相关部门负责人参加座谈。

同日下午 在县委常委会议室召开火电项目对接座谈会。大唐电力发电公司总经理周立峰一行4人，县领导廖可元、王兆铭、周澧，县委办、县发改局主要负责人参加会议。

3月27日 县委书记廖可元前往火连坡镇、金罗镇、盐井镇、复兴镇督导检查边界检测点撤除工作。

3月31日 县委书记廖可元，县委副书记、代县长王兆铭前往大堰垱镇陈管垱村看望慰问因公殉职的村党总支书记孟钊的家属，为他们送上慰问金及党和政府的关怀与温暖。

4月

4月1日 市委副书记朱水平前往湖南洞庭春米业有限公司、湖南城头山红薯食品科技有限公司、常德锦绣千村农业开发有限公司和澧县华诚彭山旅游度假庄园有限公司进行调研，详细了解企业复工复产、生产经营、产销对接等情况。县委书记廖可元，县委副书记马永忠参加调研。

4月2日 县委书记廖可元前往县应急管理局调研安全生产工作。

同日上午 县委书记廖可元前往县林业局调研森林防火工作。

同日上午 县委书记廖可元前往澧县一中和九澧实验中学调研学校复学准备工作。

4月3日 召开2020年全县党委系统工作会议。

4月9日 在县委常委会议室举行2020年县委理论学习中心组第三次集中学习。中心组全体成员参加学习。

同日下午 省委联点督查问题整改交办会暨全县脱贫攻坚工作推进会在县行政中心6号楼1号会议室召开。

同日下午 县委书记廖可元在县行政中心6号楼5号会议室主持召开县委全面依法治县委员会第二次会议。

4月10日 县领导廖可元、王兆铭等前往安慈高速澧南段道水大桥建设现场、艳洲水利工程管理局、澧西街道汀兰湾视察了度汛隐患点、了解度汛准备情况，视察在建工程建设情况。

4月14—16日 中国人民政治协商会议澧县第九届委员会第六次会议和县第十七届人民代表大会第六次会议召开。

4月17日 在县纪委一楼会议室召开民主推荐会议。全体县委委员，全体县委候补委员，不是县委委员、候补委员的县级领导班子成员参加会议。

4月23日 县委书记廖可元，县委副书记、县长王兆铭专题调研园区工作，先后前往韩顺电子、嘉利塑业、膜科技项目建设现场实地调研。

4月29日 县委书记廖可元在瑞高酒店参加省委组织部脱贫攻坚干部考察座谈。

同日上午 2020年全县扫黑除恶专项斗争领导小组第一次全体会议在县公安局六楼会议室召开。

同日下午 县委书记廖可元前往甘溪滩镇开展“三走访三签字”活动。

4月30日 县委书记廖可元前往火连坡镇三元村、双溪村、楠木村、羊耳山村、石庄村等地调研脱贫攻坚工作。当天，廖可元还前往山门水库开展巡河工作。

5月

5月7日 市委副书记、市长曹立军一行前来澧县调研督导脱贫攻坚、防汛备汛等工作，开展“三走访三签字”活动。副市长龚德汉、市政府秘书长李正才参加调研督导。县委书记廖可元，县委副书记、县长王兆铭陪同。

5月8日 省政协党组副书记、副主席戴道晋来澧县对“加强乡村人才队伍建设，推动乡村振兴”和“落实社会保障兜底扶贫政策，建立解决农村相对贫困的长效机制”两个课题开展调研。戴道晋一行先后前往湖南洞庭春米业有限公司、湖南农康葡萄专业合作社等地进行实地调研。市政协副主席彭孟雄，县委书记廖可元，县政协主席金贤松、副主席刘欣陪同调研。

5月9日 全县防汛抗旱暨河长制工作会议在县行政中心6号楼1号会议室举行。

同日下午 县委书记廖可元主持2020年县委理论学习中心组第4次集中学习。县委副书记、县长王兆铭等全体在家的县委理论学习中心组成员围绕习近平总书记关于坚持和完善中国特色社会主义制度、推进国家治理体系和治理能力现代化的重要论述展开研讨交流。

5月12日 市人大常委会副主任王先蒙带领市发改委、科技局、畜牧水产事务中心等单位负责人，先后前往澧县重点在建水利工程现场检查调度防汛备汛工作。县委书记廖可元陪同参加检查调度。

5月13日 省退役军人事务厅党组书记、厅长唐勇一行来澧县调研退役军人事务工作和“双带双促”企业发展情况，先前往澧澹街道实地查看退役军人服务站、便民服务大厅、退役军人之家，随后前往县退役军人事务局和澧县荣友建筑有限公司进行考察。市政府副市长、市公安局局长李忠，县委书记廖可元，县委副书记、县长王兆铭，副县长、县公安局局长陈世杰参加调研活动。

5月18日 市人大领导余怀民、王先蒙一行来澧县实地走访城头山镇詹家岗村，详细了解乡镇人大阵地建设情况。县委书记廖可元陪同。

5月19日 澧县新冠肺炎疫情常态化防控工作调度会在县疫情防控指挥部会议室召开。

5月21日 县委书记廖可元在县委常委会议室会见太平洋建设十八集团董事局主席钱炳辉一行。

5月22日 县委书记廖可元前往城头山旅游景区调度项目建设工作。

5月25日 省发改委党组成员、副主任周震虹一行来澧县检查指导防汛备汛和易地扶贫搬迁工作。副市长汤祚国，县委书记廖可元，县委常委、常务副县长蒯鹰参加检查。

5月28日 澧州国际汽车城项目签约仪式在瑞高酒店一楼宴会大厅举行。县委书记廖可元出席签约仪式并讲话，县委副书记、县长王兆铭出席并签订投资协议。

5月29日 在县委常委会议室举行2020年县委理论学习中心组第5次集中学习。中心组全体成员参加学习。

5月30日 湖南省传达学习全国“两会”精神会议以视频形式召开，澧县在县委视频会议室（纪委一楼）设立分会场。县“四大家”班子成员参加会议。

6月

6月2日 全县2020年治超工作会议在县行政中心1号会议室举行。

同日上午 澧县推动基层公共服务（一门式）全覆盖工作会议在县行政中心6号楼5号会议室召开。县委书记廖可元出席会议并作重要讲话，县委副书记、县长王兆铭主持会议。

6月3—5日 县委书记廖可元率澧县项目考察团前往重庆市，对文旅综合体项目建设进行实地考察交流。

6月6日 副省长陈文浩一行来澧县督导防汛抗旱工作，先后前往小渡口泵站工程建设现场和艳洲电站，详细听取相关负责人的情况汇报，并对小渡口泵站的工程建设进度进行查看。副市长龚德汉，县委书记廖可元，县委副书记、县长王兆铭参加督导检查。

6月11日 市人大常委会副主任戴君耀，副市长、市公安局局长李忠来澧开展扫黑除恶专项斗争工作调研，先后前往澧澹派出所、“三所两队一中心”建设工地现场、县公安局实地走访调研，详细了解派出所基层基础、“三所两队一中心”项目建设、窗口便民利民服务、执法监管、科技强警等工作情况。县委书记廖可元，县领导冯文元、高建平、刘辉、陈世杰陪同调研。

6月12日 澧县举行澧州文庙和澧县博物馆对外开放仪式，标志着为期一年多的澧州文庙主体修缮及三防工程全部完成。

6月15日 县委书记廖可元前往小渡口镇、官垸镇督导防汛救灾工作，在澧水大堤小渡口镇九垸段、官垸镇阳光玫瑰葡萄园实地查看大堤垮塌险情和果农受灾情况，听取相关单位负责人处置情况汇报。

6月16日 副市长尹正锡来澧县调研如东镇污水处理厂建设情况。县委书记廖可元陪同调研。

同日下午 县委书记廖可元前往澧水河道孟姜垸砂石采区，就澧县砂石开采及经营情况进行调研，督促相关单位在保安全、保稳定基础上，稳步推进澧县砂石开采和经营工作。

6月17日 副市长汤祚国在瑞高酒店8楼6号会议室主持召开澧县交通项目建设暨“十四五”规划工作调度会。县领导廖可元、王兆铭、翦鹰、王毅参加会议。

同日下午 全国政协副主席刘奇葆率调研组来澧县城头山国家考古遗址公园、城头山镇詹家岗村调研文旅产业建设和乡村振兴工作。市领导周德睿、曹立军、李爱国，县领导廖可元、王兆铭等参加调研。

6月18日 县委审计委员会第二次会议在县委常委会会议室召开。县委书记、县委审计委员会主任廖可元主持会议并讲话。

6月19日 县委书记廖可元前往栗河沿岸现场踏勘文旅古镇项目，沿途察看古城西路南片区征拆现场、栗河沿岸水乡风情街及沿河风光带。县委副书记、县长王兆铭，县政协主席金贤松，县委常委、县委办主任周澧及相关单位负责人参加。

6月23日 县委书记廖可元前往码头铺镇刻木村、甘溪滩镇甘溪村开展脱贫攻坚“三走访三签字”活动，调研指导脱贫攻坚工作，并走访慰问困难群众。

6月24日 澧县召开“应对疫情新挑战，助力企业新发展”企业家座谈会。县委书记廖可元出席并讲话。

同日下午 在县委常委会议室举行2020年县委理论学习中心组第六次集中学习。中心组全体成员参加学习。

6月28日 县委书记廖可元在县委常委会议室主持召开书记专题会议，听取第七轮巡察工作汇报。

6月29日 县委书记廖可元深入澧阳街道，为80多名党员干部上党课。党课结束后，廖可元还前往澧阳街道万寿宫社区和黄桥社区，慰问因病致困的老党员喻传湘、任泽平。

6月30日 澧县举行汽车机电设备及零部件生产项目、绿色环保智能包装建设项目、食品集装袋生产项目、澧县砾石加工项目等4个招商引资项目集中签约仪式。县领导廖可元、王兆铭、冯文元、金贤松、胡元琴、蒯鹰等出席仪式并见证签约。

同日下午 副市长龚德汉一行前往梦溪镇梦园敬老院、梦溪镇赵家峪水库实地调研乡村振兴工作。县领导廖可元、王兆铭等陪同调研。

7月

7月1日 副市长、市公安局局长李忠来澧县主持召开“12·28”专案动员部署会议。县委书记廖可元，省市公安部门和市纪委监委相关负责人，副县长、县公安局局长陈世杰，县法院院长钟欣吾，县检察院检察长成来彪，县公安局政委陈林参加会议。

7月2日 县委书记廖可元前往小渡口镇调研小渡口泵站建设。

7月3日 县委书记廖可元先后前往澧县一中、澧县二中高考考点，对考务工作和考场进行视察。

7月5日 国家自然资源督察武汉局督察组前往澧县如东镇长福村、枫林村、建设村等地开展全国三调督察、核查工作。县委书记廖可元陪同。

7月6日 县委书记廖可元主持召开全县防汛工作紧急调度会。

同日下午 县委书记廖可元前往梦溪镇大码头社区、涔南镇北民湖、王家厂水库督导防汛工作。县委副书记、县长王兆铭，副县长罗先春参加。

7月7日 县委书记廖可元在县水利局主持召开汛情会商会。

同日下午 县委书记廖可元前往涔水沿线的如东镇、梦溪镇、涔南镇督导防汛工作。

7月8日 澧县召开防汛会商会，县委书记廖可元出席并讲话。会后，廖可元前往小渡口镇和梦溪镇，沿涔水防汛大堤巡视，督导涔水防汛工作。

同日下午 市委副书记、市政府党组书记、市长候选人邹文辉巡查小渡口水闸及涔水临洪大堤，督导防汛工作落实情况。副市长龚德汉，市政府秘书长李正才，县委书记、县防汛抗旱指挥部政委廖可元，县委副书记、县长、县防汛抗旱指挥部指挥长王兆铭参加督导。

同日下午 县委书记廖可元，县委副书记、县长王兆铭一行前往涔水大堤狮子桩段，检查指导防汛工作。

7月9日 市人大常委会副主任王先蒙前往北民湖新狮子桩机埠、涔南镇上河口机埠、王家厂水库等地实地督导防汛工作。县委书记、县防汛抗旱指挥部政委，县人大常委会主任，廖可元、冯文元、赵长津等县领导参加督导。

7月10日 省发改委党组成员、副主任周震虹一行先后前往栗河西端出险点、小渡口闸、北民湖新狮子桩、涔南镇上河口机埠、王家厂水库督导防汛工作。县委书记、县防汛抗旱指挥部政委廖可元，县委副书记、县长、县防汛抗旱指挥部指挥长王兆铭参加督导。

7月14日 县委书记、县防汛抗旱指挥部政委廖可元前往澧南镇督导防汛工作。

7月15日 县委书记廖可元在县纪委一楼会议室主持召开县委常委会（扩大）会议，调度部署全县污染防治攻坚战工作。

同日下午 在县纪委一楼会议室召开澧县禁捕退捕工作推进会，县委书记廖可元出席，县委副书记、县长王兆铭部署禁捕退捕工作。

7月16日 县委书记廖可元在县水利局二楼会议室主持召开汛情会商会，部署备战新一轮强降雨。

7月17日 县委书记、县防汛抗旱指挥部政委廖可元主持召开防汛紧急调度会。

同日晚间 县委书记、县防汛抗旱指挥部政委廖可元，县委副书记、县长、县防汛抗旱指挥部指挥长王兆铭坐镇指挥部传达贯彻上级领导精神，进一步安排部署防汛工作。

7月21日 在县行政中心6号楼1号会议室召开全县领导干部大会。全体在家县级领导参加会议。

7月22日 省人大常委会党组副书记、副主任黄关春来澧县调研精细农业发展情况。黄关春一行先后前往农康葡萄现代产业园、锦绣千村农业专业合作社、詹家岗田园综合体、绿之源生态农业科技发展有限公司等地，了解澧县创新农业产业发展模式，走精细农业发展路子，做大做强农业产业的发展现状。市领导邹文辉、余怀民、王先蒙，县领导廖可元、王兆铭、冯文元、向绪钦、罗先春参加。

7月23日 县融媒体中心启用暨“以澧为荣”手机App上线、“澧淘商城”运营仪式举行。

7月30日 全省长江流域重点水域退捕渔民精准识别工作视频会议召开，澧县在县纪委一楼会议室设立分会场。县委书记廖可元参加会议。

同日下午 县委书记廖可元前往澧阳街道走访慰问优抚对象，代表县委、县政府向全县优抚对象致以最衷心的节日祝贺和诚挚的慰问。

7月31日 县委书记廖可元，县委副书记、县长王兆铭等一行领导先后前往县人武部、县军休所、县武警中队、县消防救援大队开展走访慰问活动，向部队离退休老干部、驻澧部队官兵及消防员致以节日的问候和美好祝福。

8月

8月4日 市委副书记、代市长邹文辉来澧县实地考察相关企业和项目，了解产业发展、脱贫攻坚等情况。廖可元、王兆铭、冯文元、张元安等县领导参加调研。

8月12日 县委书记廖可元前往如东镇开展“三走访三签字”活动。

8月18日 澧州国际汽车城项目规划方案初步审查会在澧县大数据中心召开。县委书记廖可元参加并讲话，县委副书记、县长王兆铭对项目规划方案进行点评。

同日晚间 由中国农学会葡萄分会、县政府主办，县农业农村局承办的“全国阳光玫瑰葡萄标准化生产学术研讨会暨澧县第十五届葡萄节”在县体育馆正式开幕。中国农学会葡萄分会会长刘俊，省农业农村厅总农艺师唐建初，湖南农业大学副校长曾福生，副市长龚德汉，县委书记廖可元，县委副书记、县长王兆铭，县委副书记徐桢，县人大常委会主任冯文元，县政协主席金贤松以及其他全体在家县领导参加开幕式。

8月19日 县委书记廖可元主持召开县委新冠肺炎疫情防控工作领导小组会议，安排部署新形势下疫情防控工作。

8月20日 澧县首届全民健身运动会在县体育中心开幕。县委书记廖可元宣布开幕，县委副书记、县长王兆铭致开幕辞。

8月21日 在县委常委会议室举行县委理论学习中心组第7次集中学习。县委书记廖可元主持，县委副书记、县长王兆铭参加并讲话。全体县委理论学习中心组成员参加学习。

8月26日 常德市2020年“精准扶贫·点燃希望”民政助学金发放仪式暨“情系澧州——大爱有你·相约99公益日”慈善募捐部署动员会在瑞高酒店举行。省民政厅一级巡视员杨薇，副市长龚德汉，县委书记廖可元，县委副书记、县长王兆铭出席。

8月27日 县委书记廖可元，县委副书记、县长王兆铭等县领导就澧县交通大会战工作开展专题调研，并与相关部门负责人就澧县交通项目建设和“十四五”交通发展规划编制工作进行座谈。

8月28日 澧县第二中学举行新校址揭牌仪式。县委书记廖可元，县委副书记、县长王兆铭为新校址揭牌。

8月31日 县委书记廖可元主持召开县委财经委2020年第一次会议。

9月

9月1日 县委书记廖可元前往县高新区开展园区工作专题调研。

9月3日 县委书记廖可元主持召开县委理论学习中心组（扩大）第八次集中学习。会议邀请省委宣传部理论宣讲工作处处长田辉、市委常务副秘书长胡祖国为与会人员授课。

同日 省文旅厅党组成员、副厅长郭固权一行来澧县考察调研全域旅游工作。市文旅广体局党组副书记、副局长王陵书，县委书记廖可元，县委常委、县委办主任张元安，县政府副县长宋化丽等县领导及县文旅广体局有关负责人参加调研。

同日下午 市人大常委会党组书记、副主任沈习淼来澧县调研三科农商城、万达广场万象金街、嘉利塑业。县委书记廖可元陪同调研。

9月4日 澧阳平原考古工作站举行启用揭牌仪式。省文旅厅党组成员、副厅长、省文物局局长陈远平，省文物考古研究所所长郭伟民，省文物局保护与考古处处长熊建华，县委书记廖可元，县委副书记、县长王兆铭出席。

9月7日 中国电影家协会分党组原书记、常务副主席康健民，湖南省作家协会名誉主席、著名作家水运宪一行来澧县考察调研。县委书记廖可元，县委副书记、县长王兆铭，县委副书记徐桢等陪同参与活动。

9月8日 全县2020年教育工作会议召开。县委书记廖可元出席会议并讲话，县委副书记、县长王兆铭主持会议。

同日下午 市老区建设促进会会长刘春林率调研组来澧县就工农革命军第四军王家厂暴动纪念碑和陈列馆基地建设进行专题调研。县委书记廖可元，县领导张元安、刘黎参加相关活动。

9月9日 县委书记廖可元前往码头铺镇和甘溪滩镇开展脱贫攻坚“三走访、三签字”活动，看望慰问结对帮扶贫困户。

9月11日 县委书记廖可元前往县信访局调研信访工作。

9月14日 县委书记廖可元主持召开全县重点项目建设调度会。

9月17—18日 县委书记廖可元赴重庆啤酒股份有限公司考察对接相关工作。

9月22日 县委书记廖可元在县总工会工人文化宫主持召开专题会议，传达学习习近平总书记来湖南调研重要指示精神、习总书记在全国抗击新冠肺炎疫情表彰大会上的重要讲话精神。

9月23日 沅澧共庆2020“中国农民丰收节”暨消费扶贫优质农产品产销对接会澧县分会场在城头山国家考古遗址公园举行。

9月24日 在县委党校召开2020年年轻干部培训班“我对县委说”座谈会。

同日下午 市委副书记朱水平来澧县澧南镇调研禁捕退捕和农村村民建房工作。县委书记廖可元，县委副书记、县长王兆铭，县委副书记徐桢陪同调研。

同日下午 澧县与唐人神集团举行100万头生猪养殖和加工产业链项目投资框架协议签约仪式。县委书记廖可元出席仪式并讲话，县委副书记、县长王兆铭出席仪式。

9月25日 县委十二届七次全体（扩大）会议在县总工会工人文化宫召开。

9月27日 县委书记廖可元在县委常委会议室主持开展县委理论学习中心组第九次集中学习。全体县委理论学习中心组成员参加学习。

同日上午 县委理论学习中心组（扩大）第9次集中学习在县翊武剧院举行，会议邀请市委党校教师开展习近平关于生态文明思想重要论述的专题辅导。县委书记廖可元主持会议。学习结束后，全体与会人员还观看扶贫题材大型荆河戏《花开詹家岗》。

9月28日 县委书记廖可元前往澧南镇和澧阳街道，深入社区、学校和企业开展禁捕退捕、基层党建、安全生产、信访维稳等工作的督导检查，并走访部分渔民、企业家及县人大代表。

9月29日 澧县举行工业项目集中签约暨金荣·澧县科创产业园开工仪式。县委书记廖可元出席活动并宣布项目开工，县委副书记、县长王兆铭致辞，县委常委、常务副县长蒯鹰主持仪式。

同日上午 县委书记廖可元主持召开“情暖

中秋、以澧为荣”企业家座谈会，向驻澧企业家们致以中秋、国庆“双节”问候和祝福。

9月30日 澧县烈士纪念日公祭活动在县烈士陵园举行。县委书记廖可元出席，县委副书记、县长王兆铭主持活动。

10月

10月10日 在县行政中心6号楼5号会议室召开宣布中央军委国防动员部命令大会。

10月11日 市禁捕退捕联合督查组来澧开展禁捕退捕工作督查，在瑞高酒店八楼8号会议室召开市禁捕退捕督查组工作汇报会。县委书记廖可元参加汇报会并讲话。

10月14日 澧州国际汽车城项目开工奠基仪式在澧浦街道澧州国际汽车城项目基地举行。县委书记廖可元出席仪式并宣布开工，县委副书记、县长王兆铭致辞。

同日 湖北省松滋市委书记黄祥龙带领考察团一行来澧县，先后前往三科农商城、万象金街、万达广场、萌恒服装辅料、益翔实业、澧水风光带等地就项目建设、工业企业发展和城市建设等方面工作情况进行参观考察。县委书记廖可元接待并陪同参观考察。

10月18—21日 县委书记廖可元带队赴深圳、江西考察对接重点招商引资项目。

10月22日 在县委视频会议室召开省扫黑除恶涉密视频会议。县委书记廖可元参加会议。

同日上午 学习贯彻习近平总书记考察湖南重要讲话精神省委宣讲团常德市分团报告会在县行政中心6号楼1号会议室举行。省委宣讲团常德市分团成员、市委宣传部常务副部长、市新闻出版局局长袁天鹏作报告。县委书记廖可元主持会议并讲话，共300多人与会聆听报告。

10月23日 副省长隋忠诚来澧县锦绣千村农业合作社和农康葡萄专业合作社调研粮食生产暨特色农业发展工作。省政府副秘书长欧阳煌，省农业农村厅副厅长唐建初，省扶贫办副主任赵成新，副市长龚德汉，县委书记廖可元参加调研。

同日下午 在县行政中心6号楼5号会议室召开全县老干部政情通报会。

10月26日 澧县在县总工会工人文化宫召开会议，传达学习中国共产党常德市第七届委员会第八次全体（扩大）会议精神，县委书记廖可元出席并讲话。

同日下午 在县总工会工人文化宫召开迎接省生态环保督察“回头看”再动员再部署会议。县委书记廖可元出席并讲话。

10月27日 县委书记廖可元在瑞高酒店八楼8号会议室主持召开澧县“十四五”交通规划和G207国道新裕公路初步设计成果汇报会。市交通运输局局长龚霞波，县委副书记、县长王兆铭以及徐桢、金贤松、鄺鹰、张元安等县领导参加会议。

10月28日 市老区建设促进会会长刘春林来澧县指导《常德老区·澧县专辑》编纂工作。县委书记廖可元陪同。

同日下午 县委书记廖可元接受常德广播电视台、常德日报《开放强市、产业立市三年成就巡礼主题宣传》采访团队的专访，从落实“开放强市、产业立市”战略，决胜全面小康、决战脱贫攻坚3个方面回答记者提问。

10月28—29日 县委书记廖可元主持县委理论学习中心组第十一次（扩大）集中学习。邀请省应急管理厅党组副书记、副厅长罗德龙，市扶贫办党组书记、主任徐兴庭分别就安全生产和脱贫攻坚工作进行授课。

10月30日 县委书记廖可元在县委常委会议室召开专题会议，听取县委第八轮巡察、县委决战决胜脱贫攻坚专项巡察和县委2020年村级巡察工作汇报，并研究部署第九轮巡察工作。

11月

11月3日 农业农村部长江禁捕退捕工作专班来澧县巡查指导禁捕退捕工作，农业农村部渔业渔政局资源环保处处长姜波，省、市相关部门负责人参加。县委书记廖可元参加座谈会。

11月4日 市委书记、市人大常委会主任周德睿来到澧县，以市人大代表身份参加市七届人大澧县代表团第一代表小组活动，并围绕“推进疫情防控和经济社会发展”主题开展调研督导生态环保工作。县领导廖可元、王兆铭等参加调研或座谈。

同日下午 县委书记廖可元主持召开会议，传达学习党的十九届五中全会精神、全省省级党员领导干部会议精神、市委常委扩大会议精神，并对疫情防控、脱贫攻坚、禁捕退捕等重点工作进行安排部署。

11月6日 澧县第一次归侨侨眷代表大会在县总工会会议室召开。县委书记廖可元出席开幕式并讲话。

同日下午 县委书记廖可元，县委副书记、县长王兆铭以及部分县级领导分别在县委办公大楼参加人口普查现场登记。廖可元、王兆铭代表县委、县政府对全县2775名普查指导员和普查员表示慰问，向支持和配合此次人口普查工作的社会各界表示感谢！

11月11日 县委书记廖可元前往码头铺镇、甘溪滩镇开展脱贫攻坚“三走访三签字”活动，调研指导脱贫攻坚工作，走访慰问困难群众，察看太青村基础设施建设和产业发展情况。

同日下午 县委书记廖可元前往澧阳街道政务服务中心和龙潭寺社区综合服务中心，实地调研基层公共服务（一门式）全覆盖工作。

11月16日 常德市委常委、常务副市长罗毅君来澧县调研重点项目建设和产业发展工作。县委书记廖可元，县委副书记、县长王兆铭等参加调研。

11月17日 澧县首届全民健身运动会闭幕式在县体育馆举行。县委书记廖可元宣布本届运动会闭幕，县委副书记徐桢致闭幕词，县人大常委会主任冯文元、县政协主席金贤松等全体在家县领导出席闭幕式或颁奖，县委常委、县委宣传部部长李阳宣布获奖名单。

11月18日 县委书记廖可元前往王家厂镇、城头山镇、涔南镇督导产业发展、脱贫攻坚、乡村振兴、人居环境整治等农村重点工作。

11月19日 县委书记廖可元在县行政中心6号楼1号会议室主持召开全县脱贫攻坚迎省检工作调度会。

11月21日 湖南省脱贫攻坚工作实地考核组前往澧县农康葡萄现代产业园、锦绣千村农业合作社和城头山镇詹家岗村，对澧县扶贫产业发展情况进行考核。县委书记廖可元，县委副书记、县长王兆铭陪同。

11月27日 澧县县委理论学习中心组开展第12次集中学习，县委书记廖可元主持学习并进行总结讲话。

同日下午 市委常委、市委宣传部部长康重文一行来澧县调研宣传思想文化工作。实地调研澧县融媒体中心、城头山国家考古遗址公园、翊武公园、澧县一中、澧州文庙等文旅项目融合点。县领导廖可元、王兆铭、徐桢、李阳陪同调研。

11月30日 县委书记廖可元到澧阳街道和城头山镇调研指导“一门式服务”“两委”换届选举、村干部队伍建设等基层党建工作。

12月

12月4日 县委书记廖可元先后前往县高新区东、西两区，对澧县2020年重点产业项目建设情况进行实地调研。

12月7—9日 常德市召开全市开放强市产业立市流动现场会，并在澧县现场参观湖南润创电子科技项目和湖南亚瑞特服装科技产业基地。县领导廖可元、王兆铭全程参加。

12月10日 县委书记廖可元主持召开全县国有资产专项清理整治工作会议。

12月15日 县委书记廖可元在县行政中心召开全县石煤矿山专项整治工作调度会。

12月16日 市委副书记、市长邹文辉来澧县调研脱贫攻坚、基层党建示范点建设工作。县委书记廖可元就澧县基层党建、脱贫攻坚工作情况进行汇报。

同日上午 全市移风易俗工作现场经验交流会在澧县举行，市委常委、市委宣传部部长康重文出席。县委书记廖可元，县委副书记、县长王兆铭参加观摩，县领导徐桢、李阳、罗先春、刘黎参加观摩或会议，全市各区县（市）宣传部部长、分管副县长、文明办主任以及相关负责人参加。

12月17日 县委书记廖可元在瑞高酒店一楼1号会议室，召开县扫黑除恶专项斗争领导小组全会。

同日下午 市政府副市长尹正锡在瑞高酒店八楼8号会议室，召开市政府工作报告和“十四五”规划纲要征求意见座谈会。县委书记廖可元，县委副书记、县长王兆铭及县领导金贤松、淡光兴、夏金梅参加。

12月18日 在县行政中心6号楼二楼1号会议室举行澧县学习贯彻党的十九届五中全会精神省委宣讲团常德市分团报告会暨2020年县委理论学习中心组（扩大）第十三次集中学习，并邀请省委党校法学教研部副教授、硕士研究生导师刘勇华，省委宣讲团常德分团成员、市委农办主任、市农业农村局党组书记、局长石玉林授课。县委书记廖可元及全体在家的县领导参加学习。

12月21日 东部新区高压走廊整合及县城区电力专项规划会商会在县大数据中心召开。

12月25日 在王家厂水库红色教育基地举行工农革命军第四军王家厂暴动纪念碑揭牌暨《澧县革命老区发展史》《澧县老区故实》两书发行仪式。省民政厅副厅长张自银，省教育厅正厅级巡视员杨定中，副市长龚德汉，县委书记廖可元，县委副书记、县长王兆铭，县人武部部长李建华，副县长刘黎，市老促会、民政局、老区办等相关单位负责人出席。张自银、杨定中、龚德汉、廖可元等领导为纪念碑揭牌。

同日上午 中国共产党澧县第十二届委员会第八次全体（扩大）会议在县总工会工人文化宫召开。全会审议通过《中共澧县县委关于制定澧县国民经济和社会发展第十四个五年规划和二〇三五年远景目标的建议》《中国共产党澧县第十二届委员会第八次会议公报》。

12月29日 县委书记廖可元在县纪委一楼会议室主持召开专题会议，传达市委经济工作会议精神。

同日下午 澧县召开县委网络安全和信息化委员会第二次会议。县委书记、县委网信委主任廖可元参加并讲话。

同日下午 县委书记廖可元在县委常委会议室主持召开县委全面深化改革委员会全体会议。会议传达学习2020年中央、省、市全面深化改革委员会的有关会议精神。

12月30日 澧县召开农村人居环境整治流动现场会。廖可元、王兆铭、徐桢、冯文元、金贤松等县领导出席。

澧县概况

地理位置

澧县介于东经111°12′27″至112°04′21″与北纬29°25′09″至29°57′24″之间，位于湖南省西北部，东与安乡县接壤，东南与津市市为邻，南与临澧县相连，西与石门县毗邻，北与湖北省松滋市、公安县相邻。常德市辖县。与长江直线距离80千米，是枝柳铁路和207国道跨越长江，进入湖南的第一县。澧县北连长江，南通潇湘，西控九澧，东出洞庭，自古就有“九澧门户”之称，是澧水流域和湖南省参与长江开发的一大战略要地。全县总面积2075.41平方千米，耕地面积102.97万亩，其中，水田面积80.05万亩，旱地面积22.92万亩，人均耕地面积1.14亩。

行政区划

【历史沿革】 澧县古为澧州，因澧水贯穿全境而得名。

春秋战国时属楚国洞庭郡。属慈姑县，隶洞庭郡。

西汉高祖五年（前202年）改洞庭为武陵郡、罢慈姑，分设孱陵（今澧县东郊地区及津市、安乡、南县、岳阳、华容、湖北公安县地）、零阳县（今澧县中、西部地区及临澧、石门、慈利县地）。

东汉建武十六年（40年）为作唐（析孱陵置县，即今澧县东郊及津市、安乡）、零阳县地，属武陵郡，隶荆州刺史。

三国时期，始为蜀地，后为吴作唐（隶南郡）、零阳县地（隶天门郡）。

吴永安六年（263年）分武陵郡的澧水流域所置之郡，始开沅澧两水分治局面，郡治娄中。

西晋武帝太康元年（280年）作唐县改隶南平郡，郡治东村。

太康四年（283年）析零阳地始置澧阳县（今澧县中西部，石门东北部地区），县治澧河北村（今澧地丁公桥），隶天门郡。

东晋隆安元年（397年）移天门郡治澧阳。

南北朝时先属南宋，后属南齐，再属梁，郡、县仍旧。

梁敬帝绍泰元年（555年）西魏攻梁占澧，废天门郡置澧州，州治澧阳县太和南村（今澧南镇境内原广福村），领澧阳、零阳、娄中、临澧（充县改，属今桑植县地）4县。后属陈国，州、县同前。

隋文帝开皇九年（589年）改澧州为松州，在州治所太和南村筑松州城，旋复名澧州，领澧阳、孱陵、安乡、石门、零阳5县。

炀帝大业三年（607年）设州郡为地方一级政区，改澧州为澧阳郡（废南平入澧阳郡），郡治澧阳，领澧阳、孱陵、安乡、石门、崇义（今桑植县、大庸）、慈利6县。

唐高祖武德二年（619年）复为澧州，领6县。

玄宗天宝元年（742年）复为澧阳郡，领澧阳、安乡（孱陵已并入安乡）、石门、慈利（崇义已并入慈利）4县，隶山南东道。

五代后梁、后唐、后汉郡县依旧。后周（951年—960年）时，澧州为马殷旧将周行逢所据。

宋太祖建隆元年（960年）地方政区实行路、州（府）、县三级制，澧阳郡改为澧阳军州，领4县，隶荆湖北路。

元世祖至元十二年（1275年）升澧阳军州为澧州路。至元十四年（1277年），改为澧州路总管府，辖澧阳、安乡、石门3县和慈利、柿溪2州，属湖广行中书省江南北道。

惠宗至正二十四年（1364年）改为澧州府，辖澧阳、安乡、石门、慈利4县，隶湖广布政使司分守上荆南道。

明洪武元年（1368年）改为澧阳府；洪武九年（1376年）降为澧州，裁澧阳县入州治，领大庸、慈利、石门、安乡4县，隶常德府。洪武三十年（1397年）改隶岳州府。

嘉靖元年（1522年）分守岳常道驻澧，并建道署（辖岳州、常德府和澧州）。

清康熙三年（1664年），改岳常道为岳常澧道驻澧。

雍正七年（1729年），诸土司改土归流，升澧州为直隶州（与常德府同级），领慈利、石门、安福、安乡4县。

雍正十三年（1735年），增辖永定县（今张家界市永定区）。中华民国元年（1912年）改直隶澧州为澧州行政厅。

民国二年9月（1913年），废澧州为澧县。民国三年（1914年）岳常澧道改称武陵道，道署（1522年—1914年）在澧392年后迁武陵（民国十一年撤销道制，仅存省、县2级）。

民国二十六年12月澧属第二行政区；民国二十九年（1940年）4月，二区改称第四行政专员公署。

民国三十七年（1948年）8月，第四专员公署由常德迁至澧县（1949年8月迁回常德）。

1949年7月23日，县境解放。8月4日，建立澧县县委、澧县人民政府。县人民政府驻澧阳镇。辖7个区21个乡，隶属常澧专区。8月29日，属常澧专区。同年11月，析置县辖津市。

1952年撤销津市入澧县为县辖镇。1953年置县级市津市。1963年复撤津市入澧县。1968年属常德地区，1979年，再置津市。1988年实行市管县，隶常德市。沿用澧县之名至今。

【行政区划变更】 1987年末，全县共有6个区，9个镇，28个乡，23个居民委员会，596个村，121个居民小组，5621个村民小组。

1987年，撤销大堰垱、王家厂2个乡，将其所辖行政区域分别划归大堰垱镇、王家厂镇。

1993年，撤销大围乡，建立小渡口镇。撤销彭家厂乡，设立雷公塔镇。

1994年，撤销张公庙乡，建立张公庙镇。撤销方石坪乡，设立方石坪镇。

1995年，撤销澧阳、红湖、梦溪、大堰垱、码头铺和甘溪6个区公所；保留梦溪、复兴厂、盐井、雷公塔、大堰垱、王家厂、金罗、码头铺、方石坪、火连坡10个镇和九垸、澧东、永丰、如东、澧澹、澧南、涔南、大坪、道河、双龙、宜万、车溪、中武、闸口、杨家坊、洞市16个乡的行政区划不变；将其余的11个乡镇合并为6个乡镇：将张公庙镇、澧西乡合并为张公庙镇。将城关镇、澧阳乡和张公庙镇的朱家岗、关心、群星、四马、白米5个村合并为澧阳镇。将甘溪滩镇、马溪乡合并为甘溪滩镇。将官垸乡、余家台乡合并为官垸乡。将小渡口镇、官垸乡的毛家岔居民委员会和仁和垸、添洪、王家、丁堤、南盘、东堤6个村合并为小渡口镇。将太青乡、东门乡合并为太青乡。

经过撤区并乡行政区调整后，澧县的行政区划由原来的6个区公所、14个镇、23个乡，调整为14个镇，18个乡。

2007年，撤销澧南乡设立澧南镇。

2013年，撤销澧阳镇、澧澹乡，建立澧西、澧阳、澧浦、澧澹4个街道。

2015年底，经省人民政府批准，澧县撤销雷公塔镇、方石坪镇、太青乡、双龙乡、永丰乡、闸口乡、洞市乡、杨家坊乡、中武乡、宜万乡、车溪乡、涔南乡、九垸乡、道河乡、官垸乡15个乡镇。调整后，全县共辖澧阳、澧浦、澧西、澧澹四个街道，及甘溪滩、火连坡、码头铺、王家厂、金罗、盐井、大堰垱、梦溪、复兴、城头山、涔南、如东、小渡口、官垸、澧南15个镇，390个村、93个社区。

2016年5月，经县人民政府批准，将390个建制村合并为198个。全县共有4个街道、15个镇、93个社区，198个村。

2017年，将涔南镇民堰村划归澧澹街道管辖。

2020年，全县辖15个镇，4个街道；有291个村（社区），其中198个行政村，93个社区。

表1　澧县2020年行政区划一览表

镇（街道）	村（社区）名	备注
澧西街道	新庙、石塘堰、高路铺、马堰、荣隆*、新高堰*、白米*、水莲*、澄坪*、向阳*、石虎*、小西门*、黄泥*、四马*、关心*、朱家岗*、群星*、护城*、金牛池*、大西门*、荣家台*、荣家河*	4村18社区
澧阳街道	孟家港*、澹坪*、高桥*、平阳*、黄桥*、新河*、珍珠*、万寿宫*、永兴寺*、水德庙*、棚场街*、芬司街*、洗墨池*、澹阳*、徐家嘴*、龙潭寺*、桃花滩*、群玉*	18社区
澧浦街道	十回港、皇山*、彭家*、黄沙湾*、宝塔*、卢家*、澧阳*、多安桥*、襄阳*、羊古*、任家巷*、三贤*、柳家*	1村12社区
澧澹街道	澧东、邓家滩、蔡口滩、民堰、东洲*、蔡津*、玉皇*、三甲*、上福*、拥宪*、永固*、仁和*、樟柳*、白羊湖*、大巷口*、夹堤*	4村12社区
甘溪滩镇	甘溪、古北、东门、太青、长冲、探峪、遇市、狮象、丰年、石板、田冲、芦茅、马溪、河口、岩门、精华寺*	15村1社区
火连坡镇	新泉、山门水库直属村、石庄、水氽洞、柏樟、芦桥、古台、金山、澧淞、双溪、楠木、新桥、羊耳山、三元、古城岗、花园湾*、羊煤*、观音阁*	15村3社区
码头铺镇	龙洞峪、回龙峪、昌家、洞市、桐子岗、杨家坊、莲花、刻木山、杉木、三观寺、罗坪、万家岗、红岩、陆家桥、云台、平河、杨家湾、球山、码头*、方石坪*	18村2社区
王家厂镇	南河、枞杨、长乐、柳津、白马庙、双庆、大团、江西、生产街*、建设街*	8村2社区
金罗镇	界溪河、新开寺、鲁家冲、界岭、双溪、金园、草堰、新颜、金鸡岭*、幸福桥*	8村2社区
盐井镇	岩桥、盐井、洪杨、张家垱、白马庙、观山凸、豹子岭、三圣庙、新华、蔡家坡、福新、菊花岭、宜万岭、万花、伍家岗*、金马*	14村2社区
大堰垱镇	九旺、涔南、熊家湾、南阳、戴家河、干河、宋家台、花圃、筒车、石公桥、玉圃、陈管垱、星星、亘山、白云寺*、东街*、西街*、文昌阁*、中武桥*	14村5社区
梦溪镇	彭家厂、涔北、涔河、新堰、缸窑、大宗堰、顺林驿、宋鲁湖、梦江桥、五福、八根松、三元宫、凡家铺、梦溪寺*、大码头*、雷公塔*	13村3社区
复兴镇	界湖、双龙、曾家、大美新村、李家、温泉、又兴、双堰、双桥、复兴*、顺林桥*	9村2社区
城头山镇	詹家岗、万兴、牌楼、玉皇寺、东岳、彭头山、红星、群乐、大兴、大庙、黄河、护国、古大堤、国富、翊武、城头山、周家坡*、车溪河*、张公庙*	16村3社区
涔南镇	双铺、东田堰、鸡叫城、黑马垱、上河口、北民湖、崔家岗、双林、合力、团结、曾家河*	10村1社区
如东镇	传讯、鲁家、长福、驰马岗、枫林、裕农、曾家港、东红、天坪、青龙部、牌楼岗、永镇、大周、杨家垱、如东铺*、梅家港*	14村2社区
小渡口镇	黄丝、红庙、雁鹅湖、添围、仁和、恒公台、许家铺、竹天湖、五公、甘家湾、夹堤口、出草坡、土地洲、毕陈、毕黄、永丰、嘉山、东风、毛家岔、小渡口*	19村1社区
官垸镇	乌儿洲、常发、仙桃、凤凰、余家台、官垸码头*	5村1社区
澧南镇	彭坪、仙峰、高堰、松林、邢家河、盖天、上官宫、栗木、回龙、大堰、双荷、乔家河*、刘市*、天子山*	11村3社区
合计	4个街道、15个镇、198个行政村、93个社区	

说明：带*为社区。

地理环境

【地形地貌】 县境内地势西北高，东南低，由西北向东南倾斜，形成山、丘、平、湖4种自然区。西北部为山区，太青山鸭母尖海拔1019.5米，是全县最高点；南部与北部属丘陵区，起伏不平；东部和西部为湖区，水网纵横，小渡口镇出草坡村海拔28.6米，是县境最低点；中部是广阔而平坦的澧阳平原。

【地理气象】 县域皆处中亚热带内陆季风气候区，境内澧、涔、澹、道、松滋五水环绕，河网密布，多年平均气温16.7℃，7月平均气温28.1℃，降水量1311.7毫米。四季分明，雨量充足，适应水稻、棉花、油料等多种农作物生长。但因热量、雨量时空分布不匀，地区分布不均，灾害性天气频繁，山、丘、岗多旱，平湖区易涝。

【水资源】 澧县境内有澧水、涔水、道水、澹水、松滋水5条水系；有宋鲁湖、牛浪湖、北民湖、杨家湖、马公湖、水沐堰6个面积超1平方千米的湖泊；152座水库（其中大型水库1座、中型水库4座、小型水库147座）；大、小山塘河坝34334处；总蓄水量5.04亿立方米。年用水总量约4.59亿立方米。

全县地表水资源总量为14.95亿立方米，耕地亩平有水1525立方米，人均有水1702立方米，低于全省水平。

县境内产水。全县集雨面积2075.41平方千米，多年平均降雨为1300.9毫米，平均年降雨日142天，产水总量27.62亿立方米，其中17.4亿立方米通过陆地地面蒸发，水面蒸发返回高空或渗入地下补给地下水，其余10.22亿立方米形成地表径流。

【水系】 **澧水** 系湖南省洞庭湖第四大河流，因澧水上游“绿水六十里，水成靛澧色”而得名。发源于湖南省龙山县大安乡翻身村，流经湖北省鹤峰县、五峰县、湖南省永顺县、桑植县、永定区、慈利县、石门县、临澧县、津市市，于澧县小渡口注入西洞庭湖，河流全长407千米，流域面积18496平方千米。澧水干流有八大支流（温、茹、黄、溇、渫、道、澹、涔），合称九澧。澧水流域降水分布特点是：上游多于下游，丘降区多于平原区，尤以西北部高山地区降水量特大。近来，流域里的洪旱灾害，由偶发性变为多发性和常发性，破坏力强，波及面广。流域内降雨集中，雨量充沛，山高坡陡，汇流时间短，洪峰历时短，水位呈现暴涨暴落趋势，1935年发生3.03万米^3/秒的特大洪水，中华人民共和国成立后发生1954年、1980年、1991年、1998年、2003年5次特大洪涝灾害，其中1998年7月23日石门站实测流量达到1.99万米^3/秒。

涔水 九澧之一，源头有南北两支，北源自澧县甘溪滩镇长冲村陈家沟，经太青、甘溪滩、火连坡，至闸口注入王家厂水库，全长44千米；南支发源于石门县三圣乡燕子山黑天坑，经澧县杨家坊、码头铺，至方石坪汇入王家厂水库，全长30千米。王家厂以上为上游，王家厂水库至雷公塔为中游，雷公塔至小渡口为下游，至小渡口注入西洞庭湖，全长114千米（县境内流程102.5千米），流域面积1188平方千米。坡降0.774‰，干流落差79.34米，可开发水能6200千瓦。流域内1958年建有王家厂水库，1951年建成涔澹蓄洪区，1965年五公咀建闸，1973年多安桥堵口，1974年小渡口建闸，1992年中渡口建闸，1994年羊湖口电排站建成受益。2019年10月始建装机2.07万千瓦的小渡口大型泵站，装机规模全省第一，基本解除涔水水患灾害。

道水 九澧之一。河流分南、北两源，均发源于张家界市慈利县五雷山，自西向东流经慈利、石门、临澧，沿途纳洲浒溪、龟溪、阳明溪、沙溪河等支流，至洒四洼进入澧县，在澧县澧南垸道口河注入澧水。道水是澧水下游段一条较大支流，整个流域处丘陵平原地带，植被状况良好。主河道长101千米，河道纵比降0.965‰，流域面积1364平方千米。道水左岸的澧南垸属于全省24个蓄洪垸之一，2004年建成澧南分洪闸。

澹水 九澧之一。发源于石门县燕子山乡女儿垭，干流全长66千米，流域面积350平方千米。1957年临澧县在澹水上游建官亭中型水库，拦截集雨面积109.5平方千米。1975年临澧县灭螺填河，将官亭水库以下澹水河平废11.8千米，使官亭水库以上上游来水从新安镇注入澧水。下游澧阳平原经20世纪70年代田园化建设、八九十年代灌排系建设，1993年开挖大坪排渠，至今澹水河仅有从十回港至中渡口闸一段，长25千米，集雨面积179.125平方千米。1994年羊湖口电排站建成收益后，可解除澧阳平原渍涝灾害以及对津澧城区的洪水威胁。

松滋水 为长江分洪进入洞庭湖的一条近代河流。1870年大水，松滋黄家铺溃口，因修筑不牢，1873年再溃，决口从此不塞，冲成松滋河。松滋河分东、西两支，东支流入虎渡河直下安乡。西支经新江口至杨家垱进入澧县，至青龙窖分为中、西两支，西支为官垸河，长29.5千米；中支经三岔脑、张九台于小望脚汇合东支后流经安乡，县内流程37.5千米。

【动物资源】 境内有野生动物169种。列入国际濒危物种鸟类1种：黄胸鹀；易危物种1种：红头潜鸭。

属国家重点保护的野生动物有21种，其中列入国家一级保护的野生动物有1种：黑鹳；列入国家二级保护的野生动物有20种：果子狸、虎纹蛙、白琵鹭、鸳鸯、鹗、黑鸢、赤腹鹰、雀鹰、松雀鹰、日本松雀鹰、普通鵟、白尾鹞、燕隼、红脚隼、游隼、红隼、褐翅鸦鹃、草鸮、东方角鸮、斑头鸺鹠。

属湖南省重点保护的野生动物146种：蛇、蟾、蛙、鸬鹚、池鹭、中白鹭、苍鹭、绿鹭、牛背鹭、大白鹭、夜鹭、灰雁、野鸭、竹鸡、鹌鹑、小田鸡、黑水鸡、山斑鸠、火斑鸠、华南兔、中华竹鼠、银星竹鼠、豪猪、刺猬等；其中被列入有益的、有特殊科学价值和经济意义的动物名录的物种122种。

【植物资源】 境内有野生植物621种。其中，国家一级重点保护野生植物有3种：银杏、水杉、珙桐；国家二级重点保护野生植物12种：金钱松、香樟、楠木、花榈木、厚朴、毛红椿、鹅掌楸、绒毛皂荚、喜树、莲、野菱、野大豆。其中被列入有益的、有特殊科学价值和经济意义的植物名录的物种606种。

【矿产资源】 全县共有矿山81家，主要分布于火连坡镇、甘溪滩镇、码头铺镇、金罗镇、王家厂镇、城头山镇、澧南镇、梦溪镇、盐井镇、大堰垱镇、澧西街道等11个镇（街道）。涉及矿种13类，主要为煤、铁、盐、芒硝、石膏、石煤、重晶石、膨润土、高岭土、水泥灰岩、石灰岩、页岩、砂岩。其中，省级发证矿山28家、市级发证矿山27家、县级发证矿山26家。

人　口

2020年，全县年末总户数334647户，总人口90.67万人，其中城镇人口28.29万人，乡村人口62.38万人；男性45.75万人，女性44.91万人；0—17岁14.75万人，18—34岁16.09万人，35—59岁38.37万人，60岁及以上21.45万人；出生6061人，其中男性3247人，女性2814人；死亡9337人，其中男性5272人，女性4065人；迁入1613人，迁出5710人。

环境质量

【水环境质量】 全面小康考核的澧水艳电取水口、宋家渡2个省控水质监测断面监测结果稳定在Ⅱ、Ⅲ类水质，达标率100%；澧水艳洲大坝、王家厂水库2个县级饮用水源地水质稳定达到国家标准。

【环境空气质量】 全年空气质量综合指数为3.02，县城区空气质量优良天数354天，优良率96.7%，全省排名第53位，与上年同期73名前进20位。

【声环境质量】 县城区噪控区面积15平方千米，达标面积11.88平方千米，达标区覆盖率为79.2%，区域环境噪声总体水平等级为二级，对应评价为较好。

【土壤污染防治】 全县污染地块安全利用率100%，受污染耕地安全利用率94.6%，排查发现土壤重金属污染问题得以有效治理和管控。

气候特征

【气温】 年平均气温17.4℃，较历年平均值高0.5℃；年极端最高气温37.6℃（8月5日），年极端最低气温-1.9℃（1月28日）。

【降水及实时雨情】 全年降水总量1920.3毫米，较历年平均值多638.1毫米，创1981—2010年第一高值；全年≥0.1毫米降水日数有164天，≥50.0毫米降水日数有6天，年一日最大降水量126.0毫米（7月2日）。

4—9月，降水显著偏多，居历年同期第一。澧县出现流域性洪水，境内四水均出现重度洪涝。截至2020年10月31日，澧县降水总量1847.9毫米，较历所同期偏多56%，与历年最多年份1998年年降水量基本持平。其中主汛期（4—9月）降水1402.5毫米，较历年同期平均值偏多55.6%，主要降水集中在6—7月。6—9月共出现12次暴雨到大暴雨过程，具有影响范围广、持续时间长、小时雨强大、间歇时间短、极端性强、局地强降水重叠度高、致灾严重、过程结束时间迟等特点。

6月1日—7月31日，全县累计平均降水量776.9毫米，占全年总降水量61%，较历年同期偏多92%，较1998年同期偏少22%。6月1日—7月14日，澧县局地累计最大降水量为917.7毫米，出现在太青水库；日最大降水量为172.9毫米（太青水库）。居历年日最大降水量第二高值，其中7月1—14日全县平均降水量为311.0毫米，居建站以来历史同期第一高值。

【日照】 年日照总时数1300.0小时，较历年平均值少297.4小时，创1981—2010年第二低值，年日照百分率29%。

【实时气温变化】 2月，14—15日，24小时内气温降幅为11.5℃，且15日最低气温为0.6℃，达到寒潮标准；26—28日，48小时内气温降幅为6.3℃，达到中等强度冷空气标准。3月，26—28日，48小时内气温降幅为14.1℃，达到强冷空气标准。4月，9—11日，48小时内气温降幅为6.1℃，达到中等强冷空气标准；17—19日，48小时内气温降幅为6.5℃，达到中等强冷空气标准。8月，全月日最高气温≥35℃的高温天气有17天，其中1—8日连续8天和12—18日连续7天日最高气温≥35℃，达到轻度高温热害标准。9月，13—19日，日平均气温≤23℃，持续天数7天，影响雨日7日，按照中华人民共和国气象行业标准达到湿冷型轻度寒露风标准；20—23日、25—29日日平均气温均≤21℃，持续天数分别为4天、5天，影响雨日分别为4天、5天，按照中华人民共和国气象行业标准达到湿冷型中度寒露风标准。10月，1—3日，48小时内气温降幅为6.3℃，达到中等强度冷空气标准。

【气候灾害】 2月15—16日，县境内出现寒潮、大风、雨雪天气。全县农作物受灾面积694.5亩，房屋损坏6间，直接经济损失324.6万元。6月12日8时—15日8时，澧县普降暴雨到大暴雨，其中有2个站达特大暴雨，最大降水量204.1毫米，平均降水量130.1毫米。全县受灾人口7702人，分散安置6人，农作物受灾5914.5亩，成灾477亩，屋倒损23户35间。其中倒房1户3间，严损12户21间，一般损坏10户11间，直接经济损失1141.1万元。7月5日08时—7月

9日08时，澧县西北部山区出现暴雨到大暴雨，其他站点大雨，全县平均降水量35.5毫米，最大降水量172.9毫米，出现在太青水库站点。全县受灾人口6.44万人，安置转移2547人，房屋倒塌18间，房屋损坏207间，农作物受灾面积23.2万亩，成灾面积20.9万亩，绝收面积2.3万亩；直接经济损失1.91亿元。7月17日08时—7月19日08时，全县44个站点中有36个站点超过50毫米，其中12个站点超过100毫米，面雨量78.6毫米，最大降雨达到140.6毫米，在金罗镇，西北山区普遍降雨在100毫米以上。全县受灾人口7548人，安置转移468人，房屋倒塌10间，房屋损坏100间，农作物受灾面积9760.5亩，成灾面积2417.4亩，绝收面积2130.3亩；直接经济损失1892.17万元。

【气候总体评价】 本年度气温略偏高，降水异常偏多，日照显著偏少。综观全年气候，全县降水分布不均，极端气候事件高发。特别是6—7月出现暴雨洪涝致灾偏重，年内出现强冷空气、连阴雨和暴雨洪涝、雾霾等灾害性天气，给澧县工农业生产及人体健康等造成一定程度的不利影响。 （刘晓荣）

澧县干部名录

（注：本名录以2021年6月县委组织部通讯平台公布的《澧县科级干部通讯录》为准。）

县　委

廖可元　书记

王兆铭　副书记、县长

徐　桢（女）　副书记、县委党校校长

蒯　鹰（维吾尔）　县委常委、县政府常务副县长

张元安　常委、县委办主任

李　阳（女）　常委、宣传部部长

江　毅　常委、纪委书记、监察委员会主任

王　毅　常委、统战部部长

杨　松　常委、政法委书记

周　澧（土家）　常委、组织部部长、县直机关工委书记

李建华　常委、人武部部长

县人大

冯文元　主任、党组书记

淡光兴　副主任、党组副书记

刘　辉　副主任、党组副书记、县总工会主席（兼）

赵长津　副主任、党组成员

熊德蓉（女）　副主任

向绪钦　副主任、党组成员

鲁金明　党组成员

陈奇辉　党组成员

县政府

王兆铭　县委副书记、县长

蒯　鹰（维吾尔）　县委常委、县政府常务副县长

罗先春　副县长、党组成员

陈世杰　副县长、党组成员，县公安局党委书记、局长

刘　黎（土家）　副县长、党组成员

宋化丽　副县长、党组成员

丁保国　副县长、党组成员

杨　波　副县长、党组成员

县政协

金贤松（回）　主席、党组书记

王　毅　党组副书记（兼）

刘　欣　副主席、党组副书记

邓连琼（女）　副主席

夏金梅（女） 副主席、县工商联主席、总商会会长

杨 钢 副主席、县文联主席

王先银 副主席、党组成员

县人武部

李建华 县委常委、武装部部长

柳 剑 武装部政委

县委处级非领导职务

陈本富 一级调研员

赵一军 二级调研员

贺德芳 三级调研员

罗先宏 三级调研员

县人大处级非领导职务

赵传柏 二级调研员

县政府处级非领导职务

周昌惠 二级调研员

戴作银 二级调研员

何学银 四级调研员

县政协处级非领导职务

张晓莲（女） 正处级干部

徐连君 二级调研员

戴作则 二级调研员

何柏林 二级调研员

县纪律检查委员会、监察委员会

彭辉明 纪委副书记（主持常务工作）、监委会副主任

文 军 纪委副书记、监委会副主任

张珂川 纪委副书记、监委会副主任

周 红 监委会委员

韩广南 纪委常委、监委会委员

彭志宏 纪委常委、监委会委员

谭 月（女） 纪委常委

王维军 纪委常委、监委会委员

叶政林 监委会委员

张子昂 纪委常委

韩英俊 办公室主任

谭 勇 纪委组织部部长

毕冬梅（女） 党风政风监督室主任

任潇潇 信访室主任

杨 芳（女） 纪检监察干部监督室主任

周 辉（女） 纪委宣传部部长

易继红（女） 案件督察管理室主任

叶祚林 第一纪检监察室主任

王 嘉 第二纪检监察室主任

汪汝林 第三纪检监察室主任

唐治军（土家） 第四纪检监察室主任

伍 煜 第五纪检监察室主任

谷 超 案件审理室主任

县纪委监委派驻组

雷正宇（女） 县纪委监委派驻县委办公室纪检监察组组长、县委办公室主任办公会成员

钟 琼（女） 县纪委监委派驻县委组织部纪检监察组组长、县委组织部部务会成员

孙金莲（女） 县纪委监委派驻县委宣传部纪检监察组组长、县委宣传部部务会成员

郑年辉 县纪委监委派驻县委政法委员会纪检监察组组长、县委政法委员会委员

覃 飞（土家） 县纪委监委派驻县公安局纪检监察组组长、县公安局党委委员

倪章锐 县纪委监委派驻县人民政府办公室纪检监察组组长、县人民政府办公室党组成员

李绍庆 县纪委监委派驻县发改局纪检监察组组长、县发改局党组成员

方 志 县纪委监委派驻县住建局纪检监察组组长、县住建局党组成员

田兴发　县纪委监委派驻县农业农村局纪检监察组组长、县农业农村局党组成员

张　霞（女）　县纪委监委派驻县财政局纪检监察组组长、县财政局党组成员

余　飞　县纪委监委派驻县工信局纪检监察组组长、县工信局党组成员

王文平　县纪委监委派驻县教育局纪检监察组组长、县教育局党组成员

郭迪华　县纪委监委派驻县卫生健康局纪检监察组组长、县卫生健康局党组成员

县委巡察办

刘长春（土家）　主任
江强辉　副主任
谭艳华　副主任
杜山清　第一巡察组组长
张业全　第一巡察组副组长
陈亚东　第二巡察组组长
陈元舫　第二巡察组副组长
李兵兵（女）　第三巡察组组长
赵　明　第三巡察组副组长

县委办公室

陈祖毅　常务副主任
张　鼎　副主任
李晓华　副主任
彭　俊　副主任、县档案局局长（挂牌、兼）
叶　孟（女）　副主任
易宗培　主任办公会成员
傅劲松　督查专员、督查室主任
刘彬鑫　督查专员

县委全面深化改革领导小组办公室

陶贵锋　专职副主任

县委保密委员会

刘　进　专职副主任

县委党史研究室

龚道权　支书、主任
杨　阳（女）　支部委员、副主任

档案馆

戴林洪　馆长
谭　治　支部委员、　副馆长
崔　伟　支部委员、副馆长

接待服务中心

孙　军　支书、主任
王　军　支部委员、副主任

县委组织部

杨　颖　常务副部长

李　论　副部长、县委非公有制经济组织和社会组织工作委员会书记（兼）

冯晓明　副部长、县委老干部局局长（挂牌）、县离退休干部工委书记

县委非公有制经济组织和社会组织工作委员会

皮丽平（女、土家）　专职副书记

县委组织部党员教育中心

汪中正　主任

县直机关工委

彭小晖（女）　专职副书记
王先志　纪工委书记

老干部活动中心办公室

刘菊清（女） 主任

县委党校

孙国栋 支书、常务副校长
刘 俊 支部委员、副校长
李功惠 支部委员、副校长
叶紫云 支部委员、教育长
杨 艳（女） 支部委员

县委机构编制委员会办公室

赵新春 主任
陈 锋 副主任
杜龙华（土家） 副主任

机构编制事务中心

傅先菊（女） 主任

总工会

刘 辉 主席（兼）
周尚清 党组书记、副主席
李祖林 党组成员、副主席
李中博 党组成员、副主席
蒋春霞（女） 党组成员

职工学校

朱元璋 校长

共青团澧县委员会

周传智 书记
杜小艳（女） 副书记
潘琪翔 副书记

妇女联合会

覃晶晶（女） 党组书记、主席
田 静（女） 党组成员、副主席
肖 丽（女） 党组成员、副主席

县委宣传部

胡 斌 常务副部长
杨 波 副部长
刘 华（女） 副部长

文化旅游广电体育局

关洪日 党组书记、局长
胡流锋 党组成员、副局长
曹 毅 党组成员、副局长
覃 惠（女） 党组成员、副局长
邹 杰 党组成员
覃仕军 党组成员
冯培玉（女） 总工程师

文化市场综合行政执法局

关洪日 局长（兼）
郭未东 专职副局长

全民健身服务中心

朱清泉 主任

融媒体中心

张 滔 党委书记、主任
钟广志 党委副书记、副主任
樊 辉 党委委员、副主任
夏惠平（女） 党委委员、副主任
杨 平 党委委员、副主任
曹 力 党委委员、副主任
周志国 党委委员

文学艺术界联合会

杨　钢　主席
杨　波　支部书记
黄　蓓（女）　副主席

城头山国家考古遗址公园管理处

雷　鸣　党组书记、主任
赵从旭　党组成员、副主任
陈　琳（女）　副主任
李林海　党组成员、副主任
曹　莉（女）　党组成员、纪检组长
黎　凯　安全保卫科科长
周才华（女）　规划建设科科长
杨四华　财务科科长

湖南省新华书店有限责任公司澧县分公司

王星星　支书、经理
张木权　副经理、组织委员
杨雨龙　副经理、宣传委员

常德日报社澧县记者站

田继舫　站长

县委政法委员会

易　涛　副书记
熊文华　副书记
朱　秒　副书记
刘尚武　委员
颜学松　委员
苏子扬　政工室主任

社会治理指挥中心

张祥力　主任

公安局

陈世杰　党委书记、局长
陈　林　党委副书记、政委
曹　龙　党委副书记、副局长
向平华　党委委员、政工监督室主任
郭　敏　党委委员、副局长

政工监督室

向平华　主任

法制大队

俞元清　大队长
彭能平　教导员

警备保障室

指挥中心
周芳（女、回）主任
陈春潮　教导员

国内安全保卫大队

丁　峰　大队长
陈雅芬（女）　教导员

刑事侦查大队

雷　波　大队长
曾　健　教导员

治安管理大队

曾文广　教导员

经济犯罪侦察大队

蔡　敦　大队长
江　雁　教导员

人口和出入境管理大队

张维平　大队长
李忠平　教导员

网络安全保卫大队

鲁运清　大队长
熊　兵　教导员

看守所

蔡诗兵　所长
马云湘（回）　教导员

拘留所

李晓亮　所长
谢霞梅（女）　教导员

澧阳派出所

袁　剑　所长
戴桂林　教导员

澧浦派出所

谭　俊　所长
杨　鸣　教导员

澧西派出所

姚大春　所长
高启超（土家）　教导员

澧澹派出所

梁　兵　所长
杨　敏　教导员

城头山派出所

李　辉　所长
谭　敏　教导员

大坪派出所

彭　刚　所长

艳洲派出所

陈向荣（女）　教导员

七里湖派出所

苏寒军　所长
鲁　俊　教导员

澧南派出所

孙际平　所长
刘向阳　教导员

涔南派出所

李　昕　所长
易哀鸿　教导员

小渡口派出所

卢艳军　所长

官垸派出所

王治国　所长
郭祖林　教导员

如东派出所

余红安　所长
罗红建　教导员

梦溪派出所

皮波涌　所长
曲家喜　教导员

复兴派出所

张兴福　所长
李爱华　教导员

盐井派出所

石海坤　所长
李　华　教导员

大堰垱派出所

覃业友　所长
王志勇　教导员

金罗派出所

胡秋平　所长
胡　骏　教导员

王家厂派出所

韩显峰　所长
钱剑飞　教导员

甘溪滩派出所

彭　飞　所长
黄春明　教导员

火连坡派出所

陈　方　所长
陈喜宇　教导员

码头铺派出所

阳贤国　所长
任刘兵　教导员

人民检察院

成来彪　党组书记、检察长
唐西清　党组成员、副检察长
龙安清　副检察长
陈红梅（女）　党组成员、副检察长
卢　忠　专职检委

人民法院

钟欣吾　党组书记、院长
谭　成　党组副书记、副院长
刘登殿　副院长
孙元新　党组成员、副院长
章业文　党组成员
陈　萍（女）　党组成员
彭雄飞　党组成员
卢　荣　专职委员
陈　昆　专职委员

政工室

陈　萍　主任

执行局

章业文　局长

司法警察大队

易长军

澧阳法庭

彭雄飞　庭长

桃花滩法庭

红湖法庭

程　林　庭长

大堰垱法庭

李志平　庭长

甘溪法庭

刘　涛　庭长

第一巡回法庭

第二巡回法庭

司法局

何雪松　党组书记、局长

刘延岸　党组成员、副局长

赵　里　党组成员、副局长

李宽祥　党组成员、政工室主任

依法行政指导服务中心

李　进　主任

公证处

公安交通警察大队

向延贵　党委书记、大队长

黄维佳　党委副书记、教导员

刘春生　党委委员、副大队长

宋祥文　党委委员、副大队长

郭　亮　党委委员、副大队长

汪朝东　党委委员、副大队长、纪委书记

民政局

谭　斌　党组书记、局长

胡劲松　党组副书记、副局长

黄大玉　党组成员、副局长

退役军人事务局

彭春丽（女）　书记、局长

宾海霞　副书记、副局长

王金山　党组成员、副局长

消防救援大队

刘凯峰　书记、大队长

吴任龙　副书记、指导员

陈文曦　防火参谋

王竟成　防火参谋

人大常委会办公室

吴春初　主任、县人大常委会党组成员

曾　红（女）　副主任

王羡文　副主任

选举任免联络工作委员会

朱小平　主任

李卫华　副主任

民族华侨外事委员会

黄少军　主任委员

张　毅（女）　副主任委员

监察和司法委员会

戴　纲　主任委员
向　辉（女）　副主任委员
谭　杰（土家）　副主任委员

财政经济委员会

王旭东　主任委员
田　珍（女）　副主任委员
胡绪林　副主任委员

预算联网监督中心

教育科学文化卫生委员会

孟凡均　主任委员
郭　芳（女）　副主任委员

环境与资源保护委员会

李先平　主任委员
李　阳　副主任委员

农业与农村委员会

万　安　主任委员
刘连娥（女）　副主任委员

社会建设委员会

胡海兰（女）　主任委员
陈奕帆（女、土家）　副主任委员

专职委员

李跃平　专职委员
王大平　专职委员
于承津　专职委员
王华军　专职委员
田　奎　专职委员
熊朝霞　专职委员
刑小平　专职委员
高中恒（土家）　专职委员
柳　彬　专职委员

政协办公室

张　文　秘书长、办公室主任、县政协党组成员
杨　波　副秘书长、办公室副主任
龚姜涛　办公室副主任
张凯翔　办公室副主任

委员学习联络委员会

张学静（女）　主任
任建平　副主任

提案委员会

周　鹏　主任
孙　瑜（女）　副主任

经济科技和外事委员会

李　忠　主任
周彩霞（女）　副主任

农业农村和人口资源环境委员会

唐一平　主任
赵友元　副主任

文教卫体和文史委员会

苏春龙　主任
杨红球（女）　副主任

社会法制和民族宗教委员会

尹海红（女）　主任

赵召辉　副主任

政协云服务中心

刘尚惠（女）　主任

县委统一战线工作部

谭登山　常务副部长
刘后田　副部长
叶　青　副部长
孙景峰（女）　副部长、县民族宗教事务局局长（挂牌）

归国华侨联合会

金永锋　支部书记
何玉芳（女）　主席
文　芳（女）　支部副书记、专职副主席

工商业联合会

夏金梅（女）　主席
刘后田　党组书记（兼）
王华锋　党组副书记、副主席、县总商会副会长、县委非公有制经济组织和社会组织工作委员会党工委副书记（兼）
谭红亚（女）　党组成员、副主席
钟文科　副主席、鹏程科信有限公司董事长
杨桔瑛（女）　副主席、六合电器总经理
毛先武　副主席、万家工贸实业有限公司董事长
胡桂生　副主席、益康药房董事长
范宝坤　副主席、重庆啤酒澧县工厂厂长
皮坤宁　副主席、城头山红薯食品科技有限公司董事长
李名康　副主席、三科农产品市场有限公司董事长

总商会

夏金梅（女）　会长
刘后田　副会长（兼）
郑大田　副会长、平安医械董事长
龚佑琼（女）　副会长、锦绣千村植保有限公司董事长
胡圣喜　副会长、金源房地产有限公司执行董事
张伯秋　副会长、金和置业有限公司项目总经理
黄　林　副会长、恒邦建工有限公司董事长
钟凤娟（女）　副会长、博睿实业有限公司总经理

人民武装部

王良福　政治工作科科长
陈先念　军事科科长
刘　俊　后勤科科长

人民政府办公室

余明春　党组书记、主任、县人民政府党组成员
李忠清　党组副书记、副主任
毛文军　党组成员、副主任
张　红（女）　党组成员、副主任
何玉芳（女）　副主任
秦鹏飞　党组成员、副主任
孙平凡　党组成员、副主任
胡建华　党组成员、副主任
洪新华　党组成员、优化办主任
徐平华　党组成员、副主任
梁雪军　党组成员、副主任
毛文兵　党组成员、副主任
胡国爱　督查专员、督查室主任
刘元林　督查专员

机关事务服务中心

陈　礼　主任

金融发展服务中心

李建新　主任

行政审批服务局

李菊文　党组书记
李忠发　局长
汤　敏（女）　党组成员、副局长
杨　瑛（女）　副局长

人民政府政务服务中心

黄泽华　支部书记、主任

城市管理和综合执法局

王建华　党组书记、局长
陈本金　党组成员、副局长
张　华　党组成员、副局长
苏燕平　党组成员、副局长

园林绿化服务中心

彭元辉（回）　支部书记、主任

信访局

严松波　党组书记、局长、县政府办党组成员、副主任（兼）
余泽朝　党组成员、副局长
孙元章　党组成员、副局长

应急管理局

刘国军　党委书记、局长
胡云忠　党委副书记、副局长
彭念龙　党委委员、副局长
李明彬　党委委员、副局长
徐　明　党委委员、政工室主任

地震局

陈华章　支部书记、局长

审计局

刘　勇　党组书记、局长
陶　芳（女）　党组副书记、副局长
杜　娟（女）　党组成员、副局长
李柏平　党组成员、总审计师
皮明敏（女）　经济责任审计工作联席会议办公室主任

残疾人联合会

唐从国　书记、理事长
任　军　党组成员、副理事长
张盛湘　党组成员、副理事长

自然资源局

雷　鸣　党组书记、局长
王清波　党组副书记、副局长
陶　平　党组副书记、副局长
杨复凡　党组成员、副局长
肖　磊　党组成员、副局长
刘　飞　党组成员、副局长
郑子华　党组成员、副局长
赵国庆　党组成员
王　祥　党组成员、总工程师

自然资源局高新技术产业开发区分局

郑志勇　局长

自然资源储备中心

马　俊（回）　主任

自然资源执法监察大队

土地开发整理中心

不动产登记中心

张孝玖　主任

科学技术局

孙　湧　书记、局长
周正元　党组成员、副局长
游丽峰（女）　副局长

科学技术协会

张　峰　书记、主席
杨署平　党组成员、副主席
王焕强　党组成员、副主席

高新技术产业开发区管理委员会

刘力耕　书记
汤志东　副书记、主任
徐红霞（女）　党工委副书记、副主任、纪工委书记
县高新技术产业开发区企业党委书记（兼）
许　斌　党工委委员、副主任
陈亚章　党工委委员、副主任
李昊明　企业党委专职副书记
张国平　规划建设局局长
蒋　婷（女）　产业发展局局长
丁　星　社会事务局局长

发展和改革局

张　华　党组书记、局长
周月华　党组副书记、副局长、物价局局长
杨秀山　党组成员、副局长
马新元　党组成员、副局长
胡圣德　党组成员、副局长
周　凯　党组成员、副局长

重点建设项目事务中心

王桥友　支部书记、主任

国家粮食储备管理站

刘乾明　支部书记、站长

人力资源和社会保障局

朱　宇　党组书记、局长、县委组织部副部长（兼）
张雪平　党组副书记、副局长
戴云忠　党组成员、副局长
游修爱　党组成员、副局长
唐鉴平　党组成员
王　峰　党组成员、总经济师、县总工会副主席（挂职）

劳动争议仲裁院

张业平　院长

就业服务中心

刘明梯　支部书记、主任

技工学校

龚德娥（女）　支部书记、副校长

社会保险服务中心

彭　勇　支书、主任

工伤保险服务中心

王延武　支部书记、主任

人力资源开发交流服务中心

万　毅　主任

统计局

杨升波　党组书记、局长
滕黎明　党组副书记、副局长
曹　辉　党组成员、副局长
胡建勇　党组成员、总统计师
涂洪波　党组成员

国家统计局澧县调查队

刘汉承　支部书记、队长
乔建军　支部委员、纪检员

住房和城乡建设局（人民防空办公室）

何宗华　党组书记、局长
孙昌银　党组副书记、副局长
郭绍荣　党组成员、副局长
周凤珍（女）　党组成员、副局长
黄维平（女）　党组成员、人防办专职副主任
陈逢平　党组成员
郭爱军　总工程师

市政建设服务中心

冯　锋　主任
国有土地上房屋征收与补偿办公室
万　波　主任

住房保障服务中心

曹远林　党组书记、主任
戴润川　党组副书记、副主任
庹　俊　党委委员、副主任
戴　涛　党委委员、副主任

常德市生态环境局澧县分局

金贤芳（回）党组书记、局长
李继东　党组副书记、副局长
赵克清　党组成员、副局长
黄爱华　党组成员
辛绪硕　党组成员、总工程师

农业农村局

李泳坪　党组书记、局长
周青松　党组副书记、副局长
谢志军　党组成员、副局长
侯祖平　副局长
严奉祥　党组成员、副局长
陈　国　党组成员、总农艺师
谭文先　党组成员

农业综合行政执法局

李泳坪　局长（兼）
林思华　专职副局长
周迎春　专职副局长

农民教育办

孙秦川　主任

农村能源服务中心

郭军武　主任

嘉山良种场

马建军　总支部书记、场长

棉花原种场

姚金培　总支部书记、场长

农业技术推广中心

戴述雄　支部书记、主任

农业科学研究所

刘　洋　支部书记、所长

食用菌研究所

任卫华　支部书记、所长
耕地质量监测保护中心
丁　辉　主任

七里湖农场

庹　杰（土家）　支部书记、场长
伍　翼　支部委员、副场长
赵立谦　副场长

湖洲管理所

王　勇　党委书记、所长
郑文彬　党委委员、副所长、武装部长
徐小平　党委委员、副所长

林业局

彭　洪　党组书记、局长
黄大波　党组副书记、副局长
叶汉逵　党组成员、副局长
李宏彬　党组成员、总工程师

林权管理服务中心

刘泽华　主任

森林公安局

黄军红　局长
苏　娟（女）　政委

天供山林场

朱复喜　总支部书记、场长

艳洲水利水电工程管理局

张辉军　党组书记、局长
贺修军　党组副书记、副局长
李　华　党组成员、副局长、总经济师
樊明志　党组成员、副局长、总工程师、工程部部长（兼）

农机事务中心

贺春波　总支部书记、主任
胡云平　总支部副书记、副主任
周　荣　总支委员、副主任
李群松（女）　总支部委员、副主任

畜牧水产事务中心

徐　刚　党委书记、主任
孟祥军　党委委员、副主任
刘海波　党委委员、副主任
刘兴志　党委委员、副主任

农村经营服务站

胡青山　支部书记、站长
刘四清　支部委员、副站长
唐汇金　支部委员、副站长

倪章国　副站长
孙圣泉　支部委员、纪检委员

供销合作社联合社

黄德武　党组书记、主任
郭永生　党组副书记、监事会主任
刘　迅　党组成员、副主任
彭澧临　党组成员、副主任
张　健　党组成员、副主任

扶贫开发办公室

李绍南（女）　党组书记、主任
胡继军　党组副书记、副主任
郭洪吕　党组成员、副主任
向绪栋　党组成员、副主任

气象局

张业珍（女）　党组书记、局长
向继汉　党组成员、副局长
张海波（土家）　党组成员、副局长

澧州涔槐国家湿地公园管理处

魏　卫　支部书记、主任
刘少帅　支部委员、副主任
朱丽华　支部委员、副主任

水利局

伍　星　党组书记、局长
雷华军　党组副书记、副局长
任东平　党组成员、副局长
吴学文　党组成员、副局长
胡建中　党组成员、副局长
王永平　党组成员
任治平　党组成员
孙　鸿　党组成员
谢荣忠　总工程师

库区移民事务中心

叶祥林　主任

水旱灾害防御事务中心

曾昭阳　主任

澧阳平原灌区管理处

游　龙　党组书记、主任
彭任香（女）　党组副书记、副主任
黄清平　党组成员、副主任
丁仁英（女）　党组成员
苏巧攀　监察室主任
谭科飞　灌溉科科长
龚道泽　水政科科长
陈　琦　办公室主任
潘木林　财务科科长
傅　涛　（土家）　工程科科长

澧淞大垸水利管理委员会

李永红　支部书记、主任
陶中祥　副主任
王先回　支部委员、副主任
王若碧　副主任

澧阳大垸水利管理委员会

陈章发　支部书记、主任
余云平　支部委员、副主任
李　硕　支部委员、副主任
周　理　支部委员、副主任

羊湖口电排管理站

赵福祥　支部书记、站长

田　祥　支部委员、副站长
罗承舟　支部委员、副站长
曾召娣　支部委员、副站长

王家厂水库管理处

唐述清　总支部书记、主任
胡定豹　总支部副书记、副主任
杨芸芳（女）　总支部委员、副主任
刘继勇　总支部委员、副主任

涔水灌区管理处

李爱国　支部书记、主任
杨贤平　支部委员、副主任
余礼林　支部委员、副主任
程　浩　支部委员、纪检委员
皮军军　支部委员、副主任

涔澹蓄洪区

山门太青水库管理处

张　平　支部书记、主任

观音港电动排灌管理站

姚迎春　支部书记、站长

城区防汛排渍管理处

涂凌峰　支部书记、主任

商务局

刘维欣　党组书记
汪　玮（女）　（致公党）　局长
罗安华　党组成员、副局长
黄泽琴（女）　党组成员、副局长
刘　锋　党组成员

招商促进事务中心

易　红（女）　党组书记、主任
马小军　党组副书记、副主任
付彩香（女）　党组成员、副主任

市场服务中心

龚介华　党委书记、主任
姚大权　党委委员、副主任
王立新　党委委员、副主任

市场监督管理局

石　敏　党组书记、局长
鲁桂生　党组副书记、副局长
赵志红　党组成员、副局长
刘　华　党组成员、副局长、县委非公有制经济组织和社会组织工作委员会党工委副书记（兼）
龚　礼　党组成员、副局长
吴志斌（苗）　党组成员、副局长
张永连（女）　党组成员、副局长
汪绍明　党组成员、副局长
龚　茂　党组成员
淡乾清　党组成员
田　宏　党组成员、总工程师

盐务局

芦基全　经理
杨　林　副经理

烟草专卖局

潘志远　副局长、副经理（主持工作）
陈克辉　副局长（纪检组长）
于　鹏　副局长
黄里安　副经理

财政局

戴作东　党组书记、局长
周尚斌　党组副书记、副局长
赵从春　党组成员
陈美春　党组成员、副局长
皮修华　党组成员、副局长
彭辉军　党组成员、总会计师

国库集中支付核算中心

赵紫林　支部书记、主任

财政事务中心

田联成　主任

乡镇财政服务中心

沈自清　主任

国有资产经营管理中心

陈章波　党委书记
李　萍（女）　主任
宋永昱　党委委员、副主任
胡　贵　党委委员、副主任

城市建设投资有限公司

贺　恒　董事长、县国资中心党委委员（兼）
冯传立　总经理

澧州实业发展有限公司

唐治银　董事长、县国资中心党委委员（兼）
吴威然　总经理
张业智　副总经理

湖南城头山建设开发有限公司

杨　军　董事长、总经理
胡佑国　副总经理

湖南新澧州投资发展有限公司

张可军　董事长
李传军　总经理

澧县湖洲苇业发展有限责任公司

刘渊君　董事长

国家税务总局澧县税务局

李太东　书记、局长
宋善斌　副局长
叶志高　党委委员、副局长
宋　浩　党委委员、副局长
田联科　党委委员、副局长
刘益民　党委委员、副局长
张赤平　党委委员、副局长
周　帆　党委委员、副局长
曾令平　党委委员、副局长
陈　强　党委委员、纪检组长

公积金管理部

向才敏　书记、部长
胡勇杰　副书记、副部长

中国人民银行澧县支行

罗　松　书记、行长
李世平　副行长
金　勇　副行长
马业锋　纪检组长

中国工商银行澧县支行

唐　波　书记、行长
罗文峰　党组成员、副行长
郝卫国　党组成员、副行长
陈国庆　党组成员、副行长

中国建设银行股份有限公司澧县支行

郭方勤　支书、行长
杨　森　支部委员、副行长
陈章慧（女）　支部委员、副行长

中国农业银行澧县支行

钱泓霖　书记、行长
肖　湘　党委委员、纪委书记
铁永红　党委委员、副行长
宋　华　党委委员、副行长
田俊华　党委委员、副行长、工会主席

中国农业发展银行澧县支行

胡晓林　支书、行长
朱　栋　支部委员、副行长
王　萧　副行长

中国银行股份有限公司澧县支行

杜志华　行长
龚　平　副行长
田　莉（女）　副行长

中国邮政银行有限责任公司澧县支行

柳武军　支书、行长
谭晓明　副行长

农村商业银行股份有限公司

王元林　书记、董事长
李国芳　副书记、行长
李茂辉　纪委书记、监事长
龙治清　党委委员、副行长
邹立志　党委委员、副行长

中国人民财产保险股份有限公司澧县支公司

张南玲（女）　支书、经理
张　伟　副经理
孙　军　副经理
李　斌　副经理
覃　杰　经理助理

中国人寿保险股份有限公司澧县支公司

张　誉　经理
李　辉　副经理
杨　光　副经理

中国平安财产保险股份有限公司澧县支公司

周　凯　总经理

长沙银行澧县支行

庞建国　行长
蔡　兵　行长助理
杨金萍（女）　行长助理

沪农商村镇银行股份有限公司

蒋卫兵　行长
陈　方（女）　行长助理

冯　波　首席风险官

华融湘江银行澧县支行

贺　敏　支行行长
张玉珠（女、蒙古）副行长
戴　翔　副行长

工业和信息化局

任　季　党组书记
肖　琳（女）　局长
汪圣科　党组副书记、副局长
陈　君　党组成员、副局长
戴元阶　党组成员、副局长
向　立　总经济师

中小企业服务中心

刘旭斌　主任

交通局

刘　斌　党组书记、局长
王　勇　党组副书记、副局长
陈　军　党组成员、副局长
池大炎　党组成员、副局长
肖青松　党组成员、总工程师

交通建设质量安全监督站

陈益武　站长

交通运输综合行政执法局

刘　斌　局长（兼）
肖新明　专职副局长
覃爱国　专职副局长

水运事务中心

道路运输服务中心

孙圣清　主任

公路建设养护中心

钟小东　总部支记书、主任
陈　钢　总支部副书记、副主任
杨士华　副主任
胡　俊　总支部委员、副主任

邮政集团湖南澧县分公司

丁　凌　书记、总经理
苏　刚　党委委员、副总经理
关　瑜　党委委员、副总经理
曾伍一　党委委员、副总经理
张跃洋　党委委员、副总经理

中国电信股份有限公司澧县分公司

潘　峰　党委书记、总经理
钱永忠　党委委员、副总经理
张业仿　纪委书记、副总经理
陈俊祖　党委委员、副总经理

中国移动通信集团湖南有限公司常德市澧县分公司

罗方军　经理
刘海燕　副经理
王斌斌　副经理

中国联通澧县分公司

国网湖南省电力有限公司澧县供电分公司

李豫湘　总经理

夏海清　党委书记
王　奕　副总经理

湖南常德欣运集团股份有限公司澧县分公司

杨祖彬　支部委员、经理
刘清虎　支部书记
李育军　支部委员、副经理

中国石化销售有限公司湖南常德澧县石油分公司

向金龙　副书记、经理
胡　钧　支部委员、副经理
姜燕燕（女）　支部委员、经理助理

卫生健康局

蒋立勇　党组书记、局长
李传栋　党组副书记、副局长
胡　斌　党组成员、副局长
刘红志　党组成员、副局长
李宗贵　党组成员、副局长
雷永胜　党组成员

卫生计生综合监督执法局

汪涤非　支部书记、局长

计划生育协会

雷永胜　专职副会长、县卫生健康局党组成员
刘　斌　副会长

红十字会

邹云军　专职副会长

医疗保障局

李章斌　党组书记、局长
罗　军　党组副书记、副局长
蔡　云　党组成员、副局长

医疗保障事务中心

郭　君　支部书记、主任

人民医院

胡礼虹　党委书记
何兵才　党委副书记、院长
向际兵　党委副书记、副院长
曾凡初　党委委员、副院长
翁晓军　副院长（挂职）
程　平　党委委员、纪委书记

中医医院

赵远怀　党委书记
李松柏　党委副书记、院长
戴清华（女）　党委副书记、副院长
郑飞鹏　党委委员、副院长
高云平　党委委员、纪委书记

疾病预防控制中心

汪长元　总支部书记、主任
田祖强　总支部委员、副主任
任险峰　总支部委员、副主任
宋松柏　总支部委员
彭金龙　总支部委员、纪检委员

妇幼保健计划生育服务中心

文学锋　支部书记
叶　阳　主任

第三人民医院

黄建华　支部书记
钟预军　院长

教育局

蔡业知　党组书记、局长
柳　谊　党组副书记、副局长
潘　迪　副书记、副局长
张辰光　党组成员、副局长
陈　军　党组成员、主任督学

第一中学

曾　斌　党委书记、校长
曾昭玮　党委副书记、副校长
叶　勇　党委委员、副校长
戴文波　党委委员、副校长
刘平武　党委委员、纪委书记
汪北方　保卫科科长
马积山　学生科科长
曾凡东　总务科科长
谭建文　教研室主任
吴　波　办公室主任
汤　平　教务科科长

第二中学

汤真平　党委书记、校长
孙际军　党委副书记、副校长
郑昌舫　党委副书记、副校长
刘先军　党委委员、副校长
朱伟君　党委委员、副校长
赵玉贵　党委委员、副校长
夏松柏　党委委员、副校长
黄兴武　党委委员、副校长
严黎明　党委委员、副校长
张波岩　党委委员、副校长

第六中学

吴祖金　总支部书记、校长
赵远林　总支部委员、副校长
周　迅（女）　总支部委员、副校长
刘　学　总支部委员、副校长

职业中专学校

李韶庭　党委书记、校长
苏武洲　党委副书记、副校长（兼），县教师进修学校校长
朱绍勇　党委委员、副校长
宋　智　党委委员、副校长
皮业书　党委委员、副校长
胡　军　党委委员（兼）

教师进修学校

李韶庭　支部书记（兼）
苏武洲　校长，县职专党委副书记、副校长（兼）
彭世忠　副校长
胡　军　支部委员、副校长，县职专党委委员（兼）
毛彩东　副校长

澧阳街道

庞　超　党工委书记
王　辉　党工委副书记、办事处主任
蔡　继　党工委副书记
鲁翠平　党工委委员、人大工委主任
叶征红　党工委委员、宣传委员、统战委员
王昆烽　党工委委员、政法委员、武装部长
何晓军　党工委委员、纪工委书记、县监察委员会派出澧阳街道监察办公室主任
王　姝（女）　党工委委员、组织委员
刘振宇　党工委委员、办事处副主任
彭新锦　办事处副主任

曾庆国　办事处副主任
毛先锋　办事处副主任
黄　军　办事处副主任

澧浦街道

李　红　党工委书记
梁硕琥（土家）　党工委副书记、办事处主任
陈彦希　党工委副书记
周军华　党工委委员、人大工委主任
向　锋　党工委委员、办事处副主任
罗湖川　党工委委员、宣传委员、统战委员
程　力　党工委委员、政法委员、武装部长
罗　斌　党工委委员、纪工委书记、县监察委员会派出澧浦街道监察办公室主任
李献军　党工委委员、组织委员
张茜茹（女）　办事处副主任
吴传武　办事处副主任

澧西街道

傅文平　党工委书记、高新区党工委副书记（兼）
吴九桂　党工委副书记、办事处主任
高新区党工委委员、管委会副主任（兼）
苏　健　党工委副书记
李惠清　党工委委员、人大工委主任
张建武　党工委委员、宣传委员、统战委员
周　炜　党工委委员、人大工委副主任
徐振翔（土家）　党工委委员、纪工委书记、县监察委员会派出澧西街道监察办公室主任
刘　芳（女）　党工委委员、政法委员、武装部长
雷姗姗（女）　党工委委员、组织委员
张雪琴（女）　办事处副主任
蔡佳佳（女）　办事处副主任

澧澹街道

马宏金　党工委书记、高新区党工委副书记（兼）
刘云松　党工委副书记、办事处主任
刘学元　党工委副书记
彭　爽（女）　党工委委员、人大工委主任
杨　俊　党工委委员、宣传委员、统战委员
关　静（女）　党工委委员、纪工委书记、县监察委员会派出澧澹街道监察办公室主任
吴学元　党工委委员、政法委员、武装部长
周小漫（女）　党工委委员、办事处副主任
李　倩（女）　党工委委员、组织委员
胡艳华　办事处副主任
贺修锋　办事处副主任

澧南镇

戴承雨　党委书记
张　杰　党委副书记、镇长
冯　凯　党委副书记
廖丹波　党委委员、人大主席
刘志刚　党委委员、宣传委员、统战委员
刘　毅　党委委员、政法委员、武装部长
路　敏（女）　党委委员、组织委员
张　力　党委委员、纪委书记、县监察委员会派出澧南镇监察办公室主任
胡　蓉（女）　党委委员、副镇长
荣　蕾（女）　副镇长
谭炎峰　副镇长

城头山镇

罗　岗　党委书记
余昊湘　党委副书记、镇长
黄晓风　党委副书记
周莉莉（女）　党委委员、人大主席
柏元梅　党委委员、宣传委员、统战委员
刘　立　党委委员、副镇长

陈建伟　党委委员、政法委员、武装部长
刘思曼（女）　党委委员、组织委员
成啸峰　党委委员、纪委书记、县监察委员会派出城头山镇监察办公室主任
刘启华　副镇长
王馨婕（女）　副镇长

涔南镇

万　兵　党委书记
胡虹杰　党委副书记、镇长
叶子淇（女）　党委副书记
王深丞　党委委员、人大主席
吴　乐　党委委员、政法委员、武装部长
杨　超　党委委员、宣传委员、统战委员
王　伟　党委委员、纪委书记、县监察委员会派出涔南镇监察办公室主任
毛　璇（女）　党委委员、组织委员
冯　键　党委委员、副镇长
谭　平　人大副主席
颜克玮　副镇长

小渡口镇

谭晓洪　党委书记
王　政　党委副书记、镇长
周　义　党委副书记
肖利华（女）　党委委员、人大主席
廖　亮　党委委员、宣传委员、统战委员
黄道军　党委委员、副镇长
刘　涛　党委委员、纪委书记、县监察委员会派出小渡口镇监察办公室主任
李智勇　党委委员、组织委员
张铭扬　党委委员、政法委员、武装部长
文良宏　副镇长
邓子杨　副镇长
周柯丞　副镇长

官垸镇

颜　军　党委书记
刘　驰　党委副书记、镇长
皮国强　党委副书记
钟　勇　党委委员、人大主席
何　瑞（女）　党委委员、组织委员、县妇女联合会副主席（兼）
朱　傲　党委委员、副镇长
皮韵孟　党委委员、纪委书记、县监察委员会派出官垸镇监察办公室主任
闫　晨　党委委员、政法委员、武装部长
傅明杰　党委委员、宣传委员、统战委员
赵宜祥　副镇长
曾　平　副镇长

如东镇

彭家金（回）　党委书记
赵嫔嫔（女）　党委副书记、镇长
汤　敏　党委副书记
彭　锋　党委委员、人大主席
辛　星　党委委员、宣传委员、统战委员
黄宗吉　党委委员、纪委书记、县监察委员会派出如东镇监察办公室主任
张　腊　党委委员、政法委员、武装部长
关　林　党委委员、副镇长
刘林彰　党委委员、组织委员
陈鸣镝　副镇长
孔治强　副镇长

梦溪镇

刘　军　党委书记
龚　波　党委副书记、镇长
赵　林　党委副书记
胡金炜　党委委员、人大主席
彭　淼（女）　党委委员、宣传委员、统战委员

邵振华　党委委员、纪委书记、县监察委员会派出梦溪镇监察办公室主任

熊元基　党委委员、政法委员、武装部长

刘　颖（女）　党委委员、组织委员

祝娟娟（女）　党委委员、副镇长

陆中华　副镇长

唐　萌（女）　副镇长

复兴镇

余清海　党委书记

黄　杰（女）　党委副书记、镇长

徐梓淇　党委副书记

关　飞　党委委员、人大主席

施　娟（女）　党委委员、宣传委员、统战委员

韩业曼（女）　党委委员、纪委书记、县监察委员会派出复兴镇监察办公室主任

张耘东　党委委员、组织委员

向　磊　党委委员、政法委员、武装部长

罗　静（女）　党委委员、人大副主席

王维新　副镇长

张国栋　副镇长

徐碧蓉（女）　副镇长

盐井镇

郭凡荣　党委书记

熊成玲（女）　党委副书记、镇长

游　元　党委副书记

余　刚　党委委员、人大主席

丁　健　党委委员、宣传委员、统战委员

姚　峰　党委委员、政法委员、武装部长

潘　峰　党委委员、纪委书记、县监察委员会派出盐井镇监察办公室主任

刘振星　党委委员、组织委员

王小滔　党委委员、副镇长

熊怡婷（女）　副镇长

孟　怡（女）　副镇长

大堰垱镇

王　平　党委书记

胡　懿　党委副书记、镇长

夏　飞（女）　党委副书记

冯荣涛　党委副书记

樊　丽（女）　党委委员、人大主席

张自铁　党委委员、副镇长

朱砂沫　党委委员、纪委书记、县监察委员会派出大堰垱镇监察办公室主任

刘雅辉（女）　党委委员、组织委员

向　力　党委委员、政法委员、武装部长

孙子云　党委委员、宣传委员、统战委员

王媛媛（女）　副镇长

孙日东　副镇长

金罗镇

陈　林　党委书记

艾谈华　党委副书记、镇长

关娜敏（女）　党委副书记

陈祖新　党委委员、人大主席

孙海平　党委委员、宣传委员、统战委员

詹明川　党委委员、政法委员、武装部长

樊　鹏　党委委员、组织委员

袁爱华　党委委员、副镇长

赵　红　党委委员、纪委书记、县监察委员会派出金罗镇监察办公室主任

万　红　副镇长

李雅琴（女）　副镇长

王家厂镇

彭　敏　党委书记

谢云锋　党委副书记、镇长

关林炎（女）　党委副书记

苏文平　党委委员、人大主席

胡　盾　党委委员、政法委员、武装部长

刘智慧　党委委员、组织委员

吴懿烜　党委委员、宣传委员、统战委员
杨枭杰　党委委员、纪委书记、县监察委员会派出王家厂镇监察办公室主任
汤斯崴（女）　党委委员、副镇长
虞　钊　副镇长
钟雨凡（女）　副镇长
郭婷婷（女）　副镇长

甘溪滩镇

王金桥　党委书记
刘晓洁（女）　党委副书记、镇长
梁继强　党委副书记
徐　华　党委委员、人大主席
覃优胜　党委委员、宣传委员、统战委员
洪　哲　党委委员、政法委员、武装部长
毛　炎（女）　党委委员、副镇长
曹　成　党委委员、纪委书记、县监察委员会派出甘溪滩镇监察办公室主任
戴小姣（女）　党委委员、组织委员
向梓杰　副镇长
凡小龙　副镇长

火连坡镇

李　平　党委书记
向　云　党委副书记、镇长
姚西岳（土家）　党委副书记
何祖贵　党委委员、人大主席
田冰芳（女）　党委委员、组织委员
郑　军　党委委员、副镇长
赵　锐　党委委员、政法委员、武装部长
肖　霄　党委委员、纪委书记、县监察委员会派出火连坡镇监察办公室主任
熊晚云　党委委员、宣传委员、统战委员
周振国　副镇长
陈　周　副镇长

码头铺镇

石　龙　党委书记
田春华　党委副书记、镇长
万　富　党委副书记
雷　挺　党委委员、人大主席
陈　斌　党委委员、宣传委员、统战委员
黄大云　党委委员、政法委员、武装部长
邹　涛　党委委员、纪委书记、县监察委员会派出码头铺镇监察办公室主任
曹　玲（女）　党委委员、副镇长
熊　蒙　党委委员、组织委员
马潮子（女）　副镇长
向一锋　副镇长

澧县2020年国民经济和社会发展统计公报

2020年，面对突如其来的新冠肺炎疫情和复杂严峻的国内外形势，全县坚持以习近平新时代中国特色社会主义思想为指导，深入贯彻上级决策部署，团结奋进、共克时艰，全面落实“六稳”“六保”工作任务，统筹抓好疫情防控和经济社会发展，经济呈现快速复苏回暖，结构持续优化，质效不断改善、民生较好保障的良好态势。

一、综　合

国民经济稳步增长。全年实现地区生产总值386亿元，按可比价格计算，比上年增长4%。其中，第一产业增加值58亿元，增长3.1%，对经济增长的贡献率为10.6%，拉动GDP增长0.4个百分点；第二产业增加值122亿元，增长6.1%，对经济增长的贡献率为48.5%，拉动GDP增长2个百分点；第三产业增加值206亿元，增长3.2%，

对经济增长的贡献率为40.9%，拉动GDP增长1.7个百分点。全县三次产业增加值比例由上年的14.1∶30.4∶55.5调整为15∶31.6∶53.4。

新冠疫情战果可喜。面对全市与鄂接壤里程最长、在汉从业人数最多、精准摸排任务最重的严峻疫情，全县汇聚磅礴伟力，构筑铜墙铁壁，守牢湖南“北大门”，实现“确诊病例零死亡、医务人员零感染、境外疫情零输入”，在全市率先推进复工复产。疫情常态化防控和卫生应急体系建设受到省政府重点工作大督查通报表彰。

工业强势补齐短板。全年亿元工业项目新签约17个、新开工10个、新投产10个、新入规19个。冠源制衣、润创电子、萌恒绣花线等亿元项目竣工投产，重啤国人、新鹏陶瓷、康哲制药等骨干企业逆势上扬，重啤国人全年上缴税费5822万元，是第一个税收过5000万元的工业企业。运达机电、嘉业达等企业成功转型，盈成油脂重整来势看好，7家僵尸企业有效盘活，平安医械和运达包装、康哲制药获国家、省级小巨人企业，工业补短板动能不断增强。

农业大力创优品牌。订单优质稻面积33万亩，居省、市前列。“阳光玫瑰”葡萄持续扩面提质，成为全国单品种面积最大的种植县，成功举办“一会一节”，澧县葡萄声誉更响。太青茶叶重组成功，“双上绿芽”重现“江湖”。“澧县石菖蒲”通过国家农产品地理标志专家评审，农民职业教育培训被全国推介，获中国阳光玫瑰葡萄标准化生产示范县、全国粮油生产全程机械化示范县等称号。

三产全面提档提次。总投资40亿元的万达欢乐城一期主体建筑已经建成，总投资30亿元的三科农商城项目高速推进、一期已成功封顶，创造“三科奇迹”。投资10亿元、辐射湘西北湘鄂边的澧州国际汽车城全面开工建设，年产100万头生猪智能化产业链项目成功签约。消费券派送、直播经济热火朝天，社会消费品零售总额和增幅居全市前列，房地产销售面积除市本级外持续居全市首位。城市建设成效显著。澧县纳入全国新型城镇化补短板强弱项示范县，是全省5个、全市唯一的县（市）。小街小巷改造、雨污管网综合整治、老旧小区改造和黑臭水体治理等有力推进，河湖连通工程全面竣工，推进“五大秩序”攻坚和“三大垃圾”治理，有效提升城市“颜值”。建成一批高质量美丽庭院和幸福屋场，超额完成“厕所革命”任务。城头山镇国富村、詹家岗村分别被评为全国文明村、全国乡村治理示范村，澧南镇乔家河村被评为中国美丽休闲乡村，天供山农庄被评为国家级五星农庄。

基本民生狠抓落实。一中学生公寓、澧州实验小学建成，新二中投入使用，芙蓉学校主体建筑已封顶，大班额全面消除。代表全省唯一迎国检县（市），通过国家义务教育发展基本均衡县评估验收。综合医改纵深推进，高标准完成卫生应急指挥中心建设，县疾控中心投入使用，镇村卫生院（室）标准化建设任务提前完成。成功举办首届全民健身运动会，澧县先后5次亮相央视。全年共承办12项省重点民生实事项目任务和16项市重点民生实事项目任务，各项为民办实事项目全面完成，其中有15个指标（省指标9个、市指标6个）超额完成。推进供水工程建设，基本解决山丘区季节性缺水问题。禁捕退捕工作全面完成，渔民安置保障工作在全省作交流发言。

二、农林牧渔业

农业生产逆势上扬。全年农林牧渔业总产值110.8亿元，增长12.9%。粮食作物播种面积116.4万亩，增长1.8%；粮食总产量51.5万吨，增长0.3%。棉花播种面积12.21万亩，比上年减少8.7%；棉花总产量1.25万吨，减少10.1%。油菜籽播种面积64.78万亩，增长5.7%；油菜籽总产量9.07万吨，增长7.4%。水果产量20.74万吨，增长8.7%。

养殖行业稳固发展。全年生猪存栏42.28万头，比上年增长39.9%；生猪出栏53.3万头，减少1.5%。家禽存笼650.67万只，减少1.4%；家

禽出笼834.9万羽，增长4.2%。全年肉类总产量5.74万吨，增长11%。其中，猪肉产量3.92万吨，减少2%；禽肉产量1.21万吨，增长9%；牛肉产量0.21万吨，减少8.7%；羊肉产量0.4万吨，与上年持平。禽蛋产量6.39万吨，增长9.2%。水产品产量6.11万吨，增长6.6%。

三、工业和建筑业

工业经济重振起航。全年有规模以上工业企业129家，比上年增加19家，规模以上工业增加值55.4亿元，增长6.5%；全年共有70家园区规模工业企业，比上年净增12家，园区规模以上工业增加值32.5亿元，增长6.4%；全年共有108家高新技术企业和高新产业企业。其中，高新企业22家，高新技术行业企业27家，高新产品产业企业59家，共实现高新技术产业增加值53.1亿元，增长10.5%。

工业产品产能提效。饲料产量14.66万吨，增长7.1%；大米33.45万吨，增长11%；服装94.5万件，增长13.2%；水泥15.73万吨，增长53%；瓷质砖1440.92万平方米，增长0.9%；啤酒96792千升，增长43.2%；葡萄酒414千升，增长10.7%；钢化玻璃411.3万平方米，增长4.1%；中空玻璃177.9万平方米，增长7.8%。

工业企业盈利趋稳。全年规模以上工业实现主营业务收入293.67亿元，比上年提高3.9%；利润总额14.84亿元，增长21.3%；每百元主营业务收入中的成本为82.4元，比上年下降1.2元；规模以上工业企业资产负债率为54.3%，与去年持平；规模以上工业企业产品销售率99.1%，比上年下降0.2个百分点。

建筑行业稳定发展。全社会建筑业增加值46.2亿元，增长6.1%。其中，12家资质建筑企业共完成建筑业总产值34.97亿元，增长15.4%；房屋施工面积222.4万平方米，下降19%。房屋竣工面积93.1万平方米，增长8%。

四、固定资产投资

投资驱动持续发力。全年固定资产投资（不含农户）比上年增长17.8%。分经济类型看，国有投资增长57.6%；非国有投资下降4.6%。分产业看，第一产业投资下降8.2%；第二产业投资增长13.9%；第三产业投资增长21.8%。分投资方向看，工业投资增长15.3%；民生投资增长62.6%；高新技术产业投资增长57%；基础设施建设投资增长33.9%。全年投资项目210个，其中5000万元以上投资项目158个。

房地产市场热度趋缓。全年房地产开发项目30个，比上年减少2个，完成房地产开发投资比上年增长15.1%。全年商品房网签销售面积76.06万平方米，比上年减少14.7%；网签商品房销售额43.58亿元，比上年减少14.8%。商品房成交均价为5730元每平方米。其中商品住宅成交均价为5019元每平方米，非住宅成交均价为10592元每平方米。全年精装修住宅销售均价为5439元每平方米；毛坯住宅销售均价4925元每平方米。

五、国内贸易和对外经济

消费市场逐渐回暖。全年实现社会消费品零售总额179亿元，比上年下降1.6%。全年91家限额以上企业实现零售额48.4亿元，增长9.1%。其中57家限额以上批发和零售业企业实现零售额44.8亿元，增长9.8%；34家限额以上住宿和餐饮企业实现餐饮收入3.6亿元，增长1.6%。

消费热点得到改善。在限额以上批发和零售企业中，粮油、食品、饮料、烟酒类零售额15.8亿元，比上年增长12%；服装、鞋帽、针纺织品类零售额7.2亿元，增长16.3%；汽车类零售额8亿元，下降1.2%；日用品类零售额2.2亿元，增长14.7%；家用电器和音像器材类零售额3.1亿元，下降3.4%。

六、交通、邮电和旅游业

交通运输基本平稳。全年汽车保有量为87167辆，本年新注册汽车7332辆。其中小型汽车79203辆，本年新注册小型汽车5927辆。参加营运的载客汽车346辆，客位7271人，参加营运的载货汽车2235辆。公路客运量60万人，货运量365.65万吨；水路货运量235万吨；年末出租汽车200辆，客运总量297万人次；年末全县有摩托车13.63万辆，货船13艘，净载重量5160吨；全年公路通车里程2903.96千米。其中，国道178.73千米、省道377.03千米、县道452.7千米、乡道813.02千米、村道1082.45千米。

邮政通信稳步运营。全年邮政电业务总量5.65亿元，比上年增长11.2%。其中，通信行业业务总量4.16亿元，增长2.5%；邮政业务总量1.49亿元，增长24.7%。年末拥有移动电话用户64.24万户，比上年减少1.67万户；固定电话用户5.63万户，比上年减少1.16万户；互联网宽带用户20.18万户，比上年增加1.49万户。全年订销报纸、杂志累计份数分别为56.65万份和2.8万份。邮政储蓄存款余额61.13亿元，比年初增加4.8亿元，增长8.5%。

旅游行业渐缓冲击。全年实现旅游收入46.87亿元，比上年下降25.95%，接待国内旅游人数535.92万人次，下降28.17%。全年共有国家级AAAA旅游景区2个（城头山旅游景区、彭山景区）、国家AAA级旅游景区3个（澧州古城、天供山景区、黄家套旅游景区）。全年有宾馆酒店和社会旅馆403家。其中，五星级酒店1家（瑞高酒店）、三星级酒店2家（桃花滩宾馆、金龙玉凤饭店）。旅行社5家，旅行社营业部7家。

七、财政和金融

财政收入平稳上涨。全年完成一般公共预算收入19.85亿元，比上年增长2.3%；第三产业完成税收10.99亿元，占全部税收收入（含上解中央、省税收，下同）16.72亿元的65.7%，其中房地产业税收5.83亿元，占税收的34.9%；第二产业税收5.72亿元，占税收的34.2%；其中工业税收3.55亿元、建筑业税收2.17亿元，分别占全部税收的21.2%和13%。全年完成地方财政收入12.54亿元，增长7.1%。其中：税收收入8.8亿元，增长7.2%；非税收入3.74亿元，增长6.8%。

财政支出结构优化。全年公共财政预算支出60.88亿元，增长0.16%。其中，一般公共服务支出3.84亿元，增长3.8%；公共安全支出1.71亿元，增长17.1%；教育支出8.53亿元，增长5.4%；社会保障和就业支出9.84亿元，下降24.3%；卫生健康支出8.67亿元，增长0.9%；农林水支出12.74亿元，增长14.9%；文化体育与传媒支出1.16亿元，下降7%；住房保障支出3.25亿元，增长5%；城乡社区事务支出2.1亿元，增长10.9%。

金融市场平稳运行。全县银行类机构共10家，年末金融机构人民币存款余额达到429.7亿元，比年初增加43.06亿元，增长11.1%。其中，居民储蓄存款余额359.94亿元，比年初增加34.33亿元，增长10.5%。年末金融机构各项贷款余额225.86亿元，比年初增加38.78亿元，增长20.7%。其中住户贷款余额128.72亿元，比年初增加13.26亿元，增长11.5%；企业和机关团体贷款余额97.14亿元，比年初增加25.51亿元，增长35.6%。全县金融机构存贷率52.56%，比上年提高4.15个百分点。

八、教育和科学技术

教育水平稳步增强。全县共有各级各类学校123所，比上年减少8所。其中，小学88所，比上年减少7所；初中学校28所，比上年减少1所；普通高中3所；职业中学4所。本学年在校学生85352人，比上年增加1866人。其中，小学生46022人，比上年增加158人；初中生22078人，比上年增加1373人；高中生11125人，比上年增加288人；中职生6127人，比上年增加47人。本学年毕业生人数19458人。其中，小学毕业生7626人，初中毕业生6521人，高中毕业生3585人，中职毕业生1726人。全县共有教职员工6439人。其中，普通中学教职员3830人，职业中学教职员工437人，小学教职员工2172人。本年参加高考人数4751人，录取考生4355人。其中，录取本科生2159人。

全县共有幼儿园131所。其中，公办幼儿园54所，民办幼儿园77所；城区幼儿园52所，农村幼儿园79所。在园幼儿20550人，其中城区幼儿11550人，农村幼儿9000人，在园教职工2334人。

创新能力快速提升。全县申请发明专利727件，增长286.7%。全年承担科研项目50项，项目总投入1038万元，增长27%。1项获得省市科技进步奖励。年末全县拥有工程技术研究中心3家、院士工作站1家。

九、文化体育、卫生

公共文化活力强化。全县有专业艺术表演团体8个、文化馆1个，剧团演出178场，观众8.9万人次。公共图书馆1个，图书馆藏书14.85万册，总流通人数2.72万人次。博物馆2个、纪念馆1个，文物藏品6455件，其中一级品28件。广播电台1座，农村有线广播站15个，广播综合人口覆盖率96%。电视发射台和转播台1座，有线电视用户6.7万户，电视综合人口覆盖率96%。放映电影14535场，观众78.48万人次。

全民体育快速普及。全县有体育运动场地235个，经常参加锻炼的人数61万人。全年举办县以上运动会8次，参加人数5.3万人次。全年获国家、省级奖牌32枚，其中省级金牌11枚，银牌12枚和铜牌9枚。

卫生事业迎难而上。全县拥有各类医疗卫生机构668个。其中，医院10个、卫生院17个、专科疾病防治站3个、妇幼保健院1个、卫生防疫站1个、社区卫生服务中心46个、诊所、卫生室和医务室87个，村卫生室503个。全年有卫生工作人员4156人；有卫生技术人员3455人，其中执业医师1079人、注册护士1894人。各类医疗卫生机构拥有床位5191张，其中乡镇卫生院床位1822张。全年诊疗病人162.74万人次。

十、人民生活和社会保障

居民收入持续改善。全县城乡居民人均可支配收入24132元，增长6.9%。其中，城镇居民人均可支配收入33262元，增长4.7%。农村居民人均可支配收入19588元，增长8.7%。

就业创业形势良好。年末城镇新增就业人员5908人；失业人员再就业2775人，增长5.7%；下岗职工再就业人数1537人，增长16.4%。援助农村贫困家庭转移就业14182人，年末城镇登记失业率2.81%，比去年下降0.68个百分点。

社会保障效益显著。年末七大保险参保人数为153.46万人。其中城镇职工基本医疗保险参保人数5.04万人；企业基本养老保险参保人数13.91万人；机关事业单位养老保险2.73万人；新型农村养老保险46.54万人；失业保险3.47万人；工伤保险5.87万人；城乡居民医保参保人数75.9万人，城乡居民医保累计支出6.2亿元，比上年增加0.64亿元。

全年获得政府最低生活保障的城镇居民有0.5万人，与上年人数持平，月人均补助标准560元，共发放城镇居民生活最低保障经费0.34亿元，下降1.6%。获得政府最低生活保障的农村居民2.38万人，月人均补助标准390元，共发放农村居民生活最低保障经费1.18亿元，增加13%。全年销售社会福利彩票0.34亿元，比上年减少0.4亿元；筹集社会福利资金300万元，比上年减少197万元。

十一、节能降耗、资源环境和安全生产

能耗供给平稳向好。全县规模以上工业企业综合能源消费量38.8万吨标准煤，比上年增

长0.8%；规模以上工业企业单位增加值能耗变动率下降5.3%。全社会用电量12.25亿度，增长3.83%。其中，工业用电4.58亿度，增长5.16%。

资源流转稳步提升。县境内已发现的矿种有30种，有探明资源储量的矿种11种。其中能源矿产2种，金属矿产1种，非金属矿产27种。县域国土面积2075.43平方千米。全年批准建设用地110.4公顷，建设占用耕地77.2公顷；全年交易建设用地2215.35亩，土地成交价款14.95亿元。

污染防治效果明显。全县PM2.5的年均浓度32微克/立方米，超标率比上年下降8.5%。化学需氧量、二氧化硫、氨氮、氮氧化物四项主要污染物排放量消减指标均完成上级下达的目标任务。空气质量优良天数达到354天，空气质量达标率96.72%，比上年增长13.71%。48处集中饮用水源地水质达到III类以上。

安全生产形势稳定。全年共发生各类安全生产事故3起，死亡3人，当年亿元GDP生产安全事故死亡率为0.0078人，比上年下降27.1%。

注：

1.本公报所列2020年度数据均为初步统计数。

2.地区生产总值、各产业增加值绝对额按当年价格计算，增长速度按2015年可比价格计算。

3.规模以上工业企业指年主营业务收入2000万元及以上工业企业。限额以上批发、零售、住宿、餐饮企业指：批发业，年主营业务收入2000万元及以上；零售业，年主营业务收入500万元及以上；住宿和餐饮业，年主营业务收入200万元及以上。

中国共产党澧县委员会

概　述

2020年，澧县县委贯彻落实中央和省、市重大决策部署，统筹推进疫情防控、防汛抗灾和经济社会发展，全力做好“六稳”“六保”工作，经济社会发展呈现总体平稳、稳中有进的良好态势。全年实现地区生产总值393亿元，较上年增长4.3%；地方一般公共预算收入12.5亿元，较上年增长7.1%；固定资产投资、规模工业增加值、社会消费品零售总额、城乡居民人均可支配收入较上年分别增长17.8%、6.2%、1%、7%，主要经济指标好于预期，全市排名优于往年。

【政治建设】 加强党的领导不动摇。全年召开县委常委会会议35次，重点对基层党建、疫情防控、脱贫攻坚、乡村振兴、招商引资等工作进行集体研究，召开县委经济工作会议、县委全会等，全面加强县委对各领域工作的领导。坚持党管意识形态，县委常委会会议专题研究，将意识形态纳入县委第七轮巡察，完成对59个县直单位党组织的政治体检，覆盖“四大家”及全体常委所在部门。开设意识形态及网络舆论管理等专题讲座，将意识形态课程纳入村（社区）书记培训班，提升意识形态工作的政治自觉。持续壮大主流声音，不断扩大新闻舆论影响力，省市媒体上稿量均居全市第一。强化理论武装不懈怠。县委理论学习中心组对标开展集中学习12次，坚持常委带头讲、及时学、深入抓。县委常委会会议专题学习习近平总书记关于疫情防控、脱贫攻坚等工作的重要讲话指示精神，重点组织全县党员干部深入学习习近平总书记考察湖南重要讲话精神，深化对党的理论创新成果的理解和把握，切实用习近平新时代中国特色社会主义思想武装头脑、指导实践、推动工作。用活用好“学习强国”，纳入学员4.3万人，疫情期间利用“强国视频会议”实现中心组“云学习”，营造浓厚的学用氛围。贯彻上级决策不走样。县委常委会会议21次专题传达学习中央、省市各类会议和文件精神，研究贯彻落实工作，确保上级决策部署在澧县落实落地。年初围绕中央、省委和市委经济工作会议精神，及时召开县委经济工作会议和县人大、政协“两会”，动员全县上下改作风、勇担当，为再造澧县辉煌持续努力奋斗。全面部署贯彻落实中央和省市有关会议精神，召开县委十二届七次全体（扩大）会议，抢抓项目、高扬正气，推动澧县高质量发展。坚持政治部署具体化，坚决贯彻落实上级部署，紧跟市委“开放强市产业立市”战略，着力扬长补短，产业发展动能增强。

【产业发展】 出台系列应对新冠疫情支持企业复工复产扶持政策，开展“县级领导和县直单位联系服务企业”“金融服务进园区”等活动，协调解决企业融资、土地、周边环境等各类困难100多个。新增规模工业企业19家，平安医械成功申报为澧县首家国家级小巨人企业，运达包装和康哲制药2家企业被认定为省小巨人企业，恒邦建工等7家企业被确定为省中小企业技术创新“破零倍增”行动重点企业。“EPC+O”项目进展顺利，科创产业园一期开工建设，创新创业园完成入驻任务，年底入住率95%。农业经济提质增效。订单优质稻面积33万亩，居省市前列。“阳光玫瑰”葡萄持续扩面提质，获中国阳光玫瑰葡萄标准化生产示范县称号。太青茶叶重组成功，“双上绿芽”重现“江湖”。“澧县石菖蒲”通过国家农产品地理标志专家评审，农民职业教育培训被全国推介。第三产业回暖向好。180家规上限上商贸服务业企业在五一前全面恢复经营，走在全市前列。三科农商城、澧州国际汽车等建设项目顺利推进，万达欢乐城一期主体建筑全面封顶，化妆品产业协会成立。开展消费券派送、“直播经济”等活动，提升全县居民消费12亿元。完成省级全域旅游示范区申报，澧阳平原考古工作站启用，孙家岗遗址获选“十三五”湖南省十大考古新发现，规上文化企业年总营业收入连续多年位居全市第一。

【项目建设】 抓好招商引资。举办或参加澧商澧才恳谈会、“联乡情、云招商”网络招商推介会等招商活动，先后外出招商考察170余次，接待来澧县客商300多批次，签约引进韩顺电子等亿元以上项目27个，引进内外资105.1亿元。加快项目建设。城头山纯净水、明德禾润等一批重大项目相继投产，膜科技、润创电子等项目顺利推进，常德铠润新材料项目签订框架协议。优化营商环境。推进基层公共服务全覆盖，下沉服务事项97项，其中下沉村（社区）66项，在村级办结12项。加强应用系统对接，不动产、非税、燃气和水务缴费等4个系统第一时间与市“一体化平台”完成对接，对接率居全市第一方阵。落实“一件事一次办”，786项依申请类服务事项进驻政务服务大厅，518项政务事项实现“最多跑一次”，90%的政务事项实现“一网通办”，“办事不求人”营商环境正加快形成。

【统筹城乡规划建设】 加快提升城市品质。年内入选全国新型城镇化补短板强弱项示范县。开展国土空间规划编制，完成15个镇级和213个村级规划编制工作。改造城区路网，启动3条主干道建设，完成9条小街小巷改造。河湖连通工程全面竣工，老旧小区改造、棚户区改造、公租房建设和黑臭水体整治等重点项目有序推进。开展城区污水管网普查，加强污水处理运营管理，污水处理率95%。开展市容设施、渣土运输、违法建设、停车秩序、环境卫生等综合整治。持续推进乡村振兴。开展农村危房改造，607户存量工作任务实现动态“清零”。农村宅基地和集体建设用地房地一体确权登记、农村乱占耕地建房专项整治摸排工作进度全市第一、全省前列。推进美丽乡村建设。完成改厕任务1020个，新造林2.2万亩，创建绿色庭院示范户4000户，建设幸福屋场60个，城头山镇国富村、詹家岗村分别被评为全国文明村、全国乡村治理示范村，澧南镇乔家河村被评为中国美丽休闲乡村，天供山农庄被评为国家级五星农庄。开展“人情风”专项整治，全市移风易俗工作现场经验交流会在澧县召开。基础设施不断完善。污水处理设施实现所有集镇全覆盖，洞庭湖北部补水工程竣工，全省最大泵站—小渡口泵站即将建成。G353小毛公路建设、屈原路澧州大桥至张公庙白改黑、G207张公庙至涸水渠大修、S233边山河省际边界公路提质改造全面完成，成功创建全省“四好农村路”示范县。

【民生事业】 全力以赴抓好新冠疫情防控工作。一是全力摸排。疫情期间，累计摸排电话号码6.8万个，反馈有效信息9.5万余条，排查从鄂来澧人员1.6万余人，其中武汉方向7600余人。二是严防输入。在边界设置检测卡口，累计排查来澧人员8.7万余人，劝返5500余人。三是隔离留观。共居家留观8300余名对象，集中隔离312名密切接触者，封闭管控165个住宅小区。四是全力救援救治。抽调精干医务人员116人，对隔离留观病人做到“一人一病房”“一人一方案”“一日一会诊”。澧县累计确诊病例29例，无症状感染者9例，实现“确诊病例零死亡、医务人员零感染”。坚持问题导向，三大攻坚战果丰硕。决战决胜脱贫攻坚。开展脱贫质量“回头看”“户户清”排查和“解剖麻雀式”调研，全县所有突出问题整改清零，贫困户及档外五类对象达到“一超过两不愁三保障”脱贫标准，完成省考核组对澧县脱贫攻坚年度工作考核。切实加强污染防治。截至12月，全县优良天数达330天、优良率98.2%，2个省控水质监测断面达标率100%、2个县级饮用水源地水质达到国家标准。开展工地和道路扬尘治理、秸秆禁烧等专项整治行动，污染防治攻坚战暨“2020年夏季攻势”考核任务全部整改销号。防范化解重大风险。重点防范化解政府债务风险，7.4亿元关注债务转换为经营债务，申报债券发行项目45个，争取到债券资金5.49亿元，牢牢守住“三保底线”。全力抓好防汛抗洪，投入劳力6万人，干部职工超过3000人次，及时处置大小险情505处，紧急转移群众5438人，牢牢守住不发生溃堤垮坝和人员伤亡事故的底线红线。坚持共建共享，社会事业不断进步。社会保障有力有效。城乡低保、特困供养、残疾人“两项补贴”

扩面提标，城乡居民养老保险覆盖率达100%。新增城镇就业5908人、农村劳动力转移就业6555人，分别占任务107.42%、100.4%。城镇登记失业率控制在2.98%以内，低于4.5%的年度控制线。教育优先稳步实施。实施农村学校建设三年行动计划，推进城区学校扩容提质，大班额全部消除，公办园及普惠性民办幼儿园覆盖率达85.2%，实现一镇一公办园目标。代表全省唯一迎国检县（市），通过国家义务教育发展基本均衡县评估验收。卫健能力持续提升。健康集团牵头医院接管乡镇卫生试点工作稳步推进，县疾控中心、血防站项目主体工程完工，妇计中心、县人民医院与中医医院传染病区建设项目进入国家项目建设笼子，乡镇卫生院、行政村卫生室标准化建设提前完成。社会治理纵深推进。强化食品药品安全监管，“三小”整治经验被市食品安全监管业务工作会议推介。信访总量“四降一升”态势明显，全国“两会”特护期实现在京“零登记”“零非访”“零入庄”，成功创建省信访工作“三无”县。扎实推进扫黑除恶，共打掉涉黑涉恶犯罪团伙24个，查扣冻结涉黑涉恶资产2.31亿元，刑拘329人，逮捕200人，起诉196人，判决142人，打掉“保护伞”24人，综合排名全市第一。

【基层党建】 基层基础不断夯实。强化基层运转保障，按照省委“1+5”文件及市委要求，农村党组织书记（贫困村）基本报酬、村（社区）平均运转保障经费全面提标。从优秀村（社区）党组织书记中择优选拔8人进入镇（街道）事业干部队伍。排查整顿软弱涣散，19名党员县级领导“包片联镇”，对全县村（社区）开展全覆盖走访摸排，整顿提升3个软弱涣散党组织。扎实推进村（社区）换届。按“班子结构好、队伍风气好、村情民意好”的标准，盐井镇完成换届试点工作。对全县291个村（社区）进行财务清理审计，组织、纪委等12个单位对全县1768名村（社区）“两委”干部进行综合会审，确保了“两委”干部综合素质。出台换届选举方案等，拟定换届提名人选初步名单，每个村（社区）将有1至2名30岁左右年轻干部，新一届党组织班子年龄40岁左右。完善两新组织体系，非公企业党组织覆盖率达77.6%，社会组织党组织覆盖率90%。选派专兼职党建指导员124名，覆盖率100%。干部队伍不断培强。强化教育培训。开展干部网络学习培训，700多名科级干部完成学习任务。举办干部培训主体班三期，155名干部参加培训。举办全县基层党建业务、党组织书记等培训班，491名党组织书记和600余名党员接受教育。配合省市委开展科级以上领导干部调训，调训科级以上干部20人。完善日常监管。对5名单位主职进行经济责任审计，对50多家副科级以上单位开展专项检查，加强科级以上领导干部因私事出国（境）管理。完成1872名科级以上工作人员的“一人多证”信息清理。推进职务与职级并行套转工作，完成职级晋升437人次。鲜明用人导向。坚持在基层一线和急难险重工作中选拔干部，26名县、镇、村优秀干部被列入“四个一批”名单，提拔重用87名德才兼备、实绩突出、群众公认的干部。对部分县直、镇（街道）领导班子进行补缺、交流调整，共调整干部9批次277人次。推荐3名干部提拔任副处级领导职务，2名干部进县委常委班子，3名干部晋升二级调研员职级，1名干部晋升一级调研员职级。

【党风廉政建设】 从严从实落实责任。县委常委会会议8次专题研究党风廉政建设工作，下发责任分解文件，常委班子按各自分工抓好主管、分管领域的党风廉政建设工作。持之以恒正风肃纪。坚持把查处“两个主义”问题作为常规巡察、专项巡察、专项治理、日常监督的重点内容，共巡察59个单位党组织、118个村级党组织，发现问题1314个，移交党员干部违纪线索55条。紧盯教育系统形式主义官僚主义，出台“校园减负六条”。坚定不移反腐倡廉。全力支持纪委查案办案，全年共立案242件，给予党纪政务处分174人，其中查处科级干部20人，采取留置措施12人，移送司法机关10人，罚没违纪违法资金2136万余元。

县委常委会会议

1月9日 县委书记廖可元主持召开县委常委会会议，研究2020年县委经济工作会议、县委第七轮巡察、信访维稳、两宗土地拟调整用地性质、2020年春节前集中走访慰问、上年度全县重点工作绩效评估结果等工作。

1月20日 县委书记廖可元主持召开县委常委会会议，听取县人大常委会、县政府、县政协、县法院、县检察院上年度党组工作汇报，研究召开县人大、政协“两会”，《关于优化澧县营商环境“八个一律”的规定（送审稿）》，澧县芙蓉学校建设，全县砂石土矿专项规划编制，2020年澧县驻点招商联络处换届，事业单位及县属国有企业公务用车制度改革，公务员职级套转等工作。

3月3日 县委书记廖可元主持召开县委常委会会议，专题研究石门电厂升级替代项目相关工作。

3月5日 县委书记廖可元主持召开县委常委会会议，学习贯彻习近平总书记关于新冠肺炎疫情防控和经济社会发展工作重要讲话精神，学习贯彻中央、省、市纪委全会精神，传达学习中央、省委政法工作会议精神，学习贯彻全省、全市对台工作会议精神，研究2020年重点建设项目实施计划编制、《政府工作报告（送审稿）》、澧县2019年国民经济和社会发展计划执行情况及2020年国民经济和社会发展计划、2019年财政预算执行与2020年财政预算安排、澧县2019年机关事业单位工作人员年度考核等工作。

3月18日 县委书记廖可元主持召开县委常委会会议，学习贯彻习近平总书记在决战决胜脱贫攻坚座谈会上的讲话和中央、省、市脱贫攻坚工作会议精神，学习习近平总书记关于统计工作的重要讲话、指示精神及中办、国办关于统计工作相关文件精神，传达省委、市委农村工作会议精神，讨论研究澧县2020年招商引资工作系列方案，2019年县委书记抓基层党建工作述职评议考核问题整改，2020年全县宣传思想工作要点及县委理论学习中心组专题学习重点内容安排方案，县委常委班子分工、重点工作领导小组、县领导联系镇（街道）安排，推进县党政协同办公平台建设，党政机关电子公文系统信息化等工作。

4月9日 县委书记廖可元主持召开县委常委会会议，学习贯彻《党委（党组）落实全面从严治党主体责任规定》，杜家毫、许达哲在省委第十一届十次全体会议上的讲话，傅奎来澧县调研督导讲话精神，研究反恐防恐、信访维稳、禁毒扫毒，召开县人大、政协“两会”，澧县政协2020年度协商与监督工作计划，污染防治攻坚战，教育等工作。

5月9日 县委书记廖可元主持召开县委常委会会议，研究2020年评议县人民政府优化经济发展环境等工作。

5月27日 县委书记廖可元主持召开县委常委会会议，学习湖南省深化整治形式主义官僚主义10条措施，研究推动全县基层公共服务（一门式）全覆盖、治超、文旅广体、澧州国际汽车城项目等工作，审议2020年全县绩效评估方案及高新区绩效考核实施办法。

5月29日 县委书记廖可元主持召开县委常委会会议，传达学习5月6日和5月14日中共中央政治局常务委员会会议精神，研究澧县新冠肺炎疫情常态化防控、2020年澧县“洞庭清波”专项行动和公检法系统有关人员职级套转等工作，审议《县委、县政府领导班子成员党风廉政建设责任分工（送审稿）》《关于进一步促进工业企业高质量发展的若干意见（送审稿）》等文件。

6月17日 县委书记廖可元主持召开县委常委会会议，研究防汛等工作。

6月24日 县委书记廖可元主持召开县委

常委会会议，研究县砾石加工项目、庆祝中国共产党成立99周年系列活动、2020年全县村（社区）党组织书记培训等工作。

6月30日 县委书记廖可元主持召开县委常委会会议，先后传达学习省委书记杜家毫在县委书记抓党建促决战决胜脱贫攻坚培训班开班式上的讲话精神、市委书记周德睿在市委常委会（扩大）会议上的讲话精神，讨论研究县城区老旧小区改造、自然资源两项工作，农业农村两项工作等工作，审议《“请能人回乡、促产业发展”实施意见（送审稿）》《澧县争项争资工作考核暂行办法（修订稿）》《澧县全面小康决胜年行动实施方案（送审稿）》《7月份全县主要工作重要活动预安排（送审稿）》等文件。

7月31日 县委书记廖可元主持召开县委常委会会议，讨论研究发展壮大村级集体经济，卫生健康重点建设项目，县人民医院迁建工程项目评审结算，教育两项工作，国家安全，扫黑除恶及新时代县域警务，县首届全民健身运动会开幕式相关准备，设立县人大、县政协机关党组，有关纪检案件处理等工作。审议《澧县发展壮大村级集体经济消灭“空壳村”三年行动计划（2020—2022年）（送审稿）》《澧县中小学校幼儿园规划建设暂行规定（送审稿）》《关于县监察委员会向镇（街道）派出监察办公室的实施方案（送审稿）》《8月份全县主要工作重要活动预安排（送审稿）》等文件。

8月21日 县委书记廖可元主持召开县委常委会会议，听取关于澧县学习宣传《习近平谈治国理政》第三卷、澧县新型城镇化补短板强弱项示范县实施方案编制等工作情况汇报。

9月4日 县委书记廖可元主持召开县委常委会会议，先后传达学习湘纪通〔2020〕7号文件精神，全市重点建设项目协调推进会和全市粮食收购工作推进会主要精神；讨论研究公路治超、教育、澧县第一次侨代会筹备、县委十二届七次全体（扩大）会议筹备等工作，审议《关于慰问新冠肺炎疫情防控一线工作人员及困难群众的资金分配方案（讨论稿）》《关于从优秀村（社区）党组织书记中择优选拔镇（街道）事业站所工作人员的实施方案（讨论稿）》《9月份全县主要工作重要活动预安排（送审稿）》等文件。

9月27日 县委书记廖可元主持召开县委常委会会议，传达学习习近平总书记在经济社会领域专家座谈会上的重要讲话精神和制止餐饮浪费行为的重要指示精神，讨论研究全县安全生产，突出生态环境问题整改，澧县2020年水利秋冬修，学习贯彻习近平总书记重要训词精神和开展“坚持政治建警全面从严治警”教育整顿，2020年新增专项债券，信访维稳，基层党建、全县重阳节系列活动安排、省委巡视反馈有关问题整改情况及公务员职级晋升等工作，审议《关于调整县委党建工作领导小组组成人员的通知（送审稿）》《县委党建工作领导小组基层党支部联系点工作方案（送审稿）》《全县基层党建工作示范点工作方案（送审稿）》等文件。

10月29日 县委书记廖可元主持召开县委常委会会议，传达学习中央一号文件、《中共湖南省委关于深入学习贯彻习近平总书记考察湖南重要讲话精神奋力谱写新时代坚持和发展中国特色社会主义湖南新篇章的决定》和习近平总书记关于机构编制工作的重要论述主要精神，讨论研究澧县新裕公路提质改造，开展消费扶贫月暨金秋消费季活动，县湖洲管理所（县芦苇总场）“事企分开”改革，澧州实验小学新建工程捐资建校方式变更，农村乱占耕地建房问题整治，2020年财政预算调整，扫黑除恶及政法委员配备，贯彻落实《中国共产党党校（行政学院）工作条例》，纪检监察相关工作、有关案件处理，全县11月份主要工作重要活动预安排等工作。

11月16日 县委书记廖可元主持召开县委常委会会议，听取关于孟姜垸砂石采区工作绩效考核、提高乡镇机关事业单位工作人员工资收入、村（社区）“两委”换届选举试点工作有关情况汇报。

11月27日 县委书记廖可元主持召开县委

常委会会议，学习《湖南省贯彻〈中国共产党农村工作条例〉实施办法》主要精神，讨论研究石煤矿山专项整治、义务教育均衡复检反馈问题整改、全县加油站规划和审批、全县国有资产管理和县城建投、澧州实业公司有关融资、12月份主要工作重要活动预安排（送审稿）等工作。

12月18日　县委书记廖可元主持召开县委常委会会议，听取关于全县村（社区）“两委”换届工作以及从服务基层项目人员中招聘镇（街道）事业单位工作人员有关情况汇报。

办公室工作

【概况】 2020年，澧县县委办公室围绕县委“找回澧州精神，再造澧县辉煌”的总体部署，牢牢把握“零一二三”（零失误，一方阵，二服从，三满意）工作总要求，忠诚履职，争先创优，以务实高效的“三服务”工作，为贯彻落实县委、县政府决策部署提供有力保障。

【当好参谋助手】 开展调查研究。围绕抗疫防汛、产业发展、公路“治超”、电打鱼整治、农民合作社、农村宅基地和集体建设用地房地一体确权登记等热点难点工作开展系列专题调研。其中《打好精准组合拳，决胜防控阻击战》《做好“加减乘除”文章，大力优化营商环境》《实行战时体制，打赢防汛硬仗》《全程服务，惠农万家——锦绣千村打造农业社会化服务综合体》《突出三大导向，化解三大疑难——湖南省澧县农村房地一体确权登记工作》等文章在《常德通讯》《自然资源通讯》上发表。做好文稿服务。全年共撰写领导讲话、报告、总结、述职、汇报等材料104篇（期）56万多字。同时，启动《每周信息综合》编辑工作。加强信息报送。全年共向省、市上报稿件510篇，市委办信息科采用71篇，省委办公厅信息处采用16篇，紧急信息零失误，成绩居全市第二。

【强化督查落实】 全年共开展常委会会议和议事协调会议议定事项督查13次；办理市委、县委主要领导批示件30余件；开展巡视整改、疫情防控、禁捕退捕、公路治超、乡村振兴、人口普查、秸秆禁烧、脱贫攻坚、环境保护、防汛等专项督查10余次，有效推动工作落实。

【搞好综合协调】 全年承办县委全会、经济工作会议、党委系统工作会议、县委常委会会议等全县重大会议40余次，重点参与筹办全国阳光玫瑰葡萄标准化生产学术研讨会暨澧县第十五届葡萄节、首届全民健身运动会、全市项目建设流动现场会等大型活动。协调、调度全国政协副主席刘奇葆，省领导傅奎、黄兰香、隋忠诚、戴道晋，市领导周德睿、邹文辉等上级领导和松滋市委书记一行来澧县调研，并组织县委主要领导调研活动20余次。规范审核各类党内专项报告，对本县举行的重大活动，召开的重大会议都按要求向市委进行专项报告，全年共报送党内专项报告53期。规范办文工作，全年共牵头审核下发文件22份；编发县委常委会会议纪要18期、县委常委议事协调会议纪要12期，下发县委通报1期，办理各类文件电报690余份。

【加强自身建设】 推动成立老干支部，优化党组织架构；以“主题党日”“三会一课”为抓手，全年共开展支部集中学习11次，支部书记上党课2次。加强党员干部队伍理想信念教育，提升党性修养。年内，吸收预备党员1名。强化理论学习，推广使用“学习强国”学习平台，督促干部在线学习新思想、新知识，全年学分达到20000分以上的有10名。深化党风廉政建设。全年开展廉政谈心谈话200余人次，廉政警示教育活动2次，观看警示教育片1次，全年未发生一起违规违纪案例。落实如法网的学法考法，组织全办干部学习《2020湖南省“七五”普法读本》《党内法规200问》等各类法律法规，所有干部均按时完成积分学习，通过网上考试。围绕办公室主要业务，邀请市委办、省委办公厅等相关领导、业务科室骨干来澧县讲课，受到全县办公室系统的一致好评。搭建全县办公室系统定期业务交流的平台，对全县19个镇（街道）干部分3批各2个月到县委办跟班学习，促进全县办公室业务工作提升。

【做好运行保障】 完成全县42家重点单位保密检查工作，参加市保密宣传教育讲课比赛，获三等奖；推广常德市党政协同办公平台，全县有独立入户单位147家；明确县委办1名副主任任档案局局长，配齐档案业务指导室主任和档案局工作人员；对3个重点项目档案进行验收，完成全县69家单位年报统计工作以及2020年档案“双检”工作；引导来访群众依法、有序、理性上访，全年共接待来信来访326批498人次，5人以上集访16批213人次，涉及群体10个；做好在澧县港澳台同胞的摸底排查工作，按时上报出（回）国（境）人员信息资料，协助做好疫情防控和办证等服务，走访慰问困难台胞台属，协调职能部门解决台企难题；严格安全管理，完善监控、安保机制，加强公车和食堂管理，及时维护和添置办公家具和设备，推进机关园林式建设。（程静培）

组织工作

【概况】 2020年，澧县县委组织部坚持以习近平新时代中国特色社会主义思想为指导，着力抓基层、打基础、优服务、强保障，整体工作有序推进。

【基层党建】 排查整顿软弱涣散基层党组织。对全县291个村（社区）开展全覆盖走访摸排，按照“六个一”要求全面整顿存在软弱涣散问题的3个村（社区）。推进基层公共服务（一站式）全覆盖。镇、村两级综合服务平台全面优化升级，明确涵盖97项服务事项的“下沉事项指导目录”、编制完成简化版“服务指南”，97项服务事项分别下沉到镇、村办理。做好党建业务培训。核准全县4.2万名党员基础信息，完善1700余个基层党组织智慧党建平台信息。举办全县基层党建业务培训班、党组织书记培训班、脱贫攻坚党员致富带头人培训班等，将基层党建、乡村振兴、脱贫攻坚、综治维稳等内容纳入培训范围，491名党组织书记和600余名党员接受教育。加强“两新”组织党建工作。为383家“两新”组织建立动态管理台账，选派专兼职党建指导员124名。完成“标杆引领”创建基础性工作。九澧教育集团党委、平安医械党委等3家党组织争创省级标杆，金龙玉凤、湘北药业等7家党组织争创市级标杆。财政拨付120万元全额保障“两新”党组织党员活动经费、党组织书记党建工作津贴等费用。对2019年“两新”组织收缴的19.78万元党费全额返还，支持“两新”组织慰问困难党员和开展党建活动。

基层公共服务（一门式）全覆盖

【干部队伍建设】 向市委推荐干部。年内成功推荐3名干部提拔任副处级领导职务，2名干部进县委常委班子，3名干部晋升二级调研员职级，1名干部晋升一级调研员职级。严把选人用人关卡。全年先后9批次调整干部277人次，提拔重用87人，年轻干部达到提拔重用总数的三分之一，19个镇（街道）班子成员30岁以下年轻干部38人。注重在脱贫攻坚一线考察、识别干部。配合省脱贫攻坚干部考察组推荐、考察优秀干部，26名县、镇、村优秀干部被列入“四个一批”名单（培养储备一批、发现使用一批、表彰奖励一批、宣传报道一批）。开展教育培训。

全县700多名科级干部参加网络学习培训，全部完成学习任务；举办干部培训主体班三期，共培训科级干部102人，年轻干部53人；开展科级以上领导干部调训，累计调训科级以上干部20人。完成职务与职级并行套转工作。先后启动四轮职级晋升工作，有1347人进行职级首套。在职级晋升工作中，共完成职级晋升437人次。

【组工队伍建设】 加强学习培训。开展集中学习活动。每月组织一次“主题党日”活动、党小组集中学习等，每季度组织一次年轻干部“主题团日”活动。选派机关干部外出学习。全年共派遣23名干部到桑植县委党校、韶山红培学院等地参加各类交流、培训。严格机关管理。完善规章制度。修订《中共澧县县委组织部制度汇编》，规范组织部干部工作纪律和业务行为。狠抓干部作风。通过民主生活会、个别谈心谈话等方式，强化对机关干部的警示教育，提高干部拒腐防变的能力。增强服务意识。优化办公室窗口服务环境，实行首问负责制，要求值班室工作人员对前来办事的干部和群众要耐心、热情接待。撰写调研信息文章。全年共发布党建动态信息300余条，上稿205条，向中央、省、市组织信息网投稿经验类、问题类等信息文章100余篇，被采用信息文章28篇，其中《中组信息》上稿1篇，《人民日报》上稿12篇，《湘组信息》《湘组研究》上稿3篇，《常德组织工作》上稿12篇。助力脱贫攻坚。每月组织机关干部下到定点村开展扶贫调研和结对帮扶活动，用心用情帮扶困难户。多方协调筹措资金帮助村里解决基础设施、民生工程建设等方面问题。

【人才引进培养】 推进政策落实。围绕《关于大力引进优秀人才服务开放强市产业立市的实施意见》及相关配套政策文件，结合澧县出台的《关于吸引中高层次和紧缺人才到澧县创新创业的暂行办法》，对2019年引进人才进行全面摸底审核，同时召集相关部门单位制定具体落实细则，以招才引智为核心，做好人才引才培才工作。推行柔性引才。引导县人民医院、中医医院建设医联体、发展医共体，柔性引进多名专家人才，有效提升澧县医疗服务水平。县农业农村局、供销社等单位邀请国家、省级中药材、茶叶等方面专家来澧县指导相关产业发展，提供技术支持；县委组织部与省委组织部对接，采取“田间课堂”授课模式，由省派专家下到田间地头进行现场教学培训。澧县柔性引才工作被省、市委组织部给予高度肯定并宣传推介。加强人才培育。一是抓农民教育培训工作。全年共培训农民96期12480人。其中新型经营主体培训55期6630人，实用技术培训31期4430人，其他培训10期1420人。二是抓本土主播人才培育工作，通过与浙江传媒大学合作开办农副产品村播专训营，培训学员33名，直接带动全县黄桃、葡萄等优质产品走出澧县。三是抓科技特派员选派工作。澧县选派28名县派科技特派员，并争取到9名省、市科技特派员，为澧县油茶、水产养殖、林业、特色水果等相关产业提供技术服务。同时，组建澧县科技专家服务团，省级专家10人，县级科技人员48人，为澧县农业产业发展提供技术支持。

【老干部事务】 组织老干支部活动。以老干党支部为依托，开展重阳节系列庆祝活动，组织全县89个老干支部1000多名老党员开展游艺活动；评选出30名“最美老干部”“敬老孝老之星”“健康长寿之星”，并召开大会予以表彰；组织500多名老干部参加首届全民健身运动会中的太极拳、门球项目；组织31名县处级离退休干部到郴州市“半床被子”故事发生地接受党性教育。真情关爱老干部。开展家庭医生签约上门服务。9月，组建14个专家医疗团队，与全县50多名县处级实职离退休老干部及其家人签约，实现在澧县处级离退休干部全覆盖。落实老干部特困帮扶专项经费10万元，用于帮扶困难离退休干部及遗孀。发挥老干部余热。关心下一代健康成长。澧县关工委组建100名成员报告团队伍，开展隔代家庭教育进社区、进校园活动。2020年，关心下一代工作成效被《人民日报》推介，杨铮传被省老干局评为“最美关爱之星”。助力打赢脱贫攻坚战。县老科协组建5个专业科普服务队，多次开展科普“六进”活动和“三下乡”活动，为当地脱贫攻坚工作提供思路。

老干部政情通报会

授予 杨铮传 同志
全省离退休干部先进个人荣誉称号，特发此证。

荣誉证书
杨铮传 同志：
最美关爱之星

“最美关爱之星”杨铮传荣誉证书

【村（社区）“两委”换届选举】 推进换届试点。按照上级“先换村党组织、后换村委会，先试点、后推开”的要求，部署推进全县村（社区）换届选举工作。以盐井镇作为试点，制定出台工作方案，召开培训动员会，进行相关政策答疑。试点中，共调整9个超龄党组织书记，5个新任党组织书记直接从党建联络员、村（社区）后备干部等群体中产生，党组织书记平均年龄43.7岁，基本实现“一肩挑”。择优选配后备力量。通过个人自荐、党员联荐等程序，将263名35岁以下、大专以上学历的优秀后备人才纳入村（社区）跟班培养，严格实行县级备案管理。将25名优秀后备干部选进村（社区）“两委”班子，确保换届时每个村（社区）配备有1名35岁以下、大专以上学历的年轻干部。

【疫情防控】 统筹安排、合理调度全体机关干部职工驻守小区、社区，参与疫情防控工作。发动1.5万余名党员坚守一线，190名机关党员干部担任驻企防疫联络员，助力复工复产。防疫期间，全县516名老干部参与小区宣传、值守工作。老教师杨铮传带领21名心理咨询师，向广大市民免费提供疫情心理援助300多人次。全县老干部为疫情捐款金额80余万元，完成防疫文章、诗词等作品1000多篇（首）。 （陈利婷）

宣传工作

【概况】 2020年，澧县宣传思想文化工作以习近平新时代中国特色社会主义思想为指导，围绕中心大局，坚持守正创新，主动担当作为，对内凝聚力量，对外提升形象，攻坚克难，砥砺前行，取得新的成绩，被评为全市宣传思想工作优秀单位，并在全市党委系统工作会议上受到表彰，全市移风易俗工作现场经验交流会在澧县召开。

移风易俗工作现场经验交流

【思想理论教育】 领导示范，学深悟透习近平新时代中国特色社会主义思想。全年县委理论学习中心组专题学习12次，坚持常委带头讲、及时学、深入抓，对习近平总书记考察湖南重要讲话精神层层传达学习。发行《习近平谈治国理政》第三卷2.4万册，发行量居全市第一。

【网络舆情应对和管理】 注重意识形态工作制度化、规范化，对标对表工作执行有力，对全县59家单位开展意识形态专项巡察，覆盖四大家及全体常委所在部门。全年共妥善处置“网民质疑澧县民族团结进步行会议背景选址”等网上敏感舆情，对“澧县即将封城”等网络谣言及时辟谣和打击，成为全市舆情最为平稳的区县之一。查办“扫黄打非”案件3起，选送湖南钰炜电子商务有限公司党员符兵典型案例，作为常德市2个案例之一收录入省委网信办主编的《湖南互联网企业党建工作创新案例选编》。

【开展“四力”教育实践活动】 5月，举办全县宣传思想工作业务培训班，覆盖全体宣传思想文化工作者，课程采用专家授课、模拟新闻发布会、现场教学等形式，增强宣传干部的业务自信。启动国家级非遗项目荆河戏传承人委托培养计划，投入资金200多万元，委托湖南省艺术职业学院免费定向培训25名传承人。开展记者走基层采访、文艺家走基层创作采风活动。

宣传思想工作业务培训

【推进精神文明建设】 注重各类典型推介，涌现出市级以上各类好人及先进典型17人，其中郝进获评助人为乐类“中国好人”，4人获评湖南好人，居全市前列。办优《文明澧州》专栏，坚持每日1篇“文明小贴士”，每周1次“不文明行为”曝光。全市首倡推行“公筷公勺”行动，并结合“光盘行动”面向全县发放文明餐桌行动宣传海报及台签提示牌，做到全县机关食堂和餐饮营业点全覆盖，并在《湖南宣传》2020年第七期进行推介。

【文化遗产保护】 向上争取文物保护资金1000万元，完成博物馆、澧州文庙修缮和三防工程建设，澧州文庙以全新面貌向社会公众免费开放。湖南省文物考古研究所澧阳平原考古工作站启用，省级工作站的入驻将极大促进澧县文物保护、利用与研究工作。在湖南（金秋）文物博览会上，孙家岗遗址获选“十三五”湖南省十大考古新发现。城头山大遗址保护与国家考古遗址公园运营管理、澧县城头山遗址城墙剖面科技保护、澧县余家牌坊科技保护、八十垱遗址保护利用4个项目，入选《湖南文物保护利用创新发展百佳案例》。

【文化活动】 规上文化企业年总营业收入连续多年位居全市各区县市第一，20多家规上文化企业年营业收入19.2亿元，其中营业收入超亿元的7家。举办首届全民健身运动会，四大家主要领导带头上阵，3000多名运动员参加12个项目竞赛，营造凝心聚力、奋发向上的良好氛围。鼓盆歌《扶贫佳话》、渔鼓《法门寺》（此处“法”读：biàng）、说鼓《审八斤》3个节目入围第十一届中国曲艺最高奖“牡丹奖”，《法门寺》获奖。参加常德市首届艺术节暨“百团大赛”，选送节目、作品共获得优秀团队奖3个，一等奖4个，获奖面居区县市前列。扶贫题材荆河大戏《花开詹家岗》，作为全市新创三台大戏之一，获专业舞台艺术类新创大戏优秀剧目奖。中篇小说《世界温暖》等四部作品获第六届常德原创文学奖，获奖量在全市仅次于市作协。疫情期间，全县创作抗疫文艺作品近600余篇（首），对外发表作品近300篇（首）。

荆河大戏《花开詹家岗》参加首届常德艺术节展演后，全体演出人员合影留念

【新闻舆论宣传】 全年在中央级媒体上稿151篇（条），省级主流媒体上稿170篇（条），市级媒体上稿300多篇（条），湖南卫视、常德电视台发稿量均居全市第一。疫情期间，在中央、省、市级主流媒体上稿400多篇（条），上稿量居全市第一。城头山古文化遗址亮相央视9套记录频道《航拍中国》第三季第八集《一同飞越湖南》，常德仅澧县打榜。央视10套《中国影像方志》湖南卷澧县篇播出，社会影响良好，澧县融媒转播点击量近3万人次。在长沙举办全国阳光玫瑰葡萄标准化生产学术研讨会暨澧县第十五届葡萄节新闻发布会，吸引《中国日报》、人民网、湖南卫视等30多家中央、省、市级媒体聚焦，营造强大宣传声势，提高澧县葡萄的知名度。

央视9套《航拍中国》第八集《一同飞越湖南》宣传澧县城头山国家考古遗址公园

【媒体融合助力经济社会发展】 完成县融媒体中心建设，与红网签订省级平台建设协议，“以澧为荣”手机App上线，“澧淘商城”运营良好，硬件提质、软件更强、平台增多、体制更活，主流舆论引导能力、内容生产和传播能力、信息和服务聚合能力大幅提升。全年共发稿2400多条，摄制大小专题14部，各类活动录直播11场次。发挥媒体融合强大优势，坚持整体联动，“以澧为荣”“澧县融媒”微信公众号发布最权威的疫情最新消息，第一时间向受众传递防汛救灾最新信息，点击量最高达20万+。“澧淘商城”组织策划大型直播4场，累计吸引50万+人数在线观看互动，并以直播助农形式为受疫情影响的复兴镇橘柚市场农民带货。

【中心工作】 助力脱贫攻坚。帮助甘溪滩镇古北村、东门村发展产业、加强基础设施建设。古北村通过脱贫攻坚省检，东门村通过市检。助推项目建设。澧阳平原考古工作站建设项目总投资1.18亿元，6月底完工，9月4日举行启用仪式。推进化妆品产业园项目，推动澧县化妆品产业协会成立，通过招商引资，注册成立城头山化妆品控股有限公司。澧县澧州实验小学总投资近1.7亿元，12月中旬竣工验收并投入使用。做好联系服务工业企业各项协调工作，并为企业发展出谋划策。每月巡河，重点关注山门水库水质及周边生态环境维护。联系大堰垱镇九旺村乡村振兴工作，打造幸福屋场，切实为基层排忧解难。（周　辉）

表2　2020年澧县省级以上文明单位一览表

单位	荣誉称号	取得时间	到届时间
全国文明村镇（4个）			
澧县澧西街道高路铺村	全国文明村镇	2014年	终身制
澧县城头山镇牌楼村	全国文明村镇	2014年	终身制
澧县城头山镇万兴村	全国文明村镇	2017年	终身制
澧县城头山镇国富村	全国文明村镇	2020年	终身制

续 表

单位	荣誉称号	取得时间	到届时间
省级文明标兵单位（2个）			
澧县烟草专卖局	湖南省文明标兵单位	2016年	2021年
澧县审计局	湖南省文明标兵单位	2020年	2025年
省级文明单位（4个）			
国家税务总局澧县税务局	湖南省文明单位	2016年	2021年
国网澧县供电公司	湖南省文明单位	2018年	2023年
澧县人民检察院	湖南省文明单位	2020年	2025年
澧县人大常委会机关	湖南省文明单位	2020年	2025年
省级文明校园（1个）			
澧县一中	湖南省文明校园	2018年	2023年
省级文明窗口（1个）			
澧县人民政府政务服务中心	湖南省文明窗口	2017年	2022年
省级文明村镇（3个）			
澧县城头山镇	湖南省文明村镇	2018年	2023年
澧县澧南镇双荷村	湖南省文明村镇	2018年	2023年
澧县码头铺镇刻木山村	湖南省文明村镇	2020年	2025年
省级文明社区（2个）			
澧县澧浦街道多安桥社区	湖南省文明社区	2015年	2020年
澧县澧浦街道羊古社区	湖南省文明社区	2017年	2022年

统战工作

【概况】 2020年，澧县县委统战部贯彻落实中央和省委、市委关于新时代统一战线工作的重要决策和部署，围绕全县发展大局，引领党派、团体及广大统战成员凝心聚力，助力脱贫攻坚、助力乡村振兴。获市级文明单位荣誉称号。

【统战服务】 助力疫情防控。新冠疫情重点防控期间，统战人士齐心协力，尽己所能，共同抗疫。全体统战干部取消春节休假，分工合作，联防联控，奔赴一线坚守防疫最前线。党外干部

2月5日，澧县县委常委、统战部部长张元安（左一）带领统战干部查看宗教场所疫情防控情况

躬身入局，保供应，发倡议，守土尽责。全县民营经济人士众志成城，共克时艰，为疫情防控

捐款捐物达1300万元。平安医械公司、益康大药房公司被授予“湖南省疫情防控突出贡献企业”。新的社会阶层人士主动奉献，发倡议，捐物资，通过自媒体加强正面宣传。县侨联组织海外侨胞同心协力捐寄防护物资8万多件（套），提供物资信息，促成采购口罩31.6万只。宗教界人士严格落实“两个暂停”，主动捐款捐物10多万元，助力疫情防控。

【助力民营经济发展】 为保障疫情防控期间复工复产，县委统战部联合工商联、侨联开展“百企大走访、同心促发展”活动，协助民营企业解决市场、招工、融资等难题，进一步优化非公经济发展环境。同时，利用好统一战线平台，发挥工商联、异地商会、乡贤联谊会桥梁作用，号召澧县籍企业家回乡创业。6月，引进澧县籍在外乡贤李中武先生回乡投资3.5亿元，新建绿色智能包装项目，该项目已开工建设。为推进澧县化妆品产业园项目，推动非公经济发展，先后4次赴江西、云南、贵州、青海、四川、上海和湖南长沙、宁乡等地开展化妆品产业考察调研，12月10日，召开澧县化妆品行业协会成立大会。

9月29日，澧县举行“情暖中秋、以澧为荣”企业家座谈会

【创建同心工程示范点】 抓好同心工程示范点建设，助力乡村振兴。为推进“同心美丽乡村”创建提供资金保障，向上争取配套“同心创建”专项资金30万元；引导民营企业、乡贤力量参与同心创建。湖南康哲药业落户澧南镇仙峰村，投入资金1.5亿元，建成全国最大的智能联栋温室主体大棚；道河农业发展有限公司由13个乡贤出资成立，采取公司+农户+合作社+互联网的经营方式，开展土地委托流转开发，多渠道增加村集体和农民收入。截至12月，澧县已成功创建“省级同心美丽乡村”1个，“市级同心美丽乡村”2个，“市级同心项目”6个。

【民族宗教工作】 落实民族政策。依法做好澧县籍少数民族人员和少数民族流动人员服务管理工作；疫情防控期间，主动走访慰问外来少数民族经商场所——清真馆，赠送防疫物资，宣传防疫知识；高考前夕，做好民族优惠政策考生资格审核工作，巩固和发展平等团结互助的民族关系；支持回民聚居地殡仪用房建设。精心做好宗教工作。严格落实宗教工作“三级网络、两级责任制”；打击非法宗教，严防境外宗教势力渗透；疫情防控期间，确保全县宗教场所“两个暂停”落实到位，及时宣传通告疫情及防控形势、防疫知识，为有困难的场所及时送去大米、食用油、口罩、消毒液等生活防疫物资，确保147名留守人员的正常生活，维护宗教领域和谐稳定；开展宗教场所“五进五好”创建活动，发挥宗教团体作用；开展宗教界爱国爱教主题教育；完成宗教团体和宗教场所对公账户开设工作；开展宗教场所消防安全隐患排查与整治工作。

【港澳台侨工作】 走访慰问港澳台侨统战对象，完善信息库；成立澧县首个社区“侨胞之家”，并以“侨胞之家”为平台，组织侨胞加强学习、开展活动、增进友谊；召开全县第一次归侨侨眷代表大会，推进县侨联改革。

【助力脱贫攻坚】 继续开展“百企帮百村”扶贫活动。5月，组织县新的社会阶层人士联谊会赴金罗镇界岭村开展“五送”（送温暖、送科技、送健康、送法律、送文化）活动，组织民营经济人士开展爱心助学，联合澧县爱尔眼科医院开展“精准脱贫光明行——走进澧县”活动。

5月30日，澧县新的社会阶层人士联谊会走进“同心美丽乡村”金罗镇界岭村开展“五送”活动

【队伍建设】抓好统战干部队伍建设。全县机构改革后，县委统战部统一管理民族宗教、侨务工作。统战部、侨联合署办公，统战部新增新联会工作人员3人，侨联工作人员3人。抓好党外干部队伍建设。建立党外后备干部信息库，为培养选拔优秀党外领导干部打好基础；走访党外科级干部，了解他们的工作情况和思想现状；开展党外干部座谈，调研党外干部队伍能力建设；推荐党外干部，完善党外干部配备。抓好民营经济人士队伍建设。召开工商联主席会议，参加市工商联组织的学习培训活动；组织民营经济人士学习湖南省委、省政府有关支持企业应对疫情影响和复工复产100条“干货”政策，有效提振企业信心。抓好党外知识分子、新的社会阶层人士队伍建设。分群体对党外知识分子、新的社会阶层人士进行走访，完善知联会、新联会代表信息库，以会计师事务所为平台，打造新阶人士创新实践基地。12月，完成县知联会换届工作。抓好新时代乡贤队伍建设。走访调研新乡贤工作情况，完善乡贤资料，协助指导镇（街道）创新工作方法成立乡贤联谊会。联合电视台采访宣传11名优秀乡贤事迹，联合宣传部开展“最美新乡贤”评选活动。组织知联会成员排练讲述新乡贤刘连华参与乡村振兴故事的《彭山梦》，获市委统战部表彰。（马丹霄）

机构编制

【概况】2020年，澧县机构编制部门以“转职能、转方式、转作风”工作要求为契机，聚焦重点改革，优化资源配置，夯实业务基础，各项工作有序开展。

【稳妥推进综合行政执法改革】制定印发《市场监管等六个领域综合行政执法改革实施方案》。4月，县各领域主管部门按照县委机构改革办要求完成挂牌工作；9月，完成县农业综合行政执法局、市场监管综合行政执法局、文化市场综合行政执法局、交通运输综合行政执法局4个“三定”规定发文工作，城管领域综合行政执法改革已形成“三定”送审稿。完成文化市场领域人员转隶工作，交通领域、农业领域、市场监督领域人员转隶工作正在进行。

【有序推进镇（街道）机构改革】据上级文件精神，澧县下发各镇（街道）职能配置、机构设置和人员编制规定文件。全县4个街道和15个镇，严格按照上级有关机构限额要求，在各镇（街道）统一设置党政办公室、党建办公室、经济发展办公室（加挂脱贫攻坚办公室牌子）、社会事务办公室（加挂卫生健康办公室牌子）、自然资源和生态环境办公室、社会治安和应急管理办公室等6个内设机构；统一设置“三中心一站一队”，即设置政务服务中心（镇、街道加挂行政审批服务办公室牌子）、农业综合服务中心（镇加挂农村经营管理服务站牌子）、社会事务综合服务中心（镇、道街加挂安全生产监督管理站牌子、街道加挂城市管理服务站牌子）、退役军人服务站、综合行政执法队。核定15个镇行政编制数641名，事业编制数728名；4个街道行政编制数128名，事业编制数135名。年内完成挂牌、人员转隶等各项工作。

【配合推进经营类事业单位改革】年内完成

澧县挖泥船队、澧县水利水电工程队和澧县建筑勘查设计院3个股级事业单位改革方案的审核审批工作，其机构撤销，编制收回；对正科级事业单位湖洲管理所待改革方案研究审定后，下一步将按上级要求稳步推进。

【合理优化资源配置】 在上年全县机构改革基础上，通过再次清理盘点，对职能萎缩、名存实亡的事业单位予以撤销；对行政职能回归主管部门或长期空编较多的事业单位，根据实际情况核减事业编制数。全年共撤销6个股级事业单位，收回事业编制160名。同时，保证重点服务发展领域，在教育卫生、退役军人、基层公共服务等领域设立相关机构，配置人员编制。全年全县招考公务员及选调生共113人，教育、卫生系统共招聘专业技术人员498人，退伍安置47人，水利系统空岗补员30人。

【规范机构编制实名制管理】 依据相关文件及时更新机构编制实名制管理平台数据，完成全县镇（街道）事业站所661人的划转工作，办理人员异动420人，办理500人上编、343人下编手续，印发机构编制管理证666本，并对管理证上所填写内容予以解答并督促各单位完善相关信息。

【强化机构编制督查】 围绕机构改革、六大领域综合执法改革等重点任务，安排专人对各镇（街道）各部门机构改革划转职责履行、内设机构设置、人员转隶调整落实等事项进行督促检查。对督查中发现的问题，进行现场交办，督促整改，进一步严肃机构编制纪律，提高机构编制刚性约束力。

【规范事业单位登记管理】 完成事业单位年度报告305个，变更登记165项，注销登记67个，设立登记14个，机关群团统一社会信用代码赋码换发证31个，解决遗留问题11个。同时，抽取10个事业单位开展实地工作核查，对检查中发现的问题，现场提出意见及时整改。

（刘　莲）

表3　2020年新成立机构一览表

序号	机构名称	时间	级别	性质	主管部门
1	澧县芙蓉学校	2020.02	股级	事业	县教育局
2	澧县双拥工作领导小组	2020.04	股级	事业	县退役军人事务局
3	澧县森林资源监测中心	2020.06	股级	事业	县林业局
4	澧县官垸镇西洲敬老院	2020.06	股级	事业	官垸镇
5	澧县第五完全小学	2020.06	股级	事业	县教育局
6	澧县黄桥小学	2020.06	股级	事业	县教育局
7	澧县英才幼儿园	2020.06	股级	事业	县教育局
8	澧县大数据中心	2020.08	股级	事业	县行政审批服务局
9	澧县澧州翊武学校	2020.08	股级	事业	县教育局
10	澧县机关事务中心	2020.05	副科级	事业	县政府办
11	澧县小渡口泵站	2020.12	股级	事业	县水利局
12	澧县文艺创作服务中心	2020.10	股级	事业	县文联
13	澧县中药材产业发展办公室	2020.10	股级	事业	县农业农村局
14	澧县文物保护事务中心	2020.08	股级	事业	县文旅广体局
15	19个镇（街道）社会事务综合服务中心	2020.09	股级	事业	各镇（街道）
16	19个镇（街道）政务服务中心	2020.09	股级	事业	各镇（街道）
17	15个镇农业综合服务中心	2020.09	股级	事业	各镇

党史、地方志编纂

【党史工作】 年内完成《中国共产党澧县历史（第三卷）（1978—2012）》编纂并公开出版发行。继续开展《常德百年党史人物》撰写工作。在上年基础上，年内再次向市党史部门提供澧县党史人物专题文稿6篇。挖掘澧县地方党史资料。登门拜访92岁高龄的澧县党史办原主任、史志工作老前辈刘士永，与其亲切交谈，并经其同意，征集到老人手中部分珍贵手稿资料；收集整理澧县籍上海市原副市长裴先白先生生前资料，为日后出版专著充实材料。同时，加大对澧县籍第一任县委原书记左承统的宣传推介力度，完成《百姓眼中的“左青天”》一文，并在湖南省《文史博览》杂志发表。

县党史研究室主任龚道权（左一）一行拜访史志工作老前辈刘士永（左二）

【地方志编纂】 加强对全县镇（村）志和部门志编修业务指导、志稿评审、审查备案等工作，先后2次参加《澧县公安志（1949—2019）》评审工作并提出相关意见，严格实行承编责任制和主编负责制，确保志书质量；完成《澧县年鉴（2020）》编纂出版。通过电子邮件、QQ、微信、电话等多种方式，共征集年鉴资料近100万字，图片1000多幅。同时，与各部门、单位交流，指导撰稿人写稿、改稿。5月至9月，完成年鉴资料的整理、编辑、初审等工作，全书约45万字。12月，《澧县年鉴（2020）》公开出版发行，完成“一年一鉴、年内出版”目标。（李文淼）

档案管理

【概况】 澧县档案馆为中共澧县县委办公室管理的正科级公益一类事业单位，负责档案资料的接收、征集、整理和管理工作，促进社会档案事业发展。核定事业编制12名，现有在职在编人员11人，其中馆长1名，副馆长2名。

【档案法制建设】 围绕“档案见证小康路，聚焦扶贫决胜期”主题，开展国际档案日系列活动。5月，准备宣传活动资料，校对展板文稿，购买发放《兰台小红工作记》宣传小册子100册；6月，10块大型宣传展板在单位、公园展放，并组织各单位围绕“档案见证小康路，聚焦扶贫决胜期”开展档案日宣传活动，利用电子显示屏播放宣传标语120条。

开展纪念“6·9”国际档案日宣传活动

【档案资源建设】 落实档案移交接收工作。全年共接收全县相关单位移交档案2285卷

（件），接收书刊25本、族谱17套。完成澧县政权建设档案数字化建设项目。经同省里汇报衔接，争取省里项目经费12万元，对解放初期政权建设档案进行数字化加工。开展疫情防控期间档案整理工作。从元月31日开始，县档案馆每天安排2人到卫健局值班，及时对全县疫情防控相关资料进行整理、分类、输目、装盒。

【档案查阅服务】 档案查阅中心为前来查阅档案信息的机关单位和社会各界人士提供热情、精准服务。全年共接待查阅1246人次，调用档案5238卷（件）。

【库房维修及防护】 全年投入资金2万多元，对档案馆库房进行加固、除潮、防漏、防虫等工作，确保各类档案完好无损。（汪玉秀）

干部教育培训

【概况】 2020年，全年举办科级干部进修班2期、年轻干部培训班1期，培训学员158人；党员发展对象培训班1期，培训学员96人。年内，还先后举办全县村支部书记培训班、全县基层党建业务培训班、全县宣传思想工作业务培训班、农村土地承包法律宣传培训班、脱贫攻坚党员教育示范班、澧县产业大户培训班等，累计培训党员干部1500人左右。

澧县2020年年轻干部培训

【课程设置】 始终把习近平新时代中国特色社会主义思想作为教学培训中心内容和首要任务，突出理论武装和党性锻炼的主体地位。党校开设习近平新时代中国特色社会主义思想系列专题课程18讲，分别是“让党的旗帜在党校上空高高飘扬”“基层党组织如何践行习近平新时代中国特色社会主义思想”“年轻干部学思践悟习近平谈治国理政（第三卷）”“习近平的党建思想”“习近平关于坚持以人民为中心的发展思想”“坚持全面深化改革（习近平改革思想）”“以习近平法治思想完善中国特色社会主义法律制度，建设社会主义法治国家（良法善治的角度）”“推进绿色发展，建设美丽中国——习近平生态文明思想”等，坚持把习近平新时代中国特色社会主义思想作为重中之重，努力形成较完备的习近平新时代中国特色社会主义思想课程体系。

【科研成果】 围绕澧县热点难点开展课题调研，从社会实际问题中寻找课题研究材料。其中，“澧县红色文化资源的保护与利用”省级科研课题和“加强生态文明建设，打造澧水右岸城市”市级科研课题已成功立项。

【校园建设】 投入资金150万元，对校内进行灯光塑胶球场改造、校园路面沥青改造、地下管网建设、食堂屋面及油改气工程。（赵珈笥）

接待工作

【概况】 2020年，澧县接待服务中心围绕县委、县政府决策部署，紧扣自身职能职责，继续把规矩挺在前面，竭心尽力搞好保障服务。全年共接待各级各类来宾近160批次。其中，接待省部级以上领导或少将以上军官11批次。如省委常委、省委统战部部长黄兰香来澧县督导检查新冠肺炎疫情防控工作，原省委常委、省纪委书记、省监察委员会主任傅奎来澧县调研疫情防控及复工复产工作，省政协党组副书记、副主席戴道晋来澧县调研乡村振兴工作，省人民政府副省长陈文浩来澧县调研防汛抗旱工作，省人大常委会党组副书记、副主任黄关春来澧县调研农业农村工作等。特别是在疫情防控严峻期，创新服务形式，率先实行单人单桌用餐的做法被《接待与交际》杂志在全国推介。另外，承办、指导专项接待或大型活动8次，如省委组织部驻点澧县进行为期1周的脱贫攻坚常态化联点督查、省委组织部来澧县进行脱贫攻坚干部专项考察近1个月、省第四生态环保督察组来澧县进行环保督察近1个星期，全国阳光玫瑰标准化生产学术研讨会暨澧县第十五届葡萄节、全市项目建设流动现场会实地观摩、全市移风易俗工作现场经验交流会等团组接待，县接待服务中心始终围绕全县大局，既把控标准底线，又精益求精服务，接待工作赢得各类宾客的一致好评和本级领导的高度认可。（王　军）

澧县人民代表大会

概　述

2020年，县人大常委会共召开常委会会议8次、主任会议12次，听取和审议专项工作报告31个，组织开展执法检查2次，交办审议意见7件，作出决议决定17个，完成县十七届人大六次会议确定的任务。

【服务大局】 坚定不移坚持党的领导。自觉把党的领导贯穿人大工作始终，凡是人大工作的重大事项、重要情况、重点活动，都及时向县委请示报告，使人大各方面工作更好地体现县委要求，始终在党的集中统一领导下开展。坚持集体行权，坚持民主集中制原则，发挥好人大常委会党组作用，对需要依法作出决议决定的大事要事，严格遵循党组先行研究、常委会会议再作决定的议事程序，实现党内民主和人民民主有机统一。坚定不移执行县委决策。围绕“扬长补短”战略，持续关注产业发展。听取开放型经济发展情况报告，针对平台搭建、主体培育、政策服务提出意见建议，帮助外贸企业提振信心，应对疫情冲击，渡过发展难关。听取和审议葡萄产业发展情况报告，推动葡萄产业持续健康发展。坚持党管干部和人大依法任免相结合，全年依法任免国家机关工作人员34人次，党委推荐人选通过法定程序全部当选为国家机关工作人员。坚定不移服务中心工作。面对突如其来的新冠疫情和汛情，常委会班子成员始终坚守一线、靠前指挥，科学调度，确保县委工作部署落到实处。在疫情防控初期，向全县各级人大代表、人大工作者发出抗疫倡议，广大代表和人大工作者无私奉献、壮美逆行的动人事迹得到人民群众肯定和点赞。聚焦助力“三大攻坚”，开展政府性债务专题调研、听取和审议环境状况和环境保护目标完成情况，高质量完成扶贫点村脱贫攻坚收官任务。紧紧围绕县委中心工作，做到党委有安排、人大有行动，常委会班子成员挂联重点工作、重点项目，全力抓好协调推进。

【依法监督】 紧盯经济发展抓监督。落实《中共中央、国务院关于全面实施预算绩效管理的意见》，听取和审议“同级审”、国有资产管理等情况汇报，审查批准县级财政决算、财政预算调整方案，对4个财政专项资金和1个单位财政整体支出情况进行绩效评价监督。听取和审议审计查出问题整改情况汇报，督促整改问题42个。加大预算联网监督力度，正式连入财政指标系统，发挥查询、分析、预警、服务作用。完成优化经济发展环境三年评议工作，对县发改局等28个政府工作部门开展评议。坚持问题导向，成立工业推新、项目推进、依法行政等7个专项评议调查组，共收集核实交办问题108条，一批问题得到有效整改。聚焦法治建设抓监督。开展道路交通安全法、农民专业合作社法两部法律的执法检查，促进相关法律进一步贯彻实施。听取“七五”普法工作情况报告，推动七五普法工作顺利收官。对全县具有行政执法职能的28个部门进行全覆盖案卷质量评查，反馈评查意见138条，监督部门规范执法。对县文旅广体局一起行政执法案件进行评析，举一反三、以点促面，不断扩大评析的实际效果。以“提高依法治理能力，助推经济社会发展”为主题开展司法公正常德行活动，各成员单位开展“护企暖企”专项行动，为企业发展提供司法保障。全面加强备案审查制度和能力建设，接收报送备案的规范性文件9件，严格落实“有件必备、有备必审、有错必纠”。围绕社会关切抓监督。听取和审议老年人权益保障工作情况报告，提出提高优待政策落地速度等5个方面建议。听取和审议学前教育工作情况报告，多次组织考察调研、代表视察，着力解决入园难、入园贵等问题。持续督办城市房地产管理法和湖南省物业管理条例的执法检查审议意见落实情况，推动部分难点工作取得突破。以督办代表议案建议为抓手，持之以恒解决群众急难愁盼。县人大六次会议和闭会期间，共收到代表建议143件，分别交办到28个部门，已全部办结并答复代表。继续开展建议办理工作评议，选取5个部门进行办理工作满意度测评，测评满意率均在90%以上。组织省、市、县三级人大代表开展澧阳平原生态环境保护工作集中视察和专题询问，督促关于全力保护澧阳平原生态环境的决议落实，其工作经验得到《湖南日报》宣传推介。

【自身建设】 以党的建设为主线。落实中心组理论学习制度，学习贯彻习近平新时代中国特色社会主义思想、十九届五中全会和习近平总书记考察湖南重要讲话精神，注重学思用贯通、知信行合一，“四个意识”不断增强，“四个自信”更加坚定，“两个维护”更加坚决。设立县人大常委会机关党组，进一步健全机关党组织工作体系。强化党组领导作用，严肃党内政治生活，落实意识形态工作责任制，夯实党建基础。以规范管理为主导。制定主任会议议事规则，规范议事程序、提高议事效率。落实从严治党主体责任，贯彻执行中央八项规定及其实施细则精神，坚持不懈纠“四风”、转作风，党组会议每季度专题研究党风廉政建设工作、开展谈心谈话、定期组织党风廉政教育活动已经形成常态。支持县委巡察组对县人大办开展巡察工作，从严推进各项问题整改落实。以提升形象为主题。加强上下对接和横向联系，先后配合省、市人大常委会开展视察、调研、执法检查共15次，岳阳市等7个单位来澧县学习交流。定期举行道德讲堂、志愿服务、“我们的节日”等活动，人大机关文明氛围更加浓厚、创建成效日益凸显，成功创建省级文明单位。

人民代表大会会议

【县第十七届人民代表大会第六次会议】 2020年4月15日至4月17日在县城举行。大会听取和审议县人民政府、县人大常委会、县人民法院和县人民检察院工作报告，审查计划和财政报告，并做出决议；大会补选王兆铭为澧县人民政府县长，补选赵长津、向绪钦为澧县第十七届人大常委会副主任，补选胡海兰为澧县第十七届人大常委会委员；大会通过澧县第十七届人民代表大会有关专门委员会主任委员名单（草案）。

人大常委会会议

【县第十七届人大常委会第二十八次会议】 2020年1月19日，在县人大常委会会议室召开。本次会议听取澧县第十七届人民代表大会民族华侨外事委员会、监察和司法委员会、法制委员会、财政经济委员会、教育科学文化卫生委员会、环境与资源保护委员会、农业与农村委员会、社会建设委员会工作报告；会议表决通过罢免严平常德市第七届人民代表大会代表职务的议案；会议接受徐莐辞去澧县人民政府县长职务，并报澧县第十七届人民代表大会第六次会议备案；会议决定任命王兆铭为澧县人民政府副县长，并决定为澧县人民政府代理县长，会议决定任命丁保国为澧县人民政府副县长，会议决定免去高波的澧县人民政府副县长职务。

【县第十七届人大常委会第二十九次会议】 2020年4月10日，在县人大常委会会议室召开。本次会议听取县人民政府2018年环境状况和环境保护目标完成情况报告的审议意见落实情况报告，听取和审议县人民政府2019年环境状况和环境保护目标完成情况报告；听取县人民政府贯彻落实《关于进一步加强我县农村土地确权与三权分置改革工作的审议意见》情况报告；听取县人大常委会代表资格审查委员会关于澧县第十七届人民代表大会代表资格审查的报告；审议决定召开澧县第十七届人民代表大会第六次会议有关事宜；审议《县人大常委会工作报告》（征求意见稿）；听取和审议县人大常委会相关制度修订草案。会议还进行有关人事任免事项。

澧县第十七届人大常委会第二十九次会议

【县第十七届人大常委会第三十次会议】 2020年6月29日，在县人大常委会会议室召开。本次会议听取和审议《中华人民共和国道路交通安全法》执法检查情况报告；听取县人民政府落实《关于检查〈中华人民共和国城市房地产管理法〉和〈湖南省物业管理条例〉贯彻实施情况报告的审议意见》情况报告；听取和审议县人民政府2019年城乡规划实施情况报告；听取县人民政府人居环境工作情况报告；听取和审议县人民政府学前教育工作情况报告；听取县人民政府2019年财政决算情况报告，审查和批准2019年财政决算；听取和审议县人民政府2019年财政预算执行情况及其他财政收支情况的审计报告；听取县人民政府大额专项资金细化分配方案情况报告；听取县人民政府2018年国有资产管理的审议意见落实情况报告，听取和审议县人民政府2019年国有资产管理情况报告；听取县人大常委会联工委对县十七届人大六次会议期间代表所提议案、建议、批评和意见交办情况报告。会议还进行有关人事任免事项。

【县第十七届人大常委会第三十一次会议】 2020年8月17日，在县人大常委会会议室召开。会议决定接受徐芪、谭徽立、张迪3人辞去常德市第七届人民代表大会代表职务，并报常德市人民代表大会常务委员会备案；会议补选李百艳为常德市第七届人民代表大会代表。

【县第十七届人大常委会第三十二次会议】 2020年9月3日，在县人大常委会会议室召开。本次会议听取和审议《中华人民共和国农民专业合作社法》执法检查情况汇报；听取县人民政府安全饮水工作情况报告；听取县人民政府2020年财政预算元至7月执行情况报告；听取县人民政府2020年国民经济和社会发展计划元至7月执行情况报告。会议决定任命宋化丽为澧县人民政府副县长、杨波为澧县人民政府副县长；决定免去王毅的澧县人民政府副县长职务。

【县第十七届人大常委会第三十三次会议】 2020年10月28日，在县人大常委会会议室召开。会议决定接受张益源辞去常德市第七届人民代表大会代表职务，并报常德市人民代表大会常务委员会备案；会议补选吴慧敏、游勇峰2人为常德市第七届人民代表大会代表。

【县第十七届人大常委会第三十四次会议】 2020年11月6日，在县人大常委会会议室召开。本次会议听取县人民政府预算绩效管理工作报告，听取和审议部分预算单位财政资金使用绩效情况报告并进行满意度测评；听取和审议县人民政府2020年财政预算调整情况报告；听取和审议县人民政府关于葡萄产业发展情况报告；听取和审议县人民政府老年人权益保障工作情况报告；听取和审议县人民政府关于县城总体规划中两宗土地用地性质调整情况的报告；听取县人民政府关于开放型经济发展情况的报告；听取部分市人大代表述职；会议对县文旅广体局一起行政执法案件开展评析。会议还进行有关人事任免事项。

【县第十七届人大常委会第三十五次会议】 2020年12月28日，在县人大常委会会议室召开。本次会议听取和审议政府工作部门审计发现问题后整改落实情况，并进行满意度测评；书面听取“一府两院”在县十七届人大六次会议上所作工作报告落实情况报告；听取“一府两院”办理县十七届人大六次会议期间代表所提议案、建议、批评和意见情况汇报；听取县人民政府“七五”普法工作情况报告；听取县人民政府贯彻落实《关于检查〈中华人民共和国道路交通安全法〉贯彻实施情况的审议意见》情况报告；听取县人民政府贯彻落实《关于进一步加强和改进学前教育工作的审议意见》情况报告；听取街道人大工委报告工作，并进行满意度测评；审议通过《澧县人大常委会主任会议事规则（草案）》。会议还对县人民检察院相关人员进行任免。

重要活动

5月7日 省人大常委会委员、省人大法制委员会主任委员王刚一行来澧县就《中华人民共和国公共文化服务保障法》实施中的问题及湖南省实施办法草案的修改完善开展调研，常德市人大常委会党组书记、副主任余怀民，市人大常委会副主任罗少挟等市级领导；县委书记廖可元，县人大常委会主任冯文元，县委常委、常务副县长翦鹰，县人大常委会副主任刘辉陪同调研。

5月28日 县人大常委会开展澧阳平原生态环境保护工作人大代表集中视察暨专题询问工作。县委副书记、县长王兆铭，县人大常委会组成人员，县人民政府副县长刘黎，部分省、市、县人大代表，相关县直单位主要负责人和各镇（街道）人大主席（主任）参加活动。

11月4日 常德市委书记、市人大常委会主任周德睿来到澧县，以市人大代表身份参加市七届人大澧县代表团第一代表小组活动，并围绕“推进疫情防控和经济社会发展”主题开展调研。市委常委、市委秘书长罗先东，副市长尹正锡、汤祚国、周代惠等市领导参加调研或座谈会。县委书记廖可元，县委副书记、县长王兆铭，县委副书记徐桢，县人大常委会主任冯文元，县政协主席金贤松等县领导参加调研或座谈。

12月8日上午 县人大常委会组织人大代表对县卫生健康局、县水利局、县交通运输局、县住房和城乡建设局、县教育局等单位办理代表建议工作进行满意度测评。

12月8日下午 县人大常委会召开优化经济发展环境工作评议会议，县发改局等28个被评议单位书面报告优化经济发展环境工作情况，县人大常委会组成人员、人大代表对其中10个被评议单位优化经济发展环境工作开展专题询问，县人大常委会组成人员、部分人大代表、企业负责人和群众代表对被评议单位优化经济发展环境工作进行满意度测评。

人大代表视察澧阳平原生态环境保护工作

优化经济发展环境工作评议会

澧县人民政府

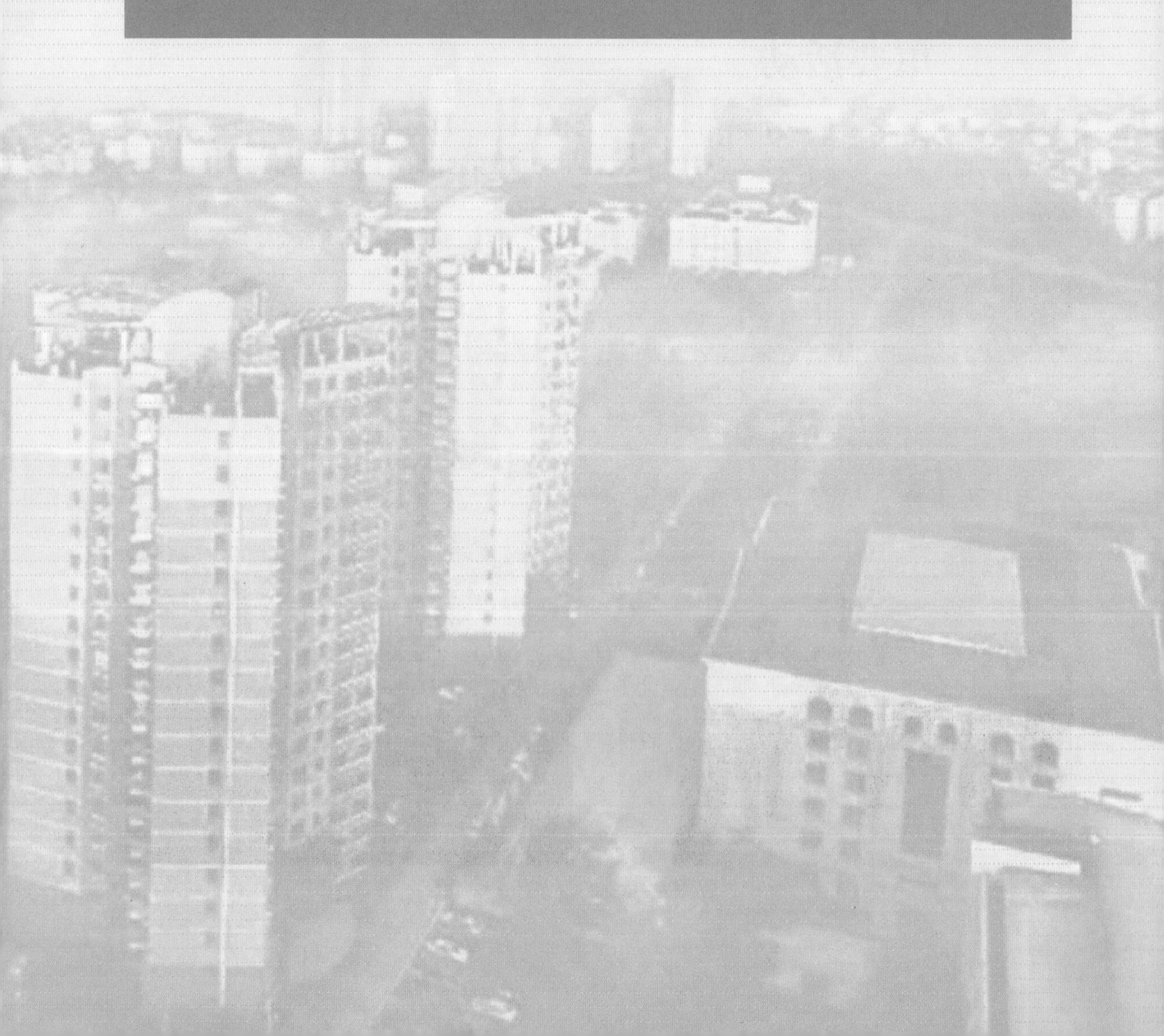

概　述

澧县地处湖南省西北部，位于东经111°12′27″至112°04′21″与北纬29°25′09″至29°57′24″之间，土地总面积2075.41平方千米。2020年，澧县辖15个镇、4个街道，年末户籍人口90.67万人，其中城镇居民28.29万人，人口出生率6.69‰，自然增长率-3.613‰。（以人口普查最终公布数据为准）澧县获评全国新型城镇化示范县城、中国阳光玫瑰葡萄标准化生产示范县、全国粮油生产全程机械化示范县、湖南省全域旅游示范区。

【经济综合】 全年地区生产总值386亿元，较上年增长4%；第一、二、三产业增加值分别为58亿元、122亿元、206亿元，较上年分别增长3.1%、6.1%、3.2%，三次产业结构比为15∶31.6∶53.4。一般公共预算收入19.85亿元，较上年增长2.3%，其中地方一般公共预算收入12.54亿元，较上年增长7.1%；一般公共预算支出60.88亿元，较上年增长0.16%。

【农业】 全年农林牧渔业总产值110.8亿元，较上年增长12.9%。主要农产品产量：粮食总产量51.5万吨、棉花总产量1.25万吨、油菜籽总产量9.07万吨、水果产量20.74万吨。全年生猪出栏53.3万头、家禽出笼834.9万羽。肉类总产量5.74万吨，其中猪肉产量3.92万吨，禽肉产量1.21万吨，牛肉产量0.21万吨，羊肉产量0.4万吨，禽蛋产量6.39万吨，水产品产量6.11万吨。有市级以上农业产业化龙头企业49家，其中省级以上8家；农民专业合作社1118家，其中省级以上示范社12家。农业机械总动力87.9万千瓦，农业机械化水平为70%。

【工业】 全年规模以上工业总产值317.5亿元，较上年增长1.4%，其中规模以上工业增加值55.4亿元，较上年增长6.5%。主要产品产量：饲料14.66万吨、大米33.45万吨、服装94.5万件、水泥15.73万吨、瓷质砖1440.92万平方米、啤酒96792千升、葡萄酒414千升、钢化玻璃411.3万平方米、中空玻璃177.9万平方米。有工业园区1家，园区规模以上工业增加值32.5亿元，较上年增长6.4%。全社会建筑业增加值46.2亿元，较上年增长6.1%。

【商贸服务业】 全年实现社会消费品零售总额179亿元，较上年下降1.6%；引进内外资总额113.37亿元，较上年增长16.28%。其中，全口径外资15175万美元，较上年增长22.85%；引进内资102.75亿元，较上年增长15.37%。

【旅游业】 全年接待国内外游客535.92万人次，比上年下降28.17%；旅游收入46.87亿元，较上年下降25.95%。全县有国家级AAAA旅游景区2个（城头山旅游景区、彭山景区）、国家级AAA旅游景区3个（澧州古城、天供山景区、黄家套旅游景区）。

【固定资产投资】 全年固定资产投资（不含农户）260.4亿元，较上年增长17.8%。分经济类型看，国有投资125.6亿元，较上年增长57.6%；非国有投资134.8亿元，较上年下降4.6%。分产业看，第一产业投资12.9亿元，较上年下降8.2%；第二产业投资66.4亿元，较上年增长13.9%；第三产业投资181.1亿元，较上年增长21.8%。分投资方向看，工业投资66.4亿元，较上年增长15.3%；民生投资33.9亿元，较上年增长62.6%；高新技术产业投资59.5亿元，较上年增长57%；房地产开发投资36.9亿元，较上年增长15.1%；基础设施建设投资67.9亿元，较上年增长33.9%。

【交通通信】 境内公路通车总里程2903.96千米。其中，国道178.73千米，省道377.03千米，县道452.7千米，乡道813.02千米，村道1082.45千米。全年邮电业务总量5.65亿元，较上年增长11.2%。其中，通信行业业务总量4.16亿元，较上年增长2.5%；邮政业务总量1.49亿元，较上年增长24.7%。

【科技教育】 全县有108家高新技术企业

和高新产业企业，其中高新企业22家，高新技术行业企业27家，高新产品产业企业59家，实现高新技术产业增加值53.1亿元，较上年增长10.5%；申请发明专利727件，较上年增长286.7%；全年承担科研项目50项，项目总投入1038万元，较上年增长27%，1项获省市科技进步奖励；拥有工程技术研究中心3家、院士工作站1家。全县有各级各类学校123所，其中小学88所、普通初中28所、普通高中3所、职业中学4所、公办幼儿园54所。幼儿入园率89%，小学适龄儿童入学率100%，小学升初中入学率100%，高中阶段毛入学率80%。

【文化卫生体育】 全县有全国重点文物保护单位16处、省级重点文物保护单位5处，省级以上非物质文化遗产保护项目5个。有专业艺术表演团体8个，文化馆1个，公共图书馆1个，博物馆2个，纪念馆1个。有医疗卫生机构668个，其中医院10个，卫生院17个，专科疾病防治站3个，妇幼保健院1个，卫生防疫站1个，社区卫生服务中心46个，诊所、卫生室和医务室87个，村卫生室503个。全县有卫生工作人员4156人，有卫生技术人员3455人。其中执业医师1079人，注册护士1894人。各类医疗卫生机构拥有床位5191张，其中镇卫生院床位1822张。全县有体育运动场地235个。

【社会生活】 全县有社会福利机构35个。全年新增城镇就业5908人，城镇登记失业率2.81%。累计脱贫4.5万人。援助农村贫困家庭转移就业14182人。城镇居民人均可支配收入33262元，较上年增长4.7%。农村居民人均可支配收入19588元，较上年增长8.7%。

重要会议

1月19日 代县长王兆铭主持召开县政府第十七届第五十四次常务会议，研究县澧州实业公司、县城建投公司、县城头山建设开发有限公司、县驻点招商联络处换届、砂石土矿专项规划编制、违建别墅问题清查整治、工程建设项目审批制度改革、交通问题顽瘴痼疾整治、澧县芙蓉学校建设项目等工作。

2月5日 代县长王兆铭主持召开县政府第十七届第五十五次常务会议，传达学习省委常委、省委统战部部长黄兰香来澧县调研指示精神和常德市人民政府第四十六次常务会议精神，安排部署当前重点工作。

2月28日 代县长王兆铭主持召开县政府第十七届第五十六次常务会议，学习传达习近平总书记在统筹推进新冠肺炎疫情防控和经济社会发展工作部署会议上的重要讲话精神，学习贯彻国家、省、市生态环境保护工作会议和省、市生环委2020年第一次全体会议精神，研究2020年重点建设项目实施计划、县生环委机构人员调整工作，审议《政府工作报告（送审稿）》《澧县2019年国民经济和社会发展计划执行情况及2020年计划报告（送审稿）》《澧县2019年财政预算执行和2020年财政预算报告（送审稿）》。

3月3日 代县长王兆铭主持召开县政府第十七届第五十七次常务会议，专题研究石门电厂升级替代项目落户澧县政策支持工作。

3月12日 代县长王兆铭主持召开县政府第十七届第五十八次常务会议，学习《习近平总书记在决战决胜脱贫攻坚座谈会上的讲话》和《罗翠林同志在常德市七届纪委五次全会上的工作报告》，研究创建省级生态文明建设示范县、自然资源保护、2020年招商引资工作系列方案和2020年脱贫攻坚等工作。

4月8日 代县长王兆铭主持召开县政府第十七届第五十九次常务会议，研究第七次全国人口普查、创建国家文物保护利用示范区、迎接省级双拥模范县复检、生态环境保护、原物资局办公楼征收补偿、《城市房地产管理法》《湖南省物业管理条例》人大执法检查发现问题整改落实、人民武装、教育、粮食生产、澧水孟姜垸砂石采区2、3标段经营权、农村饮水安全巩固提升项目—杨花桥水厂改扩建、县城建投公司等工作。

5月12日 县长王兆铭主持召开县政府第十七届第六十次常务会议，学习传达落实曹立军市长来澧县调研谈话精神，学习《习近平论脱贫攻坚（2020年）》和《党委（党组）落实全面从严治党主体责任规定》，审议《关于进一步促进工业企业高质量发展的若干意见（送审稿）》，研究迎接国省扫黑除恶特派督导、当前财政形势与加强“三保”、园区相关工业企业两个具体问题及新澧投公司、自然保护地摸底调查整合优化和生态保护红线评估调整、森林防火、2020年财政专项扶贫资金县级预算配套、安全生产和消防、公路大修工程、相关国有资产处置、文旅广体、汽车机电设备及零部件生产等3个招商引资项目、治超、百万红包领不停•美好生活消费季活动、“智慧矫正”信息化系统建设项目、县城区路网建设工程PPP项目等工作。

5月27日 县长王兆铭主持召开县政府第十七届第六十一次常务会议，研究澧州国际汽车城项目签约工作。

5月29日 县长王兆铭主持召开县政府第十七届第六十二次常务会议，研究县城区餐厨垃圾处理市场化、农业农村、畜牧水产、《澧县争项争资工作考核暂行办法（送审稿）》修订、申请流动资金贷款等工作，审议《“请能人回乡、促产业发展”实施意见（送审稿）》。

6月16日 县长王兆铭主持召开县政府第十七届第六十三次常务会议，审议《中共澧县人民政府党组意识形态工作责任制实施细则（送审稿）》，研究澧县砾石加工项目、生态环保、自然资源、县城区老旧小区改造、禁毒、重点专项资金细化预算等工作。

7月2日 县长王兆铭主持召开县政府第十七届第六十四次常务会议，研究民政、发展壮大村级集体经济、农村宅基地管理改革和规范农村村民建房、卫生健康重点建设项目、人民医院迁建工程项目评审结算、艳电公司向银行借款置换个人长期借款、加强退役军人服务保障体系建设、交通、消防、城头山建设开发有限公司、调整县城区城市出租汽车营运价格标准等工作。

7月30日 县长王兆铭主持召开县政府第十七届第六十五次常务会议，学习《习近平总书记关于党史国史、改革开放史的重要论述》《全国、省、市扫黑除恶专项斗争会议精神》《中央纪委国家监委公开曝光六起违反中央八项规定精神典型问题》《中共湖南省委办公厅关于认真学习贯彻〈习近平关于力戒形式主义官僚主义重要论述选编〉的通知》《省委宣传部省委组织部关于认真组织学习〈习近平谈治国理政〉第三卷的通知》，传达市人民政府七届九次全体会议精神，研究城建投公司融资、澧州实业公司融资、县纪委监委检举举报平台建设和机关办公楼维修加固、学校安全和教育信息化、金戴公路、安全生产、生态环境保护项目、新时代县域警务、省公安厅政治及业务双督察、扫黑除恶、农产品批发市场供水管网建设工程、澧县科创产业园一期建设项目、澧县河道采砂和砂石市场管理整治、《澧县新型城镇化补短板强弱项示范县实施方案（送审稿）》编制等工作。

8月27日 县长王兆铭主持召开县政府第十七届第六十六次常务会议，学习《习近平谈治国理政》第三卷第一章《谱写新时代中国特色社会主义新篇章》和第二章《坚持和加强党的全面领导》，传达全市重点建设项目协调推进会和全市粮食收购工作推进会主要精神，研究与中国邮政储蓄银行澧县支行合作建设基层公共服务全覆盖信息化项目、污水处理设施运维、全县长江流域重点水域禁捕退捕、法治政府建设和“七五”普法、举办99公益慈善活动、2020年庆祝教师节和“九八助教日”活动、省道233线省际边界路提质改造工程建设和公路治超、卫生健康信息化和行政村卫生室公有产权达标建设、县城总体规划中两宗土地用地性质调整、城乡生活垃圾治理专项规划编制、专案等工作。

9月15日 县长王兆铭主持召开县政府第十七届第六十七次常务会议，学习习近平在全国抗击新冠肺炎疫情表彰大会和经济社会领域专家座谈会上的重要讲话、习近平关于坚决制止餐饮浪费行为的重要指示、习近平关于加强和改进统一战线工作的重要论述以及《常德市人民政府关于印发〈常德市政府系统推进工作落实“六步工作法”实施办法〉的通知》（常政发〔2020〕9号）文件精神，研究安全生产、水利秋冬修、秋冬农业生产、秋冬造林、秋冬季重大动物疫病防控、争创全国粮油生产全程机械化示范县、延长第四轮巡游出租汽车经营期限、专项债券项目、公共卫生应急体系建设、举办澧县首届房地产展示交易会、卢家棚改项目（水产市场东）地块出让等工作。

9月27日 县长王兆铭主持召开县政府第十七届第六十八次常务会议，学习习近平总书记在湖南考察调研时的重要指示、习近平总书记关于社会主义生态文明建设的重要指示和《常德市人民政府关于加强政府系统廉政风险点管控工作的通知》（常政函〔2020〕64号）精神，研究澧县新裕公路提质改造工程、农村乱占耕地建房问题整治工作。

10月26日 县长王兆铭主持召开县政府第十七届第六十九次常务会议，学习《中共湖南省委关于深入学习贯彻习近平总书记考察湖南重要讲话精神奋力谱写新时代坚持和发展中国特色社会主义湖南新篇章的决定》，研究2020年财政预算调整、开展消费扶贫月暨金秋消费季活动、澧州实验小学新建工程捐资建校方式变更、国有资产管理、澧县新裕公路提质改造工程设计施工总承包（EPC）、县湖洲管理所（县芦苇总场）“事企分开”改革等工作。

11月24日 县长王兆铭主持召开县政府第十七届第七十次常务会议，学习《中共中央关于制定国民经济和社会发展第十四个五年规划和二〇三五年远景目标的建议》和《常德市人民政府办公室关于印发〈常德市政府系统推动重大决策部署清单化管理办法〉的通知》（常政办函〔2020〕37号），研究推进装配式建筑、供销综合改革、“道安监管云”国省道路暨“农村气象”观测站网建设、防震减灾、义务教育均衡复检反馈问题整改、落实中央一号文件精神、石煤矿山专项整治、澧县河湖水网连通生态水利工程PPP项目、城建投和澧州实业公司部分融资等工作，审议《澧县加快推进5G基础设施建设实施方案（送审稿）》和《澧县加油站规划和审批管理暂行办法（送审稿）》《澧县加油站“十四五”布点建设规划（送审稿）》等文件。

12月29日 县长王兆铭主持召开县政府第十七届第七十一次常务会议，学习中央经济工作会议精神和《中共湖南省委关于制定湖南省国民经济和社会发展第十四个五年规划和二〇三五年远景目标的建议》，研究生态文明建设示范县规划编制、投融资平台公司整合转型、禁捕退捕、县农村信用合作联社名下土地收储及挂牌出让、省级创新型县建设、扫黑除恶专项斗争、重点人群新冠病毒疫苗接种、县市场服务中心资产债务处置等工作。

重要活动

【澧县被纳入全国新型城镇化示范县城】 6月3日，国家发改委发布《关于加快开展县城城镇化补短板强弱项工作的通知》，公布120个县城新型城镇化建设示范名单。湖南5个县和县级市入围，分别是：湘潭县、攸县、澧县、浏阳市和宁乡市。

【全国阳光玫瑰葡萄标准化生产学术研讨会暨澧县第十五届葡萄节】 8月18日至19日，全国阳光玫瑰葡萄标准化生产学术研讨会暨澧县第十五届葡萄节在澧县举行，上千名专家、嘉宾和游客共赴葡萄盛宴。本次活动由中国农学会葡萄分会、澧县人民政府主办，澧县农业农村局承办。此次节会先后举行开幕式、澧县葡萄阳光玫瑰品牌LOGO设计网络征集、集赞赢“阳光玫瑰”甜蜜礼盒、网红直播带货大赛、全国优质阳光玫瑰葡萄果品品质评选活动、全国阳光玫瑰标准化栽培学术研讨会等系列主题活动。开幕式现场，中国农学会葡萄分会授予澧县“中国阳光玫瑰葡萄标准化生产示范县”称号，并为“中国农学会葡萄分会澧县工作站”授牌。

中国农学会葡萄分会授予澧县“中国阳光玫瑰葡萄标准化生产示范县”称号

【澧县首届全民健身运动会】 8月20日，“万达广场·欢乐城杯”澧县首届全民健身运动会在澧县体育馆开幕。常德市文旅广体局副局长薛永春，澧县县委书记廖可元，县委副书记、县长王兆铭及全体在家的县级领导出席开幕式。11月17日，澧县首届全民健身运动会闭幕式在县体育馆举行。

本届运动会以“找回澧州精神，再造澧县辉煌”为主题，由中共澧县县委、澧县人民政府主办，澧县文旅广体局承办。历时近3个月，共有38个代表团5000名运动员参赛，设有拔河、篮球、气排球、游泳等12个体育单项比赛。

【澧阳平原考古工作站揭牌】 9月4日上午，澧阳平原考古工作站举行揭牌仪式，湖南省文旅厅党组成员、副厅长、省文物局局长陈远平，省文物考古研究所所长郭伟民，省文物局保护与考古处处长熊建华，澧县县委书记廖可元，县委副书记、县长王兆铭，县领导冯文元、金贤松、宋化丽、杨钢、陈奇辉，县城头山管理处主任雷鸣等出席揭牌仪式。澧阳平原考古工作站位于城头山遗址管理处旧址，总占地30.6亩，建筑面积2242平方米，主要为湖南50万年历史的研究建立一个长期观察站，为湖湘文化考古之旅搭建一个平台，更好地服务于澧阳平原文物保护、考古研究、国家文物保护利用示范区和世界文化遗产申报。

陈远平（右二）、郭伟民（右一）、廖可元（左二）、王兆铭（左一）为考古工作站揭牌

【澧县15个工业项目集中签约开工】 9月29日，澧县举行工业项目集中签约暨金荣·澧县科创产业园开工仪式，县委常委、常务副县长蒯鹰主持开工仪式。澧县县委书记廖可元、县长王兆铭、县委副书记徐桢、县人大常委会主任冯文元、县政协主席金贤松与湖南金荣企业集团董事长李文金共同启动开工仪式按钮。此次集中签约的澧县科创产业园、绣花线生产及新材料研发、年产20万只高压IGBT模块半导体等9个项目，总投资40亿元；集中开工的博睿绿色智能包装、雅宜科教教学设备制造、汽车机电设备及零部件制造等6个项目，总投资30亿元。

【澧县被认定为全国第五批率先基本实现主要农作物生产全程机械化示范县】 12月22日，国家农业农村部发布《关于公布全国第五批率先基本实现主要农作物生产全程机械化示范县（市、区）名单的通知》，认定北京市昌平区等161个县（市、区）为全国第五批率先基本实现主要农作物生产全程机械化示范县（市、区），澧县成功入选。

【王家厂水库红色教育基地揭牌】 12月25日，澧县在王家厂水库红色教育基地举行工农革命军第四军王家厂暴动纪念碑揭牌暨《澧县革命老区发展史》《澧县老区故实》两书发行仪式。湖南省民政厅副厅长张自银，省教育厅正厅级巡视员杨定中，常德市副市长龚德汉，澧县县委书记廖可元，县委副书记、县长王兆铭，县委常委、县人武部部长李建华，副县长刘黎以及常德市老促会、民政局、老区办等相关单位负责人出席。王家厂水库红色教育基地位于水库东南方，由纪念碑和陈列馆两部分组成，总占地面积6700平方米，建筑面积329.40平方米。

揭牌仪式现场

【澧县获评2020年湖南省全域旅游示范区】 湖南省文化和旅游厅发布《关于发布2020年湖南省全域旅游示范区认定名单的公示》，公布2020年湖南省全域旅游示范区名单。全省16个县市区被认定为湖南省全域旅游示范区，澧县入围其中。

办公室工作

【概况】 2020年，澧县人民政府办公室围绕全县中心工作，持续优化服务，抓好工作落实，努力开创各项工作齐头并进的良好局面。

【文稿服务】 全年共组织撰写各类材料150余个。开展专题调研，高质量完成《化妆品产业园调研报告》，为领导决策提供有力参考。定期收集汇总县政府月工作例会资料8期，上报政务信息707条。审核办理各类文件284件，处理上级交办件66件，做到及时办结。严格机要文件和印章管理，没有发生一起泄密失密事件。

【政务督查】 全年开展专项督查20余次，印发情况汇报、督查通报、呈阅件等20余件，完成县长批示件21件，落实县政府工作要点10类78项，跟踪督办县政府各类会议议定事项145项，办理省、市重点民生实事项目28项32个具体指标。加强上下衔接与工作协调，完成省、市专项督查迎检5次。其中迎接国、省大督查各1次，核实上报国务院“互联网+督查”平台线索1条。

【接访值守】 全年接待群众来访1400余人次，受理县长热线电话、网络诉求1.4万余件，做到有诉必应、及时交转、限时办结。编发《县长热线舆情月报》12期。严格日常值班和重大节假日轮流值班制度，全年共接收来文来电2100余份，下发各类通知1000余个，做到无延误、无遗漏、无错情。

【综合协调】 围绕县内重点建设项目和重大工作进行协调，跟踪服务，确保冠源制衣、明德禾润、智能电机、宏申物流、万达广场、小渡口泵站、三科农商城、韩顺电子、石煤矿山关退等项目及重要工作向前推进。以打造“全省领先、国内一流”为目标，不断改善营商环境，优化政务服务。“一件事一次办”、农村宅基地和集体建设用地房地一体确权登记、工程建设项目审批改革、新建商品房“交房即交证”等多项改革获省、市高度评价。协调推进生态文明建设。工地、道路扬尘治理，秸秆禁烧，工业企业应急减排等专项行动成效明显，城区环境空气质量优良率97.8%。严格落实河（湖）长制，开展禁捕退捕，所有省控水质监测断面稳定达标。推进国家土壤污染综合防治先行区建设，土壤污染风险得到有效管控。协调抓好安全生产工作，强化重点领域和重点行业隐患排查治理，确保全县安全形势平稳可控。协调抓好公路治超工作，超限超载问题得到有效遏制。精心组织建议提案办理，全年办理建议提案226件。（周春燕　娄诗悦）

重点项目简介

【欢乐城·万达广场项目】 该项目位于县城津澧大道旁与解放路交会处，占地面积180亩，由澧县金和置业有限公司投资建设，总投资40亿元。主要建设购物中心、商业步行街、公寓酒店、高档住宅小区、物业用房、停车场及相关配套设施等。项目建成后将成为澧县中心城区现代化商业航母，华中地区最大的县域商业城市综合体。

澧县欢乐城·万达广场项目效果图

【澧县三科农商城项目】 该项目位于澹水大桥以北，由澧县三科农产品市场有限公司投资建设，总投资30亿元，拟分两期建设，一期占地面积396亩，建筑面积约24.6万平方米，投资12亿元。主要建设包括粮油副食品市场、肉类水产市场、干果调料市场、果品蔬菜市场、茶叶市场、中药材市场等农产品批发功能区，以及冷链物流功能区、大型停车场等配套功能区。项目建成后，可实现“买全国、卖全国”和年交易额达15亿元左右。

澧县三科农商城项目效果图

【澧州国际汽车城项目】 该项目位于翊武东路与绕城东线交汇处，规划用地150亩，由浙江亿坤商业管理有限公司独立投资建设，总投资10亿元，建设内容包含“九区一中心”即4S店集群区、二手车交易区、汽车贸易经销区、汽车后市场区、新能源汽车推广区、汽车文化体验区、电子商务区、商业商务配套区、政务管理服务区、汽车会展中心等。该项目建成后，将成为湘西北地区规模较大、功能最全、模式最新的多功能现代化汽车城。

澧州国际汽车城项目效果图

【金荣·澧县科创产业园项目】 该项目由湖南新澧州投资发展有限公司投资建设，是承接粤港澳、长三角产业转移，为招商引资企业提供定制厂房和装修、实现“拎包入住”的特色产业园。项目采用EPC+O模式，与湖南金荣企业集团联手打造，选址高新区西区，规划用地731亩，总投资22.5亿元，拟分四期建设。产业园边建设边招商引资，重点招引电子信息、轻工纺织、智能制造类企业100家左右，致力打造澧县工业发展的主引擎、镇园之宝。

金荣·澧县科创产业园项目效果图

【湖南宏申物流项目】 该项目由东莞宏申物流设备制造有限公司投资建设，项目占地面积20亩，建筑面积13240平方米，总投资1亿元。主要生产现代化物流自动化分拣设备，填补湖南省在智能物流分拣设备生产领域的空白。项目建成后，年可创产值1亿元，上缴税金1200万元，提供就业岗位150个左右。

湖南宏申物流项目效果图

【沅澧快线2号大道（澧县段）项目】 该项目全长27.1千米。项目起于澧县临津桥，经澧澹樟柳村往北跨澹水，再往西经斑竹村、十回港村、卢家村，与G207线相交后，沿澧县绕城北线向西至马堰，再向西经城头山，与S515平交后往南沿S515公路西侧加宽至张公庙新联村，与G353顺接止于临澧交界处。路基宽32米，双向六车道。临津桥至城头山按城际主干道标准设计，设计行车速度60千米每小时；城头山至与临澧交界处按一级公路标准设计，设计行车速度80千米每小时。新建澹水特大桥一座，全长1205.88米，宽23.5米。全线共分7个合同段，项目于2016年1月开工建设，批准工期为36个月。项目预算总投资约12.8亿元。

沅澧快线2号大道（澧县段）1标效果图

【澧州实验小学新建项目】 该项目位于澧西街道大西门社区境内，占地面积47亩，总建筑面积3.21万平方米。其中教学综合楼建筑面积1.95万平方米，食堂兼风雨操场建筑面积6365平方米，幼儿园综合楼3844平方米，架空车库2345平方米，工程总投资约1.5亿元（含学校内部配套设施、各功能室建设）。

澧县澧州实验小学新建项目效果图

【澧县芙蓉学校新建项目】 该项目位于澧浦街道彭家社区境内，占地面积50亩，总投资9500万元。新建36个小学班，建设教学楼、食堂等校舍1.3万平方米，并配套绿化、设备、路网等。

澧县芙蓉学校建设效果图

行政审批服务

【概况】 2020年，澧县行政审批服务工作践行以人民为中心的发展思想，持续深化“放管服”改革，推进行政审批制度改革，打通政务服务快车道，进一步为企业松绑，为群众解绊，为市场腾位，为廉政强身，努力打造“办事不求人”的政务服务环境。澧县政务服务相关工作经验在湖南省优化办《典型引路》专栏第16期中向全省推介。

【优化政务服务环境】 行政审批“一站式”。按照“三集中三到位”要求，43个县直正科级部门786项事项全部进驻政务大厅。全年共办件652047件，其中一件事一次办30165件，全程网办8841件。大厅建设规范化。设置“一件事一次办”专窗77个，工程建设项目审改专窗32个，“六稳六保政策兑现”专窗1个，“跨域通办”专窗1个，全部更换窗口多色电子标识牌，配置3套智能叫号系统、“好差评”评价系统等。服务群众“不打烊”。投入资金280万元，在县政务服务大厅一楼建设24小时自助政务服务区，设有综合政务、税务、人社、市场监管、不动产登记、公安、交警等部门自助服务机，24小时办理高频政务服务事项。同时，推广使用“我的常德”App、澧县政府网站政务服务澧县旗舰店和“澧县微政务”微信公众号，实现政务服务不打烊和“一网通办”。证照免费邮寄。由政府购买服务，与澧县邮政签订协议，实现政务大厅及网上办的证照、批文等EMS（邮政特快专递）免费邮寄。全年共为办事企业和群众免费邮寄2.1万多件。做好“六稳”“六保”工作。大厅设有“‘六稳’‘六保’政策兑现”专窗，落实深化增值税改革、小微企业普惠性税收减免、降低社保费率、自主就业退役士兵和重点群体创业就业等财税政策；全力督促落实疫情防控期间上级减免税费的政策，助力企业轻装上阵；加强涉企行政事业性收费管理，开展涉企收费专项清理，减轻企业税费负担。

【加速政务数据资源共享】 年内完成不动产登记、非税收入执收、燃气和水务报装缴费等4个系统与常德市政务服务一体化平台对接，并对接人社系统部分事项，达到办件信息的数据共享交换；引导关注“澧县微政务”微信公众号，推广使用“我的常德”手机App，实名注册21.3万户，推行政务服务事项“指尖办”，实现线上线下大融合；通过与公安人口库数据共享对接，实现办事群众“刷脸”办事，通过窗口人像采集设备的布置，与政务服务一体化平台和公安人口库进行的实时数据核验，为老百姓提供高效便捷的办事体验；依托常德市数据共享交换平台与电子证照库，实现公安身份证、户口本、居住证、驾驶证等八大类证照与工商营业执照对接共享，进一步减环节减材料，提速政务服务。

【深化“放管服”及“一件事一次办”改革】 政务流程再造。将需多个部门办理的“一揽子事”通过梳理整合、流程再造，以套餐服务的形式变成企业群众眼中的“一件事”，对办成“一件事”涉及多个部门的材料、表格等进行精简、优化、合并，形成“一张表单”，办理事项一次告知、一次申请、一次联办、一次办好。实行限时办结。工程建设项目审批环节压缩为25个、时限压减至64天左右；一般类不动产登记1.75个工作日办结，全年累计颁发不动产权证书

2万多本；高压电源用电报装、供气报装时限压缩至32个、11.5个工作日。设立开办企业“一窗通”专区，由县市场监管局、县税务局负责专区窗口的咨询、受理、流转和发放服务，实现新开办企业设立、印章刻制、发票申领3个环节“一窗受理、并行办结”。澧县企业开办手续由过去3个工作日提速至0.5个工作日。进一步减证便民。通过与常德市数据共享交换平台对接，获取民政、交通、公积金、社保、工伤保险、工商、信用等数据接口，实现相关业务数据信息在线核验。规范收费行为。通过政务服务一体化平台与非税系统进行单点登录对接，按照缴费信息受理确认、费用核价审核、统一缴费清单、打印缴费发票的完整缴费流程管理，实现以票控费，以费控证。全年共为28个建设项目提供一体化联合报建服务。

【推动基层公共服务（一门式）全覆盖】 全县19个镇（街道）、291个村（社区）均设有政务服务大厅，配备电脑、打印机、高拍仪等服务设备，接通市级“互联网+政务服务”一体化平台，实现党务、政务、服务“三务合一，一网覆盖”；年内，推动人社、民政、卫健等18个部门97项行政权力、公共服务事项下沉下放镇（街道）政务服务中心办理；县财政投入资金700多万元，完成澧县基层公共服务（一门式）全覆盖信息化项目建设，包括智慧党建指挥中心、一体化平台升级改造、电子政务外网及机房改造、配套硬件设备设施等；镇（街道）政务服务大厅按照“3+3”模式（3个综合窗口和1个智慧党建窗口、1个市场监管窗口、1个自然资源窗口）设置服务窗口，配备专职工作人员5—8人，每个村（社区）综合服务中心设立政务服务窗口，明确由党建联络员具体经办。全县19个镇（街道）、291个村（社区）均做到窗口设置到位，人员配备到位，事项进驻到位，系统网络接通到位，设施设备添置到位。

【规范政务服务大厅监管】 强化县政务服务中心“一制度两细则”，坚持日常巡查、集中巡查、暗访巡查和监控巡查；开通服务监督电话、意见箱等直接投诉渠道，落实服务场景实时监控、服务满意度评价、网络舆情研判等措施，完善问题整改、问责追责；制定《关于加强政务大厅窗口工作人员队伍建设的意见》，实行月通报、季考评，对通报表扬或批评的给予200元每次的奖、罚款；组织开展岗位练兵和技能比武活动，每季度考核评选15名“政务服务标兵”，由工会会员所在单位根据评选结果通报按照二等奖标准给予1000元奖励到个人；继续落实（澧政办发〔2010〕17号）文件《澧县人民政府政务服务中心管理办法》，窗口人员实行双重管理，考核指标单列。提高窗口工作人员年度绩效奖金3000元，窗口单位根据县政务服务中心考核结果，按照县委、县政府关于“绩效奖金不得平均发放，各单位要拿出奖金总额的10%奖优罚劣”的规定保障落实。

【政务公开】 对全县43个部门6类政务服务事项786个事项的基本信息、申请材料、办理流程等97项要素全部梳理公示，形成标准化规范化的办事指南。通过微信公众号“澧县微政务”同步公开县级786项政务服务事项和镇（街道）97项、村（社区）66项政务服务事项的办理流程、法律依据等基础信息，群众通过微信公众号即可获取政务信息，查询办理结果；将下沉镇（街道）的97项行政许可事项的办事指南制作成二维码，做到“一事一码”，实现直观、快速、准确的信息获取。对市下发的26个领域的标准目录梳理任务进行部署交办，共涉及19个牵头单位，1479个公开事项进行梳理，形成本地化政务公开事项标准目录；制定全县统一的政务公开专栏模板，按“应公开尽公开”原则，对各部门、事业单位的职能职责、领导分工、涉企惠农政策、财政信息、为民办实事等事项进行全方位公开展示；制定政务公开体验区建设方案，按就简节约的原则，在县政务服务中心、镇（街道）便民中心场所设置政务公开专区试点建设，从硬件到软件设施进行安排部署。 （马一泉）

信 访

【概况】 2020年，全县进京赴省到市到县访共计2841人次。其中，进京访6批6人次，赴省访83批143人次，到市访56批77人次，到县访810批2615人次，批次和人次较上年均有所下降。网信共受理1286件，较上年上升19%，信访总量呈现“四降一升”态势。实现在京“零非访”“零入庄”“零集访”，确保全县社会大局稳定。澧县信访局被评为全国信访工作“三无”县、湖南省信访工作“三无”县、湖南省信访系统十佳人民满意窗口、常德市“无上访村（社区）”建设优秀单位、常德市信访工作先进单位。

湖南省信访局局长张银桥（前右二）来澧县调研信访工作

【强化组织领导】 县委、县政府把信访工作摆在突出位置，坚持常抓不懈，维护大局稳定。全年先后召开县委常委会、县政府常务会、信访联席会等各类会议10余次，听取信访工作汇报、研判信访工作形势、压实信访工作责任，针对性解决一批重大疑难问题。县级主要领导带头约访接访下访，及时有效化解一批重点矛盾和纠纷。各镇（街道）和县直责任单位高度重视信访工作，党政“一把手”主动包案化解矛盾纠纷，形成齐抓共管、担当作为新格局。

县委书记廖可元（右三）调研信访工作

【推动工作转型】 推进“网上办”。让信访工作由“面对面”为主向“键对键”转型。因新冠受疫情影响，群众网上信访诉求陡增19个百分点，都得到及时处理。推进“主动办”。按照“排查得早、发现得了、控制得住、解决得好”的总体要求，在全县开展矛盾纠纷大排查大化解活动。县级领导带头约访接访，集中力量有效解决疑难复杂问题17起。“春风行动”累计排查出重点案件61起，化解40起。推进“监督办”。县委巡察工作领导小组印发《县委巡察机构与县信访局工作协作机制》文件，进一步压实被巡察单位办理信访事项的工作责任，凝聚监督合力，提升工作实效。

【规范信访秩序】 加强法制宣传。在重要节日、重大活动等重点时段，充分利用村村响、电视、网络等媒体，开展《信访条例》、信访案例宣传，引导群众依法依规有序上访。落实首办责任。坚持“谁受理、谁录入、谁转交、谁审核、谁联系、谁跟踪”的原则，明确首办责任，促进问题解决，促使信访人自觉维护信访秩序。加大打击力度。对违法信访行为，及时移交公安机关依法打击。年内，对湖洲管理所机构改革、超限超载货车司机集访的23名违法上访人员进行行政拘留，7人进行警示训诫。

【化解矛盾纠纷】 坚持前端防范，“小病

村治”。全年全县291个村（社区），摸排矛盾纠纷4541件，化解4087件，化解率90%。坚持中端化解，“大病镇治”。全县19个镇（街道）摸排矛盾纠纷678件，化解611件，化解率90%。坚持末端终结，“重病联治”。县联合接访中心集中优势力量调解疑难复杂矛盾纠纷。推动矛盾联合调处、困难联合帮扶、问题联合解决、服务联合开展，把问题“终结”在县。全县139件积案，已化解129件，化解率92%以上。

【创建满意窗口】 高标准建设服务平台。对县联合接访中心、镇（街道）矛盾纠纷调解中心进行提质升级改造，对村（社区）信访室进行基本功能配套完善。特别是对县联合接访中心，投资金入30多万元，建成多功能综合服务平台。高效率调解矛盾纠纷。在全市率先成立具有独立法人资格的“和宁”调解委员会，聘请专业律师、退休老司法干部、老医生、老教师等社会力量参与矛盾纠纷调解，把行政调解的“硬手段”与人民调解的“柔和力”有效衔接，推动矛盾纠纷就地解决。高质量服务人民群众。建立代（带）访机制，对不会操作电脑的信访人，由村（社区）干部进行网信代理；对于镇（街道）村（社区）处理确有困难，情况复杂的，由镇（街道）干部带领群众到县级相关部门进行反映诉求，有效避免群众“不懂访”“盲目访”。开辟党员接访示范窗口，建设一支善于做好群众工作，人民满意的信访工作队伍，真正做到“最多访一次”，让老百姓诉求得到解决。 （胡　祥）

民　政

【概况】 2020年，澧县民政工作树立“以人民为中心”的发展思想，坚持“民政为民、民政爱民”的工作理念，以“五化”民政为统揽，履行基本民生保障、基层社会治理、基本社会服务、专项事务管理职责，为全县经济发展和社会大局稳定贡献民政力量。民政自身建设被省民政厅评为全省“五化”民政建设创新实验先进单位。

【社会救助兜底保障】 加快推进社会救助。2020年，全县城市低保保障标准为560元每月，农村低保保障标准为390元每月。城市特困人员基本生活标准8760元每年，农村特困人员基本生活标准6000元每年，特困人员护理标准按全护理6000元每年，半护理3000元每年，全自理1550元每年执行。全年共支出社会救助资金1.66亿元。困难残疾人生活补贴和重度残疾人护理补贴标准70元每人每月，全年两项补贴共支出1820万元。重点助力脱贫攻坚。对无法依靠产业、就业等脱贫对象全部纳入兜底保障，确保困难对象各项救助政策落实到位。

【社会福利和慈善事业】 深化养老服务质量提升专项行动。加强养老服务行业监管，每季度对全县养老机构就运营管理、安全生产等项目进行督导检查。投入资金22万元，为全县养老机构购买养老机构责任保险。保障留守儿童和孤儿权益。每个镇（街道）明确1名儿童督导员，每个村（社区）配备1名儿童主任，县儿童福利中心集中供养孤儿、事实无人抚养儿童及特殊困难儿童67人，全县认定事实无人抚养儿童208人。落实高龄补贴。全年为3200余名高龄老人发放高龄津贴320万元。拓宽慈善募捐渠道。疫情期间，共募集款物1500多万元；开展“情系澧州——大爱有你·99公益日慈善募捐活动”，募集善款800多万元；推进福彩创收，全年共销售福利彩票3200万元。

【基层社会治理】 指导各村（社区）制定、修订村规民约和居民公约，规范村（社区）民自治行为。落实推动基层公共服务（一门式）全覆盖工作，开展“三个清单”专题调研。社会组织规范管理。对全县226家社会组织开展年检工作，全年共登记社会组织32家。发挥镇（街道）社工站作用。全县共有在岗社工37

名，协助镇（街道）开展社会救助、农村留守儿童关爱保护、城乡社区建设等民政领域的社会服务工作，全面提升基层民政经办服务能力。挖掘红色文化，弘扬老区精神。争取老区政策扶持，加强老区宣传，完成《澧县革命老区发展史》印刷发行和《澧县老区革命故事集》编印，建成工农革命军第四军澧县王家厂暴动纪念广场。

【社会事务管理】 加强殡葬管理。开展违规墓地及安葬（放）设施专项整治工作，对全县安葬设施进行摸排和系统填报；建成小渡口镇竹天湖村、城头山镇城头山村2个示范性农村公益性公墓；大地岭陵园二期工程动工并争取国债资金6500万元。开展救助质量大提升行动。开展“6·19救助开放日”“寒冬送温暖”“夏季送清凉”等活动，全年共救助流浪乞讨人员1300人次；依法开展收养登记工作，全年共办结收养登记6件。推进婚俗改革。申报全国婚俗改革试验县；县民政局婚姻登记处开展免费婚姻家庭辅导、颁证服务等工作，开展“浪漫520、幸福结婚季”“过浪漫七夕、树文明新风”等系列活动，全年共办理婚姻登记8707对。其中结婚登记证3864对，补发结婚登记证2566对，办理离婚登记证2134对，补发离婚登记证143对，登记合格率100%。

【自身建设】 推进“五化”民政建设。申报全省“五化”民政重点县建设，开展人本化、法治化、标准化、信息化、社会化建设，完善各项评估指标。疫情防控措施到位。疫情期间，民政服务机构实行全封闭管理，做好值班值守、消杀防控、人员管理，足额保障防控物资需求，确保民政服务机构安全。做好“十四五”民政事业发展规划。经过全面调研、认真谋划，精心编制“十四五”民政事业发展规划，明确“五大工程”“七大体系”工作任务，谋划7类18个民政项目，为“十四五”期间民政事业发展明确思路。（谢玉竹）

退役军人事务

【概况】 2020年，澧县退役军人事务局围绕“让军人成为全社会尊崇的职业”目标定位，践行“全心全意为退役军人服务”工作理念，聚焦主业主责，强化使命担当，打基础、抓规范、优服务、促稳定、树形象，各项工作有序推进。澧县被省委、省政府、省军区评为“湖南省第十届双拥模范县”。

省退役军人事务厅党组书记、厅长唐勇（左一）一行来澧县调研指导工作

【双拥共建】 全县上下总动员，广泛宣传，健全组织领导体系，完善工作运行机制，开展双拥共建活动，对标对表全力做好省级双拥模范县创建考评迎检工作，成功创建新一届省级双拥模范县。11月25日，省委、省政府、省军区召开湖南省第十届双拥模范城（县）命名暨双拥模范单位和个人表彰大会，澧县连续第五次被评为“湖南省双拥模范县”，实现成功保牌工作目标。

【服务保障】 指导建成澧澹街道、澧阳街道、澧西街道3个具有澧县特色和亮点的示范型退役军人服务站，形成可复制先进经验，在全市推介学习。健全服务保障体系。在办好示范点基础上，以点带面，整体推进，按照“全覆盖”和“五有”（有机构、有编制、有人员、有经费、有保障）规范化建设要求，明确编制职责，出台指导手册，组织现场观摩，举办专题培训，落实专项经费，制定考核办法，强化督促检查，全面开展“两站一中心”即县退役军人服务中心、镇（街道）退役军人服务站、村（社区）退役军人服务站规范化建设，形成横向到边、纵向到底、全覆盖的县、镇（街道）、村（社区）三级服务保障体系，为退役军人提供优抚、就业创业、政策解答、教育培训、帮扶解困等便捷化、人性化、精细化、全方位服务，有效解决退役军人政策落实、服务保障“最后一公里”问题。

【移交安置】 坚持“人尽其才、才尽其用、合理配置”原则，实行量化考核、积分选岗的“阳光安置”办法，不断提高移交安置工作质量。2020年，接收指令性安置的退役士兵，除1名自愿安置到国有企业和1名调剂到市局安置外，其余全部安排到全额拨款事业单位上岗，做到生活补助发放到位、保险接续补缴到位、入职手续办理到位，安置工作实现退役士兵、接收单位和政府三方满意的目标。

【庆八一活动】 八一建军节期间，县双拥办、县退役军人事务局精心组织、周密部署、分类指导、强化督促，突出活动主题，创新活动载体，丰富活动形式，注重活动实效，在全县范围内掀起庆八一主题活动热潮。举办庆八一表彰活动，现场表彰最美退役军人、最美军嫂、现役军人模范家庭以及最美双拥工作先进单位和个人。

八一建军节期间，县委书记廖可元（右一）一行慰问驻澧县部队官兵

澧县庆八一表彰活动

【就业创业】 举行退役士兵返乡欢迎仪式，开展“一站式”退役士兵报到工作，为退役士兵办理报到手续，同步完成退役士兵党组织关系转接工作；与人社局联合举办2020年度退役士兵适应性培训班，自主就业退役士兵参加培训；因地制宜制定退役军人就业创业技能培训年度工作计划，引进长沙天源健身、长沙闪亮健身等培训学校免费为退役军人开展技能培训；成功举办退役军人专场招聘会，30家企业提供就业岗位2000多个，发放宣传资料500多份，提供政策咨询300多人次，200多名退役军人到场求职应聘，60多人达成初步用工意向。

澧县退役士兵适应性培训

【军休工作】 按照基本政治待遇不变、生活待遇从优的原则，主动为军休人员订阅报刊，定期组织政治学习，及时调整经济待遇标准，

按时发放军休人员离退休费和津贴补贴以及其他补贴费用；定期对军休干部进行走访慰问，切实为他们解决实际困难和问题；购置更新服务用车，美化院落环境，不断提高服务能力和水平；组织军休干部参加健康体检，建立个人健康档案；经常性开展娱乐活动，丰富军休干部精神文化生活；通过省退役军人事务厅预审，成功申报军休所迁址新建工程项目；承办全市军休系统钓鱼比赛活动，受到市局领导肯定和参赛人员好评。

【褒扬纪念】 经县政府常务会议专题研究，决定将烈士纪念碑和烈士陵园两处纪念设施移交县退役军人事务局（县双拥办）统一管理，理顺县级烈士纪念设施管理体制。清明节期间，县双拥办为县内干部群众前往烈士墓园进行祭扫活动早准备、早安排，对烈士亲属异地祭扫做好审批、联系和补助工作。9月30日，在全国第七个烈士纪念日来临之际，县五大家班子领导、学生代表、退役军人代表和各条战线代表300多人在县烈士陵园举行烈士纪念日公祭活动，共同缅怀革命先烈、传承革命精神，向为民族解放、国家独立和人民幸福献身的革命先烈致以崇高敬意和深切怀念。

【矛盾化解】 制定重大风险防范责任制及责任追究制，完善退役军人三级包保联系制度，对重点人员实行“一对一”动态管理服务。建立常态化联系退役军人机制，按照“全体行动、全员参与、全面覆盖”原则，细化联系结对表，责任分解到人，定期开展退役军人矛盾纠纷排查化解活动。全年共接待来访人员2650人次，其中班子成员现场集中接待重点涉军群体来访30余次；经坐班接访、各级交办等方式共受理信访诉求300多件，通过退役军人事务部门内部办理、转交其他部门协同办理等方式，现已基本办结，化解满意率在80%以上，实现政策咨询类立即答复，业务办理类限期解决的目标，及时回应和妥善处理退役军人合理诉求，确保涉军群体总体稳定。（陈　勇）

应急管理

【概况】 2020年，全县生产经营性安全事故同比实现事故起数、死亡人数、经济损失“三下降”。全年共发生生产经营性事故3起，同比下降25%（去年同期发生事故4起），死亡3人，同比下降25%（去年同期死亡4人）。澧县被评为全省“安全生产和消防工作优秀单位”。

【健全安全生产工作机制】 成立由分管副县长为主任的道路交通、消防安全、工矿企业、交通运输、建筑施工、学生安全、旅游、农林水利、特种设备等9个专业委员会，形成每季度召开安委全会和日常工作考核排名、每月召开安全生产调度会、排名通报和公开检查、专业委员会月调度等工作机制。

【推进“强执法、防事故”专项行动】 全年全县累计组织执法活动40402次，出动执法人员106757人（次），检查生产经营单位38493次，立案调查1637起，经济处罚1298万元，责令停产停业347家，暂扣吊销许可证358个，取缔关闭72家，行政拘留31人，刑事拘留17人。

【隐患问题整改】 年内，市安委办挂牌督办的甘溪滩中心卫生院、亚瑞特运动用品有限公司和洞庭缸套厂小区等3处隐患和市安办曝光的16处隐患均已整改销号；县财政安排专项资金20万元，聘请安全专家对全县非煤矿山、危险化学品、烟花爆竹、有限空间、液氨制冷、粉尘涉爆等87家高危重点企业进行健康体检，查找事故隐患410处，在县电视台、县政府门户网站和微信群曝光22期。县安委专门成立巡查组，对全县各行业领域坚持每周一巡查，巡查情况及事故隐患每周在县电视台《安全生产巡查时》专栏曝光，并按“一单四制”要求进行交办。全年共交办事故隐患38处，整改销号35处。如期完成全县41处马路市场整治任务，取缔关闭21处、搬迁20处，其中4处新建和5处改建市场均已完工并投入使用。安全生产专项整治。出台专项整治方案，建立县级组织体系和工作专班，各镇（街道）和相关部门按照安全生产专项整治三年行动实施方案要求建立问题隐患和整改措施两项清单，相关工作正处在稳步推进中。

【落实企业安全生产主体责任】 严格按照“十个一次制度”和高危行业企业主要负责人和特种作业人员任职资格审核制度要求落实企业安全生产主体责任。2020年，全县在非煤矿山、危险化学品（加油站）、烟花爆竹批发、重点高危工贸领域共139家企业规范推行企业班前安全教育制度，并向全县另外100家风险辨识评价危险系数较高的规模以上工业企业扩展。

【应急救援】 全年成功应对如汛期涝水保卫战等多次自然灾害救灾救援工作。完成6支镇级专职消防队建设，超额完成市政府规定的建设任务。相继在矿山、危化、工贸、消防、森林、住建、道路交通、水上交通、教育等行业开展应急救援演练，全面提升应急救援队伍防灾救灾能力。

【防灾减灾】 6—7月，澧县遭受特大洪涝灾害，全县因灾倒损房屋面广量大，恢复重建任务艰巨。一是千方百计筹措资金。全年共向上争取救灾专项资金1169万元；二是科学制定方案，周密部署推进。经实地核查，确定需重建户101户227间，修缮加固户166户249间。年内，因灾倒损房屋恢复重建及受损房屋修缮加固任务全部完工。 （李　昊）

消防救援

【概况】 2020年，全县共发生火灾170起，直接经济损失100余万元。同比去年，火灾起数下降27%，死亡人数与去年持平，受伤人数与去年持平，直接财产损失上升28.2%。抢救被困人员30人，疏散人员25人，抢救财产价值180.5万元。同比去年，接警起数增加2%，出动车辆数增加12.3%，出动消防人员数增加31%，抢救被困人员增加66.6%，疏散人员增加78.5%，抢救财产价值上升14.6%。成功处置“7·14”澧县天润杏林高层火灾、“7·6”澧县甘溪滩、火连坡抗洪抢险、“8·6”临澧县安福环保科技有限公司仓库火灾、“8·30”澧县珍珠市场A栋3楼库房火灾、“10·16”澧县复兴厂镇双桥铺货车车祸抢险救援、“12·4”澧县大汉新城2期16栋1单元火灾。澧县消防救援大队获全省消防救援队伍“安全工作先进大队”，全省防汛救灾先进集体；获评全市消防救援队伍“先进基层党组织”，市级“文明单位”，通过全市“青年文明号”复评。政治教导员刘凯峰先进事迹在《常德日报》整版报道并获全省优秀共产党员；澧阳站站长牛永强、消防员刘成、张前伟3人立个人三等功。

深入辖区学校开展消防安全演练

【夯实消防安全基础】 全年新增市政消火栓45具、独立式烟感报警器900个。依托智慧消防云平台服务中心，45家消防安全重点单位、78栋高层建筑和2家火灾高危单位接入智慧消防系统，实现重点单位和火灾高危单位消防安全智能管理全覆盖。指导各镇建精建强专职消防队21支（年内新建6支）、村级志愿消防队198支、社区和重点单位微型消防站138个。大队联合雄鹰救援队和蓝天救援队建立水域救援应急分队，配备舟艇、救援器材100余套，大大提升水域救援能力。

大队主官陪同县委书记廖可元进行消防监督检查

【优化消防安全环境】 加强部门联系。依托县安委、县消安委平台，定期调度各行业、部门消防工作。联合教育、民政、文化和旅游、商务、卫生健康、文物等重点行业部门开展消防安全标准化管理。加大执法力度。全年检查单位511家，发现火灾隐患454处，督促整改火灾隐患353处，下发行政处罚决定书52份，临时查封11家，新立重大火灾隐患单位17家、整改销案18家。疫情期间，全面落实“三定”场所消防安全管理“一企一策”，成立专家服务队指导帮扶企业20家，帮助5所幼儿园义务洗消。出台消防工作优化营商环境便民利企举措9项27条，开通“互联网+政务服务”等平台的消防业务线上受理。组建消防宣传服务队，开展上门消防宣传200余次，培训社会单位120余家，发放宣传资料2000余份。进一步加强宣传报道，在《三湘都市报》《应急管理报》等国家主流媒体推介澧县消防工作。

大队深入辖区重点单位开展防火执法监督检查

【队伍建设】 强化班子思想理论武装。全年党委理论学习中心组5次专题学习全国“两会”精神、十九届五中全会精神以及中央领导重要讲话精神，班子成员带头开展理论学习、撰写体会、座谈宣讲，推进落实习近平总书记重要指示批示精神“回头看”重点工作。健全科学民主决策机制。严格执行改革期间“三重一大”相关规定，召开党委会43次，讨论研究议题125个，民主议事氛围浓厚；召开党委民主生活会，共查摆整改各类问题11个。构筑风清气正的政治生态。注重加强执法干部、后勤财务人员预防和监督；加强“人车酒黄赌毒网电密”重点环节管控；开展涉网涉贷涉消收受土特产等清理整治；开展“警示教育周”活动，增强指战员的法纪观念、廉政意识，自觉学法知法守法。提高队伍正规化管理水平。以“两条令一纲要”学习宣贯和“安全集中排查整治”活动为契机，排查风险隐患，加强队伍安全管理，强化纪律作风养成和队伍安全防事故能力，提升队伍管理正规化水平，确保改制转隶期间队伍高度集中统一和安全稳定。 （杜俊锋）

中国人民政治协商会议澧县委员会

概　述

2020年，中国人民政治协商会议澧县委员会（简称县政协）围绕县委、县政府中心工作，致力建言资政，凝聚共识，全面履职，积极作为，为加快推动全县高质量发展贡献政协智慧和力量。

【政治引领】 把学习贯彻党的创新理论作为思想武装的重中之重，深学细悟中共十九大和十九届二中、三中、四中、五中全会精神，习近平总书记关于加强和改进人民政协工作的重要思想与习近平总书记在湖南考察时的重要讲话精神，增强“四个意识”，坚定“四个自信”，做到“两个维护”。坚持党对政协工作的全面领导，落实县委会同县政府、县政协制定年度协商与监督工作计划制度，严格执行重大问题请示报告制度。完善党建组织体系。全会期间设立临时党组和临时党支部，委员培训期间设立临时党支部，实现党的组织对党员委员全覆盖，党的工作对政协委员全覆盖。2020年，县政协作为全省4个优秀区县市政协代表之一，在“省政协系统党的建设工作座谈会”上做交流发言。坚定不移压实管党治党主体责任，组织开展集中整治形式主义官僚主义专项整治行动，全年开展例行谈心谈话和“两同时”谈话572人次，配合县委第三巡察组对县政协办政治巡察，营造风清气正的政治生态。坚持把意识形态工作抓在手上、落实在行动上，建立意识形态工作分析研判机制，加大政协舆情管控力度，牢牢把握意识形态工作的领导权和主动权。

【协商建言】 把助推全县经济高质量发展作为政协履职的重要着力点，围绕工作重点、发展难点和落实堵点，精心选题、精深调研、精准建言。先后就农村安全饮水、规范矿山管理、农村建房和墓地管理进行全会协商；解决城区房屋产权办证难进行常委会议协商；科学编制澧县“十四五”规划、加强国有（集体）资产归集管理进行主席会议协商，形成的建议案与上级决策部署不谋而合，县委、县政府高度重视，相关部门办理，协商成效显著。相关专委会、处组还围绕加大农村安全饮用水水源地保护、发展外向型经济、中药材产业发展、公共卫生服务体系建设、生猪产业健康发展等，开展对口协商、界别协商，形成一批有价值的建言成果。

【民主监督】 开展委派民主监督小组监督，以助推县委“扬长补短”战略落实为主题，组建6个民主监督小组，分别对县高新区、发改局、商务局、工信局、自然资源局、文旅广体局等6个单位进行“一对一”监督，召开民主监督评议会开展小组点评、民主测评和集中交办，将政协民主监督意见转化成县委、县政府工作部署和要求。规范特约监督员监督，向10个单位委派特约监督员41名，增强政协民主监督的针对性、实效性。

【参政议政】 出台提案工作实施细则和提高提案质量实施办法，完善党政领导领衔办理提案机制，推动提案有效办理。县政协九届六次会议共征集提案122件，并案后交办83件，办复率100%。聚焦食品药品安全监管、农村安全饮水、城乡垃圾一体化处理等开展常委会议、主席会议视察。全年收到社情民意信息183条，审核受理微建议211条，通过编报、交办，有效推动事关人民群众切身利益问题的及时解决，28条微建议被省政协收录到政协云工作案例库。

【服务大局】 面对突如其来的新冠肺炎疫情，县政协第一时间响应中央和省委、市委、县委号召，成立疫情防控领导小组，安排部署防控工作。广大政协委员主动投身社区及居民小区参与疫情防控，捐款捐物近350万元。面对罕见的汛情，主席会议成员和政协机关干部职工闻“汛”而动、主动出击、全员参与，奋战涔水大堤保卫战第一线，以实际行动彰显政协责任与担当。助力决战决胜脱贫攻坚。开展“双助双行动”，参加“湖南政协人助力巩固脱贫攻坚成果万户帮扶行动”。主席会议成员和政协机关联系帮扶的6个贫困村和4个非贫困村，基础设施不断加强，人居环境日益改善，脱贫成果持续巩固。服务重点项目建设。牵头抓好现代商贸与金融专项小组工作，配合做好生物医药与健康食品、交通物流、智能制造、新型建材与家居等专项小组工作。县政协牵头负责的重点项目中，总投资30亿元，第一期投资12亿元的三科农商城主体工程已封顶；投资10亿元的澧州国际汽车城正抓紧建设。

【交流合作】 邀请工商联、人民团体和无党派人士参与政协开展的重点协商课题调研、委派民主监督小组、主席会议视察等重大履职活动。工商联、人民团体全年共提交提案12件，反映社情民意信息和微建议48条。配合省、市政协来澧县开展落实社会保障兜底扶贫政策、建立解决农村相对贫困的长效机制、加强镇村人才队伍建设、推动乡村振兴、粮食安全生产等课题调研视察。先后接待张家界市、钟祥市、东安县等地政协11批次来澧县考察交流。密切同港澳台同胞和海外侨胞的团结联系，定期开展民族宗教界委员界别活动，为促进民族团结、宗教和睦、社会和谐做出贡献。协助省、市政协广泛征集“抗击新冠肺炎疫情”“亲历扶贫”和“常德古建筑”等文史资料，报送优质文史资料11篇，古建筑图片20余张。抓好政协云、政协网站、微信公众号等宣传阵地建设，制作年度履职纪实专题片，在县级以上媒体发表各类新闻稿件多篇，被省政协评为宣传工作先进单位。

【队伍建设】 全会期间，对全体县政协委员进行集中培训；组织95名县政协委员分两期到韶山干部教育学院进行红色教育和业务培训。完善《委员履职工作规则》《委员履职评价细则》，强化委员管理，暂停4名同志履行委员职责，撤销1名委员职务。继续坚持主席会议成员、专委会联系政协处组制度。推进镇（街道）政协联络处规范化建设，全县19个镇（街道）联络处全部做到“六有”。全面从严要求政协机关干部，支持派驻县委办纪检监察组履行职能，组织机关干部职工开展“不忘初心·传廉声”诗词朗诵、赴芷江开展理想信念教育等活动，营造风清气正的良好政治生态。选调优秀青年干部充实机关力量。发挥专委会基础作用，联系界别委员开展履职活动，组织专委会向常委会议述职。修订完善内部管理制度，坚持用制度管人管事。抓细抓实文明机关创建，深化文明单位创建成果。组队参加全县首届全民健身运动会，集体获“体育道德风尚奖”，赛出政协人的精神风貌。

重要会议

【中共澧县县委政协工作会议】 1月10日，中共澧县县委政协工作会议召开，县委书记廖可元出席会议并讲话，县委副书记、县人民政府县长提名人选王兆铭主持会议。全体在家的县委常委，县人大常委会主任，县政协主席、副主席、处级干部，各镇（街道）党（工）委书记、政协联络处主任，县直正科级以上行政事业单位和省市驻澧有关单位主要负责人，县政协常委，县直政协工作组组长参加会议。县政协全体机关干部出席会议。会上，澧阳街道、大堰垱镇、县住建局、政协办负责人做典型发言。会上印发《关于加强和改进人民政协民主监督工作的实施意见》《关于委派人民政协民主监督小组的实施意见》《县政协委员担任特约监督员管理办法》《政协澧县委员会微建议工作办法》等征求意见稿。

【政协澧县九届十三次常委（扩大）会议】 4月10日，县政协主席金贤松主持召开县政协第九届委员会常务委员会第十三次会议。县政协副主席邓连琼、夏金梅、杨钢、刘欣及常委会议组成人员出席。各镇（街道）政协联络处主任、县直政协工作组组长，不是常委的机关委、室、中心干部列席会议。会议审议政协澧县第九届委员会常务委员会工作报告、关于九届四次会议以来提案工作情况的报告、政协澧县委员会常务委员会2020年工作要点和协商与监督计划（草案）；协商政协澧县九届六次会议大会协商发言材料、有关人事事项及选举办法（草案）等；听取关于政协澧县九届六次会议有关筹备工作情况的汇报。

【政协澧县九届六次会议】 4月13日至16日，县政协九届六次全体会议。会议听取《政协澧县第九届委员会常务委员会工作报告》和《政协澧县第九届委员会常务委员会关于九届四次会议以来提案工作情况的报告》。列席县十七届人大六次会议，听取并讨论政府工作报告及其他报告；表彰九届四次会议以来政协工作先进单位、先进个人及优秀成果；审议通过《常务委员会工作报告的决议（草案）》《提案工作情况报告的决议（草案）》和《大会政治决议（草案）》，审议通过提案审查委员会关于九届六次会议提案审查情况的报告。本次会议应到委员292名，因事因病请假18人，实到274名。全体在家县级领导、离退休老领导代表。住澧省、市政协委员，县直正科级以上单位和省、市驻澧单位主要负责人，县直政协工作组联络员列席会议。

【县政协助推“扬长补短”战略落实2020年民主监督工作会议】 5月11日，县政协助推“扬长补短”战略落实2020年民主监督工作会议召开。县委副书记马永忠，县政协主席金贤松，县委常委、常务副县长翦鹰，县政协副主席刘欣、邓连琼、夏金梅、杨钢、王先银出席。会议明确，2020年将重点对县高新区、发改局、商务局、工信局、自然资源局、文旅广体局等6家单位进行委派民主监督，重点监督在推进“扬长补短”战略中目标落实、履行职能、工作作风等方面情况。县政协委派民主监督小组第一组负责人代表监督小组作表态发言，县工信局、商务局党组书记代表对口监督单位作表态发言。

【政协澧县九届十四次常委（扩大）会议】 5月26日，政协澧县第九届委员会常务委员会第十四次会议在县桃花滩宾馆召开，县政协党组书记、主席金贤松主持会议，县政府副县长丁保国应邀出席会议。县政协副主席邓连琼、夏金梅、杨钢、王先银及常委会议组成人员出席。会议协商城区房屋产权办证难问题，审议《政协澧县委员会关于解决城区房屋产权办证难的建议案（草案）》。会议还审议通过《政协澧县委员会委员履职工作规则（草案）》《政协澧县委员会提案工作实施细则（草案）》和《政协澧县委员会关于提高提案质量的实施办法（草案）》。

【县政协2020年委派特约监督员工作会议】 7月24日，澧县政协召开2020年委派特约监督员工作会议。县政协主席金贤松，副主席邓连琼、王先银，政协机关各委、室、中心负责人，10个被委派监督单位主要负责人和41名特约监督员参加会议。会上，宣读《县政协委员特约监督员管理办法》和《澧县政协委派特约监督员名单》，吴志斌和向锋委员代表特约监督员作表态发言。

【政协澧县九届十五次常委会议】 7月27日，县政协主席金贤松主持召开政协澧县第九届委员会常务委员会第十五次会议。副主席刘欣、邓连琼、夏金梅、杨钢、王先银及常委会议组成人员出席。会议传达学习全国“两会”精神；审议通过《政协澧县委员会镇（街道）政协联络处工作规则（草案）》《政协澧县委员会专门委员会和镇（街道）政协联络处年度述职办法（草案）》。会议决定，撤销宋芳芳政协澧县第九届委员会委员资格，同意李亚莉同志辞去政协澧县第九届委员会委员。

【政协澧县九届十六次常委（扩大）会议】 11月17日，政协澧县第九届委员会常务委员会第十六次会议召开。县委副书记徐桢、副县长罗先春、丁保国应邀出席。县政协主席金贤松主持会议，副主席刘欣、邓连琼、夏金梅、杨钢及常委会议组成人员出席。会上，罗先春通报2020年全县经济社会发展情况；丁保国通报县政协九届六次会议以来建议案、委员提案办理工作情况；会议视察协商农村安全饮水和城乡生活垃圾一体化处理工作，与会委员与相关职能部门进行协商交流，提出建议和意见；会议传达学习党的十九届五中全会和省、市、县相关会议精神；审议通过有关人事事项。

【政协澧县九届十七次常委（扩大）会议】 12月10日，政协澧县第九届委员会常务委员会第十七次会议召开，县政协党组书记、主席金贤松主持会议，县委常委、县政府常务副县长翦鹰应邀出席会议，县政协副主席刘欣、邓连琼、夏金梅、杨钢及常委会议组成人员出席。会议听取关于农村饮水安全、关于规范农村建设和墓地管理、关于规范矿山管理和城区房屋产权办证难的建议案等7个建议案和重点提案办理情况汇报。会议采取现场投票方式，对7个建议案、重点提案办理的8个工作部门进行满意度测评，并当场公布测评结果，满意率均在90%以上。会议协商有关人事事项，安排其他有关工作。县政协常委、政协建议案和重点提案承办单位主要负责人、镇（街道）政协联络处主任、县直政协工作组组长、不是县政协常委的县政协机关委室中心正副主任和部分县政协委员参加会议。

【县政协助推县委“扬长补短”战略落实民主监督评议会议】 12月28日，县政协召开助推县委“扬长补短”战略落实民主监督评议会议，对县高新区、发改局、商务局、工信局、自然资源局、文旅广体局等6个对口监督单位助推县委“扬长补短”战略落实情况进行点评和满意度测评。县委副书记徐桢应邀出席并讲话。县政协党组书记、主席金贤松主持会议。县领导翦鹰、江毅、王毅、刘欣、夏金梅，县高新区管委会主任汤志东出席。

【政协澧县九届十八次常委会议】 12月28日，政协澧县第九届委员会常务委员会第十八次会议召开，县政协党组书记、主席金贤松主持会议。刘欣、夏金梅及常委会议组成人员出席。会议专题听取县政协各专门委员会述职。

委员视察

3月12日 县政协党组书记、主席金贤松赴金罗镇新开寺村和鲁家冲村调研扶贫点村脱贫攻坚工作。

4月24日 县政协党组书记、主席金贤松调研重点项目澧县三科农商城建设工作。

县政协委员调研三科农商城建设

6月24日 县政协第九届委员会第五十一次主席会议专题视察食品药品安全监管工作。县政协党组书记、主席金贤松，副县长刘黎，县政协副主席邓连琼、夏金梅、王先银参加。

县政协委员专题视察食品药品安全监管工作

8月21日 县政协副主席邓连琼带队到澧西街道召开商贸流通工作座谈会。

9月2日 政协澧县第九届委员会第五十四次主席会议召开，会议就国有（集体）资产归集管理工作进行专题协商。县政协党组书记、主席金贤松主持会议，县委常委、常务副县长翦鹰应邀出席，县政协副主席刘欣、邓连琼、夏金梅、杨钢、王先银，秘书长张文，各委室中心正副主任及委员代表参加会议。

9月23日 县政协副主席杨钢深入学校开展“制止餐饮浪费、崇尚勤俭节约”调研活动。

9月30日 县政协党组副书记、副主席刘欣带领调研组专题调研澧县城乡垃圾一体化处理工作。

县政协委员调研生猪产业发展情况

10月13日 县政协副主席夏金梅带队前往甘溪滩镇皮世朋养殖场调研生猪产业健康发展工作。

10月14日 县政协副主席王先银带领经济科技和外事委专委会成员开展国有资产管理视察活动。

11月30日 县政协党组书记、主席金贤松，副主席杨钢带领调研组专题调研澧县完善卫生健康服务体系建设工作。

12月21日 县政协党组书记、主席金贤松带领课题调研组前往县农业农村局调研澧县农业特色产业发展状况。县政府副县长罗先春、县政协副主席邓连琼参加。

纪检・监察

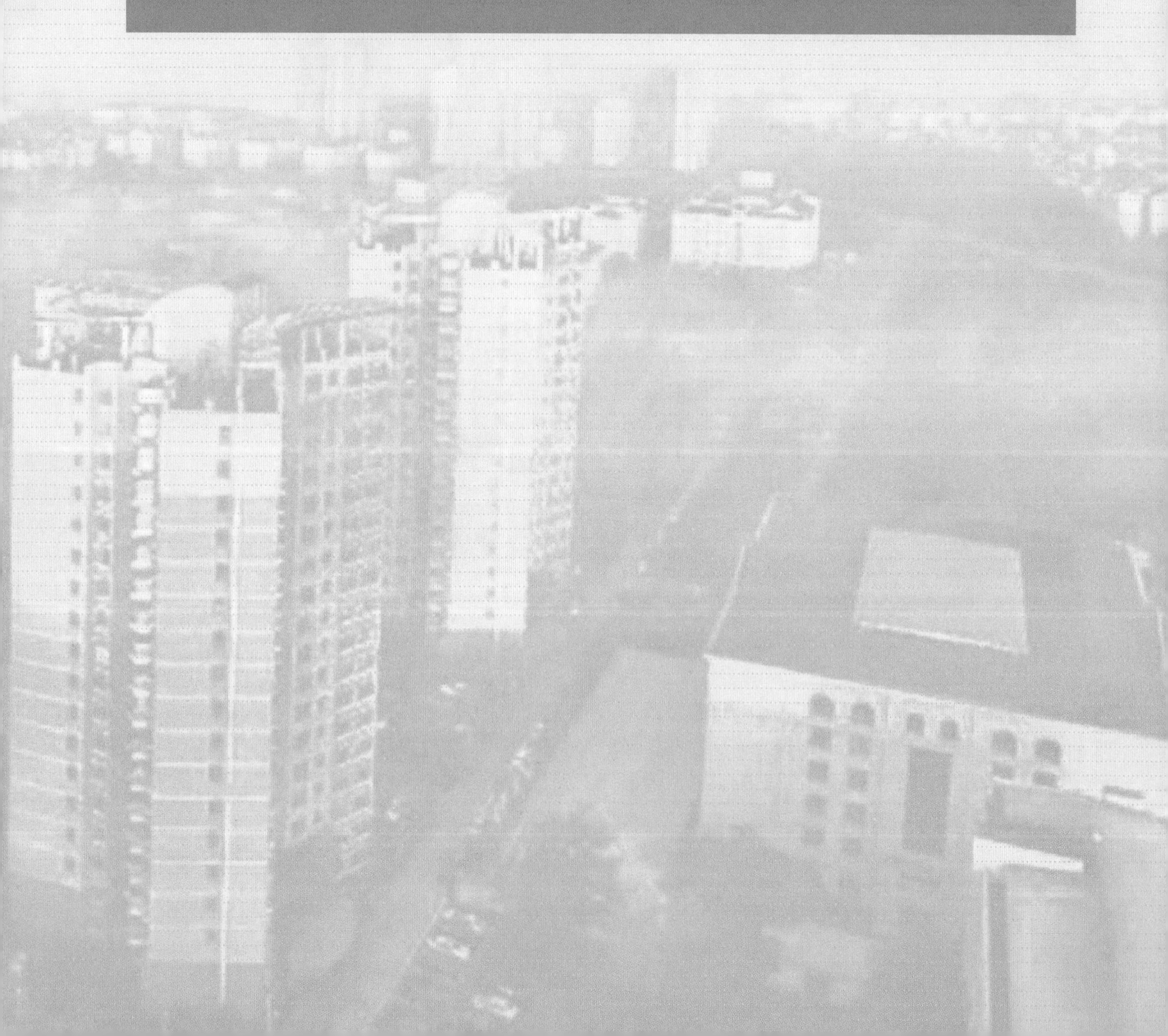

概　述

2020年，澧县纪委监委主动服务全县大局，发挥监督保障执行、促进完善发展作用，全县党风廉政建设和反腐败斗争取得新成效。澧县纪检监察工作获评全市先进。

【政治监督】 扛牢政治责任，强化政治监督，坚持党中央和省委、市委、县委决策部署到哪里，监督检查就跟进到哪里。面对突发的新冠肺炎疫情，县纪委监委第一时间靠前监督，严明纪律，下沉服务，忠诚履职，共交办疫情防控方面问题869个，问责党员干部138人，其中立案审查调查24人。面对脱贫攻坚重任，坚持“摘帽不摘监督”，持续开展扶贫领域腐败和作风问题专项治理，组织脱贫攻坚专项巡察，全体纪检监察干部进村入户督查，共立案扶贫领域腐败和作风问题51件，处理处分127人，追缴违纪资金183.29万元，退还群众资金81.67万元，扶贫领域信访举报实现动态清零，澧县被评为2020年全省扶贫领域腐败和作风问题专项治理工作一类单位。落实习近平总书记“守护好一江碧水”指示要求，牵头开展“洞庭清波”专项行动，强化禁捕退捕专项监督，共交办整改问题85个，追责问责32人。围绕“六稳”“六保”，持续优化营商环境，在住建系统、公安系统开展“办事不求人”专项督导，处理处分20人，其中立案审查调查15人，移送司法机关2人。面对重大汛情，坚持人民至上，闻“汛”而动，既“督”又“战”，共交办问题126个，处理10人，切实保障人民群众生命财产安全。

中共澧县第十二届纪律检查委员会第六次全体会议

【日常监督】 坚持不懈落实中央八项规定精神和省委“约法三章”，持之以恒纠治“四风”，开展“一张函、一间房、一张卡、一张表、一份回复”专项整治，处理滥发津补贴、公务用车不规范等违反中央八项规定精神问题263个，问责118人。带头反对形式主义官僚主义，出台“校园减负六条”。聚焦行业宿疾，推进人防领域腐败问题、城市社区腐败和作风问题、工程建设项目招投标突出问题、农村乱占耕地建房问题等专项治理，发现问题线索60条，处理26人，给予党纪政务处分8人，移送司法机关2人。推进“5+2”监督创新体系建设。不断优化“澧州智慧监督云”平台，建立健全党员干部电子廉政档案，对全县党员干部和监察对象精准“画像”。发挥“互联网+监督”优势，推动村级财务、民生资金、公务接待在阳光下运行。完善见物见人见细节党内监督报告制度，督促党委（党组）落实党风廉政建设主体责任。对41家单位开展监测分析，精准把脉政治生态。进一步规范谈心谈话工作，全县共开展谈心谈话14653人次。畅通信访渠道，坚持领导蹲点接访、带案下访、包案化解等制度，回应群众关切，越级访同比减少18.85%。严把党风廉政意见回复关，对7人提出暂缓使用建议。坚持“惩前毖后、治病救人”方针，贯通运用“四种形态”，切实做到监督常在、形成常态，四种形态占比分别为76.32%、20.21%、1.59%、1.88%，有效实现政治效果、纪法效果和社会效果相统一。严管厚爱激励干部担当作为，为63名受到不实举报的干部澄清正名，对受处分的183名干部开展回访教育。推进纪检监察体制改革，选聘县监察委员会首届特约监察员10人，赋予13个派驻纪检监察组监察权，在19个镇（街道）派出监察办公室，进一步推进监察全覆盖。

澧州智慧监督云平台建设

【审查调查】 全年共立案261件，给予党纪政务处分259人，其中查处科级干部23人，采取留置措施12人，移送检察机关审查起诉10人，罚没、暂扣违纪违法资金2500余万元。严肃查处县交警大队原副科级干部黄岳洪等一批严重违纪违法案件，在纪法威慑和政策感召下，先后有5名涉案人员投案自首，2人主动向县纪委监委交代问题。加快推进扫黑除恶打“伞”破“网”，共处理处分13人，其中立案审查调查8人。对充当黑恶势力保护伞的县公安局警务保障室原主任马晓明开除党籍、开除公职，移送检察机关审查起诉。扫黑除恶打“伞”破“网”工作位居全市第一。注重扎牢制度笼子，坚持以案促改，把“一案一整改”贯穿案件查办全过程，督促案发单位举一反三、建章立制、堵塞漏洞。全面、客观、公正办理申诉案件，维护执纪审查公正性。强化教育引领、固本培元，通报典型案例20起，组织案发单位的干部职工现场听审。加大党风廉政宣传，讲好廉政故事，全年共向各级媒体上稿410余篇，其中《人民日报》《中国纪检监察报》上稿33篇，党风廉政宣传工作全省领先。

【巡察监督】 全年完成第七轮、第八轮、第九轮常规巡察和统筹新冠肺炎疫情防控和经济社会发展工作以及村级专项巡察，开展优化营商环境专项巡察“回头看”。常规巡察单位党组织59个、村级党组织118个，实现19个镇（街道）、291个村（社区）巡察全覆盖。全县共发现问题1841个，移交党员干部违纪线索67条，处理处分46人。探索“互联网+巡察”，推行“巡审联动”，建立巡察发现问题线索预审制度，强化巡察监督与其他监督贯通融合，加强巡察工作制度建设，助推巡察监督精准化、规范化和制度化。抓巡察整改落实，推行“四联”工作法，推动被巡察单位整改问题1060个，追回追缴资金445万元，问责干部231人，建立完善各项规章制度299个。强化专题报告和巡察建议运用，把巡察成果转化为“推动改革、促进发展”的强劲动力。

【队伍建设】 常态化开展红色教育，筑牢纪检监察干部绝对忠诚的政治品格。全力推进能力建设，坚持“薪火相传”人才战略，创新“新老结对”和“实战练兵”模式，定期开展业务培训，严格实行月考制度，先后派出49名干部参与大要案办理，其中4人抽调中纪委、省纪委办理留置案件。码头铺镇龙洞峪村党总支原书记刘姻文案被评为全市纪检监察系统“十大精品案件”，文军、叶祚林、谷超、颜复勇、万传文被评为全市纪检监察系统业务能手。贯彻落实“一法三规”，严格执行“十不准”和“八条禁令”，坚决查处纪检监察干部违纪违法行为，函询14人，批评教育组织处理9人。建立健全关心关爱机制，加大干部选拔任用力度。全年共提拔重用干部16人，职级晋升32人。强化内部监督管理，机关部室、派驻机构和巡察办组全部实现轮岗交流，有效防范权力运行风险，激发队伍活力。

（陈婷玉）

群众团体

澧县总工会

【概况】 2020年，澧县总工会围绕省总“五个年”建设，服务大局，聚焦发展，弘扬劳模精神与工匠精神，发挥组织职工、引导职工、服务和维护职工合法权益作用，团结带领全县广大职工开拓进取、主动作为。澧县总工会年终绩效考核被常德市总工会评为“红旗单位”。

【组织建设】 全县新增工会组织42家，新增工会会员2341人，其中企业会员2612人，农民工会员1361人。全县100人以上企业已全部建会，建会率100%。完成工会组织和工会会员实名制录入第一阶段任务，录入工会组织数341家，工会会员数34260人。同时，加强教育培训，推进“八大群体”入会，提高工会组织和工会工作的有效覆盖面。组织开展“当好主人翁，建功新时代”网上民主管理活动（已完成企业注册89个，参与职工数8245人），在企业改革改制中发挥好职代会作用，确保职工安置工作平稳有力进行。

全县已建立工会组织且生产经营正常的企业490家，启动工资集体协商机制的有467家，覆盖职工22385人，建制率95%。其中单独开展工资集体协商的企业56家，覆盖职工7321人。签订区域性工资集体协议15份，涵盖企业218家、覆盖职工8873人；签订行业性工资集体协议3份，涵盖企业193家、覆盖职工6191人。国有集体及其控股企业13家，厂务公开推行率、职代会建制率100%；事业单位43家（其中：实行企业化管理的事业单位2家），厂务公开推行率、职代会建制率100%；规模以上非公企业31家，厂务公开推行率、职代会建制率100%；规模以下非公企业380家，厂务公开推行率95%、职代会建制率95%。

【工会活动】 以“找回澧州精神，再造澧县辉煌”为题举办澧县首届企业职工运动会。本次运动会共设有羽毛球、乒乓球、6×30米迎面接力、拔河4个大项比赛，全县各镇（街道）、高新区共25个代表队500多名运动员参赛。

澧县首届企业职工运动会开幕式

职工运动会比赛现场

组织全县女职工开展全国第八届“书香三八”读书活动。本次活动共收到参赛征文作品86篇、家书作品72篇、书画作品55幅、表演视频6个、摄影作品123件。参赛选手彭信群、严思思等9人作品在全市评选中获奖，澧县总工会女职工委员会再次获得读书活动优秀组织奖。组织开展“湘阅读·工力量”读书活动。澧县一完小叶梅芳被评为“湖南省湘悦读芙蓉阅读者”、澧县自然资源局易燃被评为“常德市湘悦读优秀朗读者”。落实上级工会“劳模工匠精神宣传年”工作要求，陈章波、王建华、辛继林3人被评为省级劳动模范，胡佑清、杨子君、赵明3人被评为“市五一劳动奖章”获得者；重庆啤酒国人有限责任公司等5家企业获“市级五一劳动奖状”，康哲（湖南）制药有限公司等5家企业被授予“市级工人先锋号”；万古台生态农业公司、锦绣千村农业合作社被市总工会评为“劳模助力乡村振兴示范基地”；刘勇劳模创新工作室被评为“省级工作室”，唐直文、冯传立劳模和工匠人才创新工作室被评为“市级工作室”。组织全县职工开展“安康杯”竞赛活动，不断增强全县职工安全意识，达到减少和杜绝各类事故的发生。全县共229家参与，其中非公企业28家，新增企业20家，参与人数15400人。开展湖南省百万职工重点建设项目劳动竞赛，湖南华宇建筑工程有限公司（万达广场）被评为“常德市五一劳动奖状”优秀单位。

【维权帮扶】 以“依法维权、精准帮扶”为主线，推进“维权帮扶解困年”建设体系。第9期医疗互助活动全县有253个单位参加，参保人数22933人，其中非公企业25个，参保人数3393人；通过医疗互助平台，已为130名患病职工发放补助金、救助金180多万元；春节期间，县总工会为170名困难职工送去慰问物资和慰问金共8.61万元；六一儿童节，前往澧澹街道白羊小学、蔡津小学，走访慰问贫困户儿童孙梦琪、陈金姝等17名贫困学生，共送去慰问金8500元，将党的温暖和工会组织的关爱送到贫困学子手中。

开展六一儿童节慰问活动

聘请专职律师常年值班，为困难职工、农民工无偿提供法律咨询与援助。设立3312351帮扶热线，坚持依法维权，加大职工劳动争议个案调处力度。全年调出劳动关系争议个案8起，挽回经济损失2.3万元。县总工会遵循《工会法》等法律要求，参加安全生产事故和职业危害事件的调查处理。全年参与全县安全事故调查2起，理赔180多万元。

【社会事业】 开展“春送岗位”活动。县总工会配合县政府各部门开展2020年春风行动系列大型公益招聘会，组织30多名企业下岗职工参加此次活动；开展“高温送清凉·助力‘双胜利’”活动。为园区企业、服务行业、重点建设项目等从事高温作业的一线职工、环卫工人、城管队员、交警等社会公众服务人员送去清凉物资20余万元；继续开展“金秋助学”活动，确保困难职工子女上得起学，生活困难得到缓解。

“送清凉”活动现场

【弘扬劳模精神和工匠精神】 截至2020年12月，全县有劳模460人。其中全国劳模3人、省（部）级劳模44人、市级劳模321人、县级劳模95人；11月，组织全国、省、市、县四级部分劳模共23人赴张家界职工疗休养基地进行疗休养；为关心劳模生活、落实劳模待遇，县总工会邀请常德力源体检中心工作人员前来澧县，为县内破产改制或关停并转企业的省、市、县劳模共60余人进行免费健康体检；为48名市级劳模发放低收入补助金44万元，全年慰问2名去世劳模并送去慰问金1000元，为63名市、县两级“下岗买断”劳模发放荣誉津贴27600元。

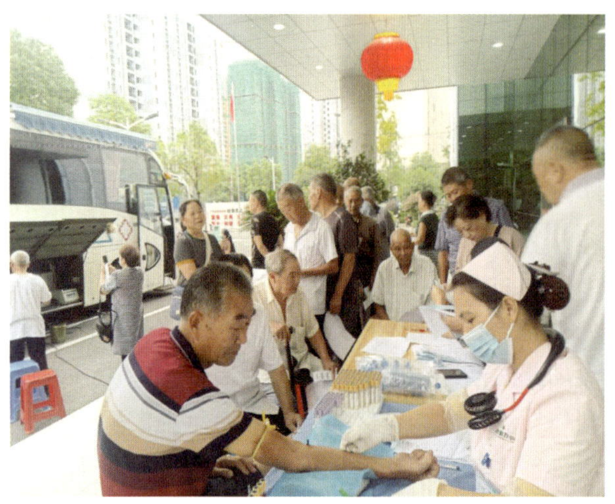

劳模免费健康体检

【驻村帮扶】 2020年，县总工会驻金罗镇界溪河村工作队争取财政资金22万元，实施村组道路硬化750米。发展橘柚产业，念好“山”字经，鼓励老百姓半山坡地种植橘柚。全年新栽橘柚1500亩，全村橘柚累计达3000亩。依托全县成熟市场，利用澧北干线交通优势，打造湘西北橘柚名村。

【疫情防控】 抽调15名机关干部轮流到街道社区、居民小区、企业值守，配合相关部门做好疫情防控工作；多方筹集资金37万元，分2批对全县医务人员进行慰问，送去党和工会组织的温暖；及时发出为疫情防控和捐款捐物倡议书，广大职工群众、劳动模范共捐款物近1300万元，其中省级劳模郑大田捐款物近200万元，市级劳模黄斌捐款物近50万元。

组织召开全县工会会员消费繁荣市场发展经济工作动员会，为全县每个职工发放300元疫情特别慰问消费券和2020年未发放的节日慰问费并以电子消费券形式提前发放给职工，引导工会会员消费，助力企业早日复工复产，助推实体经济发展。同时，号召全县工会会员使用本地产品。在开展“澧县人用澧县造”活动中，工会福利采购啤酒任务6万箱，实际完成8.2万箱，总价值328万元。（蔡星晨）

表4　2020年澧县省级以上模范职工之家一览表

单位	荣誉称号	颁发单位
全国模范职工之家（4家）		
澧县审计局工会委员会	全国模范职工之家	中华全国总工会
湖南金龙玉凤集团工会委员会	全国模范职工之家	中华全国总工会
国家税务总局澧县税务局工会委员会	全国模范职工之家	中华全国总工会
湖南重庆啤酒国人有限责任公司工会委员会	全国模范职工之家	中华全国总工会
省级模范职工之家（13家）		
澧县人民医院工会委员会	全省模范职工之家	湖南省总工会
澧县二中工会委员会	全省模范职工之家	湖南省总工会
中国邮政集团工会澧县委员会	全省模范职工之家	湖南省总工会
中国工商银行澧县支行工会委员会	全省模范职工之家	湖南省总工会
中国农业银行澧县支行工会委员会	全省模范职工之家	湖南省总工会
澧县艳洲水利水电工程管理局工会委员会	全省模范职工之家	湖南省总工会
中国人民银行澧县支行工会委员会	全省模范职工之家	湖南省总工会

续 表

单位	荣誉称号	颁发单位
澧县一中工会委员会	全省模范职工之家	湖南省总工会
国网湖南省电力有限公司澧县供电分公司工会委员会	全省模范职工之家	湖南省总工会
中国电信集团工会澧县委员会	全省模范职工之家	湖南省总工会
澧县人民医院工会委员会	全省模范职工之家	湖南省总工会
澧县六中工会委员会	全省模范职工之家	湖南省总工会
澧县王家厂水库管理处工会委员会	全省模范职工之家	湖南省总工会

共青团澧县委员会

【概况】 2020年，共青团澧县委员会围绕县委、县政府工作中心，贯彻落实团市委各项工作部署，履行引领凝聚青年、组织动员青年、联系服务青年的工作职责，凝心聚力、真抓实干、争创佳绩。

【青年教育】 组织动员广大青年参与“青年大学习”网上团课学习，以青年听得进、学得懂、记得住的方式，加强理想、道德、法制和爱国主义、集体主义、社会主义教育。全年共开设“青年大学习”主题团课30期，参加学习的青年有20余万人次。举办全县共青团干部培训班，提升业务水平，推动全县共青团工作高质量发展。管好用好团属新媒体平台“澧州青年”微信公众号，创作一批有亲和力、感染力的作品。团县委官方微信公众号“澧州青年”有粉丝13175人，能利用新媒体有效传播能正能量。开展青年文明号评选、“优秀共青团员”“优秀共青团干”“优秀少先队员”等先锋典型树选活动。澧阳街道团工委获评“全国五四红旗团工委”称号，为2020年全市唯一获此殊荣的团组织。汪汝林、熊波、郝进获得“常德市青年五四奖章”。在全县开展“青年五四奖章”评选活动，授予王舟娟等18名同志“澧县青年五四奖章”。

2020年全县共青团干部培训

【服务大局】 在疫情防控期间，组建19支青年突击队，149名青年志愿者奋战在防疫一线。动员广大青少年和社会各界捐赠防疫物资，共计捐赠资金14万余元、口罩8660个、医用酒精200斤。开展摸排工作，完成本单位全体干部及家属疫情摸排，帮助联点企业完成员工及家属健康筛查等。助力企业复工复产，发起“打call澧县，我是代言人”系列活动，发动澧州青年的力量，对澧县美食、景点和城市风貌等进行打卡和全方位宣传，为推动澧县经济运行秩序持续向好，贡献青春智慧和力量。奋力投身抗洪抢险战斗，在人手不足的情况下，按要求完成责任堤段的值守查险任务。组织青年志愿者协会筹集慰问物资并送到抗洪抢险第一线，对梦溪镇、小渡口镇、官垸镇各营区开展慰问活动。助力脱贫攻坚，继续结对帮扶2个点村8户贫困户，了解他们存在的实际困难，帮助他们解决房屋修缮、工作困难、药费过重等问题。协调青年志愿者协会争取社会资源，启动“逆风飞翔”事实孤儿同行计划项目，按每生每学期1200元标准，资助事实孤儿120名直至大学毕业。组织开展助力城市提质青年志愿服务活动，服务城市大发展、参与城市大建设。各镇（街道）团（工）委和社会公益组织在环境卫生大清扫、道路交通疏导、市场秩序规范、创建省级文明县城等方面展现青春作为，取得良好效果。

【服务青年】 联合县人社局开展第四届“中国创翼”创业创新大赛澧县分赛暨2020年创业创新大赛，吸引68家企业参加大赛创新组、创业扶贫专项组以及创业组的报名和参赛选手培训班的培训，并为他们设置创业就业资金扶持，解决广大青年创业就业问题。为单身青年搭建交友联谊平台，组织开展“甜蜜七夕爱在澧州”交友联谊活动，来自全县机关事业单位和规模企业的200多名青年干部职工参加活动，产生较好社会反响。关爱少年儿童成长成才。3月，组织开展“情暖童心、关爱成长”走访慰问贫困学生、留守儿童志愿活动。6月，在彭山景区开展六一儿童节亲情陪伴活动。9月，在全县集中开展青少年法治教育宣传周活动，各中学团委通过组织开展主题班会、法治手抄报、法治征文、观看法治示范课等形式，开展法律法规宣传，并同步开展毒品预防教育宣传专项行动，进一步增强青少年法治观念，提高法治意识。（张小红）

开展“甜蜜七夕爱在澧州”交友联谊活动

澧县妇女联合会

【概况】 2020年，澧县妇联立足“党政所需、妇儿所盼、妇联所能”，全心服务广大妇女群众。县妇儿工委成员单位探索妇女儿童发展与维权等长效工作机制；反家庭暴力和留守儿童工作纳入县委社会管理创新“十三五”规划项目；县综治办将平安家庭创建活动纳入全县综治考核内容；公、检、法、司优先审理侵害妇女儿童案件，优先办理妇女维权援助事项。“党委领导、政府重视、妇联协调、各方参与”的社会化工作格局基本形成。

【强化法制宣传】 利用三八妇女节及国家安全日、国际禁毒日、反家暴日等重要时间节点，开展相关法律法规普法宣传。围绕科学防控新冠肺炎疫情，广泛宣传传染病防治法、突发事件应对法、野生动物保护法、国境卫生检疫法等法律法规，发放宣传资料6000多份，电子屏显示500余条，粘贴宣传海报、标语4000余张，入户宣传3000余人次，营造浓厚的学法用法氛围。

【维护妇儿权益】 进一步优化信访接待工作，完善维权服务机制，建立澧县反家庭暴力快速处置机制；推动县法院、县公安局依法依规发出“人身安全保护令”“家庭暴力告诫书”，有效开展反家庭暴力工作；建立家庭纠纷矛盾月排

反家庭暴力宣传活动

查机制，各镇（街道）妇联实行月排查、月上报制度，对接依托司法、民政等部门，做好婚调工作；扩大女童保护公益项目覆盖面，深化“建设法治澧县巾帼在行动”、平安家庭创建、禁毒防艾、扫黑除恶等宣传工作。全年县妇联共接访68例，其中家暴类求助24例，经对接协调多部门共同协作，均得到有效处理。

大堰垱镇文昌阁社区儿童之家

【助力脱贫攻坚】 推进城镇低保和农村适龄妇女“两癌”免费检查民生实事项目，全年检查15241人，超额完成普查任务。年内争取农村贫困母亲“两癌”救助项目资金69万元，救助69名“两癌”贫困妇女。各级妇联组织推进“户帮户亲帮亲、互助脱贫奔小康”行动，累计捐赠家电、衣物等8550件。女企业家互助会常态化走进敬老院、福利院开展慰问活动，澧县维多利亚V基金发起为30名特困儿童点对点10年帮扶计划，成为全市区域助学品牌。县妇联机关从有限的工作经费中挤出万余元购买粮油等生活物资走访贫困户80余人次。组织参与全省妇联系统七一扶贫大直播活动和“双创大赛”，销售大米、食用油、蜂蜜、农副产品等1.3万余斤，消费总额7万余元。

【巾帼关爱】 关心困境儿童成长。六一节前夕，县妇联组织开展“情暖家庭·点亮童年微心愿”活动，对19个镇（街道）206名困境儿童进行走访慰问，送去学习生活用品及慰问金约10万元；组织县10个省级儿童之家项目点开展“大手牵小手，环保一起走”“大手牵小手，我们一起读”等活动；帮助魏婉婷、沈康等孤儿落实享受孤儿待遇。关怀特殊妇女群众。春节前夕，县妇联争取县民政局临时求助金8.62万元，对日常接访的101名残疾妇女、特困妇女、留守（两癌）妇女、留守儿童等四类群体开展“情暖家庭”春节慰问活动；举办“春风行动”“关注社区妇女、搭建就业平台”等专场招聘会，帮助698名失业妇女就业，为45名女性提供劳动维权服务和法律援助。关注未成年人权益保护。制定并下发《澧县妇联预防性侵未成年人、维护女童人身权益工作机制（试行）》，完成女童保护防性侵公益讲座23场8550人次，落实相关救助扶持政策措施，帮助协调解决问题，持续跟进服务，给予未成年受害人的特殊关爱和保护。 （张　慧）

澧县工商业联合会

【概况】 组织建设。优化班子建设，壮大会员队伍。全年新吸收湖南奥善食品有限公司、湖南四季油脂有限公司、澧县金和置业有限公司等94家企业个体工商户入会。截至12月底，县工商联（总商会）共有会员1606个，其中企业会员703个，占本地非公有制企业比例47.7%，年增长率15.4%。推进商会和镇（街道）分会建设。以创建“四好”商会建设为抓手，加强对所属商（协）会指导、引导和服务，制定“四好”商会建设工作方案，推荐“澧县建材商会”参评全市“四好”商会。筹建成立澧县化妆品行业协会。举办商（协）会登记管理暨年检业务专题培训班。加强网上数据库建设。随时更新完善常委、执委及会员信息数据，及时做好会员统计上报工作。组织开展民营企业直报及调研工作，及时完成各项网上上报任务。加强精神文明建设。

开展道德讲堂、“我们的节日”等弘扬优秀传统文化活动及文明用语、文明用餐、志愿服务等活动，并与县统战部联合创建市级文明单位。

云南化妆品行业澧县老乡座谈会

12月18日，澧县化妆品行业协会成立暨第一次会员大会召开

【参政议政】 围绕县委“扬长补短”战略，政协工商联组有5名政协委员被确定为县政协民主监督员，对县工信局、高新区等部门开展日常民主监督活动。构建工商联与检察院沟通联系机制，明确1名检察官联系工商联工作。全年工商联组政协委员向政协全会提交提案6件，立案4件，通过“政协云”平台提交“微建议”和社情民意12条。

【服务会员】 开展企业调研。与县委统战部联合开展“百企大走访、同心促发展”“澧县民营经济代表人士走访谈心活动”“异地化妆品行业考察调研”“青年企业家走访座谈”等活动，全年共走访调研企业和商协会300多家次，了解企业受疫情影响所面临的困难、惠企政策的落实、企业参与扶贫等情况，并形成专题调研报告3篇，呈报相关部门和领导决策参考。搭建融资服务平台。6月12日，为回应“百企大走访，同心促发展”活动中收集到的企业诉求，化解企业“融资难”问题，县工商联牵头举办金融机构服务小微企业融资对接活动，现场达成融资供需意向协议6笔800万元。加强宣传推介。推荐湖南平安医械科技有限公司市场部为县“三八红旗集体”，推荐平安医械销售经理谭玉霞为澧县“五四青年奖章”获得者，推荐常德益康大药房有限公司董事长胡桂生为县“五一劳动奖章”获得者。

4月，县委统战部、县工商联联合开展“百企大走访，同心促发展”走访调研活动。图为实地走访湖南湘枳生物科技有限公司

【开展活动】 开展各类教育培训。加强对非公有制经济人士思想政治引领工作，全年共组织会员政治理论集中学习9次。举办“党的十九届四中全会精神工商联宣讲报告会”；组织学习2020年县委经济工作会议精神、湖南省委省政府有关支持企业应对疫情影响和复工复产100条“干货”政策、《习近平总书记在全国企业家座谈会上的讲话》《关于加强新时代民营经济统战工作的意见》；传达学习全国“两会”精神、习近平总书记在湖南调研时的重要指示精神、十九

届五中全会精神及省委决定。每季度组织政协工商联组委员政治理论集中学习1次。引导非公经济人士参与各项事业，履行社会责任。疫情发生后，县工商联及时发出倡议，收集捐资抗疫动态信息，进行宣传推介，激发大家齐心协力战疫抗疫信心和热情。抗疫期间，非公企业和非公经济人士共捐款724.5万元，防疫物资折价近600万元。引导会员到2个贫困村开展“户帮户，亲帮亲”活动2次，到甘溪滩镇芦茅村开展“万户帮扶行动”扶贫活动1次，共组织资金4万多元，帮扶贫困户24户。组织工商联会员代表集中开展“金秋消费扶贫月”活动，消费扶贫产品近6000元，预约消费超2万元。组织澧县工商联全体执委开展“金秋助学”活动，共募捐助学资金68700元，资助9名优秀贫困学子。六一儿童节，走访慰问3名贫困儿童。在“99公益日”活动中，澧县工商联领导干部共捐款1118元，超额完成目标任务。（赵彬雅）

11月13日下午，县政协副主席、工商联主席夏金梅带队，组织工商联会员代表开展金秋消费扶贫月活动

澧县科学技术协会

【概况】 2020年，澧县科协围绕县委、县政府中心工作，立足“四服务”职能，团结带领广大科技工作者，弘扬科学精神，普及科学知识，传播科普科学思想和方法，推广先进实用技术，不断提高人民群众的科学素质，完成全年各项工作任务。澧县被湖南省科协确定为科技助力乡村振兴县域试点之一。

【推进《全民科学素质纲要》实施】 2020是全民科学素质“十三五”纲要收官年，县科协围绕《全民科学素质纲要》要点，贯彻落实“政府推动、全民参与、提升素质、促进和谐”方针，坚持大联合大协作，建立部门分工负责，协同配合的工作机制。8月，组织召开全县全民科学素质纲要实施推进工作会议；9月，迎接湖南省纲要办实地调研评估，中国科协组织的全民科学素质测评，完成《澧县全民科学素质（2016—2020年）实施计划纲要》各项目标任务。

【开展青少年科技创新活动】 5月，组织培训全县科技辅导员；9月，举办中小学生科普国学知识竞赛；10月，开展蚕桑文化科普研学实践活动，科普大篷车、心理健康教育和国家非物质文化遗产科普进校园活动；11月，举办澧县第九届青少年科技创新大赛。大赛的主题为“体验、创新、成长”，邀请市、县领导和省级专家评委出席活动仪式，共有参赛作品340件，其中科技作品90件，科技实践活动55个，科技幻想画195幅，本次大赛评出一等奖37个、二等奖139个，其中送市科协参赛作品249件。关爱留守儿童成长。杨铮传教授带领他的团队，与澧县青少年校外活动中心共同编写《留守儿童团体心理辅导设计》，开展留守儿童家长和监护人亲子教育培训，建立6个留守儿童心理援助点，以点带面，逐步推进。

【科普宣传】 9月，举办主题“决胜全面小康，践行科技为民”全国科普日活动，共展出科普知识展板60块，发放科普读本3000多份。加强与部门协作，多次开展送科技下乡、进社区活动，营造浓厚的“大科普”氛围。联合县农业农村局、县卫生健康局、县中医医院、县农技推广中心等，宣传蔬菜栽培、卫生健康、早稻育秧、油菜机播、蜜蜂养殖等知识。全年举行各类别科普宣传活动15余场次，发放科普宣传资料5万余份。组织举办各类科普培训。全年各学（协）会和基地共举办苗木栽植、蔬菜种植、家禽养殖等技术培训班20期，培训5000多人次。9月，县科协组织县直、镇（街道）、学校等单位参加湖南省第四届科学素质网络大赛，参与人数居全市前列。更新科普宣传形式。创建长300米的科普画廊，编印科普知识读本3万册，其内容涵盖饮食健康，疾病预防、应急实用常识、节约能源和自然灾害应对技巧等生活常识。

【科技服务】 推进学会工作。县科协发挥省级学会人才优势，成立学会服务站，引进湖南省作物学会、湖南省生态环境学会、湖南省预防医学会等3个学会，签订学会服务合同。其中，湖南省预防医学会等已开展多期培训班。开展科技志愿者活动。县科协有注册科技志愿者958人，全年组织开展科技志愿心理咨询活动、非遗进校园、科技辅导员培训班等科技志愿者活动19次。高起点谋划科普小镇建设。挖掘小渡口镇乡土文化，本土特色，建成科普功能齐全的科普小镇，形成“科普+产业+旅游”模式。其中已建成阳光玫瑰葡萄农业科普示范基地。完善科普信息化建设。科协基层组织与全县社会化管理网格化工作相结合，做到“横向到边，纵向到底”；科普信息化与基层党群服务网络平台融合。全县291个村（社区）网格员均注册成为科普中国信息员，并每天登录学习和传播科技知识。全县科普中国信息员注册人数已达1.82万人，传播量43万次，全省第四届科学素质网络大赛参与人数3.96万人，参与次数13.5万次。

【科普基地建设】 年内，县科协向湖南省科协申报的澧州涔槐国家湿地公园、县气象局、澧县绿之源生态农业基地被认定为湖南省科普教育基地；向常德市科协申报项目中，城头山特种水稻种植协会获常德市科协科普惠农补助资金；码头铺镇符兵等2人被常德市科协评为科普带头人，澧澹中学被常德市科协评为科普示范学校；全年培养县级科普带头人15名，培育科普示范基地12个。

【组织体系建设】 建立健全科协基层组织。进一步完善镇（街道）科协、村（社区）科协工作机构，19个镇（街道）、291村（社区）、平安医械等16家高新技术类规模企业、城头山特种水稻协会等8家农技协会均成立科协组织。发挥“科技工作者之家”桥梁纽带作用，加强与科技工作者沟通，维护科技工作者的合法权益。5月30日，县科协评选出全县优秀科技工作者10人。年内，县科协对全县科技工作者建档立卡，形成科技工作者档案库。同时，摸清科技工作者的分布情况、年龄情况、获得职称情况。发挥智库人才在服务县委、县政府科学决策的“智囊团”作用。

（张远生）

澧县文学艺术界联合会

【概况】 2020年，澧县文联发挥文联“团结引导、联络协调、服务管理、自律维权”的职能，深入生活组织创作、扎根人民开展活动，克服困难应对疫情，围绕中心服务大局。在全市率先组织各区（县市）中规模最大的抗疫文艺创作活动，承办常德名刊《桃花源》杂志创刊40周年庆典等。文联工作连续16年获全市文联系统先进单位，曲艺创作首摘中国曲艺最高奖——牡丹奖，陈华篆刻再次问鼎中国书法最高奖——兰亭奖。全年收集申报原创文艺奖作品19件，为2020年常德艺术节组织创作书法、美术、摄影作品50多幅，近20件作品获得各类奖项。与县委宣传部联合创建省级文明单位。

【主要活动情况】 1月中旬，组织书法家100余人次先后到盐井镇、甘溪滩镇、大堰垱镇、澧西街道及码头铺镇莲花村、甘溪滩镇古北村开展为美丽乡村、扶贫点村送春联活动6次，书法家们现场挥毫泼墨，共送春联3000余幅。

春节前夕，以团拜、年会、走访等多种形式加强联络，了解诉求，关心关怀广大文艺家和文艺工作者，并对肖月娟、王国玫、谢晓婷、苏大平、施玉芳等多名贫困作者上门慰问，送去慰问金，表达文联组织的关怀。

春节期间，在新冠疫情暴发之初，即发出“文艺抗疫”倡议，得到广大文艺家的普遍响应，共创作抗疫文艺作品565件，部分优秀作品在国家、省、市各类媒体发表。《城头山文学》推出抗疫文艺作品专集。

以“众志成城，艺抗疫情”为主题，组织全县曲艺界爱心捐款，57名艺人共筹善款1.22万元，交县慈善总会统筹安排对口使用。

4月27日，县政协副主席、文联主席杨钢，副主席黄蓓、县书协主席陈兵等考察调研彭山景区“全国森林康养基地”建设项目，与华诚公司董事长刘连华等共同谋划“百块碑林，诗咏澧州”景点建设，为基地融入澧州元素，提升文化档次。

组织重点作家谭晓春、苏大平、戴作林创作大型戏剧《花开詹家岗》，聚焦一个村落，反映波澜壮阔的乡村振兴场景，该剧经编排演出，反响很好。

组织文艺家参与央视“中国影像方志”澧州专题片的拍摄，深度挖掘澧州深厚的历史文化底蕴，推介、宣传澧县。

坚守意识形态阵地，规范会刊《城头山文学》月刊的编审程序。专门召开编务会，严格落实发稿三审会签制。

6月下旬，县政协副主席、文联主席杨钢，副主席黄蓓等领导赴广东佛山开展招商工作，就智能泊车平台考察调研，并与有关投资商达成投资意向。

7月初，组织开展文艺家创作采风暨主题党日活动，文联机关干部、协会负责人、退休老党员和重点文艺家一行近30人，先后在城头山镇詹家岗村、王家厂镇涔槐湿地开展主题党日活动和文艺创作采风活动，感受组织的温暖及生态文明和乡村振兴的成果，激发创作热情。

8月，牵头组织宣传部棋类代表队参加澧县首届全民健身运动会棋类比赛，宣传部围棋代表队取得县直组第二名、象棋代表队取得县直组第三名的成绩。组织各文艺协会参加市百团大赛，舞蹈家协会代表队等创下历年最好成绩。

9月7日，中国电影家协会分党组原书记、常务副主席康健民，湖南省作家协会名誉主席、著名作家水运宪一行来澧县考察调研，参观考察城头山国家考古遗址、彭山景区，为澧县文旅康养项目提出可行性建议；在文庙，他们对澧县的文物保护工作给予高度肯定，并指出修复建设中的不足；在黄家套，对生态农业有感而发，挥毫泼墨，留下珍贵的墨宝。

9—10月，县政协副主席、文联主席杨钢先后参加中国文联在成都举办的县级文联工作专题调研会、在安徽举办的市县级文联负责人高级研修班和省文联在郴州举办的全省基层文联工作座谈会暨基层文联负责人专题培训班，不仅向全国推介澧县文联工作经验，还通过交流，增加文艺工作的内涵。

先后与宁夏青铜峡市文联、海南保亭县文联、西藏山南市文联、浙江余姚市文联缔结为友好文联，为文艺交流“走出去请进来”搭建新的平台。

以陶艺雕塑家左波为主导，澧县左波雕塑艺术工作室挂牌成立，并在如东镇中学开设陶艺特色艺术班。

11月27—28日，由市文联主办，县文联协办的“《桃花源》杂志创刊40周年座谈会暨2020年全国名刊编辑常德改稿会”在澧县举行。前来看稿、选稿、为作者改稿的名刊编辑有《中国作家》编辑部主任俞胜、《湘江文艺》执行主编王涘海、《北京文学》编辑张哲、《诗刊》编辑隋伦、《湖南文学》编辑易清华、《散文百家》编辑王俊静等。

12月7日，由县委宣传部、县文联、县文旅广体局联合举办的“澧县抗击新冠肺炎疫情优秀文艺作品表彰会”在县文旅广体局会议室召开。会议表彰文学、音乐演唱朗诵、书法、摄影、曲艺戏剧、美术等六大类作品共36件以及5名组织工作者。

【主要文艺成果】 由蔡德平、李凌云、陆振军创作，蔡德平表演的说鼓《审八斤》，由刘均成、陆振军、李凌云创作，刘均成表演的渔鼓《法门寺》，由郭方忠、刘静、龚朝阳创作，刘静、雷长春表演的鼓盆歌《扶贫佳话》等入围第十一届中国曲艺“牡丹奖”。该奖项为中国曲艺最高奖，《法门寺》最终荣膺该奖。

陈华篆刻作品获第五届全国青年书法篆刻奖；杨任伟篆刻作品获第三届“陈介祺奖”万印楼篆刻艺术大展优秀奖（不分等次）。杨任伟，25岁，近年来其入展、获奖的全国性书法篆刻展有：全国中青年篆刻家作品展、全国第十二届书法篆刻展、全国第八届篆刻展、西泠印社“百年西泠·湖山流韵”诗书画印大展、首届“介堪·去疾杯”全国泰顺石篆刻大赛二等奖、全国大学生篆刻展、全国高校首届研究生书法篆刻展、第三届海峡两岸中青年篆刻大赛铜奖、第二届“翰墨朝阳”全国书法大赛一等奖等10多项。

左波的雕塑作品《特殊时期》被评为湖南省文化和旅游厅“艺抗疫情·云游湖南”主题活动优秀作品，被省文化馆收藏，并入选以塑艺助抗疫—南北雕塑联展雕塑艺术家作品；《大爱必胜》参加广州市文化广电旅游局“同舟共济文艺战‘疫’”作品展，《鱼乐飘萍》参加粤港澳大湾区雕塑作品展（珠海展）；《走向》入展“决胜脱贫在今朝—丹青共筑中国梦”湖南省美术作品展。

杜修岳、欧阳衡伟合著一部诗词专集《岁月吟痕》由团结出版社出版；刘冰鉴出版《青春从50岁开始》《与时光书》两部个人专著。

张黎华的短篇小说《石头记》在2020年《上海文学》第2期上发表，短篇小说《我弄扁舟去了》在2020年《野草》第3期上发表。

谢晓婷的诗歌《武汉，请开门》，疫情期间被武汉经济广播电台采用播出，在武汉文化传媒产业协会等举办的“希望在重启中点亮”抗疫作品征集活动中获一等奖，并被学习强国平台选用。

胡平的诗歌《空坛子》在《诗刊》2020年第2期下半月刊发表，《多梦的夜晚》（组诗5首）在《诗刊》2020年第8期下半月刊“银河”栏目中发表；诗歌《中国心》在省文化和旅游厅“艺情抗疫云游湖南”主题作品创作和征集活动中获优秀奖，《以诗抗疫》（组诗）获武汉市文化传媒产业协会主办的抗疫文艺作品征集二等奖。

杨传向的辞赋《澧县二中赋并序》《汨罗魂赋》分别在2020年《中华辞赋》第4期、第11期发表；中篇小说《荷花记》在《中华文学》2020年第6期发表。

陈克发、胡国勇创作的《消毒》《口罩》获文化部中国艺术摄影学会优秀纪实摄影奖，同时获由宁夏、天津、内蒙古等7省（区）市2020“凝心聚力抗击疫情”美术书法摄影微展中获优秀摄影作品奖（只设优秀作品奖）。

陈克发、陈哲纪实拍摄的《雄鹰飞翔在抗疫一线》《平安医械助力抗疫一线》（组图）获湖南省文旅厅抗击疫情一线纪实摄影作品优秀奖。

苏大平的中篇小说《世间温暖》、荆河剧院的大型戏剧《城头山》、胡平的组诗《虚幻》、许申高的民间文学《陪葬的头颅》等获第六届常德原创文艺奖；张黎华的中篇小说《假如那火车头还吐着烟》，荆河小戏《聚宝盆》，杨任伟、朱迹等获第七届原创文艺奖。

常德艺术节书法、美术、摄影澧县有20多人获奖；百团大赛上，大型荆河戏《花开詹家岗》、舞蹈《鼓啸》获一等奖。（刘尚平）

澧县残疾人联合会

【概况】 2020年，澧县残联超额完成全省为民办实事项目（0—6岁残疾儿童康复救助）工作任务；残疾人托养中心大楼建成并交付使用；近8000平方米的残疾人康复大楼即将完工。

残疾人托养中心大楼

办证服务

【落实助残政策】免费对127名0—6岁残疾儿童开展康复救助；为贫困残疾人发放辅助器具1000多件，安装假肢和矫形器65个；开展残疾人低视力、白内障筛查1万多人次，实施免费手术832台；投入资金19万元，为贫困精神残疾人免费送药251人次、免费住院30人次；投入资金20万元，开展家庭医生签约5000多人次；投入资金22万元，新建社区康复指导站5个。在小渡口镇、澧阳街道、如东镇开展残疾人实用技术培训280人，投入资金33.6万元；新申报创业扶持对象41户，补贴资金18万元；开展残疾人托养服务450人，投入资金80万元；新建残疾人扶贫示范基地2个，补贴资金12万元。全县共完成贫困残疾人无障碍改造95户，投入资金47.5万元；发放燃油补贴1154人，补贴资金30万元。全年共接待来电来访100多人次，回复率、办结率均100%。

【助力脱贫攻坚】全年共新办和换发残疾证16623人，其中建档立卡3345人。完成残疾学生和残疾家庭学生的资料审核和打卡方法工作，共资助学生383人，发放助学款60多万元。代缴“两补、两保”。全县享受重度护理补贴13412人，其中建档立卡4626人，生活补贴的有8942人，其中建档立卡5012人；就业年龄段重度残疾人社保代缴7926人，其中建档立卡2947人；重度残疾人医保代缴16129人，其中建档立卡5079人。

【创新服务】围绕“政务服务一网办，现场服务一次办”目标，联合县人民医院下沉到镇村集中进行残疾评定。全年为残疾人新办残疾证6000多本；澧县残疾人家庭医生签约《面对面做实签约服务》典型材料在由中国残疾人联合会主办的杂志《中国残疾人》上发表，把“澧县经验”推向全国。（庹锐林）

澧县红十字会

【概况】澧县红字十会成立于1985年，是从事人道主义救助的社会团体，其主要履行救援救灾、应急救护培训、献血、人体器官捐献、造血干细胞捐献、红十字志愿服务等职责。2020年，澧县红十字会围绕中心，广泛宣传，不断扩大红十字社会影响力；依法履职，开展“三救三献”工作，发挥人道主义助手作用；同时，体现特色，合理有序推进红十字会各项工作。

【开展红十字会知识宣传】在5月8日世界红十字日，澧县红十字会组织开展义诊、无偿献血及器官捐献宣传、救护培训各1次，发放宣传资料500多份；6月14日“世界献血者日”，澧县红十字会联合县“爱在澧州无偿献血志愿者”“爱在澧州美利达骑行益友”等社会公益组织开展系列红十字宣传活动。开展专项宣传。组织县中医医院、县疾控中心、澧阳社区等红十字志愿者260多人，走上街头进行艾滋病预防自救互救知识宣讲，走进社区开展义诊、健康咨询、传染病防治等知识宣传；在县中医医院进行初级救护技能现场模拟演练，部分社区还利用展牌、宣传栏等宣传《中华人民共和国红十字会法》、世界红十字日的由来等相关知识。全年共组织专项宣传活动4次，发放宣传资料4000余份。通过各种媒体平台宣传。利用《澧县新闻》栏目宣传报道，全年共播放澧县红十字会开展各种活动新闻7条。同时，邀请县级其他媒体如民生在线、《城头山视窗》、县政府网站等派人现场参与、报道。

组织医疗志愿服务队为社区居民义诊

开展“三救三献”工作。开展抗灾救灾工作。在防疫与防汛期间，争取中国红基会、省红会支持，共发放赈灾物资价值27多万元。7月，澧县遭受严重洪涝灾害，澧县红十字会及时向省、市红会申报灾情，先后争取2批救灾物资——赈济家庭包400个、棉被1300床，及时下发给受灾农户。同时，争取省红十字会6万元救灾捐赠款，全部用于解决梦溪镇大码头社区200多户受灾群众冬季基本生活需求。开展应急救护培训工作。在澧阳中学、县中医医院、群玉社区开展应急救护培训3000余人次、红十字救护员30多人次。开展人道救助工作。开展“人道救助”“博爱送万家”“小天使基金”救助等系列活动，发放救助基金3.5万元，及时将省红会转赠的2838罐惠氏幼儿奶粉按要求发放到位。推进器官捐献及无偿献血工作。开展多种形式的造血干细胞及人体器官（遗体）捐献宣传。年内向澧县红十字会申请的有36位志愿者加入中华骨髓库，11人成为人体器官（遗体）捐献志愿者，完成4520人次无偿献血工作任务。（邹云军）

开展“为爱出发，联合助力儿童营养健康帮扶”活动

军　事

人民武装

【概况】2020年，县人武部在常德军分区党委和县委、县政府领导下，高举习近平新时代中国特色社会主义思想伟大旗帜，全面贯彻习近平强军思想和新时代军事战略方针，着力展形象、铸特色、强基础、创一流。澧县再次获评“湖南省双拥模范县”；县人武部被常德军分区评为“征兵工作先进单位”“财务管理先进单位”“安全管理先进单位”。澧阳街道、澧澹街道武装部分别被省军区表彰为“五星”基层人武部，梦溪镇专武干事龙振华被省军区评为“征兵工作先进个人”。

2020年12月22日，澧阳街道、澧澹街道武装部分别被湖南省军区表彰为“五星”基层人武部

【贯彻政治建军方略】坚持把习近平主席重要讲话精神作为对标对表的“魂”，把上级党委决策部署作为谋篇布局的“纲”，深入领会上级决心意图、目标任务及标准要求，将省军区、军分区党委“争创一流”的目标牵引贯穿到年度工作谋划各方面、全过程。研究制定《澧县人武部建设“一流人武部”三年规划》。年初，依据《军分区年度工作安排》，结合实际梳理出17项主要工作、5个方面短板弱项，并区分科室、区分类别，建立总账、拉出清单、绘制统筹图，压紧压实责任。重点就民兵深化调整改革落地、征兵工作落实和新营区迁建工作制定对策措施。

【思想政治教育】研究制订《党委理论学习中心组集体学习研讨计划》和《年度思想政治教育实施方案》，统筹推进理论学习和主题教育活动。疫情防控期间，建立学习研究制度，及时跟进学习习近平主席关于打赢疫情防控阻击战的一系列重要指示精神，组织官兵学习国防法规政策，学好用好“学习强国”App，重点围绕“澧县有什么，能为战斗力做什么”“远程服务现役军人、远程服务保障战斗力”等课题，定期组织体会交流。紧贴疫情防控和官兵思想实际，采取事迹报告、辅导讲座、观看录像、讨论交流、撰写心得、谈心交心等方式，开展“五看五增强”等教育配合活动，引导大家透过新冠肺炎疫情防控阻击战，认清党的领导和中国特色社会主义制度的巨大优势，不断增强“四个意识”，坚定“四个自信”。全体官兵完成年度学习任务出色，分别在《解放军报》《民兵》杂志及省以上报刊发表要讯简讯6篇。11月，政委柳剑带队参加常德市第四届“爱我国防”主题演讲大赛，获优秀组织奖。

组织全县民兵参与抗击新冠肺炎疫情工作，完成道路封控和消杀任务

【练兵备战】贯彻习近平主席新年度训令，组织人武部机关开展战备拉动演练，历练机关和民兵分队快速反应能力。克服疫情影响，按

时展开首长机关在职训练，组织机关干部开展文书作业、战术标图、想定作业等内容的在职训练。全力以赴抓疫情防控。按照“123”的思路，即确保一个目标（人武部零感染）、抓好两项活动（“双联双产”和“您在前线打胜仗、家中事情交给我”主题活动）、确立三个原则（不与地方争医疗资源，不与地方争兵力运用，不与地方争媒体镜头），在严密做好人武部自身防护的同时，投入人力参加县、镇、村三级联防联控。7月，根据县防汛抗旱指挥部命令，出动基干民兵参与“涔水保卫战”，开展巡堤护堤、构筑子堤、封堵管涌等任务。县武装部部长李建华带领本县基干民兵，先后参加军分区演习、省军区演习。在省军区群众性练兵比武活动中，澧浦街道专武干事向星辰带队组建的无人机小队成绩优秀，受到省军区党委首长表彰。

5月12日，召开2020年澧县民兵应急连、水上救援连点验大会

5月31日，组织民兵应急连参加演练

【国防动员】 根据军分区《全力推进应对强敌国防动员专项准备工作方案》，聚焦应对制衡强敌，精准对接专项任务动员需求，制定人武部专项方案；透过疫情防控行动，反思澧县国防动员工作，组织大讨论大交流，形成研究论文20篇；开展民兵整组工作，按照“应急、专业、特殊”三类队伍进行编组，调整民兵编组和应急处突力量，增加新质力量比例，迎接省军区、军分区深化民兵调整改革工作全面检查，按照时间节点完成编组任务；做好国防动员潜力统计调查工作，通过军地联合部署，县镇（街道）两级培训，明确责任清单，全程跟进督导，完成动员潜力调查工作；采取“一张表册看进展、任务指标抓调度”的方法推进征兵工作落实，高标准完成年度征兵任务，其中大学生新兵比例提高到86%，没有发生一起责任退兵和廉洁征兵问题。

【基层星级达标建设】 将星级达标建设纳入议军会、国动委员会议题，协调全县各级各职能部门抓好星级达标建设的统筹规划。在上年投入资金170万元基础上，协调资金77万元下拨基层单位，抓好基层武装部设施建设。联合县委组织部抓好专武干部建设。全年专武干部受训率100%，对口率95%，8名优岗个人得到提拔，2名年龄偏大、能力素质偏低的同志调整出专武干部队伍。澧阳街道、澧澹街道武装部达五星级建设标准，其他16个镇（街道）均达到三星级以上。

【人武部正规化建设】 落实军委国防动员部“四个秩序”现场会要求，争取经费300多万元，完成民兵射击靶场改造升级、值班室改造、装备仓库建设和营区文化氛围营造；贯彻军分区党委全会关于争创一流决策部署，组织全员开展“对表一流标准、规范工作运行”教育整治活动，注重从思想到思路、从面子到里子、从要求到能力、从单一到体系，瞄准一流、建设一流、全面一流，坚持思想先行、领导带头，狠抓补差补弱，创新模式机制，全面推行任务清单、问题清单、需求清单，汇编行业政策法规，建立任务台账及重要工作季度党委会议督办反馈机制；对照军分区下发的业务组织流程图，本着“参照规范、实用适宜、整体融合、适度投入”的原则，人武部本级和县财政筹资金近40万元，对营院保密室、文印室、基干民兵连办公室、民兵训练基地、机关食堂等场所进行集中整治，创造拴心留人氛围，单位建设面貌明显改观。

【国防教育和双拥共建】 开展全民国防教育日、先进军人典型巡回演讲、军队英模进校园等系列宣传活动，形成全民关心支持国防和军队建设的浓厚氛围。9月20日，邀请全国抗击新冠肺炎疫情先进个人和全军最美新时代革命军人黄文杰回故乡讲述抗疫故事。根据市双拥办《关于进一步加强新时代拥军优属工作的意见》和《关于建立“常德市远程服务现役军人和支援保障战斗力之家”的具体措施》文件精神，推动“为官兵深度排忧、为部队隐忧服务、为战斗力减负加油”的服务保障体系落实落地，营造全县“军爱民、民拥军，军民同心”新气象。2020年，县人武部拿出专项资金20万元，走访慰问烈士遗属、“三战”老兵、贫困户、现役军人家属等共计110人次。

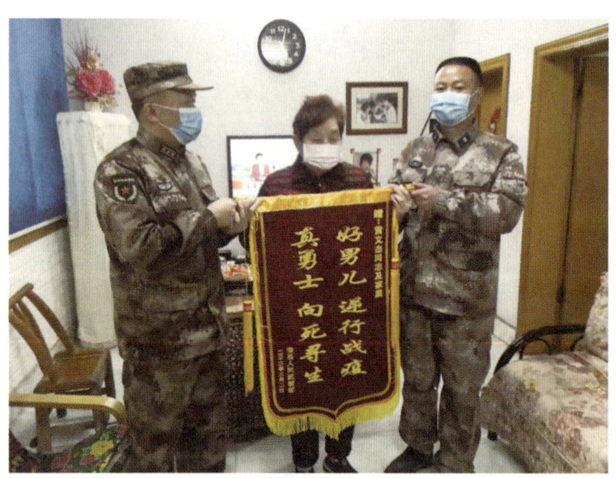

3月2日，县人武部部长李建华、政工科科长王良福走访慰问在火神山抗击新冠肺炎疫情现役官兵（南部战区总医院呼吸内科主任）黄文杰家庭

【后勤保障】 坚持“应缴尽缴、应转尽转、应留尽留”的原则，开展结余经费清理。仔细分析单位财务状况、矛盾困难和改进措施，梳理结余经费清理上缴情况。依据《军分区部队财务管理规定》，进一步规范财经管理秩序。按照“厉行节约、保障所需”的原则，搞好年度经费预算编制，统筹安排备战打仗、重点工作、遗留问题处理等经费，提升经费使用效益。开展打击整治枪爆违法犯罪专项行动。开展枪弹安全隐患排查整治，着重解决制度落实不到位、人员思想不托底等问题，及时堵塞漏洞、消除隐患，组织全体人员签订《枪支弹药零持有承诺书》，单位主要领导签订《枪弹清查整治情况责任书》。

【安全稳定】 学习新修订的《军队安全管理条例》和军分区系统“四个秩序”规范，按照军分区首长指示要求，坚持把严字当头、一严到底的要求落到实处。抓实条令整训。按照军分区统一部署，开展“条令法规学习月”活动，突出学条令、正秩序，组织军容风纪检查，强化官兵和文职人员纪律规矩意识、日常作风养成，把法规制度要求、安全工作责任转化为个人自觉行动。落实制度规定。坚持党委安全形势分析，把常态用法守法、严格制度规定贯穿到管控人车枪弹密酒网、防范重大安全问题全过程全要素，确保部队始终在条令条例和制度规定下管理和行动。加强检查督导。坚持不定期、不打招呼的检查，坚持领导亲自查、敏感时期和重要部位重点查，对问题隐患及时排查整治，确保部队高度安全稳定。

【党风廉政建设】 贯彻上级纪检监察工作会议精神，开展集体廉政谈话，进一步强化纪律规矩意识，真正养成“在组织中生活、在阳光下用权、在监督下工作、在工资里消费”的习惯。彻底肃清郭徐房张流毒影响，开展清除纠治政治领域官僚主义专项工作，采取逐个部位、逐项内容、逐条信息“翻箱倒柜”过一遍的方式，通过单位和个人自查、上级工作组交叉检查，先后3次对单位涉郭徐信息进行全方位、深层次清查，共清理出文件资料负面清单35个、电子文档850余条；召开专题组织生活会，传达学习上级通报、通知精神，聚焦政治意识弱化、责任担当缺乏、领导作风虚飘等政治领域官僚主义突出问题，深查思想根子，深纠问题根源，进一步筑牢清除纠治形式主义、官僚主义的思想政治基础。（袁铭志）

人民防空

【概况】2020年，澧县人防工作按照省、市人防办的工作部署和年度工作目标责任的要求，澧县建设局（人防办）重点加强人防指挥通信核心能力建设、防护体系建设、法治人防建设、人防创新及信息化系统建设、人防宣传教育工作、人防队伍建设等六大方面具体工作，全面提升履行战时防空、平时服务、应急支援使命任务的能力，各项工作有序推进，完成规定的目标和任务。

【人防工程建设】年内，全县在完成澧州广场地下人防工程基础上，持续推进人防指挥通信核心能力建设，继续加大通信警报设备日常维护管理工作的资金投入，保证所有通信警报设备正常运转。全年新添置警报设备3台，县城区警报设备16台。在11月1日“全省人防警报试鸣日”，澧县人防警报鸣响率和覆盖率均为100%，实现双百达标。同时，完成县本级国防动员三级指挥网及人防指挥专网建设，即建设第二路由指挥专网，省、市、县三级通信链路互联互通，并为下阶段网络扩展延伸服务提供场地等相关配套支持。推进人防疏散地域建设。在国家考古遗址城头山景区建立全县最大疏散地的基础上，年内完成2个镇进行疏散地域建设试点，按照各自疏散地域实际需求，紧密结合防空袭方案，完善标识、标牌。在城市人口疏散线路上选取示范点，统一制作规范的人防路线标识牌，按照“四能四通”功能要求，进行标准化建设。

【“结建”工作】按照省、市人防办统一安排与应急管理部门对接，推动人防指挥系统纳入应急救援指挥体系，人防设施设备纳入应急救援保障体系，参与到应急救援训练演练中去，提升协同保障能力。抓好人防工程平战转换试点工作，主动融入和服务城市建设，促进城市地下空间开发利用，合理开发利用人防工程作为停车、便民等公益设施，融入应急管理体系，强化应急救援物资器材储备、训练演练，提升协同保障能力。

【人防工程防护体系建设】规范工程建设管理。坚持以速为主、以战促建、应建尽建的原则，加强工业园区、人口密集区、商业繁华区和重要目标毗连区的人防工程建设和管理，加强早期和已建人防工程管护，明确责任主体，落实管护措施。全县拥有浦金国际广场、蓬莱花园、运达城、万象金街、尚东府、澧州华府、格林小镇、翰林公馆、九澧学府、万达广场等结建工程，总面积7.58万平方米。加强人防工程质量监督。全年举办人防工程建设质量监管培训2次，落实质量监管相关规定，重点加强对人防工程设计要点执行情况的监管。严格落实联合验收制度，严把质量监督“五关”。抓好不合格人防“结建”工程的处理和整改，加强安全生产管理，着力健全长效机制，落实安全生产责任，确保全年无安全事故发生。注重军民融合发展。贯彻平战结合方针，树牢大局意识，融入经济社会建设，在服务“三大攻坚”、产业项目建设和乡村振兴战略中贡献人防力量。

【人防指挥通信体系建设】加快构建人防通信警报安全、畅通、高效的防护格局。按照省、市人防要求，开展全县人防指挥通信系统业务能力培训，重点突出短波电台、超短波电台、警报设备的操作及通信规范用语等业务能力培训。完善和推动人防警报建设，科学统筹规划人防警报器建设工作，制定人民防空警报建设整体规划，对现有警报设施设备全面检查，确保已有设备处于良好运行状态。结合城区空间发展布局实际需要，新建部分警报设施，确保全区警报点全覆盖、无盲区。加强重要经济目标防护，建立健全重要经济目标防护体系。

【以法治建设促人防发展】严格依法审批。全面优化工程建设项目审批管理，切实做好审批服务“三集中三到位”，所有审批缩短至法定时限三分之二以内。严格落实“结建”前审批制度，报建联审制度。严格依法征收。严格执行人防工程易地建设审批标准和易地建设费征收政策，结合易地建设的审批项目，严格依法依规征收人防易地建设费，做到应收尽收。加强人防易地建设费管理，严禁截留、挪用。坚持依法办案。继续落实“一县一案”制度，严肃查处以招商引资为名少报少建人防工程和减少缓降人防易地建设费案件，依法依规办案程序、文书制作、案卷管理。全年人防办共下达追缴通知书21份，追缴易地建设费850万元。

【人防宣传】 加强人防法治宣传培训。全年举办人防法治培训2次，重点学习《湖南省人民防空工程建设与维护管理规定》（省政府令第297号），提升全系统和全社会人防法治意识、质量意识。全年组织开展2次以上大型人防法律法规宣传，普及人防法律法规。加快人防宣传教育阵地建设。推进“国防人防教育长廊”建设，集中开展湖湘红色文化宣传。建成九澧学校、银谷实验学校、黄桥小学等国防人防特色学校。创新人防宣传方式，围绕新中国人民防空成立70周年，结合“5·12”“9·18”“11·1”等重大节点，全年举办2次以上大型人防专题宣传活动，展示人防改革发展新成果，弘扬军事创业新风貌。利用新媒体拓展充实“五进四化”内容，借助主流媒体，住建（人防）官网和微信、微视频等新型平台，搞好信息发布、政策解读、舆论引导，严把政治关、导向关、保密关。

【队伍建设】 加强人防专业队伍训练工作。制定专业队组建、训练及管理办法，突出重点、夯实基础，提升防空袭应急救援能力，突出“人员、时间、内容、效果”四落实。按照“实名”“实装”“实案”要求抓好本级人防指挥部训练。以机关军事日训练为抓手，抓好机关准军事化训练；结合“5·12”“9·18”“11·1”等重要时间节点，开展在校学生、社区居民疏散演练。按照《人民防空训练与考核大纲》要求，全年组织1—3次跨区域人防通信队伍训练。（黄维平）

法　治

政法工作

【概况】 2020年，澧县政法委着眼奠定市域社会治理现代化试点良好开局，夺取扫黑除恶专项斗争收官全胜，以“六化”工程为重点、“六清”行动为抓手，以创建省“三无”县为目标，推进平安澧州建设。全年共办理治安案件977起，侦办刑事案件1097起，治安拘留382人，刑拘359人、移送起诉349人，成功侦破“4·3”杀人案、“9·29”杀人案2起现行命案。破获涉毒黄赌刑事案件40起，刑事拘留48人，查处涉毒黄赌治安案件102起，行政处罚353人。

【基层社会治理】 健全组织体系。成立县、镇、村三级平安建设领导小组，领导小组下设办公室，与三级综治中心合署办公，整合维稳、信访、司法、公安等部门力量，强化指挥调度、信息收集、研判预警、应急处置等实战效能。科学调整网格设置，每个网格按网格长、网格管理员、网格联络员标准配备网格力量，镇（街道）、村（社区）干部下沉网格，明确“三张”清单。完善考评办法。结合全年工作要点，注重日常考评、工作量化、结果导向，修订出台平安建设考评办法，逐步实现对镇（街道）、县直单位平安建设工作考评的科学化、规范化。同时，继续将平安建设相关指标纳入绩效考评，并保持适当权重。织密试点网络。在申报全省社会治理创新示范县的同时，通过自主申报、集中筛选，确定10个镇（街道）、20个村（社区）申报市级试点单位，县委政法委采取以奖代投方式，助力试点镇（街道）、村（社区）高标准建设综治中心，所有试点村（社区）均配备专用办公室和大屏，实现双网合一。

基层社会治理试点业务培训

【“众创平安”志愿服务】 做实志愿服务活动。全县2.5万平安志愿者以“19”活动为平台，重点围绕“情暖家庭、护安校园、巡逻守护、法安澧州、和事佬、心防工程”等六大主题，开展志愿服务活动达3692件次。特别是在疫情防控期间，志愿者在宣传排查、小区值守、便民服务等方面发挥出重要作用。发挥社会组织作用。引导各地发挥“五老”人员、乡贤、社会能人等作用，建立矛盾调解、特殊人群关爱、平安巡防、法律服务等自治组织，确保社会组织镇（街道）2个以上、村（社区）至少1个。弘扬传统美德，维护公序良俗。鼓励村规民约、居民公约、家规家训建设，大堰垱镇九旺村传承家规家训，促进乡村文明建设，获省主流媒体宣传报道，被评为全省十佳。发动“最美人物”“身边好人”等网络评选，宣传社会主义核心价值观，对见义勇为行为进行公开表彰和事迹推送。

【推进法治体系建设】 全面统筹法治澧县建设。县委出台《关于全面推进依法治县若干问题的意见》《关于加强法治乡村建设的实施意见》等文件；先后征求15家行政机关和12家企业意见并梳理汇总，完成《澧县营造法治化营商环境保护民营企业发展十条措施》的起草修订，以法律措施护航营商环境。推进法治政府建设。完善县镇（街道）两级政府及行政主管部门聘请法律顾问制度，为党委（党组）决策提供法律依据。开展行政诉讼应诉工作，妥善化解行政争议，全年共办理行政复议案件8件，接收行政应诉案件8件。3月，县政府首次参与以互联网方式进行庭审的应诉案件。推行一村社一法律顾问建设，全县291个村社均与律师签约。完成“七五”普法验收。组织全县各单位开展“春节送法下乡”“国家安全教育日”“农村法治宣传月”3个重要时间节点的系列普法宣传活动，共发放宣传单、法律读本等8万余册，解答群众咨询870余人次，受教育群众56万人次。完成湖南省第九批“民主法治示范村（社区）”创建申报工作，完成“七五”普法迎国检验收工作。

【持续拓展雪亮工程建设】 县内医院、学校及其他独立院落机关事业单位实现监控探头全接入，规模小区接入率超过60%；实施雪亮街巷建设，建成小街小巷探头1050路，实现城区监控无缝覆盖；发动群众共享入户探头，助力雪亮村庄扩面，接入县中心入户探头近7000路；县、镇、村三级严格落实视频巡查制度，借助雪亮工程平台，定期巡查辖区重点场所、重点部位，发现隐患问题，及时调度处置。全年交办整改校园值守等问题45个，尤其是在疫情防控期间，通过视频巡查，及时劝散人员聚集38起。

雪亮工程建设

【平安联户微信群建设】 着眼化大为小，便于管理，打造综合性的干群网上沟通平台，夯实平安联户基本微信群，做到一干一群、户户入群、书记带头建、村干当群主、管理全互动。全县共建此类平安联户微信群1860个，入群人数达到23万人。

【无访无诉镇村创建】 严格落实县镇村三级群众工作日制度、干部下访制度，全年接待处理群众信访6597件次；加强依法治访，有效处置集访9起，行政拘留违法上访人员25名，刑事拘留4人；整合调解资源，推动诉源治理，全市首个“诉源治理”工作站在盐井镇挂牌成立。建立澧县预警联动机制，对超前性、前瞻性、动态性、有实用价值的情报信息组织开展专题研判，坚持信息月报告、重要涉稳信息及时上报工作制度，切实提高预警能力。在重大节会敏感期，县委政法委、县公安局、县信访局、县退役军人事务局等单位维稳专班合署办公，实行日排查、日研判、零报告制度，全年特护期间集中研判高达42次。以三调联动为主，创新乡贤调解、律师调解、专业调解，优化多元化解机制，全年排查调解矛盾纠纷4479件，调解协议涉及金额1267万元。进一步健全民商事纠纷联动化解机制，调解涉企矛盾纠纷16件次。建立完善律师参与重特大矛盾调解机制，以和宁调解委员会为依托，化解跨区域、跨部门重大矛盾纠纷5件，涉及赔偿金额126万元。

【推进“六清”行动，决胜扫黑除恶】 全县各级利用固定标语、展板、电子标语、宣传车、微信群对扫黑除恶相关知识多角度、全方位再次集中宣传。公检法及相关成员单位各司其职，密切联动，县扫黑办全程跟踪调度，确保“六清”行动强力推进。全年共打掉涉黑涉恶犯罪团伙24个，其中涉黑组织3个、涉恶势力犯罪集团7个、涉恶势力犯罪团伙14个，查扣冻涉黑涉恶资产2.31亿元，刑拘329人，逮捕200人，起诉196人，判决142人，打掉“保护伞”24人。坚持边打边整，相关重点行业领域的专项整治有序推进，打掉涉物业行霸团伙2个、涉沙霸团伙2个、涉套路贷团伙2个、涉赌团伙1个、涉黄团伙1个，另打掉非法采砂采矿团伙5个，交办整改涉校突出问题8个，查处传销案件10起，关停非法营销场所7家，吊销投资寄卖公司营业执照8家，查处非法开采及破坏生态环境等违法行为52起、破坏公路安全设施案件5起。

【维护国家安全】 成立县委国家安全委员会，县委书记、县委副书记担任正、副主任；完成县、镇、村三级国家安全人民防线组织体系建设；开展国家安全宣教活动，对国安知识进行广泛宣传，进一步增强全县干部群众国安意识；加强基层反邪防邪宣教工作，深挖打击邪教违法犯罪活动。全年教育转化37人，捣毁邪教活动窝点3个，刑拘4人、治拘10人。

【队伍建设】 把坚持绝对领导作为党管政法的总纲，以党建带队建，把管政治、管思想、管纪律、管作风统一起来，进一步优化管理制度，狠抓绩效考核，强化先进典型选树；把坚持练兵强能作为队伍建设的抓手，全年分别举办政法综治工作业务培训班、平安专干培训班、网格员培训班、维稳业务培训班，镇（街道）政法委员、综治专干、信访专干近400人参加培训；把坚持监督督查作为带兵治警的利器，加强统筹执法监督、检察机关法律监督、政法部门内部监督，指导推动政法单位建立健全与执法司法权运行机制相适应的监督制约体系，提升监督实效。将日常考评、专项执法检查、个案调查和执法过错责任追究、办理案件倒查、网上督查等制度有机结合，对18件涉恶团伙案件进行专项评查，以近乎零瑕疵完成区县案件评查交叉检查工作。同时，加快落实和完善政治督察、执法监督、纪律作风巡查等工作机制，对发现的政法单位党组（党委）或政法干警在执法司法中存在的突出问题加大督促整改力度。（林　鹏）

公　安

【概况】 2020年，澧县公安局获全市公安机关绩效评估先进单位、全市县域警务工作先进单位、全市侦破命案成绩突出单位、全市命案积案攻坚先进单位，特巡警大队获全国公安系统抗击新冠肺炎疫情先进集体，刑侦大队获全市刑侦先进单位，交警大队获全市平安建设优秀单位，刑侦大队胡钧被公安部评为2020年度刑事案件现场勘查工作成绩突出民警，经侦大队曾光等32名民警荣立个人二等功、三等功，刑侦大队胡钧等150余名民警、辅警获中央、省、市、县荣誉。

【全力战“疫”】 疫情期间，澧县公安累计出动守卡警力4864人次，累计出动警车2312辆次，累计检查过往车辆2.63万余辆，检查排查人员4.93万余人，劝返车辆1500余辆，劝返人员4200余人。连夜完成市局下发的两批次共计264名疑似到过华南海鲜市场和武汉医院的人员名单，利用大数据平台配合防控指挥部核查各类涉疫人员1万余人次，抽取车辆卡口32批6000余辆，累计向党委、政府、卫健部门、住建部门和街道推送信息数据6000余条，梳理排查手机

喜讯

澧县公安局特巡警因抗击新冠肺炎疫情表现突出、贡献显著，被公安部授予“全国公安系统抗击新冠肺炎疫情先进集体”称号！

澧县公安局获“全国公安系统抗击新冠肺炎疫情先进集体”荣誉称号

异常数据2200余条、摸排车辆数据6300余条，机票数据100余条。严格落实人员密集场所应关尽关要求，对全县宾旅馆、网吧、KTV等公共场所全面清查，共检查宾旅馆491家、网吧31家、KTV20家，并全部责令关闭，有效防止人员聚集，阻止疫情蔓延。累计安排786人次警力24小时在6家指定接待湖北籍人员的宾馆、3家接受隔离住院观察的医院值守，确保管控、隔离等措施正常有序。

【维护稳定】 突出情报预警。实行节点警务模式，节假日常态开启勤务模式，确保全国“两会”、七一、国庆、中秋、十九届五中全会等重要节点持续平稳。特别是在全国“两会”、十九届五中全会期间，研判重点人员活动轨迹及关系人300余人次，重点布控人员481人。全年情指联动系统接收线索指令254条，涉及361人次，稳控率100%。突出治安管控。全部节点警务期间，累计出动警力3200余人次，检查重点场所、重点部位1026处，管控重点人员312人次，检查涉枪涉爆单位86家次。同时，开展“百万警进千万家”活动，加强对重点群体人员大走访、大教育、大转化，先后7次组织提醒谈话38人，普法宣传172人。突出依法治访。对无理取闹、缠访闹访人员依法打击。6月，县公安局对21名在县政府闹访的超载货车司机全部予以行政拘留。强化对邪教组织的排查、控制和打击。年内侦破一起专案代号为“3·15”“法轮功”反宣案件。该案被列为省督专案，经过县公安局近8个月周密侦查，共依法逮捕犯罪嫌疑人4人，行政拘留10人，教育11人、捣毁“法轮功”反宣资料制作窝点3处，收缴各类设备41台（套），缴获反宣书刊、传单、光碟、U盘、吊坠等成品、半成品共计1378种16922册（个、张），其中收缴反宣U盘2100多个，一举破获自2020年1月以来“法轮功”反宣案件32起，彻底摧毁全县“法轮功”地下团伙。

【扫黑除恶】 8—11月，先后捣毁张瑞武、周紫阳、张春生、崔卫华4个恶势力团伙，共抓获团伙成员29人；捣毁严平、吴家国2个涉黑组织，抓获组织成员60余人。自开展“六清”行动及扫黑除恶专项斗争以来，全县共摸排有效线索173条，打掉涉黑组织3个，恶势力集团7个，恶势力团伙14个，破获涉黑恶案件208起，刑事拘留涉黑恶犯罪嫌疑人332人，逮捕198人，移送起诉200人，判决151人，查扣冻结涉黑恶资产2.3亿余元，收缴涉黑恶枪支8支，专项成绩排名全市第一。

【案件侦破】 全年共发生命案3起，破案3起，破案率100%。推进命案积案攻坚专项行动，破获命案积案1起，抓获命案积案逃犯2名。全县共立八类重大刑事案件25起，破获13起。严厉打击电信网络诈骗犯罪。全年共侦破电诈案件22起，抓获犯罪嫌疑人40人。全面推进打击长江流域非法捕捞犯罪专项行动。全县先后出动警力300余人次，立案侦办非法捕捞刑事案件4起，刑事拘留5人，办理行政案件6起，行政拘留6人，参与收缴“三无”船只100余艘，收缴渔网、地笼1万余斤，电捕鱼器100余台；张贴案例通告、打击非法捕捞通告近1.1万份，全县非法捕捞乱象得到有效遏制。开展“集打斗争”“娱乐场所和物流寄递行业涉毒整治”专项行动。全县共破获各类毒品案件26起，刑事拘留涉毒犯罪嫌疑人38人，移送起诉32人，缴获毒品42.72克，查处吸毒人员112人，强制隔离戒毒36人，社区戒毒15人，社区康复21人，强制隔离戒毒执行率100%。开展禁种铲毒专项行动，全县共铲除罂粟原植物4230株。对全县25家易制毒列管企业、12家非列管企业实施严管严控，核查涉滇重点物流快递信息158条。12月，破获王某等人贩毒案，先后抓获涉毒人员30余人。持续开展专项整治。全年共侦办黄赌刑事案件16起，刑事拘留37人，行政处罚316人；严厉打击民生领域犯罪，全年立食品、药品、环境类刑事案件12起，决定起诉27人，立为行政案件9起，行政拘留9人。严厉打击经济犯罪，全年共侦办各类经侦类案件32起，刑事拘留25人，移送起诉28人，共挽回经济损失496余万元。

开展打击非法捕捞专项行动

【服务经济】 全面助力复工复产。疫情防控常态化后，澧县公安共走访复工企业179家，排查化解矛盾纠纷43起，对侵害企业利益的违法犯罪行为进行严厉打击。在全县重点企业、重点单位设立29个驻企警务室，为企业排忧解难。联合市场监督管理局办理涉嫌销售假冒注册商标商品案件1起，收缴假鞋10万余双。联合澧县农村农业局，对春耕播种所需的种子、化肥、农药三类急需必备品物资进行质量检查。推进重点工程、重点企业、重点园区治安环境专项整治行动。先后破获强揽澧州家具城油漆工程、阻碍其正常经营的崔泽青、崔卫华等人寻衅滋事案、影响盈成油脂正常经营的尹大兵、金兴凤扰乱单位秩序案、阻碍甘溪滩镇回湾石煤矿施工的陈培菊、皮秋香、段友玉等人阻工案，阻碍澧县城区路网改造的马茜铭、羿伟杰等人寻衅滋事案等一大批有影响力的案件。全年，县公安局立涉企刑事案件33起，刑事拘留67人，受理涉企治安案件18起，行政拘留32人，调处涉企矛盾纠纷15起，专项整治行动排名全市第一。

【社会管理】 全面整治安全隐患。全县范围内建立城市养犬登记（免疫）点3个，建立城市养犬留检场所1处并投入使用，每月定期开展联合检查行动。持续推进“六大整治行动”“清爽行动”以及“一盔一带”等系列专项整治行动，全县共查处各类交通违法行为19087起，收缴销毁非法加装摩托车、电动车伞具3520把，全年未发生较大以上交通事故。统筹推进交通问题顽瘴痼疾集中整治行动，全年共排查隐患路段319处，整改312处，整治率97.8%。集中开展“马路市场”专项整治27次，强制拖移机动车223辆；重点打击“两客一危一校”交通违法行为，查处“两客一危一校”违法行为1045起；严厉整治货车超限超载，全年查处989起货车超载违法行为；开展“零酒驾”创建活动，保持每周2—3次酒驾整治频率，全年查处“三驾”违法行为181起，其中醉驾10起、毒驾1起。抓牢监管安全。县看守所共安全看押被监管人员399名，抓实抓细外防内控各项举措，严把“入所关、过渡关、食品进口关、医疗巡诊关、人员出所关”，确保公安监所实现疫情“零感染”“零发生”和监所安全“零事故”。坚持“裸身入监”工作法，常态组织武警进行清监，消除安全隐患，共开展清监10次，收缴长绳、打火机等违禁品25件，清理高危垃圾桶5个。

【基础建设】 推进基层基础建设。7月，澧县特巡警大队挂牌，15人以上应急处突小分队组建完毕。投入资金270余万元，新购置警务执勤车辆16台，全部充实到基层派出所。新建的看守所、武警营房年内可完成装修。完成拘留所、戒毒所建设土地征拆和补偿、报批等工作。澧浦派出所、盐井派出所均已封顶，正进行内部装修，城头山派出所建设方案已制定、如东派出所、大堰垱派出所修缮方案已立项。加强智慧公安建设。投入资金150余万元，在城区重点部位、重点通道新增23个电子围栏，分批投资1000余万元新增1000个监控探头和50个人脸识别探头，“雪亮街巷”工程共接入1050个高清摄像机，完成5300路公共安全视频摄像机及50路人脸抓拍摄像机接入。加强对城区合围，全年利用图像侦查技术抓获各类违法犯罪嫌疑人168人。在全县范围内所有县道以上出省、出市、出县交通要道全部建立电子卡口（临时检查站）。推进法医、痕迹、声像3个以上专业具备鉴定资质的刑事科学技术室建设。已按照3级电子物证实验室标准，完成县局电子物证实验室各项硬件建设。推动视频侦查实验室3级标准建设，场地、人员已配备到位。推进法治公安建设。推进刑事案件“三统一”工作机制，全年共审核刑事立案547起，行政受案269起；建立“快办+普办”行政办案新机制，全县行政案件快办结案率32.3%；开展执法顽瘴痼疾整治工作，核查整改问题数据98条。严格贯彻落实各项执法制度，已完成124名主办侦查员的遴选、公示与资格授予工作。加强执法过错责任追究力度，全年共接到各种举报线索62条，发现执法瑕疵25个，对7个民警给予行政处分。

新组建的澧县特巡警大队

【队伍建设】 全面从严管党治警。对省公安厅政治、业务“双督察”督察组反馈通报县局的11个方面存在的45个问题进行全面整改；将县委工作组进驻与教育整顿工作相结合，全年召开纪律作风教育整顿大会3次，覆盖民辅警1400余人次。全年发视频督察通报18期，处理民辅警6人次。夯实基层党建。严格落实“三会一课”、主题党日、民主生活会、组织生活会、民主评议党员、领导干部讲党课等重要制度，不断创新形式、丰富内容。疫情期间，澧县公安局先后成立临时党组织、抗疫党员突击队。3月，按照“六有”（有场所、有设施、有标志、有党旗、有书报、有制度）标准重新改建党员活动室。6月，组织举行“薪火传承”师徒结对典礼；中秋国庆双节前夕，举行升国旗仪式，开展烈士纪念日公祭活动。树立身边典型，传递警营正能量。县公安局侦办的夏某诈骗案，被中央电视台社会与法频道《一线》栏目用时35分钟专题进行报道。全年在中央级主流媒体上稿39篇次，省级主流媒体上稿74篇次，市级主流媒体上稿75篇次。所撰写的《扫黑之星郭祖林》《站在重刑犯身边的人——谢圣云》等优秀事迹在法制日报、中国警察网、凤凰网、红网等媒体网站进发表，撰写的《鹰眼神探黄春明》事迹被“学习强国”登载、常德日报整版专题报道。（周 芳）

交 警

【概况】 2020年，澧县公安局交警大队共查纠各类现场交通违法行为210217起，同比增长23%，其中现场执法35406起，同比增长46%，非现场执法174811起，同比增长19%。全县发生交通事故4456起（含简易程序事故），同比上升32.2%；死亡事故106起，同比下降8.1%；伤1965人，同比下降22.4%；刑事拘留50人，行政拘留21人，查处酒驾1046人，醉驾37人。澧县交警大队被评为全市平安建设先进单位；交通问题顽瘴痼疾整治工作考核全市排名第三名，主责主业绩效评估考核评比全市第四名。

【疫情防控】 大队领导班子牵头带领相关股室负责人深入一线，靠前指挥，全体民、辅警放弃春节休假，全员上岗。全县共设检查卡口8个、24小时轮流坚守。检查中做到“不漏一车、不漏一人”。同时，利用双微网络平台、结合“两站两员”力量，发布防疫相关提示信息和科普知识，提高群众防疫意识；带领农村交通安全劝导员上路，劝阻交通不文明行为，通过喇叭喊话方式宣传防疫期间出行注意安全事项，做好防疫宣传劝导工作。

【顽瘴痼疾专项整治】 隐患路段排查整治。年内，对全县319处隐患路段全部整改到位。“马路市场”隐患治理。全年大队开展“马路市场”整治行动27次，在整治行动中强制拖移机动车共223辆，“马路市场”交通乱象得到有效遏制。消除“隐患车辆”。全年共查处“两客一危一校”违法行为1131起，并对全县“两客一危”车辆违法行为进行清零处理1022起。货车超限超载整治。全年共查处货车超载违法行为989起。

【交通事故风险防范】 加强安全宣传。全年大队共举办教育培训班5期，培训800多人次；散发宣传资料7000多份，赠送摩托车安全头盔200顶，摆放宣传展板15块，悬挂宣传横幅24条；召开新闻发布会1次，全市现场会1次，开展执法微直播3次，报送新媒体视频素材8条，在中央级媒体上稿14篇、省级媒体上稿7篇、市县级新闻媒体发稿87篇。此外，大队还利用微博、微信、电视等媒体，在双休日、节假日、恶劣天气期间，向群众发布路况信息，全年共发布“两公布一提示”信息124条。开展电动车整治。9月，在全县范围内集中开展电动车百日专项整治行动。行动中累计拆除遮阳伞（棚）车辆3520辆、电动车登记上牌6780辆、教育未戴安全头盔的电动车驾乘人员372人。开展交通秩序整治。全年共查处酒驾1046起、醉驾37起，货车超载1107起，其中“百吨王”货车超载11起，野蛮驾驶210起，高污染排放机动车205起，“两客一危一校”违法1131起，非法改拼装报废车辆2305起。开展“护学岗”活动。每天上下学，澧县交警全力为中小学生保驾护航，守护行动成为常态；净化校园周边道路交通环境，为学生上下学提供强有力的安全保障，有效预防涉校交通事故的发生。开展工程运输车、公交车、出租车“野蛮驾驶”专项整治行动。全年大队共查处此类违法行为9184起，对“野蛮驾驶”违法行为予以坚决打击。

【队伍建设】 按照“政治建警，从严治警”“县域警务”及党建工作要求，县交警大队及时召开党委会、支部会、党员大会，进行动员和部署，学习十九大会议精神和习近平总书记致人民警察训词精神，继续开展“不忘初心，牢记使命”主题教育和队伍作风纪律整训活动。全年大队先后召开3次纪律作风整治动员大会，对大队民警作风纪律进行整顿和教育。特别是加强车驾管中心纪律作风整治，用黄岳洪反面教材警示全体民辅警举一反三，深刻反思，以案促改。同时，对违规违纪民辅警换岗、辞退，奖惩兑现到人。全年先后有3名民警因违规违纪被调整工作岗位，1名民警违法被纪委立案调查，移送法院判刑后“双开”，11名辅警被辞退。

【中心工作】 重大活动交通保安。全年大队完成春运、“两会”、高考学考、全国葡萄节“一节一会”等重大活动的交通安保任务共110次。助力脱贫攻坚。全年组织民警到码头铺镇云台村、杨家湾村和复兴镇界湖村开展扶贫集中走访活动12次，做好扶贫摸底调查，千方百计帮助贫困户增加收入。截至2020年年底，结对帮扶脱贫户全部如期实现脱贫。开展“双清”创建活动。大队以车管所、驾管所、法制股、大堰垱中队、火连坡中队为重点所、队以点带面，开展创建“双清”工作。加大中介“提篮子”非法活动打击力度，先后通报批评3人，辞退辅警1人。大队法制窗口购置2台处理违章自助机，车管所购置3台自助机，1台选号、2台处理违章，方便群众省时、快捷、少跑路，提高人民群众满意率。大队驾管所便民服务得到社会各界认可，全年收到驾校、考生、教练员锦旗4面，感谢信8封。驾管所科目二考试率72.8%，科目三考试合格率62.4%，位居全省同行列第二名，“双清”创建工作取得阶段性成效，民警违纪违法零发生，执法投诉下降20%。

（昌　军）

检 察

【概况】 2020年，澧县检察院共受理审查逮捕案件262件374人，批准逮捕214件301人；受理审查起诉案件403件613人，提起公诉314件494人。澧县检察院被授予全省检察机关扫黑除恶先进集体。袁其帅被评为全省检察机关扫黑除恶专项斗争先进个人，赵复平被评为全省检察机关第十九期司法警察培训班优秀学员、优秀文稿三等奖。

国家宪法日宣誓

【疫情防控】 配合有关部门全力开展防控工作，及时上报院内干警健康状况，做好自身防护；部分党员干警自发组成党员先锋队，投身抗疫一线，协助社区工作人员开展体温测量、人员排查等工作；发挥检察职能作用，严惩涉疫犯罪，先后办理2件通过发布不实防疫用品信息进行诈骗的犯罪案件。

【助推三大攻坚战】 助力防范和化解金融风险。及时打击非法吸收公众存款、集资诈骗等涉众型经济犯罪，批准逮捕16件24人，提起公诉17件49人。助力打赢脱贫攻坚战。年内扶贫点村144户462人建档立卡贫困户全部脱贫；依法为因案致贫、因案返贫的5名刑事被害人家庭发放司法救助金9万元；对涉及扶贫领域的案件依法提起公诉2件2人。助力生态环境建设。依法打击非法采砂、非法捕捞水产品等破坏生态环境的犯罪，依法提起公诉7件17人，办理刑事附带民事公益诉讼案件2件5人。对非法占用林地、耕地的案件，督促环境资源等行政执法部门依法履职17件，责令涉案人补植复绿。开展长江十年禁渔专项执法行动，责令非法捕捞涉案人员增殖放流。

【优化营商环境】 准确适用“除虫护花”“依法容错”等办案机制，对3名犯罪情节轻微、主动认罪悔罪的民营企业家依法作出不起诉决定。严厉打击妨害民营企业发展的犯罪，批准逮捕职务侵占犯罪1件2人，提起公诉1件1人。构建“亲”“清”检企关系，深入澧县创新创业园开展法制宣传，现场走访民营企业21家，评查涉企案件5件，邀请工商联、企业家代表到院，与干警共同观看省检察院组织的检企高层对话会。

观看省院检企法治环境优化对话会

【推进扫黑除恶斗争】 强化诉前主导，统筹办案力量，高效推进“案件清结”。全年共批准逮捕涉黑涉恶案件21件47人，提起公诉17件74人，纠正漏捕10人，法院已作出有罪判决19件63人。截至12月底，澧县人民检察院受理的涉黑涉恶案件已全部提起公诉。依法“打财断血”，摧毁黑恶犯罪经济基础。对10件涉黑涉恶案件提出财产性量刑建议。开展扫黑除恶案件财产刑执行专项检察活动，审查扫黑除恶工作开展以来涉及财产刑的黑恶案件20件63人，涉及金额1亿余元。深化源头治理，实现长效常治，结合案件办理剖析重点行业领域监管漏洞，对治安管理、金融房贷、工程建设等重点领域突出问题，发出检察建议19件（次）。

【化解社会矛盾】 落实认罪认罚从宽制度，对事实清楚，证据充分，犯罪嫌疑人如实供述犯罪事实的案件一律适用认罪认罚程序，共适用认罪认罚从宽制度办理案件363件532人，适用率92.07%。严格落实“可捕可不捕的不捕”“可诉可不诉的不诉”原则，对嫌疑人、被告人真诚悔罪，符合启用和解程序的案件，依法促成和解，共适用和解程序办理案件66件，达到案结事了人和。落实“7日内程序性回复、3个月内办理过程或结果答复”的要求，依法妥善处理群众来信来访21人（次）。完善律师参与化解和代理涉法涉诉信访案件工作机制，成功化解信访案件9件，县人大转办的皮某某信访案得到妥善处理。

【关爱保护未成年人】 依法严惩侵害未成年人的犯罪，批准逮捕5件5人，提起公诉5件5人。受理未成年人犯罪案件7人，对严重犯罪依法从严，批准逮捕6人，提起公诉6人，对轻微犯罪依法从宽，作出相对不起诉决定1人。在办理一起涉未成年人案件时，澧县检察院与县教育局沟通联系，成功帮助被害人转学，减少对被害人次生伤害。开展“法治进校园”宣讲活动10场，参与师生5000余人，覆盖幼儿园、小学、中学各年龄层次，选派检察官兼任4所学校法治副校长，把法治温暖送到未成年人身边。

法治进校园

【刑事检察监督】 对应当立案而未立案的，监督立案25件，对不应当立案而立案的，监督撤案2件；对应当逮捕而未提请逮捕的，纠正漏捕14人，对应当起诉而未移送审查起诉的，纠正漏诉20人；对不构成犯罪或证据不足的，依法不批准逮捕16人，不起诉5人；对认为确有错误的刑事裁判，提出抗诉2件；纠正侦查违法情形30件（次）；办理羁押必要性审查案件3件，收监执行审查案件1件，暂予监外执行审查案件3件，监督纠正执行违法情形18件。开展病犯收监收押专项清理整治行动，监督将19名病犯对象依法收监收押。

【民事、行政检察监督】 全年受理民事行政检察案件55件，结案54件。其中，受理民事裁判结果监督案件4件，提请市检察院抗诉1件，市中级人民法院采纳市检察院的抗诉意见；受理民事执行监督案件8件，结案8件；受理民事支持起诉案件15件，发出支持起诉书11件，均被采纳；受理民事、行政审判活动违法监督案件7件，受理行政非诉执行监督及其他案件21件，均发出检察建议并督促整改到位。

【公益诉讼检察监督】 全年共受理行政公益诉讼案件线索107件，立案92件；发出诉前检察建议92件，已全部回复并落实到位。开展公共租赁住房清理整顿活动，共立案27件，发出检察建议27份，清退违法租赁住房2处，恢复公租房用途9处。开展水资源保护专项监督活动，督促卫生健康部门查处个别水厂未办理卫生许可证的违法行为，共检查饮用水源地10处，发出检察建议5份。开展窨井盖专项整治活动，向县住建局抄送最高人民检察院“四号检察建议”书，并定期跟踪落实，守护人民群众“足下安全”。

【队伍建设】 开展系列活动，促进检察队伍建设。召开庆祝中国共产党成立99周年表彰大会，对先进基层党组织、优秀共产党员等集中表彰；开展迎七一重温入党誓词、国庆升国旗、国家宪法日宣誓等活动，培养干警坚定的政治信仰；开展“新时代、新检察”演讲大赛，激发干警的活力和工作激情；开展省级文明单位创建工作，树立争先创优、奋发有为的检察精神。推进重构性内设机构改革。改革后，澧县检察院共设置内设机构8个，其中按照案件类型和业务性质组建业务机构6个，刑事检察实行“捕诉一体”工作模式，公益诉讼从民行检察中分离单设，建成“主要力量向办案集中、司法责任向员额集中、办案手段向科技集中”的新格局。严格抓好128项考评指标，推动检察业绩迅速提升，并被推介在全市检察长研讨班上做经验介绍。（黄可欣）

“检察新时代”演讲比赛

审 判

【概况】2020年，澧县人民法院共受理各类案件6246件，结案6006件，结案率96.16%。诉前化解各类纠纷1368件，诉源治理初显成效。

【刑事审判】全年共审结刑事案件332件，判处罪犯401人。严惩危害人民群众生命财产安全犯罪，审结故意伤害、寻衅滋事、“两抢一盗”等案件115件163人；审结生产、销售假“茅台”“益安宁丸”等危害食品、药品安全犯罪案件3件20人；开展“断卡”行动，审结涉“两卡”违法犯罪案件4件10人；审结职务犯罪案件5件5人，并邀请多部门党员干部旁听受贿案庭审，开展“零距离”廉政警示教育；维护市场经济秩序和社会管理秩序，审结涉案金额1.05亿元的叶某某等9人传销案；打好“长江十年禁渔”保卫战，注重采取恢复性司法举措，审结禁渔期被告人揭某某、曲某某在澧水河段非法捕捞水产品一案，2被告人除被判处刑事处罚外，还判令支付5180元购买鱼苗，修复渔业资源环境。

10月15日，澧县首例非法捕捞水产品刑事附带民事公益诉讼案开庭审理并当庭宣判

【民商事审判】坚持调解优先、调判结合，力求案结事了。全年共审结民商事案件3359件。其中调解、撤诉案件1169件，调撤率34.8%。注重保护妇女、儿童、老年人合法权益，审结离婚、继承、抚养、赡养等婚姻家庭案件745件；加强劳动者权益保护，审结劳务合同、追索劳动报酬纠纷等案件85件，依法快审快调涉26名农民工工资系列案；尊重契约精神，维护市场交易秩序，审结买卖、承揽、租赁等合同类案件386件；立足县域实际，妥善处理物业纠纷案件281件。

【行政审判】落实行政案件一审集中管辖。全年审结鼎城、石门、安乡、津市、临澧各类行政诉讼案件207件。推进行政机关负责人出庭应诉。强化非诉行政案件审查，共裁定准予执行30件，执结30件。加强征地拆迁、涉税案件的审理执行工作，促成40余户主动腾房，执行到位税款400余万元。

【执行工作】全年共受理执行案件1917件，

结案1875件，执行到位金额2.45亿元。执结涉金融案件288件，到位金额1.01亿元。强化执行刚性，采取查封、冻结、扣划等强制措施8800余次，纳入失信被执行人名单600人次，网拍394次，限制高消费863人次，司法拘留49人次，以拒不执行法院判决罪判处被告人伍学忠有期徒刑1年。加大失信被执行人曝光度，通过门户网站、微信公众号、抖音、电子显示屏等平台曝光失信被执行人8期。

【疫情防控】 先后抽调干警450人次下沉街道社区，发放防疫宣传资料500余份，组织干警捐款近2万元。为克服疫情造成的提审难，开庭难，借用信息化技术，开展网上立案、远程提讯、线上调解，全年网络庭审案件155件。率先建成常德地区直达看守所的互联网法庭。网上开庭并当庭宣判全县首例防疫物资诈骗案，判处被告人刘移民有期徒刑3年，并处罚金人民币1万元。严格做好防控措施和安全保障，全年累计完成核酸检测162人次，确保刑事案件在押被告人到庭受审，打击犯罪不停步。

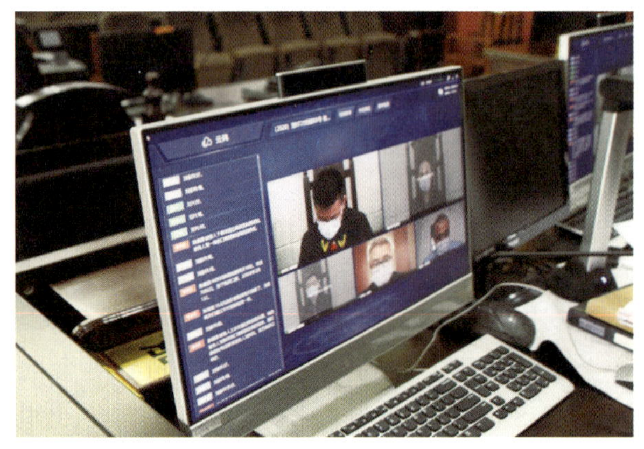

4月15日上午，澧县人民法院运用互联网庭审方式，公开开庭并当庭宣判澧县首例涉防疫物资诈骗案

【扫黑除恶】 全年审结涉黑恶犯罪案件18件61人。宣判袁某某、钟某某等5个恶势力犯罪集团；受理何某某等20人犯罪集团涉黑案（“013”专案）；坚决铲除黑恶势力经济基础，成立“打财断血”专项执行组，查封冻结现金、房产、车辆、股权等各类财产4414.61万元。

【一站式建设】 诉服大厅整合自助立案、材料收转、集约送达、财产保全、网上交退费等审判辅助工作，全力打造“指尖上的诉讼”。全年运用移动微法院、诉讼服务网网上立案226件、跨域立案34件；线上司法送达平台完成送达3643次。同时，短信送达、电子送达、邮寄送达等多种送达方式协同推进，初步形成多样化的司法服务格局。2020年，建成诉源治理工作站7个，并成立常德地区首个驻县交通警察大队诉源治理工作站。11月，开展道路交通事故损害赔偿纠纷“网上数据一体化处理”试点，高效化解纠纷39件。人民法院调解平台广泛运用，全年结案1707件，通过音视频在线调解826件。

常德地区首个驻县交通警察大队诉源治理工作站成立

成立速裁团队，返聘审判工作经验丰富的退休干警担任特邀调解员，对案件进行“诉前调解—快审速裁—难案精审”三层递进式过滤，速裁团队全年分流案件938件。开展“审判质量、效率和公信力巩固年”活动，全年评查各类案件300余件，把好案件质量关、效率关。

【脱贫攻坚】 切实担负起后盾组长单位职责，牵头召开扶贫工作屋场会4次，协调各方到位扶贫资金21万元。强化责任落实，全院24名帮扶干警与贫困户一起谋良方、出实策，累计走访贫困户180余人次。实现扶贫点村大堰垱镇玉圃村83户263人，非贫困村大堰垱镇干河村79

户216人全部如期脱贫。

【队伍建设】 深化外部监督。自觉接受人大、政协监督。全年向县人大常委会专题报告法院工作2次；举办法院开放日活动，先后5次邀请代表委员走进法院旁听庭审、见证执行。全方位做好司法宣传。全年利用官网、微博、微信、头条号、抖音等“新媒体矩阵”，发布法院动态与资讯610余条，拍摄反映法院工作微视频2部；运用抖音发布动态16条，总播放量达到66.2万；开展送法进学校、进企业、进乡村、进社区等活动29次。加强内部管理。以政治建设为统领，始终以习近平新时代中国特色社会主义思想武装头脑，切实增强“四个意识”、坚定“四个自信”，做到“两个维护”，确保法院工作的正确政治方向。坚持素质强院。全年组织干警参加各类培训30余人次；参加上级法院举办的《民法典》学习讲座13场次。 （吴因霞）

司法行政

【概况】 2020年，澧县司法局围绕一个中心，加强两个建设，瞄准三个重点，忠诚履职尽责，主动担当作为，奋力开拓进取，司法行政全面工作排名全市第一；“七五”普法代表省、市高标准迎接全国、全省终期验收；法治政府示范创建高质量通过全省第三方评估专家组实地评估；民主法治示范村—城头山镇牌楼村获全国先进。

【司法队伍建设】 注重青年干部“管理人才”和“业务人才”双培机制，不断优化队伍结构，提升整体综合素能。年内组织参加省司法厅远程业务培训158人次，县级干部培训班3人。从时间和精力上支持18名青年干部备战法律职业资格考试。将全系统人员岗位业务知识及法律知识学习、培训及考试情况纳入年终绩效考核，在全局掀起学法律、熟业务、比技能热潮。将政治素质过硬和工作实绩突出作为选拔任用干部的重要依据，从青年干部中新提拔二层机构负责人9人，新招录人员5人，接收实习生10人，并全部充实到基层一线和重要岗位锻炼。开展典型选树活动，将一线优秀青年干部，先进事迹推出去，先进形象立起来，调解为民好榜样肖俊、国庆维稳先进典型谭伟红分别被司法部评为全国先进。

【法治政府建设】 围绕全省法治政府建设创建目标，推进全面依法治县。高质量迎接1月全省法治政府创建第三方评估专家组实地评估。召开中共澧县县委全面依法治县委员会第二次会议，严格落实《澧县贯彻落实〈法治政府建设实施纲要（2015—2020年）〉实施方案》。重点推进政府依法行政理念，全年共办理行政复议及行政应诉案件57件，行政负责人出庭应诉率居全市前列。疫情期间，行政负责人网上出庭行政复议，及时回应群众合法诉求，创全市首例。落实行政执法“四项制度”，组织全县120名行政执法骨干培训，邀请省、市两级专家领导现场授课。进一步加强规范性文件管理，报备率和合格率均为100%。开展合法性审查工作，审查县政府具体行政行为48件。当好县政府法律参谋，参加县政府各类会议61次，参与县政府重大招商引资项目谈判6次。为澧县高质量发展筑牢“法律屏障”。

澧县政府网上应诉第一案开庭

【法治宣传教育】 筹备并组织召开澧县县委全面依法治县委员会守法普法协调小组第一次会议，邀请省委宣传部教授在县委中心组学习会上讲授习近平全面依法治国新理念新思想新战略重要内容。完成1.4万余名国家工作人员学法考法工作。依托澧县职业中专学校、群玉广场、兰江公园高标准建成青少年法治教育基地、法治文化广场、法治文化公园，“七五”普法全面工作先后代表湖南省、常德市迎接国家、省两级终期验收并获高度认可。组织学习宣传贯彻《社区矫正法》研讨会，将学习宣传贯彻《社区矫正法》列入2020年全局宣传工作要点，打出“海报、宣传手册、横幅标语”等传统模式与“网站、自媒体、公众号”等网络模式宣传组合拳，提高人民群众对《社区矫正法》知晓率。将澧州大鼓、鼓盆歌等民间传承技艺元素融入普法活动，开展《人民调解法》《民法典》等系列普法专题活动。开展法律“六进”活动，发放宣传单、法律读本等共计8万余册，解答群众咨询870余人次。

“七五”普法终期验收国家检查组视察澧县职业中专

【维护社会稳定】 以强化县域治理现代化为目标，逐步完善“和宁”大调解多元化解模式，进一步打造“枫桥经验”澧县版。2020年，全县各级人民调解委员会共调解矛盾纠纷4037件，成功调解4002件，调解成功率99.15%，涉及金额2976万元。进一步健全矛盾纠纷多元化解机制，发挥“和宁”调解中心组织、参与、指导化解跨行业、跨区域及专业、行业重大矛盾纠纷的职责职能作用，化解重大矛盾纠纷25件，涉法涉诉案件22件，涉及金额200多万元，指导各行业调委会调处医疗纠纷、道路交通纠纷、婚姻家庭纠纷等190起，涉及金额314万元。在基层建立“和事佬”工作室3个，码头铺镇“德松”调解工作室调解员高德松被省司法厅推选为全国模范人民调解员。

【“智慧矫正”系统建设】 全年共接收社区矫正对象200余人，作为全省“智慧矫正”试点单位。年初，县司法局围绕“业务提标、科技提能、工作提质”三大目标，抓好“智慧矫正”系统建设，建成由一体化大平台、远程监控、远程视频会议（教育培训）、无感签到4个子系统组成的“智慧矫正”系统，配有100余台各类智能终端，形成以县社区矫正中心为核心，覆盖19个司法所，上下联通的“智慧矫正”网络，并于12月底通过省司法厅验收。全县社区矫正通过“人、技、网、智”四位一体监管模式的运用，确保社区矫正对象无一人脱管漏管。

市政协领导一行调研澧县社区矫正工作（演示一体化平台）

【法律服务】 提升法律服务质量。以公共法律服务四级平台为依托，发挥3250148法律服务热线、如法网、实体平台的互补互促作用，让法律服务成为人民群众贴身暖心、时刻在线的法律名片。全年共受理法律援助案件232件，接待法律咨询900余人次，提供法律帮助49人次，参与办理认罪认罚案件364件，完成司法鉴定125

件。落实“放管服”改革要求，确保“只进一次门”，全年共办理公证案件1316件，为困难群体公证事项提供法律援助近100次。延伸法律服务触角。疫情期间，为维护社会稳定，防止群体性事件发生，公证处及时开展公证服务进企业，现场为运达置业公司办理不可抗力事实公证，受到企业和社会各界的好评。4月，在县高新区专设公共法律服务工作站，为企业提供“家门口”法律服务，工作站组织律师深入企业，开展法律宣传12次，组织法律知识讲座5次，提供法律咨询59次，解答法律难题21件。优化营商法治环境。开展“司法公正常德行”活动，加大行政执法案件评查力度，采取与市司法局上下联动、同县人大监察司法委横向配合等方式对全县33家行政执法单位开展案卷评查2次。开通涉企行政执法监督举报热线，专门受理“不作为”“乱作为”等执法乱象的投诉举报，及时调查处理群众举报执法问题。出台《澧县营造法治化营商环境十条具体措施》，倡导办事不求人的良好风气，努力营造法治化营商环境，助推全县经济高质量发展。（柳玉清）

局长何雪松走访企业开展法律服务情况

经济执法与监督

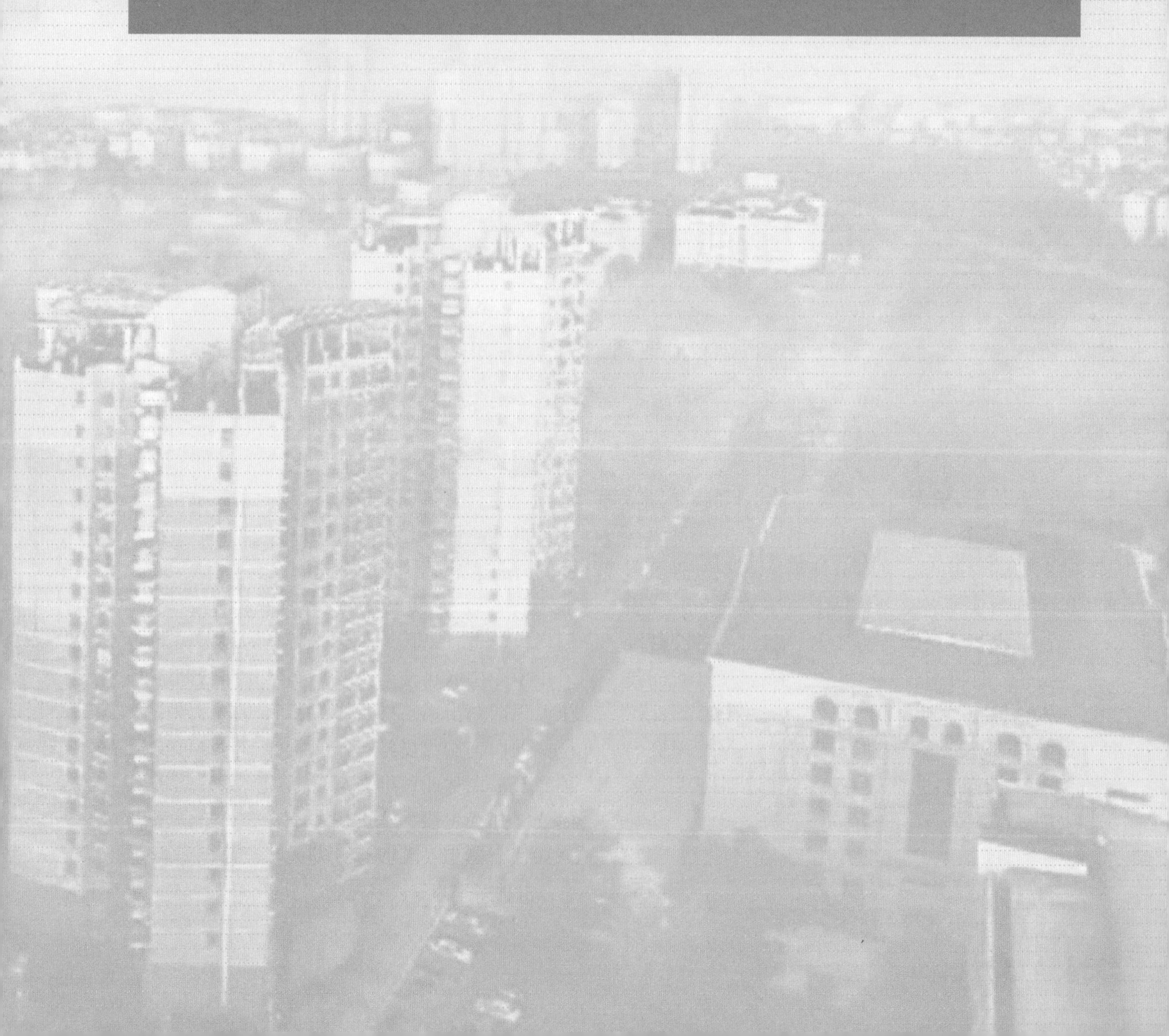

发展改革与物价管理

【概况】 2020年，澧县发改局贯彻县委、县政府确定的“扬长补短”战略，主动应对疫情，围绕“六稳、六保”主线，统筹推进项目建设、争项争资、价费管理、粮食安全等各项工作。全年完成固定资产投资260.4亿元，较上年增长17.8%。其中，产业投资170.4亿元，投资占比65.4%，高新技术产业投资59.5亿元，较上年增长57%。

【项目建设】 全县全年纳入市重点考核项目17个，年度计划投资66亿元。截至12月底，完成投资99亿元，占年度计划的150%；纳入县重点推进项目134个，总投资170亿元，其中新建项目64个，续建项目50个、前期项目14个。年内，智能机电制造、冠源制衣、润创电子、明德禾润、澧州大桥至张公庙公路白改黑、疾控中心迁建等39个项目建成并投入使用。科创产业园、三科农商城、万达广场、澧州国际汽车城、芙蓉学校等41个项目超额完成年度目标任务。

县长王兆铭（左二）调研三科农商城项目

同时，以优质高效服务推进项目建设。抓行政审批服务。坚持“马上办、网上办、就近办、一次办”原则，先后办理审批、核准、备案、招标核准、调整等事项共340个；坚持从立项把关，所有投资项目必须在澧县成立公司，将税费交在当地。抓项目调度督导。制定《澧县2020年固定资产投资项目入库指导计划》和考核细则，将任务分解到月，确保每月入库10个以上规上项目，保证月月有数据可报、月月稳定增长。全年先后发出重点建设项目进展情况通报20期，交办函5期。抓扶持政策落地实施。先后申报疫情防控重点保障物资专项贷款共四批次14家企业，进入国家名单2家，进入省级名单3家；申报疫情防控免税企业共3批次8家，有3家企业进入免税企业名单。全县10家企业纳入国家发改委“信易贷”平台。

【争项争资】 全年先后申报项目13批次191个，累计争取到位上级各类资金10.4亿元，其中国省预算内资金3.2亿元、地方专项债券6.1亿元，特别抗疫国债项目1.1亿元。此外，澧县成功挤入国家120个新型城镇化补短板强弱项建设示范县，为澧县创造新优势、实现新跨越赢得新平台。

县领导在国家发改委汇报澧县新型城镇化补短板强弱项示范县工作情况

【物价管理】 推进价费减负政策。在新冠肺炎疫情常态化防控形势下，督促相关企业调整工业用气价格，由原来4.15元每立方米降为3.85元每立方米，全年减少企业用气支出260多万元。同时，落实好国家电网对一般工商业用户减免电费5%优惠政策，全年为企业减负1000多万元。牵头落实临时价格补贴。1月，国家价格临时补贴机制启动，全县共发放价格临时补贴8个月，并严格按标准足额发放到位。全年累计发放价格临时补贴266778人次，发放金额1075.72万元。其中，失业保险发放2454人次，发放金额12.28万元；优抚对象发放29816人次，发放金额149.92万元；低收入人群发放234508人次，发放金额913.52万元。规范价费行为。对景区门票价格、县城区城市出租汽车营运价格进一步进行调整和规范，启动城镇污水处理成本监审和殡葬服务成本监审工作。

【参谋服务】 推进“十四五”规划编制。8月，按照县委、县政府部署要求，启动澧县“十四五”规划编制工作；9月中旬，规划编制形成基本思路；10月上旬，完成《纲要》初稿后，各方征求意见，反复进行修改完善。同时，各专项规划编制正同步推进中。12月底，《纲要》形成正稿，经县委常委会、县政府常务会审议通过后印发。按照规划项目化，以项目落实规划的思路，组建“十四五”重大项目库，先后组织各职能部门、镇（街道）谋划梳理“十四五”重大项目394个，总投资2000多亿元。做好新型城镇化补短板强弱项实施方案编制。5月29日，国家发改委出台《关于加快开展县城城镇化补短板强弱项工作的通知》（发改规划〔2020〕831号），明确将澧县纳入全国120个新型城镇化补短板强弱项示范县范畴。澧县即时启动《澧县县城新型城镇化建设补短板强弱项实施方案》编制。根据“缺什么补什么”的原则，方案共规划重大项目101个，总投资409.8亿元，其中公共服务设施项目37个、环境卫生设施项目11个、市政公用设施项目29个、产业培育设施项目24个。

县人大听取澧县“十四五”规划编制情况汇报

【推进社会信用体系建设】 落实“双公示”制度，全年向市级公共信用信息平台报送行政许可信用信息4000多条，行政处罚信用信息1700多条，企业红名单206个、自然人荣誉名单16个，306人因失信问题纳入失信被执行人名单，运用银税互动成果帮助6家企业信用贷款达500万元。澧县纳入信用修复和信用承诺工作先行试点县。8月中旬，全市农户信息试点经验推广会在澧县召开。

【易地扶贫搬迁】 “十三五”时期，全县共实施易地搬迁298户875人，其中集中安置69户213人、分散安置229户662人。年内，主要对甘溪滩镇集中安置点38户、码头铺镇集中安置点31户实施后续帮扶，对开展分散安置的229户开展全面回头看，确保扶贫政策落地不走样。11月底，全县易地扶贫搬迁工作通过省、市验收。

【洞庭湖生态环境治理】 《澧县洞庭湖生态环境专项整治三年行动计划实施方案》目标任务逐步完成，长江经济带问题整改清单按照时间节点及时完成销号；“五结合”推进项目争取资金300万元，已全部开工建设；两型建设黄沙湾社区创建和二中示范建设已完工。

【推进公务用车制度改革】 制定《澧县事业单位公务用车制度改革实施意见》《澧县县属国有企业公务用车制度改革实施方案》即将颁布实施。

（刘乾明）

自然资源管理

【概况】 澧县自然资源局下设13个行政股室、14个二级事业单位、19个镇（街道）自然资源所，有在编人员368人，退休人员109人，其中党员274人。2020年，澧县自然资源局坚持以服务全县经济建设为中心，突出保护资源、保障发展两个重点，履职尽责，主动作为。澧县被推荐为“国务院2020年土地节约集约利用真抓实干督查激励先进单位”，月清“三地”工作被评为全省先进县，澧县自然资源局老干党支部被常德市自然资源和规划局评选为先进党支部及“五好”离退休干部党支部，澧县自然资源局老干第一支部被评为全省示范离退休干部党支部，澧县自然资源局集体获“市级文明标兵单位”“县五一劳动奖状”。

7月6日，国家自然资源武汉督察局局长张先余（右三）、湖南省自然资源厅副厅长谢文（左四）来澧县督查“三调”工作

【保障发展】 全年完成项目调规422.3亩，批回项目用地1647亩，拆迁317户，确保三科农商城、澧州汽车城等一批重点建设项目落地。出让土地40宗，面积2215.35亩，出让收入19.31亿元，实现财政净收益6.99亿元。

【资源保护】 实施增减挂钩暨“空心房”整治面积3085亩；开发耕地1880亩、水田3089亩；关闭砂石土矿34家，是常德市首批决定关闭砂石土矿的县。农村乱占耕地建房专项整治工作受到省自然资源厅通报表扬。农村“5321”土地执法模式被常德市自然资源和规划局提炼为“北澧南汉”经验，并在全省推介。

县长王兆铭（左二）督导赤峰煤矿渣山整治工作

【服务民生】 投入资金380万元，完成码头铺镇陆家桥、火连坡镇马鞍山2个地灾治理项目，地质灾害防治到位，继续保持“零伤亡”。开展“交房即交证”改革，对重大、特急项目建立绿色通道，三科农商城、和瑞欢乐城、澧州国际汽车城等项目登记工作做到即来即办、即办即结。建立容缺处理机制，保障企业复工复产，韩顺电子、嘉利塑业、正兴农业等企业完成融资，金瑞汽贸等企业在最短时间完成银行借贷业务。将10余项政务服务事项下放镇（街道），方便群众“就近能办、一次办好”。自然资源领域信访积案化解率、领导批示和上级交办问题处理率大幅提升，受到省自然资源厅通报表扬。

【专项工作】 国土空间规划编制工作完成规划实施评估、“双评价”和现状评估等多项阶段性成果。农村宅基地和集体建设用地房地一体确权登记成效显著，全县11.8万户农村宅基地全部完成确权登记。8月31日，澧县自然资源局在全省不动产登记工作交流现场会上做典型发言。全省集中化解房地产办证信访突出问题专项行动，澧县自然资源局共排查办证难国有土地上商住小区12处3161户。截至12月底，已化解11处，占比91%，化解率全市第一。

6月25日，澧县自然资源局开展庆祝土地日及农村房地确权一体颁证工作

【队伍建设】 定期开展“三会一课”“互学互比”“主题党日”等活动，推进党风廉政建设，班子成员严格履行“一岗双责”。结合耕地保护、执法监察、不动产登记等自然资源工作，组织镇（街道）所工作人员进行业务培训。健全学习、例会、考勤、职工代表大会、换届选举等相关制度。年内，先后举办“道德讲堂”“未成年人教育”“文明餐桌”“志愿者培训”“文明礼仪培训”“潇湘家书”“书香澧州”“规范汉字书写培训”等主题活动。6月25日，开展庆祝土地日及农村房地确权一体颁证工作活动。8月1日，组织全局240名退役军人开展“退伍不褪色——宣扬老兵精神”建军节活动。9月19日，召开2020年庆国庆暨先进表彰大会，对优秀志愿者、文明家庭、岗位标兵、业务能手、自然资源卫士进行表彰。（童　欣）

9月19日，澧县自然资源局庆国庆暨先进表彰大会

审计监督

【概况】 2020年，澧县审计局人员编制31人，在职31人。局机关内设办公室、法规审理股、行政事业审计股、财政金融审计股、经济责任审计股、社会保障审计股、农业农村审计股、企业审计股、电子数据审计股、固定资产投资审计股，下设股级事业单位澧县政府投资审计中心。全年共完成县委审计委员会立项和经责审计项目25个，查出违规金额3010万元。下达审计决定书22份，移送案件线索14起，提交审计要情4篇、审计专报1篇。在继续保持“全国模范职工之家”荣誉称号的同时，成功创建湖南省文明标兵单位，获全县绩效考核评估优秀等次、社会治安综合治理工作先进单位等荣誉称号。

【巡审同步审计】 按照县委审计委员会第一次会议精神，对县委常委所在部门和人大办、政协办实行审计与巡察同步跟进，开展例行审计，并建立县委巡察办与县审计局巡审同步工作协作机制。制定出台《关于深入推进审计全覆盖的实施方案》。

【财政预算执行审计】 围绕“三大攻坚战”和县政府上年初预算方案，开展县本级预算执行及其他财政收支情况审计。在县委审计委员会第二次会议上提出县委、县政府需关注的7个问题，发挥审计参谋助手作用。对耕地地力保护补贴资金专项审计，向县纪监委移送案件线索5起，收缴违纪违规资金25万余元。

【经济责任审计】 全年共开展经济责任审计项目14个，规范权力运行；自然资源资产审计项目1个，促进生态文明建设。建立县经济责任审计联席会议制度。

【固定资产投资审计】 全年完成常规政府投资项目结（决）算审计120个、三改四化跟踪审计项目51个，独立审减金额9083万元，最大限度节省政府基建投入资金。

【统筹项目资金审计】 及时跟进全县用于疫情防控的财政专项资金、捐赠款物的分配管理使用情况，揭示问题3个，提出建议3条，并推动边审边改；开展武陵区2019年扶贫审计，提出审计建议6条；开展石门县医保基金审计，移送案件线索2起。

【落实问题整改】 协助两办及相关单位完成书记、县长经责审计及自然资源资产审计、低保审计和政府性债务审计问题整改；加大审计问题整改执行的督办检查力度，督促被审计单位切实落实问题整改。全年被审计单位采纳审计建议87条，督促整改问题156个。

【打造“智慧审计”新模式】 投入资金150万元，在全市率先开展“智慧审计”大数据平台建设，利用大数据分析，为审计插上科技翅膀。年内，在地力补贴专项审计调查、医保基金、民政资金审计中，大数据审计作用得到彰显，走在全市各区县市前列。

“智慧审计”大数据平台建设

【文明创建】 2020年，《澧县审计局以文明创建助推审计发展》的典型经验被湖南精神文明建设简报予以推介。全年投入资金30多万元，高标准建设文化走廊、阅览室、党员活动室等创建阵地，营造浓厚文化氛围；开展丰富多彩的文体活动，提升工作活力；开展形式多样的志愿者活动，履行社会职责，展现审计人良好形象。春节疫情期间，组织志愿者参与防疫值守，组织志愿者服务队到联系村（社区）开展环境整治、平安创建、民调宣传等活动，组织机关干部参加健步行、关爱困难儿童、无偿献血、祭奠英烈、书画摄影比赛等活动。全年开展道德讲堂4次，以实际行动践行社会主义核心价值观，努力构建和谐文明审计机关。

开展“你读、我听”诵读会

澧县审计局“关爱儿童、爱心助残”活动

【队伍建设】 把严守党的政治纪律和政治规矩放在首要位置，健全完善党组议事决策程序，贯彻“三重一大”集体决策、请示报告等制度。修订完善《岗位责任制及规章制度》，制定《岗位责任制考核办法》，规章制度共5大类31条，严格按制度办事，用制度管人。加强对审计公示、审计回访、责任追究等程序执行情况的监督检查，推动依法从审、廉洁从审。推进“两学一做”教育常态化制度化，严格落实好“三会一课”、主题党日等制度，确保党建工作规范有序开展。引导全局干部职工利用“学习强国”“红星云”等平台开展学习，弘扬和践行社会主义核心价值观，把握正确前进方向，真正让意识形态工作起到统一思想、凝聚人心、汇集力量的强有力作用。（夏莉莉）

市场监督管理

【概况】 2020年，澧县市场监督管理局实施“磨刀”工程、“亮剑”工程和“扬鞭”工程，全局上下围绕新冠疫情防控和安全生产，实现“监管全覆盖、大案有突破、形象大提升、待遇上台阶”。全年共立案查处一般程序行政违法案件380起，下达行政处罚事先告知书和听证告知书365起，结案358起，非税入库1040万元。常德市“三小”综合治理工作现场会在澧县召开，全县“三小”综合治理、安全生产等工作在全市名列前茅。在全县绩效评估中获县直单位优秀等次，被评为全县安全生产优秀单位、综治工作优秀单位、全县文明单位，城市提质工作连续四个季度获评优秀单位，人大评议在执法单位中排名第一。

【疫情防控严把“五关”】 农贸市场关。严格落实属地监管责任，联合相关部门对全县农贸市场进行专项检查，持续督促经营业主落实主体责任和防控措施；严查各种肉类进货来源和台账，严厉防范农贸市场非法制售、加工和经营野生动物的行为。食品消费关。对全县所有大小宾馆、酒店加大巡查力度，督促落实索票索证和进货查验制度。规范全县餐饮店及网络外卖平台在疫情防控期间的经营行为。流通领域关。督促全县所有大型商场、超市规范营业；督促各经营单位严把生鲜食品进货关，对在检查过程中发现的来历不明的肉制品，依法予以封存；全面监督重要生活物资的供应及价格情况。药品经营关。加强对涉及防控新型冠状病毒感染的消毒用品和抗病毒药物的检查，加大价格监管力度，高度关注防疫用品的质量及价格稳定情况，严厉打击防疫用品质量不合格、虚假宣传、不按规定明码标价、串通涨价、哄抬物价等违法行为。冷链食品关。12月，出动执法人员185人次，检查冷冻冷藏食品经营者77户，发现并查扣不能提供来源和合格证明文件的冷冻肉品和超过保质期的冷藏冷冻食品3223千克，下达责令整改4家，停业整顿4家，取缔1家，立案查处13家。全年出动执法人员5500多人次，检查各类经营主体6000多家次；对全县300多家经营主体在疫情防控期间不规范行为进行整改，消除安全隐患；发放《价格提醒告诫书》《公开承诺书》等宣传资料3000多份。全县重要生活物资、防疫用品等商品价格稳定。同时，促进全县企业复工复产，坚持统筹疫情防控和经济社会发展“两手抓、两手硬、两不误、两促进”，坚决落实国家扶持经营主体的优惠政策，引导扶持企业、个体工商户复工复产，把疫情冲击和影响降到最低。

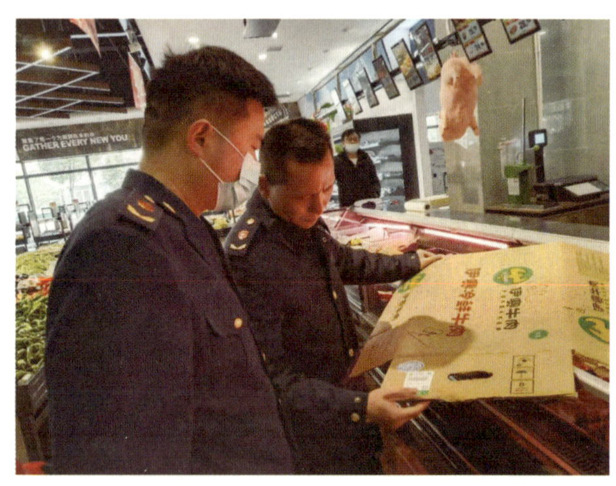

执法人员检查冷链食品疫情防控工作

【持续推进“放、管、服”改革】 全年新开办企业934家，新开办个体工商户3188家；截至12月底，全县有市场主体41010家，其中企业7523家，个体工商户33487家。一是继续推进“证照分离”改革工作。在全县范围内对国务院确定的第一批106项涉企（含个体工商户、农民专业合作社）行政审批事项分别采用直接取消审批、审批改为备案、实行告知承诺、优化准入服务等4种方式推进改革。二是持续压缩企业开办时间。澧县商事制度改革工作领导小组出台《关于进一步压缩企业开办时间工作实施方案》《澧县开办企业“一窗通”实施方案》，企业设立登记压缩至1个工作日以内，开设企业“一窗通”专区，申请人在专区窗口一次性免费领取印章、发票及税控设备。该方案实施以来，已为409家新设企业免费发放首套印章，为企业节约成本8万多元。三是进一步推行企业登记全程电子化。制定《关于进一步推行市场主体登记全程电子化的工作方案》，实现各类市场主体登记申请、受理、核准、发照、公示等各环节均通过网上传输电子数据进行全程电子化登记。全年通过全程电子化业务系统设立的企业户数累计792户，占比超过65%。四是实现企业注销登记便利化。制定《关于进一步推进企业注销便利化的工作方案》，优化普通注销登记制度，为企业提供免费发布公告途径；扩大简易注销适用范围，压缩简易注销登记公告时间，公告时间由45天压缩为20天；建立容错机制，畅通简易注销登记渠道。全年由企业（自行）通过国家企业信用信息系统（湖南）免费公告简易注销227户，准予简易注销195户。

【食品安全监管】 深化“三小”治理。坚持以“五个到位”（巡查到位、考核到位、奖励到位、资金到位、培训到位）为标准，创建示范街15条、示范户770个，通过示范引领，达到“亮证亮照”和“明厨亮灶”的目标。开展猪肉及猪肉制品专项整治。全县304个鲜猪肉经营户和43个冷冻肉制品经营户均建立台账，各镇（街道）累计开展整治行动94次，办理案件42起，无害化处理病死生猪500余头，没收未经检疫猪肉及副产品5000多千克，罚款94万多元。开展“护苗”及餐饮业专项整治行动。对照考核指标和30个检查要点，检查餐饮服务单位、机关食堂、学校食堂、工地食堂、养老机构食堂、农村赈酒服务提供者243家。对发现的问题提出限时整改意见；对拒不整改或整改不达标的经营者坚决予以关停，对整改后仍难以达到经营条件的依法予以取缔。开展酒类市场专项整治。全年共出动执法人员500多人次，检查酒类经营主体800多家次，查处酒类违法案件20多起。开展食盐专项整治。根据市局食盐专项整治行动方案精神，对全县30多所中小学幼儿园和20多家餐饮门店集中用盐情况进行专项检查，对部分食盐进行抽样检测，共抽取样品100多份，确保全县食盐质量安全。开展特殊食品领域专项整治。全年共检查母婴店、药店、经营婴幼儿配方乳粉店铺236家，排查隐患问题21个，向相关市场监管所送达《交办函》5份，责令整改相关经营主体21户。

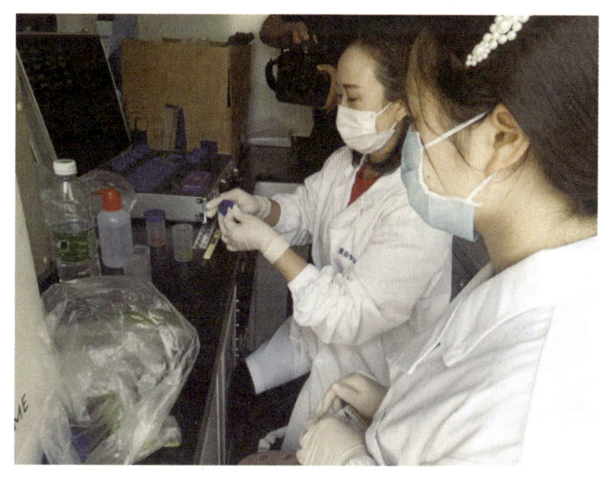

检验检测人员在校园食堂开展食品安全快速检测

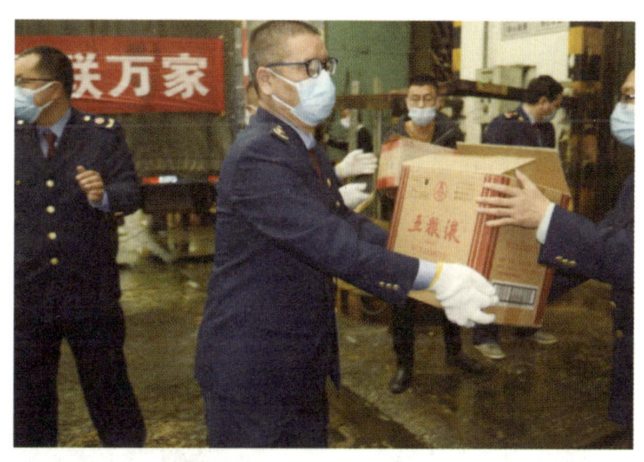

执法人员收缴假冒伪劣商品

【药品安全监督】 “排查+整治”巩固监管成效。对药械市场进行大清理、大排查，检查药械经营企业、县级医疗机构、乡镇卫生院、民营医院、社区卫生服务站、村卫生室等800多家；对医疗机构普遍存在的制度管理不完善、设施设备不齐全、进货台账不完善、进货渠道把关不严、不按温度要求储藏药品等问题提出整改意见。对防控用药品、医疗器械、执业药师挂靠、中药饮片、疫苗等进行专项整治，查办各类药械案件40多起，查处执业药师“挂证”行为6起。“严管+规范”解决监管难题。疫情防控期间，药品稽查中队、药械监管股与19个基层所联合行动，巡查药房、药店等经营者8000多家次，严查过期药品、不合格药品、哄抬物价、恶意囤积药械物资等违法行为。加强与药械供货商的联系，克服重重困难，线上线下多方协调，确保药械物资价格不涨、质量不降、供应不断。一、二季度共查获问题口罩2.3万只，过期失效药品6批次，处罚金额19万多元。为规范企业经营行为，宣传《常德市药品零售企业营业场所管理规定》；下发采购药品必须向供货单位索取增值税发票的告知函，重点打击非法渠道采购药品的行为；杜绝执业药师“挂证”行为；推行处方药闭柜销售，通报药房不凭处方销售处方药品的情况；对药品零售企业监督检查实行全覆盖。

【特种设备安全监管】 开展特种设备“强执法，防事故”专项整治行动。全年共出动执法人员1599人次，检查特种设备使用单位520家，委托第三方检验机构对特种设备进行检验1680台（件），排查事故隐患30处，立案查处特种设备案件16起，取缔关闭存在严重隐患的特种设备使用单位2家；开展特种设备安全应急演练。6月16日，将全县60多家特种设备使用单位负责人和安全管理员集中到环宇莱茵小镇现场观摩演练，发放宣传资料1000多份，现场解答问题。全年特种设备安全问题投诉比上年同期下降90%，特种设备定检率和特种设备操作持证上岗率均达到100%。

局党组书记、局长石敏带队检查特种设备安全

【全面实施三大战略工程】 深化质量强县战略。严厉查处假冒伪劣和侵犯知识产权违法行为，主要涉及口罩、汽车零配件、床上用品、珠宝首饰等，共查处商标侵犯案件38件，罚没入库73.5万元；开展为期3个月的建筑材料专项整治行动，对消费者反映强烈、投诉较多的建筑用砂、排水波纹管、防水卷材、混凝土等建筑材料进行抽样检测，共抽取样品50个，对9家存在严重质量问题的企业进行立案查处，罚没收入50多万元。推进知识产权战略。截至2020年年底，全县发明专利申请579件，超过年初市定目标任务386件，完成比例148.45%；授权10件。实用新型专利申请1186件，授权120件；外观设计专利申请94件，授权87件；注册商标申请1200件，注册700件，全县共拥有注册商标3656件。继续推进标准化战略。推动落实企业标准公开声明制度，加大对违法违规企业标准的查处力度；支持指导企业参与国家、行业、地方标准的制订和修订工作；加强认证体系建设，促进全面质量管理。

【推进综合执法改革】 成立综合行政执法局，整合工商、质监、食药监、商务、盐业、物价、知识产权、烟草等领域的执法职责。下设6个中队：食品稽查中队、质量和特安稽查中队、药品和医械稽查中队、经济检查中队、价格监督检查中队、网络交易监管中队。同时，建立健全《立案备案制度》《重大案件会商制度》《行政处罚案件信息公开制度》等一系列规范性文件和制度。全年重点对疫情防护物资、食品领域、建筑及建材市场领域、药品及医疗器械领域、传销领域等开展执法检查，共办结案件358起，罚没入库1040万元。9月，查处一起涉案金额1000万元的特大传销案。

【提升日常监管能力】 加强对群众反映强烈的重点领域价格监管。开展医疗服务价格治理。对在疫情防控中哄抬口罩价格的药房进行查处；开展涉企收费专项检查，对客运公司、物业公司、移动公司、电信、天然气、供水供电等单位收费情况进行摸底调查，建立和完善重点监管企业数据库，查办公汽公司擅自提高票价案件。强化网络和广告监管。成立网络交易监督执法队，配齐执法人员；督促网络快餐和网络交易平台落实相关责任，促进网络经济健康有序发展；建立健全全县广告监测体系，开展虚假违法广告专项整治行动。持续深化信用监管改革。建立以信息公示为基础、信用监管为核心的新型监管体系，加强和完善事中和事后监管制度。推进“双随机一公开”监管。按照上级部署，开展双随机一公开“X+4”试点工作，联合县教育局、县公安局、常德市生态环境局澧县分局等多家单位组成的联合检查组，对县内六大领域开展联合抽查行动，共抽查相关市场主体300多家。做好企业年报公示管理，全年市场主体年报率稳定在98%以上。全面推进计量监管。加强民生及工业领域计量器具专项检查，严厉打击农贸市场使用未检定、超期不合格及利用电子秤作弊等违法行为；指导医疗单位加强对计量器具的管理；开展衡器、加油机、出租车计价器等重点领域的计量器具专项检查。全年共检定各类计量器具5500件，检定率100%。加强其他领域监管。整合12315投诉举报平台，发布消费警示30余次，处理咨询、投诉、举报600多起，累计挽回损失400多万元。开展扫黑除恶宣传、严厉打击传销行为，查办案件50多起，冻结传销资金逾上千万元；启动“长江禁捕鱼打非断链”零点行动、冬春攻势专项整治行动，开展长江禁捕退捕工作。

【队伍建设】 强化干部队伍建设。完善绩效考核细则，解决干部职工干好干坏一个样问题；编印《制度汇编》，规范干部队伍管理；成立综合行政执法局，明确业务股室作指导、执法中队办大案、基层所抓监管的执法模式。推进主题教育常态化长效化。全年共组织召开支部会议48次，专题党课24次，观看系列专题片12次。推进党风廉政建设。坚持把党风廉政建设同各项中心工作同部署、同检查、同考核，切实担负起党风廉政建设主体责任。坚持将推进理论学习教育常态化制度化，规范“三会一课”、谈心谈话等党内政治生活。开展职工文化活动。4月27-28日，组织全局200多名干部职工前往国家AAAA级景区彭山景区，开展春游踏青活动；6月7日，在澧县九澧中学礼堂举办庆祝中国共产党成立99周年暨澧县市场监督管理局挂牌成立1周年庆典活动，来自全局各单位10名选手参加“务实担当，不负韶华”演讲比赛决赛。（胡　平）

统计管理

【概况】 2020年，澧县统计工作以统计改革为重点，以提高统计数据质量为宗旨，进一步加强统计法制建设，加强县、镇（街道）统计体制改革，夯实统计基础，加强党风廉政建设，改进机关工作作风，围绕县委、县政府确定的重点工作任务，为领导决策当好参谋，提供统计服务。

【编印《澧县统计月报》】 《澧县统计月报》是一册全面、客观、及时反映澧县国民经济和社会发展情况的资料性月刊，是为全县各级领导及社会公众及时提供月度统计数据的平台。内容包含全县经济运行情况综述、信息快递、主要统计指标解释、地区生产总值、分专业统计数据和兄弟县、区（市）主要经济指标等共14个板块。每月一期，全年共编印12期。

【高质量发展监测评价指标体系】 县政府先后印发《关于分解下达2020年全县主要经济指标和高质量发展监测评价指标的通知》《关于进一步加强全县统计工作的通知》，将2020年主要经济指标和高质量发展监测评价指标体系的责任分解到相关单位及具体负责人，理顺经济指标与相关责任单位的关系。同时，就切实提高思想认识、加强统计数据管理、推进统计信息共享、加强统计工作保障、强化统计宣传发动、加大统计数据质量考核和统计执法力度等六个方面强调统计工作的重要性。县绩效考核办把统计工作纳入年度相关县直单位和镇（街道）年度绩效考核责任制，以强化全县统计工作力度。

【全面小康社会建设监测】 “到2020年我国全面建成小康社会”是党的十八大提出的奋斗目标。年内，县统计部门继续承担全面小康社会建设统计监测任务，为科学准确判断澧县全面建成小康社会推进情况，发挥统计职能作用，为县委、县政府实施宏观调控和科学决策提供依据。

【建成高标准联网直报平台】 投入资金125万元，完成高标准联网直报平台建设，它包括信息化联网直报系统、无纸化办公系统和党建系统等。该平台建成，将进一步提高常规统计工作硬件设施，使统计工作更加便捷高效。

【统计法律法规宣传】 专题安排部署统计法治宣传教育活动，并成立统计法治宣传教育活动领导小组，安排部署“12·8”统计法颁布日暨“统计法治宣传月”集中宣传活动，活动现场采用宣传展板、宣传横幅、现场咨询等多样形式，将《统计法》《全国人口普查条例》《中华人民共和国统计法实施条例》等相关法律法规知识更生动、直观地展示给广大群众。活动当日设置统计法知识展板12块，发放各类统计法律资料1000余份，并给现场群众发放一次性口罩、纸杯等小礼品。

统计法律法规知识宣传

【澧县第七次全国人口普查工作】 2020年第七次全国人口普查工作启动。澧县第七次全国人口普查工作由县统计局牵头组成办公室，采取分片包干负责指导、培训和督导镇（街道）人口普查工作，县人普办单独纳入考评。澧县利用《澧州大鼓》微视频在县电视台和广大居民手机微信上宣传人口普查工作。全县共选聘普查指导员和普查员3092人，划分普查小区3302个；共普查登记人口数1076217人，户籍人口数912693人。（彭梦凌）

国民经济调查

【概况】 2020年，澧县调查队开展的调查主要有城乡居民收支调查、劳动力调查、粮食种植面积及单位面积产量调查、农民工监测、粮食产量大县监测、主要畜禽监测、生猪调查大县监测、主要农产品价格和中间消耗调查、小微企业调查以及有关部门委托的专项调查等。澧县调查队获“市级文明标兵单位”“全县绩效考核优秀单位”等荣誉称号。

【城乡居民收支调查】 全县抽中12个村（社区）、120户居民，全部由调查户使用手机对本家庭所有收支活动自动上报国家统计局平台，推算澧县城乡居民收入、消费及其他生活状况指标数据。2020年，澧县全体居民人均可支配收入24132元。其中，城镇居民人均可支配收入为33262元，农村居民人均可支配收入为19588元。

【劳动力调查】 通过抽样调查的方式，对抽中的14个村（社区）澧县本地居民的就业情况进行深入了解调查，及时、准确地反映城乡劳动力资源、就业和失业人口的总量、结构和分布情况，为政府准确判断就业形势，制定和调整就业政策，改善宏观调控，加强就业服务提供依据。

【农产量调查】 农产量调查包括粮食面积调查和粮食大县监测，对抽中的15个村开展粮食面积调查和粮食大县监测工作，客观反映澧县农业生产的实际情况，为农业生产规划与农村发展规划提供有效的数据依据。

【畜禽监测调查】 通过对抽中的15个散养小区和全县生猪、家禽规模户开展调查，及时了解澧县生猪生产及家禽养殖情况。

【统计法治宣传】 结合住户访户、劳动力访户、农产量调查、畜禽监测调查，向调查对象发放统计法律宣传册，提高调查对象的法治意识，提高调查对象对统计调查工作的配合度。统计法颁布纪念日，开展“全面弘扬宪法精神，深入推进依法治统”统计法治宣传活动，设置宣传展板，发放统计法制宣传手册，耐心接受群众对统计知识和统计法律的咨询，进一步提高社会公众对统计的了解，提高公众对统计知晓率，为依法统计营造良好社会氛围。

【优质服务】 澧县调查队发挥网点健全、贴近基层、反应灵敏的特点，抓住社会经济运行中的热点、难点问题，开展课题研究和专题调查，为服务地方经济建设、服务领导科学决策提供资料。全年向上级相关部门上报分析研究20余篇，重要信息29篇，编辑《澧县调查》简报7期。 （陈丽俐）

环境保护

【概况】 2020年，常德市生态环境局澧县分局、澧县生态环境保护综合行政执法局贯彻习近平总书记生态文明思想，落实生态优先、绿色发展理念，省、市污染防治攻坚战暨“夏季攻势”五大类（中央交办突出问题整改、老旧柴油货车淘汰、“千吨万人”饮用水水源地整治、农村生活污水治理、乡镇污水处理设施建设）49项任务，全部完成整改销号。第二次全国污染源普查工作被国务院普查办评为先进集体；生态环境信访工作被生态环境部评为“生态环境信访工作先进单位”；生态环境保护工作被省人社厅、生态环境厅评为先进集体；生态环境保护执法大练兵被市生态环境局推荐为全国先进单位，土壤污染防治被市委、市政府评为2020年度真抓实干成效明显的地区。

常德市生态环境局澧县分局党组扩大会学习习近平总书记长江经济带系列讲话精神

【蓝天保卫战】 开展扬尘治理专项行动。对35个在建项目开展扬尘专项治理，道路机械化清扫率达80%。开展秸秆禁烧专项行动。投入资金100万元，建立秸秆禁烧监控平台，整合专项资金900万元，用于秸秆禁烧与综合利用工作，作物秸秆“五化”利用率达89.6%。开展工业企业应急减排专项行动。16家“散、乱、污”企业完成整治任务并销号，县城区建成燃气管网210千米，管网覆盖全城区。开展机动车尾气专项整治专项行动。全年淘汰老旧柴油汽车9辆，报废超标大货（客）车49台，县城区出租车全部完成油改气，公交车辆基本完成电动汽车替换。

【碧水保卫战】 加强饮用水水源保护。全县8处饮用水水源地11个问题高标准完成整改。编制完成县城艳电澧水取水口、王家厂水库2处县级饮用水水源地及22处千吨万人水源地环境状况评估报告；对全县10处1000人以上水源保护区进行划定。完成小渡口集镇饮用水源地替换工作。加大农村生活污水治理。编制完成县域农村生活污水规划和生活污水现状调查。15个集镇污水处理设施全部建成，实现全覆盖。清淤沟渠380千米、塘坝2916处；全县农村卫生厕所数量达到16.75万个，普及率86.79%。推动落实河（湖）长制。河长办实行季度考核督察4次，下达交办函28份，约谈责任人18人次，整改突出难点问题445个。开展退捕禁捕专项行动，精准核查认定渔民身份286户，清理退捕船只323艘。清理整改小水电站14座。清理河道洲滩乱植杨树4000亩，拆除涔河何家湾槽洲滩矮围2059米，清除赵家峪水库库区填筑库容土方3.48万立方米。精准推进项目治污。争取上级专项资金约3.5亿元，用于饮用水源地环境保护、集镇污水处理设施建设、县城区黑臭水体治理、澧阳平原农业面源污染整治和沟渠清淤、畜禽粪污资源化利用、区域生态循环项目工程建设和恢复国家湿地公园湿地保护等。

县委副书记、县长王兆铭督导饮用水源地环境问题整改

【净土保卫战】 开展排查管控。完成涉镉企业污染源调查，启动原正峰锌业污染地块风险管控工作，完成海创等土壤环境重点监管单位隐患排查及自行监测工作；完成大坪油脂厂、汇德生物疑似污染地块土壤环境初步调查工作。加强日常监管。12家危废产生单位、10家重点固废产生单位、20家涉废矿物油单位以及27家汽车修理厂，全部纳入日常重点监管。全县696家医疗机构分别与常德市安邦医疗废物处置公司、湖南久和环保科技有限公司签订医疗废物处置合同，医疗废物全部实现集中无害化处理。开展治理修复。加强重金属污染治理试验示范，先后在城头山镇、码头铺镇开展“VIP+n”修复技术试验示范及低镉水稻品种筛选试验。对重金属污染耕地分门别类落实治理措施。全县受污染耕地安全利用率100%。

【自然生态保护】 开展文明示范县创建。成立县生态文明示范县创建工作领导小组，印发创建工作方案，编制完成《澧县生态文明建设示范县规划（2020—2030年）》。规范畜禽养殖。县人民政府印发《关于规范划定和管理畜禽养殖禁养区的通告》，划定禁养区64处，面积304.4平方千米。154家规模养殖场完成畜禽粪污资源化利用。病死畜禽无害化处理率100%。实施“绿色澧州”三年行动。全年完成新造林面积2.2万亩，主干公路及村道绿化补植提质680千米，建设绿色庭院示范户4000户，绿色庭院幸福屋场30个。加强自然保护区保护。优化自然保护地整合，整合后国家级自然保护地1处，省级3处，自然保护地总面积占全县总面积7.66%。编制完成澧县“三线一单”，可为长江经济带战略环境评价提供严谨的科学依据。

【综合行政执法】 全年12369受理环境信访投诉278件次，全部现场调查处理回复完毕；立案查处生态环境违法案件63起，向公安机关移送案件5件，向法院移送强制执行案件12件；完成企业“双随机”检查67家（重点污染源7家，一般污染源60家），排查导入固废系统企业478家，固废与辐射安全纳入日常监管单位131个；企业编制完成突发环境应急预案51家。

【排污许可证登记发放】 全年审批办结各类建设项目105个（其中，报告书24个、报告表81个），指导登记备案146个；完成全县核发登记排污许可单位1040家，其中排查登记企业969家，简化管理企业发证45家，重点管理企业发证26家，登记管理企业、简化管理和重点管理企业发证全部实现清零；完成12家企业省级信用评价和41家企业市级信用评价的填报和审核工作。

【生态环境监测】 对澧水、道水、涔水、澹水水质开展每月一次常规监测。万人以上及万人以下饮用水源每季度开展1次监测，确保饮水安全。完成16处入河排污口监测工作。县城2座空气监测自动站运维正常，并完成环境空气质量常规监测及数据报送工作。完成小渡口五公村、宋家渡自动水站建设。对理昂再生能源电力有限公司、湖南重庆啤酒国人有限责任公司、湖南萌恒服装辅料有限公司、澧县嘉峰锌业有限公司、澧县新澧化工有限公司、澧县垃圾填埋场、澧县海创环保科技有限责任公司、常德集水水务、澧县创新创业园等重点污染源每季度开展1次监督性监测。全年共完成监测报告110份，为生态环境保护管理提供强有力的科学支撑。 （刘柏林）

财政·税务

财政管理

【概况】 2020年，澧县财政系统防范化解风险和财政管理工作获省政府真抓实干、成效明显表彰，并获300万元专项奖励；《澧县念好“四字诀”，强化基层财政管理》的经验文章，被省政府办公厅《政务要情与交流》刊载推介；财政信息宣传、税政法规、财政监督、预算绩效、电子财政、财政部部办报刊宣传等获评全省先进单位。澧澹街道财政所获全省红旗财政所，澧浦街道、官垸镇财政所获评全省星级财政所，大堰垱镇财政所获评全市星级财政所。张霞被授予“常德市三八红旗手”光荣称号，池小艺被评为全省财政系统先进个人、全省财政系统唯一“百名最美扶贫人”，成功创建市级文明标兵单位，局机关离退休支部被评为全市“五好”党支部。县直单位重点工作绩效评估获“20年冠”。

【财政收支】 2020年，全县完成一般公共预算收入19.85亿元，较上年增长2.3%，占地区生产总值5.1%，其中地方收入12.54亿元，较上年增长7.1%。分别上划中央增值税、消费税、企业所得税和个人所得税3.29亿元、2361万元、2.04亿元、2860万元，较上年分别增长-8.0%、30.2%、-3.2%、-21.2%；分别上划省级增值税、企业所得税和个人所得税8943万元、4089万元、572万元，较上年分别增长0.2%、-3.2%、-21.2%。全年完成一般公共预算支出60.54亿元，同口径增长6.1%，其中三公经费较上年下降9.8%，民生支出比重提高到七成以上。

【争资争项】 全年共争取到位上级资金58.59亿元，较上年增长14.26%，资金总量和增幅以及疫情防控、困难群众救助单项争资额度在全市9个区县市中均处于前列，其中各类债券资金13.81亿元，极大缓解全县基础设施建设、困难群众救助和抗疫等方面的财政支出压力。疫情发生以来，采取税费减免、贷款担保、专项补贴、以奖代补等多种方式，支持复工复产、复商复市，累计为受疫情影响的困难企业减免各类税费1.18亿元，为500户个人及中小微企业的1.15亿元创业担保贷款，兑现贴息资金597万元。与湖南农担公司签订合作协议，为98家新型农业经营主体提供贷款担保1.1亿元。通过“助保贷”平台为4家小微企业贷款2300万元，财鑫担保累计为全县70余家中小微企业提供贷款担保3.5亿元。

【“三保”支出】 为应对减收增支带来的财政压力，全年千方百计保障工资足额发放、保障政权机关正常运转、保障基本民生支出。疫情期间，预算紧急安排抗疫专项资金2100万元，调度支出超过4500万元。村级、社区运转经费分别增长到28.8万元、27.3万元，继续按照8万元每社区、3万元每村的标准，安排惠民项目资金，还保障每个村（社区）疫情防控经费2万元，抗疫一线人员补助资金667万元，镇（街道）公务费平均提高到160万元。干部待遇方面，年终绩效奖励标准人均提高1000元，财政分类保障标准提高到75%，镇机关事业单位工作人员待遇人均提高15%。全年发放各类困难群众生活救助及补贴21项，共计1.84亿元，较上年增长14%。

【助力三大攻坚战】 遏增量、化存量、防变量，强化债务风险防控，继续提高偿债资金的预算规模，确保政府性债券利息支出和3P项目政府付费，通过“六个一批”缓释风险，置换信贷资金9.75亿元，通过推进平台公司市场化转型，关注类债务转换经营性债务7.78亿元，化解隐性债务2.2亿元，努力打造各个环节的“闭环”管理体系，2020年度债务风险防控考核居全市风险提示地区第一名；县本级安排资金5600万元，集中用于脱贫攻坚收官战，建档立卡贫困人口15249户45287人全部脱贫，42个贫困村全部退出贫困村序列，全面建成小康社会取得决定性胜利；预算安排1.23亿元，推进黑臭水体治理、河湖清四乱、羊湖口码头关闭、生态公益造林、禁捕退捕、农村人居环境整治等污染防治工作。

【财政监督管理】 加大存量资金清理，按规定统筹收回各类沉淀资金2.37亿元，规范非税超收安排程序，累计进入预算稳定调节基金的资金达4.1亿元，其中可用财力2亿元。打通盘活四本预算，确保财政收支年度平衡，从财政专户调入非税收入2.28亿元和砂石经营净收益6000万元，从政府性基金预算调入1亿元。通过一般债券安排教育、民政公益性项目，置换财力3500万元。清理消化国库应列财政支出的暂付款6800万元，进一步提高财政库款安全性。全省统一的政府采购电子卖场全面上线，全县入驻单位204家。运用政府采购助力消费扶贫，全县通过“扶贫832平台”采购农副产品340万元。

【队伍建设】 补充新鲜血液。2019—2020年，镇（街道）财政所公务员招录18名，机关招录遴选事业编干部11名，财政系统人员结构老化、缺档断层的问题基本得到缓解。培养起用年轻干部。以“新时代，新青年，新担当”为主题，召开青年干部座谈会2次，勉励青年干部立足岗位、成长成才。在全系统开展轮岗交流，将多名业绩优、劲头足、评价好的同志提拔或调整到重要岗位。加强业务学习。2019—2020年分三批组织干部到湖南大学开展集中全员轮训。各业务股室、镇（街道）财政所聚焦财政新改革、新业务，组织开展多种形式的业务培训，全系统已有多人获得会计专业中高级职称。持之以恒正风肃纪。年内，澧县第二巡察组对澧县财政开展2个月的常规巡察，针对巡察反馈的25个问题，澧县财政在落实巡察整改工作的基础上，不断加强党风廉政建设，促进财政工作提质增效。 （谭杰成　刘星宇）

国有资产经营管理

【概况】 澧县国有资产经营管理中心（以下简称县国资中心）为独立预算的正科级事业单位，内设办公室、财务股、人事股、资产管理股、资产经营股、绩效评价股等6个股室。截至2020年12月31日，澧县国有资产总计330.35亿元。其中，纳入编报范围的行政事业单位207户，资产总额84.06亿元，负债总额22.29亿元，净资产61.77亿元；纳入县属国有企业国有资产统计单位6户，资产总额为195.58亿元，其中：流动资产65.16亿元；非流动资产130.42亿元；县公共基础设施等行政事业性国有资产50.71亿元。其中政府储备物资资产2177.23万元，公共基础设施资产23.82亿元，保障性住房资产3.02亿元，受托代理资产7.4万元，其他事业性资产23.65亿元。

【国有资产管理】 完善国资监管相关制度。在结合前期摸底调研和专项整治试点工作基础上，印发（澧办发〔2020〕6号）《澧县国有资产专项清理整治实施方案》和（澧政办发〔2020〕17号）《澧县行政事业单位国有资产管理暂行办法》等文件，明确和规范国有资产管理的具体要求和可操作标准、步骤、方法等，为国有资产管理提供政策和制度保证。规范企业国有资产交易程序。国有产权的处置和转让全部进行公开拍卖、竞价出让，规范转让行为，防范国有资产流失。5月22日，县属国有企业澧县经济建设投资有限公司举行国有资产处置拍卖会，47家竞买人经过激烈角逐，澧水外滩杨树林最终以144万元的竞拍价落锤成交，比底价80万元溢价64万元，溢价率80%。强化国有资产监督管理。所有国有资产处置都依法依规进入市公共资源交易中心公开交易。7月10日，县国资中心组织的农业农村局所属原种子公司门面、仓库一年期租赁经营权拍卖会，成交总价约61万元，较上年总租金增长约38.48万元，增长率170%。盘活一批闲置国有资源。澧水大堤压渍后，从荣友公司到张公庙大桥闲置土地约4.5万亩，碧桂园澧县分公司主动与县政府委托方澧县林业局协商，以每年750元每亩租金租用，移植景观苗木，实现建设与收益共赢。完成闲置资产摸底调研工作。由县国资中心牵头，对全县各级行政事业单位的出租出借等国有资产（含门面、仓库、闲置房地产等）开展专项摸底调研工作。共涉及39家单位，出租、出借、闲置资产面积38.89万平方米，合同年租金为2251.96万元。启动国有资产专项清理整治工作。12月10日，召开全县国有资产专项清理整治大会，县整治办对38个县直单位和19个镇（街道）开展国有资产专项清理督导工作，各单位迅速落实会议精神，全面开展本单位自清自查工作。

【国有企业监督管理】 落实国企改革任务。为推进澧县国有企业退休人员社会化管理工作，截止到2020年12月31日，国有企业退休人员社会化管理移交共涉及19家国有企业，移交退休人员675人。澄清县属国有企业底子。有一级企业34家，其国资中心直接监管的独资企业14家，局属直接监管的独资企业17家，国有控股企业1家，国有参股企业2家。建立股权资产、建设项目台账。以县城建投公司为例：注册资本4.05亿元，总资产134.3亿元，国资中心占股76.57%。历年来该公司建设项目87个，总投资41亿元，已完工78个，在建9个；其中2020年建设项目16个，总投资18.5亿元，已完工7个，在建9个。启动县属国有平台公司清产核资工作。对2家投资平台公司所属31家公司进行清产核资，其中城建投14家、经建投17家。推进投融资平台公司整合转型。为增强澧县国有投融资公司经营管理能力，降低运营成本，提高投资效益，严控政府债务，结合实际，印发《澧县投融资平台公司整合转型工作方案》。（曹　瑜）

住房公积金管理

【概况】 2020年，澧县住房公积金管理部克服新冠疫情造成的严重影响，通过网上办、预约办，向现场受理快速办的工作转变。全年新增归集扩面13家，新增扩面人数500余人，累计完成归集4.2亿元，占计划任务103.%，累计提取公积金2480笔2.46亿元，占当年归集额62.5%，累计发放贷款583户，放贷金额1.96亿元，占计划数102%。安排人力和资金，用实际行动在防汛防疫、社区平安创建、综合治理、城市文明创建、2个扶贫点村的脱贫验收工作中均交出满意答卷。（李易键）

开展住房公积金政策法规宣传活动

税　务

【概况】 2020年，澧县税务局主动发挥税收职能作用，全力服务“六稳”“六保”大局，统筹推进疫情防控和全县经济社会发展。全年累计组织入库各项收入24.98亿元，同比增收1.5亿元，增幅6.4%；其中，县本级收入9.21亿元，同比增收6539.9万元，增幅7.6%。稳妥有序开展社保非税改革，推进城乡居民两险“全覆盖”，全局费金规模累计8.26亿元，同比增收1.37亿元，增幅19.9%。

【党建工作】 推进从严治党，诠释初心使命。坚持将党的领导贯穿税收工作始终，不断强化政治建设、组织建设、作风建设、制度建设，推动全面从严治党在全局走深走实。县税务局党委全年围绕落实“十九届五中全会精神”“习近平总书记系列重要讲话和重要批示”等主题，组织开展中心组学习12次。各支部以“三会一课”为载体，开展学习先进典型、参观红色教育基地、扶贫爱心捐助等主题党建活动，党员按期缴纳党费9.7万元，发动干部职工为抗击疫情捐款5.3万元。

开展“我们的节日·春节”主题活动

【优化营商环境】 制定《澧县税务局落实优化营商环境条例》，对56项工作任务实行责任分解，不断提高政治站位、强化税收宣传、落实减税降费，着力优化税收营商环境，多措并举支持企业复工复产，服务全县经济发展大局。2020年，澧县在国家税务总局纳税人满意度测评中排名全国414个样本城市第40位，位列全省第一，县税务局作为全省系统2个先进代表之一，在省税务局专题会议上做典型发言。

深入企业宣传优惠政策

【队伍建设】 坚持以文明创建为抓手，不断提升干部队伍凝聚力、向心力，打造良好部门形象。年内通过省级文明单位考核验收，县委、县政府重点工作绩效考核获评先进，并被授予全县“五一劳动奖状”。县税务局第一税务分局先后获市级“巾帼文明岗”、县级“芙蓉标兵岗”荣誉。（张文晶）

清明祭扫革命先烈

银行·保险

中国人民银行澧县支行

【概况】 截至2020年年末，全县金融机构存款余额429.7亿元，比年初增加43.06亿元，增长11.14%；全县金融机构各项贷款225.86亿元，比年初增加38.78亿元，增长20.73%。

【货币政策传导】 辖内法人银行机构8月末全部完成LPR贷款利率转换，确保LPR贷款利率政策执行到位。完成法人银行机构定期存款提前支取靠档计息产品压降任务，推动银行不断降低贷款利率，解决企业融资贵问题，各行贷款利率平均下降0.5个百分点，为企业让利2000万元。加强再贷款投放管理，发放支小再贷款专用额度借款7200万元，发放沪农商村镇银行支农贷款专用额度借款2000万元。指导银行机构利用普惠小微企业贷款延期支持工具和普惠小微企业信用贷款支持计划，农商行贷款延期金额2.33亿元，沪农商村镇银行贷款延期2252万元。发放沪农商村镇银行普惠小微企业信用贷款支持计划327.6万元，指导村镇银行发放普惠小微企业信用贷款819万元。累计发放农村承包土地经营权抵押贷款53笔，金额6570万元，余额851万元。推进银行行长结对服务企业专项行动，新增结对企业15家，发放贷款1895万元。助推银行机构不断推出新型信贷产品和推进创新产品成果转化，银行机构累计发放澧县试点创新“助保贷”1.14亿元，余额2350万元；先后推出家庭贷、商户复工贷、养殖复产贷、党员先锋贷、葡萄丰收贷、工薪贷等新型信贷产品，不断满足实体经济对银行信贷需求。加强对金融扶贫服务站指导和监督，通过信贷服务、金融知识宣传、助农取款服务，金融服务效果不断显现。全县42个金融服务站共办理助农取款1.46万笔，金额1652万元。推动扶贫小额信贷投放。全年发放扶贫小额贷款4600万元。

【征信合规管理】 落实征信查询日核查、征信信息安全报告、接入机构季度自查自纠和用户报备相关规定，依法合规办理征信查询业务。加强法人机构管理力度。严格对法人机构存款保险管理和风险监测，审核存款保险申报表，实行季度风险监测。配合上级行开展法人机构宏观审慎评估、央行评级和存款保险核查工作，把脉法人银行机构经营状况，督促其合规审慎经营。强化政府性债务风险监测。协调处置风险化解工作，推动“六个一批”措施落实。开展金融领域“断卡”行动。组织广泛宣传和政策解读，要求各银行网点开户时签订《办理银行账户（银行卡）法律责任告知书》，对2020年以来开立的账户进行全量风险排查，报送可疑账户线索。对农行开展涉案账户核查，倒查涉案个人结算账户实名制落实情况以及大额可疑交易报告制度执行情况。

【创建“电子支付示范县”】 全县公交系统“云闪付”乘车码上线；完成3个“云闪付”场景拓展，加大“云闪付”App拓展力度，其推广数量位居全市第三。开展“移动支付千家万惠”活动支持企业复工复产。支行与商务局联合发文开展消费节活动，各银行与百货、零售超市、餐饮、文旅商户对接，开展“促销费、惠民生”消费节活动。提升助农金融服务质量。摸排助农取款点设立和运行情况，有序开展“五个一批”（完善、升级、调整、规范、扶持）优化升级工作，确保金融服务入驻每一个行政村（社区），助力脱贫攻坚和乡村振兴。

【国库管理与服务】 春节期间，紧急启动支付绿色通道，拨付疫情防控应急款项749.9万元，做法被《金融时报》报道。启动国库集中支付电子化改革，加强财库行之间沟通，及时反馈和解决改革中出现的问题，提供优质高效的服务，保证财政资金正常运转。开展国库对账，切实防范风险。优化国债下乡服务，辖内年度总发行量在常德辖内县市位居前列。

【人民币流通管理】 创建澧县万象金街现金服务示范区，加强银行网点软硬件建设，规范假币收缴和残损币兑换流程，小面额现金配备达标。督促指导银行机构完成现金处理机具升级和验证工作，做好现金从业人员业务培训，摸排并指导公共事业部门现金机具升级，确保2020版第五套5元纸币如期发行。推进农村反假货币工作站点建设，行政村覆盖面100%。

【普惠金融知识宣传】 先后开展“暖春行动”信贷知识宣传、国家金库管理条例颁布35周年专题宣传、“6·14”信用记录关爱日征信知识进校园宣传、“普及金融知识、守住‘钱袋子’”活动、“国家网络安全周”活动、“金融知识普及月”金融知识进校园宣传活动、反假货币宣传月活动、节能减排宣传周活动等，提高全县人民金融知识和金融服务消费素养，保护金融消费者权益。率先在常德辖内启动“金融知识进校园”活动，与县教育局对接，联合印发《中国人民银行澧县支行、澧县教育局关于印发〈澧县“金融知识进校园”活动方案〉的通知》，搭建校园金融基础知识学习平台，助推金融知识纳入国民教育体系，相关活动做法在《金融时报》刊载。

【开展金融行业扫黑除恶专项斗争】 强化扫黑除恶专项斗争宣传和业务培训，加强账户管理与交易监控，及时报送大额可疑交易线索，组织银行机构进行金融机构放贷行业涉黑涉恶等违法违规问题线索摸排，协助政法机关开展扫黑除恶，做好“打财断血”配合工作。

【深化农户信用信息系统试点建设】 澧县作为农户信用信息系统试点县，不断总结经验，优化升级系统，已形成一套数据指标科学、报送模式可持续、经验及系统可推广，具有鲜明澧县特色的农户信用信息系统。截至2020年年末，澧县已导入农户信息547万条，银行查询农户信息8255笔，以农户信用报告为佐证参考，查询发放贷款16.3亿元。人民银行常德市中支、常德市发改委、常德市行政事务审批局等联合在澧县召开常德市“农户信用信息系统”推广应用工作现场会，澧县农户信用信息系统和工作经验在全市推广应用。

【金融生态建设】 成立澧县金融生态建设工作办公室，人民银行和县金融办协同推进，并给予经费和人员保障。同时，在澧县金融生态建设工作办公室和支行推动下，启动澧县信用镇（街道）、信用村（社区）、信用企业创建工作，任务分解到各镇（街道）、职能部门和银行机构，年内已进入推送单位资料审核和现场验收阶段，拟在验收合格的基础上创建信用镇（街）2家，信用村（社区）20家，信用企业10家。推动银行不良贷款清收工作，县政府成立由常务副县长为组长的清收工作领导小组，采取自愿清收、行政清收和司法清收等措施，全年清收不良贷款5100万元、清收政府置换农商行不良资产800万元。

【创新建立金融维权司法保障联动机制】 率先在常德辖内构建金融机构金融维权司法保障联动机制，与澧县人民法院联合印发《关于建立澧县银行业金融机构金融维权司法保障联动机制的通知》，建立金融维权司法联动平台。文件下发后，先后3次召开人民银行、法院、银行机构等参加的工作联系会议，银行通过联席会议报送案件15个，涉及金额2700万元，办结案件8个，收回贷款1500万元。

【助力疫情防控】 贯彻落实党中央、国务院、人民银行各级党委关于金融支持新冠肺炎疫情防控和复工复产工作指示精神，推动货币政策工具有效运用。召开6次专题会议研究布置工作，发放中央财政贴息贷款2700万元，一般贷款1000万元，“战役劳模贷”2620万元；组织开展金融“暖春行动”和银企对接活动，达成信贷意向2.1亿元，履约1.8亿元；指导银行机构发放支农支小再贷款专用额度9200万元；主动协调调度防疫物质，为银行机构网点正常营业提供保障。

【队伍建设】 支行参加2020年湖南省会计核算业务综合业务竞赛分别获得1项核算网点团体三等奖，1个个人二等奖；参加常德市中支《中华人民共和国国家金库条例》颁布实施36周年主题知识竞赛分别获得团体和个人三等奖，1人在中支工会体育竞赛中获得二等奖；支行编译信息工作排名位居全市前列；4篇工作信息在《金融时报》刊载；2人撰写文章分别被总行《女职工之窗》和《央行文苑》刊用；全年国库会计核算继续保持“零差错”。 （刘 勇）

中国工商银行股份有限公司澧县支行

【概况】 中国工商银行成立于1984年，是中国五大国有银行之首，世界500强企业之一，拥有中国最大客户群，资金雄厚，是世界最大商业银行，经营人民币和外币存款、各类贷款、人民币结算、电子银行、中间业务、国际业务、信用卡等多种业务。中国工商银行股份有限公司澧县支行办公地址位于澧县澧阳街道办事处万寿宫社区澄州路638号，现有员工50人，其中党员20人，研究生学历1人，大专及以上学历占90%。澧县支行辖支行营业部、城关支行、兰江支行3个营业网点，有自助银行6个，其中离行式自助银行有隆元、兰江（旧址）、尚品3处，自动柜员机可用设备14台，自助智能终端15台。

【经营状况】 截至2020年年末，澧县工商银行总资产36.6亿元，全年实现净利润7624万元。截至2020年12月31日，两项存款余额36.3亿。其中，储蓄存款余额27.8亿元，对公存款余额8.5亿元。各项贷款余额30亿元。其中，公司贷款余额16亿元，不良货款为0，个人贷款余额14亿元。

【互联网金融】 1. 三大平台。“融e购”：坚持“名商、名品、名店”的定位，“购物可贷款，积分能抵现”。“融e联”：搭建起客户与客户经理在线客服、行内外单位之间的社交圈。“融e行”：开放的移动直销银行，让客户能更自由、方便地在线购买存款、投资、交易类产品。2. 产品线。支付产品线：推出“线上POS”、工银e支付，工银e缴费，方便客户线上支付。融资产品线：推出网贷通逸贷，实现融资自助化和便捷化。投资理财产品线：推出集高速行情，专业分析、丰富资讯、高效交易等功能于一体的交易终端工银e投资，满足个人客户投资账户贵金属、账户原油、账户外汇、账户农产品等需求。工行唯一客电话“95588”为客户24小时服务。 （杨仁宗 戴小波）

中国农业银行股份有限公司澧县支行

【概况】 中国农业银行澧县支行有员工121人，其中行级领导5人；下辖9个营业网点，其中农村网点4个，自助银行3个。全年各项存款余额71.55亿元，比年初增加5.75亿元，其中储蓄存款余额62.03亿元，比年初增加5.38亿元，存量、增量继续保持四大行双第一。各项贷款余额31.78亿元，比年初增加4.22亿元。全年实现营业收入1.73亿元。

开展“追寻红军遗迹，缅怀革命先烈”主题党日活动

2020年，面对突如其来的新冠肺炎疫情，全行上下坚持以党建为统领，践行“四破四立”发展理念，围绕支行业务中心和工作重点，勇于担当、不畏艰难，坚持“两手抓、两手硬”，取得疫情防控和经营管理双胜利。澧县支行获常德市公安局授予的“2020年度全市银行业金融机构安

全保卫工作先进单位”；获市农行授予的“2020年度一级支行经营管理先进单位”“2020年度优秀一级支行领导班子先进单位”“2020年度‘三转合一’转型先进单位”“2020年度数字化转型先进集体”“2020年度重大营销项目先进单位”；辖内营业部成功创建2020中国银行业文明规范服务千佳单位，成为全省农行系统内获此殊荣的3个网点之一；辖内边贸城支行获市农行授予的“营业网点经营管理先进单位”。（陈治宇）

中国农业发展银行澧县支行

【概况】 2020年，中国农业发展银行澧县支行坚持以党建为统领，学习贯彻习近平新时代中国特色社会主义思想和十九大系列精神，全面落实乡村振兴国家战略，服务脱贫攻坚、国家粮食安全，不断优化金融服务，全力服务地方经济建设，发挥政策性金融当先导、补短板、逆周期作用，履行好国家赋予的农业政策性银行职能，打造优质和谐的政策性银行。

截至2020年12月31日，全行各项贷款余额16.7亿元，较年初净增9000万元，累计发放各类贷款4.5亿元。各项存款余额4.1亿元，较年初减少2600万元，日均存款余额4.8亿元。各项收入总额为7200万元，各项支出总额为5100万元，实现利润2100万元。（杨焕斌）

中国银行股份有限公司澧县支行

【概况】 中国银行股份有限公司澧县支行组建于1988年10月，现有员工41人，下设全功能营业网点3个，即支行营业部（翊武影剧院对面）、澧浦路支行（紫玉兰12栋101—105号）、财富广场支行（财富广场E区），自助银行网点1个（县中医医院正大门）。2020年，澧县支行围绕县委、县政府提出的“民生升温、园区攻坚、城市提质”三大战役，进一步转变经营观念和发展方式，巩固和扩大竞争优势，存款、贷款、中间业务得到较快发展，资产质量管控、内控管理得到明显加强，综合考核在常德分行辖内名列前茅。近年来，澧县支行先后获湖南省分行“最满意县支行”、常德市银行业协会“五星级银行网点”、常德分行“优秀县支行”等荣誉称号。2020年，业务发展在湖南省中行下辖县支行排名位列全省第四。

开展党支部“堡垒共建”活动

截至2020年12月31日，澧县支行各项存款余额24.8亿元，较年初增加1.3亿元；各项贷款13.6亿元，较年初增加2.04亿元。（田　莉）

中国建设银行股份有限公司澧县支行

【概况】 2020年，中国建设银行股份有限公司澧县支行有员工41人，下辖营业网点3个，离行式自助银行4个。通过县域3个网点、网上银行、自助区、手机银行、电话银行等分流渠道，向全县及外地客户提供广泛的金融理财产品及优质服务。近年来，澧县支行先后获评2016、2018、2020年度全市内部治安保卫工作先进单位，2015、2016—2017、2018、2019年度省分行先进基层党组织，2019年度省行级女职工文明示范岗，取得市分行各项业务竞赛较好名次。

组织全体党员到联系点村走访慰问

截至2020年12月31日，澧县支行全口径存款余额为45.16亿元，较年初新增8.37亿元。其中个人存款余额为35.33亿元，较年初新增5.13亿元；对公存款余额为9.83亿元，较年初新增3.24亿元。贷款余额17.46亿元，较年初新增5.18亿元，其中个人贷款余额9.99亿元，较年初新增1.93亿元，对公贷款余额为7.46亿元，比年初新增3.25亿元。个人贷款逾期及不良730万元，不良率0.42%。实现考核净利润7075万元。（向　平）

中国邮政储蓄银行澧县支行

【概况】 中国邮政储蓄银行湖南省常德市澧县支行是一家服务“三农”、服务中小企业、服务城乡居民的大型零售商业银行。设有行长室、综合管理部、公司业务部、风险合规部、零售金融部5个部室。全县各镇（街道）分布物理网点24个，有ATM及自助设备59台，卡折一体机24台，是县域网点最多的国有商业银行。截至2020年12月31日，澧县支行双存款余额86.05亿元，累计净增1.16亿元；累计发放各类贷款9.43亿元，其中个人贷款5.73亿元，小微企业1.63亿元，“三农”贷款2.07亿元；年末信贷结余13.71亿元。

组织青年员工开展“奋斗青春、放飞梦想”主题活动

中国邮政储蓄银行澧县支行依托网络优势，按照公司治理架构和商业银行管理要求，不断丰富业务品种，完善营销渠道，提升服务能力，为广大客户提供更全面、更便捷的金融服务，已打造成为一家资本充足、内控严密、营运安全、品牌卓越、竞争力强的大型零售商业银行。同时，面向“三农”，发挥自己现有优势，不断开辟新的信贷领域，在稳步前进中加大“三农”及小商户信贷支持，为支持地方经济发展贡献力量。（王海霞）

长沙银行股份有限公司澧县支行

【概况】 长沙银行股份有限公司澧县支行于2011年12月19日成立，办公地址位于澧县澧

浦路嘉和上都一楼门面，在职员工33人，下辖营业网点4家，其中自助网点1家，自助设备11台，农村金融服务站点75家，基本实现县域全覆盖。2020年，澧县支行始终坚守“正道而行，信泽大众”的使命，以“忠诚、干净、担当、简单”的工作作风，以发展战略为导向，以“聚集客户、实干为本、快乐同行”的经营理念，让每一个人与长沙银行的每一次接触，都成为价值之旅和快乐之旅。澧县支行被常德市公安局评为2020年度全市内保工作先进单位。

截至2020年12月31日，长沙银行澧县支行各项存款余额14.95亿元，较年初增长1.45亿元。其中储蓄存款11.28亿元，较年初增长2.95亿元。各项贷款余额15.39亿元，较年初增长3.5亿元。其中公司贷款11.05亿元，零售贷款余额4.63亿元，不良贷款458.41万元。（宋　玲）

澧县农村商业银行股份有限公司

【概况】湖南澧县农村商业银行股份有限公司（以下简称“澧县农商银行”）是经中国银保监会批准，由农村信用社改制成立的金融机构，注册资本4亿元，下辖营业网点41个，在职员工400余名。作为县内网点分布最广、从业人员最多的金融机构，澧县农商银行始终坚持“服务三农，服务小微”的市场定位，以“客户至尊，员工至尚”的服务理念，以努力建设有温度的百姓银行为愿景，助推县域经济发展。截至2020年12月31日，澧县农商银行各项存款余额118.44亿元，较年初增长13.13亿元，各项贷款余额72.07亿元，较年初增长11.51亿元，存、贷款总量和增量均居全县首位。

金融知识宣讲走进“农民丰收节”

2020年，澧县农商银行捐赠防疫物资和款项近30万元，采取临时性延期还本付息、贷款利率调整等方式，助力企业复工复产，涉及金额2.18亿元；参与社区慰问、爱心献血、义务植树、防汛抗洪等公益行动，全年开展各类志愿服务活动600多人次；开展金融知识宣讲、消费者权益保护、“金融夜校”等公众教育活动500余场；坚持“支农、支小”不动摇，践行金融普惠，累计开展入户走访4.99万户，评级5.05户，累计投放涉农贷款46.95亿元、小微企业贷款28.74亿元，累计发放扶贫贷款1.61亿元，全年上缴税收6003万元。（雷天恩）

澧县沪农商村镇银行股份有限公司

【概况】澧县沪农商村镇银行股份有限公司是经中国银行保险监督管理委员会批准，由上海农村商业银行股份有限公司等9家法人企业及34位自然人参股的新型股份制商业银行，注册资本人民币5000万元。作为澧县地区成立的首家村镇银行，该行秉承“股东为重、客户为上、员工为本、高效便捷、稳健发展”的经营理念，依托完善的公司治理与合理的市场机制，发挥贴近市场、决策链短、机制灵活的优势，制定适宜的贷款政策，开发适销对路的信贷产品，采取灵活的定价方式，为当地广大农民、个体私营企业主和中小企业提供全面高效的金融服务，满足城乡经济主体多元化的金融服务需求。

金融服务对接会

2020年，澧县沪农商村镇银行围绕“坚持定位、审慎经营、精细管理”的基本思想，推进该行新三年发展战略，坚守定位、克难奋进，取得良好成效。截至2020年12月31日，澧县沪农商村镇银行各项存款余额8.50亿元，较年初增长8300万元，各项贷款余额5.77亿元，较年初增长9200万元。全年实现净利润501.67万元。

（卢　宇）

华融湘江银行澧县支行

【概况】 华融湘江银行澧县支行成立于2014年11月，办公地址位于澧县浦金国际广场，有干部职工12人，支行内设有公司部、零售部、运营部、综合部。澧县支行致力于服务地方经济、服务中小型企业、服务城乡居民。2020年，澧县支行在注重业务发展的同时，强调风险防范和内控管理，努力提高员工素质，各项业务得到稳健快速发展。获“2020新起点·新征程营销活动综合贡献奖”“零售业务旺季营销活动先进支行奖”等荣誉称号。

截至2020年12月31日，澧县支行各项存款余额12.5亿元，发放各类贷款11.2亿元。

（游　江）

中国人民财产保险股份有限公司澧县支公司

【概况】 中国人民财产保险股份有限公司澧县支公司是中国人民保险四级分支机构。澧县支公司内设经理室、综合部、续保团队、修理厂团队、车商一团队、车商二团队、团车团队、责意险团队、财产险团队、直销综拓团队、农村保险事业部和农村普惠金融事业部、理赔分部12个部门，下设码头铺镇三农营销服务部、小渡口镇三农营销服务部、大堰垱镇社区门店3个营业网点。有在职员工33人，劳务派遣人员19人，持“两证一合同”营销员119人。2020年，澧县支公司实现保费收入1.05亿元，支付赔款7304万元，缴纳税金811万元（含代扣代缴566万元）。

2020年，澧县支公司围绕“业务发展、服务为民、合规宣导、文化建设”开展工作。主动对接政府在职能转变过程中释放的风险保障需求，推进农业保险，仅水稻“寒露风”支付保险赔款750万元，为农民恢复生产奠定基础；推出智慧经营“一码通”客户绑定支持工具广泛运用，电子保单、电子签名、电子支付、保单信息查询等系统在线功能全面推广；车险改革后交强险扩责、商业险保费下降，保障更广，客户得到更多优惠；提升理赔服务，实现在线签订“直赔”协议，为客户提供足不出户的理赔服务新体验。

（唐凤英）

中国人寿保险股份有限公司澧县支公司

【概况】 2020年，中国人寿保险股份有限公司澧县支公司秉承“成己为人，成人达己”的双成文化理念，不断开拓创新，努力进取，扩大市场覆盖面，为更多澧州百姓、企业法人保驾护航，以其行业特有优势，助力澧县经济发展。澧县支公司全年实现保费规模突破3.2亿元，市场占有率41.56%，拥有城区营业点2个，镇营业点8个，营销员队伍1100多人，上交国家税金186万元。

【创新经营模式】 一是在做好传统保险保障类保险市场的拓展外，适时上市家庭理财类系列产品，满足市场需求。从央视财经每年公布的《中国经济生活大调查》数据显示：保险在百姓家庭投资意愿排行榜中蝉联第一位。中长期保险理财，3.7%—5%综合收益作为孩子的成长基金，中老年人的养老规划越来越受百姓青睐。二是开创投保人财务保单质押借款业务，稳妥解决客户各类小额融资需求，以价格低廉、手续简便、到账速度快（秒到账）深受客户青睐。三是响应省政府为民办实事，全力服务民生保障，关爱女性健康，专题研发上市“湘女关爱保”，为女性健康担当，获人民日报“民生示范工程”奖。

【服务实体经济】 为转嫁企业经营风险，推出企业员工福利计划系列保险。一是解决企业特种岗位高保障需求；二是解决企事业单位员工疾病医疗保障问题；三是量身定做，优惠承保，为参保企业制订个性化投保方案。既提高员工的基本福利待遇和保障，又能合理的为企业降低经营成本。

【助力脱贫攻坚】 截至2020年年底，澧县支公司3个扶贫点村共计27户帮扶对象全部脱贫，累计投入扶贫资金26万元；5年累计捐资助学15万元；通过“扶贫特惠保”系列保险，助力低保特困人群报销“特惠保”80万元、大病报销287万元、意外伤害赔付245万元。

（赵　蓉）

中国平安财产保险股份有限公司澧县支公司

【概况】 中国平安财产保险股份有限公司澧县支公司（以下简称“平安产险澧县支公司”）是平安产险常德中心支公司第一大县域机构。经营业务范围涵盖车险、企财险、工程险、责任险、货运险、农业保险、短期健康险与意外险等一切法定产险业务及国际再保险业务。2020年，平安产险澧县支公司有正式员工24人，个人代理人387人。全年保费收入6280万元，居县内财险市场第二位，上缴税金380万元。机构整体综合成本率102%，农险115%，车险100%，财产险92%，意健险95%，为15万个人及团体客户提供风险保障。

2020年，平安产险澧县支公司围绕抗疫、扶贫、就业、保障等开展工作，并取得一定成效。2月，申请到平安集团全国县域机构第一批10万元扶贫防疫资金；10月，签署平安集团“三村工程”扶贫协议，为码头铺镇刻木山村、龙洞峪村分别捐赠价值2.6万元基础医疗物资及设备。县内疾控和医护工作者捐赠50万元每人的保障，用于医护和疾控人员确诊因感染新型冠状病毒肺炎致残、身故。支持县内150人以内的小微企业复工复产，开发“平安乐业福（传染病公益救助版）”产品，为每家小微企业提供100万元员工救助金，涵盖多种法定传染病（含新冠肺炎），全县54家企业领取。公司通过“好车主”App免费对个人客户线上发放e生平安・疾病守护金产品，针对法定传染病（含新冠肺炎），每份提供10万元保障金。

2020年，平安产险常德中支在德山经济技术开发区成立电话销售中心，为澧县提供30个电话销售岗，并提供相关配套廉租房用于员工居住。

（周　凯）

农林·水利

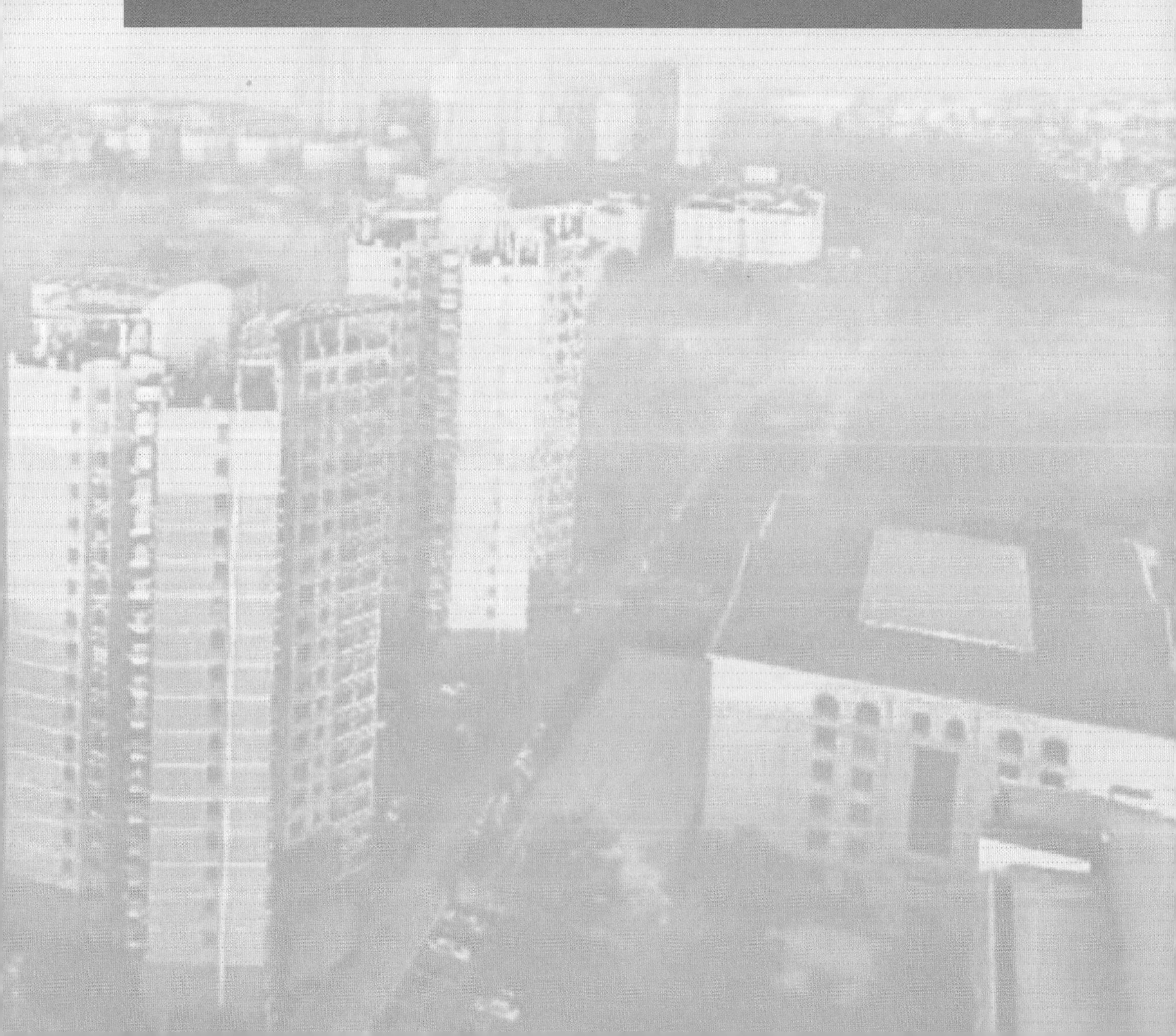

农业和农村工作

【概况】 2020年，全县实现农林牧渔业总产值110.8亿元，增长3.7%左右。农村居民人均可支配收入19558元，增长8.7%。澧县农业农村局被评为全国脱贫攻坚先进集体、粮油生产被农业农村部评为全国主要农作物生产全程机械化示范县、澧县被评为全省实施乡村振兴战略先进县、澧县农机事务中心获省农机工作先进单位、澧县乡村振兴工作受到常德市政府督查激励表扬、澧南镇乔家河社区获评“2020年中国美丽休闲乡村”，城头山镇获评省级美丽乡村示范镇，城头山镇牌楼村获评省级精品乡村，澧南镇仙峰村获评省级美丽乡村建设示范村。澧西街道向阳社区、澧南镇双荷村获评市级美丽乡村示范村。

【现代农业】 全县粮食播种面积126.45万亩，总产量51.5万吨，较上年分别增长1.16%、0.32%，实现面积和总产量双增。同时，粮食产业园建设取得实质性进展；全县葡萄标准化种植面积5.95万亩，其中高档优质品种“阳光玫瑰”3.45万亩，是全国最大的阳光玫瑰种植县；中药材种植面积5.9万亩，全产业链年产值6亿元以上，成功引进“中国中药”“丽珠医药集团”“金六谷药业”等大型药企落户澧县；蔬菜播种面积24.4万亩，产量40万吨，产值7亿元；柑橘种植面积20万亩，总产超20万吨，总产值4亿元以上；虾蟹养殖面积近10万亩，其中稻虾共生面积7万多亩。

全国阳光玫瑰葡萄标准化生产学术研讨会暨澧县第十五届葡萄节新闻发布会

【脱贫攻坚】 出台《澧县2020年产业扶贫工作方案》《澧县2020年消费扶贫工作方案》等产业扶贫各项工作指导意见；成立19个指导小组，对全县有产业扶贫任务的265个村、社区逐一进行指导，对工作中存在的问题形成清单，限期完成整改；产业扶贫办依据“一村一特”原则评选10个产业发展好、带动贫困户能力强的村作为本年度产业扶贫十强村，发挥示范引领作用。同时，出版专刊《产业扶贫36计》进行典型宣传。2020年，全县脱贫攻坚完美收官，45287名贫困人口全部脱贫，“一超过两不愁三保障”全部落实到位，省实地考核为满分。

【农村改革】 推进湖洲管理所、水利水电工程队、挖泥船队3个生产经营类事业单位改革，实现“事企分开”改革目标。农村土地承包管理工作、农村宅基地管理改革和规范村民建房工作、农村集体产权制度改革试点工作三项改革齐头并进，复兴镇打造出“全省农村建房样板”。供销社综合改革实现三大服务体系“三级贯通”，获全市先进。

【基础建设】 2019至2020年，共争取到位上级水利建设项目资金6.38亿元，先后对澧水、涔水、澹水河段进行综合整治，重点对澧水河段进行城区压浸护岸、河道疏浚。开展大中型灌区配套改造，官垸、赵家峪、董家堰灌区建设正在进行，山门太青灌区正在编制实施方案。全省最大泵站—小渡口泵站正处在建设中。年内完成小型水库除险33座，王家厂水库大坝除险工程开工建设，汛前完成主体工程。实施涝区治理项目，完成罗家湖、丁家湖、六方台等9座中小泵站升级改造。开展水系治理，河湖连通工程、洞庭湖北部补水工程相继竣工。加强农田基本建设，提高农业综合生产能力，上年度8.6万亩农田建设任务已全面完成。年内，有高标准农田建设任务9.05万亩，其中高效节水1万亩，总投资1.45亿元，截至12月底，已完成工程量50%。全年共综合治理湖泊水库60座，清淤堰塘2230口，疏浚大中型沟渠256千米。

【人居环境治理】 一是治垃圾。以“干干净净迎小康”为主题，进一步推动“村庄清洁行动”常态化、制度化、持续化，开展农村人居环境整治“百日攻坚行动”“万户清洁行动”“百日行动”等，农村人居环境明显改善。二是治污染。全年改造农村户厕13339个、公厕19座。全县154家畜禽规模养殖场粪污处理设施装备配套率100%，畜禽粪污资源化利用率90%以上。推进秸秆禁烧和综合利用，推广秸秆还田，开展农作物秸秆五化利用办点示范。农村生活污水治理255个行政村全覆盖，污水处理率90%。受污染耕地安全利用落实3.31万亩，年内完成市下达任务。三是治村貌。持续开展“美丽乡村省、市、县三级联创”。村庄规划基本实现“全覆盖”。全县取缔关闭马路市场21处、搬迁20处，新建4处和改建市场5处。

【应急工作】 夺取涝水保卫战、北民湖抢筑子堤等7场防汛抢险战斗胜利，实现不溃一堤、不垮一坝、不死一人的防汛救灾目标；做好重大动物疫病防控工作，全年未发生一起疫病流行和肉源性食品安全事件；抓好森林防灭火工作，实现全年未发生大的森林火灾和人员伤亡事故；推进受污染耕地安全利用，效果明显；有序开展省级农产品质量安全县创建工作，主要农产品质量安全监测合格率100%。（王泓波）

农村经营服务

【概况】 2020年，澧县农村经营服务围绕农村土地承包经营权确权颁证、服务“三权分置”改革、土地经营权抵押贷款试点、农村集体产权制度改革、培育新型农村经营主体等各项工作，推动农村经营服务迈上新台阶。

【土地确权颁证】 澧县19个镇（街道），有确权登记颁证工作任务的村（社区）257个，承包农户17.68万户，已完成确权面积97.68万亩，占应确权面积92%，完成合同签订17.38万户，达到98.29%，经营权证发放16.9万本，达到95.5%。同时，按要求进行确权档案整理入库工作，已完成档案收集整理和扫描归档工作16.5万份，占应完成比例93%。截至12月底，土地确权颁证工作通过省厅验收，澧县被市确权颁证领导小组评为全市确权颁证先进县。

【土地流转】 放活经营权，推行“三权分置”改革。澧县按照“农民自愿、政府引导、积极扶持、规范管理”原则，推进农村土地规范有序流转，有效提升农村土地规模经营水平，促进现代农业发展。截至12月底，全县确权登记颁证到户承包面积97.68万亩，土地流转总面积近63万亩，占全县家庭承包总面积65%，涉及农户8万多户。

【土地经营权抵押贷款】 为服务“三权分置”改革工作，为土地流转大户提供好全方位服务，制定印发《澧县农村土地经营权抵押贷款管理办法（试行）》。截至2020年12月，澧县开展土地经营权抵押贷款试点工作运行良好，共审核发放34份他项权证，抵押贷款总额5417万元，已收回贷款1500万元，未形成逾期贷款。

【农民专业合作社】 截至2020年12月，全县有注册农民专业合作社1201家。其中，国家级示范社6家、省级示范社12家、市级示范社37家、县级示范社75家。全县已发展家庭农场1465家，其中，省级示范农场13家、市级示范农场27家、县级示范农场45家，流转面积12.43万亩。同时，通过规划管理和合作社运行及财务检查，共责令69家运行不规范或无实质性经营活动的空壳合作社申请注销。（王泓波）

农民教育培训

【概况】2020年，全县举办各类农民培训班96期，培训人员12480人，为乡村振兴、脱贫攻坚、产业发展增强人才支撑。结合疫情开展冬春科技培训。各镇（街道）与县直各单位主动衔接，结合产业扶贫，围绕葡萄、橘柚、蔬菜、中药材、油茶等优势特色产业适时开展各类实用技术冬春培训。整合项目资金，探索1+N培训新模式。农教办借力培训项目，探索创新“1+N立体培训模式”，即一个培训主场，多个培训分会场，变小讲座为大课堂、变室内听为现场学，达到学有所得、学以致用的效果，解决培训需求大、人员难组织的问题。以创业创新、高素质农民为主培训农业新型经营主体带头人。以特色产业发展、科学防治、经营管理等为主要内容开展各类新型经营主体培训。澧县农教办“三注重三结合”农民带头人培训案例被中央农广校作为50个典型案例在全国推介，被省农广校评为“湖南省农民教育培训先进单位”。（孙秦川　杨超）

证书

“三注重三结合农民职业培训案例（湖南省澧县农民教育办公室）：

在2020年全国农民教育培训典型宣介活动中，被推荐为全国农民教育培训发展典型案例。

特发此证，以兹鼓励。

中央农业广播电视学校　中国农民体育协会

2020年10月

“三注重三结合”培训案例入选“全国农民教育培训发展典型案例”

种植业

【概况】澧县总耕地面积102.97万亩（其中水田80.05万亩、旱地22.92.9万亩）。粮食作物常年播种面积125万亩以上，连续多年被评为粮食生产先进县。粮食以种植优质水稻为主，经济作物以油菜、棉花、蔬菜、水果和茶叶为主。近年来，澧县农业经济围绕农业产业、资源环境、农村社会可持续发展目标，加速从农业大县向农业强县转型，着力培育葡萄、茶叶、柑橘、花木、虾蟹、蔬菜、中药材等六大农业特色产业。油菜播种面积65万亩，茶园面积2.55万亩，蔬菜种植面积24.4万亩，葡萄规模化种植面积5.95万亩，柑橘种植面积20万亩，花木种植面积5.3万亩，中药材种植面积5.9万亩，实现传统优势产业和特色产业竞相发展。

【农产品质量安全建设】持续抓好省级农产品质量安全县、乡镇监管示范创建工作，开展农产品质量安全利剑行动，坚持把农产品质量作为强品牌基础。全县15个镇已建立农产品质量安全监管站，加强投入品市场管理和农产品质量检测，主要农产品质量安全监测总体合格率100%；鼓励企业开展“二品一标”认证，全县“二品一标”农产品认证总数99个，其中地理标志农产品认证5个、有机认证37个、绿色认证57个；年内新申报省级龙头企业2家，市级龙头企业9家，重点抓好省级示范农庄和星级农庄创建培育；组织企业参加各类农博会，成功举办“百县精品·阿里拍卖·城头山大米专场”暨澧县首届年货节、中国阳光玫瑰标准化栽培学术研讨会暨澧县第十五届葡萄节、“第三届农民丰收节”澧县分会场等。

【农产品加工及休闲农业】澧县农产品加工业坚持走优势产业发展，龙头企业带动，主打品牌引领的发展思路，整体发展势头较好。截至

12月，全县农产品加工企业678家，其中规模以上企业65家，年销售收入过2000万元的企业48家，市级以上龙头企业46家，其中省级7家，市级39家，全年农产品加工业产值290亿元以上，较上年增长26.2%；休闲农业和乡村旅游是农业旅游文化“三位一体”、生产生活生态同步改善，农村一二三产融合发展的新产业、新业态、新模式。全县休闲农业发展在全市保持领先地位。年营业额在50万元以上的休闲农业经营主体83家，从业人员4300人，年营业收入7.95亿元，利润9300万元。全县国家、省星级农庄13家，其中国家五星级农庄3家、省五星级农庄8家，固定资产投入均在1000万元以上。

【龙头企业运行监测管理】 根据《国家、省农业产业化龙头企业监测管理办法》，按照公开、公平、严明的原则，对全县7家省级龙头企业、36家市级龙头企业进行滚动管理，全年取消市级龙头企业6家。

表5　2020年澧县粮棉油等主要农作物生产情况一览表

类别	面积（万亩）	比上年增减（%）	总产（万吨）	比上年增长（%）	单产（千克）	比上年增减（%）
早稻	29.05	0.00	10.46	-1.00	360.00	0.00
一季稻	43.07	-3.00	22.96	-1.00	533.00	1.91
晚稻	30.67	4.70	12.90	19.20	421.00	14.00
玉米	6.45	-37.00	3.23	-24.00	501.00	5.50
小麦	3.70	-8.40	0.80	-12.00	216.00	3.60
棉花	11.53	-14.00	1.27	-8.00	110.00	5.77
油菜	64.78	5.60	9.07	7.46	140.00	1.45
蔬菜	24.40	3.60	40.00	-3.00	1639.00	-6.34

表6　2020年澧县“二品一标”农产品认证情况一览表

认证类别	企业名称（绿色食品标明企业信息码）	产品名称	产品编号	有效期	产量（吨）	面积（亩）
有机	湖南桐溪生态农业科技股份有限公司	红茶	1510P1800181（北京金诺认证）	2020.11—2021.9	1	176
有机	湖南桐溪生态农业科技股份有限公司	绿茶	1510P1800181（北京金诺认证）	2020.11—2021.9	0.75	132
有机	湖南桐溪生态农业科技股份有限公司	茶（鲜叶）	1510P1800180（北京金诺认证）	2020.11—2021.9	8	308
绿色	湖南盈成油脂工业有限公司 GF430723110231	非转基因物理压榨100%醇香菜籽油	LB-10-20031813346A	2020.3—2023.3	3000	30000
绿色	湖南盈成油脂工业有限公司 GF430723110231	非转基因物理压榨100%双低菜籽油	LB-10-20031813347A	2020.3—2023.3	5000	50000
绿色	湖南盈成油脂工业有限公司 GF430723110231	非转基因物理压榨100%黄金产地双低菜籽油	LB-10-20031813348A	2020.3—2023.3	4500	50000
绿色	澧县雷公塔镇彭述林粉厂 GF430723160389	澧州红薯粉条	LB-14-19031803386A	2019.3—2022.3	1200	5000

续 表

认证类别	企业名称（绿色食品标明企业信息码）	产品名称	产品编号	有效期	产量（吨）	面积（亩）
绿色	湖南洞庭春米业有限公司GF430723140413	放心米	LB-03-1708184089A	2020.8—2023.8	8680	31000
绿色	湖南洞庭春米业有限公司GF430723140413	金口福软米	LB-03-1708184091A	2020.8—2023.8	5880	21000
绿色	湖南洞庭春米业有限公司GF430723140413	金口福丝苗米	LB-03-1708184086A	2020.8—2023.8	1400	5000
绿色	湖南洞庭春米业有限公司GF430723140413	银针香米	LB-03-1708184087A	2020.8—2023.8	2800	10000
绿色	湖南洞庭春米业有限公司GF430723140413	家常米	LB-03-1708184090A	2020.8—2023.8	5320	19000
绿色	湖南洞庭春米业有限公司GF430723140413	桃花滩香米	LB-03-1708184088A	2020.8—2023.8	3920	14000
绿色	常德正新农业科技发展有限公司GF430723141246	芹菜	LB-15-1712189152A	2017.12—2020.12	600	300
绿色	常德正新农业科技发展有限公司GF430723141246	苦瓜	LB-15-1712189148A	2017.12—2020.12	750	300
绿色	常德正新农业科技发展有限公司GF430723141246	马铃薯	LB-15-1712189150A	2017.12—2020.12	750	300
绿色	常德正新农业科技发展有限公司GF430723141246	胡萝卜	LB-15-1712189156A	2017.12—2020.12	750	300
绿色	常德正新农业科技发展有限公司GF430723141246	豆角	LB-15-1712189155A	2017.12—2020.12	600	300
绿色	常德正新农业科技发展有限公司GF430723141246	辣椒	LB-15-1712189149A	2017.12—2020.12	900	300
绿色	常德正新农业科技发展有限公司GF430723141246	西红柿	LB-15-1712189159A	2017.12—2020.12	750	300
绿色	常德正新农业科技发展有限公司GF430723141246	丝瓜	LB-15-1712189158A	2017.12—2020.12	600	300
绿色	常德正新农业科技发展有限公司GF430723141246	白萝卜	LB-15-1712189153A	2017.12—2020.12	750	300
绿色	常德正新农业科技发展有限公司GF430723141246	黄瓜	LB-15-1712189157A	2017.12—2020.12	900	300
绿色	常德正新农业科技发展有限公司GF430723141246	大蒜	LB-15-1712189154A	2017.12—2020.12	600	300
绿色	常德正新农业科技发展有限公司GF430723141246	茄子	LB-15-1712189151A	2017.12—2020.12	600	300
绿色	湖南农康葡萄专业合作社GF430723150323	紫甜（葡萄）	LB-18-18041801228A	2018.4—2021.3	10000	5000

续 表

认证类别	企业名称（绿色食品标明企业信息码）	产品名称	产品编号	有效期	产量（吨）	面积（亩）
绿色	湖南农康葡萄专业合作社GF430723150323	阳光玫瑰（葡萄）	LB-18-18041801229A	2018.4—2021.3	20000	10000
绿色	湖南康哲农牧业发展有限公司GF430723171372	网纹甜瓜	LB-15-1709185791A	2020.9—2023.9	2000	1000
绿色	湖南康哲农牧业发展有限公司GF430723171372	康哲菠萝莓	LB-15-18081806060A	2018.8—2021.7	150	100
绿色	湖南康哲农牧业发展有限公司GF430723171372	康哲草莓	LB-15-18081806059A	2018.8—2021.7	600	400
绿色	湖南康哲农牧业发展有限公司GF430723171372	康哲紫番茄	LB-15-18081806058A	2018.8—2021.7	400	200
绿色	湖南康哲农牧业发展有限公司GF430723171372	康哲土鸡蛋	LB-31-18041802561A	2018.4—2021.4	450	—
绿色	澧县民发苹果柚农民专业合作社GF430723181879	苹果柚	LB-18-18081806022A	2018.8—2021.7	30000	10000
绿色	澧县民发苹果柚农民专业合作社GF430723181879	盐井柑桔	LB-18-18081806021A	2018.8—2021.7	25000	10000
绿色	澧县绿之源生态农业科技发展有限公司GF430723151764	茄子	LB-15-18121813152A	2018.12—2021.12	800	400
绿色	澧县绿之源生态农业科技发展有限公司GF430723151764	辣椒	LB-15-18121813151A	2018.12—2021.12	1200	400
绿色	澧县绿之源生态农业科技发展有限公司GF430723151764	苦瓜	LB-15-18121813150A	2018.12—2021.12	1000	400
绿色	澧县绿之源生态农业科技发展有限公司GF430723151764	黄瓜	LB-15-18121813149A	2018.12—2021.12	1200	400
绿色	澧县绿之源生态农业科技发展有限公司GF430723151764	西红柿	LB-15-18121813153A	2018.12—2021.12	1000	400
绿色	湖南城头山红薯食品科技有限公司GF430723112388	红薯粉丝	LB-55-1712187023A	2017.12—2020.12	2000	4000
绿色	澧县巨隆农林生态科技有限公司GF430723191274	巨隆大米	LB-03-19041803493A	2019.4—2022.4	7200	20000
绿色	澧县御园金鸡农林科技开发有限公司GF430723191367	三红蜜柚	LB-18-19051803753A	2019.5—2022.5	6000	2000
绿色	常德九旺农业发展有限公司GF430723191511	千里马辣椒	LB-15-19051804349A	2019.5—2022.5	200	100
绿色	常德九旺农业发展有限公司GF430723191511	千里马大米	LB-03-19051804348A	2019.5—2022.5	330	1000
绿色	常德九旺农业发展有限公司GF430723191511	千里马瓜蒌籽	LB-19-19051804347A	2019.5—2022.5	110	1000

续 表

认证类别	企业名称（绿色食品标明企业信息码）	产品名称	产品编号	有效期	产量（吨）	面积（亩）
绿色	常德米正农业科技有限公司GF430723191641	瓜蒌籽	LB-19-19061804806A	2019.6—2022.6	385	3500
绿色	湖南林套禽农牧科技有限公司GF430723191814	林套禽鲜鸡蛋	LB-31-19061805276A	2019.6—2022.6	120	—
绿色	澧县万古台生态农业科技发展有限公司GF430723192026	藏香猪肉	LB-25-19071806144A	2019.7—2022.7	200	—
绿色	常德锦绣千村农业开发有限公司GF430723193479	黄金米	LB-03-19111811395A	2019.11—2022.11	6600	14620
绿色	常德锦绣千村农业开发有限公司GF430723193479	晚籼米	LB-03-19111811396A	2019.11—2022.11	6050	13400
绿色	常德锦绣千村农业开发有限公司GF430723193479	香米	LB-03-19111811397A	2019.11—2022.11	6655	14740
绿色	常德锦绣千村农业开发有限公司GF430723193479	米粉	LB-04-19111811398A	2019.11—2022.11	1084.5	2400
绿色	常德锦绣千村农业开发有限公司GF430723193479	猫牙米	LB-03-19111811399A	2019.11—2022.11	6693.5	14840
绿色	澧县春天农特产品有限责任公司GF430723193940	藕带	LB-15-19121812842A	2019.12—2022.12	225	500
绿色	澧县余家台黄桃种植专业合作社GF430723201026	余家台黄桃	LB-18-20051802994A	2020.5—2023.5	1000	500
绿色	澧县余家台黄桃种植专业合作社GF430723201026	翠绿梨	LB-18-20051802993A	2020.5—2023.5	200	300
绿色	澧县泰溥生态水果种植专业合作社GF430723202501	桑葚	LB-18-20081806907A	2020.8—2023.8	100	30
绿色	澧县泰溥生态水果种植专业合作社GF430723202501	红心火龙果	LB-18-20081806908A	2020.8—2023.8	200	30
绿色	澧县泰溥生态水果种植专业合作社GF430723202501	无花果	LB-18-20081806909A	2020.8—2023.8	200	40
绿色	澧县美复葡萄柚种植专业合作社GF430723203409	葡萄柚	LB-18-20101809857A	2020.10—2023.10	1000	1000
地标	澧县城头山村特种水稻种植协会	城头山大米	AGI01548	—	150000	300000
地标	澧县复兴苹果柚专业合作社	复兴苹果柚	AGI00935	—	72000	24000
地标	澧县城头山双上绿芽茶文化研究所	太青双上绿芽茶	AGI01764	—	5000	50000
地标	澧县双低油菜产业协会	澧县双低油菜籽	AGI02336	—	97500	650000
地标	澧县中药材产业协会	澧县石菖蒲	—	—	105000	2500
地标	澧县人民政府	澧州葡萄	AGI02336	—	24000	48000

【澧县嘉山良种繁殖场】 澧县嘉山良种繁殖场为县直全额拨款副科级事业单位，位于澧水下游，距澧县县城25千米，辖嘉山村1个行政村。全场集雨面积8000余亩，耕地3200亩，生态公益林900亩，人口2700余人。境内，有澧水一线防汛大堤2.62千米。农业以水稻、棉花、油菜为主，水产养殖产业发展良好。

2020年，按照县农业农村局工作部署，组织安排场部工作人员主动联系小渡口镇，完成五项重点工作。一是禁捕退捕。通过入户走访甄别，全镇有渔民44户，其中持证渔民40户、确认专业渔民12户；共回收渔船99艘，其中有证渔船44艘、无证45艘，渔网11371.5千克；加强政策宣传，利用广播和4台宣传车不间断宣传，并制作禁捕、退捕固定标牌16个；落实退捕渔民政策，将其社保补贴资金、生活费发放到位。二是严禁秸秆焚烧。根据年初小渡口镇制定的秸秆禁烧方案、与各村签订的责任书及村与村民签订的承诺书，场部与镇政府巡逻队联合执勤，实行网格化管理，筑牢秸秆焚烧“防火墙”。三是厕所革命。做好前期宣传、征求意见、发放明白卡等工作，农户自行承担施工费200—300元每个。同时，督促施工进度，确保按时完成。四是耕地污染治理。小渡口镇共有耕地污染面积692.1亩，均为种植安全利用区。年内完成对该镇34户水稻及土壤取样送检，治理措施由供销社组织实施。五是秋冬种植。全镇落实绿肥面积1700亩，其中嘉山900亩、添围150亩、红庙250亩、夹堤口300亩、毕陈50亩、土地洲50亩；完成油菜5.8万亩，通过镇政府采购种子2.45万亩，（含项目区2950亩），种子已由镇政府组织并发放到户。

【澧县棉花原种场】 澧县棉花原种场位于澧县盐井镇辖区范围内，为县直副科级事业单位，辖岩桥1个行政村，总面积5349亩。其中，丘陵山、林地3320亩，耕地2029亩。全场有农户329户1229人，在编干部职工55人。2020年，澧县棉花原种场以发展为使命、改革为契机、民生为重点、服务为中心，实施乡村振兴战略，各项工作取得良好成效。

基础设施建设。年内完成村级堰塘清淤3口，硬化村级沟渠200米。投入资金500多万元，完成电改二期改造项目，该项目从4月上旬启动，5月底全面完成。4月，配合相关部门完成高标准农田建设项目前期设计规划工作，涉及岩桥村9个村民小组近1200亩农田，该项目拟投资300多万元，年内已启动建设。

人居环境整治。以半边街为中心，启动岩桥村幸福屋场打造，建设美丽新农村；开展冬季植树造林，村级公路硬化改造，公路绿化带设施优化等；全年每月开展人居环境卫生整治工作，实现绿色、生态、宜居的美丽乡村梦。

【澧县农业技术推广中心】 澧县农业技术推广中心是澧县农业农村局管理的副科级事业单位，有干部职工52人，其中具有中高级专业职称人员12人。主要负责全县农业技术推广体系建设指导与管理，组织实施农业科技教育、科研新成果、新技术的示范与推广，农业科技示范场的管理与指导，拟定农业科技、教育发展规划，管理农业科技成果以及县委、县政府交办的其他工作。

基地建设。湘北油橄榄栽培试验基地建设。2020年，继续探讨油橄榄在湘北地区适应性栽培技术，该项目是湖南省人事厅“引进国际智力”项目，由湖南省丰禾农业科技有限公司承办，澧县农业技术推广中心已全程技术跟踪服务7年。该基地位于澧南镇毛坪村，山地面积500亩。经过跟踪观察，油橄榄营养生长茂盛、但落花落果严重，受气候影响结果率不理想。早稻生产示范点建设。在王家厂镇江西村进行稻油高产栽培示范，面积235亩。7月，早稻和一季稻受洪涝灾害影响，扬花期间大雨洗花，造成结实率低，晚稻受寒露风影响，空壳率高，造成产量不高。糯高粱蓄再生高产优质栽培示范。主要进行糯高粱“一种两收”高产栽培示范，基地由澧县农业技术推广中心与湖南省农科院高粱研究所、澧县神糯家庭农场三方合作，地点在官垸镇毛家岔片，总面积570亩。前期受低温影响，出苗不整齐，持续阴雨低温，导致头季高粱成熟期推迟近半月，再生高粱继续受低温阴雨天气影响，成熟期推迟1个月，造成减产。

【澧县农业科学研究所】 1. 优质稻品比试验。选取省级以上二级优质稻谷或大米标准的水稻品种分为一季稻、晚稻示范种植。受水灾尤其是气温影响，迟熟一级晚稻及晚稻产量减产严重，其他水稻品种影响较轻。2. 气象观测试验。与气象局合作进行“兆优5455”气象观测试验。为更好服务水稻种植户与粮食加工企业，为其提供优质高产栽培技术建议，与气象局合作进行2020年度“兆优5455”不同播期试验，主要研究在保持最佳经济性状下该品种的最佳播种期。3. 彩色水稻示范。在澧西街道马堰村种植水稻彩绘15亩，设计主题为“决战脱贫攻坚、决胜全面小康”。同期在城头山镇詹家岗村种植稻彩绘4亩，设计主题为“坚持绿色发展，推进乡村振兴”。两处彩绘作品均取得较满意效果，并被新华社、新湖南、《潇湘晨报》《常德日报》等媒体报道。4. 彩色油菜示范。以“不忘初心、牢记使命”为主题，制作的“党”字、党旗、风车、谷仓、山峰等油菜彩绘。完成上年秋播七彩油菜的田间管理及收割。11月，接茬彩色水稻直播各色油菜品种4个，完成“100”“红船”“阶梯”等油菜彩绘图案制作。5. 本地主推水稻品种示范。对澧县四家规模大米加工企业（洞庭春米业、锦绣千村、腾宏米业、华鑫粮食）7个主推品种进行高产栽培示范，水灾及气温对产量造成影响较小。6. 稻田综合种养示范。受国家政策调控影响，至4月初，黑斑蛙养殖适期仍未有具体政策规定出台，各项养殖措施依往常进行，养殖黑斑蛙共8亩。综合种养示范基地其他区域改为稻蟹、稻鳖、稻鱼等生产模式，总面积12亩。7. 蔬菜瓜果高产栽培示范。引进优质蔬菜瓜果品种进行示范种植，春季主要种植西瓜、甜瓜等品种，秋季主要种植辣椒、黄瓜等品种，形成多种栽培模式。为提高育秧大棚周年利用率，育秧结束后进行春季西瓜+秋季辣椒栽培示范。8. 其他试验示范。在马堰村流转耕地160余亩，进行早稻及晚稻高产栽培示范；引进优质新品种“佳优长晶”作早晚稻连作栽培示范；与土肥站合作进行“稻—稻—油”土壤肥力观测试验；协助城头山优质稻合作社示范推广有序抛秧机育秧、抛秧技术3000亩。

【澧县食用菌研究所】 食用菌产业。结合秸秆综合利用，试种及推广“大球盖菇”；根据以中温品种为主的栽培现状，制定以高温品种为主的品比和周年生产模式的试验计划；抓好共建基地建设，发挥示范引领、辐射产业发展效应；抓好食用菌技术服务与宣传推介工作。

中药材产业。澧县中药材野生资源丰富，种植历史悠久。2020年，县委、县政府高度重视中药材产业发展，将其列为六大农业特色产业之一。澧县食用菌研究所围绕“省中药材种植基地示范县”申报这一重点，精心谋划抓落实，并成功申报中药材种植基地示范县。

“澧县石菖蒲”通过国家农产品地理标志评审。12月8日，由农业农村部中国绿色食品发展中心组织的“2020年农产品地理标志登记专家评审会”在北京举行，评审会相关专家对来自全国各地的187个符合审查条件的地理标志申报产品进行评审答辩。湖南省共有10个产品参加评审。澧县中药材产业协会申报的“澧县石菖蒲”经专家组资料审查、样品展示、申报单位汇报、质疑答辩等环节，符合农产品地理标志登记要求，通过专家评审。

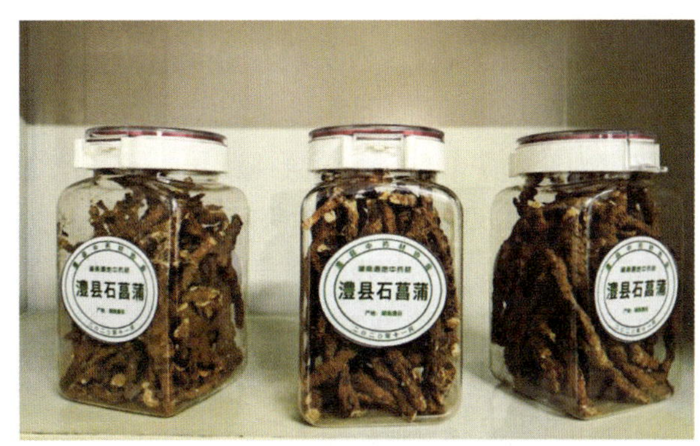

石菖蒲样品展示

养殖业

【概况】2020年，全县养殖业生产继续保持平稳发展势头，全年出栏生猪69.61万头，出栏肉牛2.47万头，出栏羊20.29万只，出笼家禽1440.7万羽，肉蛋产品13.2万吨，起水水产品7.1万吨。建成生猪标准化规模养殖小区7个，蛋鸡标准化规模养殖场19个，肉牛标准化规模养殖场8个，建成“猪—沼—茶、猪—沼—林、猪—沼—渔”生态养殖场46个，年内未发生区域性重大动物疫情和畜禽水产品质量安全重大事故。澧县获全省动物疫病防控绩效考核先进县称号，水产工作、动物防疫工作被市畜牧水产事务中心评为单项工作先进单位。

【高效养殖产业】2020年，全县养殖水面稳定在15.3万亩，南美白对虾养殖面积2万亩，黄颡鱼养殖1.1万亩，鱼鳖混养3万亩，稻虾综合种养8.5万亩，每亩增单产238千克左右，每亩产值4350元左右；鱼蟹混养2100亩，共投放扣蟹10万只，起捕成蟹150吨。全年全县15家苗种繁育场共生产各类优质鱼苗12亿尾。

【动物防疫】全县共组织调拨高致病性禽流感疫苗640万毫升、猪口蹄疫苗11万毫升、牛羊口蹄疫疫苗8.3万毫升、羊痘疫苗2万份、小反刍兽疫疫苗2.915万头份、猪瘟30.2万头份、高致病性猪蓝耳病1.1万头份、鸡新城疫556万羽、动物狂犬病疫苗2万头份。全年强制免疫生猪36.1万头、牛1.64万头、羊4万只、家犬1.81万只、家禽1080万羽，强制免疫“先打后补”工作有序进行。动物防疫体系日益健全，畜禽强制免疫群体免疫密度100%，规模养殖场（户）动物产地检疫率100%，屠宰检疫率100%，全年未发生一起重大动物疫情。

【畜禽水产品质量安全】全县60多家兽药经营部门纳入国家兽药追溯平台管理，兽药产品实现“来源可查，去向可追”。全年共出动执法人员300多人次，立案1起，没收假兽药200多瓶，罚款4000元，依法取缔无证经营兽药门店1家。查处打击私屠滥宰、注水等违法行为，全县共出动执法人员160多人次，检查生猪定点屠宰40多家次，发放宣传资料300余份，取缔私屠滥宰窝点1个，无害化处理白板猪肉355千克，共屠宰生猪14.2万头，病害猪无害化处理431头。全年协助完成部、省、市级抽样182批次，完成县级种植产品定性检测1500批次，县级畜禽水产品检测900批次，农产品整体合格率99.71%。

【渔业养护】开展长江流域重点水域禁捕退捕工作。成立由县委书记任第一组长的禁捕退捕工作领导小组，对禁捕退捕工作进行全方位、多形式宣传，全年各类媒体宣传报道100余次，其中《湖南日报》、湖南卫视2家省级媒体各报道澧县禁捕退捕工作1次；在县电视台和澧州融媒、以澧为荣微信公众号上开辟《禁捕退捕进行时》专题栏目；在澧水沿线设固定横幅标语380条、设立警示牌190块、大型宣传牌60块、印发宣传资料5万余份，发送禁捕退捕短信120万条。全县精准识别286户渔民身份，全部签订退

澧县退捕渔船渔具暨“三无”渔船集中拆解销毁活动现场

捕协议，并对有就业意愿未就业的渔民进行转产安置，回收处理船舶953艘、网具11.91万千克。9月21日，举行渔船渔具集中拆解销毁活动。全年共立案各类涉渔案件16起，其中，渔政部门立案8起，行政处罚10人，罚款1.5万元；公安机关刑事立案4起，其中1起因非法捕捞水产品罪判处2人拘役3个月，缓刑6个月，责令购买5180元鱼苗修复环境资源，并在市级以上媒体公开向社会公众赔礼道歉，成为澧县首例非法捕捞水产品刑事附带民事公益诉讼案。8月21日，澧县连续13年开展人工增殖放流，共向澧水投放鲢、鳙、草、青鱼等优质鱼苗1100万尾。从2020年起，澧水实行10年禁捕，增殖放流效果将更加明显。

【养殖污染治理】 严格按照“三区”划分要求，对饮用水源保护区和县城规划区畜禽养殖场实行退养，在全县范围划定64处304.4平方千米为畜禽养殖禁养区，退养大中小型养殖场684家，拆除栏舍面积41.3万平方米；畜禽粪污资源化利用整县推进项目进展顺利，154家规模场、7处大中型沼气工程、9处种植消纳基地改造建设内容全部完成，325家专业户完成80%，散养户改造完成92%。

表7　2020年澧县畜牧、水产养殖情况一览表

分类	指标名称	计量单位	数量（产量）
畜牧	生猪出栏	万头	69.61
	牛出栏	万头	2.47
	羊出栏	万头	20.29
	家禽出笼	万羽	1440.7
	肉蛋产量	万吨	13.2
	生猪存栏	万头	45
	其中母猪	万头	3.76
	牛存栏	万头	5.13
	羊存栏	万头	14.6
	家禽存笼	万羽	353.5
水产	全县养殖水面	万亩	15.3
	全年起水水产品	万吨	7.2

（伍学斌）

林　业

【概况】 2020年，全县林地面积稳定在90.77万亩以上，森林蓄积量201.46万立方米，湿地保护率达73%。

【植树造林】 继续实施“绿色澧州”三年行动。全县完成新造林面积2.2万亩，完成省、市下达造林任务1.7万亩的129.4%，且重点突出生态廊道建设、产业造林；结合美丽乡村建设，完成主干公路及村道绿化及补植提质680千米，完成绿色庭院户示范户建设4000户，完成以庭院绿化美化为主的绿色庭院集中连片幸福屋场建设

30个；全县新建义务植树基地20个，完成义务植树160万株，义务植树尽责率96.2%。完成重点工程造林项目1.8万亩，其中长江防护林工程新造林2000亩，长江防护林工程封山育林4000亩、中央财政造林补助项目1.2万亩。

【森林资源保护】 严控资源消耗。一是严格执行森林采伐限额。完成“十四五”森林采伐限额编制工作。截至12月底，全县已发放林木采伐证332份，蓄积7.4万立方米，材积5.23万立方米。二是严把林地占用审核关。强化林地占用审批管理，对永久性林地占用、临时性林地占用审批，都严格按照程序依法依规办理。全县共审核审批征占用林地19宗，面积987.7亩，收缴植被恢复费694.04万元。三是开展2020年森林督查和天然林专项补充调查。建立森林资源“一张图”数据库，逐步实现森林资源“一张图”管理、“一个体系”监测、“一套数”评价。推进依法治林。一是采取日常巡查与专项打击相结合，二是加大宣传与以案释法相结合，重点打击毁林开垦、乱占林地和湿地、乱砍滥伐林木、乱捕滥猎野生动物等涉林违法行为，全年共办理各类林业行政案件72起。抓好森林“两防”。一是林业有害生物防治。全县林业有害生物灾害应施调查监测面积55.85万亩，实施调查监测面积55.85万亩，监测覆盖率100%。全年全县林业有害生物发生总面积1.41万亩，发生率2.5%，防治率100%，全县森林没有成灾面积，共计投入防治经费14.1万元。二是森林防火。建立森林防火人防、技防、协防机制，强化宣传，开展“5·12”防灾减灾宣传活动，压实县、镇（街道）、村三级防火责任，严格落实野外火源专项治理等各项防控措施。全县没有发生重特大森林火灾，无人员伤亡事故。生态环境保护。落实《洞庭湖生态环境专项整治三年行动计划（2018-2020）》和《关于开展“五水”沿线杨树清理专项行动的决定》（澧县总河长令第3号），配合有关镇（街道）抓好“五水”沿线杨树清理工作。

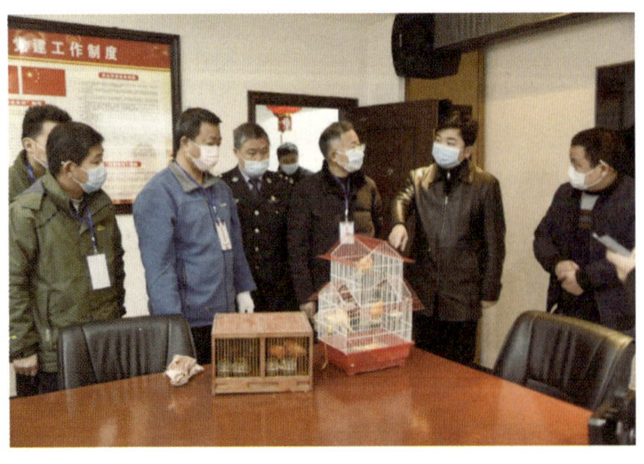

2月17日，查获并放生8只金丝雀和1只画眉

【自然保护地整合优化】 按照“保护面积不减少，保护强度不降低，保护性质不改变”的总体要求，启动自然保护地整合优化调整工作，有效解决自然保护地交叉重叠、跨行政区域等问题。共调出保护地面积4.55万亩，调入保护地面积7.05万亩，调整后澧县自然保护地总面积23.85万亩，占全县总面积7.66%。整合后保护地按级别划分有国家级1处，省级3处；按类型分有自然公园4处，分别为湖南澧州涔槐国家湿地自然公园、湖南城头山省级地质自然公园、湖南澧县天供山省级森林自然公园、湖南澧县澧水河口省级湿地自然公园，面积分别为4.02万亩、4.58万亩、9786.3亩、14.28万亩。

【争资立项】 按照县委、县政府部署，为利用好林业项目扶持政策资源，争取国家、省、市上级项目扶持，加快全县林业事业发展，澧县林业部门结合本县实际，全年向国家、省局争取专项资金1617.69万元。分别是：天保工程区外国有林场停伐补助资金19.75万元；中央和省级财政森林生态效益补偿补助资金678.88万元；完善退耕还林政策补助资金60万元；新一轮退耕还林还草补助资金20万元；中央造林补助资金379万元；森林抚育补助资金210.5万元；上一轮退耕还林生态林纳入抚育补助资金23.6万元；湿地补助50万元；2020年第二批森林生态效益补偿管护补助资金10.61万元；2020年森林资源管护补助公共管护支出资金5万元；森林植被恢复费81.43万元；2020年第二批中央财政林业草原生态保护恢复资金4万元；2020年第二批中央林业改革发展资金74.92万元。全年完成批复及入库项目3个：下年度重点防护林工程项目，总投资1000万元；湖南澧县澧水河口省级自然公园湿地恢复和保护项目，总投资3.5亿元；常德市澧县天供山森林公园旅游基础设施建设项目，总投资6200万元。

【野生动物退养】 经统计，全县人工繁育退出的繁育主体21家。按照省级退出补偿指导标准，补偿总额213.6万元。其补偿资金由省、市（州）、县（市区）三级财政按3∶3∶4的比例承担计算，省级承担64.08万元，市级承担64.08万元，县级承担85.44万元，年内县级补偿资金全部发放到位。野生动物处置采取无害化处理、放归自然、转型利用等多种方式进行，全县处置率100%。同时，妥善处理野生动物退养繁育主体上访、网络舆情6起，上市赴省进京等上访联控效果良好。（汪琳　郭刚）

供销合作经济

【概况】 2020年，澧县供销社持续推进供销综合改革，构建现代农业社会化服务体系；服务重点项目建设，助力高质量发展；加快茶叶产业转型升级，推进茶产业提质增效。澧县供销社被市改革领导小组评为供销综合改革先进单位。县供销社参股企业澧县晶晶柑橘专业合作社获评全国供销合作总社示范社。大堰垱镇、涔南镇、城头山镇3个惠农综合服务中心社获评全国供销合作总社基层社标杆社。

【供销综合改革】 按照“开放办社，分类指导”原则，高标准搭建县、镇、村三级供销服务平台，实现管理体系、经营体系、农合会体系三级贯通。依托澧县益农供销公司，建成镇惠农综合服务中心社15家，覆盖率100%；完成简易型村级惠农综合服务社189家，覆盖率100%；依托“村支两委”和经营大户，创建标准化村级惠农综合服务社3家（城头山镇牌楼村、红星村、群乐村），服务内容涉及农资配送、农业生产、农产品购销，便民服务四大领域。同时，借助县、镇、村“一门式”行政服务窗口和“澧州微政务”App建立全县供销信息平台，专人管理，实现惠农综合服务信息与每个镇、村级综合服务中心无缝对接，为农业生产、农产品流通等提供线上和线下服务。

【项目建设】 为建设澧县农产品批发大市场，打造覆盖全国的“三科农商城”网络体系，县供销社作为责任单位，对引进的深圳三科农商集团提供全程优质服务。该项目正处在建设中，一期占地397亩，建筑面积约24.6万平方米，投资约12亿元。引进广东粤旺农业集团参与澧县太青公司重整，确保社会大局稳定，为澧县茶叶产业发展打开新局面。与浙江华厦公益学院合作成立澧州米店有限公司，主推“城头山”大米，打造以“城头山”大米为主的流通公共品牌。

【茶叶产业】 2020年，澧县茶叶生产总面积2.55万亩，全年茶叶总产量1430吨，实现销售收入1.6亿元，所有新植茶园均已投入采摘。一是加强茶园基地标准化建设。在码头铺镇青山峪村墨庄韵公司培育建设1个300亩连片标准化有机茶园示范基地，采用有机肥施用和挂黄板、架设频振灯进行病虫害防治，该基地已进入有机茶园转换期。二是提升茶叶加工能力。全县现有茶叶加工企业18家，专业合作社12家，自动化、半自动化茶叶生产线21条。其中，红茶生产线10家，年加工能力220吨左右。所有名优茶加工设备均实现机械化。为对接市政府推广“常德红茶”，改造太青村八仙府茶叶专业合作社红茶加工厂，新建太青村留香园茶叶专业合作社加工厂。八仙府茶叶专业合作社投入改造资金100余万元，全年收购加工鲜叶60万斤。留香园专业社投入资金80余万元已试投产。桐溪农业公司、华阳茶业公司、八仙府专业合作社新上大宗茶生产线，所生产的产品销售一空。三是成功重整茶叶企业。澧县太青山有机食品有限公司从2018年开始进入破产程序至公司重整，历时2年。

2020年1月23日，与广东粤旺农业集团签约，粤旺农业集团在澧县成立全资子公司—湖南粤旺双上茶业有限公司。8月10日，新公司门店开业。9月21日，县法院批准太青公司重整计划裁定。10月，粤旺双上茶业公司完成与太青山有机食品有限公司基地、资产交接。2020年，粤旺双上公司投入生产和收购资金500万元，收购茶农及贫困户鲜叶4万余斤。四是拓宽茶叶营销渠道。粤旺双上公司、桐溪农业公司2家公司均已列入"常德红茶"授权生产企业。粤旺双上公司借助粤旺农业集团在广州市场有利优势，将红茶打入南方市场。澧县茶叶在省内茶叶品牌营销市场占有一席之地。

【"双上云峰"茶获中国中部（湖南）农博会金奖】 10月30日—11月3日，第二十二届中国中部（湖南）农博会在长沙国际会展中心举行。本届农博会由农业农村部和湖南省人民政府共同主办，主题为"办好中部农博会，助力脱贫奔小康"。澧县组织湖南粤旺双上茶业有限公司、湖南洞庭春米业有限公司等6家企业共60多个产品参展。其中湖南粤旺双上茶业有限公司参展的"双上云峰"茶，在此次中部（湖南）农博会上获金奖。（戴　阳）

农业机械服务

【概况】 截至12月，全县农机总动力87.9万千瓦，拥有各类农机具13.17万台套，全县主要农作物综合机械化水平达70%以上，入选第五批"全国主要农作物生产全程机械化示范县"，县农机事务中心被省农机事务中心授予全省农机事务工作先进单位，并连续6年获此殊荣；农机新机具新技术推广应用工作被市农机事务中心评为全市先进。

【科技推广】 全年围绕粮油生产全程机械化，推广各类先进适用农机具2700余台（套），其中推广大中型拖拉机193台、履带旋耕机65台、联合收割机322台、高速乘坐式水稻插秧机25台、水稻有序抛秧机20台、耕整地机械508台、粮食烘干机33台、植保飞机33台、秸秆粉碎机17台、碾米机13台、水稻精量施肥机108台。全年在城头山镇主办或协办全县水稻抛秧示范现场会3场，在官垸镇协办油菜生产全程机械化现场演示会1场，指导梦溪镇举办秸秆捡拾打捆现场演示会1场。

3月4日，在城头山镇周家坡社区举办水稻有序机抛秧演示现场会，机抛秧技术首次引进澧县

【购机补贴】 全年共受理补贴申请1335份，办理补贴机具1779台，报废更新补贴173台，完成使用补贴资金2665万元，补贴资金使用量位居全省前列，促进全县农机更新总动力3.3万千瓦。组织召开新机具现场演示评价会1次，对1家生产企业4个品目机具进行客观评价。

【农机服务】 全县新成立农机专业合作社4家，扶持1家合作社成为省级现代农机合作社。截至2020年12月，全县农机合作组织72家，其中省级现代农机合作社35家，有9家农机合作社获省级现代农机合作社示范社称号。锦绣千村农机专业合作社建成省级"全程机械化+综合农事"服务中心，并入选全国"全程机械化+综合农事"服务中心典型案例。

【安全监理】 全年共检验拖拉机815台套，核发驾驶证88本，签订安全生产责任状1100余份。开展拖拉机顽瘴痼疾专项整治，对照系统中1602台变型拖拉机依法注销1173台，超过省农业农村厅要求变型拖拉机达25%要求。与交警、安监部门开展联合执法行动12次，开展“打非治违百日行动”“强执法防事故”、车辆超载超限治理等专项行动，共检查农机车辆1200台（次），纠正道路违章200余台，纠正田间违规作业车辆近150台（次）。

6月5日，县长王兆铭（右一）参加澧县2020年“安全生产月”和“安全生产澧州行”活动启动仪式并指导工作

【农机培训】 全年共举办各类培训班8期，培训各类人员500人次，其中拖拉机、联合收割机驾驶员92人，水稻机械化集中育插秧和抛秧技术人员240人次，高素质农民60人，其他人员100人。（易继炎）

气　象

【概况】 2020年，澧县汛期暴雨过多。澧县气象部门全年共启动应急响应9次，发布强降水监测预警信息289条，共计44016人次；发布《重大气象信息专报》21期，《一周天气预报》82期，《环境预报》75期，《雨情快报》83期，《雨情速报》33期，《气象信息快报》22期，《澧县春耕春播气象服务专报》5期，《澧县首届年货节气象服务专报》8期，《森林火险气象专题》7期，各类节日气象专题5期等，向上级业务主管部门、县相关单位、种植大户发布《三农服务气象周报》41期，《农业气象服务月报》10期，《农业气象灾害预警》1期。2016—2017年度三农服务专项已通过省局减灾处正式验收。

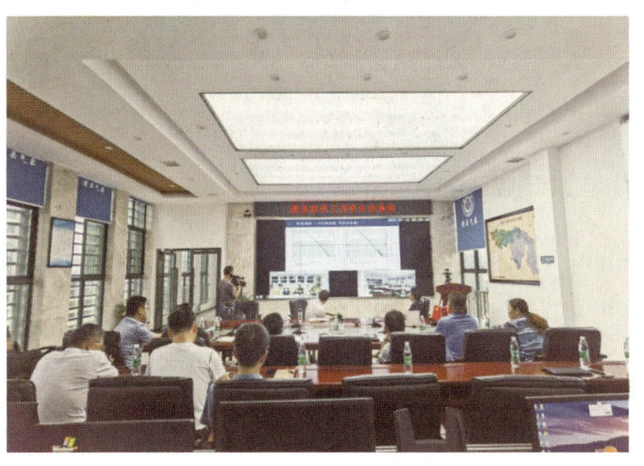

在县气象局召开县防汛工作联合会商会

【为农服务】 推进“道安监管云”与乡村振兴项目。落实《乡村振兴气象服务专项行动计划（2020—2022）》。优化现代农业气象观测和试验站网，发挥专家组作用，开展智慧农业气象服务。对接相关部门，收集气象防灾减灾数据，完成“六个一”标准化建设。落实《短时临近预警业务规定》，规范短临业务布局和流程，提升基层气象防灾减灾救灾能力。完成澧县高新区区域气候可行性论证评估工作，6月底前通过论证审查。开拓创新，与第三方公司联合开展研究性业务暨水旱灾害服务指挥系统探索，经过前后四次研讨，初级版本系统已投入使用。

【防雷减灾】 依法构建防雷减灾安全责任体系。梳理雷电灾害防御重点单位信息并更新。2020年，县气象局组织执法人员开展防雷安全检查30次，与县应急管理部门开展防雷安全联合检查3次。加强防雷宣传培训，对全县易燃易爆企事业单位开展防雷安全知识暨应急逃生避险培训。同时，推进工程建设项目审批制度改革。与市气象局法规科和县工改办对接，落实相关改革工作要求，回复事项征询工作，全年共回复征询事项50个。办理防雷装置设计审核事项1件。

县领导查看近期天气形势

【气象宣传】 11月，成功申报湖南省科普教育基地，并举行挂牌仪式；利用“3·23”世界气象日、“5·12”防灾减灾日，及“气象科技周”“六一关爱未成年人”等活动开展科普宣传进社区、进企业、进校园、进农村。全年在中国气象局网站上稿4篇、湖南气象网上稿5篇、常德市文明网上稿2篇，新媒体上稿10条，常德日报3篇。

“5·12”防灾减灾日科普宣传

【党建工作】 年初，印发《2020年澧县气象局党组中心组及干部职工理论学习计划》。全年共开展中心组学习8次。组织干部职工运用学习强国平台开展学习，覆盖率100%，每位干部职工年度积分均超过7000分。依托党建，以创建学习型党组织为抓手，持续加强学习教育，完善机关支部党员活动阵地，健全党建工作机制；利用智慧党建平台推进支部“五化”建设，实现线上线下同步推进。在全县“五化”建设考核中被评为优秀。5月，吸收中共预备党员1名。7月，局机关党支部被澧县农业农村局直属机关党委评为“先进基层党组织”。加强党风廉政建设。4月26日，以专题学习会方式开展党风廉政学习教育；全年开展谈心谈话33次；8—9月，在全局组织开展以“增强制度意识，严明纪律规矩，建设模范机关”为主题的第十九个党风廉政宣传教育月活动。 （刘晓荣）

庆祝中国共产党成立99周年活动

水　利

【概况】 2020年，全县水利系统贯彻习近平总书记以人民为中心的发展思想和总体国家安全观要求，落实“两个坚持、三个转变”的防灾减灾新理念，防汛抗灾、机构改革、争资争项、河湖长制、饮水安全、水利秋冬修等各项工作取得显著成绩。先后迎接省政府副省长陈文浩来澧县考察调研，承办省、市、县人大代表工作视察等重大活动。水利、水行政执法、河湖长制工作被评为全市先进。社会治安综合治理、安全生产等单项工作被评为全县先进。如东镇、官垸镇，公安局政委陈林、融媒体中心主任张滔等单位和个人被评为全省防汛抗灾工作先进单位和个人。

【机构设置】 全县有水利单位36个。包括水利局、16个直属单位、19个镇（街道）水利站。直属单位中有1个副处级单位（澧阳平原灌区）、5个正科级单位（澧阳大垸、澧淞大垸、王家厂水库、羊湖口电排站、涔水灌区）、4个副科级单位（城防处、山门太青水库、观音港电排站、涔澹蓄洪区）、6个股级单位（澧南闸、西官闸、河道所、青龙窖电排、惠民供水公司、山门水厂）。全县水利系统共有干部职工2017人，其中水利局机关87人。按照中央事业单位改革要求，年内，将澧县水利水电工程队（简称洞庭公司）、澧县挖泥船队2个经营类事业单位转制为企业单位。原澧县水利水电工程队转制为国有独资的湖南省洞庭水利水电建设有限公司，在岗职工77人中，转制聘用66人（已签订合同），提前离岗11人。原挖泥船队转制为县属国有独资的澧县翔鸿疏浚有限公司，在岗职工45人中，转制聘用33人（已签订合同），提前离岗12人。

【防汛抗旱】 2020年，全县雨情水情汛情复杂，降雨总量大（1—7月，累计降雨量1278.8毫米，占历年全年平均值96.1%，居40年来第二高值）、暴雨袭击次数多（6月、7月，先后有11次达到暴雨级别）、超过警戒水位时间长（澧水、涔水、松滋水、道水、澹水等5条水系全面超过警戒水位，其中松滋水超警时长483小时）。为确保人民生命财产安全，全系统上下有效应对。一是防汛备汛。3月，组织四轮检查，对查出的127处度汛隐患及时整改。储备砂石19万方、编织袋60万条等防汛物资。同时，召开高规格防汛会商会、动员会和培训会。二是修订预案。修订完善《澧县非常洪水度汛方案》《县城区防汛应急方案》《城市超标洪水防御方案》等8个应急预案。三是科学调度。主汛期坚持每日早晚会商，发出调度命令27份，精准调度水利工程错峰蓄洪或泄洪；调度750名应急抢险队员跨镇抢险；针对北民湖、澧南垸险情，紧急调集3.1万方砂石、5万条编织袋、17台小型挖机、210台次运输车辆。四是及时抢险。成功处置北民湖抢筑子堤、澧南垸管涌封堵等各类大小险情176处，实现不溃一堤、不垮一坝、不死一人的防汛抗灾目标。

县委书记廖可元（左二）、县长王兆铭（左三）、县武装部部长李建华（右二）等在北民湖检查防汛抗灾工作

【重点水利工程】 全年争取到位上级水利建设项目资金3.1亿元，对澧水、涔水、澹水河段进行综合整治，其中重点对澧水河段进行城区压浸护岸、河道疏浚。开展大中型灌区配套改造，官垸、赵家峪、董家堰灌区建设正在进行，山门太青灌区正在编制实施方案。克服疫情、汛情影响，全省最大泵站——小渡口泵站建设工程有序推进。完成小型水库除险33座；启动王家厂水库大坝除险工程，截至12月底，已完成塑型混凝土防渗墙主体工程。实施涝区治理项目，完成罗家湖、丁家湖、六方台等9座中小泵站升级改造。开展水系治理，河湖连通工程、洞庭湖北部补水工程相继竣工。羊湖口电排站维修工程已完成90%。

【水利秋冬修】 瞄准短板定目标。先后召开农村工作领导小组会议、县政府常务会议、县委常委会议进行研究，制定强力推进水毁工程修复、重点水利工程建设、塘坝清淤渠道疏浚、大堤清基扫障、机电设备维修养护、样板工程建设“六个强力推进”工作目标。精心谋划早部署。

出台《澧县2020年水利秋冬修工作方案》《澧县2020年水利秋冬修工作考核办法》。成立由县委书记任政委，县长任指挥长，县委副书记任副政委，分管副县长任副指挥长，16个县直单位和19个镇（街道）主要负责人为成员的县水利秋冬修建设指挥部。千方百计筹资金。争取省、市资金6000万元，对澧南澧水大堤沿线构建压浸平台、对涔水大堤沿线6处穿堤建筑物进行开挖翻建，对董家堰、赵家峪、官垸3个中型灌区的排灌沟渠进行疏浚配套。安排专项资金463万元，对大型沟渠疏浚和堰塘清淤进行奖补。安排奖励资金200万元，对水利建设先进单位实行重奖。整合农业高标准农田建设资金、扶贫项目资金、新农村建设资金、交通资金，促进堰塘清淤扩容和水毁工程修复工作。发动当地企业捐资参与，动员受益群众投劳出资。据统计，全县镇、村及社会资本投入秋冬修资金6300万元，投入劳力2.9万个。压茬稳步推进。县防汛指挥部安排4个联片督促指导组，对所联镇（街道）进行技术指导、进度催促。实地检查101条渠道疏浚、114处堰塘清淤、301千米一、二线大堤清基扫障和19处水毁工程修复情况，为评选提供重要依据。强化整体联动。全年完成塘坝清淤1187处，完成渠道疏浚1234千米，全线完成清基扫障，砍伐杨树4万多根，204千米一线大堤内坡10米、外坡5米范围内的杨树全部清除。经多方筹措资金，对观音港电排站、中渡口水闸、青龙窖电排站及时组织抢修，均已恢复排渍功能。

【河湖整治】 划定水资源保护红线。初步完成河湖划界、水利工程划界工作。开展“洞庭清波”专项整治行动。年内关闭砂石堆场和货运码头64家，清理乱植杨树3200亩，清理拦网220处，清理地笼1700多个。疏浚沟渠塘坝。综合治理湖泊水库60座，清淤堰塘2230口，疏浚大中型沟渠256千米。突出问题整改。统筹协调完成14项省级交办重点河湖治理工作任务，完成204个部、省交办河湖问题。建立健全河湖管理机制，巡河、督查、整改、考核机制更加完善。全年巡河1.1万人次，整改突出难点问题445个。开展季度考核、清四乱专项督察和暗访督察13次。下发通报、交办函37份，约谈18人次。

【优化服务】 推行“马上办、网上办、就近办、一次办”，按照“减环节、减材料、减时限、减费用”要求，审批时限由法定的20个工作日提速至5个工作日。全年共办理行政审批46项，无一例投诉举报。提速行政许可。出台行政审批许可、涉园区企业代办、提速办理等3项制度服务企业。

【水政执法】 严格执行《水政监察人员廉政公约》《水政监察人员三项承诺、六条禁令》等制度。落实《行政执法公示制度》《执法全过程记录制度》《重大执法决定法制审核制度》。全年查处非法采砂案5件，罚没38万元；对非法采砂人员判处有期徒刑3人，立案侦查6人。拆除涔河涔南镇何家湾河槽矮围2059米，清理土方4.9万立方米；清除赵家峪库区填筑土方3.48万立方米，拆除河道违法建筑678.3平方米。同时，加强规费征收。全年共征收上缴水资源费和水土保持补偿费320万元。

【安全饮水】 安全饮水实现全覆盖。年内投入资金2500多万元，对51处供水工程进行新建改造和提质扩容。新建码头铺镇、方石坪片区、洞市片区、火连坡镇古太村、太青片区应急供水工程，解决山丘区季节性缺水问题。对盐井镇、王家厂镇、码头铺镇、官垸镇等集老旧管网进行更新改造。彻底解决贫困人口饮水问题。县水利局对全县贫困人口饮水安全情况逐村核查，写出调研报告。对建档立卡贫困户，在安装自来水时，只收取不超过500元材料费，特别困难户予以免收，并对18个镇（街道）1200户贫困户补贴60万元。

【移民工作】 推进水库移民避险解困。澧县属第四批大中型水库移民避险解困试点县，任务全省最大。经逐户核定，符合政策移民有252户629人，已完成村内建房安置591人，跨乡镇中心村建房安置13人，县城安置8人，社会保障安置17人。移民建房完成率90%，移民建房补助发放率90%。完成重点移民村建设。投入移民资金610万元，完成重点移民村建设3个，实施项目17个，完成率100%。规范项目资金监管。及时、准确为30556名移民发放直补资金1706万元。按时编报项目资金计划6批次，下达资金计划3408.42万元。全年开展移民项目检查75次，其中和财政局联合检查8次，配合省、市开展项目检查5次，确保移民资金使用安全。督促项目建设进度。全年完工移民项目400个，完工率98%，移民资金下拨98%。完成信息采集和“十四五”规划编制。全年完成272个移民村、11958户移民信息采集。配合常德市水利水电勘测设计院完成移民“十四五”规划编制，规划移民资金2.82亿元，规划重点移民村25个。建档立卡贫困移民全部脱贫。投入移民资金220万元，支持解决贫困移民“一超过、两不愁、三保障”问题，152名建档立卡贫困移民全部脱贫。举办移民技术培训。全年共举办移民培训班5期，培训移民690人，完成率102%（省下达培训任务684人）。保持移民群体稳定。全年接待移民信访85人次，化解移民矛盾纠纷92起，移民群体持续保持稳定。（曾昭阳）

【澧阳平原灌区管理处】 2020年，澧阳平原灌区管理处通过市县小水电站汛期安全检查，城市提质工作连续四个季度被评为一类单位，综治维稳工作被评为全县先进单位。全年共发电225万度，取得较好的经济和社会效益。

防汛抗旱。加大督查防范风险。2月17—28日，管理处组织各渠道管理所对所属灌排渠系、水闸、隧洞、渡槽、渠下涵、跨渠桥等建筑物进行拉网式隐患排查，发现大小问题25处，并及时排除隐患。合理调度排渍涵闸。6月中旬，澧阳平原历经数次强降雨，管理处严格落实排渍方案，合理启闭涵闸，多渠道全力抢排渍水，经由南干渠泄洪闸、熊家湾底硧、段必溶闸泄洪入涔河，经由乔家河闸入澧水，经由十回港闸入澹水，共计外排渍水2亿立方米。合理调度，做好抗旱保灌。科学编制2020年度《澧阳平原排渍方案》《澧阳平原抗旱灌溉调度方案》，全年灌溉历经6个轮次，历时72天，灌溉水方8483万立方米（王家厂水库6683万立方米、青山干渠引水1800万立方米），灌溉王家厂镇、城头山镇等7个镇（街道）32万亩农田，取得“不漏一方土，不旱一块田”的抗旱工作成果。

防汛排渍

项目建设。灌区现代化改造项目前期经费筹措方案获县政府办公会通过，县财政划拨保障经费150万元；上年度续建配套省补资金项目，主体工程全面完工，且上年度4个已完工项目全部验收合格。

水政执法。开展水政巡查。坚持每周组织水政执法人员对重要渠道和重要建筑物巡查1次以上，做到及时发现、及时处理。加强水法规宣传。开展“世界水日”“中国水周”水法宣传活动，利用宣传车宣传2次，张贴宣传标语500条，设置永久性宣传栏50处，进一步提高广大群众节水意识。严查水事违法行为。全年现场纠正水事违规行为22起，责令停止水事违法行为8处，调解水事纠纷3件，立案查处拆除违法建筑1处。

内部管理。制定并完善《会议决策制度》《公文管理制度》《经费管理制度》《党务人事管理制度》《工作纪律制度》《事务管理制度》等六大块工作制度，进一步明确各机构职责分工，压实工作责任。同时，对科室、站所考核排名，严格兑现奖惩。人事科会同办公室、监察室加大对机关和站所工作绩效考核力度，每月不定期检查4次以上，主要检查干部职工考勤、党建学习笔记、工作完成情况，每月月初公布考核结果，当月兑现奖惩。

竞岗演讲

脱贫攻坚。澧阳平原灌区管理处共结对帮扶3个村（社区）、12户贫困户。帮扶人员全年共走访贫困户22次，为贫困户送去大米、食油16份。鼓励职工参与消费扶贫，购买贫困户鸡蛋、土鸡等农产品2000元，购买本地菜籽油66桶，大米66袋，价值1.29万元。年内扶贫攻坚问题全部清零，贫困户家庭可支配收入人均达1万元以上。派驻码头铺三观村驻村工作人员，为该村争取项目资金8万元，全部用于乡村建设。

党风廉政建设。落实“一岗双责”，抓好班子成员和党员廉政建设，按照《中国共产党领导干部廉洁从政若干准则》要求，做到讲党性、重品行、作表率；结合“三会一课”等党建活动，组织管理处干部职工学习省、市、县纪委文件精神，对纪委通报的干部违纪违法查处的典型案例进行深入探讨，分析其违纪违法原因，教育广大干部职工引以为戒；坚持严管就是厚爱的原则，不断加强对干部职工管理，打造一支作风过硬、纪律性强的工作队伍。严格执行公务接待、工作作风、项目建设、廉政建设等方面的规章制度，要求人事科每周核查工作情况，建立个人台账，考核结果纳入年底考评。（傅　涛）

【澧阳大垸水利管理委员会】 澧阳大垸位于澧水北岸，南至涔水南岸，东临涔澹农场，西至临澧县合口镇，始建于1995年，是湖南省确保堤垸之一。辖区内有城头山镇、涔南镇、大堰垱镇3个镇和澧阳街道、澧西街道、澧浦街道、澧澹街道4个街道，县城区位于垸区澧水北岸，是全县经济、文化中心。澧阳大垸有防汛大堤91千米，其中一线澧水大堤31千米（临澧县合口镇至澧澹羊湖口）。二线涔水大堤19千米，澹水大堤26千米。主间堤有北民湖、车家溪、东横堤共15千米。外排涵闸24处，外排机埠11处，灌溉机埠6处。受保护面积55万亩，受保护人口约45万人，其中防汛总劳力3.7万人。澧阳大垸管委会在编人数15人，实有人员19人，下设办公室、工程股、财务股、水政股、政工股5个股室。

防汛抗灾。3月初开始，对7个镇（街道）和3个水管单位防汛备讯工作展开检查，把查险除险贯穿于整个汛期，共排查处理险情隐患20多处，特别是对澧水特大桥、汀兰湾等6处存在重大隐患的在建项目进行重点督办，确保在主汛期来临前消除隐患。从7月2日开始，澧阳大垸辖区内澧水、涔水、澹水水位相继超过警戒水位，特别是涔水长时间持续保持高洪水位，大垸全体干部职工不分日夜，奔波在防汛抢险第一线，在现场查勘险情、分析原因、会商处置方法，共应急处置险情50多处，其中栗河西端管涌群、澧州实验学校操场管涌、澹水东洲机埠涵管裂缝、涔水上河口机埠涵管裂缝等较大险情均得到及时处理，通过20余天艰苦奋斗，最终打赢涔水保卫战，确保垸内澧水、涔水、澹水安全度汛。

堤防管理。制定《关于加强堤防管理工作的意见》，并与12支砍草队伍签订堤防砍草维护合同，明确验收标准及办法。全年对堤防砍草工作共验收6次，对验收不合格的队伍按合同给予相应处罚，并责令限期整改到位，确保大堤堤身常年保持整洁。

水政执法。全年对91千米防汛大堤实行分段分班巡查，共发现微小违法现象20余起，现场制止整改20余起；针对澧水大堤外洲存在的乱耕乱种及放野火现象，进行长达3个月巡查宣传，取得显著效果。

河长制工作。4月，组织对澧水黄沙湾外洲违规建房进行强制拆除；6月，按照县河长办下达的重大问题整改任务交办单，对黄沙湾段砂石码头存在的尾堆、工棚、坡道未封等河湖重大问题，召开专题会议制定整改方案，严格落实整改责任，至8月底，存在问题全部整改到位。

（聂景云）

【澧淞大垸水利管理委员会】 澧淞大垸位于洞庭湖西北部，该垸三面环水（松滋水、澧水、涔水），是澧县历年防汛时间最长、防汛任务最重的省属重点堤垸。垸内辖小渡口镇、如东镇2个镇，人口12.4万人，总面积36.5万亩，防洪大堤长84千米（含淞澧隔堤8.05千米），穿堤建筑物39处，电排设备35台、9990千瓦。2020年，澧淞大垸开展文明创建系列活动，获评县级文明单位。

防汛抗灾。7月，由于受拉尼娜异常气候影响，长江流域平均降雨量为1961年以来第二高位，而澧县同期平均降雨量为1123毫米，超往年同期平均值57%。其汛情特点：一是持续时间长。自7月3日凌晨4时涔河董家堰站点最先达到防汛水位开始，至8月26日上午，松滋河大豆口站点退出防汛水位止，整个垸区防汛历时54天。二是险情多。自6月14日澧水夹堤口出现堤脚外垮险情开始，整个汛期出现各类险情22处，其中仅涔河左岸垸区18千米堤段出现险情9处，均为严重管涌险情，县委、县政府于7月6日启动涔河防汛二级响应。三是防汛劳力严重不足。垸区青壮年劳力大部分外出务工，留守农村的劳动力年龄普遍较大，且男劳力数量少。尽管如此，由于汛前准备充分，县委、县政府科学指挥调度，最终取得“涔河保卫战”和防汛工作决定性胜利。

工程建设。年内，投入资金200万元，完成杨家垱、北河口除险加固工程。

堤防管护。为加强堤防养护工作，该垸及时修剪草皮、整理堤坡，并用砂卵石铺设堤面21千米，确保防汛通道畅通完好。

水政水保。开展“洞庭清波”专项行动。5月7日，由澧县水利局水政大队牵头，联合水上派出所、小渡口镇派出所、澧淞大垸等单位，开展为期10天的欧美杨清除行动。此次行动派出执法人员20人，砍伐工人200多人次，对垸区内欧美杨全部清除，共清理面积约3000亩、杨树10万棵。

（殷红霞）

5月7日，组织开展“洞庭清波”行动

【羊湖口电排管理站】 澧县羊湖口电排管理站位于澧县澧澹街道大巷口社区，澧水左岸，东临津市，是纯公益性水管事业单位，有干部职工21人。该站于1992年动工兴建，1995年建成投入运行，其主要建筑物及设备设施包括：主厂房、2.2千米引水渠、东洲进水节制闸、出水涵闸、5.5千米高压输电专线及35千瓦变电站等。设计容量4×1600千瓦，流量4×20.5立方米每秒，主要担负着澧阳平原60多万人口、53.7万

汛前，电排站工人对水泵站进行检修

亩耕地的排洪排涝任务。电排工程按3年一遇标准设计，10年一遇标准校核，前池起排水位36米，设计扬程6.9米。建成投运以来，为受益区人民群众生命财产安全及农业丰收起到极其重要的保障作用。特别是1998年、2003年和2016年3个大水年份，均能按县防指要求及时开机抢排，保证澧阳平原大水之年无大灾。

2020年，为应对可能发生的洪涝灾害，该站利用枯水期对现有设备进行全面维护保养，并多方筹措资金对2台带病主设备进行大修。同时，对主引水渠进行全面扫障消缺。设备试运行状况良好，为澧阳平原防洪安全提供基础保证。（罗承舟）

【澧县王家厂水库管理处】 王家厂水库始建于1958年，属国家大Ⅱ型水库，坝址位于澧水支流、涔水中游，集雨面积484平方千米，总库容2.78亿立方米，是一座以防洪、灌溉为主，结合发电、养殖、航运、水利旅游于一体的多功能水库，主要担负着澧阳平原35万亩农田灌溉和下游100万人口安全饮水、100万亩耕地防洪保安任务。枢纽工程由大坝、副坝、溢洪道、南北输水涵管、电站等主要枢纽建筑物组成。

王家厂水库管理处属正科级事业管理单位，内设9个股室，有干部职工181人，其中离退休71人，在职110人，党员74人。

安全生产。 全年坝址降雨1933毫米，水库产水6.31亿立方米。灌溉并结合发电用水量4.84亿立方米，在确保澧阳平原100万亩耕地用水需求的同时，可发电1419万度。实现电站安全生产56年无事故，该水库在防汛、抗旱两个方面均发挥着重要作用。

工程设施管理。 在汛前、汛后，加强对水利枢纽工程日常管理与维护，确保设备设施正常运行；开展水法宣传，建立举报奖励机制，采取联合执法，加大对水事违法违规事件的查处力度，确保工程管理安全。完成建设项目竣工环境保护验收。同时，年内启动水库大坝除险加固工程。

12月15日，水库大坝除险加固项目建设现场

文明创建。 组织单位干部职工开展春游、志愿服务、七一建党等活动，围绕全国水利文明单位创建、省级环境教育基地开展读书沙龙、音乐沙龙、摄影沙龙、“六五”世界环境日等业余活动，提高全体干部职工的工作热情。（胡　华）

6月5日，王家厂水库环境教育基地参与“世界环境日”活动

【淞水灌区管理处】 澧县淞水灌区位于湖南省澧县涔水以北浅丘区淞水水库东南部，北与湖北省松滋市、公安县交界，南与涔康下垸、淞澧垸相连，西接山门水库灌区，东抵荆湘垸。淞水灌区有主干渠1条，分干渠2条，支渠43条，分支渠19条，主要渠系建筑物93处，属大型水利水电枢纽工程。主干渠全长63.13千米，其中湖北省境内有12.5千米（在渠首部分），灌溉面积13.21万亩（其中湖北省内3000亩），渠首设计最大流量10.2立方米每秒。灌区工程于1973年3月动工，1975年1月建成通水，现开通分干渠2条27.71千米；支渠43条137.3千米；分支

渠19条53.52千米，建成渠系建筑物872处。主要负责澧县金罗镇、盐井镇、复兴镇、梦溪镇、如东镇及湖北浠水镇6个镇的抗旱灌溉任务。

项目建设。全年完成上年度投入资金40万元的大型灌区续建配套与节水改造省补资金项目工程；启动投入资金1234万元的灌区2020年度续建配套与节水改造项目，其中新建量测水站点25处，干渠防衬砌6处1812米，干渠除险加固6处1405米，干渠建筑物加固改造30处、人行桥5处、机耕桥5处，新建分水闸20处，支渠防渗衬砌2条总长2265米；配合湖北荆州市浠水工程管理局和湖北省水科院，完成灌区“十四五”续建配套与现代化改造实施方案的编制初稿。

水政执法。对复兴镇金荷、丁家铺等地段侵占灌区主干渠道栽种果木等事情进行处理，砍伐渠道外边坡杨树、樟树，恢复下游渠道2.3千米。

水资源管理。成功向湖北浠水水库引水150万方补充盐井水库，为盐井水库2万人安全饮水提供保障。同时，为湘澧盐矿复工复产提供强劲生产动力。

安全生产。调整安全生产领导小组，加强安全生产教育，增强干部职工安全生产意识。

（吴孝梅）

【山门太青水库灌区管理处】 澧县山门太青水库管理处为县水利局下属县直副科级事业单位，有干部职工61人。其中，在编在岗30人，内退、分流人员31人。县财政全额预算编制30人。山门太青水库灌区为湖南省重点中型灌区，由山门、太青两座重点中型水库及渠系等配套设施联合调度运行，设计灌溉面积9.02万亩，灌溉澧县西北部山丘区的甘溪滩镇、火连坡镇、王家厂镇、金罗镇、盐井镇、大堰垱镇6个镇。此外，两座水库还肩负着防洪、安全饮水、发电、生态保护等重要功能。2020年，完成太青水库干渠节水配套改造工程，并实现从太青水库引水至山门水库的目标。

山门太青水库管理处

工程设施维护管理。争取落实相关项目资金30多万元，对险情进行除险加固，按要求提高大坝枢纽日常维护水平，确保两库两干渠正常运行和日常维护达标。

防汛抗洪和跨流域引水。面对2020年6—7月特大暴雨和洪水，山门太青水库灌区管理处全体干部职工连续奋斗40多天，迎战60年一遇、建库以来最大暴雨洪水，在保证干渠基本安全运行前提下，全年引水1860万立方米，抢修险情5处，确保山门水厂35万人供水和下游农田灌溉。

水资源保护。加强水资源保护法律法规宣传，及时发现上报处理水库水源保护地周边破坏水生态的行为，聘请人员对库面垃圾常年进行打捞，对禁投禁钓等水污染行为实行常态化巡逻执法监管，确保山门水库饮用水水质持续优良。

移民后扶工作。全年协助落实整村移民后扶相关配套资金20多万元，进一步加大村级基础设施建设，改善移民生产生活条件。

内部管理。完善岗位责任制，管理处与各二层单位签订岗位责任书，并严格执行。鉴于单位人多预算少的状况，为弥补资金缺口维持基本运转，多方向上争取资金30多万元。同时，压缩非生产性开支，全年按规定兑现职工工资补贴，并对大病等特困人员予以适当救助，确保单位人员队伍稳定。（张　艳）

【涔澹蓄洪区管理处】 澧县涔澹蓄洪区管理处（俗称北民湖渔场）是县水利局所属基层水管单位，其主要职责为防洪蓄洪。涔澹蓄洪区始建于1981年，位于洞庭湖区重点确保垸澧阳大垸东北端，东南紧靠津市市监狱（涔澹农场），西南与澧澹街道、涔南镇接壤，北面与梦溪镇隔涔水河相望。距澧县县城15千米，南距津市13千米。有在职干部职工93人。

2020年，涔澹蓄洪区管理处坚持以党建工作为抓手，成功阻击新冠疫情在蓄洪区境内零事件发生；及时完成县防指下达的各项防汛任务，配合县防指组织的“涔水保卫战”并最终确保涔水大堤安全；主动带领管理处全体干部职工灾后重建，最大限度地减少经济损失；保障全处干部职工工资、保险、福利发放与清缴；落实县委、县政府脱贫攻坚战决策部署，确保澧南镇天子山社区、码头铺镇三观寺村7户贫困户全部脱贫。（张双喜）

【观音港电动排灌管理站】 澧县观音港电动排灌管理站属于县直副科级独立法人事业单位。始建于20世纪60年代初，是淞澧分洪工程之一。位于澧水尾闾东岸，西连津市，南接七里湖。泵站最大净扬程9.8米，总装机容量4000千瓦。设备操作全部采用计算机控制，并安装有一台双速双调试验电机。排区内总人口12.1万人，总面积292.7平方千米。其中耕地面积23.74万亩，沟港水面面积6.95万亩，水面面积7.24万亩。全站有干部职工64人，其中在职职工19人，分流21人，退休24人。

2020年，该泵站全年开机2946小时50分。7月7日6:00时，三江口下泄流量达1.1万立方米每秒，澧水过洪峰时观音港站点最高水位42.42米；7月7日8:00时，机组因扬程达到9.8米设计扬程而被迫停机；7月9日，观音港排区24小时降雨101.8毫米，哑河水位达到32.98米（创历史新高），机组启动扬程为7.2米，而此时扬程达到7.68米，在每一轮强降雨来临前，抢排底水，做到空库待蓄，最终成功应对6、7月7次强暴雨。该站用“机房如战场，岗位如阵地”的铁律部署，按照“98+”的要求，精心准备，精准操作，平稳运行，视水情、雨情、汛情、地情、人情等实际复杂情况，准确判断、得当部署、高效指挥，科学调度，适时开机的原则和方法，确保人民财产和生命安全。同时，以泵站文化及人性化理念为引领，以绩效评估、奖罚考核机制，运用规范化、科学化的管理制度，全力打造一流泵站服务水平。（郑　琼）

【城区防汛排渍管理处】 澧县城区防汛排渍管理处（简称城防处）位于澧县澧浦街道临江东路6号，主要负责县城区内12处电排机埠的运行维护管理，县城区一、二线大堤涵闸日常养护管理服务，指导县城区4个街道办的防汛抗灾、水利建设以及负责其辖区内水利工程管理、水政执法等工作。有机埠12处，总装机容量7173千瓦。一线大堤长21.2千米，二线大堤长63.5千米。在岗员工66人，设有6个股室、4个水利工作站。

防汛抗旱。汛前，城防处辖区4个水利工作站精心编制防汛手册、印发各类文件，储备编织袋、彩条布等防汛物资，对各机埠机电进行为期2个月维修维护。进入汛期后，城区内共出现大小险情24处，均得到妥善处置。为缓解旱情，全年共计抗旱10余天，通过引澧水累计放水1100万立方米，灌溉面积9万余亩。

工程维护。投入资金对水工建筑、设施设备、绿化布局进行维修改造；完成发改委对河道、渠道整治和8处机埠建设的可行性研究报告对接；对河湖连通生态水网工程制定运维管理费用的预算，绘制澧县城区所辖主要水系CAD图纸；对城区9处机埠设备进行全面检查，对检查中发现的隐患故障进行会商，制定切实可行的解决方案，确保城区安全度汛。

河长制工作。全面夯实河长制基础工作，做到五个到位：工作方案制定到位，责任体系落实

大坪排渠渠道扫障清理

到位，信息平台建立到位，监察监督管理到位，洞庭清波、清河行动落实到位。样板河打造和整治工作获评全市先进。

依法治水。按照“谁执法、谁普法”的要求，城防处紧密配合县水利局水政大队开展“世界水日”和“中国水周”宣传活动，采取多种形式对《水土保持法》《防洪法》《新水法》等法律法规进行宣传，水政股专门配备8名水政监察员对城区4个街道水利设施进行定期巡查。城区水域经过河湖水网连通项目工程后，城防处安排专业保洁员分区进行长期水域保洁，水域环境得到很大改善。

开展世界水日、中国水周宣传

民主管理。发挥民主集中制。对单位的人事调整、工程建设、机埠检修等重大事项，均召开班子会议讨论决定。关心职工生活。建立健全困难职工档案，年终给予适当困难补助；对职工生病住院、病故、家庭受灾，工会组织慰问看望；加强劳动保护，组织全处职工进行健康体检；汛期为坚守在一线职工发放防暑、降温物资等。开展各类有益活动。组织开展一系列的送温暖等活动。疫情期间为灾区群众募集善款近4万元；九八助学、九九公益捐款累计3万元。（金红杰）

【七里湖管理处】 七里湖管理处位于澧水尾闾，是一个独立小垸，松滋西支、澧水相汇环绕，一线防洪大堤长17.3千米，总面积2.76万亩，其中耕地面积1.48万亩，外洲7800亩。主要从事农业、林业、养殖业。有干部职工17人。

2002年，七里湖农场因平垸行洪整体移民。2007年，七里湖农场改制，经常德市编委批准成立澧县七里湖管理处，加挂国营澧县七里湖农场牌子，为县政府正科级事业单位，负责辖区内行政、社会治安、生产、经营、经济发展事务和协助处理七里湖平垸行洪移民遗留问题及其他稳定工作。

2020年，七里湖垸内有林业面积近2万亩，年产值650万元以上；水产养殖5900多亩，其中稻虾套养2000多亩，年创产值2400多万元。农业生产逐渐向湖区湿地生态林业、林下养殖及多种生产经营模式过渡，逐步形成退田还湖的洞庭湖生态湿地。（熊湘武）

工业 · 科技

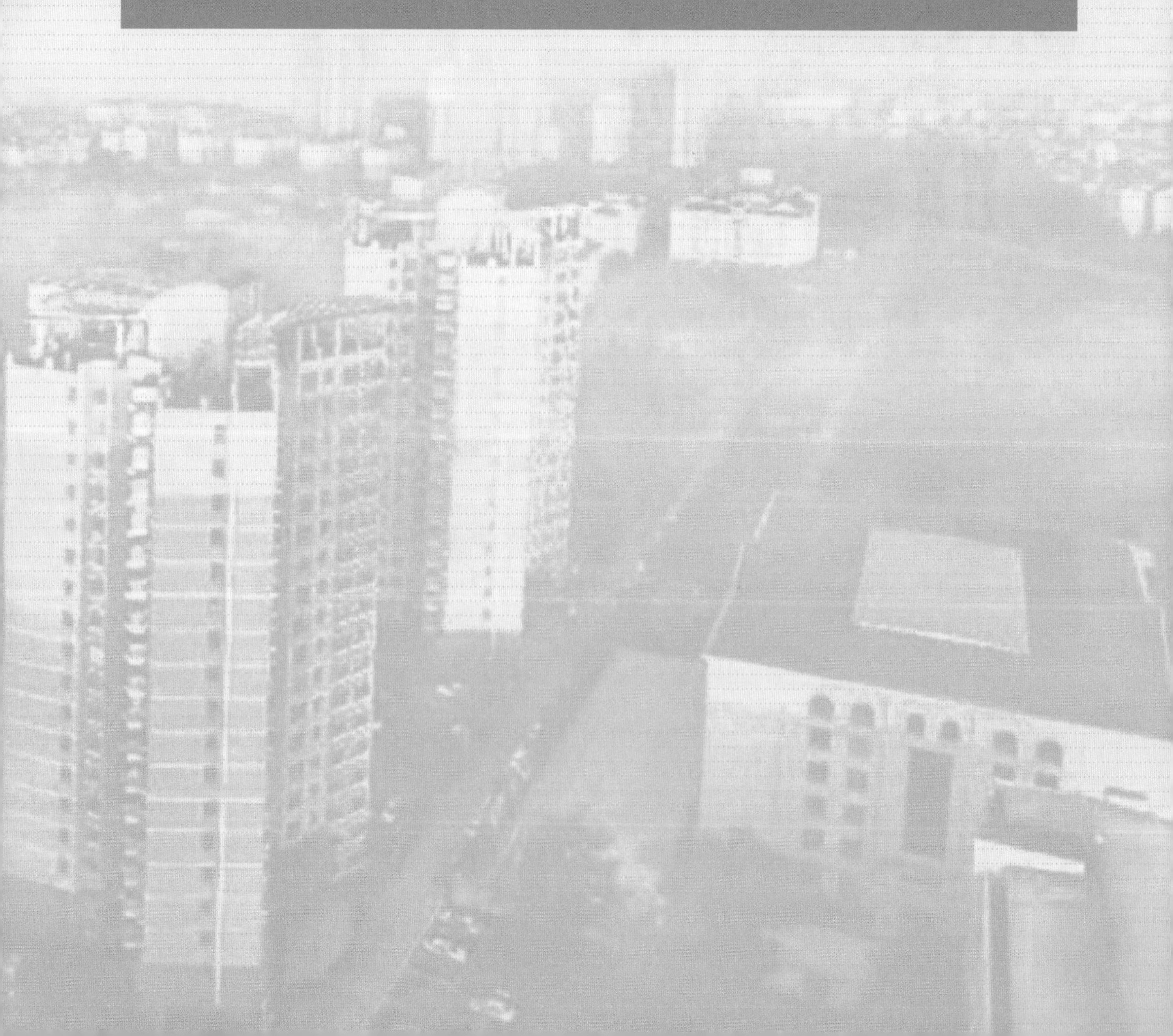

工 业

【概况】 2020年，全县销售收入过亿元企业75家；税收过100万元企业38家，其中过1000万元5家。重庆啤酒年度纳税5822万元，成为第一个税收过5000万元的工业企业。

【主要指标】 1—12月，全县规模工业完成总产值317.5亿元，同比增长1.4%；实现增加值55.4亿元，同比增长6.5%；工业实缴税金3.1亿元，同比增长4.5%；工业用电量4.58亿度，同比增长5.16%；完成工业固定资产投资66.4亿元，同比增长15.3%；新开工亿元工业项目10个，新投产亿元工业项目9个；新增规模工业企业19户（其中净增9户）。

【疫情防控】 坚持常态调度与率先垂范相结合，坚持派驻服务与志愿服务相结合，坚持主体责任与联防联控相结合，通过精准宣传、精准指导、精准督导，强化物资供给、强化业务培训、强化要素保障，确保疫情常态化防控暨复工复产有序推进，全县规模工业企业实现疫情防控零输入、零感染、零事故。累计为企业发放口罩近8万只、酒精近700千克、84消毒液4000多千克、红外体温测量仪100多支；发放中药汤剂近3万人次；组织为55家企业921人开展核酸检测；下发核酸检测和防疫物资补助42.3万元。同时，牵头出台《澧县公共卫生应急物资储备工作实施方案》，确定国药控股作为澧县公共卫生应急物资储备企业并签订补充协议，完善应急物资储备目录库，打通供应链，加强防疫物资调配，确保及时有效应对疫情变化带来的防疫物资需求。

“应对疫情新挑战、助力企业新发展”企业家座谈会

【项目建设】 全县在建2000万元以上工业项目25个，总投资近31.5亿元。在建亿元工业项目18个，总投资27.4亿元。坚持“五个一”工作机制，实行周报告、月调度，针对问题现场交办，全力推动项目建设。城头山纯净水、万达科技、明德禾润、宏申物流等一批重大项目相继投产，膜科技、润创电子、韩顺电子等项目有效推进；常德铠润新材料项目已签订框架协议，正按省自然资源厅要求完善矿权出让的各项手续；化妆品产业园项目、石膏深加工项目也均按照计划稳步推进中；澧县科创产业园一期项目开工建设，成为澧县中小企业新的创业载体。

【产业发展】 突出主导产业。确立以生物医药与健康食品、新型建材与家居为主导，纺织服装、机械电子为特色的“两主两特”产业发展格局。主导产业龙头企业有重庆啤酒、康哲药业、平安医械、新鹏陶瓷、恒邦建工等企业，特色产业龙头企业为萌恒服装辅料、亚瑞特、运达机电、鑫宝机电、嘉业达电子、润创电子等。近年来，通过产业招商，新引进萌恒配套企业9家，并逐渐形成萌恒产业链，且发展来势好。另外，机械电子产业成为园区发展和招商引资的主攻方向，先后有鑫宝机电、韩顺电子、胤祥膜科技、逸奇利电子等重要企业落户园区，运达机电、嘉业达电子等骨干企业通过转型升级改造，产销两旺，步步向好。做优优势产业。生物医药与健康食品、新型建材与家居为主导，纺织服装、机械电子等产业一直是澧县工业经济的优势产业，全年分别完成规模工业产值77.8亿元、52.1亿元、24.4亿元、35.2亿元，占规上工业产值比重分别为24.5%、16.4%、7.7%、11.1%。同时，新申报战略性新兴产业企业10家。

【企业培育】 实施市场主体增量行动，着力培育小巨人，争创国家、省级各类标杆。2020年，运达包装、康哲制药被认定为省小巨人企业；平安医械成功申报成为澧县首家国家级小巨人企业；新鹏陶瓷、康哲制药成功申报市级企业技术中心；津澧包装、恒邦建工、嘉业达电子等7家企业被确定为省中小企业技术创新“破零倍增”行动重点企业；平安医械高性能避光输液器、东鹏智能制造三期项目、恒邦建工住宅产业化装配式建筑生产基地项目被确定为制造强省重大项目；组织平安医械、运达机电参加湖南工业企业质量信誉承诺活动，有效推动企业产品质量稳步提升。同时，建立入规后备企业库，加大培育力度，成熟一家申报一家，全年入规总数达19家，对稳就业、保市场主体起到很好的促进作用。

【盘活困难企业】 全县原有困难企业13家。年内，有小渡口油脂、张公庙油脂、鸿泰中药饮片、城头山水工机械、诺雅蚕丝、神州酒业6家企业通过转产、租赁、融资和合作等形式实现盘活。盈成油脂与上海中盛发投资公司达成重整方案，注册中盛发农业发展有限公司，该厂重整后已正常生产运营；亚深汽配、天源纺织已依法进入破产清算，其中天源纺织正在进行资产拍卖。其余4家困难企业盘活工作正在有序推进。

【优质服务】 开展政策服务。先后出台《澧县应对新型冠状病毒感染的肺炎疫情支持中小微企业稳定发展的十条政策措施》和《关于进一步促进工业企业高质量发展暂行办法》等政策，编印《应对新冠疫情支持企业复工复产扶持政策汇编》。同时，将《暂行办法》落实情况纳入年度绩效考核。开展暖企行动。精心组织开展“县级领导和县直单位联系服务企业”活动，对全县66家县直单位服务企业情况进行月调度，“线上线下”协调联动为工业企业解难题、疏堵点、增信心，帮助企业落实惠企政策、开展要素帮扶，协调发展环境。搭建银企平台。先后3次召开银企对接座谈会，促进18家企业与10家银行现场签订2.1亿元贷款协议，发放贷款1.8亿元；累计发放助保贷1.6亿元。清理拖欠账款。全年共有4笔500万元以下无分歧的拖欠民营企业中小企业账款，累计金额183.13万元，6月全部清偿到位。推介推广本地产品。制定《2020年推进澧县人用澧县造工作方案》，对规模工业企业中的食品、医药、建材等三大类产品进行重点推介使用，建立澧水流域高新区工业品牌互通平台，召开联席会议和对接会，分别对校服、水泥、预拌砂浆、医疗器械和药品等产品进行专场对接，通过开展走进企业、走进校园、走进工地等活动帮助企业拓宽销售渠道，促进销售2.8亿元。同时，建立规下企业产品推荐目录库，助力本地企业拓展市场、打开销路。

开展银企对接活动及签约仪式

【争资争项】 围绕疫情防控，争取上级资金支持。有平安医械等3家企业挤进工信部认定的重点疫情防控企业，洞庭春米业等9家企业被人民银行长沙中心支行认定为省重点疫情防控企业。同时，针对湖南省税收增量奖补、中小企业发展、制造强省等专项项目举办专题辅导会，实行“一企一策”，帮助后备企业提升项目申报能力，扩大享受政策支持范围。先后申报税收增量奖补项目9个、中小企业发展专项项目7个、制造强省项目12个、省移动互联网专项项目2个、省军民融合专项项目1个、用电增量奖补22个，用电用气补助25个，累计为企业争取省、市专项项目资金2060万元，是上年争资额的3.2倍。

【编制《“十四五”新型工业化发展规划》】 紧密对接中央、省、市、县《规划纲要》精神，科学确定指导思想、基本原则、主要目标和重点任务，提出保障措施，确定重点项目。在此基础上，先后多次召开班子成员会、局务会和务虚会，并征求县内工业企业意见，最终完成《澧县“十四五”新型工业化发展规划》编制工作。

【行业管理】 开展“散乱污”企业整治。年内完成全县16家“散乱污”企业整治任务，通过多轮督导和强力整治，对查找出来的问题立即交办，并实行销号管理，整治工作做到排查无遗漏、整治无死角。做好工业企业应急减排。强化调度工作，建立健全应对重污染天气的应急体系和运行机制，完善部门、镇（街道）、企业三级调度责任体系，实现市级指令的及时转达和运行，提高重污染天气应急响应能力，最大限度减轻工业企业对大气质量的影响。开展行政执法检查。对全县48个大型排渍机埠进行用电安全大检查，对检查中发现的问题，下达整改通知书46份，责令限期整改，确保汛期安全用电。先后组织电力行政执法7次，有效制止3起高压线路下栽树、建房以及线路损毁等违法行为。加强行业安全生产管理。严格实行主要领导负总责，分管领导具体抓的安全生产管理体制。紧紧抓住重要节日，实行一季度一巡查，分片联系负责制，分成6个小组深入企业进行安全生产督查，加强对各工业企业生产系统、制度落实等方面的检查力度，深入指导企业加大关键环节、关键部门的安全隐患排查力度，提升企业安全防范意识。

【澧县中小企业公共服务平台】 澧县中小企业公共服务平台是由澧县工业和信息化局主办，投入资金580万元，在高新区创新创业园新建的县中小企业公共服务平台，是湖南省中小企业公共服务平台面向澧县地区的综合窗口平台。该平台通过与湖南省中小企业公共服务平台的互联互通，以及政府服务职能嵌入，实现信息资源、服务资源及政务管理功能整合，高效链接高等院校、科研院所及其他各类专业服务机构等创新资源，集聚人才、资金、技术、仪器、服务、政策等创新要素，促成创新资讯分享、专业服务对接、创新资源共享等目标的高效达成，帮助辖区内中小企业降低创新成本、提高创新功效、化解创新风险，通过技术创新、管理创新实现转型升级、持续发展。该平台全年累计为全县中小微企业定向推送资讯近1000条，成功引导90余家企业发布服务需求。（刘尚菊　马驹）

澧县中小企业公共服务平台

表8　2020年澧县规模以上工业企业一览表

序号	企业名称	法人代表	所在镇（街道）
1	湖南盈成油脂工业有限公司	文明月	开发区
2	湖南重庆啤酒国人有限责任公司	范宝坤	开发区
3	湖南运达绿色包装股份有限公司	辛建军	开发区
4	康哲（湖南）制药有限公司	马经辉	开发区
5	湖南嘉利塑业有限公司	杨德洵	开发区
6	湖南平安医械科技有限公司	郑大田	开发区

续 表

序号	企业名称	法人代表	所在镇（街道）
7	湖南天源纺织有限责任公司	姚明铎	开发区
8	常德诺雅蚕丝制品有限公司	陈春生	开发区
9	澧县津溥包装制品有限责任公司	刘东升	开发区
10	湖南亚瑞特运动用品股份有限公司	丁　军	开发区
11	湖南运达机电科技股份有限公司	王晨辉	开发区
12	澧县荣友建筑制品有限公司	李志荣	开发区
13	澧县澧水明珠钢化玻璃有限公司	任振爱	开发区
14	湖南天圣药业有限公司	叶　彬	开发区
15	常德益翔实业有限公司	周劲松	开发区
16	常德艳洲水电实业有限公司	张辉军	开发区
17	澧县新鹏陶瓷有限公司	徐由强	开发区
18	澧县星光人造金刚石实业有限公司	龙运其	开发区
19	澧县晶源新材料有限公司	沈邦友	开发区
20	湖南嘉业达电子有限公司	施小罗	开发区
21	常德远超塑料制品有限公司	杨明秋	开发区
22	澧县乔家河电力有限公司	陈海英	开发区
23	澧县友联新型墙体材料有限公司	揭选湘	开发区
24	澧县旺力金属制品有限责任公司	刘家次	开发区
25	澧县中弘商品混凝土有限公司	李小平	开发区
26	湖南神州庄园葡萄酒业有限公司	王先荣	开发区
27	常德鸿事达纺织针业有限公司	宋宜军	开发区
28	澧县羊湖口水工机械有限责任公司	杨　洁	开发区
29	湖南鸿泰中药饮片有限公司	周洪樟	开发区
30	湖南欢颜新材料科技有限公司	周贵冬	开发区
31	湖南萌恒服装辅料有限公司	李宏伟	开发区
32	湖南鑫铃住房设备有限公司	肖恩武	开发区
33	澧县腾飞化工有限公司	杨学清	开发区
34	澧县富旺达包装材料有限公司	陈芋光	开发区
35	澧县金辉饮用水有限公司	何　辉	开发区
36	常德恒瑞纺织品有限公司	徐应龙	开发区
37	澧县广和包装有限公司	章　剑	开发区
38	澧县天成包装材料有限公司	孙昌权	开发区
39	常德尚帛纺织品有限公司	陈　平	开发区
40	湖南蓝欣纺织科技有限公司	陈景宏	开发区

续 表

序号	企业名称	法人代表	所在镇（街道）
41	澧县雨霖服饰有限公司	王焕林	开发区
42	澧县德辉光伏电力有限公司	曾彦楚	开发区
43	澧县鑫通化机械有限公司	李冰化	开发区
44	湖南远东人防设备有限公司	周远国	开发区
45	湖南城头山水工机械制造有限公司	张如金	开发区
46	湖南高茨控制系统科技有限公司	黄剑虹	开发区
47	澧县海创环保科技责任有限公司	陈永志	开发区
48	湖南韩顺电子科技有限公司	赵亨平	开发区
49	湖南玖芯光电科技有限公司	杨山保	开发区
50	澧县康瑞机电有限责任公司	黎　平	开发区
51	湖南中锦服饰有限公司	文　方	开发区
52	澧县广帛线业有限公司	章　剑	开发区
53	常德宇航塑料包装有限公司	佘古林	开发区
54	湖南鑫宝精密制造有限公司	刘秒年	开发区
55	湖南翔天龙电子科技有限公司	卢　翔	开发区
56	常德祉博新型装饰材料有限责任公司	熊春平	开发区
57	澧县康琮塑料有限公司	陈文康	开发区
58	澧县华萌纺织有限公司	金明友	开发区
59	湖南恒邦建工有限公司	黄　林	开发区
60	常德湘雄建材有限公司	黄道军	开发区
61	湖南城头山矿泉水科研开发有限公司	何　辉	开发区
62	澧县澧州水务公司	邹　清	开发区
63	澧县恒通源鬃业有限公司	刘维林	开发区
64	湖南新澧化工有限公司	傅友强	开发区
65	澧县群星化工有限责任公司	蔡国清	澧西街道办
66	澧县永兴商品混凝土有限责任公司	肖　波	澧浦街道办
67	湖南鸿达燃气有限公司	袁书金	澧浦街道办
68	澧县君奇装饰材料科技开发有限公司	谢丽红	澧浦街道办
69	澧县恒大建材有限公司	黄明财	澧浦街道办
70	湖南万家工贸实业有限公司	毛先武	澧澹街道办
71	湖南万家生物燃料有限公司	毛先武	澧澹街道办
72	澧县新伟纺织有限责任公司	熊荣洪	澧南镇
73	澧县弘福油脂有限公司	何朗清	小渡口镇
74	澧县小渡口油脂有限责任公司	陈广频	小渡口镇

续 表

序号	企业名称	法人代表	所在镇（街道）
75	湖南冠元生物科技有限公司	唐述兵	官垸镇
76	澧县荆湘建材有限公司	熊　国	如东镇
77	澧县泰艺包装有限公司	王海湖	涔南镇
78	澧县荣友沥青混凝土有限责任公司	李志荣	涔南镇
79	澧县三湘春米业有限公司	陈希威	涔南镇
80	湖南理昂再生能源电力有限公司	郭振军	梦溪镇
81	湖南彭述林粉业有限公司	彭述林	复兴镇
82	湖南飞来峰非金属矿物材料有限公司	杨明发	大堰垱镇
83	澧县绿能生物质科技有限公司	谭敦虎	大堰垱镇
84	澧县蓉盛环保材料有限责任公司	金义春	大堰垱镇
85	湖南城头山红薯食品科技有限公司	皮坤宁	大堰垱镇
86	湖南金博尔玻璃制品有限公司	张　杰	大堰垱镇
87	澧县腾宏米业有限责任公司	覃士平	大堰垱镇
88	湖南洞庭春米业有限公司	胡国庆	大堰垱镇
89	湖南洞庭春油脂工业有限公司	任群英	大堰垱镇
90	澧县张公庙油脂化工有限责任公司	丁梦雅	大堰垱镇
91	澧县华丰建筑环保节能材料有限责任公司	王世银	大堰垱镇
92	澧县宏达纸管制造有限公司	金兴中	大堰垱镇
93	澧县红似火新型建材有限责任公司	苏益清	大堰垱镇
94	湖南奥善食品有限公司	张　亮	大堰垱镇
95	澧县桃园矿业有限责任公司	陈明金	金罗镇
96	澧县联丰矿业有限责任公司	苏文平	金罗镇
97	澧县昌达矿业有限公司	张代国	金罗镇
98	澧县金辉石膏制品有限责任公司	何　辉	金罗镇
99	澧县大众石膏有限公司	傅智勇	金罗镇
100	澧县三湘石膏有限公司	杨传桃	金罗镇
101	澧县宏鑫矿业有限公司	洪　涛	金罗镇
102	澧县嘉峰锌业有限公司	刘立梅	王家厂镇
103	澧县羊耳山石膏有限责任公司	杜年生	王家厂镇
104	湖南博远化工有限公司	王海平	火连坡镇
105	澧县红林化工有限公司	何仁林	火连坡镇
106	湖南茉莉滩水电开发有限公司	洪晓东	甘溪滩镇
107	湖南郁金豪建材有限公司	皮世琳	甘溪滩镇
108	湖南燕山颜料有限公司	孙国舫	甘溪滩镇

电　力

【国网澧县供电公司】 2020年，国网澧县供电公司全年完成售电量11.19亿千瓦时，较上年增长0.23亿千瓦时，增长率2.1%。同业对标位列A段，排名全省县级供电企业第18名。澧县供电公司被湖南省电力公司评为安全工作优秀集体、抗洪救灾先进集体、迎峰度夏先进集体二等奖，被常德市电力公司评为先进单位。

疫情防控。 对县内6个定点医疗救治点、发热门诊、隔离观察点坚持24小时保电监控，确保防疫重点单位可靠供电。同时，公司上下严格落实防疫抗疫措施，实现疫情防空零确诊、零疑似的“双零”目标。

国网澧县供电公司服务队为澧县人民医院安全可靠用电保驾护航

安全生产。 坚持“抓安全就是讲政治，保安全就是顾大局”的安全观，严格执行安全生产责任清单，着力构建“大安全”责任体系；强化风险预警管控，加强安全诊断分析，严格落实国家电网公司“十八项”反措规定；持续严抓严管安全生产，用“三铁”反“三违”；统筹生产任务，合理安排生产计划，严控生产秩序，实行月安排、周管控，严禁超承载力作业；加大现场稽查力度，坚决落实安规和现场“十不干”要求，坚守网改作业“十条”红线；加强设备运维监督管理，保障“零缺陷”运行，不断提升本质安全；制定并落实安全生产专项整治三年行动计划，开展安全生产大检查、大整顿和“反违章、控风险、守底线”主题活动，严格落实“四管住、一强化”要求，确保安全稳定；开展春秋检，保障电网设备安全可靠供电。截至12月底，澧县供电公司实现人身安全9764天、设备安全9281天。

6月14日，国网澧县供电公司员工罗立、倪俊等在山洪暴发后踏入半米水深的洪水中对10千伏官北线085号杆更换导线

区域电网建设。 2020年，澧县区域电网建设总投资约1.55亿元。配合完成220千伏常德北—芦家双回线路工程、110千伏乔家河变升压工程进入设备安装阶段；110千伏三贤和220千伏玉皇变电站新建工程开始前期基础施工；农配网升级改造工程已完成上年2个批次续建项目以及2020年24个批次66个单项，惠及53个自然村；完成“三改四化”配套电力工程第一批9条道路共21回10千伏配电线路杆线入地改造。

优质服务。 严格执行国家电价政策，全年为29484户客户降费923万元，落实“三零”“三省”服务，全年为2135户优惠让利289.7万元。常态开展园区服务，制定“一企一策”，优化营商环境，促进地方经济发展。开展网上业务办理，微信公众号推广13.67万户，网上国网推广

8.33万户，便捷客户办电用电。推广综合能源服务，与县政府达成电动汽车战略合作框架协议，开展充电桩接网专项行动，年内完成汽车总站、华美立家·东信家居广场充电站建设，已累计完成充电桩接入27个，全年完成电能替代电量854万千瓦时。推动澧县万家工贸有限公司燃煤锅炉改中频炉典型电能替代示范项目，该项目获评市公司社会责任根植成果一等奖。

助力脱贫攻坚。投入资金870.82万元，全面治理贫困村低电压问题，共治理贫困村18个、整治公变台区29个。落实消费扶贫政策，全年购买本地贫困户农产品8.18万元，购买异地贫困户农产品6.01万元。做好结对帮扶工作，公司结对帮扶火连坡镇羊耳山村、盐井镇新华村、垱市镇南阳村3个村共40个贫困户，全年公司领导6人、部门负责人11人分别组织开展8次入户走访慰问，为羊耳山村捐款4万元进行村部设施改造，为南阳村捐款2万元助力产业发展。年内，公司结对帮护的贫困户全部脱贫。（胡 斌）

【艳洲水电】 澧县艳洲水利水电工程管理局成立于1994年6月，是县政府直属管理的正科级事业单位（公益二类），主要负责艳洲水利水电枢纽工程的管理和经营。“澧县艳洲水利水电工程管理局”“常德艳洲水电实业有限公司”“澧县艳洲灌区管理处”三块牌子，一套人马。局下设14个二层机构，有干部职工329人。艳洲发电站装机10台，总装机容量3.3万千瓦。艳洲工程是一座集灌溉、供水、交通、防洪、发电等综合功能于一体的水利水电枢纽工程。2020年，澧县艳洲水利水电工程管理局围绕县委经济工作会议有关精神，落实各项工作措施，科学调度，抓好电力生产经营管理，全年共发电1.01亿度，年创经济效益3600万元，创税利320万元，完成年度预期目标任务。

艳电枢纽工程全貌

安全生产。全年共组织安全大检查4次，消除各类安全隐患33起，年内无安全责任事故发生，枢纽工程运行及机组发电创连续安全运行26年、9683天新纪录；落实各项防汛措施，枢纽工程安全度汛。

安全生产防事故演习现场

项目建设。高标准完成灌区项目，严格按照时间节点，确保工程质量，完成水利部投资858万元的灌区节水配套改造工程。认真调研，精心谋划，取得艳洲灌区取水许可证。高质量对接澧水石门至澧县航道建设项目，围绕澧县利益，为湘水集团出谋划策，其中就艳洲船闸选址、澧水艳洲段泄洪能力等建议得到采纳。（许兰芳）

高新技术产业开发区建设

【概况】 湖南澧县高新技术产业开发区地处湘鄂边界，是湖南省对接长江经济带、打造洞庭湖生态圈的战略要地。该园区成立于2003年3

月，核准面积7.43平方千米，包括高新产业园、综合产业园、物流产业园及周边区域。2020年，园区新入规企业14家，固定资产投资25.6亿元，新开工亿元项目10个，新投产亿元项目9个。园区76家规模工业企业实缴税收2.33亿元，较上年增长8.8%，县级税收留存9290万元，其中重庆啤酒年度纳税5822万元，成为第一个税收过5000万元的工业企业。

【体制机制建设】 推进“一权两制一司”改革，成立园区直属公司—新澧投公司，负责园区基础设施建设、创新创业园招商运营；贯彻落实县委、县政府“市场先行，效率优先”原则，出台《2020年澧县高新区绩效考核实施办法》，对园区工作定向考核；县生环分局、县司法局支持园区发展，派驻专业力量分别设立园区生态环保站、公共法律服务工作站；县委组织部从全县行政事业干部中公开选派6名招商专干，充实园区开展专业招商。

【招商引资】 东区创新创业园实现标准厂房入驻率100%。全年创新创业园新引进亿元项目6个，合同总投资14亿元，租赁标准厂房7.3万平方米。其中，润创电子、海鸿服饰等3个亿元项目实现当年签约、当年投产（海鸿服饰实现当年缴税75万元），立创半导体、三福微智能制造等3个电子类项目正在抓紧装修；中锦服饰、康瑞机电增资扩产，新租赁标准厂房面积3000平方米。西区科创产业园按时间节点引进项目。年内有双亚锂电池、英柯信光电科技等17家企业意向入驻科创产业园，有4家企业已缴纳定金，园内完成租售率40%以上。上年签约或重点推进的18个亿元项目，均按时间节点有序推进。支持园区骨干企业如平安医械、康哲制药等，利用疫情后对产品需求量增加，投入技扩改资金1000万元以上，开发新产品，扩大生产，满足市场需要。

【园区服务】 重点帮扶8家困难企业（或停产企业）脱困。其中成功盘活企业5家，即引进吉牧蛋品深加工项目成功盘活鸿泰中药饮片公司、引入中科利亨智能交通项目成功盘活三利供水公司、引导城头山水工机械进行股权分割后恢复生产、神州酒业成功转型为农业产业化企业、引进湖南华航技校盘活星球智能电器公司。此外，盈成油脂、天源纺织、亚深汽配等3家企业正按程序破产清算或重整。完成园区工程建设项目行政审批制度改革。工改系统运行后，所有落户园区项目均实现线上审批，成为全市省级园区授权审批第一家；真心实意服务，真金白银惠企。疫情期间，对创新创业园8家企业减免租金和物业管理费22万元，受理电费减免28.8万元。全年为园区企业减少用气支出260万元，减免养老、工伤、失业保险费2517万元。同时，采取点对点用工专场招聘+“澧州好工作”平台招聘模式，为园区企业解决用工2200多人；多次开展金融服务进园区活动，5家银行为园区17家企业新增贷款2.7亿元。（唐　智）

科　技

【概况】 2020年，澧县科技局坚持以“开放、大气、务实、担当”的澧州精神为引领，贯彻落实“扬长补短”战略，以建设省创新型县为抓手，抓重点、补短板、强弱项，推进各项工作开展。县科技局获常德市人民政府真抓实干成效明显表扬激励（推进创新型城市建设，加大全社会研发投入，新增高新技术企业、科技成果转移转化与产学研合作成效明显），陈云被省科技厅授予科技统计先进工作者荣誉称号。

【推动省级创新型县建设】 按照省创新型县培育建设实施方案，着力抓好省级创新型县开端之年建设工作任务落实。经县人民政府批准，制定印发《澧县创新型县建设实施方案》，重点支持企业研发投入、科技园区（平台）建设、主导产业转型升级以及高新技术企业和科技型中小企业培育等。

【科技项目管理】 全年通过强化科技计划项

目管理，激发企业创新活力，组织多家企事业成功申报国家、省、市各类科技计划项目30余项，争取资金近1200万元。

【加快高新产业发展】 稳步提升重要科技指标。全社会研究与试验发展经费投入达到13.29亿元，超额完成10.7%；财政科技支出1.5亿元，增速102%，高出全市平均增速；高新技术产业增加值增速10.5%，高于GDP增速2.8%，全县高新技术产业增加值53.1亿元，占GDP比重14.0%，比上年同期增长2.6个百分点。抓好高新技术企业主体培育。全年有40家企业通过科技型中小企业评价入库；年内先后组织2批共8家企业申报高新技术企业。截至12月，全县高新技术企业22家。

【科技惠企】 完善科技惠企政策。围绕企业是科技创新发展主体，加大科技惠企政策支持。县科技局参与制定《关于进一步促进工业企业高质量发展暂行办法》，进一步完善科技金融和科技创新政策支撑体系。全年对新认定的7家高新技术企业给予140万元奖励（20万元/家），对重新认定的1家高新技术企业给予5万元奖励。申报省研发财政奖补。县科技局组织12家企业申报2020年省研发费用增量奖补资金，获奖补资金263万元，较上年奖补资金75.19万元增长250.03%。加大企业融资贷款扶持。为有融资贷款需求的企业恒邦建工、洞庭春米业、嘉业达电子、诺雅蚕丝、益翔实业等5家企业提供科技贷款，累计发放2600万元。

【助力乡村振兴】 组建科技专家服务团。澧县科技专家服务团由4名省派科技特派员、6名高校科研院所专家和48名县本级科技人员组成。9月，县科技专家服务团项目获省科技厅立项，获资金10万元。全年共组织科技专家服务活动10余次，技术培训会3场，技术指导近50次。推荐省、市科技特派员。推荐湖南农业大学教授聂明建、湖南省林业科学院博士陈隆升等4名省级科技特派员，为澧县油茶、水产、林业、水果等相关产业提供技术服务。选派县科技特派员。年内选派县级科技特派员28名，其中农业农村局15人，林业局7人，畜牧水产事务中心4人，葡萄产业和对虾产业带头人各1人。

【科技服务平台建设】 优化创新创业平台建设，聚焦科技创新人才，整合创新资源。一是全力支持平安科技创建医用高分子制品省级重点实验室。11月20日，省科技厅组织专家到平安科技进行现场考察。二是加快创新创业园建设，已争取到中央引导地方专项支持，打造澧县创新创业综合服务平台，“潇湘要素大市场”澧县工作站已投入使用。三是做好星创天地备案。常德华诚依托“彭山农旅星创天地”通过省级星创天地备案，澧县民丰林业“民丰油茶星创天地”通过市级星创天地备案。四是培育推荐市级工程技术研究中心，津溥包装、城头山红薯食品和嘉业达电子等3家市级工程技术研究中心已通过验收。五是澧县涔槐湿地公园成果申创市级科普基地。六是组织申报“沅澧创新人才”18人。

市级星创天地授牌

【“产学研”合作】 协助县高新区、联合金荣集团筹备常德市“智汇洞庭、科创常德”科技成果转移转化系列活动—澧县专场和对接好湖南文理学院教授博士“沅澧行”活动；推动产学研合作，建立企业技术需求台账。促成俏佳人与湖南文理学院、湘枳生物与湖南中医药大学、民丰林业与中南林业科技大学、嘉业达电子与四川大学、平安科技与中南大学产学研合作，签订科技成果转移合同。全年签订技术交易合同4份，交易金额2.8亿元。

中国热科院农产品加工所技术人员来澧县进行产学研合作交流

【科普知识宣传】 3月，组织申报常德市社科联课题1项；5月，联合青少年活动中心等多家单位举办科技辅导员培训班1期；7月，参加市局组织的"常德市科普讲解大赛"，参赛选手获优胜奖；9月，联合县科协等多家单位先后举办"澧县青少年新冠肺炎科普知识讲座""澧县青少年科技创新系列活动"等；10月，联合青少年活动中心等多家单位举办"澧县第二届中小学生蚕桑文化研学实践活动"。（黄思源）

澧县第二届中小学生蚕桑文化研学实践活动

防震减灾

【概况】 澧县地震局成立于2005年，人员编制5人，为县应急管理局所属副科级事业单位，主要负责全县地震监测预报、震害防御、地震科普宣传等防震减灾日常工作。2020年，澧县地震局被评为全市防震减灾工作优秀单位。

【领导重视】 6月2日，分管副县长王毅主持召开防震减灾专题工作会议，就建设工程地震安全监管检查工作进行专题部署；11月13日，县防震减灾领导小组召开联席会议，就《澧县地震应急预案》（修订稿）进行讨论；11月24日，县长王兆铭主持召开政府第70次常务会议，审议通过《澧县地震应急预案》，决定追加防震减灾工作经费，并列入财政预算。

【监测预报】 新建测震台站投入使用。全年台站共发生断电、断网异常现象各1次，接省局仪器异常通知后，县地震局立即进行排查，并对相关网线进行修复，确保台站正常运行。对各宏观观测点设立标识牌、建立地震科普知识宣传橱窗；10月，对测报员进行宏观观测培训，并带领各宏观观测员与安乡县地震局进行宏观观测业务交流。首次进行地震趋势报告编制工作，并形成《年度地震趋势报告》。

【震害防御】 选定澧南镇乔家河社区作为农村民居安全示范点，已完成其与澧南镇政府及乔家河社区对接工作，制定农村民居安全示范工作方案。协助县经济开发区完成《澧县高新区区域性地震安全性评价报告》。全权委托应急管理局窗口代办全县建设工程抗震设防审批工作；按照行政审批改革要求，将建设工程抗震设防审批工作重点转为事中与事后监管，全年联合应急管理局地震地质股工作人员开展行政执法1次，对恒大、碧桂园等多个建设工程项目进行检查。

【应急处置】 做好《澧县地震应急预案》修订工作，通过县常务会议的审定并颁布实施。组织澧县一中、澧县二中、县一完小、九澧实验学校等多所学校开展地震应急演练。县一完小桃花滩分校被评为市地震科普教育示范学校称号，九澧学校初中部、澧州实验学校等正申报国家级地震科普教育示范学校。

【科普宣传】 抓住县应急管理局进党校宣讲应急知识的有利契机，在党校对全县新招录的公务员进行1次地震科普知识宣传；联合县科技局通过科技活动周将地震科普宣传以戏曲形式下到镇村进行宣传；联合教育局联合发文，号召全县师生在暑假期间免费参观彭山地质公园景区内地震科普馆。（任逸帝）

城市建设与管理

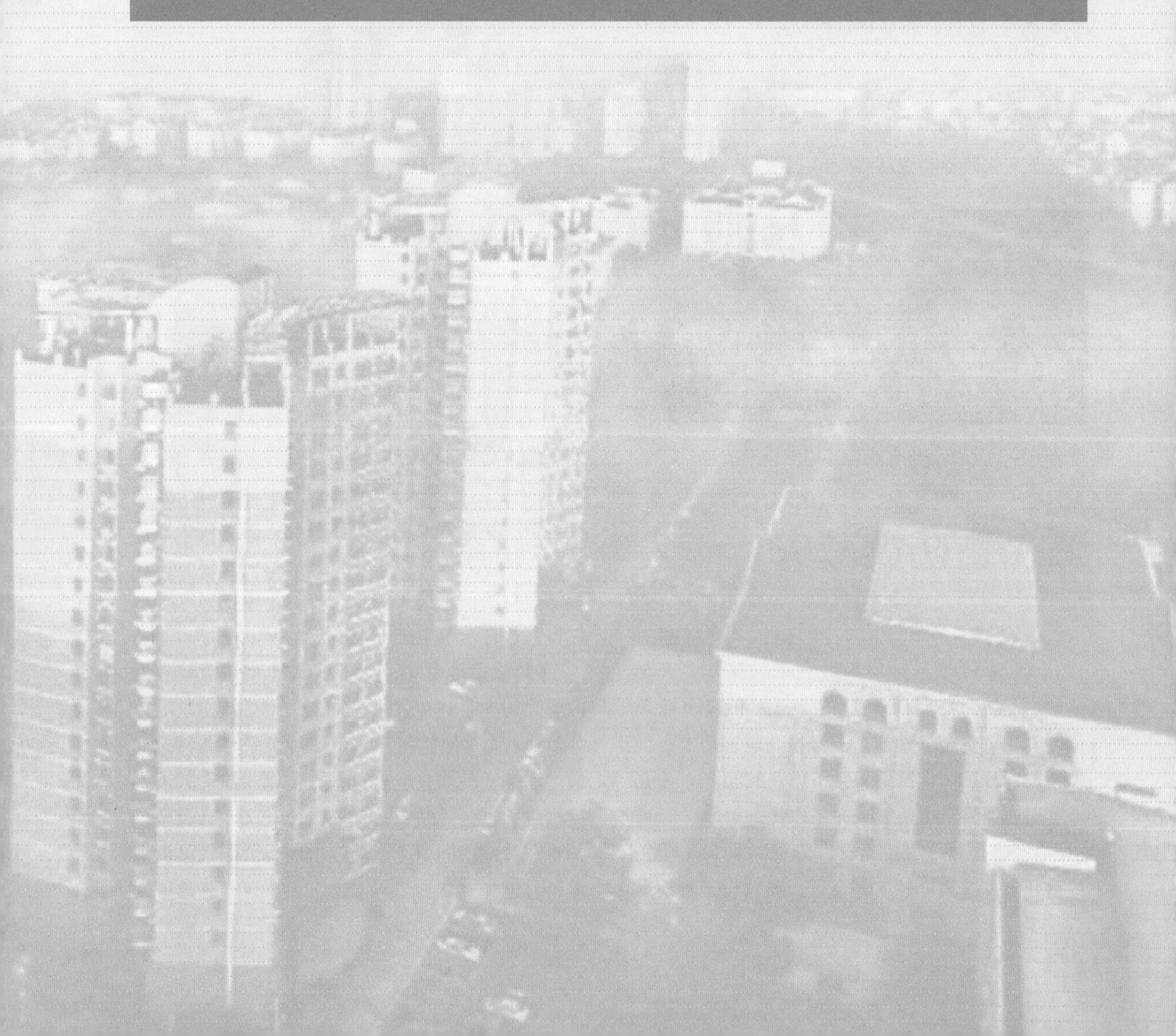

彰，并获常德市委、市政府真抓实干表彰激励。（罗　强）

城乡规划与建设

【概况】 2020年，全县建筑业总产值约30亿元；城镇污水处理量1427.78万吨，城镇污水排放总量1526.17万吨，城镇污水处理率93.55%；2020至2021年农村存量危改677户，已全部完成竣工验收，全县15338户建档立卡贫困户已在2个不同系统中完成录入和核验，为脱贫攻坚收官之年打下坚实基础。

黑臭水体整治改造后的栗河

完成省、市考核的环保攻坚任务，全县乡镇污水处理设施实现全覆盖，15个镇污水排放总量348.77万吨，处理总量308.43万吨，乡镇污水处理率88.43%。全年完善移民渠、柳家干渠、德隆桃宾水体、珍珠机埠水体、工人花园等“五大工程”前期工作。启动城区污水管网综合整治工程。新襄阳桥倒虹吸管片区，纬七路至澧浦南路200米顶管工程基本完工，完成徐家长堰片区清淤工程，完成龙潭寺路片区新河路至解放北路35米顶管、龙潭寺路污水排入十四支渠的管网封堵；完成工业园片区东信广场前6处截污，鸿泰制药和天圣制药截污工程正在铺设截污管网。

澧县新型城镇化、老旧小区改造、建筑节能与科技管理、工程建设项目审批制度改革、智慧住建、城建档案管理等6项工作获省住建厅表

县人大领导视察小街小巷建设

【建筑市场管理】 2020年，实现建筑业总产值约30亿元；监督备案项目74个，招标工程金额15.91亿元。办理施工许可项目62个，报建总面积96.37万平方米；全县新建装配式建筑项目3个，澧州实验小学、澧县芙蓉学校、科创产业园投资约3亿元，全县绿色建筑面积70.98万平方米，竣工面积84.19万平方米，绿建率84.27%。全县城镇绿色建筑占建筑比例约90%，在全市绿色建筑发展统计指标体系中排名前列；县疾控中心业务用房、碧桂园·澧州华府一期二标5号楼获“常德市优质结构工程奖”，澧县一中公租房获评“常德市建筑施工质量管理标准化示范观摩工地”。（郭方英）

【市政公共事业】 2020年，新增燃气用户2500户，城区天然气用户达6.45万户，年用气量1990万立方米，燃气中压管网累计93千米；湖南鸿达燃气公司十回港燃气储备库年初投入使用，有效缓解用气紧张问题；对老城区污水管网以及城区截污情况进行排查整改，全年排放污水1427.78万吨，处理1526.17万吨，县城污水处理率93.55%；城区供水管网PPP项目有序推进，澧州水务有限公司完成小街小巷直径100毫米以上供水管网建设7323米；完成44个老旧小区改造项目供水管网改造工程，全年供水量1388.53立方米。（王承　莫学科　曹力）

【市政基础设施建设】 2020年，市政基础设施建设维修人行道和车行道近3万平方米，完成县城区路灯年度日常维护3100盏次；“三改四化”路网移交路灯维护500盏次；小街小巷6条道路路灯安装50盏；清淤疏通雨污管道水道1万米；完成楼宇亮化维护21处、景观亮化7处；公交站台、的士牌、路铭牌等城市家具维护43处。截至12月，县城道路79条，总长175千米，下水道共115条，公汽站棚130个。（赵　刚）

重点建筑企业简介

【湖南九澧工程设计有限责任公司】 湖南九澧工程设计有限责任公司前身为澧县建筑勘察设计院，始建于1993年，2020年改制为国有独资企业。公司具有市政行业、建筑行业丙级资质。公司有职工28人，高级工程师3人，工程师11人，其中注册结构工程师3名、注册建筑工程师3名。常年从事建筑工程、市政道路、装饰工程设计、地质勘查服务等技术咨询服务工作。

主要代表作：新世纪花园、锦绣玫瑰园、豪盛国际现代城二期等住宅小区；澧县妇幼保健医院、澧县中医医院住院楼、社会福利院儿童福利楼等综合性大楼；湖南韩顺电子科技有限公司厂房、湖南亚瑞特运动用品有限公司厂房等工业项目；经十四路、经二十一路、黄桥西路等市政道路及城区小街小巷改造项目；设计成果得到社会认可。（罗　强）

重点建设工程

【澧县乡镇污水处理设施建设工程】 **大堰垱镇污水处理厂**。选址于该镇文昌阁社区居委会，总占地面积9.67亩，服务范围为大堰垱镇区，服务面积2.4平方千米。建设内容包括：综合用房、污水脱泥及加药间、3个组合池、污水提升泵站、贮泥池、除臭设施、配套管网及附属设施、配套污水主管网2.6千米，已完成总投资（含管网）2500万元。设计初期污水日处理量为2000吨每日，远期污水日处理量为4000吨每日。污水常规处理采用改良型氧化沟工艺，深度处理采用高效沉淀加过滤工艺，出水水质达到《城镇污水处理厂污染物排放标准》（GB18918-2002）国家一级A类排放标准。污水经处理达标后就近排放至涔河。由县城投公司2018年启动建设，2020年9月上旬试运行。

小渡口镇污水处理厂。选址于规划镇区东南部皇丝村，征地面积14.2亩，服务范围为小渡口镇区，服务面积2.1平方千米。建设内容包括：厂房、设备、污水池、配套管网及附属设施、配套污水主管网3千米，已完成总投资（含管网）2500万元。设计近期污水日处理量为2000吨每日，远期污水日处理量为4000吨每日。污水常规处理采用改良型氧化沟工艺，深度处理采用高效沉淀加过滤工艺，出水水质达到《城镇污水处理厂污染物排放标准》（GB18918-2002）国家一级A类排放标准。污水经处理达标后就近排放至二农渠。由县城投公司2018年启动建设，2020年9月上旬试运行。

甘溪滩镇、火连坡镇、码头铺镇、王家厂镇、金罗镇、城头山镇、涔南镇7个镇污水处理设施。由县住建局作为业主单位统一建设，2019年建成，总投资5300多万元，主管网总长19千米，设处理站11个，合计日处理量2900吨每日，均采用生物膜处理工艺。

复兴镇、盐井镇、如东镇、梦溪镇、官垸镇、澧南镇6个镇污水处理设施。由各镇人民政府作为业主单位建设，2020年建成，总投资约9500万元，主管网总长26千米，设处理站10个，合计日处理量3550吨每日。

截至2020年12月，全县15个镇污水处理设

施全部建成并通水运行，达到全县所有建制镇污水处理设施全覆盖目标。（易　敏）

住房保障服务

【概况】 2020年，澧县住房保障服务中心（下简称中心）有干部职工208人，其中在职109人，退休人员109人，下设办公室、财务股、政工股等20个股室。老旧小区改造工作被评为省先进单位、市真抓实干先进单位，精神文明创建评为市级文明单位，房地产调控与监管被评为全市先进单位。在全县绩效考核中，位列经济发展组第三名，被评为一类单位。

【疫情防控】 全体干部职工坚持每天对区域内65个小区督导巡查。同时，为有效防止疫情传播，提出合理化建议，制订切实可行方案，建立“四单”管理制度，加强小区管控，守住第一道防线，防疫工作得到省、市、县领导认可。在疫情风险等级下降后，坚持开展常态化巡查，并先后发出17个工作指令。整个疫情防控期间，中心主动做好防护物资调配，共派送口罩1.9万个、消毒药水9450千克、红外线体温计70个。

新冠肺炎疫情期间，市委书记周德睿陪同省领导来澧县住宅小区调研

【房地产调控与监管】 出台《关于在新冠肺炎疫情期间加大支持行业发展的措施》（澧建发〔2020〕10号）。在3月15日至5月15日2个月政策优惠期间，共签约商品房1457套，平均每天签约24套，与上年同期相比总套数增加258套，增长率21.52%。9月，承办主题为“九澧门户、宜居澧州”首届房地产交易会，实行政企联手、让利于民，活动效果显著。首届房交会期间，销售商品房1731套，成交金额近10亿元。2020年，全年共销售商品房面积76.06万平方米，房价稳控在5000元每平方米左右，被评为全市房地产调控与监管先进单位。同时，增加税收净值1.5亿元。

澧县首届房交会新闻发布会

【老旧小区改造】 全年共投入资金2.2亿元，完成老旧小区改造64个，涉及6150户215栋，面积65.4万平方米。向上争取老旧小区改造中央专项资金4392万元，连续向上申报基础设施配套中央预算内资金4次共计7023万元，争取专项债券8500万元。所有建设项目不仅在县规委会通过，而且进行公开招投标。改造中重点策划所有老旧小区文化元素的注入，将澧州历史、文化、革命传统、精神风貌进行展示。利用专项债券启动水德庙社区亮点示范片区的重点打造，使之成为最美“城市客厅”。同时，强化宣传引导，通过各类会议、电视台采访、微视频、抖音、纪录片、《湖南日报》《常德日报》等多种途径宣传改造政策和县城老旧小区改造工作进展，发动广大居民参与和关心关注老旧小区改造，实现拆违“零补偿”。

工商局宿舍老旧小区改造后居民赠送锦旗

【物业管理】 全年足额归集物业专项维修资金4958.81万元、保修金449万元，执行前期物业管理招投标，完成6个项目的物业承接备案，参与16个新建住宅小区的竣工综合验收工作。

【房地产执法监察】 从违规开发、非法预售、商品房销售虚假广告、违规交房、物业服务监管等方面开展检查整治打击。全年共发放整改通知12份，立案7起，结案6起，收缴罚没收入21万元。同时，针对存在的黑中介、内部管理人员素质不高、散布谣言、违规操作，霸王条款、强制代办收费、吃差价“乱收费”，发布虚假信息吸引顾客等三大类乱象，采取摸底调查、学习教育、集中整治、严肃查处等方式，规范中介市场服务行为。

【白蚁预防与灭治】 全年共受理白蚁预防工程14处，预防工程面积125万平方米，处理白蚁灭治工程76处，灭治面积4.2万平方米，做到服务到位，回访复查到位，确保预防15年、灭治2年保质期对外承诺到位。

【国有直管公房管理】 全年共投入资金100多万元，维修房屋50余处，在春节、雨季、节假日多次上门排查并及时消除安全隐患，确保国有直管公房使用安全及保本增值。同时，根据市场行情，适当上调租金价格，全年增收102万元。

【文明创建】 2020年，中心以排名第一的成绩夺得市级文明单位称号。中心利用工会平台，通过开展文体活动，进行道德法治教育，组织志愿者服务、义务献血，关注留守儿童，义务保洁等活动，促进单位文明创建。中心义务献血获县献血先进单位等称号。优秀员工张静芳被评为“澧州好人”，其家庭被评为省文明家庭。刘帆获评“县五四青年奖章”和县级文明家庭称号。

【助力脱贫攻坚】 全年落实扶贫资金123万元，结对帮扶资金工作经费25万元；组织结对帮扶责任人年度走访人均超过15次；对标对表摸排核查，列出问题清单6类43项，整改落实问题87项，其中教育助学补贴落实1人、残疾人2项补贴补发13人、残疾证补换证15人、住院报销退费12人、“五类对象”医保退费42人、拆除空心危房3座、边缘户危房改造1座；协助奇宇农业争取洪涝灾害补助15万元；协助观音阁社区和古台村公路扩宽3450米，河堤砌浆600米，沟渠硬化485米，水毁工程修复8处，维护扩建古台村4组饮水安全工程；协助观音阁社区道路绿化1千米、公路沿线花坛建设1千米、建设宣传阵地5处、月评季奖3次；完善各类档案资料。古台村和观音阁社区先后通过省委联点督导组检查验收，古台村代表澧县迎接省检过关，并受到一致好评。中心扶贫专干彭勃被市委记功。

（凡　为）

城市执法管理

【概况】 2020年，澧县城市管理和综合执法局围绕县委、县政府工作大局，攻坚克难，奋发作为，各项工作成效显著，先后被市、县评为“平安建设工作先进单位”“抗疫工作先进单位”，潘元梅、韩绍兵等5人荣立三等功，张华等66人获县政府嘉奖。

【疫情防控】 新冠疫情防控期间，利用7辆执法宣传车每天在城区开展疫情知识巡回宣传，设置35块LED电子屏滚动播放疫情防控知识，张贴《关于启动重大突发公共卫生事件一级响应的通知》150余份，在城区各主要防控点24小时配合相关部门做好车辆布控及车内人员体温测量，调度120名城管队员对全城67个小区进行精细管理。按照“疏堵结合”的原则，劝阻流动摊担780余起，劝导违规商家270余起，开放墨池路、北苑路部分路段为夜市摊点，点亮疫情期间澧县“夜间经济”，推动全县经济发展。

【城市管理】 市容秩序管理。开展户外广告、违规占道专项整治行动27次，清理各类广告4600余起、占道经营850余起；引导600余户流动商贩到指定地点经营，首次对12家临时市场食品摊贩实行建档管理；对城区夜市烧烤进行“地毯式”走访，对油烟净化装置情况进行“拉网式”摸排，最大限度预防和减少油烟对环境造成的污染。渣土运输管理。对渣土违法案件实行“一案三查”，处罚渣土运输车辆“跑冒滴漏”等行为11起，对三科农贸市场、万达广场等35个在建工地实行专人值守。建筑秩序管理。累计巡查违法建筑450余处，下达停工通知170余份。对财富广场、梨园商业步行街、珍珠市场、黄桥老207路段违规建筑进行大规模拆除。车辆违停整治。加强城区主干道路及重点公共场所违停整治，累计清理恢复被侵占停车位350个，疏导纠正违停车辆2.5万余台次。环境卫生管理。强化环卫“三清”指导、督导、考核，推行城区冲洗规范作业；取缔津澧大道、翊武路临街密闭式垃圾箱；对城区果皮箱、密闭式垃圾箱、公厕进行维修维护；对全县61座压缩站和非正规垃圾填埋点进行专项检查；整治县生活垃圾填埋场、飞灰填埋场和渗滤液调节池，并通过省环保督查验收。

【园林绿化】 全年投入资金1486万元，完成东、西北入口及绕城北线绿化工程施工，共建设绿地300亩；指导城区20处街旁绿地建设；完成县城区部分道路绿化带及树木修剪移栽工作；完成澧州广场交通岛更换大盆月季1.35万盆、常夏石竹8000盆。全年城区新增绿化面积20.32万平方米。截至2020年年底，县城建成区绿化覆盖面积达12.64平方千米，建成区绿化覆盖率41.86%，绿地率35.63%，人均公园绿地面积8.65平方米。

【环卫事务】 全年垃圾无害化处理率100%，道路机械化作业率85%以上。统筹推进生活垃圾、餐厨垃圾、建筑垃圾治理项目落地实施。一是推动餐厨垃圾收转运系统建设项目。6月，提请县政府出台《关于规范县城规划区餐厨垃圾管理的通告》，采取政府牵头购买服务、企业参与、市场化运作的方式，有效提升城市品质。全年共收集转运餐厨垃圾4000多吨。二是规范城乡生活垃圾处理一体化运行项目。出台考核细则，强化责任落实，理顺运行机制。全县19个镇（街道）共转运处理生活垃圾10万吨，冲洗道路5000多千米。三是科学谋划建筑垃圾资源化利用项目。项目规划日处理建筑垃圾3000吨，总投资1.25亿元，已完成项目用地的征地补偿等工作。

开展停靠秩序整治行动

开展生活垃圾填埋场安全生产专项检查

【政务服务】 优化行政审批程序。凡涉及园区企业的行政审批服务项目全权委托经济开发区代为审批。全年局政务服务窗口共办理行政许可900件，无一人投诉，群众满意率100%。主动服务工业企业。凡是涉及重点企业和重点项目的行政审批，主动对接，并现场审核办结。做好项目保障服务。为万达广场、三科农商、澧州国际汽车城等重点项目先后出动500余人次提供保障服务，为城区64个老旧小区拆违扫障提供保障服务。另外，全力服务县委治超工作，协助开展湖州管理所人员及渣土车业主非法上访维稳工作，妥善处理货车司机群体集访事件，维护社会稳定。（李雪莲　黄敏）

城建投资

【概况】 澧县城市建设投资开发有限公司是澧县唯一一家县属国有平台公司，注册资本5.7亿元。公司内设综合部、财务部、融资部、工程部、法务部等5个部门，下辖7家全资子公司，有员工71人。主要业务范围是负责多渠道多形式筹措城建资金；负责城乡基础设施建设，确保资金投入效益；负责国有资产经营，让国有资产保值增值的同时发挥最大效益；负责城建项目的对外招商和开发经营；负责全县棚户区改造工程、土地收储和提前征收工作；负责市政工程施工、城市亮化工程施工和园林绿化工程施工等。

【项目融资】 公司把准政策、主动谋划、全力出击，开发融资项目。全年签订银行借款协议18.17亿元，申请专项债券资金2.12亿元，为完成项目建设和债务化解提供资金保障。

【工程建设】 全年公司承担政府重大民生建设工程项目13个，计划总投资16.2亿元。截至12月底，澧浦高级中学（新澧县二中）、经十七路、澧县一中公租房、二广高速澧县出入口生态林（一期）等项目建成交付并投入使用，小渡口镇、大堰垱镇2个乡镇污水处理厂进入试运营；续建项目经二十一路、纬十四路、县城区黑臭水体整治工程按时间节点有序推进；新开工建设的有县城区生态环境综合治理项目（一期）、万寿宫停车场及智能停车系统（一期）、2020年城乡建设用地增减挂钩项目、澧县澹水老河槽水环境综合治理（一期）等项目。

【自营业务】 东跃公司与澧州实业组建孟姜垸采区砂石联合经营管理中心，在县砂管办领导下，开展砂石生产和销售工作。完成中厦颐苑小区住宅楼、幼儿园及商业1号主体建设，全年销售住宅120套，实现销售收入9700万元，在常德市住建局组织的“四优”系列现场评选中，中厦颐苑125平方米户型获“2020年度十佳畅销户型”奖；驾顺公司中标政府公务用车项目；建材公司进一步拓展业务范围，全年共实现销售收入1770万元；驾考公司不断改进工作方式、优化服务水平，得到驾校与考生一致好评，全年累计营业收入900万元；园林公司成功转型，经营范围涉及绿化工程、苗木销售、家禽养殖等项目。（吕毅波）

交通·邮政·通信

交通运输

【概况】 2020年，澧县交通运输建设共实施重点交通项目13个，完成投资10.3亿元。澧县成功创建省级“四好农村路”示范县。县交通运输局被县委、县政府评为2020年度绩效考核二类单位。

县委副书记、县长王兆铭（中）督导交通项目建设工作

【交通项目建设】 G353小毛公路、澧州大桥至张公庙白改黑工程、G207张公庙至洄水渠大修工程、S514大堰垱集镇和干河至曾家河白改黑工程已建成通车。沅澧快线A5、A6、A7标（马堰至张公庙）建成通车，2号大道A1进展顺利，1号大道澧县段接线工程，已完成路基工程。S233省际边界路提质改造工程，已全面完工。澧水石门至澧县航道整治工程已开工建设。澧县汽车运输综合服务中心及城市公交、出租汽车场站，均已向省交通运输厅申报，拟纳入省“十四五”交通站场规划项目库。

【交通运输】 截至“十三五”期末，全县通车公路里程4133千米，公路行政等级大幅提升。全县19个镇（街道）、198个行政村全部通水泥路，基本形成以国省道为主骨架、县镇道为支撑、通村公路连接各镇（街）村（社区）的交通公路网络体系。全县有客运企业9家，其中道路客运企业8家，有客运营运线路101条；公汽公司1家，公交汽车68辆（其中城区公交线路5条、公交营运车辆56辆；津澧公交专线1条，营运车辆12辆），驾校8家。有公路客运汽车站9个，其中一级站1个、三级站2个、简易站6个。出租汽车公司2家，有巡游出租车200辆。境内有6条航道和3条水库航线，通航里程364.91千米，现有码头1座，渡口35处，渡船44艘。

【公路治超】 自6月2日起，全县开展超常规、超历史的公路治超“百日攻坚”专项行动。全县设立5个固定卡口，24小时值守，成立2支流动治超分队日夜巡查；投入资金1600万元，在全县主要道路新建6处、升级2处不停车检测系统。截至12月底，共检测17.75万台次，查处777台次，卸载2.07万吨，扣分3300分，罚款183.7万元。货运车辆超限超载行为得到有效遏制。

县政府副县长杨波调度交通项目

【民生交通建设】 完成自然村通水泥路165千米、农村公路窄加宽53千米危桥改造17座、安防工程14.7千米。按照“四好”（建好、管好、养好、运营好）要求，筹措资金300多万元，对重点路段实施破碎板处理、标志标牌设置、清缝灌油，以及清沟、扫障等日常养护工作，年内成功创建省级“四好农村路”示范县，由省政府发文授牌，并推荐参加“四好农村路”全国示范县评选。

市、县人大代表调研交通工作

【建议提案办理】 全年共办理人大代表、政协委员建议提案54件，先后2次集中听取代表、委员的意见建议。在46件主办件中，已解决29件；列入规划6件；有政策障碍暂时不能解决的11件，电话沟通和当面沟通率100%，回复率、见面率、满意率均达100%。

【交通行业管理】 规范公客管理。为减轻因新冠疫情给出租汽车公司和驾驶员造成的经济损失，经县政府研究，同意参照市里做法，延长澧县本轮出租汽车经营期限6个月，以缓解舆情矛盾。重新编制《澧县城市公共交通专项规划》，规划汽车运输综合服务中心、城市公交、出租汽车场站。开展行业整治。全年查扣非法营运的小轿车26台次、“黑的黑摩”135台次，下达安全隐患整改通知13份。特别是对出租车一车多载、拒载等不规范营运行为，予以整改处罚。创建最美交通。组织开展文明样板路、最美基层站所、最美交通工程、最美运输企业、最美服务窗口、最美驾驶员评选活动，规范和提升服务水平。

【交通安全生产】 开展安全生产大检查、大管控、大整治，以及“强执法、防事故”活动；有序开展水上交通安全督查，完善“县管、镇包、村落实”的水上交通安全监管责任体系；履行政府监督职能，严把交通工程质量安全关；严格执行“三关一监督”“三不进站、六不出站”制度，开展全方位隐患排查整治，将安全隐患消灭在萌芽状态；组织开展“安全生产月”活动，举办客运车辆运输应急演练。

【疫情防控】 全局干部职工自正月初二起取消休假，部分人员抽调到6个省际边界和高速公路卡口日夜值守。在疫情防控和复工复产的关键时期，坚持两手抓、两手硬，做到两不误。一方面，继续聚焦“防止通过公共交通工具和场站扩散疫情”“保障路网安全畅通”两大任务，全面恢复公共交通运行。另一方面，督促交通重点项目全面复工，将疫情造成的影响和损失降到最低，为全县疫情防控取得重大胜利做出贡献。（侯书军）

【公路建设与管理】 公路养护。开展干线公路养护治理，消除病害提升路况。年内完成清灌缝14.2千米：其中G353线1.5千米，S233线7.5千米，S514、S515线3.4千米，S224线1.82千米；G353线挖补坑槽1800平方米，裂缝处置3千米；清挖水沟8千米：其中G353线3千米，S233线5千米；清理路肩5.4千米：其中G353线20千米，S233线20千米，G207线2千米，S514线5千米，S224线7千米；修复钢护栏224米：其中G353线50米；G207线50米，S514线64米，S233线60米；标线修复5.6千米，标志牌修复47块，恢复里程碑百米桩215个；行道树刷白3.7千米：其中G353线20千米，S514线10千米，S224线7千米。

县委书记廖可元到G207线大修工程现场调度

【公路大中修】 破碎板处治中修工程。县财政、县交通局、县公路建设养护中心共同筹资

1000万元，处治破碎板面积5.5万平方米，其中G353线7600平方米，S233线、S514线共2.68万平方米，X011线1.49万平方米。公路大修工程。年内启动干线公路大修10.78千米，其中G207线涠水桥至张公庙转盘6.14千米、S 514线垱市水泥厂至熊家湾3.99千米和G353线毛家岔大桥东接线“白改黑”大修648米。年内，公路大修总投资6400万元，其中县政府配套资金近3000万元。截至12月，完成S514线、G207线和G353线公路大修，且进度快、质量好，并通过省检。

市建养中心领导调度G353线破碎板处治中修工程

【路域环境治理】 每月巡路18天以上，及时制止乱堆乱放、乱搭乱建、乱挖乱设等涉路违法行为。和沿线镇（街道）对管养路段的临时场棚、违章建筑进行拆除。同时，响应全县农村人居环境整治百日攻坚行动，成立“清六乱”领导小组，制定专项方案落实农村人居环境整治工作。

【公路治超】 截至12月，大堰垱超限检测站共检测车辆3.64万台，处罚超限车辆519台，共卸载货物1.73万吨，罚款37.4万元，扣分2808分。同时，大堰垱超限检测站抽调20名执法人员，配合县交通运输局、交警、公安、城管部门在县治超办设立5个联合执法巡查组，均到岗到位。非现场处罚超载车辆212台次，罚款68.33万元。利用“非现场”录入的超载车辆进行电话催告或现场查处，保障“非现场”案件完成率。 （胡 俊）

【欣运集团】 欣运集团股份有限公司澧县分公司隶属于湖南常德欣运集团股份有限公司，是国有控股大型道路旅客运输骨干企业，具有国家道路旅客运输一级经营资质，拥有60余年经营发展史。主要经营范围有：县内、县际、市际、省际班车、公交客运与旅游包车（客运班车直达广州、宝安、惠东、潮州、珠海、银湖、西安、上海、武汉、吉首、石首、沙市、松滋、长沙、邵阳、岳阳、张家界、株洲、衡阳、湘潭、常德等地）；校车服务；汽车修理等。

2020年，澧县分公司全体干部职工围绕疫情防控、生产经营、安全管理、综治维稳等工作，坚持“科学组织、安全第一、以客为主、优质服务”的总体原则，逐步完善道路旅客运输安全生产标准化管理体系，精心培育企业文化，不断创新，锐意进取，热忱为旅客提供安全、舒适、经济、便捷的优质服务。全年共投入大小营运客车164辆（其中八车队70辆、通达公司94辆），安全行驶935万千米；车站安全运送旅客128万人次；校车公司50辆国标校车接送学生幼儿2553人次每日，行驶线路覆盖7个镇（街道），未发生安全责任事故；开发公司、保修厂均安全无任何事故。分公司一手抓疫情防控，一手抓生产经营，确保疫情防控、生产经营两不误。

澧县分公司全年共上缴国家利税43.36万元，全面完成各级政府、集团公司下达的工作任务。 （谢 凡）

邮 政

【概况】 中国邮政集团有限公司湖南省澧县分公司有员工219人，其中合同员工168人，劳务工51人。公司下设管理部门2个，生产部门4个，邮政支局20个。主要经营业务：邮政金融、集邮、报刊发行、邮政媒体广告、电子商务、函件、速递物流等。2020年，澧县邮政分公司以习近平新时代中国特色社会主义思想为指导，以邮政集团公司“四梁八柱”战略为方向，落实市公司“项目攻坚年、管理优化年、素质提升年”的要求，充分发挥邮政商流、物流、资金流“三流合一”的优势，争做改革转型的排头兵、创新发展的引领者。

2020年，中国邮政澧县分公司共完成业务收入1.11亿元，函件业务量201.04万件；全年累计包裹39.55万件，其中快递包裹39.48万件；邮政储蓄年末余额61亿元；报纸445万份、杂志2.83万份；城市投递道段数64条，邮路总数4条，邮路总长度约4010千米。

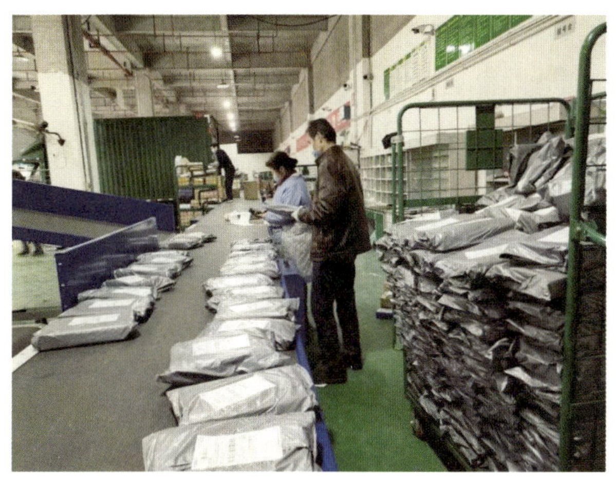

邮政包裹寄递

2020年，中国邮政澧县分公司贯彻扶贫助农政策，为有贷款需要的农户发放小额辅助贷款164笔，共1830.9 万元；结合澧县本地季节性水果市场情况，成功与本地电商协会合作，将本地生鲜橘子，橙子等水果线上销往全国各地，帮助本地农户解决农产品积压问题；联系帮扶的3个贫困村28户贫困户实现全部脱贫。新冠肺炎疫情期间，为不影响孩子们课业进度，澧县邮政与澧县教育局进行对接，响应教育部门发出的“停课不停学”号召，主动承担起寄递教材的工作。在县分公司领导的带领下，从联系学校到上门取书、打包、邮寄、主动送达，全流程注意疫情防控，消毒工作到位，包装处理专业，获得学校、家长及全社会一致好评。（曾五一　汤庆洋）

通　信

【中国电信澧县分公司】 中国电信股份有限公司澧县分公司（简称中国电信澧县分公司）是中国电信股份有限公司在常德市澧县设立的分公司，是澧县重要的基础网络运营商和全业务综合信息服务提供商。公司依托高品质的通信网络和现代化管理体系，为广大客户提供包括移动通信、宽带互联网接入、信息化应用及固定电话等产品在内的多种类综合信息解决方案。公司下辖26个支局，服务网点遍布全县城乡。2020年，澧县分公司以打造平安乡村、智慧社区为推手，以5G开通发布会推进5G建设，以微信服务平台提升服务，以泛渠道建设延伸渠道，以高质量发展促进收入增长。全年宽带净增1.29万户，移动过网份额37.83%，实现收入1.68亿元，完成年度生产经营任务。

中国电信澧县分公司顺应信息通信业智能化发展趋势，实施转型3.0战略，着力推进网络智能化、业务生态化、运营智慧化，开展5G产业布局，助推数字城市建设，倾力打造一张“技术先进、覆盖广、网速快、体验好、效能高”的5G精品网络，尽快在各行业打造5G示范工程，抢抓数字经济发展新机遇，推动澧县经济高质量发展。（袁　成）

【中国移动澧县分公司】 中国移动通信集团有限公司澧县分公司（简称中国移动澧县分公司）是中国移动通信集团湖南有限公司常德分公司在澧县设立的分公司，主要从事移动通信、专线和互联网宽带业务。有员工118人，其中在岗员工88人，“两退”员工30人。在岗员工平均年龄35岁，其中上市员工79人，乡话员工2人，劳务派遣员工7人。拥有本科及以上学历39人，大专45人，中专及以下5人。在职党员21人。

2020年，公司有自办营业厅1家，位于澧州大道728号财富广场，有社会渠道网点103家。全县移动2G站点328个，4G站点1053个，5G站点62个。自建传输杆线1364千米，光缆总长度7115千米，家宽城区覆盖率99%，镇通达率100%。全年完成宏基站69个、室分16个、开通扩容站点23个。截至12月底，全县已开通在网运行TDD—LTE宏基站636个，TDD—LTE微基站57个，TDD—LTE室分104个，FDD—LTE宏基站256个，NB—IOT站点65个。5G站点62个。（关存志）

【中国联通澧县分公司】 中国联合网络通信有限公司澧县分公司（简称中国联通澧县分公司）是中国联合网络通信有限公司在常德地区设立的分支机构。澧县分公司承继原澧县网通和原澧县联通全部资产人员后，整体规模和实力得到较大提升，经营范围得到进一步扩大，实现包括固话、宽带、移动在内的全业务运营。

2020年，澧县联通有员工（含外包人员）29人，自有营业网点2家，合作型门店40家，营业网点覆盖全县所有镇；有移网基站147个，城区覆盖率99%，镇覆盖率97%，宽带端口数近10万，城区覆盖率97%，镇覆盖率70%。（王国芝）

商贸·旅游

招商引资

【概况】 全年引进内外资总额113.37亿元，其中，完成内联引资102.75亿元，实际利用全口径外资1.52亿美元，排名位列全市第一方阵。围绕“农业树品牌、工业上规模、商贸提档次”发展目标，全年新引进亿元以上项目27个（其中500强投资项目3个），共超额完成目标任务数6个。先后与唐人神集团签订年宰100万头生猪暨深加工战略合作协议；引进浙江亿坤公司投资6.5亿元的澧州国际汽车城项目；与金荣集团合作澧县科创产业园项目；新引进食品集装袋生产项目、汽车机电设备及零部件生产项目、深圳逸奇利智能电子项目、深圳台达创新半导体项目、深圳三福微电子项目、深圳双亚科技锂电池项目、四川华控智能交通设施生产项目、新乡市康民医用卫材生产项目、宁波双鸟绣花线生产及新材料研发项目等。

同时，注重已引进项目的建设时效。三科农商城项目从洽谈到签约仅用2个月时间，从签约到所有证照办齐开工时间不到100天；澧州国际汽车城项目实现当年签约当年开工；润创电子从接洽到签约用时35天，台达半导体项目用时20天；三福微智能制造项目在开工前期办理证照时，仅用一个半小时就完成银行开户，招商引资创造出澧县新速度。（谭　治）

国内贸易

【概况】 2020年，澧县商务局围绕县委提出的“扬长补短”产业发展战略，克服新冠疫情对全县商贸流通业影响，补开放短板，促内需增长，全年实现社会消费品零售总额178.98亿元，同比下降1.6%，比全市平均值收窄0.8个百分点，增速排位全市第一。澧县商务局被省商务厅评为“全省2020年内贸工作先进单位”，“道河郭记”豆制品获评澧县第一个“湖南老字号”，成功创建县级文明单位，平安建设获得全县先进，绩效考核为全县优秀等次。

【战疫保市场】 新冠肺炎疫情发生后，县商务局全体工作人员冒着被感染风险，连续3个月穿梭于人流集中区域，督导落实防疫措施。同时，千方百计保证市场商品供应。整个疫情期间，澧县“米袋子”充盈，“菜篮子”丰富，日用消费品量足价平，人心稳定，市场活力不减。五一劳动国际节前夕，全县180家限上规上商贸服务企业全面恢复经营，复工复产走在全市前列。

【派发促新型消费“红包”】 根据县政府促进居民消费政策，县商务局组织开展“百万红包领不停，美好生活消费季”活动。从5月22日开始，分管副县长、商务局局长、扶贫办主任、人社局副局长、部分企业负责人等先后上阵带货直播。活动通过直播平台，连续发放5轮红包，金额92万元，并拿出8万元支持湘西北国际汽车展抽奖。此次活动带动商家发放各类消费券愈1000万元，提升全县消费近12亿元，有力撬动全县餐饮、宾馆、零售、汽车、文旅、建材、家居等方面消费。

【项目建设】 总投资40亿元，占地180亩，建筑面积6.8万平方米的万达欢乐城一期主体工程如期封顶。占地396亩，第一期投资12亿元的三科农商城建设进展顺利。总投资10亿元，占地150亩的亿坤·澧州国际汽车城，于10月14日开工建设；11月25日，举办中国·澧县汽车产业高峰论坛和澧州首届豪车展，招商工作全面启动。9月24日，与唐人神集团签订年产100万头生猪养殖及屠宰加工项目合作协议，正处选址建设中。

【队伍建设】 全年自觉接受县人大、县政协监督。机关党员每月一次高标准主题党日活动。

开展文明机关创建活动，开设道德讲堂，增设图书室、健身房等。参加县首届全民健身运动会，取得围棋冠军、羽毛球第7名、乒乓球第8名的好成绩。全年发布原创和政策信息120多条，在市级以上党报上稿18篇。

对外贸易

【概况】 严格落实奖励帮扶政策。在《澧县支持现代服务企业发展暂行办法》基础上，按出口业绩提高对外贸企业奖励扶持比例。强化服务指导，为外贸企业排忧解难。年内协助平安医械非洲进出口交易会线上参展；帮助韩顺电子、环裕电子对接服务中介，办理好自营出口资质，邀请海关、税务、银行等上门指导企业报关、外汇入账、退税等具体工作；帮助企业融资1000万元。与京东生鲜联手打造湖南澧县·京东首届葡萄节。鑫佳叶公司通过京东、阿里巴巴数字农业、拼多多等平台网销出口澧县阳光玫瑰16万单，销售2000多万元。注重挖掘外贸潜力企业。全年澧县新增出口资质企业3家，储备3家，破零企业4家，倍增企业1家。2020年，全县实现外贸进出口总额9500万美元，较上年增长3.25%。（杨远迪）

重点商贸餐饮企业简介

【湖南丰彩投资有限公司】 湖南丰彩投资有限公司成立于1998年，是一家以商业零售连锁为主业，集物流配送、商务酒店、房地产开发于一体的澧县本土大型私营企业，公司总部位于长沙市芙蓉区万家丽路银港水晶城区，注册资本5000万元，下辖丰彩实业、花源酒店、丰彩置业三大实体。澧县设有丰彩好润佳超市辰星店、财富店、城市店3家卖场。

【澧县步步高商业有限责任公司】 澧县步步高商业有限责任公司系步步高商业连锁有限公司所属子公司，是一家以经营精品百货、品牌服饰、食品、日用品、生鲜蔬菜商品、小家电为主的大型综合超市，辅以动漫娱乐、美容等经营项目。步步高超市在澧县设有澧县店和浦金店2个卖场。

【澧县六合电器有限责任公司】 澧县六合电器有限责任公司地处澧阳北路繁华商业区，拥有澧县、慈利、安乡3家门店。2003年，该公司入驻常德桥南电器批发市场，有2个大型批发部。2012年，该公司进一步拓展经营范围，开设手机、电脑、相机开放体验式卖场，以及“时尚、绿色、环保、品质”的城市高端家具卖场。

【湖南金龙玉凤集团】 湖南金龙玉凤集团创建于1997年，是常德地区及湘西北地区规模最大，效益最好，最具发展潜力的宾馆及餐饮酒店连锁企业。金龙玉凤集团在澧县、常德、临澧、汉寿创建有五星级宾馆1家，三星级宾馆2家，二星级宾馆1家，大型餐饮连锁店6家。同时，经营管理10个机关食堂。

【瑞高酒店】 瑞高酒店是由湖南运达实业集团有限公司投资兴建的五星级商务酒店，位于澧县高新区，紧临澧水，风景独秀，是澧县乃至常德市范围内高端酒店之一。

【澧县星香源国际大酒店有限责任公司】 澧县星香源国际大酒店有限责任公司于2002年12月成立，2007年6月开业。经过多年打拼，该公司已形成一整套政府机关、企事业单位、学校、工厂食堂的管理模式，现经营管理的机关事业单位食堂20多家。

【澧县城头山国际大酒店】 澧县城头山国际大酒店于2007年1月12日开业，2009年12月被评为湖南省涉外旅游三星级酒店。该酒店以“城头山”遗址命名，集住宿、美食、休闲、商旅等功能于一体。

【明凯酒店】 明凯酒店是由澧县福双酒店管理有限公司投资，按四星级标准设计建造，集住宿、餐饮、娱乐、会议休闲等为一体的多功能豪华商务型酒店。

【浦金茉莉花国际酒店】 该酒店位于常德澧县澧浦路与晓钟街交汇处，是一家集客房、餐饮、宴会、会议、娱乐休闲、购物等多功能于一体的豪华型商务酒店。

【维多利亚文化传媒有限公司】 该公司创办于2000年，位于澧州大道与解放路交会处，拥有豪美大酒店、国际电影城、量贩式KTV、高档中西餐厅、网红孵化基地等经营项目，为湘西北地区知名文化娱乐品牌，引领城市时尚生活。

【澧县莱茵好又多超市】 该超市为常德市鑫蜜鑫商贸有限责任公司旗下公司之一，位于澧县环宇莱茵小镇，是一家以经营生鲜水果、肉禽蛋奶、日用百货、文体玩具、食品零售、茶酒饮品等综合服务为主的百货零售企业。

【欢乐城·万象金街】 欢乐城·万象金街于2019年12月21日开业，是常德首个下沉式主题商业广场，也是津澧首个地下商业街，位于澧县解放路至澧阳路之间的津澧大道，总建筑面积6.8万平方米，其中主题商业街4.4万平方米，是集生活时尚、儿童游乐、餐饮娱乐、休闲于一体的主题购物公园。

【华美立家·东信建材家居广场】 华美立家·东信建材家居广场于2019年9月开业，是澧县规模最大、设计最先进、品类最齐全的综合式建材家居市场。它是由东鹏实业投资开发，华美立家专业运营团队管理的建材家居专业市场，总建筑面积20万平方米，总投资10亿元。其经营品类涵盖陶瓷卫浴、橱柜厨电、灯饰吊顶、油漆涂料、家具家装、五金板材、门窗地板、衣柜定制、墙纸软装、商业配套等。（杨远迪）

粮食流通

【概况】 2020年，澧县全力落实粮食安全省长责任制各项工作，通过省、市“中国好粮油”行动示范县、粮食产后服务体系建设项目评估验收。

【做好政策性粮食收购工作】 实行“先检后收、分仓储存、分类处置”的原则。所有收储企业必须配齐食品卫生指标（镉）检测设备，搞好溯源登统台账，建立粮食质量档案。澧县超标粮临储收购销售由国有独资的澧县华鑫粮食购销有限公司（下简称华鑫公司）一家担任。对镉含量在0.2—0.4毫克每千克的超标粮处置报县政府批准后实施，对镉含量超过0.4毫克每千克的粮食由发改局、农业农村局、财政局、镇（街道）、种粮者、华鑫公司多方签订收购销售责任状，确保只能用于饲料和工业用粮。

【实施粮食品牌工程】 宣传推广澧县“好粮油”行动示范县工作，推广“城头山大米”等系列大米品牌。澧县与华声在线股份有限公司签订全媒体营销合作协议。6月，在长沙举办城头山品牌推介暨湖南团餐行业协会成立大会；9月，举办“中国好粮油行动示范县”—澧县城头山品牌推介会。

【落实粮食收储任务】 出台《澧县2020年粮食收购工作实施方案》《澧县2020年临储粮食收购销售处置方案》。9月中旬，完成1万吨新增省级储备粮及6000吨县级储备粮轮换任务；10月底前，完成3.81万吨中央储备粮轮换任务；截至11月15日，华鑫公司完成1万吨为广积米业代收购的市级储备粮任务；同时，华鑫公司为省军粮集团代收代储优质稻5813吨，完成国家发改委和国家粮食与物资储备局下达的2020年生产防疫医用酒精的3.375万吨超期定向粮食销售及1.1万吨划转定向粮食销售出库监管工作任务。（陈　安）

石油购销

【概况】 澧县石油分公司位于澧县澧阳街道

小西门社区翊武西路988号，隶属于中国石化销售股份有限公司湖南常德石油分公司，担负全县各项成品油的批发、零售购销管理。公司有在职员工73人，固定资产总值5800多万元，下设20座加油站，主要经营汽油、柴油及各种润滑油和非油产品（易捷便利店）。中国石化“油中感谢IC卡加油”在澧县有站点20座，易捷便利店19个，遍布全县各主要路段。同时，为澧县100多个行政单位办理公务用车加油卡。2020年，公司共销售汽油25107吨、柴油11164吨，合计36271吨，实现营业收入2.72亿元，缴纳税金131万元。

澧县第五加油站是中石化澧县分公司的城区大站，随着绕城线建设和城区道路分流需要，汽油、柴油营销日渐式微，公司根据此地市场消费特点研究决定，将原有汽油、柴油性经营加油站的柴油性经营剥离，打造成纯汽油站点，促进站点升级转型，以提升核心竞争力。4月，澧县第五加油站推倒重建，已建成一座全新的纯汽油站点。（朱彩霞）

澧县第五加油站

烟草专卖

【概况】澧县烟草专卖局（分公司）组建于1985年2月。2020年6月，办公地址由澧县翊武路76号搬迁至澧阳街道办黄桥社区10组。下设办公室、综合室、财务室、客户服务分部、专卖监督管理股、区域中转站、纪检监察室7个部门，有在职人员68人，离退休人员43人。2020年，全县有持证零售户3340户，全年累计销售卷烟32336箱，销售总额11.34亿元；查获涉烟违法案件187起，其中5万元以上大要案件25起，查获各类违法卷烟565.89万支，其中真品卷烟492万支，假冒走私卷烟73.89万支，卷烟查获量位居全市烟草系统县级局第1位。澧县烟草专卖局（分公司）被评为全市烟草系统“疫情防控和复工复产先进单位（集体）”。

澧县烟草专卖局（分公司）新办公地址

【卷烟营销】自3月10日复工以来，全体营销人员有序开展线上客户拜访，全面摸排客户营业现状，做好销售形势分析和经营指导；加强对现有186台云POS终端的维护与管理，及时处理客户使用过程中出现的问题，扫码活跃度在96%以上；用好用活一线人员移动办公平台，平台使用率100%，拜访覆盖率100%；全年开展客户培训34场，参与培训客户1350户，覆盖率41.3%；探索文明吸烟环境建设，在景区共建设绿色吸烟点150个、室内吸烟室1个、户外吸烟区1个；与湖南中烟协作以打造“品牌形象新高地”“品牌培育示范地”“工商协同引领地”为契机，在张公庙地区推广U型陈列20家，打造湖南中烟品牌培育“一条街”，开展“三圈三会”4场，品牌培育进小组活动45场。

【专卖执法】 加强无证经营卷烟行为联合执法力度，针对性开展打击客运物流寄递环节运输卷烟违法行为；开展天价烟、样品烟、电子烟市场专项整顿行动，持续整顿卷烟零售市场“假、私、非”违法违规经营卷烟行为；采取定时上门检查、错时检查、联合执法等方式，严厉打击违法违规卖烟大户；按照《卷烟经营内部专卖管理监督工作指引》和相关指示精神，落实大要案“一案双查”工作，协助摸排涉烟违法线索，强化内部监管，促进卷烟规范经营；加大对“2019.3.5百万卷烟走私案”侦办力度，该案历时19个月，先后抓捕7人，批捕3人，判刑3人。已向省局申报将该案列为烟草打假打私重大案件。

【基础管理】 开展调查研究，广泛征求意见，科学设定目标，明确工作重点，制定保障措施，做好“十四五”规划编制工作；开展相关费用专项自查，严控重点费用，实施全面精益预算管理，提升财务管理水平；落实安全生产责任，坚持每月开展例行安全检查及安全生产月活动，全年举行安全教育培训4次；推进规范化管理，完善物资采购制度和流程，全年未发生工程投资项目、物资采购、宣传促销项目违规运作行为。

【澧县公安局派驻烟草专卖局联络机制办公室挂牌成立】 2020年1月16日，常德市首家公安局驻烟草专卖局联络机制办公室在澧县挂牌成立，标志着澧县公安、烟草联合执法工作掀开新篇章，也为全市烟草市场综合治理提供有益借鉴。联络机制办公室常驻1名公安干警，配置专门的办公场地和办公设备，制定涉烟违法犯罪活动查处快速响应机制与案件分析会制度，设立并公布涉烟违法犯罪线索举报热线，对提供违法犯罪线索一经查实或协助抓获违法犯罪嫌疑人的举报人给予奖励，切实提高社会对打击涉烟违法犯罪活动的参与度，对辖区内烟草市场形成震慑。（向思静）

1月16日，常德市首家公安局驻烟草专卖局联络机制办公室在澧县挂牌成立

市场建设管理

【概况】 澧县市场服务中心成立于2000年6月，有干部职工121人，下辖澧县市场建设开发有限公司、澧县祥盛物业有限公司、八百里洞庭水产品批发市场、宏卫农贸市场、湘鄂边贸城珍珠市场、珍珠农贸市场、多安桥农贸市场、澧县食品监测中心等单位。主要职责是从事市场建设开发、市场管理服务、物业管理服务、食品安全监测等工作。2010年4月，常德市编办正式批复澧县市场服务中心加挂澧县市场管理处牌子，系正科级事业单位。2020年，县市场服务中心通过加强管理力度、夯实工作作风，较好完成年度各项工作任务。

【疫情防控】 在做好市场消毒和督促从业人员与消费者做好戴口罩等自身防控措施的同时，排查登记1.2万余人次，测量体温150多万人次；筹措资金15万多元，设置隔离围挡300米，购买口罩2万多个，红外线体温测量仪10个，84消毒液、酒精400斤等物资投入防疫，保障居民生活物资供给，确保所辖市场无感染病例；同时，市场服务中心响应县委、县政府号召，引导干部职工和经营业主踊跃捐款，筹集善款9万多元，支援疫情防控。

【市场管理】 年内筹资200多万元，对各市场基础设施进行维修、添置保洁设施设备，改善市场环境，消除安全隐患，并通过省、市多次组织的关于国家卫生县城和省级文明县城暗访明察。通过公开拍租和发动干部职工招商等方式，降低门面、摊位空置率，完成自有租金和销售收入约900万元，在保障运转和支付债务利息的前提下，补缴所欠医保和部分社保。

【脱贫攻坚】 先后选派21名骨干与梦溪镇梦溪寺居委会、澧澹街道蔡口滩村、码头铺镇杨家坊村3个点村，共39户贫困户建立结对帮扶，向码头铺镇杨家坊村选派驻村工作队员1名。单位先后组织形式多样的走访帮扶活动50余次，通过国家扶贫政策落实和结对干部的努力，结对39户贫困户全部按期脱贫，驻村工作队被评为2020年县优秀工作队。 （吴 阳）

湖洲管理

【概况】 维护社会稳定。2020年，湖洲管理所把保运转、保稳定作为年内一项重要工作。主动向县委、县政府汇报。说清困难、讲明原因，争取县财政资金支持，保障全所干部职工基本生活费。对困难人员进行帮护。筹集资金近10万元，由所工会负责对生病、特困职工及时提供帮助，缓解其生活压力。

【稳步推进改革】 年内，按照县改革领导小组统一部署，通过清产核资、宣传发动、征求干部职工意见等工作，依法、依规、依政策，拟定《澧县湖洲管理所“事企分开”改革方案》，并报县政府常务会议、县委常委会研究通过。同时，组织召开职工代表大会，实行民主决策，审议通过《澧县湖洲管理所“事企分开”改革人员安置方案》。全所335名涉改人员，有153人选择自主择业，80人符合政策继续留在湖洲管理所，102人转制聘用到新成立的澧县湖洲苇业发展有限公司。县政府筹措改革资金5000多万元，兑现所欠干部职工的社保、医保，以及部分集资款、自主择业人员的经济补偿金。年内，全所干部职工得到妥善安置，改革工作顺利完成。 （郑文彬）

旅 游

【概况】 2020年，全县共接待国内外游客535.9万人次，比上年下降28.17%；旅游收入46.87亿元，比上年下降25.95%。全县共有国家AAAA级旅游景区2个（城头山旅游景区、彭山景区）、国家AAA级旅游景区3个（澧州古城、天供山景区、黄家套旅游景区）。年内，成立全域旅游协会，多举措开展全域旅游示范区创建工作。为促进文化和旅游市场复苏，开展澧县人游澧县活动，号召大家走出家门，赏澧州美景、游澧州名胜、吃澧州美食，与澧州来一次初夏邂逅。城头山景区举办粉黛花海游；彭山景区出台一系列工会活动优惠政策；黄家套庄园新增游乐和体验项目、举办开心农场开园仪式、国家AAA级旅游景区授牌仪式、常德市“鼓书大王”擂台赛历届鼓王精品节目展演等一系列活动，提高澧县旅游知名度，聚集澧县人气。 （皮楚杰）

【澧县城头山国家考古遗址公园】 澧县城头山国家考古遗址公园管理处暨城头山古文化遗址博物馆为副处级国家一类事业单位，有工作人员26人。下设办公室、财务科、规划建设科、旅游发展科、文物馆藏保护科、安全保卫科6个科室。主要职责是按国家文物保护法等相关法律法规，负责城头山国家考古遗址公园建设、遗址保护、管理和利用，同时指导湖南城头山建设开发有限公司对城头山景区的管理运营工作。2020年，城头山博物馆获评国家三级博物馆；“城头山大遗址保护与国家考古遗址公园运营管理”“澧县城头山遗址城墙剖面科技保护”入选湖南省文物保护利用创新发展百佳案例重点推荐项目，并获授奖牌奖状；城头山旅游景区获评2020年常德市平安景区。

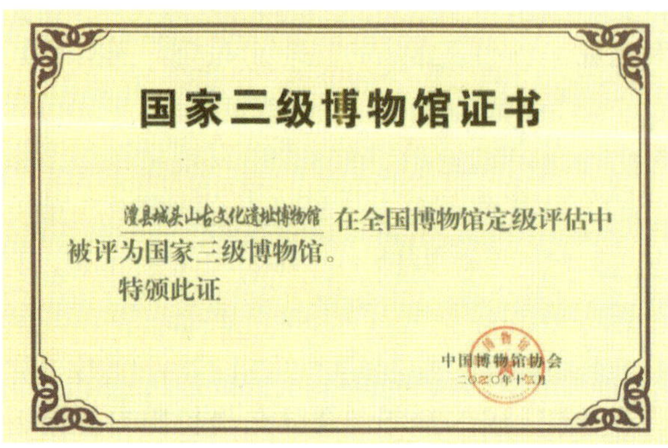
国家三级博物馆证书

澧县城头山古文化遗址博物馆 在全国博物馆定级评估中被评为国家三级博物馆。

特颁此证

中国博物馆协会

国家三级博物馆证书

10月23日，出席湖南省文物保护利用创新发展百佳案例颁奖仪式

领导重视。6月17日，全国政协党组成员、副主席刘奇葆考察城头山国家考古遗址公园，对公园的文物保护和配套建设及管理运营工作给予充分肯定。5月7日，湖南省人大法制委员会主任委员王刚实地考察城头山国家考古遗址公园，对公园后续建设发展、运营提出指导性意见。

5月7日，湖南省人大法制委员会主任委员王刚（左四）考察城头山国家考古遗址公园

10月19日，参加在江西上饶万年县举办的首届稻作论坛

文物保护与利用。邀请湖南省文物考古研究所专家长期指导文物保护工作，利用国家文物保护专项资金173万元，完成城头山1号馆本体保护及防渗治理工程；在博物馆举办“瑞鼠吐宝”属年生肖文物图片展；邀请省级专家完成馆藏文物等级鉴定；10月18日，参加在江西上饶万年县举办的“中华史前稻作文化遗址联盟”（江西省万年县仙人洞遗址、浙江余姚河姆渡遗址、湖南道县玉蟾岩遗址、河南舞阳贾湖遗址、广西桂林甑皮岩遗址）成立大会，开展跨地区协作，拟联合申报世界文化遗产。

项目建设。年内纳入全县考核的重点项目2个，总投资4.38亿元，年度投资计划2.08亿元；策划2个项目（文保和旅游项目各1个，总投资10.6亿元）进入“十四五”全省重大项目库，完成2个子项目可研编制；争取中央和省级支持资金7300万元；全力招商引资，先后与龙元建设集团、中惠旅管理公司等10余家大公司进行接洽商谈。

品牌宣传。5月20日，中央电视台科学·教育频道（CCTV-10）《中国影像方志》摄制组在城头山国家考古遗址公园暨AAAA景区进行2天实地拍摄；5月25日，中央电视台综合频道（CCTV-1）、中央电视台纪录频道（CCTV-9）

《航拍中国—湖南》，将城头山古城作为“稻作文明”的重要节点进行介绍；作为全省11家申报单位之一，完成“中国华侨国际文化交流基地”申报工作。（刘曼婷）

【湖南澧州涔槐国家湿地公园】 湖南澧州涔槐国家湿地公园（下简称“公园”）位于澧县西北部，红线内包括王家厂水库、山门水库、涔水南北支部分河道洲滩，以及连接山门水库与涔水北支的河道和周边部分山地，总面积4.17万亩，其中湿地面积3.61万亩，占总面积的86.63%。公园于2018年10月通过国家林草局现场验收，12月批复正式成为“国家湿地公园”。2019年1月，在海南省海口市现场接受国家林草局授牌。湖南澧州涔槐国家湿地公园管理处（下简称“管理处”）为正科级公益一类事业单位，定编10人，实行独立核算。设有办公室、宣传教育股、资源保护股、科研监测股等内设机构。持内河船舶船员适任证书3人。2020年，湖南澧州涔槐国家湿地公园管理处被省林业局评为全省湿地公园质量管理评估优秀单位；公园被授予中作协《小说选刊》杂志社创作实践基地，公园科普宣教基地被省科协授予省级科普教育基地（2020—2025年度）和市级科普基地；获评全县绩效评估优秀等次。

公园科普教育中心

湿地保护。开展自然保护地整合优化和申报省级、国家级重要湿地工作。加强相关职能部门和当地镇村的工作联系，对外加挂县公安局重点保护单位、县森林公安局涔槐国家湿地公园执勤室2块牌子，制定巡护工作制度，建设巡护采集信息平台，因地制宜制定3条陆路和2条水路巡护路线，组织开展日常巡护和问题排查等，重点加强候鸟迁徙季的巡护。结合日常巡护，利用进村入户、张贴横幅标语、发放宣传单等形式开展野生动植物保护、禁捕退捕、森林防火等宣传。争取中央财政、省级财政湿地保护与恢复补助资金65万元，并自筹部分资金开展湿地保护与恢复，治理外来入侵物种，更新维护宣教、监测设施设备，建设湿地巡护信息采集平台，以及巡护道维护等相关基础设施建设等。开展科普宣教活动。结合“世界湿地日”“爱鸟周”“世界环境日”等宣传，通过入校园、下村（社区）、进科普馆等方式定期开展形式多样的宣传活动；通过公园微信公众号宣传重点工作动态、湿地知识、政策法规等信息。加强与省、市县主流媒体互动，全年完成外宣上稿省级媒体2条，市级媒体6条；参加常德市湿地保护协会举办的“保护湿地、造福人类”摄影大赛，并获得大赛先锋奖。利用公园水质、气象监测检测设备和望远镜、长焦相机、监测船、无人机等生物调查设备，依托湿地信息数据采集与管理平台，开展日常监测调查。1月，在山门水库发现4只中华秋沙鸭（国家Ⅰ级保护动物）；5月，在山门水库发现一条长约1.2米的大鲵（俗称“娃娃鱼”，国家Ⅱ级保护动物）。

山门水库放生大鲵

争资争项。2020年，争取中央财政和省级湿地保护与恢复补助资金65万元，争取县财政湿地公园维护专项经费30万元，争取火连坡镇石庄村2020年农村面源污染综合防治示范项目—省级农村生态环境保护资金95万元。结合后期发展，梳理公园“十四五”规划重大建设项目10个，规划总投资21亿元；挤进常德湿地保护恢复与合理利用建设（德国促进贷款）项目，规划总投资5000万元。 （刘少帅　朱丽华）

【彭山景区】 彭山景区位于湖南省澧县澧南镇境内，由澧县华诚彭山旅游度假庄园有限公司2011年投资开发建设。景区由“三园两基地”组成，即森林康养公园、湿地科普公园、城头山地质公园和有机农业基地、花卉园艺基地，总面积4.6万余亩，其中湿地1000亩、水域2000亩、山林3000亩，周边连片山林3万多亩。景区自然风光秀美，“彭峰叠翠”等古澧州外八景之众，“王祠凌空”等古彭山十二景之珍，穿珠成链，给人无限遐想。生态环境优良，空气中平均负氧离子含量达6900个每立方厘米，绿化率90%以上，有“天然氧吧”“物种乐园”“康养胜地”之誉。2016年获评国家AAAA级旅游景区，也是全国森林康养试点基地、全国林业科普基地、国家高新技术企业、湖南省农业产业化龙头企业。

彭山十二景之“王祠凌空”

景区集休闲度假、特色民宿、户外运动、研学科普、红色教育、水果采摘、森林康养等功能于一体。2020年，景区筹资修建贺龙澧州征战红

彭山红色历史陈列馆

色历史陈列馆、2.1千米红军路，重修红军烈士墓、游击队据点、红军渡口，打造湘西北最大的红色历史教育研学基地。年游客接待量50多万人次，年收入3000多万元。 （杨　剑）

【澧县天供山森林公园】 澧县天供山森林公园位于湖南省澧县西北部，总面积约1.1万亩。属武陵山脉，最高山峰417米。北临湖北省洈水风景区，南接涔槐湿地公园，距城头山国家遗址公园30千米。2018年12月，成功创建国家AAA级旅游景区，2020年12月，获评湖南省休闲农业与乡村旅游5星级园区。

天供山门楼

天供山森林公园植物种类丰富，森林覆盖率92%。良好生态环境，造就天供山森林公园独特小气候，是名副其实的“天然大氧吧”。公园主要景区有仙女洞、天供寺、夫人寨等3处。

仙女洞为石灰岩溶洞，洞内钟乳石笋兀立，各种形态栩栩如生。仙女洞分上、中、下三层，层层相通。景点由无字天书、仙女洞牌坊、遇仙桥、接子亭、碑林、香炉等组成。

仙女洞

天供寺始建于唐代，历史源远流长，香火旺盛。据传女娲炼石补天曾溅落一块石头于山顶，形似石臼，臼中有米，取之不竭，但只供一人一天之食粮，曾救活不少穷人，因此得名为“天供山”，并建有天供寺。石臼至今犹存，寺门尚存。天供山顶新建观景台，登观景台，望澧阳平原，涔槐河畔尽收眼底。

夫人寨景区以夫人寨为中心主寨，分连四小寨，山势险峻。据记载，夫人寨是李自成兵败南行之时，其妻高夫人在此安营扎寨十八年所赐，其山势险峻，关隘雄峙。夫人寨由聚义厅、帅房、将室、兵营、校场、战壕、吊桥和瞭望塔组成。至今寨址犹存，山上护寨壕沟、古战场、兵寨、饮马井、练兵场、下马墩等若隐若存，废弃兵刃，随处可见。

为加快景区提档升级，森林公园完成景区道路、游客服务中心、天林宾馆、观景台、停车场等景区升级改造项目的建设并投入使用。云顶大草原、映山红花海、天体浴场、地心八卦、晃桥、栈道、星空露营基地等特色旅游景点正在施工中。

游客服务中心

教　育

概 述

2020年，全县有中学38所，其中普通高中5所（二中、三中、四中已合并为新二中），职业中学3所，教师进修学校1所，初级中学28所，特殊教育学校1所。小学100所，公、民办幼儿园137所。有各级各类学生10.4万名，教职工6177名，离退休教师4217名。2020年，因推进职业教育改革，中职学校建设力度大，增加公办幼儿园学位等工作成效明显，澧县教育局获常德市市政府真抓实干激励表彰。

【尊师重教】 县委、县政府落实专题议教制度，年内组织召开专题议教会议在10次以上。全县教育经费总投入超过8亿元，公办学校教师绩效考核奖励由县财政全额保障，教职工住房公积金均按基本工资和绩效工资总额的12%全额预算，医疗保险费按标准足额预算。特别是高中阶段教师绩效工资全额由财政预算保障。发动社会各界捐资助学，在2020年“九八助教日”召开全县教育工作大会之后，共募集教育基金1400多万元。建立健全联校支教制度，县委、县政府领导经常带领后盾单位深入学校帮困解难，在全社会营造教育优先、尊师重教的浓厚氛围。

【办学条件】 通过实施农村学校建设三年行动计划，包括新修塑胶跑道、教师周转房等16个建设项目，农村学校面貌焕然一新。投入资金5.4亿元新建的澧县二中以及由原二中改建新增的澧州翊武学校，于2020年秋季开学招生；投入资金1.7亿元新建的澧州实验小学及投入资金6500万元新建的澧县一中学生公寓于2020年底竣工验收；总投资9500万元新建的芙蓉学校正处建设中。11月，县教育局与贵州紫光科技有限公司签订教育信息化建设项目投资协议，此项目计划投资1亿元，助推全县教育信息化“三通两平台”建设。

11月，澧县教育局与贵州紫光科技有限公司签订教育信息化项目合同

【教研教改】 县教育局的省级规划课题《县域教育资源动态均衡配置的研究与实践》、银谷国际实验学校的省级规划课题“核心素养视域下农村留守儿童感恩教育实践活动研究”通过结题鉴定，并获良好等级。国学团队成员在文定轩老师带领下，先后应邀前往汉寿、石门、安乡等地进行专题讲座、执教示范课。6月，中央电视台科教频道播出在县文庙录制成童礼、学生集体素读《大学》的国学传统文化教育节目。修订印发“语文能力提升工作过程性管理评价细则”，精心制作国学经典教材朗读音频，组织开展小学生新课标必背古诗词素养大赛、提升语文能力过程督导和学生语文能力抽样检测。在全县推进义务教育阶段教育联组工作，以城区优质学校加农村薄弱学校的组合模式，将全县义务教育阶段学校按前三年办学成绩均衡划分为5个教育联组，各联组创造性开展工作，进一步缩小城乡师资差距。

【学前教育】 通过落实多元投入机制，鼓励街道社区、企事业单位新建公办园，对现有公办园扩容提质，租用国有、集体资产举办的民办幼儿园改办成公办园等措施，增加公办园在园幼儿数。截至12月底，全县在园幼儿20550人，其中公办幼儿园在园幼儿10329人，公办园在园幼儿占比50.26%，较上年增加26.46%。普惠性民办幼儿园在园幼儿7183人，公办园及普惠性民办幼儿园覆盖率85.2%。彻底消除官垸镇、复兴镇、梦溪镇3个镇无公办园的历史，完成全县一镇一公办园的目标。

【基础教育】 全年通过修扩学校、办理转学、自动消化等办法，全县109个66人及以上的义务教育超大班额和393个56人及以上的义务教育大班额已全部消除，其经验做法在《湖南教育快讯》向全省推荐。11月，澧县代表湖南省作为全省唯一一个接受国务院督导委员会义务教育均衡发展复检县，并通过复检。其中，县级领导和县直部门联系学校制度、教育联组工作机制和特色国学课程受到国家督导组高度评价。关心下一代工作、班级合唱赛、师生书法大赛、实验室标准化建设工作分别受到教育部、省教育厅、市教育局表彰奖励。2020年，高考本科共录取2159人，其中一本录取1266人，二本录取717人，三本录取176人，北大、清华录取7人（含空军招飞精英班1人），空军招飞4人。县教育局招考办被省教育考试院和空军招飞局广州选拔中心评为招飞先进单位。

7月，省教育厅党组成员、工委委员徐伟巡视澧县高考考区

11月，国家义务教育基本均衡发展督导组来澧县复检

【职业教育】 建立"以技能为核心"的课程标准，强化教师队伍建设和人才培养中专业技能的培养和训练，充分保障专业技能课、实训实习课所占课时比例，在日常教育教学中，突出技能训练的重点，开展技能大赛，保证全员参与。引进多家企业与学校进行深度校企合作，特别是汽车专业的产教融合特色显著。2020年，有6人被评为常德市职业院校"双师型"教师，有"双师型"教师49名。学生获国家级三等奖1项、省级19项、市级24项。学生参加中职文明风采大赛，获省级奖4项、市级奖15项。黄炎培创业规划大赛，获省二等奖1项。

【教师队伍建设】 通过面向社会公开招考等方式，不断完善以"退补平衡，公开招聘"为核心的新教师补充机制。全年共招聘专业技术人员240人，另外安置定向培养师范生24人，引进外县市人才18人。成立师德师风建设领导小组，建立教师政治理论学习制度、师德师风培训制度、教师行为负面清单机制等，让师德师风建设落地生根。2020年，澧县获准为湖南省第六批"国培计划"项目县，项目持续时间2个月，以13个基地校为依托，直接培训教师580名。全年共投入资金2580万元，新建教师周转房191套，建筑面积9550平方米。澧县教育基金会先后出资703.82万元奖励优秀教师、先进教育工作者、先进集体、优秀学科带头人和骨干教师，对从教20年以上的农村教师以及三代从教的家庭进行表彰奖励。

2020年春节，澧县教育局组织开展退休干部慰问活动

【教育环境】进一步健全学校安全教育与管理制度，严格落实安全、综治、维稳工作“一岗双责”制，重大安全隐患“一单四制”工作制，加强对师生的安全宣传教育，开展各种防范演练活动，提高全县广大师生的安全意识和自护自救能力。主动联合公安、交警、交通、文化、城管等部门，集中开展校园及周边治安综合治理等专项行动，全力维护校园周边环境安全，师生生命财产安全，确保教育大局安全稳定。开展在职中小学教师违规补课、食堂问题、违规征订教辅材料专项整治工作。教育局成立澧县中小学有偿补课治理领导小组，严查在职教师有偿补课。建立食品原料索证、索票、进出货查验、餐具消毒、食品留样等台账，组织学校开展“护苗”行动，推进学校食堂“明厨亮灶”建设工作，办成家长放心、学生满意的学生食堂。教辅材料征订工作“零”投诉。全县高中阶段学校升学采取“分数录取、等级入围”的方式，全面实行“阳光招生”；建立澧县城区义务教育阶段学校新生报名系统，严格规范招生，按照划片招生、相对就近、免试入学、分批录取和统筹调剂的原则，较好地控制“择校”倾向。

【教育助学】全力打好教育行业脱贫攻坚战。年内，县教育局党组先后5次召开全县教育扶贫工作会议，对教育行业扶贫工作进行周密部署，学生资助管理全力以赴，围绕教育扶贫工作中心，严格落实各类教育助学政策。全年发放各类资助资金2536.5万元，惠及学生42774人次。

（宋佳源）

澧县一中

【概况】2020年，学校有教学班77个，在校学生4100人，在编教职工388人，其中具有研究生学历24人，特级教师6人，正高级教师4人，学科带头人5人，进入常德市“十百千人才工程”10人，市、县骨干教师10人。学校被清华大学授予“2020年生源中学”匾牌；被评为2020年度湖南省空军招飞工作先进单位，湖南省中小学心理健康教育特色学校；常德市示范家长学校，常德市教研工作先进单位；澧县绩效评估优秀单位，澧县教研工作先进单位，澧县平安创建先进单位。

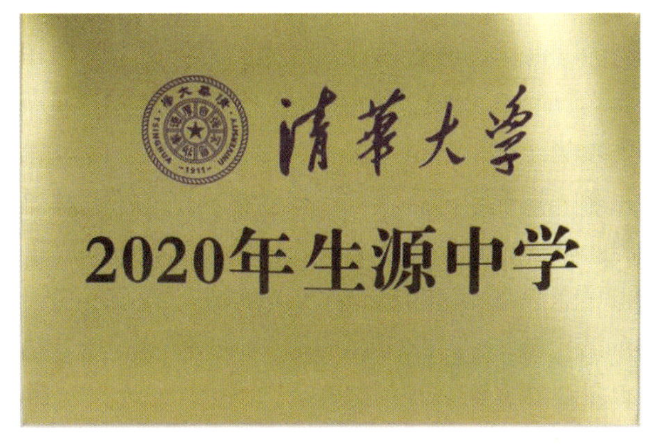

学校被清华大学授予“2020年生源中学”匾牌

【教学工作与学生成绩】2020年，学校坚持“文化立校，德行立人”的办学追求不动摇，坚持教师队伍“团队精神、研究精神、务实精神”的职业精神不动摇，坚持全方位、全过程的关爱学生不动摇，持续推进深度学习课堂，教学质量再攀新高。

【高考及学考】1308名学生参加高考，600分以上328人；一本录取1088人，一本录取率83.2%；二本以上录取1237人，二本以上录取率94.6%。7名同学分别被北京大学、清华大学录取。3名同学单科成绩进入湖南省前万分之一。学考合格率100%。

【学科竞赛】全国高中数学联赛，2人获省赛区二等奖，4人获省赛区三等奖，指导老师任青山；全国中学生生物联赛，1人获省赛区二等奖，指导老师黄胜斌；第37届全国中学生物理竞赛，2人获省赛区二等奖，7人获省赛区三等奖，指导老师邓小华、杨纲；2020年青少年信息学奥赛认证赛，2人获省赛区一等奖，7人获省赛区二等奖，指导老师李忠才；第二十二届作文大赛、第十五届中国中学生作文大赛中4人分获省级一、二等奖，指导老师张娟、张倩。

【体艺竞赛】湖南省青少年排球锦标赛、湖南省大中学生排球比赛、常德市高中生排球赛，女子排球分别获省级第三名、市级第二名，指导老师李添燮，男子排球分别获省级第四名、市级第一名，指导老师张儒旦；湖南省青少年田径锦标赛，3人分别获女子甲组跳远第二名、男子乙组铁饼第二名、女子乙组1500米第三名，指导老师李海军、林姚胜、孙继祖；常德市中学生田径运动会，代表队获团体总分第一名，15人获单项第一名，14人获单项第二名，9人获单项第三名，指导老师孙继祖、郭小林、李海军、林姚胜；常德市校园足球总决赛，代表队获第四名，指导老师胡颖。常德市中小学书法、绘画、摄影作品比赛，4人获市级一等奖，2人获市级三等奖，指导老师吴波、何祖军、赵樊、李婕。

【教师教学比武】参加省、市、县课堂教学比武，说课竞赛，说题比赛等，王喜云、梅雅婷2人获省级二等奖，王喜云、梅雅婷、方猛、熊锦、熊彬、秦祖秒、王中、覃玉琴、吴海英、郭曼10人获市级一等奖，熊锦、杨玲2人获县级一等奖。参加第46届、湘鄂边部分省级示范性高中青年教师研究课活动，数学蒋凤、地理熊锦、体育谭芳、班团活动刘静4人分别获一等奖。参加全县首届网络直播课评选，江蕾、刘连月、梅雅婷、庄梦珍、朱双双5人获一等奖；崔梦莹、覃宛宁、彭信群、郑朝军4人获二等奖。学校首届“后乐亭”杯深度课堂教学比武活动，语文庄孟珍、黄丽，数学谢海燕、张锋，英语颜璧、黄霞，物理吴家水，历史张梅、贺明，政治曹小梅10人均获一等奖；语文张倩、刘静、刘凡章，数学刘铁、熊雁翼、鲍果，英语唐琼芬、黄辰惠、文红梅，物理刘伟球、周阳、崔梦莹，历史刘连月，化学张璐、张立，生物金穴凤、杨妮，政治张儒和，地理胡峰、田宇20人均获二等奖。

【德育与文化活动】学校围绕“培养什么人”“怎样培养人”“为谁培养人”的育人目标，建立学校全员育人机制，坚持全方位“大德育观”，实现时、空、人、物“四位一体”相互配合有机联系的网格化德育体系架构，构建纵向到底、横向到边的育人模式。年内，学校先后组织开展学雷锋、清明节祭奠古代先贤缅怀革命先烈、高三年级成人仪式、考前出征大会、新生军训、祭孔典礼以及各班坚持每天收看央视《新闻周刊》，各年级每周定时播放一次自选视频等固化传统活动，凸显主流价值，彰显学校文化。2020年体育文化节，高一年级进行广播操、手语操大课间活动展示，高二年级进行入场式表演，全校师生共同参与田赛、径赛及趣味类项目。第三十三届科技艺术节，共21项活动，其中6堂讲座，2次专题活动以及13个学科活动。12月30日，高一年级承办“抒家国情怀，展青春风采”合唱比赛，高二年级分班举办“与国同行，放飞梦想”元旦文艺晚会，学校联合红网新闻传媒进行现场直播活动，当晚点击率近10万次，宣传澧县一中独具特色的校园文化。

体育文化节会演

【教研与课题研究】2020年，学校教师在国家、省、市各级刊物发表署有澧县一中校名的论文339篇；参加国家、省、市各级论文评选获奖14篇。学校有湖南省教育科学“十三五”规划重点课题《高中学生核心素养培育与课程教学改革研究》等3个省级申报、开题或在研课题；在县级优秀微课题评选中，覃业集主持的微课题“初高中数学衔接教学研究”、郭存友主持的微课题“高中信息技术校本课程的研究与实践”、梁曦主持的微课题“澧县一中高中语文‘深度教学’研究”均被评为一等奖；学校各教研组共有14

个研究课题、微课题被评奖。

学校承办常德市2020届高三文综复习备考研讨会，来自全市各区县市高中政治、历史、地理学科教师200余人参加；承办2020年澧县高中教学开放周活动，学校语文、数学、外语、物理、化学、生物、政治、历史、地理9大学科教师上展示课9堂，教研组长进行点评，高三9名备课组长做高考解读。

学校有语文、数学、物理市级名师工作室3个，即陈军名师工作坊、刘坤望名师工作室、任振松名师工作室。胡爱平等12名教师被县教研室聘为2019—2021年高中兼职教研员。年内，澧县县级教师工作坊启动，学校有廖小波、孙际祖、雷洪、覃业集等4位老师被确定为县级教师工作坊坊主。

【奖学助学与奖教】 2020年，包括国家助学金、校友及社会各界设立奖助学金、学校减免学费及课本教辅资料费等用于奖学助学经费184万元，资助奖励人数1991人次。

王喜云被评为全国中小学实验教学能手；傅华被评为空军招飞工作先进个人；覃祥辉被评为高考阅卷先进工作者；曾斌被评为湖南省第十一届特级教师；谭勇健、李桂芝、黄露茜被评为湖南省学校心理健康教育先进工作者；祁德生被评为常德市师德标兵；刘凡章被评为常德市优秀青年教师；郑朝军被评为县优秀青年教师；戴文波、秦祖秒被评为县师德标兵；王贺被授予县青年五四奖章；覃业集、李德英、李后波、杨小成、丁雪莲、秦祖秒、田群、章放被评为澧县高中教育先进个人；汪北方、傅华、雷兴明、刘凡章、黄丽、李玲、刘飞、车春霞、陈智勇、王毅、喻清华、彭辉、郭曼、曹晓梅、贺爱华、谭铁奎被评为澧县高中教育优秀团队成员；田凯被评为县优秀信息技术教育专干；李冰华被评为县工会积极分子；廖小波被评为县三八红旗手；赵大莲被评为县教育系统优秀通讯员。

2020年第七届“贴心育人奖”获奖教师有陈东山、陈克平、雷兴明、向国林、喻清华、傅华、皮明喜、田凯、何祖军及临聘人员廖传东，各获奖金2000元。高三龙氏班团队刘李、杨超、刘琳、杨纲等24名老师获“贴心育人”团队奖，各获奖金1000元。（刘平武）

澧县二中

【概况】 2020年8月，根据县委、县政府统一部署，原澧县二中、三中、四中合并为新的澧县二中，并迁入新址（澧县屈原路1158号）。县委书记廖可元、县长王兆铭出席学校揭牌仪式。2020年，学校有教职工463人、学生4800人，90个教学班。学校获县教育局2020年岗位目标管理全面工作先进单位、县教育局宣传优秀单位、工会工作先进单位。学校校园文化建设理

优秀班集体、优秀班主任表彰

县委书记廖可元（左二）、县长王兆铭（左一）为澧县二中新址揭牌

念在《中国教育报》刊文发表。

【疫情防控】 落实各项疫情防控措施，及时摸排、了解师生及家长行程卡和健康码变化情况。年初，组织师生开展“停课不停学”活动，既保证教学活动正常开展，又保障全校师生健康安全。在疫情防控期间，1929班学生吕成淼争当志愿者的事迹，《潇湘晨报网》和《法周融媒》于2月1日分别以“常德澧县16岁高中生主动要求当志愿者，为疫情防控出一份力”“澧县码头铺镇小小志愿者传递大能量”为题进行宣传报道。

落实疫情防控措施，确保师生安全

【干部队伍建设】 学校党委班子团结、务实、廉政、创新。基层党建活动规范，落实意识形态、扶贫、纪检监察廉政工作责任制，组织开展“与澧有约”、赴蔡和森纪念馆接受革命传统教育等为内容的主题党日活动，多举措开展“学习强国”活动，激发学习新潜能。坚持以党建带团建，形成党团互促互进共同发展。

【教师专业成长】 抓师德师风建设。对有偿补课、收受学生礼品礼金红包、强制订购、摊派班级开支、体罚学生等现象开展专项整治。组织教师参加各种培训。开展系列名师讲座，组织部分班子成员赴四川绵阳参加学习。汤真平获“常德市翦伯赞教育突出贡献奖”，朱伟君等7人被评为高中教育先进个人，王文杰、黄鲁艳被推选为三代从事教师职业优秀家庭代表，刘华（男）、毛方斌被评为市级师德标兵，陈礼军等3人被评为县级优秀青年教师。县音乐、美术教师素养大赛获团体一等奖，钟广萍、曾雄、杨帆获一等奖，姜泓羽获二等奖。王威威等10人被评为学校优秀共产党员。刘小玉等14人被评为“最受学生欢迎的教师”。吴孝刚等36人被评为优秀班主任。易延华等4人被评为优秀教研组长。欧阳逸萍等82人被评为优岗，余强等9人被推荐为立功人员。

【两考成绩】 高考一本上线129人，二本上线424人，一、二本上线录取共553人。其中音乐38人、美术54人、传媒31人、体育11人，特别是理科体育生谭靖奎取得文化535分、体育283分的好成绩。600分以上3人，分别是王星越621分、潘鹤文617分、曾煜皓615分。学考合格率100%。

【教育科研】 制定并完善《澧县二中集体备课实施方案》《澧县二中师徒结对实施方案》。组织“教学规范月活动”“教学规范周活动”、青年教师比武大赛、每期组织24节公开课。县高中英语教师李琴芳工作坊和县高中化学教师汪圣波工作坊分别开展6次线上线下活动。在“第七届澧水流域部分市级示范性高中青年教师教学研讨”活动中，语文、班团2个学科参赛代表蔡慧萍、熊承涛获特等奖，物理、地理2个学科参赛代表张林、叶越获一等奖。组织“新课程标准解读交流会”“月考成绩质量分析会”“高三备考复习经验交流会”。选送教研组长、备课组长赴常德参加高考备考研讨活动。选送高三部分教师赴常德市参加高三复习备考研讨活动。组织教师参加“一师一优课”、省教科院“集体在线备课大赛”、县教学开放周等活动。承办澧县化学、地理教学竞赛，熊承涛和涂金凤获化学学科一等奖，方毅君和刘丹获地理学科二等奖。承办常德市中语会第十三届常务理事会第三次会议；每月开展一次教学常规检查活动，评出优秀教案、优秀听课、优秀作业予以表彰。出版《澧县二中教研通讯》7期。“十二五”省级规划课题“普通高中学校‘教—研—训’一体化促进教师专业发展的实践研究”获常德市第十二届教育研究成果一等奖。汪圣波老师被评为湖南省教育科学研究工作者协会先进个人。高一化学组获湖南省中小学教师信息技术与学科教学深度融合在线集体备课大赛省级三等奖。科技创新大赛获市级三等奖。微课大赛17人获一等奖，24人获二等奖。2020年度全校教师共发表论文近400篇，学生获奖30多人次。

【竞赛与活动】 学校重视养成教育和特长教育。组织学生参加书法、绘画、摄影作品比赛，参加诗词联创作大赛、第十六届中国中学生作文大赛，指导学生开展暑假社会实践活动等。组织高一、高二年级举行建制班“祝福祖国”合唱比赛，推荐作品获市一等奖，代表全市参加省赛获二等奖；举办“二中好故事好声音——我的好老师”演讲比赛；参加市中小学足球比赛男子获第四名；参加市中学生田径运动会获团体总分第二名。高三年级学生高伟获全国青少年俱乐部田径联赛（南部区）第一名。激情晨读和跑操成为学校青春励志教育的特色亮点。

体育节开幕式

【校园安全】 学校实行封闭式管理，全年无安全事故发生。学校通过开展安全主题教育活动，开辟防溺水、消防、防校园欺凌宣传专栏；开展学生上下学交通安全责任状、防溺水、防校园欺凌、在校园不吸烟承诺签名活动；开展禁毒教育系列活动，召开主题班会、观看禁毒教育视频和禁毒宣传展板；加大健康教育力度，举行新冠肺炎、流行性疾病、结核病防治专题讲座；加大消防宣传、巡查、教育力度，进行全员消防培训，进行应急疏散演练；开展考前集体心理疏导活动，个体咨询常态化；制定并落实“领导干部带队检查安全工作制度”；召开保安、宿管员工作会议，加强对他们的培训、指导；组织平安创建志愿者活动，加强维稳包保工作；加大校园课间、夜间、楼层安全巡查。

【内部管理】 严格学校财经纪律，实行经费会签制度；严格采办手续，公物一般都进入电子卖场进行采购；完善教工之家建设，建立困难教职工信息台账、特困学生信息库，走访看望生病住院的教职工、困难家庭；为全体会员购买医疗互助保险，为女教师购买“两癌”保险，组织女教师参与“两癌”筛查工作；携手“红云公益”开展“青山绿水”环保主题宣传活动，开展志愿者服务、参加“澧县教育基金会”公益宣传等活动；编辑校史、筹建校史陈列室，搭建学校与校友、校友之间交流平台，拓展学校发展内涵和文化品位。（羿大喜　戈林国）

澧县六中

【概况】 2020年，澧县六中有高中教学班40个，学生2000余人；在编教职工192人，其中专任教师167人，具有研究生学历1人，高级教师51人，一级教师75人，市级骨干教师3人，县级骨干教师1人，县级学科带头人2人。学校坚持“德育立校，艺术强校”的办学理念，以养成教育为重点，以艺术教育为特色，以课题研究为抓手，以优化课堂为突破口，各项工作成效显著。学校被评为澧县“全面工作先进单位”“组织工作先进单位”“新冠疫情防控工作先进单位”。

【办学成果】 参加高考人数556人，一、二本上线151人。学生向思思被中央民族大学录取，彭子超被北京交通大学录取。

参加澧县中小学音乐美术教师素养大赛，学校获团体二等奖；参加澧县中小学经典诵读大赛，节目《不朽》获团体三等奖；参加常德市第五届微课大赛，刘青春、杨滢、谭双老师获市级二等奖，柏珏、胡群、张云云老师获市级三等奖；在第七届澧水流域青年教师教学比武中，周思宇老师获特等奖；在县地理化学教学比武中，于成平老师获一等奖；在县教育科研优秀微课题评选中，胡群老师主持的“高中英语以读促写教学策略研究”和谢辉荣老师主持的“农村高中高二数学会考备考策略”两大课题，均获一等奖；在首届优秀网络直播课评选中，丁德军、杨小飞、易长春、谢辉荣、刘清春5位老师获一等奖；彭梦佳、黄莲香、于成平、申涛、郝伟、周迅、谢昌程7位老师获二等奖。

参加全县诗、词、联创作大赛，学生田文韬获一等奖，何钰琳、丁伟豪获二等奖，孙志竣、毛巧怡获三等奖；参加全县中小学“三独”比赛，杨沐、杨味、吴轶、刘思洁获一等奖；参加全县中小学生书法、绘画、摄影作品比赛中，学生袁艾、卢紫怡、卢春玲、龚贵广、池鹏获高中组一等奖，王颖星、易鑫彤、王雨潇获高中组二等奖，陈斯然、田珊荣、赵清怡、易雨晴获三等奖；参加全县中小学生书信大赛，周妙获一等奖，杨灿、尹春林、高涵获二等奖，戴心怡、黄彩霞、吴业虹获三等奖。

学生婺源写生现场

【队伍建设】 加强教师业务培训。全年学校共拨款20余万元，组织教师参加“国培”“省培”、信息技术能力提升发展测评、新高考培训、远程继续教育培训、聘请名师来校讲座和组织教师外出考察学习；有35位教师完成信息技术能力提升发展测评，25位教师完成远程继续教育培训；暑期培训班期间，邀请广东顺德罗定邦中学德育副校长刘彦教授来校授课，以提升教师德育境界、德育情怀、德育智慧。选树先进典型，激励担当作为。在庆祝中国共产党成立99周年之际，评选出于成平、张丽丹、宋晓敏等9位优秀共产党员；在教师节之际，马列红、席道华、王焕兴、汪云清4位老师获“乡村红烛奖”，田汉丰老师被评为市级教育先进个人，范连梅老师被评为市级师德标兵，张芷萌老师被评为市级优秀青年教师，杨小飞老师被评为县师德标兵。

政治教师（汪云清）工作坊开展线下研修活动

【教研教改】 学校“十三五”省级规划课题《新高考背景下农村普高学生生涯规划指导策略研究》，通过市教科院中期评估与验收。全年组织校级示范课50节，学科竞赛15次，大型教学常规检查12次，教师外出教研与培训20次，青年教师教学比武活动1次，教学开放周活动1次，全校型学生教学问卷调查2次，教学经验交流会1次，班主任经验交流1次。学校教师在省级以上刊物发表论文200多篇，其中获奖25篇。

市教科院来学校调研

【素质教育】 学校通过班级德育工作量化评比、寝室特色文化建设、学生仪容仪表督查等班级活动，强化学生行为习惯养成教育；通过每周三晚主题班会，一期一次心理健康知识讲座，教师奖励基金捐款活动，“唱革命歌曲，颂和谐校园”歌咏比赛，成人宣誓活动，学雷锋活动，国学知识竞赛，传统田径运动会，五四、国庆现场作文竞赛，英语单词听写竞赛，数学物理生物学科竞赛，消防、地震逃生演练，禁毒知识讲座，消防知识讲座，防溺水安全知识讲座，艾滋病防治讲座，传染病预防主题班会，现场救护—第一目击者行动培训等多种形式活动，加强学生综合素质培养。

【安全卫生】 学校坚持全封闭式跟踪管理，采用“一岗双责”安全管理模式，对通学生、租住生、体训生跟踪管理。坚持违禁物品月清缴制度、消防设施月排查制度、安全隐患月上报制度、进出货物月清理制度、校园值班周轮岗制度、网络监控周回放制度，全年无任何重大安全责任事故发生，校园和谐稳定。

【工会工作】 召开澧县六中第十届五次教代会，讨论通过《澧县六中2020年高考、学考奖励方案》《澧县六中关于强化作风建设、严肃工作纪律的规定》；组织开展三八妇女节女教师一日游、五四青年节青年教师座谈会，九九重阳节离退休教师座谈会、教职工排球赛、健步行等活动。为全校教职工办理各类职工医疗互助保险、女职工办理“两癌”保险、全校学生办理意外伤害保险、食堂商店员工办理医疗保险和社保。全年办理教师保险理赔8人次，学生平安保险理赔35人次。 （田泽刚）

澧县职业中专学校

【概况】 澧县职业中专学校创办于1983年，是一所由县政府主办、县教育局主管的公办中等职业学校，占地面积230亩，建筑面积7.92万平方米。学校曾先后获首批“国家级重点中等职业学校”、首批“国家中等职业教育改革发展示范学校”“全国教育系统先进集体”“全国青少年校园足球特色学校”“湖南省示范性中等职业学校”“湖南省卓越中等职业学校”“湖南省首届黄炎培优秀学校奖”“常德市明星学校”等荣誉称号。

澧县职业中专学校外景

2020年，学校有学生4294人，在编教职工310名，其中专任教师277人。有专业教师154人，“双师型”教师142人，兼职教师32人。专任教师中，本科以上学历268人，硕士以上学历7人，高级职称71人。设有机电设备安装与维修、汽车制造与检修、电子电器应用与维修、数控技术应用、服装设计与工艺、旅游外语、网页美术设计、会计、市场营销、工艺美术、建筑工程施工等15个专业，其中服装设计与工艺专业是国家级骨干专业，机电设备安装与维修专业是湖南省“十三五”特色示范专业。学校围绕办学定位和人才培养目标，稳步推进内涵建设，办学水平与社会声誉进一步提升。先后获“2020年全市中等职业学校教育教学工作先进单位”“2020年全市中职招生工作先进单位”“常德市文明单位”“澧县教育局2020年度学校目标管理考核全面工作红旗单位”“澧县教育局高中办学水平综合评估先进单位”“澧县教育局教研工作先进单位”等荣誉称号。10月23日，学校为常德市全国“七五”普法终期验收提供法治教育典型现场，受到司法部普法与依法治理局局长王晓光的称赞。

【疫情防控】 学校新冠疫情防控和复学复课工作有序推进，师生员工无一人感染新冠病毒。创新建立“防疫责任机制”，突出抓好师生信息排查和管控，科学制定应急预案，在开学前均组织多部门共同参与县、局开学准备评估，确保错峰开学，为全校师生身体健康、生命安全保驾护航。创新搭建“空中课堂”，发挥职教名师教育的引领作用，共录制3个年级20多门学科1162节“空中课堂”视频，点击量逾千万次。

【教育教学】 2020年，学校人才培养模式多元发展，推进“校企深度合作，工学有机结合”人才培养模式改革，采取“班级冠名”“前校后厂”等方式与企业实施订单式培养。校企共同参与专业设置与调整、专业培养方案制定、专业课程教材开发与编写、专业实训教学、人才质量评价等管理，共建教学质量监控体系。推行双证制，学生获双证率95%，学生文化课合格率97.8%，专业技能抽测合格率100%，体质测评合格率98.8%，毕业率98.9%。电子商务专业试点“国家1+X证书”工作，已完成电子商务数据分析项目50名学生的考证工作，通过率75%。全校1049人参加对口高考，本专科上线1033人，高考上线率98.5%。本科录取123人，综合排名在中职学校序列中位居全市第三，全省前四。全年共开设课程289门。其中，专业基础课程147门，理实一体化课程83门，项目教学实训课程59门。同时，加强网络精品课程建设和校本教材开发，建成网络精品课程5门，其中4门为湖南省级精品课程；出版校本教材8本，编写校本教案12本。

【四大竞赛】 2020年，组织参加职业院校技能大赛获国家级三等奖1项；获省级奖励19项，其中二等奖5项，三等奖14项；获市级奖励24项，其中一等奖5项，二等奖6项，三等奖13项。文明风采大赛获省级奖励5项，其中一等奖2项，二等奖2项，三等奖1项；获市级奖励17项，其中一等奖2项，二等奖7项，三等奖8项。黄炎培创业规划大赛获省级二等奖1项，获市级一等奖1项，三等奖1项。教师参加职业能力比赛获省级奖励2项，其中二等奖1项，三等奖5项；获市级奖励13项，其中一等奖1项，二等奖6项，三等奖6项。

职业院校技能大赛上获全国大奖

【招生与就业】 2020年，招收全日制新生1456人，全日制在校生规模达4294人，招生人数、在校学生规模较上年基本持平。中职籍毕业生1502人，其中1033人升入高校深造，占比68.8%，较上年上升4.1个百分点；直接就业469人，就业率100%，对口就业率93.4%；在就业学生中，进入各级所有制企事业单位学生人数163人，占毕业学生比例10.1%；学生初次就业平均底薪超过2600元。

【社会服务】 2020年，学校开展各类职业培训1100人次，为县域产业发展提供人才支撑。每月组织专业骨干教师、名师工作室开展技术服务和青年志愿者活动，先后到智力电机、益翔实业等8家企业以及火连坡镇、如东镇、梦溪镇等10多个镇，开展生产、咨询和技术服务项目累计21项，其中技术咨询12项、技术推广3项、技术研发2项并获得专利。（刘清炎　李韶庭）

澧县教师进修学校

【概况】 澧县教师进修学校是省级示范性县级教师培训机构。2020年，学校有教职工37人，其中专任教师36人，具有高级职称14人，中级职称16人。

【教师培训】 2020年，澧县加入湖南省“国培计划”项目县。按照年初制定的培训计划，全年共培训教师1466人次。1. 中小学教师全员远程培训。5月，组织全县428名中小学教师参加培训，至10月初，全县合格率100%。2. 普通话培训。全年组织2期普通话培训。9—10月，利用周末时间对社会人员进行普通话培训，10月28日测试，112人参测，1人达到一级乙等，39人达到二级甲等；10—11月，为全县45周岁以下理科教师抽测培训。在11月普通话省级抽测中，澧县被抽测的74名教师合格率、优秀率均在全市前列。3. 县级工作坊坊主研修。5月29日，对全县37名县级教师工作坊坊主、4名市级教师工作坊坊主进行集中研修，通过专题讲座、座谈会形式，解决工作坊中存在的困惑和问题。4. 培训者团队培训。9月12—26日，组织“国培项目县”60名培训团队成员到湖南第一师范学院参加培训团队培训（A162）。10月10—16日，60名“国培项目县”培训团队成员到石门教师进修学校跟岗实践。5. 新教师培训。参培新教师351人，其中特岗教师176人，回澧县公费师范生24人，招聘教师151人。

【成人教育】 2020年，澧县电大分校共招新生251人，在籍学员1000余人。为落实“农民大学生”“四维一体”（即学知识、强能力、懂技术、交朋友）培养模式，县委组织部和县电大分校联合开展2次“农民大学生培养计划”教学实践活动，学员反响较好。

【社区教育】 社区教育稳步推进。珍珠社区被评为优秀市级优秀学习中心。

【澧县启动国培计划项目县建设】 2020年，澧县加入湖南省“国培计划”项目县行列。通过“国培计划”项目实施，基本形成以提升教师专业能力为目标，以教育教学实践中存在的突出问题为导向，以任务驱动为方式，通过专家引领、名师示范、研磨交流、反思总结，创新教育教学观念，改变教育教学行为，促进教师专业成长的教师培训工作新思路。澧县充分利用区域内教育资源，外聘名师专家，有效开展送教下乡、教师工作坊研修2个培训项目，开创全县中小学教师培训工作新局面。培植先进理念，唤醒教育情；提高教学能力，提升科研水平；整合培训资源，积聚研修动力；厚植国培沃土，带动校本研修；涵养国培生态，构建培训体系。（王　英）

“国培计划”项目县（2020）澧县启动仪式暨通识培训大会

澧县城关中学

【概况】2020年，澧县城关中学有教职工161人，其中专任教师150人，具有研究生学历3人，高级教师25人，一级教师86人，市级骨干教师3人，县级学科带头人3人，县级骨干教师10人；有教学班38个，学生2000余人。近年来，澧县城关中学教育质量不断提升，先后获评国家级“启发式教学先进单位”，湖南省“文明卫生单位”，常德市“名优学校”“示范性初级中学”“绿色学校”“园林式单位”，县级“德育示范学校”等荣誉称号。

校园内林荫大道

【办学成果】2020年，澧县城关中学为澧县一中输送正取学生106人；参加信息技术奥赛，有10人获国家级奖项，其中5个一等奖；组织参加科技创新大赛，该校学生有2项科技制作获市级二等奖；教师撰写论文有134篇在省、市级刊物上发表或获奖，有15项教学比武成果在市、县级获奖；多名教师参与国培计划项目县的培训，担任学科指导专家参与送教下乡。学校德育工作经验获市级一等奖，标准化实验室建设通过验收，综治工作获一类奖励，学校综合评价居先进行业。

【教育宣传】利用智慧校园平台和学校微信公众号，向各级新闻媒体投稿，宣传学校工作。全年市级发稿28篇、县级发稿38篇。（吴　霞）

澧县第一完全小学

【概况】2020年，澧县第一完全小学有教学班53个，学生2847人，教职员工183人。教师中拥有全国优秀教师、全国优秀辅导员2人，省、市优秀教师11人，县劳动模范1人；市学科带头人1人，市、县骨干教师19人；高级教师14人，一级教师99人；硕士毕业2人，本科毕业132人。学校获全国基础教育外语教学研究重点课题子课题研究一等奖，再次通过全国义务教育均衡发展督查、并被授予常德市中小学实验室标准化示范学校，被评为常德市2020年度十佳少先队集体和优秀少先队集体，获澧县全面工作红旗单位、小学办学综合评估先进单位、教研工作先进单位、艺术教育先进单位等荣誉称号。

学校行政管理人员

【德育工作】学校以立德树人为根本任务，建立健全德育工作机制，以政教处为主开展各种形式多样丰富多彩的德育活动，先后开展“文明礼仪教育、爱国教育、勤俭节约教育、法制教育、感恩教育”等主题教育系列活动。从语言文明、举止高雅入手，进行文明礼仪教育、诚信教育；以爱班级、爱学校为载体，对学生进行爱国教育；以“光盘行动”一系列子活动为载体，教育学生勤俭节约，浪费可耻；从学宪法、讲宪法入手，进行法制教育；以感恩父母、尊敬老师为内容，进行孝顺感恩教育。建立班主任工作微信群与班主任联系沟通，及时妥当解决一系列学生问题。同时，进一步做好沟通学校、家庭、社区的工作，全方位综合培养学生。2020年，学校五年级3班获“市级优秀少先中队”；五年级学生钟讯获“常德市优秀少先队员”荣誉称号；学生庹翼敏获“常德市新时代好少年”；六年级学生文思颖、赵予陈获市级三好学生；六年级学生易怡文获“雷锋式好少年”；“交通安全记心中”系列活动在省教育平台、民生在线、当代商报予以报道；“全民营养日”活动，学校五年级9班学生蹇霈的营养日活动视频获省级二等奖第一名（全省一等奖一人）；校长尹述红和六年级3班学生钟迅作为校长和学生代表参加常德市第六届少代会，澧县第一完全小学被评为常德市2020年度十佳少先队集体和优秀少先队集体。

学校运动会开幕式

【教学教研】 学校承办全县小学教学开放周活动；举办城区片区古诗词素养大赛，承办县级道德与法治教学竞赛。学校坚持“周三平台，经久不衰”。本学年组织多堂五环“说授评问辩”模式的校本教研课；分组进行教材和课标解读、吟唱指导和优质视频课观摩；集中开展吟诵、绘本阅读和语文主题学习等专题讲座。课题研究稳步推进，赵冰清主持、学校全体英语教师参加的全国基础教育外语教学研究重点课题子课题《互联网技术促进小学生英语学习兴趣的研究》结题，并获国家级一等奖；田娟主持的湖南省教育学会“十三五”规划课题《家校结合，促进学生“五化”教育的研究》正待结题；校长尹述红主持的省级“十三五”规划课题《校本研训下的教师核心素养提升的研究与实践》正在研究中；陈波主持的湖南省语委、湖南省教育厅组织的语言文字应用研究专项课题《基于绘本阅读的低段说话写话教学的研究与实践》正在研究中；邹靖主持的湖南省教育信息技术研究课题《巧用信息技术优化小学古诗文吟诵教学的研究与实践》正在申报。

【竞赛活动】 学校承办澧县第九届青少年科技创新大赛；王明珠、孙丽、马桂英、李志芳4位老师在中国语言文字报组织的微课大赛中获国家级二等奖；向芳芳老师在“诗教中国”古诗词教学大赛中获国家级三等奖、汪颖老师获省级二等奖；尹俐力、丁紫薇2位老师参加常德市小学英语教学设计大赛获一等奖；宋承元、彭玥婷、庹群芳、刘年辉4位老师微课获市级一等奖、车尼华老师获市级二等奖、陈波老师获市三等奖；高瑜老师的数学课、田静老师的道德与法治课均以县级赛第一名的成绩代表澧县参加市级教学比武，并获一等奖；殷小红老师的心理团辅课获县级三等奖；李利萍、汤万里2位老师在全县中小学实验教学说课活动中分别获一、二等奖。

澧县第九届青少年科技创新大赛在一完小举行

学校先后组织开展一、二年级“读绘本讲故事”竞赛；一至五年级经典诵读竞赛；五、六年级“趣味数学”手抄报竞赛；三年级英语手绘比赛；四年级英语手抄报比赛；五年级英语手抄报比赛；六年级英语单词竞赛等。2020年，学校组织学生参加湖南省校园文学大赛，有53人获奖，学校获优秀组织奖；参加湖南省小学语文诵读活动，获“最美诵读校园”；参加澧县小学生古诗词素养大赛，获县级团体一等奖；县级英语配音秀赛57人获奖；参加常德市教育局电脑制作、机器人竞赛活动，有11人获奖；参加常德市第19届青少年科技创新大赛，获团体“优秀组织奖”；参加在全县中小学校园足球联赛，获女足第二名，男足第三名。（王卫东）

人口健康和卫生医疗

概 述

澧县卫生健康局是县人民政府工作部门，其主要职责是贯彻落实党中央、省委、市委关于卫生健康工作的方针政策，落实县委、县政府关于卫生健康工作的决策部署。局机关设办公室、人事股、财务股、医政医管股、疾病预防控制与职业健康股等11个股室，卫生应急办公室、财务集中核算中心等5个二级机构。2020年，全县有各级各类医疗卫生机构667家，其中县直医疗卫生机构9家（县人民医院、中医医院、疾病预防控制中心、妇幼保健计划生育服务中心、卫生计生综合监督执法局、精神康复医院、结核病防治所、澧阳血防站、小渡口血防站），镇卫生院17家，社区卫生服务中心4家，民营医疗机构11家，村卫生室513家，社区卫生服务站44家，个体诊所及学校医务室69家。医疗机构编制床位3782张，在编职工3074人，其中卫生技术人员2487人。全年全县门急诊137.6万人次，出院16.1万人次。

【疫情防控】 1月22日，澧县开始集中收治留观病例；2月23日起，无新增病例；3月9日，调整为低风险地区，29名确诊病例、9名无症状感染者全部得到成功救治。全年累计追踪密切接触者809人，排查管控境外及国内中高风险地区来澧县人员2万余人，集中隔离1300多人，完成核酸检测5.2万余份，确保病例零死亡、院感零发生、医务人员零感染。自疫情防控常态化以来，坚持思想不松、机制不变、力量不减，严格落实“一纳入两闭环三嵌入”措施，推进监测预警全覆盖、疫情防控全联动、医防能力全提升“三大工程”，进一步巩固和拓展疫情防控重大成果。全县疫情防控和卫生应急体系建设工作，获省、市政府真抓实干表扬激励。

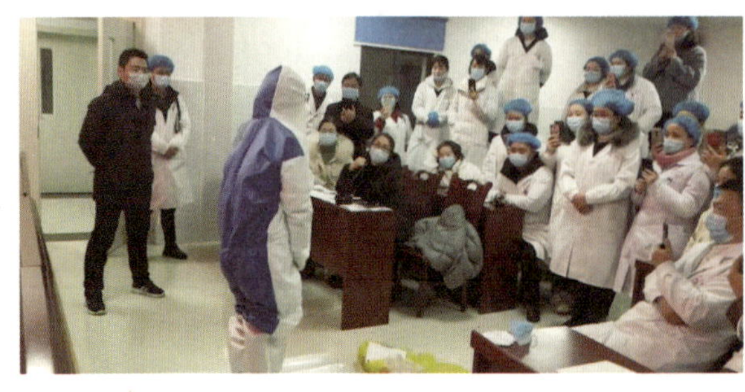

澧南镇卫生院救治点医护培训

【应急体系建设】 推进“五大中心”建设，提升卫生应急处置能力。一是卫生应急指挥中心建设。将120紧急医学救援指挥中心集成到应急指挥平台，实现全县急救系统一张网，打造半小时急救圈，实时视频指挥、县镇远程协同。二是推进检验检测中心建设。投入资金3000万元新建的县疾控中心竣工并投入使用，建成全省首批县级负压实验室。三是推进公共卫生培训中心建设。开展卫生应急能力大提升活动，突出卫生应急知识分类培训、医防融合、全员覆盖，以秋冬季疫情防控为主题，开展实战化操作、全流程演练。四是推进应急物资储备中心建设。采取实物与协议储备相结合、动态周转与实时更新相结合的方式，实行统一调配、保障急需。五是推进传染病救治中心建设。启动县人民医院传染病区扩建工程，扩建负压病房、重症监护病房，配套负压救护车、负压担架等必备设备，打造区域性传染病集中救治中心。

【深化医药卫生体制改革】 坚持“三医联动”，推动医保支付方式改革，医保基金“总额预算打包、结余留用、超支合理负担”落地，支持药品耗材集中带量采购，推行公立医院医用耗

澧县人民医院、小渡口镇中心卫生院紧密型医共体深度融合启动仪式

材零差率销售，从根本上解决以药养医、过度诊疗等现象，降低群众就医负担、保障医保基金安全、改善医院收入结构。坚持先行先试，推动紧密型医共体建设，两大健康集团分别在小渡口镇、大堰垱镇和城头山镇中心卫生院开展深度融合试点，下沉医疗资源，建设联合病房，提升服务能力，全县住院率、医疗费用双下降。

【健康扶贫】 实施健康扶贫工程，建档立卡贫困户县域内就诊，一律实行“先诊疗后付费”“一站式”结算服务。扩大家庭医生签约范围，实现贫困人口、计生特扶家庭全覆盖，逐步向老年人、慢性病等重点人群延伸，为特殊群体提供个性化服务。镇卫生院2名全科医生全覆盖，行政村卫生室公有产权建设全覆盖，落实行政村卫生室6000元/年补助经费，在岗60岁以下乡村医生基本养老保险参保率100%，建制镇卫生院、行政村卫生室标准化建设达标率100%。开展农村及城镇低保适龄妇女“两癌”免费检查15241人，孕产妇免费产前筛查3537人，超额完成重点民生实事任务。

【基本公共卫生服务】 常住居民健康档案规范化电子建档率88.46%，基础免疫全程接种率95%以上。加强儿童、孕产妇、老年人、慢性病患者健康管理。6月，全省首批居民健康档案公开，澧县按质按期完成到位。传染病网络直报覆盖率、及时报告率均为100%。及时处置20起突发公共卫生事件。完成国家安全饮用水卫生监测、食品安全风险监测、公共场所监测、尘肺病随访等工作。提前完成查螺灭螺任务，继续巩固封洲禁牧成果，确保急性血吸虫病零发生，通过血防传播阻断达标省级验收。

【人口和计划生育】 全年共出生6202人，符合政策生育率98.7%，出生人口性别比107.63。确认农村部分计划生育家庭奖励扶助对象47210人，计划生育特别扶助对象2287人（独生子女死亡家庭扶助对象1562人，独生子女伤残家庭扶助对象725人），兑现计划生育家庭奖励扶助资金6999.88万元。

【行风建设】 开展医德医风建设年活动，坚持建机制抓整改，推进以案促改制度化常态化，纠正医疗卫生行业不正之风，全年约谈53人次，通报345人次，处罚6万元，行业作风逐步好转。开展经济管理年活动，加强基层医疗机构人财物管理，人员临聘、债务管控一律只减不增，工作人员异动全部冻结，当年减少临聘人员65人，负债水平总体下降。

国际护士节优质护理服务工作座谈会

【简政便民】 全年政务服务中心窗口“一门受理、一站办结”事项28项，并将依申请事项全部调整为“网上办”；将医生注册等9项改为即办件，实行“马上办”；将老年优待证等9项政务服务下沉到镇村。开通“绿色通道”，精简申请资料27项，21件“一件事一次办”事项全部配置到位，10件单项事项在窗口全程线上办理。实行审批结果邮寄送达，让群众办事“最多跑一次”。全面加强事中事后监管，对285处公共场所、709家医疗机构、45家生活饮用水单位、37所学校、3家餐饮具消毒中心和41家工矿企业进行日常卫生监管，坚持首查免罚、文明执法，“双随机”监督266家，覆盖率均100%。 （刘　斌）

疾病预防控制

【概况】 2020年，全县共报告法定传染病

16种3586例，死亡12例（艾滋病11例、乙肝1例），其中乙类11种1798例，丙类5种1788例，总人口数84.55万人，发病率424.13每10万，死亡率1.419每10万，病死率0.33%。全年累计审核传染病报告卡共3103张，及时审核3103张，及时审核率100%。

【新冠肺炎疫情监测】 做好全县新冠肺炎疫情监测，随时准确掌握新冠肺炎疫情现状，研判分析疫情走向，为全县疫情防控工作提供决策依据。截至2020年11月30日24时，澧县在国家疫情网上共报告新冠肺炎疑似病例、确诊病例、阳性检测者共86例（其中确诊病例29例、阳性检测者9例、排除为其他疾病48例）。及时对发出的预警信息进行核实和填报，截至11月底，共接收预警信息285次，及时处理率100%。

【重点传染病监测】 全年共报告手足口病1295例，无重症死亡病例；累计采样送检116例，累计调查处置手足口病聚集性疫情27例。开展霍乱内外环境检索，其中外环境累计监测90份，检测结果均为阴性；内环境累计监测391份，检索282份，检索率72.12%。每月向常德市疾控中心报送全县各镇（街道）卫生院狂苗接种报表，全年狂犬病暴露人群门诊登记5186人。同时，开展其他重点传染病监测。全年报告流行性出血热病例5例，均对其开展个案调查、采样、送检、疫点处置等工作。10月1日，确诊布鲁氏菌病病例1例，并及时开展调查、采样、处置等工作，并将相关信息反馈给县畜牧水产事务中心。

【突发公共卫生事件和疫情处置】 全年共报告突发公共卫生事件21起，其中新冠肺炎疫情18起，发热伴血小板减少综合征疫情1起，水痘疫情2起，均及时开展调查、处置等工作。

【艾滋病性病防控】 开展艾滋病防治知识宣传。全年印制艾滋病防治宣传折页和小册子1万份，利用“6·26”禁毒日、“12·1”世界艾滋病日等活动日为群众发放宣传资料，讲解防治知识；利用电视、网络、电子广告屏等多种形式开展艾滋病综合防治宣传活动。开展艾滋病抗体监测检测。组织全县医疗机构对全部住院病人进行艾滋病抗体筛查，全年共开展艾滋病毒抗体检测156946人次，初筛阳性90人次，确诊检测71人次，确诊阳性31人。落实“四免一关怀”政策。为332名艾滋病人提供免费抗病毒治疗；为105名生活困难的艾滋病人申请最低生活保障，全年发放生活补助40余万元；对艾滋病家庭进行走访慰问，心理疏导艾滋病人300余人次。

【碘盐、死因监测】 5月，按照湖南省《碘缺乏病监测方案》等文件要求，对全县200名小学生分别开展盐碘、尿碘监测和甲状腺B超检查；对全县100名孕妇分别开展尿碘和盐碘监测；300份居民食用盐合格碘盐率94%，不合格碘盐率6%，非碘盐率为0；200份儿童尿碘中位数为296微克每升；100份孕妇尿碘中位数为174微克每升。全年累计报告死亡病例5239例，其中男性死亡2984例，女性死亡2255例；全县各报告单位共报告慢阻肺疾病1203例，恶性肿瘤693例，心脑血管事件1106例。全年累计对县人民医院，县中医医院完成2次死因和慢病督导检查，对19个镇（街道）卫生单位完成年度死因和慢病督导检查。

【职业病防治】 全年共完成职业病健康体检单位40家，在岗工人职业病健康体检1266人，共发现疑似尘肺病20例，职业禁忌症1例。全县职业病救助资料审核、统计、上报910人。职业病随访1636人。完成全县医用辐射防护监测11家，非医疗机构放射性危害因素监测2家。完成全县制造业、采矿业、发电业等三大类职业病危害因素现状调查303家，并网络上报。重点职业病危害因素监测28家，采集样品722份。

【心血管病高危人群早期筛查与综合干预项目】 完成2019—2020年度心血管病高危人群早期筛查与综合干预项目各项工作任务。全县共完成初筛检查2015人、高危干预508人，短期随访499人、长期随访3456人，初筛调查完成率、高危对象干预率、短期随访率、长期随访率、长期随访和短期随访临床结局事件收集完成率等主要指标均达到国家考核要求。10月，在北京召开的全国心血管病高危人群早期筛查与综合干预项目总结表彰大会上，澧县获评全国先进单位。

【学校卫生工作】 完成国家疾控中心下发的《学校卫生工作体系和能力建设调查》项目，并于6月25日前完成网络直报；完成全县4家有透析室的医疗单位采样工作，共采样335份，所采样品全部合格；开展学校传染病防控工作督查。9月，由县教育局和疾控中心组成的联合督查组，对全县学校和托幼机构传染病防控工作进行督导检查，对在督查过程中发现存在的问题及整改建议写出书面督查意见书。

【免疫规划】 因受新冠疫情影响，全年完成4次冷链运转。截至12月，冷链运转发放一类疫苗95421支，其中卡介苗2100支，甲肝6159支，百白破20645支，脊灰灭活9165支，脊灰减毒6667支，白破2580支，A群流脑2400支、A+C流脑9380支，乙脑10860支，麻腮风8785支，麻风4020支，乙肝12660支。做好疑似预防接种异常反应及疫苗针对疾病监测。全县共报告AFP病例2例，属于本地病例，已完成病例治疗、采样送检、调查等工作。做好入托、入学儿童预防接种证查验。2020年秋季共查验幼儿园153所、小学95所，入学入托儿童（3—7岁）22262人，查验22262人，查验率100%；应补证人数37人，实际补证人数37人，补证率100%；全程接种人数18886人，应补种人数3376人，实补种人数3208人；应补种5203剂次，实际补种5089剂次，补种率97.81%。

【卫生监测与健康体检】 全年水质监测采样426份，消毒餐具监测采样45份，公共场所环境监测采样130份，食品安全风险监测采样110份，盐碘检测采样300份，尿碘检测采样300份，手足口病监测采样116份。完成食品及公共场所从业人员健康体检1.8万人，职业病体检1266人，职业病危害因素检测粉尘采样722份，HIV初筛1017人份，其中阳性6例，确诊4例。梅毒抗体检测400份，其中阳性6例。丙肝抗体检测400人份，其中阳性5例。（邓　丽）

澧县人民医院

【概况】 2020年，澧县人民医院全年完成门诊44.06万诊次，出院人数4.69万人次，手术1.09万台次，患者满意率保持在95%以上。医院因抗击新冠疫情表现突出，获“湖南省先进基层党组织”“湖南省抗击新冠肺炎疫情先进集体”，持续保持全国百姓放心百佳示范医院，全国综合医院中医药工作示范单位，全国巾帼文明示范岗，全总女职工先进集体，全省模范职工之家，省、市、县消费者信得过单位等荣誉称号。

【抗击新冠疫情】 成立新冠肺炎疫情防控临时党支部，在抗疫一线发挥党组织战斗堡垒作用。5个在职党支部、204名党员，示范引领600多名干部职工递交请战书，1名医护人员在战疫一线光荣入党，3名医务人员驰援全市新冠肺炎患者集中救治定点医院。全体党员干部职工踊跃捐款10万多元，助力疫情防控工作。全院上下同舟共济，精准施策，科学防治，以责任和担当筑起疫情防控的“钢铁长城”，实现确诊患者零死亡，院内零感染、医务人员零感染目标。为打赢新冠肺炎疫情防控攻坚战、阻击战做出突出贡献。

“战疫情、献爱心”，抗击新冠肺炎捐款仪式

【医联体—医共体建设】 实施“名医名科”建设工程，遴选5名骨干人才与省人民医院导师

建立“一对一”师徒关系，培养打造澧水流域高素质、高层次、高水平学科骨干人才；儿科、肝胆外科与湖南省人民医院进行“点对点”深度帮扶，建设打造县域省级重点专科；由集团总院肝胆外科、皮肤科、神经内科、骨科专家教授组成常驻专家团，帮扶各专科提升综合能力；推进医共体试点改革工作，与小渡口镇中心卫生院深度融合，管理专家和医疗专家入驻基层，逐步推进人财物统一管理，受援单位管理框架初见雏形，干部职工工作积极性明显提高，群众就医感受不断改善，住院患者人数成倍增长。9月，通过湖南省优质服务基层行验收达标。

推进紧密型医共体建设深度融合

【学科建设】 全年各项技术取得新突破，救治能力不断提升。骨一科完成首例关节镜日间手术，功能科开展首例“甲状腺超声引导下细针穿刺活检术”，心内科成功独立开展心律转复除颤器（ICD）植入术，介入血管外科开展下肢静脉曲张新术式和肿瘤介入治疗新技术（经皮肝动脉化疗栓塞术）和肝硬化Tips手术，产科成功抢救羊水栓塞产妇。学科专科建设不断加强。医院胸痛中心接受中国胸痛中心现场核查，通过国家认证，并获评“中国基层胸痛中心”，心血管内科省级临床重点专科复评达标；呼吸内科PCCM建设达标。学术交流氛围浓厚。成功举办第二届澧水流域乳甲论坛、在全国县域医共体建设宣传推进交流会上进行经验交流；获湖南省第五届现场救护第一目击者行动高峰论坛“卓越贡献奖”“最美县医院”奖。

澧县人民医院获“中国基层胸痛中心”称号

【文化建设】 举办以“白衣天使大爱逆行”“找回澧州精神·再造澧县辉煌”为主题的2场道德讲堂活动，7场“我们的节日”主题活动；组织开展“抗疫故事征文比赛”“第三届中国医师节”“规培护士最佳临床护理案例竞赛”“庆国庆、迎中秋趣味运动会”“公益献血周”、参加县全民健身运动会广播体操比赛等活动；开展“优秀共产党员”“优秀党务工作者”“十佳护士”“优秀医生”评选活动，丰富干部职工生活，凝聚医院文化，为医院发展增添新的动力。年内成功创建县级文明单位。

组织开展“公益献血周”活动

坚持医院公益性，履行公立医院社会职能，开展义诊、急救培训等公益活动。全年组织专家义诊团队在医院门诊处、一完小桃花滩分校、永福老年公寓、澧县社会福利院、小渡口镇、澧南镇卫生院等地开展义诊、健康科普活动12场，为3500余名群众提供免费诊疗和健康咨询服务，急救培训志愿团队走进机关、学校、社区等，开展“现场救护—第一目击者”急救培训11场，培训2000余人次；开展“小善举、大爱心”“情系澧州大爱有你”等活动，累计募捐善款20余万元。

【助力脱贫攻坚】医院定期走村入户、帮贫助困，加大就业帮扶和产业帮扶力度，严格落实“一站式”结算服务及“先诊疗后付费”的住院治疗政策。全年累计投入扶贫资金30余万元，为建档立卡农村贫困户、五保户等特殊群体5111人次减免费用3.3万元，医院帮扶贫困户全部按期脱贫。（罗梦翔）

澧县中医医院

【概况】2020年，澧县中医医院全年接诊门急诊病人26.6万人次，收治住院病人3.78万人次，完成各类手术8411台次，经济总收入2.98亿元。医院跨入全国第二阶段县级医院综合能力500强，新增3个省级中医重点专科，医院社会治安综合治理工作保持全县优等行列，满意度95%以上，被评为全县基层党建工作示范点。全年无重大医疗纠纷及安全事故发生，社会声誉良好。医院党委副书记、院长李松柏被湖南省人民政府评为湖南省抗疫先进个人，杨翊武、孙杰丽被评为常德市抗疫先进个人，院感科主任王小红被常德市卫生健康委评为常德市医院感染管理先进个人，周院林一家被评为澧县最美抗疫家庭。

【防疫战疫】按照县委、县政府部署及县新冠肺炎疫情防控指挥部指示，医院第一时间重启并完善发热门诊，先后三批次派出具有丰富诊疗经验的医护人员15人进入县定点救治医院开展专项救治工作。开设第二发热门诊，专门处理无外地旅居史及接触史的发热病人。加强医院门急诊预检分诊工作，对在院患者及家属开展排查，做好相关防控及宣教工作，对重点对象实行动态跟踪管理。强化专案管理，对新入院患者加强门诊预检分诊和宣教，提高患者及其家属自我保健和风险防范意识，院外驻扎坚守、院内严防死守，做到医务人员零感染、确诊患者零死亡。为帮助全县复工复产，医院为161家企业及机关事业单位共1万多人提供中药预防汤剂达8万袋。6月，境外输入性疫情反弹，医院再次派出第四批次医务人员协助开展定点隔离排查工作。面对疫情防控时间长、难度大、疑似对象不典型等特点，医院加强对重点部门、重点环节、重点人群的管控，在各个关口严防死守，落实住院患者、陪护人员及工作人员的核酸检测，完成高风险岗位的疫苗接种工作，为疫情防控持久战做好准备。

为企业复工复产送中药

【学科建设】全年开展新技术、新项目20余项。手术基本微创化，全年开展腔镜手术近5000台；疼痛科开展首例“颈椎间盘等离子微创消融术”，填补津澧地区在该领域内的技术空白；自主开展“全腹腔镜下膀胱癌根治性切除术+输尿管皮肤造口术”“胰体尾切除术”，标志着医院微创外科技术已达到高精尖水平；注重软硬件同步发展，引进大型C臂机，打造康复医疗中心，加快胸痛中心、卒中中心和创伤中心建设速度，综合救治能力不断提升。糖尿病科主任贾遇文主持的“自拟方糖贝康口服液配合饮食控制、运动锻炼治疗单纯性肥胖症并糖耐量减低35例临床观察”科研项目已结题，实现澧县中医医院省级科研课题项目结题零突破。医院全年申报湖南省卫健委课题4项、湖南中医药管理局课题5项，并完成5项专利申报。

【人才队伍建设】 医院采取“引进来，送出去”的办法，培养高质量的中医人才队伍。2020年，医院公开招聘在编医务人员42名，其中研究生学历2名、本科学历40名、中医类别医师20名。与湖南省高等专科学校联合开办“西学中半脱产学习班”，全县卫生系统117名临床类别的执业医师不用出县就能系统接收中医药知识培训。强化院内继续教育，5次邀请院内、外知名教授进行学术讲座，组织院内业务培训30余次、组织新冠肺炎线上线下培训26次，考核合格率100%。全年共派出24人赴上级医院进修，外派150余人参加省、市级各类学术会议及培训。同时，开展教学与实习生工作，加强与各医学院校合作。长沙医学院正式授牌澧县中医医院为“实践教学基地”，并建立稳定长期的教学合作关系。全年共接收基层医院进修医师16名，接收长沙医学院、常德高职院、湖南中医药高专等学校实习学生110人。科室护士长高菊梅被常德职业技术学院评为“优秀带教老师”。

“西学中”开班仪式

【特色专科医疗】 2020年，脑病科、儿科、针灸科通过省级“十三五”中医重点专科验收，专科中医临床诊疗技术水平和服务能力再上台阶。医院已拥有4个省级中医重点专科（儿科、脑病科、针灸科、心血管科），2个省级中医特色专科（肛肠科、骨伤科），2个市级中医重点专科（眼科、糖尿病科）。10月，医院借助湘中医医疗联盟平台，成为湖南省中医药研究院附属医院肿瘤科定点指导医院，聘请省级知名专家定期坐诊。为推广中医药文化，传承发展刘氏小儿推拿，医院成立“湖湘五经配伍针推流派国家级中医传承工作室二级工作站”，为儿童保健创设绿色天地。继续强化中医临床应用及中医药事管理。进一步优化全院各科室优势病种的中医诊疗方案，做到22个病区3个以上优势病种的中医诊疗方案全覆盖。落实《澧县中医医院加强中医特色医疗的考核办法及奖惩措施》，继续加大病区中医药治疗率、中医病历书写合格率、中医特色疗法开展情况考核，并落实奖惩。医院开展中医特色适宜技术项目达28项，全年应用中药饮片1230万元，较去年同期增长11%，门诊中药饮片处方37426张，占门诊处方总数12.36%，门诊中药处方145089张，占门诊处方总数47.93%。

小儿推拿授牌

肿瘤科定点医院揭牌

【中医集团工作】 医院成立综合督导组。由3名业务院长带队，分3个小组每周开展不低于2次的综合督查。就医疗核心制度、病历质量、药品耗材、医院感染、中医护理、医保管理等工作开展考核，并每周通报处理结果。集团内开展同质化管理，推进“治未病”服务向基层延伸。2020年，医院选派2名执行院长、一名护理骨干，分别下派到集团试点单位城头山镇中心卫生院和大堰垱镇中心卫生院开展医疗、护理、6S精细化管理、中医适宜技术推广等业务工作，真正落实管理、人才、技术下沉，城头山镇中心卫生院等8家中医集团内的基层卫生医疗服务水平不断提高。（向庆雅）

澧县妇幼保健计划生育服务中心

【概况】 2020年，澧县妇幼保健计划生育服务中心继续巩固二甲创建工作成效，坚持抓质量持续改进不动摇。全年完成总收入5279.58万元。医院门诊量50942人次，较上年增长3.4%，收治住院病人4501人次，较上年增长4.1%。全年医疗差错事故发生率为零。

庆祝医师节“徒手心肺复苏”操作技能比赛

【新冠疫情防控】 全年开展各级各类疫情防控培训20多期，疫情急救演练2次，每周组织疫情防控专题督查1次。先后接受省、市、县各级疫情防控专题督导10余次。

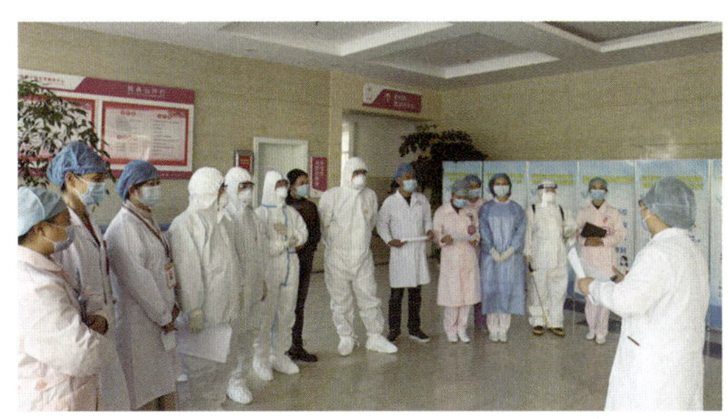

疫情防控应急演练

【妇女和儿童保健】 全县辖区活产5048人。孕产妇系统管理率96.1%，产后访视率97.62%。0—6岁儿童健康管理率97.12%，新生儿访视率98.75%。5岁以下儿童死亡率4.75‰，婴儿死亡率2.58‰。孕产妇死亡率19.81每10万。

【出生缺陷综合防控】 全年完成免费孕前优生健康检查4028人次，目标人群覆盖率100%；完成婚检2232人，婚检率91.03%；新生儿听力筛查率100%，新生儿疾病筛查率98.41%，活产出生缺陷发生率万分之58.20；完成“两癌”免费检查15241人次，目标人群覆盖率101.6%；完成免费产前筛查3537人次，目标人群覆盖率101.05%，均达到市级考核指标。

【医疗改革】 启动年度绩效考核，进一步落实医改各项任务，推进妇幼保健机构标准化建设和规范化管理，促进妇幼保健机构健康可持续发展。（廖梅芳）

澧县第三人民医院

【概况】 澧县第三人民医院前身是民国澧州名医郭德山于1935年创建的澧县民生医院，1956年改称澧县中西医联合医院，1980年更名为澧县城关医院，2000年定名为澧县第三人民医院。医院经过80多年发展，已成为一所集基本医疗、基本公共卫生服务和临床教学于一体的二级综合性医疗机构，先后获首届“湖南省群众最信赖医院”，常德市“维护消费者合法权益先进单位”，澧县“基本公共卫生服务工作红旗单位”“全面工作先进单位”等荣誉称号。2020年，医院有在岗工作人员272人，其中副高职称16人，中级职称专业技术人员75人；有开放病床200张，全年门诊量11万余人次，住院6775人次。

【党建工作】 强化支部五化建设，严格落实“三会一课”制度。7月，为庆祝中国共产党成立99周年，医院评选出优秀党员9名，慰问贫困党员8人；9月，组织全体党员赴“精准扶贫”首倡地湘西自治州十八洞村开展脱贫攻坚主题党日活动；10月，组织退休干部职工在华城山庄开展一次特殊意义的主题党日活动暨“我们的节日·重阳”座谈会。全年组织党员开展志愿服务活动552人次，班子成员之间开展谈心谈话30余人次，发展新党员1名。严格落实医院廉政风险防控措施及党风廉政建设主体责任，细化责任清单，加大教育管理和风险防控，加强医疗服务不规范行为整治力度，营造风清气正的廉洁氛围。

组织全体党员赴“精准扶贫”首倡地湘西自治州十八洞村开展脱贫攻坚主题党日活动

【疫情防控】 加强疫情防控知识培训，保障疫情防控物资供应，第一时间将社区医生和医院医务人员75人下沉一线，摸排管控疫区来澧县人员。累计管控确诊病例11人，确诊病例密切接触者97人，实施居家观察5004人。建立医院内部防控屏障，全院医务人员进行核酸检测，入院病人进行核酸检测，陪护凭证，进院人员一律佩戴口罩，查验健康码、行程码，每天超500人次。主动承担风农贸市场、冷链食品的采样任务，累计采样1200人次，采样的冷链单位、商场达50余家。

【基本公共卫生服务】 建立居民健康档案70571份，建档率90.97%。完成人脸识别15642人，识别率20.17%。家庭医生签约29163人，签约率37.6%。档案开放36761人，开放率52.09%。完成老年人体检5384人，体检率65.79%。中医体质辨识及保健指导5549人，中医药健康管理率67.81%。全年规范管理高血压患者5650人，随访22638人次，规范管理率68.7%；管理糖尿病患者1761人，随访7069人次，规范管理率67.9%；管理严重精神障碍患者324人，随访1296人次，规范管理率41%。新生儿建卡建证率100%。共接种免疫规划内疫苗23458剂次，接种率90.56%。上报传染病143例，死因监测335例；完成结核病初筛8564人，疑似结核免费X光胸片200例，规范治管确诊结核病人66例。完成心血管病高危人群长随、短随共986人；复筛214人，完成高危检查53人。全年孕产妇系统管理率99.1%，无孕产妇和儿童死亡。

【助力脱贫攻坚】 医院结对帮扶的码头铺镇红岩村贫困户29户、盐井镇白马村2户及洪杨村10户，全年落实帮扶资金10万元，物资1万余元，实现帮扶贫困户全部脱贫。为澧阳街道410名贫困人口建立健康档案，进行免费健康体检，家庭医生签约服务100%，医院还专门开设贫困对象就诊绿色通道，贫困人口住院全部落实“先诊疗后付费”及“一站式”结算服务。（宋贤秒）

文体・广电

文化体育

【概况】 澧县文旅广体局属县政府职能部门，2019年6月机构改革后，旅游局和文物局并入，局所属二级单位8个，局机关在职人员29人，有退休人员34人。负责对全县文化、旅游、广播电视、文物和体育工作的行政管理。2020年，澧县文旅广体局围绕县委、县政府中心工作，做好疫情防控和复工复产，提振市场信心，落实“三大攻坚”战略部署，促进安全生产和文旅广体融合发展。澧县被省广电局评为直播卫星户户通工程建设先进单位。澧县文化市场综合行政执法局获得全省文化市场综合行政执法工作考核先进单位。局派驻甘溪滩镇古北村第一书记王松涛被评为“常德市最美扶贫人”和澧县“最美退役军人”。

【疫情防控】 1月24日，率先在全县发出通知，暂停所有群众文化活动，关停全县文化娱乐场所。将村村响节目增加至每天9档，单日累计播出10个小时。组织100多名维修人员开展广播抢修，共维修广播设备近1000只。组织干部职工募捐善款5.36万元，支援抗疫一线。部署抗击疫情文艺创作，向学习强国等微信公众平台报送作品超400件，发表作品50多件。全局200多名干部职工参与10个社区23个居民小区志愿值守和路段值班。指导相关企业复工复产，召开全县文化娱乐场所和电影院疫情防控暨复工复产工作培训会议，申报2020年文化和旅游业战疫情促发展省级专项资金153万元，向相关企业发放疫情补贴39.7万元。

【文艺创作】 鼓盆歌《扶贫佳话》、渔鼓《法门寺》、说鼓《审八斤》等节目参加第十一届中国曲艺牡丹奖并入围，其中《法门寺》获文学奖提名。在常德市首届艺术节暨“百团大赛”上，澧县获优秀团队奖3个，新创扶贫题材荆河大戏《花开詹家岗》获专业舞台艺术类新创大戏优秀剧目奖，新创剧目《后果很严重》获专业类一等奖。广场舞《鼓啸》获群文类一等奖，美术书法摄影作品共获一等奖2个，二等奖3个，三等奖3个，优秀奖13个。

现代荆河戏《花开詹家岗》首演后，全体演职人员谢幕合影

【文化遗产保护利用】 9月，湖南省文物考古研究所澧阳平原考古工作站揭牌启用。澧县五大文物保护项目获省文博会认可，其中孙家岗遗址获选“十三五”湖南省十大考古新发现。完成澧州文庙维修及三防工程、星星遗址保护工程。多安桥抢救性修复工程和澧州古城维修工程获国家文物局立项。澧县被列为国家第二批革命文物保护利用片区（长征片区红二方面军）。非遗保护传承发展，选送25名小演员到省艺术职业学院学习，开展戏曲进校园活动18场，文化馆支部书记李凌云被评为省非遗保护工作先进个人。

【全域旅游示范区创建】 成立澧县全域旅游协会，组织召开涉旅企业座谈会，向湖南省文旅厅递交申报资料，县主要领导亲自到省厅对接汇报创建工作。启用澧县旅游集散中心，全面营造全域旅游氛围，开展多形式、多渠道、全方位全域旅游宣传活动。澧县被省文旅厅评定为湖南省全域旅游示范区。

【全民健身运动】 举办首届全民健身运动会，全县10000多名干部职工参与。承办2020年湖南省青少年排球锦标赛，常德女排一队（澧县一中）以3∶2比分战胜衡阳女排一队获季军。在

2020年湖南省青少年锦标赛上，澧县获团体奖2项，17名运动员获个人前三名。开展羽毛球、乒乓球和第九套广播体操等项目三级社会体育指导员培训，参训人员300多人。

县委书记廖可元宣布首届全民健身运动会开幕

【公共文化服务体系建设】 村（社区）综合文化服务中心“七个一”建设达标率92.5%。完成文化馆、图书馆总分馆建设，村（社区）综合文化服务中心设置服务点100%。文化馆举办鼓盆歌、声乐、书法、摄影等培训班，先后培训学员1000人次。图书馆为全县198个行政村的农家书屋补充更新图书191种，共计3.8万册，举办系列读书活动，参与读者3000多人次。博物馆免费对外开放，全年接待游客5万人次。全年完成惠民演出94场。完成送电影下乡3504场，观看群众75万人次。完成电视户户通安装任务801套。

【文化市场监管】 完成文化市场综合行政执法改革工作。全年检查文旅广体场所1000余次，处理各类投诉举报案件8件，查办违法违规案件并实施行政处罚26起，办理行政许可事项6件，新增建设工程文物保护和考古许可1个。成立文化旅游安全生产专业委员会。同时，加强市场安全生产管理，确保各景区、公共文化场所平安稳定。

【招商引资与项目建设】 年内，通过发改委口径申报文庙前片区文旅综合体项目，争取2020政府专项债券资金1.2亿元，已入围省重点支持项目名单；先后有北京华控文旅发展集团有限公司等10多家企业应邀考察澧州古城文旅综合体、水上游乐等项目。推进城头山AAAAA级旅游景区、启动天供山AAAA级旅游景区、黄家套AAAA旅游景区的升级评定工作；抢抓疫情期间中央下达新增投资的机遇，申报旅游服务中心，新型文旅消费聚集区项目，缓解景区建设资金筹措难问题。

【队伍建设】 组织干部职工前往怀化芷江、常德丁玲公园等地以开展主题党日活动等形式，强化党员意识；6月，新开设局自媒体平台“云上文澧”公众号，及时传递文旅资讯。全年向省、市、县各级媒体上稿186篇。 （皮楚杰）

【澧县文化市场综合行政执法】 澧县文化市场综合行政执法局共有干部职工34人，其中在职27人员人，离退休人员7人。2020年，澧县文化市场综合行政执法局组织开展各类文化市场专项整治行动，共巡查网吧、KTV、印刷企业、游泳馆、电影院等经营单位2300多家次，出动执法人员3000多人次，查处违法违规行为33起，其中简易程序案件7起，一般程序案件26起，完成全年工作目标任务，确保全县文化市场安全。澧县文化市场综合行政执法局被省文化和旅游厅评为2020年度全省文化市场综合行政执法工作考评先进单位。 （皮楚杰）

文化市场联合执法检查

【澧县文化馆】 2020年，澧县文化馆组织开展各艺术门类公益培训42期，培训人数2800多人次。围绕群众活动与赛事开展群文辅导700多人次，参与活动群众4万多人。完成文化馆分馆建设12个。组织开展2020年常德市“百团大赛”澧县复赛暨澧县首届艺术节，选送节目渔鼓《法门寺》、鼓盆歌《扶贫佳话》、说鼓《审八斤》等入围第十一届中国曲艺牡丹奖曲艺大赛，渔鼓《法门寺》获文学奖提名，文本在全国性曲艺月刊《曲艺》杂志上发表。编创、录制抗疫作品鼓盆歌《抗疫先进口罩哥》和三棒鼓《黎明前的守望》被中国曲协主办的“曲艺网”录用。开展“文化和自然遗产日”系列活动。完成国家级非物质文化遗产项目《鼓盆歌》国家级代表性传承人李金楚的记录工作。组织第五批县级项目申报，认定“古砖古瓦烧制技艺”“澧州陶器制作技艺”“古方膏贴制作技艺”为县级非物质文化遗产代表性项目名录。编辑出版《澧县文艺》2期。完成第五次全国文化馆评估定级。（皮楚杰）

渔鼓《法门寺》入围第十一届中国曲艺牡丹奖曲艺大赛并获文学奖提名

【澧县图书馆】 澧县图书馆系国家二级图书馆。2020年，澧县图书馆有干部职工28人，其中在职11人，离退休17人。馆舍建筑面积2382.26平方米，总藏书125708册，其中线装古籍6948册。内设10个服务窗口，服务文化共享工程基层服务网点512个。

2020年，澧县图书馆共发展新读者450个，接待读者105000人次，书刊流通率75000册次。解答读者咨询150条，搜集地方文献216种380册，收集各种姓氏的族谱10种16册。全年新购图书3000册。订购报纸74份、刊物123种，送书下乡3000多册，向省、市图书馆上交地方文献各10种。完成图书馆总馆、19个分馆及87个村级服务点建设，对分馆图书进行分编录入系统、分类上架免费对外开放。新增品牌活动《澧州掌故》，全年播出42期。举办“书香湖南”2020年迎新春诗歌朗诵联欢会等系列读书活动，在湖南省文化和旅游厅、湖南省社会科学界联合会开展的“祖国在我心中”湖南省百城图书馆共荐共读活动中获组织奖，荐书视频“中国文化史”获二等奖。（皮楚杰）

“书香湖南”2020年迎新春诗歌朗诵联欢会

【澧县博物馆】 2020年，澧县博物馆全年举办各类活动92余次，接待观众近70万人次。举办少儿“成童礼”、族谱征集仪式等，开展“远学雷锋，近学田工”“文博志愿者在行动”“我们的节日”等系列志愿者服务活动，开展文物法专题讲座8场，《道德讲堂》澧州本土文化专题讲座4场。配合央视影像方志拍摄。开展“国际博物馆日”和“文化和自然遗产日”宣传活动。6月12日，举行澧州文庙、澧县博物馆盛大开放仪式。组织开展讲解业务技能培训，每月考评1次。先后选派2名业务骨干参加省文物保护工程培训和讲解员培训班。成功完成文物等级鉴定工作：新晋二级珍贵文物11件（套）；三级文物52件（套）。新增1座微型消防站，新装消防栓

12个、仓库气体灭火装置及火灾报警控制器等。配合省考古所做好安慈高速、鸡叫城遗址、孙家岗遗址的考古发掘工作，参与湖南省文物局在澧县召开的《大遗址利用导则（试行）》学习研讨会，全年征集文物70余件（套）。（皮楚杰）

文物等级鉴定

【澧县艺术研究所】 2020年，澧县艺术研究所为抗击疫情创作文艺作品30多件，有韵白快板《敢于天公试比高》，诗歌《在澧州隔离区病房，我们看到白衣天使的背影》《抗击疫情顺口溜》等分别在学习强国、湖南公共文旅、融媒体等公共平台发表。开展“深入生活，扎根人民”主题实践活动。召开2020年全县文艺作品部分作者创作会议。新创大型现代荆河戏《花开詹家岗》，在县委理论学习中心组学习第九次集中学习会场进行首演。10月27日，大型现代荆河戏《花开詹家岗》参加常德首届艺术节决赛获优秀剧目奖。（皮楚杰）

【澧县荆河剧院】 2020年，澧县荆河剧院接待县委经济工作会议及县人大、政协“两会”等大型会议10场次。6月12日，在本县挑选25名热爱表演艺术、献身文化事业、自身条件优越的应届初中毕业生到湖南艺术职业学院培训就读。9月—11月，开展18场戏曲进校园活动和76场戏曲进乡村活动。现代荆河小戏《后果很严重》获常德市艺术节一等奖；荆河折子戏《活捉三郎》获常德市艺术节二等奖；荆河折子戏《盗仙草》《拾玉镯》获常德市艺术节三等奖。（皮楚杰）

小演员培训

【澧县电影公司】 2020年，澧县电影公司全年完成公益电影放映3504场，观众70多万人次，实现全县免费送电影下乡放映工作目标。配合县委宣传部、县委组织部、县直机关工委、澧县总工会等部门组织的“光影铸魂”电影党课活动，放映《烈火英雄》《红海行动》等影片，共放映10场，观众达3万多人次。科普影片《环保小故事》《交通安全小故事》等共计2634场。中小学生爱国主义教育影片《遵义会议》《江城1943》《新地道战》《冠军的心》等影片放映1770场。2020年，获评常德市农村公益电影放映工作先进单位。（皮楚杰）

【澧县全民健身服务中心】 澧县全民健身服务中心（简称县全民健身中心）位于湖南省澧县澧浦街道任家巷社区，于2016年10月成立，加挂澧县少年儿童业余体育学校牌子，为县文化旅游广电体育管理局的副科级公益一类事业单位，定编16人。现有在编人员14人，退休人员8人，内设办公室、业务股、场馆股3个股室。

2020年，县全民健身中心承办2020年湖南省青少年排球锦标赛和常德市第十二届“乒协杯”乒乓球比赛省、市级赛事；举办全县首届全民健身运动会羽毛球、乒乓球、迎面接力、拔河和气排球赛等项目及全县首届企业职工运动会；举行全县羽毛球和广播体操两期三级社会体育指导员培训班。选派行业内的业务人员参加省、市局组织的门球、健身气功、体能训练房和广播体操指导员培训；完成全县国民体质监测3000人。

（皮楚杰）

澧县首届全民健身运动会广播体操比赛

【新华书店】 湖南省新华书店有限责任公司澧县分公司是一家连锁国有企业，公司综合办公楼坐落于津澧大道128号，中心门店位于县城丁公桥人民东路，另建有校园书店5家——澧阳中学校园书店、澧州实验学校校园书店、银谷国际实验学校校园书店、澧县第六中学校园书店和澧县第一中学校园书店。澧县新华书店设有经理室、教材业务部、图书业务部、文化用品部、综合业务部、资产财务部、综合事务部7个部门，经营范围涉及图书、文化办公用品、电子出版物、体育用品及器材、教育辅助及其他教育服务等多个方面。为市级“文明窗口”单位。2020年，澧县分公司全年营业收入5427万元。

2020年，澧县新华书店将宣传党和国家方针政策作为书店的政治责任，全年共发行《习近平谈治国理政（中文简体版）（第三卷）》发行2.4万册。同时，做好教材教辅和一般图书发行工作。一是实行区域负责制，以归零心态下沉工作重心，与各学校、班级、师生建立联系，从征订、分发到货款回收，全方位提供服务。二是创新营销模式，制定《2020年秋季学生用书营销活动方案》，满足学生用书市场刚需，发挥自身优势和力量，依托门店、校图书店，采用电话预订、流动供应等方式，探索学生用书营销新模式、新路径。三是推动书香澧州建设，倡导全民阅读，开展形式多样的营销活动。4月下旬，与县委宣传部、县文明办、县图书馆联手举办“阅读不孤读”图书漂流活动。同时，开启“红书签　爱满澧州”全民阅读公益活动；5月，与澧县图书馆共同举行“你读书，我买单”全民阅读活动，既满足广大读者日益增长的读书热情，又拉动门店销售；6月，赞助澧县九澧实验中学新华杯“墨韵书香”读书节，致力推动书香校园建设；10月21日，参与非物质文化遗产荆河戏进校园总结表彰会，为“国家级非物质文化遗产荆河戏进校园”主题征文活动提供赞助；10月27日，与澧县总工会合作开展“湘阅读、工力量”阅读越幸福读书沙龙活动。

开展“红书签　爱满澧州”全民阅读公益活动

“湘阅读　工力量”读书沙龙

2020年，新华书店澧县分公司新发展党员1名，预备党员转正1名；助力脱贫攻坚，为结对帮扶的码头铺镇洞市村、昌家村各捐助扶贫资金

1万元；支持乡村振兴，为大堰垱镇九旺村捐资1万元。在“九八助教日”活动中助学捐资20万元。另外，支持澧县防汛及灾后重建工作，为澧浦街道捐赠防汛资金2万元，公司及员工为澧县慈善总会捐赠灾后重建资金6000余元。为林业局捐助义务植树绿地认养资金5000元，为水德庙社区提供共驻共建资金5000元。（蒋　飞）

广播电视

【概况】 2020年2月18日，《澧县融媒体中心职能配置、内设机构和人员编制规定》“三定”方案公布，明确澧县融媒体中心为县委直属正科级公益二类事业单位。中心有班子成员7人，编制数176人，其所属二层机构有15个。7月23日，中心业务楼投入使用，“澧淘商城”上线。同时，依托红网集团省级平台的强大技术力量，打造集“新闻+党务+政务+商务+服务”于一体的“以澧为荣”App，形成广播、电视、网站、微信、手机App等15个媒体发布平台组成的融媒矩阵。11月13日，澧县融媒体中心通过省级融媒体中心验收。

2020年，《澧县新闻》共发稿2200多条，新开办《城市与管理》《交警伴你行》《最美巾帼》等10个栏目，摄制播出《卫生与健康》《健康伴你行》《科技助力乡村振兴》栏目多期，摄制完成全县经济社会发展、扫黑除恶等各类专题片、宣传片近40部，完成各类活动直播近100场，“以澧为荣”App注册用户超17万户，发布稿件859条，“以澧为荣”“澧县融媒”微信公众号共发布稿件2512条，抖音平台发布短视频近200条，央视新闻+发布视频52条。

全年在央视发稿5条，其中7月7日的《南方强降雨持续、各地积极抗洪抢险》在新闻联播上稿，实现澧县近年来央视新闻联播发稿的重大突破，11月16日中央10套播出的《中国影像方志·澧县篇》广受好评；在湖南卫视发稿113条1971秒，其中7月发稿29条716秒，创造澧县卫视月发稿奇迹，首次夺得全市各区县市湖南卫视上稿第一；市台发稿26688秒，连续三年蝉联全市各区县市第一，首次夺得全市省台、市台发稿双冠王。

“澧淘商城”组织策划大型直播11场（7个平台同步直播），累计吸引200万+人数在线观看互动，成交量25831笔，成交金额61.35万元，广告创收57.48万元；吸引322户商家入驻，产品覆盖28个品类，其中132款扶贫产品，吸引公众号关注人数49233人次，为推介本地农特产品，助力精准扶贫，打造互联网时代澧县品牌新形象精准发力。（卜金龙）

常德日报社澧县记者站

【概况】 常德日报社澧县记者站是常德日报社（常德日报传媒集团）派驻澧县的新闻机构，代表常德日报社在澧县行使一切事务。2020年，澧县记者站在澧县县委、县政府、县委宣传部、常德日报传媒集团领导下，围绕澧县县委、县政府中心工作，主动做好澧县在《常德日报》的新闻宣传等各项工作。

办好《常德日报》澧县新闻版（双周刊、第6版），向全常德市展示、树立澧县新形象、新风采、新动态。全年上《常德日报》头版头条11个，上要闻版20条。头条中，涉及上年被全省通报表彰的先进有3条，涉及项目建设、防汛保安等内容。采编《常德日报》“澧县新闻”专版，24期24个整版，刊登图文稿件330多条。及时采编、推送《常德融媒》图文并茂稿件800多条，并向各新媒体平台推送、发朋友圈。

新冠肺炎疫情防控战打响后，本站编辑传送全县各条战线战疫稿片180多件，仅在《常德融媒》直播群刊发稿片60多条，在《常德日报》

上稿近20条。6月30日，澧县在《常德日报》抗疫专版中，刊发《筑守生命防线——澧县新冠肺炎疫情防控阶段性工作纪实》《仁爱为本、卓越至上——澧县人民医院防控新冠肺炎疫情纪实》2个整版，报道全县及澧县人民医院战疫情况。

防汛抗洪启动应急响应后，本站立即投入采编报道的战斗中，短短一个多星期，就在《常德融媒》直播群编发图文稿件20多条，常德日报上稿6条，及时报道澧县干群防汛抗洪、保卫家园的场景和事迹。

新闻采编、广告创收、常德晚报发行工作均完成或超额完成年度目标考核任务。澧县记者站在全市10个记者站中被评为年度优秀记者站。

（田继舫　胡仕林）

人力资源和社会保障

概 述

2020年，澧县人力资源和社会保障局围绕“人才优先、民生为本”的工作主线，落实党中央、国务院关于“保民生、兜底线”的决策部署，全力以赴做好疫情防控和企业复工复产，履职尽责、奋力拼搏、开拓创新，推进人社领域各项工作提质增效。澧县社保服务中心被授予“全国敬老文明号”称号；退捕渔民社保和就业安置、服务企业用工工作分别在全省、全市做典型发言；被评为2020年度常德市促进就业和根治拖欠农民工工资工作真抓实干表扬激励对象、全市人社系统行业扶贫工作优秀单位；代表常德市参加全省技能比武获三等奖。

【完成就业绩效考核指标】 全县城镇新增就业5908人，新增农村劳动力转移就业6568人，均超额完成年度目标任务；城镇登记失业率2.81%左右；完成小康指标、为民办实事指标、省市激励指标、市考核县指标、市政府目标任务。

【落实惠企政策】 落实《澧县加强企业用工服务的若干政策措施》，为企业兑现奖补资金330万元，为重啤国人等56家企业发放失业保险稳岗返还资金160.13万元；发放创业担保贷款214笔6017万元，直接扶持就业342人，吸纳带动就业2967人。落实社会保险费缓、减、免政策，累计减免企业社会保险费8189万元。其中，企业职工基本养老保险减免6117万元，惠及611家企业；工伤保险减免1846万元，惠及1345家企业；失业保险减免225万元，惠及319家企业。

【社会保障应保尽保】 各项社会保险参保72.62万人，享受待遇22.03万人次，基金征缴总收入11.7亿元，争取上级补助收入12.07亿元（城镇企业职工基本养老保险上级补助9.86亿元，城乡居民养老保险上级补助1.9亿元，机关事业单位养老保险上级补助3100万元），基金支出18.44亿元。

【优化就业服务平台】 在全省率先建成县级公共就业服务云平台“澧州好工作”，后台数据库共登记录入劳动力38.6万人，全年累计求职登记7.5万人，达成就业意向2.3万人。疫情期间为园区重点企业举办线上招聘会11场次，组织专列、专车运送农民工到县内外企业返岗复工1044人，为县工业园区企业输送员工1400多人。

【创新开展直播带货】 以网红经济为契机开展直播带货系列特色培训，累计培训澧县本土创业主播180余人。6天5晚封闭式“农副产品村播创业训练营”结业PK赛当晚创造3小时37万元带货成绩。联合全市直播网红开展“第十五届葡萄节暨创业创新直播带货大赛”，160名县内外带货主播6天直播销售“阳光玫瑰”葡萄50.5万斤，收入1157万元。

【加强人才引进】 全年共招聘事业单位人员395名，其中硕士研究生27人，双一流高校本科毕业生15人。事业单位选调36人，招募“三支一扶”人员2名。未发生一起涉及考试安全的问题。

【开展行业扶贫】 整合人社等9部门资金320万元支付公益性岗位补贴，托底安置贫困户就业1336人；新增开发5家扶贫基地、14家扶贫车间，吸纳贫困劳动力就业450人，带动就业1897人，直接带动建档立卡户脱贫130户。

【推进各项改革】 完成县住建局下属县建筑勘察设计院、县水利局下属县挖泥船队和县水利水电工程队转企改制任务。基金征缴职能划归税务系统。

【保障农民工权益】 加大对农民工实名制管理、工资保证金等制度的推进力度，开展根治欠薪“冬病夏治”和“冬季攻坚”行动。全年共受理拖欠工资举报投诉案件9起，各类信访案件7件，累计为农民工追讨工资待遇98.8万元，以涉嫌拒不支付劳动报酬罪移送公安机关追究刑事责任案件2起，结案率在99%以上。全年没有发生因拖欠工资越级上访和聚众闹事等涉稳事件。

【持续优化窗口作风】 取消个人新参保时所需的户口本等不必要证明材料5项，取消复印件收取，取消所有现金缴款业务。大厅创新推出导服和叫号模式，推行“综合柜员制”。推广“7×24小时服务不打烊”网络平台、手机App随时办模式，养老保险实现支付宝、微信缴费新方式。 （周蓝翔）

劳动就业管理

【概况】 2020年，全县失业人员实现再就业2775人，其中就业困难对象再就业1027人；建档立卡贫困劳动力实现就业14279人，稳定就业12417人，有劳动能力且有就业意愿未脱贫贫困劳动力100%实现就业，贫困劳动力就业人数占比81.2%，贫困劳动力稳定就业6个月以上人数占比87%；通过省平台办理发放交通补贴、岗位补贴、一次性求职创业补贴等187万元；举办职业技能培训197期，培训学员7909人。其中，岗位技能提升培训7312人，SYB创业培训597人。培训人员包括建档立卡贫困劳动力1493人，农村转移就业劳动者4248人，退役军人等其他群体培训2168人；失业保险参保总数34740人，征缴失业保险基金964.49万元，累计发放失业保险金、医疗补助费用、临时价格补贴、失业补助金等各项失业保险待遇544.33万元；落实疫情期间援企稳岗各项政策，为56家参保企业发放失业保险稳岗返还160.13万元，为全县319家企业减免失业保险金225.43万元；发放创业担保贷款214笔计6017万元，直接扶持342人成功创业，带动就业2967人；创业孵化基地有入驻企业33家，从业人员375人，年内成功孵化迁出13家，入驻企业9家；争取到中央、省、市对澧县就业专项资金累计超过2679万元。成功举办2020年度创业创新大赛；开办首期农副产品村播专训营；承办“创业有澧，就业在你”就业创业服务系列活动、“锦绣黄桃节”电商直播带货活动、“复兴橘柚”直播带货大赛、“点亮万家灯火”就业帮扶服务系列活动，在全县范围掀起就业创业新浪潮。 （李汶霞）

7月7日，创新创业大赛决赛现场

社会保险服务

【概况】 城镇企业职工养老保险。2020年，全县城镇企业职工养老保险参保总人数138916人，全年累计征缴基金7.58亿元。为48542名企业退休职工拨付养老金10.68亿元。全省统收统支后收到补助98644.71万元。基金滚存结余6944.90万元。

【机关事业单位养老保险】 2020年，全县机关事业单位养老保险参保单位447家，参保人数28104人，全年累计征缴基金2.75亿元。为10082名退休人员发放养老金5.15亿元。其中，为34名离休人员发放待遇209.1万元。基金累计结余2947.93万元。

【城乡居民养老保险】 2020年，全县城乡居民养老保险参保人数465441人，共缴基金1.1亿元，为158275名退休人员拨付养老金2.2亿元。收到各级补助资金共2.02亿元，其中，中央财政补助1664.9万元，省级财政补助2432.99万元，县级财政补助1089万元，基金滚存结余53195.71万元。 （艾秋萍）

工伤保险

【概况】 2020年，全县行政、企事业单位及在建工程项目参加工伤保险有1791家，参保人数58746人，共征缴工伤保险费1579万元。全年共发生大小工伤事故553起，现场调查328起，已认定工伤415起。工伤保险各类待遇支出2353万元。其中包括工伤医疗费490万元，一次性伤残补助金561万元，一次性医疗补助金280万元，一次性工亡及抚恤金879万元，其他待遇143万元。同时，落实国务院关于减免社保费有关政策，全年共免征用人单位工伤保险费1845万元，惠及用人单位734家。按照市局工伤保险实行市级统筹统一部署，从7月1日起至12月底前，启动市级统收统支业务管理并完成对接工作。截至2020年12月底市级统筹前，县工伤保险基金滚存结余2961.25万元。7至12月，市工伤保险中心在县中心统收工伤保险基金1345.57万元，向县中心统支工伤保险基金554.26万元。 （高继翔）

劳动人事争议仲裁

【概况】 2020年，澧县劳动人事争议仲裁院累计处理各类劳动争议案件236件，涉及劳动者500余人，为劳动者挽回损失2600余万元。线上推进劳动人事争议仲裁调解管理平台建设，在镇（街道）和企业建立基层仲裁调解平台35个，及时化解矛盾纠纷。澧县劳动人事争议仲裁院被评为全市劳动人事争议调解仲裁工作先进单位。 （肖 航）

劳动保障监察执法

【概况】 2020年，县劳动保障监察大队通过落实建筑行业农民工工资保证金制度、开设农民工工资专用账户，建立与各行业主管部门、公安局联动机制，加强巡回检查、畅通投诉渠道等措施，将农民工工资治欠保支作为保障民权、维护稳定的大事来抓，拖欠工资案件持续下降，重特大拖欠工资案件明显减少。全县共受理拖欠工资举报投诉案件9起，各类信访案件7件，累计为农民工追讨工资98.8万元，以涉嫌拒不支付劳动报酬罪移送公安机关追究刑事责任案件2起，结案率在99%以上。全年未发生因拖欠工资越级上访和聚众闹事等涉稳事件。 （彭清宇）

医疗保障

【概况】 2020年，澧县医保基金运行安全平稳，医保待遇公平适度，医保服务优质便捷。全县城乡居民参加居民医保759128人，城镇职工医疗保险参保单位502家，参保人数达到5.04万人，建档立卡贫困人口45162人应保尽保。澧县医保局被评为全省基金监督管理工作先进单位、被常德市医保局评为全面工作先进单位，获评全县绩效评估优秀等次、全县文明单位等荣誉称号。

【完善待遇保障】 居民医保全年住院146425人次，基金支付57393万元，大病保险报销5425人次，基金支付3917万元。特殊慢性病享受28751人次，基金支付4484.44万元。高血压、糖尿病“两病”门诊就诊46101人次，基金支付501万元；职工医保全年住院11075人次，基金支付5751.47万元。特殊慢性病享受13790人次，支付949.9万元。全年医疗救助支出1827万元。

【维护基金安全】 推进医疗、医保、医药“三医”联动改革，对县城内医共体实行“总额控制、结余留用、超支合理负担”的支付方式。全县城乡居民医疗保险基金收入61049万元，支出62416万元，本期基金结余-1367万元，基金累计结余8109万元。全县城镇职工基本医疗保险基金收入16614.43万元，其中统筹基金9239.15万元、个人账户7092.69万元、利息282.59万元。支出14601.3万元，其中统筹基金支出8553.19万元，个人账户支出6048.11万元。本年结余2013.13万元，历年累计结余18324.78万元，其中统筹基金7229.05万元、个人账户11095.73万元，基金总体运行平稳。对35家定点协议医院、205家药店实施监督检查全覆盖。全年共处理违规行为、退回基金账户800多万元，按协议处理违约金及罚款290多万元，暂停2家医疗机构服务协议，发出检查通报11期，以“零容忍”高压态势打击欺诈骗保。

【开展优化服务】 落实十大项33小项经办事项的医保清单制度，让参保群众办理医保事项流程最简、时间最短、材料最少、服务最优，推进异地就医费用联网直接结算，有效解决参保人员异地就医时垫资跑腿问题。全力打造阳光医保、便民医保、法治医保。（张煜程）

镇（街道）

澧阳街道

【概况】 澧阳街道辖18个社区，总面积20.47平方千米，总人口14.9万人，是全县人口最多的街道。2020年，澧阳街道团工委获评全国五四红旗团委，工会被授予湖南省百佳镇街工会，人武部获评常德市五星级基层人民武装部，脱贫攻坚工作考核获评市级“好”类档次，并以镇街排名第一的成绩被县委、县政府评为全县绩效考核优秀街道，人大、武装征兵、退役军人事务、平安建设、党委信息、脱贫攻坚、水利秋冬修、河长制、禁捕退捕、工会等工作获评全县先进或红旗单位，建设“无上访社区”、驻村帮扶工作队被评为全县优秀。澧阳街道永兴寺社区被评为湖南省计生基层群众自治先进单位，龙潭寺社区工作法获评湖南省民政厅优秀社区工作法，水德庙社区被评为常德市三八红旗集体，黄桥社区被评为常德市无上访良好社区，澹阳社区、孟家港社区被评为全县无上访社区，洗墨池社区、永兴寺社区、万寿宫社区、孟家港社区获评全县文明社区。向文明在第二届全国应急管理普法知识竞赛中表现突出，获常德市优秀个人奖。李锐获常德市事业单位脱贫攻坚记功奖励。

【项目建设】 对接并服务湖南华凯丰服饰有限公司落户亚瑞特服装产业基地；引进投资过亿元的液晶显示屏生产企业入驻园区，并签订意向性框架协议；扶持长诺服装有限公司成长为规模工业企业，实现年产值超过1000万元。完成老旧小区改造56个，5100多户小区居民生活环境得到改善，水德庙片区改造正有序进行。完成栗河南岸居民区改扩翻建350户。原木材公司棚改全面煞尾。全力做好宏卫商业中心、和瑞欢乐城、栗河沿岸风光带、百合农贸市场二期等重要工程建设服务工作。

老旧小区改造旧貌换新颜

【城市提质】 全年共遏制“两违”建设行为为186起，拆除违法建筑面积1600多平方米。办理乡镇建设规划许可证71户，审批维修加固108户，完成农村宅基地不动产办证4000多户。清理大街小巷各种生活、建筑垃圾230余吨，助力县域省级文明指数测评工作。对黄桥以北、徐家嘴、群玉、澹阳马路市场进行拆违整顿，畅通枢纽交通。对珍珠市场、梨园步行街、澹阳群玉菜市场搭棚占道行为进行清理规范，维护市场秩序。投放毒饵盒3800多个、药物3000余斤、灭蟑药物400余斤，强化病媒生物防治。每月开展“门前三包”检查评比。协调栗河及内栗河沿岸2千米和澧州广场景观绿化。完成永兴寺路、仙眠西路、洞宾东巷等7条小街小巷升级改造。有效处置环境污染问题来信来访12起，加强巡查力度，严禁秸秆及垃圾焚烧。

【乡村振兴】 全部拆除老207国道232处9600平方米违章建筑。完成改厕294户、庭院绿化50户。实施生态禁捕，26户退捕渔民全部上岸转产转业。落实旬排查制度，推进河长制落地，对大坪排渠、三干排、中干渠水面坡面杂草垃圾进行清理。稳定粮食生产，完成双季稻种植5000亩、优质稻种植3000亩，落实油菜种植4000亩。发展葡萄、花卉等高效产业，新扩阳光玫瑰30亩、草莓种植10余亩，新栽花卉苗木20亩，新成立水果专业合作社1家。扩容堰塘17口，完成十四支排渠阻脚160米。规划澹坪社区乡村振兴建设项目6类16个，其中农田水利、道路升级、幸福屋场等10个项目正处建设中。

【应急处突】 阻断疫情输入和传播渠道。动员辖区2672名党员和志愿者，对辖区内247个小区实施精细管控，对高风险区人员进行严密排查，对隔离人员实施重点包保，确保15万居民身体健康。在做好疫情防控的同时，有序推进各行业复工复产，消费市场迅速回暖，助力县域经济发展。7月，澧县进入主汛期，街道组织巡查人员1200多人，对澧水澧阳段、栗河、大坪排进行巡查值守。调集砂卵石2700立方米，编织袋4万条，雨淋布10卷，棉被30床，有效处理险情23处，防止城市内涝，打赢城区防汛保卫战。落实“一岗双责”，抓好安全生产。年内，定期开展食品、道路交通、消防等安全生产专项整治行动，排除各类安全隐患100余起，行政处罚企业22家。实现全年无重大安全生产事故。

街道领导带队检查桃花滩敬老院消防安全防范情况

【民生事业】 全年争取资金52万元，实施道路硬化和危桥改造项目9个。结合贫困户意愿发展芦花鸡养殖，让17户贫困户从中受益；依托洞庭春米业公司、千村植保专业合作社、农康葡萄专业合作社发展订单农业，与67户贫困户建立利益联结。利用春风行动、线上招聘、扶贫车间、公益岗位等多种形式提供就业渠道，帮助171名贫困人口实现就业。贫困户何仁知获评常德市“自立自强”示范户。推进公办幼儿园建设，新建徐家嘴社区幼儿园1所，凯鸿星城幼儿园等3所幼儿园转为公办园。成立专项教育基金会，募集资金120多万元。澧县第三人民医院新综合服务大楼内部装修基本完成。组织适龄妇女“两癌”普查1642人次，免费孕前优生健康检查536人。实施精准救助，发放各类民政救助资金400多万元。完成残疾人无障碍设施改造12户，向381人发放住房租赁补贴。园区企业稳岗就业129人，城镇新增就业登记367人。新增城乡居民社会养老保险763人，完成城乡居民基本医疗保险征缴58539人。

街道党工委书记张红（右一）慰问贫困户

【队伍建设】 全年组织干部集中培训2次，有4名社区干部进入公务员队伍，完成桃花滩社区政务服务大厅建设。完成党员转正16人、纳新20人。完成3名党工委兼职委员换届，完成3中心1站1队内设机构改革。完成社区“两委”班子换届选举，选举产生新总支书记4名。开展党工委中心组学习12次，“学习强国”积分30000以上47人。网络舆情监测平台负面信息办结率100%。开展“两同时”谈话172人次，处置线索30条，办结线索21条，立案16起，结案7起。

【精神文明建设】 邀请最美新时代革命军人、全国抗击新冠肺炎疫情先进个人黄文杰开展国防教育专题讲座；举办庆祝中国共产党成立99周年“践行澧州精神、勇担党员使命”文艺汇演；开展“微心愿”“户帮户亲帮亲”等公益活动和“最美家庭”“好婆婆好儿媳”等典型培育，营造蓬勃向上、文明和谐的社会风貌；组织参加全县首届全民健身运动会，获镇（街道）组

总分第一；推进“人情风”综合治理，劝退早期预定115起，处理违规赈酒13起。（彭新锦）

澧西街道

【概况】 澧西街道辖18个社区、4个行政村，总面积44.48平方千米，总人口约6万人。2020年，澧西街道坚持以党建为总揽，突出重点、改进作风、攻坚克难，在疫情防控和经济发展上，坚持“两手抓、两不误”，稳步推进各项工作。获评全市安全生产和消防工作优秀乡镇（街道）、全市建设“无上访村（社区）”良好乡镇（街道），县级文明标兵单位，人居环境、城市提质在全县四个季度评比中均获一类单位。澧西街道白米社区获评全市平安建设（村）社区。

【疫情防控】 先后召开专题会议15次，及时落实各级疫情防控会议精神，实施“五包一”工作机制，组织党员干部群众共同参与疫情防控。全街道共摸排上报境外人员140人，累计排查外省返回澧县人员4619人，“五包一”居家隔离2150人，集中隔离130人，隔离人员经核酸检测，均为阴性。

【组织建设】 对主题教育开展“回头看”，整改上年度交办问题4个；持续深化政务改革，推动“一门式服务”全覆盖；规范服务中心设置，配备便民设施，最大限度方便群众办事；加强党风廉政建设，全年党工委专题开展廉政教育3次，全体干部廉政专题教育8次；开展护航脱贫攻坚专项督导11次，营商环境专项整治行动1次，发现问题及时整改，对违规违法人员依法处理。

【基层武装工作】 全年完成民兵整组93人，输送合格兵员11人；完善武装阵地星级达标建设和退役军人服务站规范化建设；重视民兵、退役军人政治教育工作，组织训练和技能培训，提高参与经济建设和练兵备战能力。

【农业生产】 全街道水稻种植面积2万亩，推广优质稻5000亩，30亩以上种粮大户48户，面积6034亩，其中1000亩以上种植大户和合作社2户。葡萄种植面积5000余亩，其中品种改良种植阳光玫瑰1000余亩，实行水肥一体化等高效栽培模式2400亩。蓝莓、草莓、食用菌等为农民创收300多万元。

机械化收割

【人居环境整治】 年内，对省道302线、国道207线、临江路进行高标准整治；投入资金近300万元，完成高路铺、荣家河渚天阁、向阳三和美、马堰4个高标准幸福屋场建设。

【城市提质】 推进城市品位提质。年内，共投入资金80余万元，完成7处园林绿化景观及特色文化宣传墙建设；出动100多人次治理“六乱”，落实“门前三包”责任；强力整治流动摊贩占道经营，市容市貌得到改观。加大“两违”管控力度。全年共查处“两违”建设70余处，总面积约3500平方米，组织4次大型强制拆违行动，共拆除违建60余处约3000平方米，处罚结案10处，面积约500平方米。打好污染防治攻坚战。加大黑臭水体整治，落实河长制，推进生态环境持续改善。配合处理省级交办件1件，群众投诉5件。城市提质工作4个季度均被县政府评为一类单位。

【综治维稳】 全年共排查解决矛盾纠纷238

起，解答法律咨询近100人。接待群众来信来访159起，办结145起；摸排扫黑除恶线索20件，均已完成交办；开展平安家庭评选活动，让平安创建理念深入人心。抓安全除各类隐患。全年共张贴标语500多条，出动宣传车5次，发放资料8万余册，进一步提高全民安全生产意识；共排查各类安全隐患216处，整改215处，整改率99%；开展专项整治6次，道路交通整治5次，设置标识牌50余块，安装减速带19条，基本消除交通安全隐患。普法化解群众纠纷。普法工作采取线上和线下相结合方式，全年共发放法律宣传资料3000余份；对矛盾纠纷开展"拉网式"排查，聚焦重点领域、重点场所，确保第一时间掌握情况，全年共调解案件256件，全面落实"以奖代补"。

安全生产检查

【民生事业】 年内，实现剩余贫困户346户965人全部脱贫，并通过脱贫攻坚验收考核。全年发放低保救助433万元；临时救助1000多人，累计发放144万元；残疾人两项补贴719人次，共发放补贴81.48万元；高龄老人141人，发放补贴15.78万元；为11名困境儿童送去节日慰问金5500元，为农村留守儿童发放棉袄52件。全年新增就业岗位350个，为67名贫困劳动力发放外出交通补贴1.95万元，举办职业技能培训班3期，培训人员150人；新农合和城居保基本实现全覆盖。开展"送戏送影下乡"活动；组队参加县全民健身运动会，获全县第三名的好成绩；推荐湖南好人候选人5名，57条新闻线索在中央、省、市、县媒体刊播；为全市移风易俗工作会议提供观摩现场，移风易俗工作获市、县领导肯定。

（孔治强）

澧浦街道

【概况】 澧浦街道地处津澧融城对接地，澧州新城核心区。辖12个社区、1个建制村，总面积36.55平方千米，户籍人口4.41万人。2020年，澧浦街道平安建设工作被评为市级平安街道、年度先进单位；基层党建暨意识形态工作述职获评"好"等次；在全县绩效考核中被评为优秀等次，纪检、无访创建、招商引资、安全生产等工作被评为县级先进单位。澧浦街道财政所被评为省星级示范财政所。

【疫情防控】 全体干部取消节假日，服从统一调度，上门摸排风险人员，面对面开展隔离人员心理疏导；建立地毯式摸排体系，网格化全覆盖村组、小区、楼栋，居民群众主动提供外出返乡人员信息，加强防疫宣传，定期推送疫情信息到居民微信群，发放宣传册1.5万份，张贴宣传

街道干部同镇卫生院医务人员、民警在澧县汽车总站开展疫情防控值班值守工作

告示780张；对摸排出来的境外及高中风险地区人员落实“五包一”责任，集中隔离151人，居家隔离1908人；加强重点场所落实疫情防控常态化要求督导，对冷链行业登记建立管控台账，落实货物溯源、消毒检测等措施；坚持疫情防控、复工复产两不误，组织企业复工复产，社区主动为个体工商户、承租企业减免房屋租金3.5万元，市管卫计等部门负责人定期到企业、商户、村社督促指导常态化疫情防控。

【服务重点项目建设】 全年征拆项目14个，共征地800亩，拆迁200户，组织保护性施工和推青扫障近20次。年初克服疫情影响，助力体育中心北项目，5天迁坟近600座；国际汽车城项目2天内完成2500平方米钢棚砖屋及汽修厂、驾校、餐馆、电力器材等建筑征拆倒房任务；卢家鱼行东地块3天推青，按期达到净地要求。此外，先后完成澹水西路、纬一路、经十六路、澹水老河槽淤泥堆场、芙蓉学校、宝塔变电站等项目的征地拆迁任务，确保县重点项目按期落户建设。

【城市提质】 补齐城建短板。投入资金近300万元，完成襄阳社区、任家巷社区、三贤社区3条小街小巷建设，抓好宝塔社区、黄沙湾社区建设，推进多安桥小区改造。强化城市管理。落实网格化管理模式，推行执法人员下沉，健全交通、卫生、经营三大秩序长效管理机制。开展规范城市养犬专项行动，扭转养犬乱象。化解物管纠纷，避免矛盾上行，引导成立5个新的业主委员会。加强“两违”管控。农村建房形成联审联批联管格局，街道、社区两级常态巡查监控，全年处置“两违”建设114起。

【生态环境治理】 禁捕退捕共拆毁三无渔船43艘，收缴渔网渔具3440千克，23户退捕渔民全部转产就业，兑现补偿30.92万元，社保政策落实到位；严禁秸秆焚烧，构建街道、社区、网格三级责任，负责人轮班巡查，专业队重点巡查，科技手段辅助巡查；开展人居环境整治百日攻坚专项行动，国道207线拆违80多处，境内存量垃圾全部清零，打造十回港村幸福屋场1处。

【社会事业】 年内，剩余38户72人贫困人口全部脱贫。推进“一门式”服务，升级街道政务服务中心，配齐工作人员，规范办事流程，社区（村）全部建成“一门式”服务平台，全年共办件10569件。医保参保率100%，养老保险扩面12128人。促进就业稳定增长，全年新增就业755人，开发公益性岗位31个。低收入群体应保尽保，全年精准救助困难对象1087人次，发放救助金94.6万元。落实无房困难群体住保政策，完成残疾人信息动态更新，上门办证56人次。加强退役军人管理，组织优抚对象年审263人次，主动开展上门服务，送去慰问金14万元。超额完成年度征兵任务。全民参与文明创建，志愿服务成为常态。率先完成第七次人口普查。

街道机关食堂开展消费扶贫，购买贫困户自种蔬菜

【安全生产】 强化安全生产责任，坚持党政负责人定期带队检查安全生产，全年排查各类安全隐患81处，限期整改81处。打通消防生命通道，拆除限宽水泥墩和限高水泥杆16处。社区（村）建立微型消防站，开展消防培训演练7次，全年未发生较大以上生产安全事故。

【综治维稳】 配合公安机关打掉十回港崔氏黑恶团伙；物防技防无缝覆盖，雪亮工程安装监控探头155个；排查调解矛盾纠纷，全年共受理各类纠纷229件，化解229件。无访创建经验在全省推介，平安建设获市级表彰。（李梦洲）

澧澹街道

【概况】 澧澹街道辖16个社区（村），总面积48.17平方千米，总人口4.8万人，街道办事处驻大巷口。2020年，澧澹街道围绕疫情防控、防汛抗洪、社会治理等重点工作，凝心聚力、真抓实干，各项工作取得新成效，获评全市平安建设年度评估优秀镇街和平安镇街，人武部获全省“五星级”基层人武部荣誉称号。澧澹街道财政所被评为省级红旗财政所和全省财政工作先进单位。

【疫情防控】 街道全体干部包片包户，累计入户走访5.4万户次，发放宣传单6万多张，悬挂宣传横幅256条，设置宣传栏320处，出动宣传车430辆次。街道党员干部严格按照上级部署，先后在高速出口和汽车总站设立卡口，实施24小时日夜不间断轮班值守，累计完成2406辆车和近1.2万人排查，劝返车辆62辆，劝返人员139人。后疫情阶段，持续加强对武汉、朝阳区、黑龙江、青岛、新疆等风险地区人员返津情况摸排，重点管控境外回澧县人员，严格落实人员检测、集中隔离措施。推进湖南省健康码认领工作，认领居民3.8万人。

1月31日，县委书记廖可元（左一）督导澧澹街道高速公路出口疫情防控工作

【党建工作】 全年街道党工委中心组集中学习11次，专题研究意识形态工作11次；发展党员22名，培养入党积极分子30名；优化调整村（社区）干部队伍结构，保证各村社有35岁以下年轻干部，支部书记队伍35岁以下大专以上学历人数达到街道的20%；加强智慧党建系统更新维护，创新“互联网+党建”党员管理模式，开展“党务、政务、服务”三务合一智慧党建“一门式服务”工程，对村（社区）服务平台进行资源整合，实现办公面积最少化，服务面积最大化；全年开展集中廉政谈话3场次，发通报10期，组织处理14人，教育、预防、警醒520人次。

【基层武装工作】 全年组织基干民兵开展政治教育，组建应急力量，开展科目训练；为部队输送新兵，其中大学生占比73%；通过办点示范、召开现场会，推进社区民兵连、“退役军人之家”和“青年民兵之家”建设；投入资金12万余元，对街道武装部战备器材进行更新完备和补充，完成争创“五星级”阵地建设达标任务。

市军分区副司令员徐赞军（右二）调度澧澹街道民兵整组工作

【人居环境整治】 全年共投入资金200余万元，对卫生死角、市场周边等卫生问题突出地进行8次大规模清理，打造“幸福屋场”，开展“厕所革命”、空心房整治、主干道路“六乱”清理、沟塘河湖清“四乱”等行动，高标准建成

十五支示范片、澧东周家港幸福屋场。开展渔民禁捕退捕安置保障工作。12户持证渔民全部完成退捕禁捕，回收渔证牌照12副、渔船22条、丝网2093千克、虾豪1219千克。加强“两违”管控。全年共查处“两违”行为40余起，拆除“两违”建筑面积6767.2平方米。合理引导农户进行危房维修加固，年内完成危房改造19户。同时，坚持疏堵结合的方式，在规划区外建房报批65户，已出证31户，测图34户。开展秸秆禁烧工作。街道逐户签订秸秆禁烧责任书，在主要道路、居民集中区张贴悬挂标语近100条，发放宣传资料近1.2万余份，群众知晓率100%。同时，推进秸秆回收、粉碎还田，从源头进行治理。

【项目建设】 基本完成常德北（澧州）至芦家双回220千瓦线路工程建设；沅澧快线A1标段和三科农商城项目正处在紧张建设中；樟柳南地块倒房项目稳步推进；完成污水处理厂管网建设项目签约。

【防汛抗灾】 做好汛前准备。街道投入资金50余万元，储备编织袋、彩条布、巡逻灯、发电机、棉被、油锯、锤子等防汛物品器材。强化主汛期防汛责任。街道、村（社区）组成营、连两级防汛抢险队伍，落实防汛24小时值班制度，对街道境内30千米堤段巡查防守，全天候做好险情处置、汛情传递和灾害情况的收集、核实、上报工作，为打赢防汛保卫战筑牢铜墙铁壁，确保安全度汛。

【综治维稳】 开展隐患排查、治安巡逻、综治宣传、治安提醒、矛盾化解、禁毒铲毒宣传等众创平安活动。全年共发放各类倡议书、承诺书、通告等宣传单3万多份，召开屋场会65场次，建立平安网格微信群32个，居民平安微信群96个，近2.9万人入群。落实“干部接待日”制度，全年共接待群众187起，受理各类矛盾纠纷162起，成功调解151起，无一起因纠纷调解不当或不及时而引发的民转刑、群体性上访事件发生。对7名重点涉稳对象严格包保稳控，建立“五包一”台账，按“六个清清楚楚”要求建立健全重点人员档案，并下达交办函，确保将部分问题矛盾化解在萌芽状态。

【安全生产】 开展“安全生产月”“一盔一带”安全守护、公路治超“百日攻坚”、道路交通顽瘴痼疾整治等行动。年内，完成13项道路交通顽瘴痼疾整治，高标准高规格全覆盖建成16家微型消防站，落实“强执法、防事故”，安全生产专项整治三年行动等工作要求。全年未发生一起生产安全事故。

【脱贫攻坚】 全年共开展动态调整5次，人口自然增加16人，自然减少31人；实施危房改造19户，发放学前及义务教育助学金194人，高中、中职助学金28人，雨露计划32人，2名因特殊原因而不能正常入学的学生均落实“送教上门”；实施扶贫项目19个，涉及资金119万元，其中道路建设项目15个，产业扶贫项目1个，沟渠清淤项目3个，直接受益1200余人；开展“两后生”技能培训6人，创业致富带头人培训8人，开发公益性岗位70个；针对澧澹街道地理特点及产业基础，发展以蔬菜、葡萄、铁扫把、优质稻为主要产业。同时，培育扶持新型经营主体，打造阳光玫瑰、蚕桑养殖等一批特色农业品牌，带动贫困户稳定增收。年内辖区建档立卡贫困人口622户1956人已全部如期脱贫。

【民生事业】 计生工作。落实免费孕前优生健康检查280例，产前筛查223例，完成“两癌”普查647人；开展卫生计生监督管理巡查84次，卫生计生监督协管员培训42人次，辖区58家企业全部建立职业病危害调查台账。民政事业工作。为101人发放重度护理补贴，48人发放困难生活补贴。街道城乡低保家庭613户991人，累计发放救助资金1362070元，新增低保家庭50户。劳动保障工作。完成城镇新增转移就业342人，新开发公益性岗位70个，采集贫困劳动力就业信息1345条，对辖区内贫困劳动力就业动向实时跟踪，及时更新。对625人进行企业职工基本养老保险领取资格认证，依托村（社区）对7773人进行城乡居民基本养老保险领取资格认证，征缴城乡居保基金162.6万元。

【退役军人事务】 完成退役军人信息采集，

组建35周岁以下基干民兵队伍，入户悬挂光荣牌1139名，春节、八一优抚对象走访慰问，发放慰问金29.51万元。澧澹街道退役军人服务站2次作为省级迎检示范点，省退役事务厅主要领导对澧澹街道退役军人事务服务工作给予高度评价。5月15日，全县各镇（街道）分管负责人、站长前来街道就退役军人服务站规范化建设参观学习。（刘林彰　蔡浩）

5月13日，省退役军人事务厅厅长唐勇（左二）调研澧澹街道退役军人事务工作

澧南镇

【概况】澧南镇位于澧水下游、道水尾端，北隔澧水、与澧县县城相望，东与津市接壤，三面环水一面靠山，属湖南省洞庭湖区24个蓄洪垸之一。全镇总人口4.46万人，面积120.49平方千米，辖11个行政村、3个社区居委会。2020年，澧南镇围绕“农旅融合样板镇，乡村振兴排头兵”的发展定位，统筹疫情防控和经济社会发展各项工作，取得明显成效，获评市级平安建设工作优秀乡镇、市级卫生乡镇；全县绩效评估一类乡镇。该镇乔家河社区获农业农村部“2020年中国美丽休闲乡村”称号，并入选第二批湖南省乡村旅游重点村名录；双荷村、栗木村分别获市级美丽乡村、市级卫生镇称号。

【疫情防控】严格落实新冠疫情防控各项措施，全镇保持“零疑似零确诊”，守住一方净土。同时，组织干部群众和乡贤参与爱心捐赠活动，先后为海创、嘉业达、东鹏陶瓷等企业送去蔬菜6车，口罩1000余只，酒精、84消毒液等200余斤，助力企业有序复工复产。

【防汛抗灾】汛前，对全镇范围内堤防、涵闸、水库、机埠泵站和山洪地质灾害隐患点展开拉网式排查，并对险工险段及垸内、大堤涵闸启闭设施、机电设备进行除险、检修；7月进入主汛期，面对17年未遇的持续特大暴雨，全镇广大党员干部群众团结一心，对4.21千米堤坝进行24小时不间断值班值守，共排除险情38处，确保堤垸安全。

抗洪抢险现场

【脱贫攻坚】全镇以就业扶贫、产业扶贫为主，辅以教育助学、社会保障、危房改造等精准施策。全年共实施扶贫专项资金项目25个；组织实用技能培训29人次，新增贫困人口转移就业35人，发放交通补贴17.46万元；通过技术指导、土地流转、入股分红等进行产业扶贫515户，户均增收2700元；教育助学246人，发放资金33.7万元；低保兜底531人，发放残疾人困难补助和重残补贴355人；为所有建档立卡贫困户购买扶贫特惠保、稳定脱贫保，有效防止因病因灾因学返贫；完成危改存量4户。截至12月，全

镇60户133人全部如期脱贫。

【生态环境保护】 投入资金1500余万元，新建大型集中式污水处理设施3处，完成上级下派改厕任务263个，依法停办禁养区内所有畜禽养殖场新建申请。全面禁止水库投肥养鱼，镇内12座水库水质均达3类以上标准。严禁秸秆焚烧，加大巡查力度，推广秸秆还田还果园等综合利用技术。推进绿化提质工程，新增造林1800多亩。同时，明确涉砂、涉矿、涉扬尘企业相关责任要求，并在道路沿线设卡执法。全年设卡执法20余次，处置违规违法车辆100余辆，向县交通局和上级环保部门移交情节严重案件2起。

集镇污水处理设施

【防范化解重大风险】 按照“摸清底数、控制新债、明确责任、分类处理、逐年消化”的总原则，镇、村两级均摸清债务底数，制定消赤减债计划，落实每年化债20%以上整体要求。

【乡村振兴】 年内，大岩厂豆制品街项目全面完工，澧县道河豆制品协会登记并注册，相关产品全面上市，全年豆制品销量50余万斤；唐人神养殖项目成功落户澧南镇彭坪村；以“油菜、水稻、油茶、果蔬、花卉、苗木”六大精品种植业为主的大规模、连片、高效生态种养模式得到外界广泛认可；镇棚改三期项目整体完工；安慈高速项目主干道土建部分基本完成；狮子岭小区建设项目完成水电、管道铺设、道路硬化等基础设施建设；高堰打鼓台幸福屋场、栗木鸡公垱幸福屋场、仙峰易家屋场等9个幸福屋场完成建设，其中高堰打鼓台幸福屋场获评县级十佳幸福屋场称号；石澧航道项目已开启奠基启动仪式；紫水溪中型泵升级改造、艳洲中型灌区高效节水配套工程以及高标准基本农田水利建设配套工程等大型水利工程项目均已完工。

澧南特色农产品登上全县第一届年货节

仙峰村阳光玫瑰、红地球等葡萄品种展示

【集镇管理】 全年共组织对乔家河集镇、张家滩集镇和天子山集镇巡查、督查80余次，开展大雁路沿线专项清理4次，完成棚户区改造，消除集镇马路市场。采取“挂图作战”形式，对集镇五大干线开展人居环境整治百日攻坚行动。同时，开展万户清洁活动，解决一批垃圾处理老大难问题。加强“五违”管控。全年拆除各种违章建筑50余处、处置违法建设行为13起、制止和查处违法开采案件6起、处置违法葬坟事件4起、处置违法燃放烟花鞭炮案件20余起、监察和查处违章运输、违法倾倒等案件50余次。在县城市提质指挥部主导的季度考核排名中，澧南镇连续四个季度均被评为一类。

【民生事业】 投入资金2万元，优化功能窗口布局，增配办公设备，重新印制便民服务事项目录和办理清单；邀请县行政审批服务局专业人员来镇开展业务培训，提升镇工作人员业务水平。全年下沉镇级受理事项97项，村级受理事项66项，办结率100%。全年城镇新增就业241人；为63人发放一次性求职创业补贴1.89万元，1.73万名居民购买城乡居民养老保险，3.92万名居民购买城乡居民医疗保险，9110位老人完成城乡居民养老保险资格认证，实现城乡居民养老保险全覆盖；走访慰问困难家庭和农村“三留守”人员185人；发放残疾人两项补贴、高龄老人补贴、农村低保金、大病医疗补助、临时困难救助等惠民资金394.76万元；完成低保审核工作，新增低保户27户33人，做到应保尽保；抓好年度征兵工作，10名青年光荣入伍。推进“扫黑除恶”、综治维稳信访专项行动，全年调处各类社会矛盾纠纷225余起；省长、县长信箱、市长热线、红网、镇政府本级信访办及网上投诉结率均为100%。全年未发生赴京赴省越级上访事件发生。开展安全生产十大领域“安全隐患大排查大管控大整治”专项行动，排查各类安全隐患300余起，整改295起，辖区全年未发生安全生产事故。

【队伍建设】 根据换届年龄、学历、性别要求，做好后备干部储备及换届准备工作。全年共培养入党积极分子36名，发展党员8名。2名支部书记通过公开招考进入事业单位。持续开展“两同时”谈心谈话，镇、村干部作风彻底转变；加强执纪监督，全年镇纪委立案10起，给予党纪处分10人，警示谈话1人，诫勉谈话2人。开展“双述双评”、冬春训、主题党日等活动，发挥党建示范引领作用。（段慕洋）

城头山镇

【概况】 城头山镇位于澧阳平原腹地，涔水之滨。全镇总面积101平方千米，辖16个村、3个社区。总人口7.04万人，是全县人口最多的镇。2020年，全镇实现农林牧渔业总产值5.31亿元，较上年增长6%；工业总产值4.8亿元，较上年增长5%；规模工业产值4.2亿元，较上年增长6%；固定资产投资5.5亿元；城镇居民人均可支配收入22645元，高于全县平均水平10%。城头山镇国富村、詹家岗村分别获评全国文明村镇和全国乡村治理示范村。黄河村村民郝进因新冠肺炎疫情捐赠口罩登上“中国好人榜”。

澧县詹家岗村自创非遗剧本，颂唱脱贫攻坚

【党建工作】 深化智慧党建平台建设，优化完善智慧党建平台信息管理。全年全镇维护更新信息3000余条，组织开展智慧党建工作培训和宣讲20余次，上党课140余场。推进党支部“五化”建设，党政班子成员对各自联系的支部进行定期联系，解决突出问题1—2个。提升村干部整体素质，建立“123”后备人才库，全年考察培养村级后备干部74名。严格落实“一门式服务”，按照“事项颗粒化、服务智能化”标准开展事项配置，“刷脸办”“全城通办”均应用到位，所有大厅工作人员均会进行业务办理，已实现“一人多能，一窗多能”。

【乡村振兴】 按照“一心一环八片区”总体布局，贯彻“大规划小切入”整体思路，全年整合项目资金4020万元。全域环境提质升级。完成集镇范围及旅游公路绿化、亮化改造项目，共增添路灯352盏，绿化改造提质25.3千米，完成民房风貌改造50户，道路改造5千米，堰塘清淤生态护砌15口。污染治理统筹推进。按三格化粪池标准，全镇打造卫生厕所3037户，覆盖率95%，以詹家岗村为试点改造农村污水黑灰分离处理55户，建设周家坡社区集镇污水处理设备，并投入使用。乡风文明不断提升。完成詹家岗村、城头山村村标广场建设，高标准打造幸福屋场24处；新建老年活动中心和儿童之家3家，以及詹家岗村会客接待中心；成立乡贤理事会，引进“乡村相间”乡贤交流平台；强化网格化与社会治理系统，提升乡村社会治理现代化水平。

稻田彩绘“乡村振兴”

【农业及特色产业】 年内，与湖南洞庭春米业有限公司签订糯两优561种植2万亩，与湖南锦绣千村农业专业合作社签订兆优5431、5455种植1万亩。从一颗种子到一粒谷，农业站技术人员全程服务，虽受长期阴雨和低温天气影响，大部分农户亩产仍超过600千克，收益1500元以上。全年更新阳光玫瑰新品种3000多亩，举办葡萄种植培训班12期，聘请葡萄专家授课，培

白露时节“玫瑰”香

训人数1000多人次，印发技术资料8000多份，实现亩平产值3万元以上。截至12月，全镇范围内葡萄品种已由红地球改良为阳光玫瑰新品种。

【脱贫攻坚】 开展结对帮扶和驻村帮扶。全年进行6次脱贫攻坚动态调整，并逐户走访，确保人户一致、前置审核和政策落实到位，脱贫攻坚圆满收官。开展产业脱贫工作。鼓励能人参与和社会资本投入，全年共引进返乡创业能人投资冷链物流、休闲农庄、生态养殖、特种水果种植达9家。创新产业扶贫模式，涌现出5个典型新型经营主体，产业发展典型经验载入2020年澧县产业扶贫36计。

【社会保障】 全年新增低保130户，特困供养15人次，发放补贴资金130多万元。

【综治工作】 将“雪亮工程”与“天网”链接融通，整合19个村（社区）监控262个，发展群众“雪亮庭院”2432户，实现群众参与、邻里守望、联防联控。 （刘　莎）

涔南镇

【概况】 涔南镇位于澧县澧阳平原东北部，东邻北民湖蓄洪区，南接澧浦街道和澧阳街道，西连城头山镇和大堰垱镇，北濒涔水与梦溪镇相望。全镇辖11个行政村（社区），总人口3.9万人，面积90.27平方千米，其中耕地面积5.9万亩，是全县粮食主产区之一。境内，新老207国道贯穿其境，有鸡叫城遗址、丁家岗遗址等全国重点文物保护单位和国家AAA级旅游景区黄家套度假庄园。2020年，涔南镇获评常德市文明镇、常德市建设“无上访村（社区）”良好乡镇。

【项目建设】 建成农业产业示范连栋智能温室3座、冬暖式日光温棚6座、单体钢架塑料大棚291个；完成冷链物流配送中心、沼气综合利用站和农产品加工生产线建设；2000余亩蔬菜种植基地—生态蔬菜产业走廊项目，以合作社形式

纳入1500余亩种植大户；完成湖田坝湿地公园项目基础建设、绿化工作，新增各色花卉，品种以紫薇、桃花、樱花、荷花、海棠花等为主；投入资金2000万元的湖田坝冷链物流中心项目，已进入建设前期准备工作；项目库内5500万元的葡萄种植综合体项目完成初可研；黄家套儿童乐园建设项目签订意向合同。

【产业发展】 把果蔬产业作为产业结构调整的主攻方向。以专业合作社为龙头，种植优质稻1.3万亩；各类蔬菜水果6000多亩，其中大棚蔬菜水果种植4000多亩；渔业养殖水面3000多亩，牲畜存栏1万头。引进湖田坝农业有限公司投入资金1200万元，打造高标准果蔬冷链中心，形成以黄家套、老207国道为核心的“涔南镇果蔬走廊”，该片区年产值2000万元以上。截至12月，全镇流转土地面积1.2万亩。

蔬菜育苗

黄家套庄园

【防汛救灾】 进入主汛期，全镇组织3000多名干部群众投入防汛救灾工作。为夺取“涔水保卫战”胜利，坚守18个昼夜，做到“不死一人，不溃一堤一垸”。全面做好灾后恢复工作。迅速抢修损毁房屋、道路、供水等设施，确保群众生产生活恢复正常。

组织干部群众奋力抗洪抢险

【人居环境整治】 严禁秸秆焚烧。各村（社区）均配备灭火器材、宣传喇叭，实行干部包片到户制度，强化禁烧巡查力度，利用蓝天卫士平台，加强后台监控，对焚烧秸秆违法行为坚决予以查处；成立菌菇种植合作社，回收秸秆发展种植，解决秸秆禁烧源头问题。生态环境治理。对各级反馈的环境污染问题进行整改销号；完成面源污染治理工程，消除集镇周边黑臭水体；完成11个村（社区）环境综合整治行动，提高人居环境治理水平；完成国省两道专项治理，成功打造1处县级国道治理样板路段。村容村貌整治。规范农贸市场经营管理，扩充城管力量，加强违建

镇乡村振兴工作会议

管控，实行农民建房审批制；保质保量完成全镇1473户农村改厕工作；提升村（社区）品味和形象，定期开展群众主导的“村庄清洁”和干部主导的“人居环境集中整治”等活动。

【脱贫攻坚】 重点排查摸底“六类对象”，开展住房安全、饮水安全等问题清零行动。帮助105名外出务工人员返岗就业；开发107个公益性岗位，解决贫困人口132人居家灵活就业。全镇建卡贫困户小额信贷贷款127万元。大病救治累计救治102人次。慢病救治率100%，累计救治340人次。共发放交通补贴金15.87万元，补助474人，实现就业772人，112个公益性岗位带动贫困户脱贫增收，就业总人数超过上年，并克服疫情影响，保证贫困人口收入。持续紧盯中央专项巡视“回头看”反馈问题、上年度脱贫攻坚成效考核反馈问题以及其他问题整改工作，把跟踪督查贯穿问题整改全过程，确保整改到位。通过省脱贫攻坚实地考核，全镇642户1842人建档立卡贫困户实现全面脱贫。

【综治维稳】 打造“一个中心”，变“小系统”为“大数据”。通过不断融合、整合各方资源力量，在全镇搭建高标准、多功能综合服务中心，基本实现信访维稳力量服务群众“千条线”，矛盾化解“无缝隙”，信访办理“一条龙”，做到矛盾纠纷“只进一扇门”“最多跑一次”。截至12月，全镇已接入雪亮工程平台监控139处，实现全镇重点场所、重点路段、企业单位全覆盖，协助镇派出所破获案件10起，查找走失儿童、老人12起。创新实施“五步一带”调解工作法，规范“一案一档”制度，坚持“咨询与调解”“调解与信访”并行的化解机制。全年镇村两级共调处各类矛盾纠纷356件，成功调解353起，为本镇村民挽回经济损失830多万元，累计发放普法资料3万余份，解答法律咨询370余次。

【安全生产】 集中开展安全生产大检查、百日攻坚等专项行动，加强对突发情况处置，及时化解险情，全年未发生一起安全生产事故。开展酒类市场暨食品安全专项整治，确保人民群众舌尖上的安全。 （夏　阳）

小渡口镇

【概况】 小渡口镇位于澧县县城东，距县城15千米，全镇总面积153.39平方千米，辖19个行政村、1个社区，总人口6.63万人。2020年，全镇年农林牧渔业总产值14.08亿元，工业总产值3.1亿元，规模以上工业总产值1.1亿元，建筑业总产值6800万元，农民人均纯收入1.3万元。小渡口镇全县绩效评估获评优秀等次。

【党建工作】 加强思想政治建设。以开展主题党日活动为契机，组织党员干部赴前往澧县甘溪滩镇、湘西土家族苗族自治州十八洞村开展学习教育活动，提升党员干部思想认识，增强党员干部凝聚力。推进基层党组织建设。提前谋划村支两委换届工作，全面掌握村级党组织、党员队伍情况，剖析班子工作中存在的重点、难点及遗留问题，查找问题导向，做到有的放矢。做好为民服务工作。全面落实基础公共服务“一门式”全覆盖，让办事群众有更多的便利感和获得感。

【疫情防控】 启动迅速。1月29日晚9点半，镇政府召开紧急调度会，成立新冠疫情防控工作指挥部，设立8个专业工作小组，明确各组工作职责，全员无休。落实责任。对摸排出与湖北返常有接触的三类人员1078名，指派包村干部、村干部、乡村医生、党员有针对性对此类人员进行“四包一”24小时包保，隔离不隔爱。精准报送。严格按照澧县疫情防控指挥部文件要求，做到“一日一报”，为全县疫情防控提供决策参考。

【农业生产】 全镇粮食种植面积6.1万亩，总产3900万千克，优质稻推广1.7万亩，每亩为农户增收100元。在仁和村建立“三品一标”基地，覆盖面积4.19万亩，添围村、出草坡村、毕黄村成为省级棉花机械直播示范点；在甘家湾村、毕陈村、土地洲村、雁鹅湖村、仁和村5个村创建4200亩省级稻油轮作示范基地；毕陈村成为县级冬季粮食作物生产基地；全镇秋冬农业生产排名全县第一。

【特色产业】 发展葡萄、草莓、蔬菜等特色产业。年内，全镇新扩种草莓500亩、阳光玫瑰葡萄1万亩、大棚蔬菜1万亩。仁和村创建市级200亩油苔示范点；五公村、东风村、甘家湾村成为县级蔬菜生产基地；仁和村、东露蔬菜专业合作社成为市级农业农村局研究所实验基地；仁和村百家湾专业合作社成为县级食用菌实验基地；竹天湖村、东风村、许家铺村的阳光玫瑰葡萄获全国葡萄节会金奖。渔业产业转型升级，推广鲈鱼养殖、鱼鳖混养、稻虾综合种养等新型养殖模式。竹天湖村洪湖鲈鱼养殖合作社已注册鲈鱼商标；澧县柳耳坝鱼类苗种繁育养殖场（省级繁育基地）争取创建国家级繁育基地；镇政府与湖南文理学院生命与环境科学院签订战略合作协议，建立高标准的水产养殖、育苗基地，提高水产养殖水平，打造水产健康养殖区。

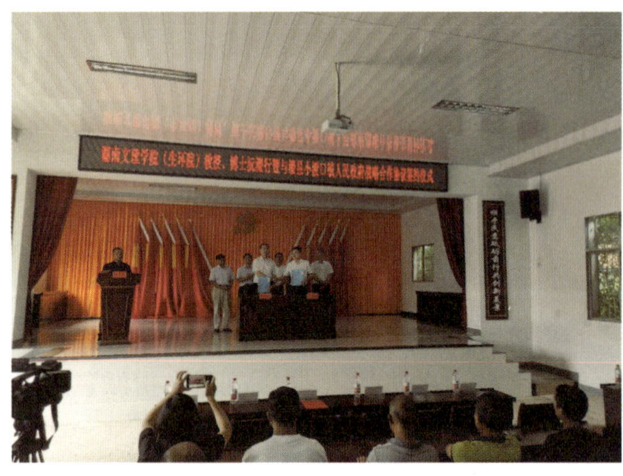

与湖南文理学院签订战略合作协议

【项目建设】 加强基础设施建设。截至12月底，全省最大水利枢纽工程——小渡口泵站已完成工程量80%；投入资金900多万元的董王灌区工程持续推进；10月，投入资金2400多万元的G353国道大修已开工建设。完善集镇配套设施。10月，朱家湖西湖动工建设，最终实现三湖联通；建成全县第一个农村集镇污水处理厂和污水管网配套建设，该污水处理厂日处理量达2000吨，已通过省住建厅专家验收；完成G353国道旁沿线改、扩、翻工程，并完善沿线380套住户的功能性改造。加大电网和农田基础设施建设。全年共投入资金500万元，启动农村电网改造10处；完成土地增减挂钩项目320亩，总投资1000万元；投入资金150万元，完成沟渠清淤47.7千米，防汛抗旱能力和农田灌溉功能得到进一步提升。

【防汛抗灾】 防汛期间，全镇6个营20个连队近200名干部投入防汛一线，动员劳力5000余人，连续13天坚守防汛岗位。共巡查78余次，有效处置险情13处。在防汛抢险中，涌现出潘五洲、周天财、李中国等一批党员先进典型。

【脱贫攻坚】 全年脱贫102户217人，消除致贫风险27户65人，实现全镇贫困人口全部脱贫目标。建档立卡贫困户参与产业扶贫有748户，有就业意愿的返乡回流贫困户15名均已及时返岗就业，在读生享受教育助学和雨露计划等教育扶贫373人，实施危房改造61户，建档立卡贫困户和档外“五类对象”住房安全有保障；金融扶贫自贷自用75户，贷款金额375万元。

【综治维稳】 全年共摸排重要黑恶线索13条，镇派出所刑拘判刑涉黑1人，涉恶行政拘留6人，涉黄行政拘留5人，涉毒判刑1人，起诉1人，涉毒行政拘留8人；1名重点涉邪人员进入常德市法制培训班参与进班转化，使其成功与邪教断绝关系，回归社会；全年共排查出各类矛盾纠纷265起，成功调处251起，矛盾纠纷调处率94.7%；发放平安创建知识宣传单、扫黑除恶宣传单、禁毒知识宣传单等资料3万多份，悬挂各类横幅24条，设置宣传专栏23个；6月，以全县开展禁毒宣传活动为契机，组织镇综治办、司法所、派出所分别在小渡口镇中学、澧县六中开展禁毒宣传入校园活动，并开展禁毒知识考试，提高在校学生防毒、拒毒意识。

【人居环境治理】 形成以班子成员分块包片、村（社区）干部按人包组、协会会员具体包户的责任网格体系，实行责任落实全覆盖；每月评选各村最差网格长和10户最不干净户，以月评季奖鼓励先进，用通报批评来激励后进，并在全镇各村广播中点名通报批评，列出问题清单督促整改；推进“三格式”化粪池农村卫生厕所，完成农村厕所改造300户；打造“一纵一横”（一纵指柳耳坝至如东沿线，一横指G353董王渠沿线）人居环境示范带，拆除沿线空心房50余处；推广秸秆还田及资源综合利用。将水稻、玉米秸秆粉碎打包后销售给伊利牛邦、益东黄牛、中翔农牧有限公司，将棉花、葡萄、草莓等秸秆打包销售给湖南理昂再生能源电力有限公司。同时，严厉查处违规焚烧秸秆行为。

秸秆综合利用（粉碎后作为发电原料）

【禁捕退捕】 在澧水、滋水、涔水沿线设立固定横幅标语牌16块，并利用微信网格群、宣传车、村村响、悬挂横幅、张贴标语等方式开展禁捕退捕政策宣传；成立8个禁捕退捕工作巡查组，24小时在全镇范围开展巡查，共征缴持证渔民船只44艘，收缴三无船舶45艘，销毁水泥船3艘、胶质船3艘、铁质船8艘，收缴各类渔具（网）1.69万千克；依法严厉打击，全年共打击非法用网捕鱼行为2起，收缴钓竿46具，因违法捕鱼移送至公安机关2人。

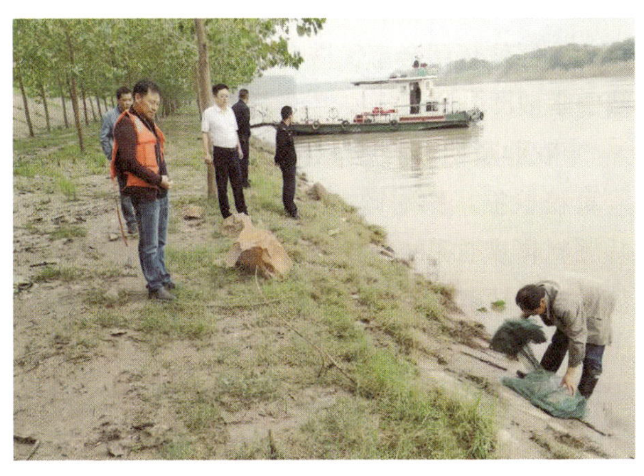

禁捕退捕检查

【党风廉政建设】 印发《关于规范干部日常管理，改进干部工作作风的意见》，结合镇领导班子分工，制成《镇党委、镇政府领导成员党风廉政建设责任分解表》。全年，镇纪委加强办案力度，维护党纪严肃性，已办结问题线索及信访举报件共15件，立案审查10人，给予党纪处分5人。（闫　晨）

官垸镇

【概况】 官垸镇位于澧县东端南部，地处洞庭湖滨，松滋河中、西支之间，四面环水，全镇总面积159.3平方千米，耕地面积7.95万亩。1998年溃垸后移民建镇，现辖1个社区、5个村，共有人口2.26万人。2020年，官垸镇获省级防汛救灾先进集体，获评（市、县）“无上访村（社区）”工作优秀乡镇。

官垸镇松滋河畔景色

【产业发展】 年内，聘请30名葡萄专家驻镇1个月，分片入户进行技术指导，有效提高农户葡萄种植技术，葡萄产量高质量好，亩均收益达5万多元；投入资金2000多万元，打造健康养殖示范园和仙桃“阳光玫瑰”葡萄示范园。5月10日，中央电视台新闻30分节目对官垸镇产业进行长达165秒专题报道；7月24日，官垸镇通过发展特色产业实现乡村振兴经验分别登上《人民日报（海外版）》和光明网；7月31日，《人民日报》对官垸镇产业致富情况再次予以报道。

建设中的“阳光玫瑰”葡萄园

【集镇建设】 投入资金100万元，完成集镇道路高标准亮化工程建设改造；投入资金600多万元，修建综合文化广场1处、高标准足球场2个；投入资金584万元，新建学生宿舍和教师周转房；投入资金近100万元，建成官垸镇中学乡村少年宫和官垸镇自助图书室，并配套购买相关设备；完成3.5千米产业路双向车道改扩建；投入资金2000多万元，全面更新改造小区自来水管网和水表，官垸镇成为全省第一个用上先进的物联网智能水表农村集镇。

【脱贫攻坚】 聚焦解决“两不愁、三保障”突出问题。精准落实“八个一批”措施，采取村与村结对方式，以提升帮扶措施、走访效果、档案整理水平。推进产业扶贫。全镇参与扶贫的新型农业经营主体27家，流转土地面积1.29万亩，贫困人口参与务工工日1235个，人均增收4000多元，产业扶贫工作被央视新闻报道。

【人居环境治理】 发起“垃圾不落地”和“万户清洁”环境整治行动，取消全镇300多个垃圾桶和垃圾池，安排垃圾清运车每天固定线路、固定时间收集全镇垃圾，推动环境卫生管理从“末端垃圾清理”向“源头污染防治”转变，成功创建市级卫生镇；投入资金4000万元的污水集中处理厂项目建成并启用；投入资金80多万元，对鸟儿洲台区进行美化绿化，在台区进口和西侧打造彩绘长廊4000米、喷涂文化墙25面。

【精神文明建设】 开展镇文化站、村“社区”七个一达标建设活动，建成余家台村、鸟儿洲村、常发村、凤凰村4个达标文化大舞台；对标一流，邀请北师大政府管理学院院长、国务院扶贫办特大招标项目负责人章文光教授来镇授课；分批组织干部赴汉寿、永州、长株潭等地学习。涌现出“湖南好人”刘仕南、常德市“优秀共产党员”罗德军等先进典型，专武干部汪磊参加省军区比武，获“优秀学员”称号。（袁杰伟）

如东镇

【概况】 如东镇位于澧县东北部，地处湘鄂边界，为湖北、湖南2省和公安、澧县、安乡3县结合处。全镇总面积125.78平方千米，辖14个行政村，2个社区，总人口5.5万余人。2020年，如东镇党委、镇政府统筹推进常态化疫情防控工作。同时，立足镇情抓产业发展，加强基础设施建设，多渠道增加农民收入，推动全镇经济发展，被评为湖南省防汛救灾先进集体，平安建设考核评估获评全市优秀乡镇、平安乡镇，如东镇中学被评为全市平安建设考核评估平安学校。

【农业及特色产业】 农机推广服务。实行统一育秧机插，镇财政投入资金30万元，由农科站逐村落实面积，全年完成统一机插秧3000余亩。农科站多次下村指导，提供技术支持，为农民增收奠定坚实基础。发展特色产业。全镇新扩阳光玫瑰1500余亩，挂果面积5850亩，红地球2350亩；湘莲种植面积8000余亩，有湘莲专业合作社3个；新扩橘柚5000余亩，全镇橘柚面积达到1.2万亩。举行葡萄、橘柚和湘莲技术培训6场次，培训人员3000余人。建成果蔬冷冻库6个。落实杨家湖光伏发电项目，总投资5.3亿元，利用水沐堰和李家门光伏发电项目建设成功经验，努力打造集产业发展与旅游观光服务的光伏特色小镇。

长福村村民田裕虎家的橘子熟了

【脱贫攻坚】 推进政策落实。年内，完成危房改造户21户；转移就业876人，其中县内172人，县外市内56人，市外省内140人，省外508人，创业致富带头人计划培训5人；参与产业扶贫711户，涉及36个新型经营主体；新增贷款302万元；实现安全饮水、合作医疗全覆盖。开展“回头看”工作。确定镇档外五类对象1227户3674人，对在此次“回头看”工作中排查出的问题及时整改。为疑似残疾人新办证换证192人，住房保障问题整改55户，健康扶贫问题整改3条，新增就业人员申请交通补贴51人，新增或提标兜底保障标准64人。解决“六类对象”问题。及时掌握返乡回流贫困人口动态，建立务工需求清单和帮扶台账；发挥公益性岗位作用，带动上岗就业；开展消费扶贫，帮助有自销产品的贫困户对接企业，建立帮扶责任人帮销机制；持续跟进特殊困难户中的低收入人群，落实兜底保障；开展“户帮户亲帮亲”等活动。

【人居环境治理】 投入资金300万元，高标准打造青梅干渠，全面疏浚河道，修整沟渠，加固坡面，拆除违建，新植花草；完善垃圾清运处理体系，全镇设置大型环保桶4100多个，配备专业垃圾清运车10辆，安排25名专业人员进行日常清理，建设如东铺垃圾中转站，日平均运载量20多吨；按照路长制要求对县、镇、村道进行管护，全年共整治销号交通顽障痼疾问题86个；加强“两违”管控，全年累计拆除空心房1800多平方米，拆除各类乱搭乱建、钢构棚、石棉瓦棚及板房178处，清理广告牌以及墙体广告650多条；围绕“八大沿线”，通过环境卫生大整治，道路“六乱”大清除，河湖“四乱”大清理等专项行动，补齐农村人居环境突出短板；坚持日常督查、暗访调查和随机抽查相结合，镇级实行“督查+整改+通报”，村级实行“巡查+整改+评比”机制，将督查现场图片、视频随时发至各级微信工作群，全镇通过评比找差距，不断改善人居环境。

人居环境整治流动现场会

【综治工作】 开展“无上访村”创建。全年共化解各类纠纷154件，化解率100%；坚持落实领导坐班接访制度，接待各类来访人员100余人；对特殊重点人员，实行“五包一”责任制，安排专人帮扶服务，成功化解“春风行动”积案1件。持续开展扫黑除恶专项斗争。结合“毒黄赌”专项清查行动，全镇全年共打击各类违法犯罪案件11起，判刑7人，治安拘留11人。做实网格化管理，促进精细化服务。在16个行政村建立95个平安网格联户微信群，包片干部为群主，确保人员“全覆盖”。疫情防控期间，通过网格微信群接到疫情举报80起，排查外来人员467人。同时，全年利用网格微信群提供便民服务2892件。抓好安全生产工作。全年组织安全检查138次，出动人员734人次，检查生产经营单位195家次，罚款1.01万元。

【民生事业】 开展残疾人两项补贴的清理、核查、申报工作；上门办理伤残鉴定，并为120名残疾人换证和办证；向上争取资金，对残疾人进行无障碍设施改造。以社会保障助力精准扶贫，全年新增低保户126人，提标107人，新增五保户17人；争取资金对敬老院进行改造；发放临时救助资金32.1万元，救助408人次；发放救助资金18万元，救助448人。新建永丰小学教学楼及食堂、足球场，整修大礼堂；新建大周小学生活配套用房。根据省、市要求，落实民办教育“民转公”工作。

【队伍建设】 以换届为契机，谋划换届人选，配备50名后备干部，其中35岁以下33名，并培养3名后备党总支书记。推进“一门式”基层公共服务平台建设，成立专项工作小组，由专人负责，做到办事流程一简到底、办事一图导引、群众一窗申请、业务一站流转、管理一套标准、服务一支队伍。严格监督执纪。全年共立案6起，诫勉谈话4人，批评教育17人，提醒谈话2人，收缴违纪资金3.79万元。受理上级交办信访线索5件，均已办结。新冠疫情发生后，全镇第一时间发出倡议，号召党员干部投入疫情防控阻击战，当好战斗员、服务员、监督员、示范员、宣传员，全镇党员捐款近12万元。党员干部、党员志愿者主动参与劝返点、邻界卡口值守和信息摸排工作。 （吴　凯）

梦溪镇

【概况】 梦溪镇位于澧县东北部，涔水中下游左岸，距县城15千米，新老207国道穿境而过，紧临枝柳铁路金罗站，交通便捷，是湘北边陲的重要集镇。全镇总面积129.56平方千米，其中耕地面积7.03万亩，辖13个建制村，3个社区，总人口5.5万人。梦溪镇是全县稻谷、油菜、橘柚、葡萄、湘莲、棉花、畜禽养殖主产区之一。

【农业经济】 发展粮油生产。全年发展优质油菜1.2万亩，完成油菜籽加工及销售3万吨，采取“公司+合作社+农户”经营形式，有效促进镇粮油产业更具标准化、规模化，提高农户种植积极性，实现农民增收致富。发展橘柚产业。全镇橘柚种植加工产业园是以凡家铺村为中心，以葡萄柚、沃柑、香橼、柑橘品种为主，包含种植、加工、销售及冷链物流、储藏等全产业链产业园，种植面积5000亩。发展生猪养殖。建设现代化生猪养殖加工产业园，项目计划总投资2.2亿元，年内已完成投资5000万元，建成栏舍27栋，年出栏生猪近5万头。

葡萄柚产业园结出“幸福果”

【脱贫攻坚】 全年共进行扶贫对象常态化动态调整8次，确保不落一户一人，自然变更贫困人口39人，其中自然增加贫困人口11人，自然减少贫困人口20人。全年全镇新增脱贫不稳定户24户33人，脱贫77户154人。完成65户危房改造，累计补助资金近200万元；对45户档外其他对象危房进行维修加固，累计补助资金32万元。新增省级扶贫产品4个，消费扶贫金额400多万元。另外，帮贫困户代销扶贫农产品5万元。开展“户帮户亲帮亲、互助脱贫奔小康”帮扶行动，完成重点帮扶对象79户，参与的帮扶责任主体62人、民营企业等社会组织40个。累计捐赠物资500余件，发布资金需求20多万元。全年共申报扶贫项目34个，各级财政累计拨付资金226万元。

扶贫产品在超市陈列销售

【禁捕退捕】 全镇有持证渔民33户。年内，共收缴渔船35艘，动力33套，渔网具1300千克，收缴捕鱼器200多台。退捕渔民均按政策做好转产就业和社会保障工作。

【社会事业】 对全镇城镇农村低保进行精准救助。截至12月，全镇纳入低保1320人，城乡特困人员381人，其中建档立卡农村低保740人，占总低保总人数的56%，全年新增低保152人，新增特困供养15人；全年为全镇困难群众打卡发放临时救助金22.1万元，资助人数275人；对大病救助110人。投入资金207万元，启动梦溪镇梦圆敬老院配套及附属工程建设，该项目全部完成后可提供200个养老床位，年内已入住特困供养人员82人，社会养老人员12人；缸窑村、五福村总投资160万元的2个高标准老年活动中心主体建筑竣工。落实残疾人“两项补贴”工作。截至12月，全镇有残疾人1832人，其中一、二级重残638人，三、四级残疾463人，享受重残护理补贴806人，发放护理补贴金67.8万元；享受生活补贴460人，发放生活补贴金38.6万元。搞好残疾人服务工作。为残疾人更换3代残疾证284个。组织全镇“送春联下乡”活动，及时更新“农家书屋”图书，协助荆河剧团在梦溪寺社区、雷公塔社区、五福村、彭家厂村4个村（社区）组织送戏下乡活动。完成对辖区内“八十垱遗址”和“三元宫遗址”保护区安全检查和保护工作。

退捕渔民专场招聘会

［美丽乡村建设］ 公路提质改造90.5千米，村级道路硬化119.5千米，危桥改造8座，边界路断头路8.5千米，公路养护250千米，全镇通镇、通村、通组水泥路达到958千米，有效解决群众出行难问题。完成16个村（社区）中低压改造工程及4座小型水库的除险加固和泵站维修养护，提升水库、泵站防洪保障能力。投入资金300万元，完成小流域治理蛟河堤防除险项目，启动平源灌区、澭水灌区、农业综合开发项目工程，开展余家河、夹河及水库堤防除险、护坡保养等系列工作，其中堤防硬化28千米、堰塘清淤扩容599口、渠道清淤315千米、维修机埠70座、护砌沟渠115千米。年内完成梦江路改扩建，完成崔家湾、吴家溪、浴堰口机埠更新改造建设。投入资金100多万元，新建200万立方米净水池1座，新增1套一体化净水装置及动力配套；同时，投入资金450多万元，进行大规模改水工程，完成雷公塔集镇管网改造建设1.8万米施工任务。组织各村（社区）开展植树造林活动，重点打造“一村一样板”工程。全镇共打造

样板路32千米，种植红叶石兰、香椽和大叶樟等植物1.6万株。

【综治维稳】 建立健全矛盾调处机制，全年调解矛盾纠纷332起，成功率100%；强化安全生产工作责任制，实现安全事故“零发生”；推进信访积案化解工作，全年化解信访积案6起；加强禁毒宣传，全年发放禁毒宣传册5000余份，设立禁毒专栏20处，做到辖区居民全覆盖，为创建平安梦溪、构建和谐稳定的社会环境打下良好基础。（任铭洋）

复兴镇

【概况】 复兴镇地处湘鄂边界，新、老207国道及二广高速贯穿其境，距离县城22千米，是省、市、县北大门。全镇总面积119.86平方千米，耕地面积7.46万亩，其中水田面积5.4万亩，旱地面积2.06万亩。全镇辖9个行政村、2个社区，农户12428户，总人口3.62万人，有党员1424名。2020年，复兴镇被评为省级农村建房样板镇，该镇双桥村刘利被国家民政部评为全国抗击新冠肺炎疫情优秀城乡社区工作者。

【党建工作】 坚持党建总揽全局。年内完成11个村（社区）村支“两委”换届，选优配强村（社区）班子。以“一门式”服务为抓手，做好“智慧党建”“智慧政务”平台建设，推进政务下沉，打造便民服务体系。持之以恒正风肃纪，落实“两个责任”，履行管党治党责任，确保全面从严治党向纵深推进。坚持用“身边事”教育“身边人”，全年立案审查违纪案件8起，撤销党内职务1人，给予党内严重警告处分3人，党内警告处分3人。

【疫情防控】 全镇共设置值守卡口12个，严格落实各项管控措施，筑起疫情“防火墙”。该镇双桥村村委会委员刘利在抗疫工作中奋不顾身、身先士卒，因其表现突出，受到国家民政部表彰。全面助力企业复工复产。3月，在确保安全情况下，对洞庭春米业等12家规模企业有序恢复生产，推动镇域经济逐步复苏，抗疫工作受到上级肯定。

助力企业复工复产——“春风行动”招聘会现场

【农业生产】 增强粮油生产能力。建设油菜万亩示范片1个，粮食生产千亩示范点4个。支持农业产业化龙头企业发展。为提升洞庭春米业产能，扩大加工规模和储备能力，支持该企业购地60亩扩建新厂房，总投入达2000万元。发展橘柚产业。全年新建3个橘柚示范园，面积300亩，新植葡萄柚500亩，全镇橘柚种植面积7.9万亩。成立复兴镇乡贤联谊会，搭建在外客商联络平台。举办澧县复兴橘柚产销对接会，并邀请湖南省果品协会成员、红星市场商户以及外地客商等单位或个人参加，现场签约产品销售订单近

橘柚产销对接会

500吨，不断提升复兴橘柚知名度。

【项目建设】 污水处理厂项目建设总投资1500万元，年内已完成污水检查井32座，配套主管网6千米。该项目建成后可集中处理集镇3000多居民生活污水。棚户区基础设施配套建设项目，年内向上争取资金200万元。该项目已完成前期设计，并进入施工阶段。移民后扶工程项目，共投入资金200多万元，重点在移民安置区温泉村和又兴村2个村，完善基础设施建设。

【脱贫攻坚】 全镇贫困户75户125人全部成功脱贫，未出现返贫和新致贫对象；16户41人边缘户、11户22人监测户全部消除风险；全年发放扶贫小额贷款238万元，应收贷款零逾期；社会帮扶393次，捐款2.8万元，捐物120余件；消费扶贫金额达700万元；扶贫工作在中央、省、市级媒体推介40余次。

【污染防治】 全面打响蓝天、碧水、净土三大保卫战，推进污染防治“夏季攻势”，实施河湖“清四乱”行动。禁止秸秆焚烧，加大秸秆禁烧巡察力度，推广秸秆还田还果园等综合利用，全镇11个村（社区）秸秆覆盖果园经验在全县推广。对中央环保督察和省、市交办的赵家峪水库二级保护区拦坝养殖存在的突出环境问题，进行全面整改。先后投入资金近100万元，清运土石方2.4万立方米，恢复多年填埋渣土侵占的赵家峪水库库容5400立方米，完成整改并销号。同时，对二广高速城头山服务区污水处理不达标造成的污染问题，会同县环保部门现场督查，已责令其整改达标。

【美丽乡村建设】 推进环境整治、农村垃圾处理和农村改厕工程，村级卫生保洁形成常态化。在温泉村、双堰村、界湖村、曾家村4个村各打造1处幸福屋场示范点。其中，投入资金200万元打造的温泉村幸福屋场获评全县“十佳幸福屋场”。推进人居环境整治“挂图作战”星级管理。年内完成改厕任务200个。农村建房工作走在全省改革前列，获评省级农村建房样板镇，并被推荐参加在北京举办的全国农村建房工作会议做经验介绍。实施公路沿线绿化工程。在曾家村和双龙村打造5千米样板示范路，全镇绿化公路总里程40.8千米，成活率均在90%以上。重大动物疫病防控到位，免疫密度100%。持续加大禁捕退捕巡查力度，生猪稳产保供稳步推进，出栏检疫率稳居全县前列。做好防汛抗旱和水利秋冬修工作。先后完成谭家峪水库基础设施加固、澹水干渠16.5千米及各村（社区）65千米灌溉支渠清淤扫障。

【综治维稳】 完善网格化管理，发挥雪亮工程作用，持续推进扫黑除恶专项斗争。加强法治建设，依法化解矛盾纠纷，全年共调解矛盾纠纷181起，全镇未发生一起越级上访事件。加大法治宣传力度，开展社区矫正、法律援助和安置帮教等工作，提高全民法律意识和安全意识。

【民生事业】 开展困难家庭临时救助和重大疾病医疗救助，建立专人专档。全年共实施大病救助53人，困难家庭临时救助207户。保障退役老兵生活和维护退役军人权益。全年申报新增“农村老兵”类优抚对象4人，调整优抚待遇408人，申报优抚对象、烈士家属死亡安葬金7人。关爱老人、儿童生活。为3458名老人进行免费健康体检，对孕产妇、0—6岁儿童进行1789人次访视，累计建立居民健康档案2.87万份。教育事业提质发展。复兴中学在全县科技创新大赛中获三等奖，常德市教育局授予双龙小学首批“心理健康教育特色学校”荣誉称号。

【村（社区）“两委”换届】 年内完成村（社区）“两委”换届工作。镇党委换届前摸底

组织退役军人开展庆八一活动

调研，严格换届选举纪律，并在镇村（社区）共同努力下，全镇11个村（社区）如期完成“两委”换届选举任务。换届后全镇35岁及以下年轻村（社区）干部占比26%，大专及以上学历村（社区）干部占比42%，村（社区）干部队伍结构进一步优化，战斗力进一步提升。（李　新）

盐井镇

【概况】 盐井镇地处澧县北部，与湖北省松滋市、公安县接壤，属省际边界城镇，史上素有“一足立三县”“小沙市”之称。全镇辖14个行政村和2个社区，总面积134.58平方千米，总户数1.44万户，总人口3.93万人。有基层党组织61个，其中党总支15个，党支部46个，党员1582名。2020年，盐井镇获评湖南省计生协群众自治先进单位，常德市平安乡镇、市文明乡镇，澧县争项争资、优化营商环境工作先进单位。

【疫情防控】 全镇200多名党员干部、志愿者参与疫情防控，共设边界卡口21处，24小时轮流值守，巡逻管控，摸排信息，严格防控措施，守护群众平安。

【抗洪救灾】 7月上旬，连日暴雨导致涔水超历史警戒水位，全镇组织460余人分4批次驰援北民湖，对重点堤段、险工险段，安排专人值守，其他人员24小时无间断冒雨巡逻，确保北民湖安全度汛和涔水沿岸梦溪镇、涔南镇和县城区人民生命财产安全。

省级卡口值守

防汛抢险现场

【项目建设】 年内新建、续建项目8个，总投资8000多万元。其中投入资金1540万元，建成占地2.5亩污水处理站1座；投入资金360万元，提质改造原分水岭水厂；投入资金300多万元，治理蔡家坡水库水源，对金马社区、蔡家坡村200户居民进行双格化粪池改造及水库周边污水截流、管网改造；投入资金250万元，完成农村改厕2500个；投入资金150万元，建设福新村、岩桥村幸福屋场，提质升级蔡家坡叶家湾幸福屋场；投入资金4300万元，实施全镇2.5万亩高标准农田项目建设；投入资金1000万元，升级改造盐井镇医养服务中心项目；投入资金350万元，拓宽集镇中心路面2千米，改造下水道，新安装路灯57盏，新栽植桂花树200株。

【发展特色产业】 全年新植橘柚2000多亩，全镇橘柚总面积达5.5万亩，橘柚专业合作社29家。建成雨观山葡萄柚种植基地，新推广葡萄柚500余亩，朝天椒296亩。推动生猪养殖产业发展，引进澧县宏焱生态农业有限公司，投资建设现代化种猪养殖场。全镇基本形成“镇有大产业，村有小特色”的产业发展格局。

【美丽乡村建设】 全年完成植树造林1.5万株，公路造林109.5千米，新发展庭院户1280

户；开展村庄专项清洁行动8次，召开人居环境整治推进会10次，评选清洁户40户，福新村连续两年被评为全县人居环境整治“十佳村”。

【脱贫攻坚】 全镇661户1950人农村贫困人口全部脱贫，贫困户生产生活条件得到大幅改善。年内，投入资金249万元，实施扶贫项目36个；发放贫困户小额贷款232万元，惠及49户贫困户；完成危房改造162户；申请教育助学232人。

县领导在白马庙村视察脱贫攻坚工作

【社会事业】 推进政务下沉。全年共办理政务服务事项2985件，开展为民服务情况督查5次。做好社会保障工作。全年民政发放各类救助资金82.64万元，受惠群众1536人；新增就业人员425人，其中脱贫人口新增就业27人；落实全民参保政策，多举措提高城乡居民医保覆盖率，城乡居民养老保险新增参保人员1284人。有效化解矛盾纠纷。全年化解矛盾纠纷240起，化解信访积案2起，涉及金额64万元。加强安全管理。全年共组织开展安全生产检查162次，下达整改通知书81份，专项整治行动32次。

【精神文明建设】 组建广场舞队、民乐队、锣鼓队等28支文体队伍，规模达200人，参加县“百团大赛”获镇（街道）组总分第七名；在全县首届全民健身运动会上，获气排球第一名、团体广播体操第三名，镇（街道）组总分第五名。伍家岗社区、观山凸村、张家垱村、盐井村、新华村、万花村、岩桥村、菊花岭村7个村（社区）成功创建县级文明村，万花村陈琼英家庭被评为省级计生协“健康幸福家庭”，豹子岭村刘清梅家庭被评为市级“文明家庭”，伍家岗社区邓宏华家庭被评为市级“最美家庭”。推进移风易俗。强化“人情风”综合治理，全年开展巡查30余次，发现违规操办线索14起，其中劝阻13起，现场制止1起。

【村（社区）“两委”换届试点】 11月，盐井镇被县委确定为全县村（社区）“两委”换届工作试点镇，先行先试完成试点工作。本次换届选举产生村（社区）“两委”干部86人，其中90后干部20人，占23.26%，女性30人，占34.88%，大专及本科以上学历50人，占58.14%，47人新进“两委”班子，大幅优化干部队伍年龄、学历结构，选举实现党组织、党员群众“双满意”。

【澧县首届“锦绣黄桃”电商节】 8月，澧县首届“锦绣黄桃”电商节在盐井镇观山凸村举行，20位网红主播通过电商平台现场直播带领观众实地参观黄桃种植基地。澧县观山凸农作物种植专业合作社现种植黄桃300亩，其中60亩进入盛产期，每亩年产鲜桃1500—2000斤，每斤鲜桃售价平均在13元左右。该合作社负责人彭飞表示，拟用3年时间，将黄桃种植面积扩大到1000亩以上，带动就业1000人左右。举办

澧县首届“锦绣黄桃”电商节启动仪式现场

此次“锦绣黄桃”电商节，旨在通过电商平台和网红主播，推介本地黄桃产品，宣传盐井镇特色产业，促进澧县农副产品走出湖南，走向全国。（张孟妮）

大堰垱镇

【概况】 大堰垱镇位于澧阳平原西北部，集镇距县城22千米，省道302线、229线穿境而过，县道垱曾公路横贯东西。境内盛产膨润土等资源，适宜发展橘柚、中药材、猕猴桃、稻虾等特色产业。全镇辖19个村（社区），总面积112.4平方千米，总人口6.24万人。2014年，大堰垱镇被国家住建部等7部委联合评定为全国重点镇，是全县工业重镇、农业大镇、经济强镇、文化名镇。2020年，大堰垱镇人居环境整治工作获评常德市“人居环境整治十佳乡镇”，被常德市创建书画之乡领导小组办公室授予“市级书画之乡”荣誉称号，粮食生产、水利秋冬修、生猪生产、城市提质工作被评为县级先进。该镇九旺村村规民约被省民政厅评为全省首届“十佳”，中武桥社区、涔南村被评为县级“人居环境整治十佳村居”。

大堰垱镇镇标

【疫情防控】 发挥党员先锋模范作用和基层党组织战斗堡垒作用，党员自发成立宣传小分队，加入疫情防控队伍。19个村（社区）1981名党员共捐款16.48万元，用于疫情防控。选派疫情防控工作联络员协助做好工业企业复工复产。在疫情防控工作中，涌现出大堰垱镇干河村党总支部、湖南城头山红薯食品科技有限公司党支部等基层党组织，孟钊、谭惠平、谭敦如、唐直庆等共产党员众多先进典型。

【农业生产】 投入资金1280万元，建设高标准农田8000亩；推进机械化，水稻全程机械化实施面积超过6000亩，示范面积300亩；全年新建堰塘10口，堰塘清淤扩容60口，年可增加蓄水量达20多万立方米；做好病虫害防治工作，共发布农作物病虫害防治情报16期；推进农作物病虫害专业化统防统治，飞防面积超过1万亩，柑橘大实蝇防治面积超2000亩；实施县委、县政府倡导的优质稻品牌创建三年行动计划，分别与锦锈千村农民专业合作社和洞庭春米业签订2万亩优质稻订单生产合同；继续巩固和完成“稻油”水旱轮作5000亩，办好3个300亩以上集中连片村级油菜示范样板，在省道302线两侧成功打造一条靓丽的油菜观光带。

【脱贫攻坚】 全镇874户贫困户2511人全部脱贫摘帽。全年共完成贫困户危房改造23户，发放教育补助和雨露计划382人，参与产业扶贫642户，落实交通补助249人。争取各级财政专项扶贫项目资金计划25个，资金174万元。设置公益性岗位帮扶就业困难人员，涉及贫困户82户，全年发放公益岗位工资近35万元。金融扶贫累计发放284万元，涉及贫困户62户，切实为贫困户发展产业提供资金保障。共申报丝念红薯粉丝、千里马大米、涔南村红心猕猴桃等3个扶贫产品，消费扶贫产品完成销售金额2076万元。

大堰垱镇粉丝扶贫车间

【集镇建设】 投入资金1600万元，完成对集镇主干道白云大道沥青路提质升级改造；投入资金1300万元，完成对曾大公路大堰垱段沥青路面改造；投入资金近80万元，对白云大道进行绿化、亮化、美化。全年村级公路硬化约30千米，新建桥梁4座，基本完成全镇通镇、通村、通组公路硬化；投入棚改资金550万元，对集镇东西大街进行道路整修、房屋改扩翻、美化、绿化等，提升集镇面貌和人民群众居住环境；投入资金20余万元，彻底解决白云新城地下涵管透水问题；政府机关维修改造工程完工。

白云大道夜景

【人居环境整治】 全年共召开秸秆禁烧屋场会67场次，发送各类宣传资料7500余份，处罚违规焚烧行为24起，共处罚金2万余元。统一门店招牌，整治占道经营，拆除违章建筑，共拆除乱搭乱建钢棚30多处。对省道302线及村主干道80多千米道路沿线垃圾进行清理清运，沟渠扫障近100千米。在九旺村、涔南村等建设示范幸福屋场，涔南村澧临幸福屋场被评为“全县十佳幸福屋场”。完成改造厕所化粪池580户，完成高标准化粪池5个，其中全县第一个高标准厕所“澧县首厕”在涔南村建设完成。

【文化活动】 组队参加2020年澧县首届全民健身运动会，镇代表队共参加赛事拔河、接力跑、体操赛等十大项目比赛，获镇（街道）组第二名，10名运动员获澧县首届全民健身运动会优秀运动员荣誉称号。

【安全生产】 组织开展工业企业和食品安全领域专项整治，排查安全事故隐患。全年共开展安全生产监督执法活动380次、出动执法人员850人（次）、检查生产经营单位352家（次）、排查安全隐患135条、立案调查29起、经济处罚1.58万元，领导带队检查116人（次）。 （乔陈凯）

金罗镇

【概况】 金罗镇地处澧县西北部，与湖北省松滋市接壤，为全省77个省际口子镇之一。全镇总面积114平方千米，耕地面积4.2万亩，丘岗面积4万亩。辖8个行政村、2个社区居委会，总人口3.5万人。境内石膏资源丰富，素有“石膏之乡”的美誉。澧县金罗火车站可直达北京、怀化等地。2020年，金罗镇安全生产被评为全市先进，二季度环境整治工作获评“全市十佳乡镇”。

【疫情防控】 面对与湖北长达18千米省际

疫情防控期间，防疫人员在火车站值守

边界线和人流情况复杂的火车站，全镇“地毯式”排查登记3万余人，建档动态化数据管控，严格履行隔离措施。防疫宣传深入人心，卡点值守坚守岗位。全镇无一例新冠肺炎疑似、确诊病例。

【特色农业】 围绕三年产业立镇工作方案，因地制宜发展优质高效橘柚产业。全镇主栽品种为纽荷尔脐橙和大芬四号早熟柑橘。采取政府推动、干部带头、大户促动、群众互动“四位一体”措施，将产业发展与脱贫攻坚、乡村振兴相结合，打造湘西北橘柚名镇。全年新植橘柚1.2万亩，累计种植橘柚3.2万亩。

橘柚产业园

【人居环境治理】 建成一批高质量美丽庭院和幸福屋场，全镇创办美丽庭院示范户230户，把橘柚产业发展、粮食生产、河道治理、美丽庭院、农耕文化、群众休闲融为一体。超额完成厕所革命任务，开展百日攻坚行动，推进“三清理、三整治、四提升”，前三季度工作均获评全县丘陵地带一类。在集镇建起2处生活污水集中处理场，集镇区内生活污水得到有效治理。

金鸡岭社区幸福屋场

【脱贫攻坚】 全面入户走访摸排，逐一整改问题清零。以“一超过、两不愁、三保障”为底线标准，精准施策，精准帮扶。发展产业，增加就业，全镇有744名贫困人口通过务工获得收入。金鸡岭社区创办的电子厂打造成标准化“扶贫车间”。全镇699户2030名建档立卡贫困户全部脱贫，并评为全市脱贫攻坚综合评价“好”的乡镇。

【民生事业】 抓好“基本民生”。各村（社区）配备标准化公共卫生室，配齐医疗人员。镇公立幼儿园建成开园，完成新开小学校舍扩建，教育教学质量再上台阶，获农村中学中录入澧县一中的升学率第一名。全镇硬化水泥公路20.6千米，修建机耕道35.6千米。完成高标准农田项目5000亩，2个村完成第二轮农村电网改造。保障“底线民生”。落实普惠政策。全年累计发放各类临时救助和应急资金120.3万元。守住安全生产底线，全年未发生一起安全生产责任事故。整治道路交通顽瘴痼疾，在澧北干线新建2处限速电子监控设施，有效遏制交通事故的发生。配合县政府整治超载超限，取缔超载运输车辆113辆。开展扫黑除恶，妥善化解矛盾纠纷，接访处访和应对一切突发事件，民调工作在全县排名前列。解决“热点民生”。全年累计处置群众热线诉求130起。争取资金150万元，解决天供山生活污水直排鲁家冲水库的顽疾。采取浮船取水的办法，基本解决全镇自来水浑浊的热点问题。整修山门水库干渠支渠，清淤扩容水塘80口，提高蓄水储水能力。攻坚“难点民生”。拆除空心房17处，完成土地增减挂钩138亩。蓝天保卫战形成常态，针对秸秆禁烧老大难问题形成“五个一批”的工作经验。新建机耕道，整修防渗沟渠，实施地质灾害治理，有效化解一批累积多年的历史遗留问题。推进“一门式”政务下沉服务，129件事项实现不出镇办理，84件事项实现不出村办理。（雷俊逸）

王家厂镇

【概况】王家厂镇地处澧县西部，辖8个建制村、2个社区，全镇总面积107.91平方千米，总人口2.97万人。2020年，王家厂镇一季度环境整治工作获评“全市十佳乡镇”。

【疫情防控】全镇范围开展地毯式排查，采取群防群控措施，延迟取消喜宴等各类聚会聚餐活动60余起，劝导村民从简办理白喜事15起，关闭宗教活动场所5处。印发防控知识温馨提示和致村民一封信1万余份，制作防疫标牌300个，宣传横幅100条，利用“村村响”广播、宣传车进行疫情防控宣传。购置酒精、消毒液600余升，防护口罩10万多个，确保一线工作人员身体健康。根据疫情变化，适时推进常态化防控，支持企业复工复产，有序恢复生产生活秩序。此次疫情，全镇无一例感染。

【发展现代高效农业】优化农业产业结构调整，加快土地流转步伐，发展绿色高效的生态创新型农业。在全镇推广“企业+合作社+农户”发展模式，种植各类蔬菜3000多亩，中药材4000亩，香桃1000亩，柑橘6000亩，油茶4000多亩，湘莲500多亩。形成以蔬菜、油茶、中草药、果木等为主导产业的高效产业体系。

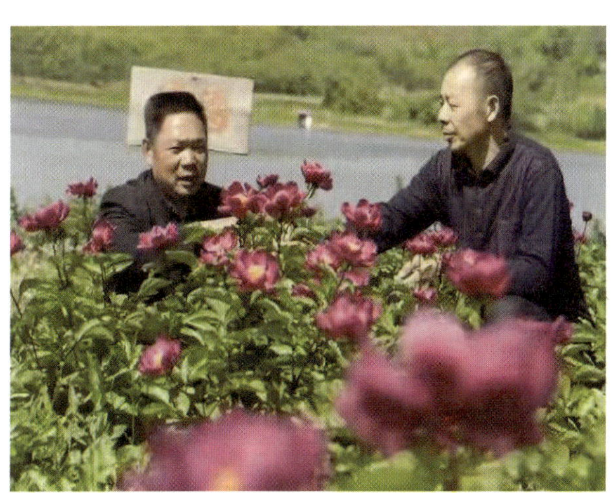

中草药产业园

【项目建设】投入资金150万元，完成集镇老旧水网改造；投入资金81万元，对王家厂镇敬老院老旧厨房等隐患点进行改造；投入资金600万元，新建集镇污水处理厂并投入使用，日处理量达450吨；向上争取棚改配套项目资金200万元，年内完成前期设计，并进入施工。

【招商引资】引进常德宏博科技建材有限公司投资1900万元，建设塑料瓦生产线；成功签约广州智盟服装有限公司投资3000万元入驻澧县产业基地；投资1200万元的澧县显耀地矿公司精膏生产项目已投产；完成大唐石门电厂2×660兆瓦升级替代工程前期对接工作。

【脱贫攻坚】全镇736户2094人全部脱贫，未出现返贫和新致贫对象。全镇21家规上新型农业经营主体与533户贫困户建立利益联结机制，户均产业增收1600元。开展就业扶贫，为贫困人口开发的公益性岗位数增至58个。开展贫困劳动力技能培训50人次，贫困家庭“两后生”就业扶贫4人次，发放交通补贴124人次，发放创业就业求职补贴64人。持续实施金融扶贫，帮助35户贫困户发放贷款175万元。落实雨露计划等各类助学金37.5万元。

【污染防治】坚决打赢蓝天、碧水、净土三大保卫战，推进污染防治“夏季攻势”，全面实行河长制，落实巡河制度。严禁秸秆焚烧，加大巡查力度。成立镇、村两级巡查队伍，对田间地头、公路沿线等重点区域进行不定期巡查，出动宣传车和发放宣传单等方式宣传秸秆禁烧政策。同时，加强秸秆回收利用力度。

【重大风险防控】打击非法集资活动，通过宣传标语、网格微信群、“村村响”广播和宣传车等方式加强宣传，让广大群众了解非法集资的危害性，增强群众风险防范知识与意识。严控政府自身债务风险。通过厉行节俭，不断优化财政支出，提高资金使用效率，全年未新增负债。

【人居环境整治】开展农村人居环境综合整治和“百日攻坚”行动，规范集镇秩序，落实门前“三包”责任制。抓好村级主干道与居民房前屋后卫生保洁，开展“月评季奖”，打造绿色庭院300户，幸福屋场4个，改厕500户，堰塘清淤33口，全部完成镇内主干道绿化。

人居环境检查

【综治工作】 全年开展普法教育、民调宣传、扫黑除恶、禁种铲毒等宣传活动20余次，发放各类宣传手册8000多张；开展信访突出问题专项整治，全年共办结信访件及群众反映各类问题80余件，切实维护全镇社会和谐稳定；落实安全生产责任，全年排查安全隐患388条，现场处罚生产经营单位55家，15条重大隐患全部整改到位；优化应急管理能力体系，加强应急专业队伍、综合性消防救援队伍建设，不断提高应急管理、抢险救援和防灾减灾能力。

【社会事业】 全年兑现16项涉农补贴资金2000多万元。对低保931户1052人、特困供养241人发放保障资金483.78万元。开展临时救助797人，大病救助131人；发放救灾资金33.8万元。向647名残疾人发放生活及护理补贴80余万元。保障退役军人及优抚对象721人，发放优抚资金183.6万元。实施危房改造26户，发放危改资金62.5万元。城乡居民养老保险参保8120人，到龄人员养老保险费发放率100%；城乡居民医保参保2.47万人。新办理社保卡近1000张，基本实现全覆盖。发送有效用工信息1万余条，为4户群众提供45万元贴息贷款。实施计划生育奖励扶助7622人，扶助资金240余万元；为72对计划怀孕夫妇提供免费孕前优生健康检查。 （陆文懋）

甘溪滩镇

【概况】 甘溪滩镇位于澧县西北山区，辖15个行政村、1个社区，总面积185.59平方千米，距澧县县城68千米，地势海拔最高点1019.5米。2020年，全镇有规上企业3家，实现工业销售产值2.92亿元，税收613万元。甘溪滩镇被评为常德市“平安建设先进单位”。

【现代农业】 培育大户、激励农户，完成1000亩早稻生产、1万亩优质稻订单生产任务。监测、指导农业病虫害防治，杜绝农作物大面积病虫危害现象发生。完成农产品质量安全检测任务，合格率98%以上。完成粮食生产功能区和重要农产品保护区划定工作，完成3万多亩耕地地力补贴、3400亩“稻油轮作”项目资金、8万多亩生态公益林补助、1万多亩稻谷目标价格补贴等资金的打卡发放，并通过各级、各部门核查验收。完成春、秋两季防疫工作，生猪免疫5万多头、牛1552头、羊1573只、犬739条、禽类58225羽。截至12月底，全镇存栏生猪2.7万头，居全县之首。实施“一村一品”产业发展计划。油茶、葛根、石菖蒲、玉竹等一批特色产业规模进一步扩大，特别是太青茶叶成功重组，“双上绿芽”重现“江湖”，为全镇茶叶产业发展注入活力；丽珠集团·湘枳生物石菖蒲科研基地揭牌，澧县石菖蒲获批国家地理标志产品，中药材特色小镇列入市“十四五”发展规划。新型经营主体发展壮大。万古台生态科技有限公司、海福中药材种植专业合作社成功申报省级扶贫龙头企业和省级扶贫合作社。

【美丽乡村建设】 全年完成农村卫生厕所改造600个、公厕改造1个；拆除视觉危房、违章建筑21处；完成27千米示范路建设，打造幸福屋场6个，建成集镇污水处理设施并投入运营；推动秸秆禁烧与综合利用。

【抗洪救灾】 全镇党员干部按照预案抢早抢小、精准查灾勘灾，化被动为主动，组织人员疏散撤离，实现汛期“零伤亡、少损失”。有序推进灾后重建，组织村民开展生产自救，全年修复水毁工程175处，发放因灾倒损民房重建补助资金64.3万元，冬春临时救助资金15万元。

转移被洪水围困的群众

【文教事业】 甘溪滩镇中学在2020年度目标管理考核全面工作中获“红旗单位”，并获教研工作先进单位、综治工作先进单位、消赤减债先进单位、工会先进单位等荣誉。留守儿童艺术学校定时开展文化分馆义务教学。游端轩烈士纪念广场全年共开展活动500多次，接待参观人员8000余人次。“溪上美术馆”全年接待游客5000多人次，成为全镇农旅开发新亮点。开展送公益电影下乡活动，全年播放电影320场次。全镇新安装体育器材共72套664个，新增健身路径20套。

溪上美术馆

幸福屋场——乡村大舞台

【基础设施建设】 完成大潭水厂管网改造，9处小型集中连片供水工程全部投入使用，芝麻湾水库、烂泥冲水库大坝灌浆处理全面竣工；完成堰塘清淤扩容65口，渠道整修44.1千米。新建通自然村公路21千米，公路窄加宽7千米，危桥改造3座；完成高标准农田建设6000亩；改造10千伏线路11.65千米；4个网改项目台区新增配电变压器8台，4个低电压项目改造区新增配电变压器4个。

【综治维稳】 坚持坐班接访制度，全年接待群众来访170余人次。每月19日开展“平安创建”活动，宣传禁毒、防邪反邪知识，设置宣传户外广告牌、悬挂宣传横幅48条，张贴宣传标语300多张，在镇村内开展平安创建巡回宣传，入户宣传1.4万多人次。动员广大干部职工和居民关注平安常德580、“平安澧州”微信公众号，全镇微信群转发信息137条，民生事项办理80余件。雪亮工程实现重点路段、重点区域全覆盖。综治信访稳控有序，平安建设深入推进。全年共查处治安案件7起，刑事案件18起，调解矛盾纠纷194例。

【脱贫攻坚】 全镇建档立卡贫困人口1796户5625人，已全部脱贫，其中档外五类对象929

户2738人。全镇已实施危房改造户727户，其中建档立卡贫困户594户，年内改造37户，其中建档立卡贫困户16户。落实846名建档立卡贫困户学生春季教育助学补助，档外五类对象6—15岁就读学生265人，无一人辍学。严格落实全镇2名义务教育阶段学生送教上门服务，做到1月2次送教。贫困户家庭医生签约服务全覆盖。落实先诊疗后付费政策。全年有2611名贫困人口住院，报销医药费757万。贫困户住院综合报销比例90%。全镇贫困户中有812人享受低保，98人享受兜底保障。组织举办“点对点服务园区暨就业扶贫专场招聘会”，入场企业12家，求职人员470人，其中贫困劳动力166人，当场达成意向135人。专列输送广东复工人员30人，其中贫困劳动力11人。通过公共“311”服务新增劳动力就业64人，城镇新增就业272人，新增农村劳动力转移就业420人。

【民生保障】 全镇“低保户”“五保户”实现应保尽保，发放低保金、五保金1634人561.59万元。重视残疾人、孤儿、高龄老人和优抚对象等特殊群体生产生活，及时足额发放政策性补贴213.19万元。（于科函）

火连坡镇

【概况】 火连坡镇位于澧县西北部，镇政府驻观音阁居委会。全镇总面积150平方千米，耕地面积4.4万亩，林地面积10.3万亩。辖18个村（社区），其中行政村13个，社区3个，直属村（社区）2个（新泉村、山门直属村），全镇总人口4.3万人。2020年，全镇一般公共预算收入达4913万元，完成固定资产投资3.52亿元。火连坡镇获评全市安全生产和消防工作优秀乡镇，该镇退役军人服务站站长马杰获记2020年度全市平安建设三等功。

【疫情防控】 在湘鄂交界线上设置管制卡口8个，实行全天24小时轮班值守。严格落实疫情防控措施，实现辖区零确诊病例目标，牢牢守住澧县疫情防控“北大门”。疫情进入常态化防控后，坚持思想不松、机制不变、队伍不散，外防输入、内防反弹，实施网格化管理，严格管控流动人员，实时监测疫情常态化。加强物资储备，及时完善防控策略和应对举措，提升应急处置能力，巩固疫情防控成果。

【发展高效产业】 全年围绕油茶、柑橘、蔬菜、中药材等特色种植，把高效农业向其他产品延伸，鼓励农民发展花卉苗木培育、水果种植、中草药种植、特种养殖等高效产业，持续促进农民增收。全镇依托龙头企业和合作社，已形成油茶9500亩、橘柚8750亩、蔬菜4000亩和中药材1500亩的农业产业格局。其中，澧县民丰高效油茶专业合作社推广的“合作社+农户”发展模式，通过土地流转、吸纳务工等方式，联结贫困户，为实现稳定脱贫提供产业保障。湖南奇宇农业有限公司配套完善冻库、加工车间及生活办公等相关设施，不断提高蔬菜精深加工水平。

火连坡镇民丰油茶基地

【防汛救灾】 7月，全体镇村干部自觉履行防汛职责，24小时坚守一线，在强降雨来临前紧急转移安置群众616人，全镇无一例人员伤亡。洪灾过后，镇村两级不等不靠，开展救灾补损工作，投入资金200多万元，修复水毁工程98处，清淤整修渠道37.5千米，动员农户开展生产自救，恢复农业生产秩序。

【招商引资和项目建设】 引进澧县鑫丰环保建材有限公司项目，年生产石灰石及氢氧化钙深加工45万吨，已实现部分投产；引进大蒜种植加工销售项目，已完成项目备案、厂地租用、国土测绘等工作。加快基础设施项目建设。投入资金近700万元，共铺设管网60多千米，完成羊耳山村丫角片、楠木村和双溪村改水工程，并对新桥村大公片安全饮水进行提质改造。对观音阁集镇和花园湾集镇道路实施“白改黑”，该工程正处建设中。

【脱贫攻坚】 开展脱贫攻坚“户户清”专项行动，摸底清查贫困户收入来源、三保障和满意度。组织驻村工作队开展脱贫质量“回头看”，通过逐户核查销号，实现问题清零。落实各项精准扶贫政策。全年共发放扶贫小额信贷447万元，开发扶贫车间2间，健康扶贫、雨露计划实现“应保尽保、应享尽享”。脱贫攻坚工作通过省、市考核验收。

【生态环境治理】 完成新植、补植行道林51千米，庭院绿化300户，绿化率55%；完善镇、村河长制责任体系，按时完成巡河任务；对原羊耳山煤矿3处渣山进行无害化处理，开展植树生态复绿，均验收合格。摸底排查“小散乱污”企业，根据“一厂一策”要求，将问题整改销号。

【安全生产】 开展森林火灾隐患排查，对责任落实、野外巡护、值班值守等方面进行全面督导，开设防火隔离带2条，清理林内易引发山火灾墓地30座。坚持对生产经营建设单位每月1次例行隐患排查，共排查出各类隐患问题850条，整治整改到位842条，整改合格率99%以上。全镇全年未发生一起安全生产责任事故。

非煤矿山安全生产应急救援演练

【美丽乡村建设】 全镇实行城乡垃圾处理一体化市场化运作，月转运垃圾350吨。观音阁集镇污水处理厂完工并交付使用，涔河北支生活污水得到有效处理。投入资金100多万元，疏浚河道6千米，完成32千米河道、32千米沟渠和1500处堰塘保洁工作。推广卫生厕所，严把改厕质量关，落实首厕过关制，全年完成1000户无害化卫生厕所改造任务。示范打造幸福屋场。投入资金60万元，在新桥村、花园湾社区和三元村打造高标准幸福屋场各1处，提升居民生活品质。

火连坡镇新桥村肖家幸福屋场

【社会事业】 落实民政救助。对镇345名“五保”对象，月发生活费18.05万元。对因病、因残、因灾等造成暂时困难的家庭，给予临时救助，全年共计救助1851人次，累计发放救助金85.82万元。推进文化事业发展。高标准建成2个村级广场舞台，全镇12个村（社区）“七个一”建设达标。加强市级文物保护。投入资金2.6万元，对松祝桥、古城岗土遗址2处市级文物保护遗址进行立碑、立桩、立牌，签订《文物保护责任书》。加强社会治理。推进扫黑除恶专项斗争。全镇利用横幅、标语、网格群等方式对扫黑除恶进行全方位宣传，建立大型宣传标语12处，设立宣传栏19处，悬挂横幅标语73条、小型标语430张。全年共接待来电来访130余次，调解矛盾纠纷189起。推行信访案件限时办结工作制度，全年共受理信访问题83件，其中网上信访47件。发挥“雪亮工程”作用，全年为派出所、交警中队、村（社区）提供有效线索27次，切实提高工作效能，强化社会管理，维护社会稳定。（谭司祺）

码头铺镇

【概况】 码头铺镇地处湖南省西北部，是通往澧县西部乡镇的交通要塞，距枝柳铁路18千米，距207国道38千米。境内多为丘陵，森林覆盖率65%，最高山峰刻木山海拔507米，涔河贯穿全境。全镇总面积152.28平方千米，其中耕地面积4.93万亩，园地7280亩，草地3039亩，水面4436亩。林业用地14.96万亩，生态公益林9.68万亩。辖20个村（社区），其中行政村18个、农村社区2个，村民小组189个，总人口4.84万人。2020年，码头铺镇被评为全省计划生育基层群众自治先进单位，被评为市级文明乡镇；刻木山村、万家岗村被评为第二批国家森林乡村；刻木山村被评为省级文明村；陆家桥村被评为市建设“无上访村（社区）”工作优秀村（社区）；高德松同志被评为全国模范人民调解员。

【疫情防控】 发动镇村干部和志愿者队伍进村入组逐户上门宣传政策及防护知识，全镇共建立宣传队40支，累计参与宣传人数260人，设置大型固定标语4幅、跨公路大型横幅标语130条，各村（社区）张贴标语2600条，发宣传单近2万张，镇村共出动宣传车近4000台次，广播播放500余次；全镇入户走访摸排4.45万余人次，电话核查7800余人次，共摸排涉境外和国内重点地区853人，无漏报漏管现象；全镇对870人实施管控措施，解除隔离观察870人。全镇无一例确诊病例、疑似病例和无症状感染者。

【农业产业】 实施农业科技入户工程，累计培育科技示范户300多户，辐射带动示范区周边农户科学种田水平；组织农民开展实用技术、新型职业农民、农业技术等培训3000多人次；累计建成高标准农田2万多亩，涉及全镇10多个村（社区），总投资近5000万元；设立产业发展基金，并筹集资金83万余元，用于补贴农户发展相关产业；全年柑橘种植面积达1.5万多亩，产值4000多万元；茶叶种植面积5000余亩，产值6000余万元；全镇油茶种植面积3500亩。

【美丽乡村建设】 全年新建公路20千米，安装防护栏近8千米，公路护砌近1万立方，全镇公路实现组组通、户户通；完成东长湾水库、高家湾水库等10座水库各项水利工程整修处理工作，完成各处险工险段处理；多方筹集资金近600万元，完成运达中心敬老院扩建；完成码头铺中心集镇自来水管网改造工程，启动杨花桥大水厂项目建设；全年共清淤扩容堰塘1180口，清淤沟渠253千米；完善中心广场配套设施，实现“绿化、美化、亮化”；全镇公路绿化补植提质近70千米，其中省道补植17千米，县道25千米，乡、村道路28千米。

万家岗村幸福屋场

【脱贫攻坚】 加大对易地搬迁贫困户帮扶力度，为其解决生活中实际困难；按照“户贷户用，真贷真用”的原则，发放小额信贷425万元，鼓励贫困户发展种养产业，并有针对性地给予产业技术指导；开发公益性岗位130个；开展消费扶贫活动7次，消费金额1700万余元；为所有建档立卡贫困户购买扶贫特惠保、稳定脱贫保，防止因病、因灾、因学返贫。申报贫困户劳动力交通补贴663人，共计21.77万元；所有贫困户全部完成家庭医生签约，城乡居民医保参保率100%；安全饮水问题全面解决，自来水实现应装尽装；完成危改存量54户。全镇12个贫困村、1738户5521人全部脱贫，并通过省、市检查验收。

【抗洪救灾】 建立一支500余人的县级抗洪抢险预备队和一支200余人的镇级抗洪抢险突击队。入汛后，对所有水库、地质灾害点、山洪灾害点、高危堰塘安排专人24小时值班值守，完成高家湾水库除险任务，及时抢修处理水毁道路、山体滑坡等地质灾害，组织灾后农业生产恢复和房屋重建工作。全镇没有发生一例因洪汛造成的人员伤亡事故。

【安全生产】 全镇设置大型安全生产宣传板6块，发放安全生产常识手册3000余份，组织人员对全镇企业单位现场检查共计349次、行政处罚56次，违规罚款5.6万元。

【综治维稳】 以法治澧州、平安建设、扫黑除恶和“无上访村（社）”创建为抓手，不断创新社会综合治理方式，不断拓展宣传途径。同时，执行领导干部下访接访责任制。全年镇党政班子成员接待来访30人次，村级干部接待来访470余人次，排查调处矛盾纠纷47起，录入网格系统457件，录入率100%。

【社会事业】 全镇20个村（社区）均建设村级便民服务中心，实行“一门式办理”服务；联合县残联为残疾人开展上门服务，方便残疾人鉴定和办证，共帮助2120余人换取第三代残疾证，并对符合政策的残疾人申报各项待遇；争取县残联支持，对9户残疾人家庭进行无障碍设施改造；先后为96名大病患者申请医疗救助。完成“两癌”普查988人，免费产前筛查133人，查处违法生育1人，征收社会抚养费2万元；为1200多名退役或现役军人悬挂光荣牌，组织退役军人参加招聘会，推荐20名退役军人就业；举行庆祝第三十六个教师节暨“最美乡村教师”表彰大会，营造尊师重教浓厚氛围，组织爱心企业和单位、个人为教育基金捐款约22万元；开展庆五一登山活动，组织参加澧县首届全民健身运动会，放映电影94场，戏剧下乡4场，将文化惠民工作落到实处。（张明煌）

码头铺镇举行庆祝第三十六个教师节暨“最美乡村教师”表彰大会

地方文献

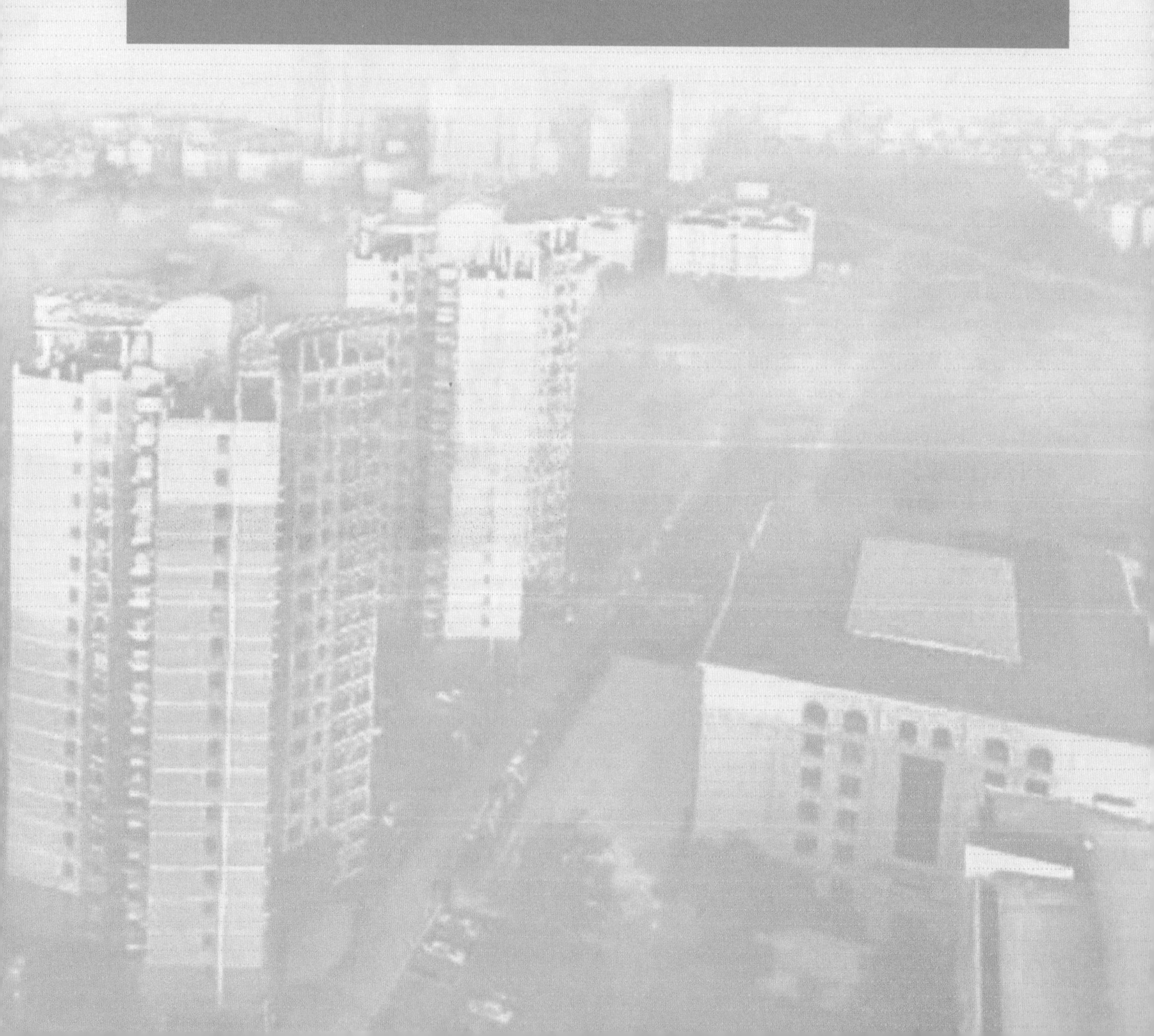

中共澧县县委　澧县人民政府 关于印发《“请能人回乡、促产业发展”的实施意见》的通知

澧发〔2020〕3号

各镇（街道）党委（工委），各镇（街道）人民政府（办事处），县直及省市驻澧有关单位：

现将《“请能人回乡、促产业发展”的实施意见》印发给你们，请结合实际认真贯彻执行。

中共澧县县委

澧县人民政府

2020年9月15日

“请能人回乡、促产业发展”的实施意见

一、指导思想

以习近平新时代中国特色社会主义思想为指导，全面贯彻党的十九大和十九届二中、三中、四中全会精神，紧紧围绕省委创新引领开放崛起、市委开放强市产业立市、县委“扬长补短”战略部署，大力实施“请能人回乡、促产业发展”工程，因地制宜，精准施策，统筹推进五大片区差异化发展，促进县域经济发展与资源、环境相协调，实现更高质量、更有效率、更可持续发展，为振兴乡村、再造澧县辉煌提供有力支撑。

二、基本原则

（一）**坚持规划引领、统筹推进**。结合“十四五”规划、空间布局规划、集镇规划和产业发展基础，统筹谋划、全力推动五大片区发展，加快形成互促互补、全面融合、共同繁荣的产业发展新气象。

（二）**坚持产业为要、绿色发展**。推动产业提质升级，加快形成以现代农业为基础、现代工业为主体、现代服务业为支撑的产业体系。注重保护生态环境，合理利用自然资源，坚持走绿色发展的新路子。

（三）**坚持因地制宜、突出特色**。立足五大片区资源禀赋，宜工则工、宜农则农、宜商则商、宜景则景、宜游则游，找准特色、凸显特色、放大特色，打造众星朗朗、百花争艳、最具活力的产业发展新格局。

（四）**坚持能人带动、示范引领**。充分发挥能人专长，鼓励引导能人回乡领办龙头企业、创建示范基地、带动群众发展产业，形成建一个龙头、兴一项产业、富一方群众的产业发展新模式。

（五）**坚持市场主体、政府引导**。尊重经济发展规律，充分发挥市场在资源配置中的决定性作用。鼓励引导社会力量投身五大片区建设，凝聚促产业发展的新合力。

（六）**坚持真抓实干、考核问效**。建立目标、权力、责任相统一的产业发展考核责任体系，严格考核评比、表彰奖励和责任追究，树立真抓实干、担当作为的新导向。

三、总体目标

力争经过三年努力，产业结构调整和优化升级取得重大进步，工业规模化、农业品牌化、服务业高端化明显提升，工业短板有效补齐，农业接二连三取得长足发展，专业市场辐射能力持续增强，全域旅游大格局基本形成，地区生产总值达到480亿元，一般公共预算收入达到26亿元，县域经济综合实力稳居全省二十强，成为引领湘西北发展的澧水流域首位城市。

四、重点任务

（一）打造产城人文融合发展区

1. 片区范围

县城规划区及澧南镇（集镇及彭山周边）。

2. 发展定位

以园区产业为基础，以新型城镇化为引领，以“补短板、强弱项”为抓手，以聚集人气为重点，以文化资源为依托，推进强产、美城、聚人、兴文，全力打造产业实力强劲、功能叠加融合、生态环境优美、文化气息浓厚的“产、城、人、文”融合发展片。

3. 发展目标

到2022年，高新区税收达到2.6亿元，规模工业企业达100家；全县社会消费品零售总额达到225亿元；成功创建国家文明城市和国家园林城市，城镇化率突破54%；成功创建国家文物保护利用示范区，成为国内知名旅游目的地。

4. 发展路径

（1）做强工业园区，发展主特产业。优化产业布局，东区以发展高新技术产业、孵化创新创业类企业为主；西区以发展“两主两特”产业为主。大力发展生物医药与健康食品产业，围绕医用应急防疫物资、健康安全化妆品、医疗器械等重点领域，着力引进生物医药企业，支持康哲制药、重啤国人、平安科技等企业做大做强，盘活盈成油脂等僵尸企业。大力发展新型建材产业，鼓励新鹏陶瓷、鑫铃卫浴、恒邦建工、恒鼎管业等企业利用新技术推进产品更新换代，全力打造陶瓷—墙体装饰材料—玻璃及灯具—卫浴用品建材装饰产业链。大力发展服装纺织业，以萌恒辅料、亚瑞特等骨干企业为依托，积极打造服装服饰、皮具箱包、玩具产业链，建设纺织服装产业园。大力发展机械电子产业，主动承接沿海电子信息产业转移，支持运达机电、鑫宝机电、嘉业达电子、韩顺电子做大做强，加快建设机械电子产业园。着力完善园区水电路气、标准化厂房和公共服务配套设施，夯实园区发展基础。

（2）提升城市品质，发展城市经济。深度推进澧县津市融合发展，力争津澧融城取得实质性进展。推进城市扩容，加快东部城区骨干路网及配套设施建设，打造津澧新城核心功能区。推进老城区提质，升级改造老旧小区、棚户区以及城中村。以城市轴线、地标性建筑、主要商业大街、重要公共场所为重点，大力开展绿化、美化、亮化行动，完成城区黑臭水体治理，着力抓好栗河片区、桃花滩片区综合开发和澧水外滩公园建设，深入推行精细管理，着力提升“闻山、阅水、感绿、怡情”的城市形象，努力将县城打造成湖南最美县城。坚持以人为本，完善公共服务设施配套，加快停车场、充电桩、智能路灯等基础设施建设；强力推进5G基站建设，县城区实现5G网络全覆盖，加快智慧城市建设步伐；抓好澧县第一中学扩建、澧浦初级中学、澧州幼儿园新建、感染病医疗中心、公共卫生服务中心、第三人民医院战时应急救治基地、康养中心等民生项目建设。

（3）全力集聚人气，发展第三产业。大力发展生产性和生活性服务业，积极拓展消费新模式，打造区域消费中心。加快城市综合体、商业集中区、专业市场建设，重点推进东信家居广场、万达广场、三科农商城、澧州国际汽车城等项目建设。加快电商产业园、数字传媒创意产业基地、化妆品产业园建设。抓好安慈高速连接线、澧水右岸码头建设，推动物流提档升级。鼓励发展信息中介、家政服务、广告代理等生活服务业。积极发展公办养老机构，进一步完善以居家为基础、社会为依托、机构为支撑、信息为辅助的养老服务体系。围绕“新娱乐”业态，积极发展剧本杀、密室逃脱等文娱项目，挖掘餐饮文化内涵，塑造美食文化品牌，全力打造新的人气增长点。

（4）依托资源底蕴，发展文旅产业。加强文物资源保护利用，加大澧州古城、多安桥、澧州文庙等文物保护开发力度，将文物活化为实实在在的旅游资源。充分利用彭钦艳、澧州古城人文旅游元素和千年州府文化积淀，深度挖掘蒋翊武、贺龙等革命先驱文化，用好用活湘鄂川黔革命老区扶持政策，加快推动文旅融合发展。深化长江经济带旅游协作，加快打造凤凰古城—张家界—常德穿紫河—澧县城头山—湖北公安—荆州历史文化旅游精品线路，建设湘西北旅游集散中心。健全宣传营销机制，认真策划举办重大节会和赛事活动。加快文化艺术中心、体育运动休闲小镇、城西（老城区）全民健身中心等文化项目建设。

（二）打造平原现代农耕引领区

1. 片区范围

城头山镇、涔南镇、大堰垱镇（北部丘陵区除外）、梦溪镇（北部丘陵区除外）、四个街道及澧南镇（纳入产城人文融合发展区范围除外）。

2. 发展定位

以国家农业可持续发展试验示范区暨农业绿色发展先行先试区建设为契机，以澧阳平原为载体，以农耕文化为核心，以基地建设为重点，大力发展优质稻、有机稻、葡萄和生猪产业，推动农业与文旅融合发展，擦亮“世界稻作之源”和“南方吐鲁番”两张名片。

3. 发展目标

到2022年，优质稻总面积达到20万亩，葡萄总面积达到5万亩，基本完成农业文化体验区建设，成功创建城头山葡萄特色小镇。

4. 发展路径

（1）提升传统产业。推广“绿肥+水稻”可持续发展种植模式，积极发展优质稻、有机稻。支持锦绣千村建设现代农业产业园，积极推广农业社会化三级服务体系和“全程、多元、高效”服务模式。推进粮食精深加工，延伸产业链，提高附加值。引进建设标准化、规模化、现代化生猪养殖示范场，全面提升生猪养殖的质量和效益。挖掘城头山稻作文明底蕴，开发“城头山”系列优质稻品牌。加快“澧州米店”建设，鼓励外出创业人员在所在城市开设“澧州米店”。

（2）做优葡萄产业。立足片区产业发展基础，大力推进葡萄扩规提质，新增葡萄面积2万亩以上，建成一批高标准葡萄示范园、智慧葡萄园。发挥县葡萄总社作用，统一技术规范，统一标准生产，牢牢掌握“阳光玫瑰”生产标准的话语权。加强宣传推介，定期举办葡萄节，不断扩大“澧县葡萄”的知名度和影响力。利用“互联网+”，推进葡萄线上线下销售，支持湖南鑫佳叶葡萄出口基地建设，确保产销顺畅衔接。建设产品分级、包装、冷链物流等配套设施，着力提高附加值。

（3）发展文化旅游。大力推进城头山农业文化体验区建设，以城头山景区为核心，配套建设游客服务中心、农耕文化博览馆、游步道、青少年研学基地、澧阳平原考古工作站。积极扶持黄家套耕读庄园、千里马幸福农庄等休闲农业企业做优做强。丰富体验、教育、康养等经营项目，建好牌楼节孝文化展示馆、大堰垱石公温泉等项目，拓展休闲农业新功能。积极开展文化节庆和旅游活动，办好城头山稻田文化艺术节。

（4）完善基础设施。加强交通建设，新建郑高公路，推进国省干道大修，升级改造G207国道，抓好通景公路建设，确保各景点与交通干道实现无缝对接。统筹推进农田水利、高标准农田、土地整理等基础设施建设，增强农业抗风险能力。加大农网、输变电线路升级改造力度，进一步改善供电质量。狠抓生态保护和修复，推动农业可持续发展。

（三）打造红湖水产健康养殖区

1. 片区范围

小渡口镇、官垸镇、如东镇（北部丘陵区除外）。

2. 发展定位

突出水乡特色，依托红湖片区土地平整肥沃、水网密集的资源优势，以农旅融合为主要方向，坚持龙头企业引领，采取生态种养模式，形成以水产健康养殖为主，湘莲、葡萄、草莓、黄桃、花卉苗木等特色产业协调发展的产业格局，打造鱼肥水美、瓜果飘香、绿树成荫的梦里水乡。

3. 发展目标

到2022年，红湖片区养殖水面稳定在5万亩以上，基础设施和生态环境显著改善，渔业现代化水平大幅提高。湘莲、葡萄、草莓、黄桃、花卉苗木等特色产业实现规模化、标准化。

4. 发展路径

（1）推进水产健康养殖。以保护环境、提质增效、富裕渔民为目的，以生态养殖、养护资源、做强产业为方向，大力推动红湖片区渔业生产与生态环境保护及渔业资源养护协调发展，争创国家级渔业健康养殖示范县。升级改造低产池塘，建成一批标准化、机械化、智能化、信息化水产健康养殖示范园。加快柳耳坝、竹天湖水产良种场升级改造，争创国家级水产苗种繁育基地。加快引进名优品种，重点打造五大特色水产健康养殖示范区（官垸南美白对虾养殖示范区、沟围湖鳜鱼特色养殖示范区、雁鹅湖鱼鳖混养示范区、竹天湖鲈鱼健康养殖示范区、许家铺稻虾综合混养示范区）。深化与湖南文理学院、南海水产研究所等科研院所合作，积极争取洞庭青鲫保种提纯项目落地。引进渔业龙头企业，建设农副产品深加工产业园和农产品仓储保鲜冷链物流设施，推动养殖、捕捞、加工、物流等产业相互融合、协调发展。强力推进农产品质量安全体系建设，确保水产品质量安全；启动水产养殖尾水污染治理，推广生态养殖，确保达标排放。充分发挥福民水产、隆昌湘莲、江南春等新型经营主体作用，带动虾、湘莲、苗木、葡萄、草莓、黄桃等产业发展壮大。

（2）推进农旅融合发展。深入挖掘“八百里洞庭至嘉山”的洞庭水文化、鱼米文化、孟姜女爱情等文化内涵，积极融入东部洞庭水乡旅游板块。加快推进七里湖芦花荡、嘉山文化爱情谷、北民湖湿地公园、枫林大观园等旅游文化项目，打造澧水黄金航道精品旅游线路。支持休闲农庄、垂钓基地、乡村研学旅行基地建设，积极推进官垸虾业特色小镇、小渡口渔业特色小镇、如东湘莲特色小镇创建，将红湖片打造成集休闲垂钓、水上乐园、农事体验、研学基地为一体的梦里水乡休闲区。

（3）推进基础设施配套。疏浚澧水航道至Ⅲ级，大力推进松滋河航道建设，完成松澧连线航道工程，打通向北经湖北松滋、公安至长江的水上通道。推进金戴公路建设，完成S303升级。完成大中型泵站建设、大中型水闸除险加固、重点垸堤加固、大中型灌区续建配套与更新改造等工程，抓好高标准农田建设和沟渠堰塘清淤，不断提升水旱灾害防御能力。加强110千伏小渡口变电站和农村电网改造，提高片区供电可靠性。

（四）打造山区生态保护利用区

1. 片区范围

王家厂镇、火连坡镇、甘溪滩镇、码头铺镇。

2. 发展定位

牢固树立和践行“绿水青山就是金山银山”的发展理念，突出生态优势，以山地生态度假和运动休闲为核心主题，发展精品旅游。以有机茶、有机蔬菜、中药材、油茶为主打产品，发展特色农业。

3. 发展目标

到2022年，有机茶、有机蔬菜、中药材、油茶种植面积分别达到5万亩、12万亩、6万亩、5万亩以上，生态环境进一步改善，生态优势成为助推乡村振兴的强大动力。

4. 发展路径

（1）主打生态旅游牌。依托涔槐国家湿地公园、天供山、太青山、星子山等山水特色资源，打造集休闲观光、山水运动、度假康养、自驾露营、革命传统教育等于一体的户外生态度假区。加快建设涔槐国家湿地公园，推进巡护码头、巡护道、管护站等设施配套，建好观鸟亲水台、千亩荷田、沙滩公园、皮划艇休闲俱乐部等项目，切实发挥好国家湿地公园的生态效益和社会效益。加快天供山森林公园康养培训中心、花语林、木屋营地等项目建设，开发森林骑行、山地徒步、洞穴探险、寺庙祈福等户外康养运动产品。修复游端轩故居，建好游端轩广场、竹林湾玻璃漂流、溪上美术馆、特色攀岩等项目，打造红色旅游及民俗展示走廊。建设太青山谷生态康养度假区，抓好太青山茶疗康养基地、彩色田园、溪谷漂流、峡谷营地等项目建设。重点开发星子山周边肖家洞、黄木洞、燕子洞、和尚洞、王仙洞等溶洞，争创国家级溶洞群地质公园。

（2）主打生态产业牌。发展茶叶产业，在甘溪滩镇太青村、丰年村、石板村和码头铺镇回龙裕村、龙洞峪村，分别新建500亩标准茶园1个，每年新认定有机茶园1000亩以上，建设茶叶加工厂1个。发展中药材产业，以王家厂镇大团村，火连坡镇金山村、澧淞村、双溪村，甘溪滩镇遇市村、石板村为重点，分别发展石菖蒲、枳壳等中药材3000亩以上，建好石菖蒲种苗基地，争创全省中药材示范基地县；引进建设中药材初加工厂，积极打造湘西北中药材集散市场。发展油茶产业，以王家厂镇长乐村、大团村，火连坡镇柏樟村、羊耳山村，甘溪滩东门村，码头铺镇洞市村为重点，打造一批高产油茶示范基地。积极推广有机蔬菜、香桃、纽荷尔脐橙等特色产业。合理开发矿产资源，加快建设石膏、石灰精深加工产业园。发展清洁能源，抓好光伏发电、燃煤发电、风力发电等项目建设。

（3）主打固本强基牌。配套建设景区服务中心、度假酒店、生态停车场、游步道等配套设施，全面提升游客接待能力。升级改造S233省道，拓宽火罗线，配套建设通景公路，将涔槐国家湿地公园、天供山森林公园、太青美丽山谷、星子山溶洞群等串点成线，打造1日游、2日游精品旅游线路。实施交通干道和景区周边景观提升工程，对民居风貌、行道绿化、路灯路牌、标识标线统一改造，形成景观长廊。推进景区充电桩建设，5G网络实现全覆盖。加快高标准农田建设，抓好水库除险加固、堰塘清淤扩容，兴修一批水利设施，较好解决农业产业“靠天吃饭”的问题。严厉打击乱砍滥伐、乱采滥挖等各类破坏生态环境违法行为，筑牢生态安全屏障。

（五）打造丘陵橘柚生态经济区

1. 片区范围

复兴镇、盐井镇、金罗镇、大堰垱镇（北部丘陵区）、梦溪镇（北部丘陵区）、如东镇（北部丘陵区）。

2. 发展定位

依托丘陵地区的橘柚产业优势和独特的山水人文风貌，按照规模化、标准化、品牌化、市场化的要求，打好“橘柚”和“旅游”两张牌，走出一条经济效益、社会效益、生态效益相得益彰的高质量发展路子。

3. 发展目标

到2022年，橘柚种植面积突破25万亩，标准化橘柚产业园达到6个以上，打造一批国省五星级农庄和生态康养示范基地。

4. 发展路径

（1）做强橘柚产业。积极引进培育优势橘柚品种，提质改造低产园；推进标准生产、绿色生产，加快橘柚标准化示范园建设。扶持家庭农场、合作社等新型经营主体，建设通风库、简易组装式冷藏库等设施，提升橘柚保鲜、冷藏等初加工能力，积极引进橘柚精加工企业。抓好产品包装和推广，积极开展和参加各类宣传推介活动，打响澧县橘柚品牌。做好产销对接，搭建、引进橘柚网上交易平台，积极对接本地商超和外地高端水果市场，不断拓展橘柚销售渠道。加快橘柚集散中心建设，打造复兴橘柚小镇。

（2）做精生态旅游。立足丘陵地区资源特色和生态环境优势，深入挖掘文化内涵，开发建设形式多样、丰富多彩、特色鲜明的生态旅游产品。支持大美绿色生态家园、双堰流水山庄等特色化、精品化发展，启动复润休闲农业园、果林田园休闲综合体建设，打造休闲游、周边游、一日游的重要目的地。推进康旅融合发展，支持康养院规范化、标准化、生态化发展，打造一批生态康养示范基地。

（3）发展其他产业。加快推进金罗专业物流园建设，以第三方物流、农产品冷链物流、快递物流等为重点，培育发展现代物流龙头企业。加快打造金罗石膏精深加工产业园，建设石膏粉、石膏板材及其他石膏制品生产线。加快发展生猪生产，积极推广种养结合的循环生态养殖模式。积极推广“林下经济”等生态种养模式，不断提高综合效益。依托橘柚落果等有机肥料资源，加快打造循环农业产业园。

（4）加强设施配套。升级改造澧县火车站，新建郑高公路、金戴公路，推进农村道路畅通工程，抓好通景公路配套建设，畅通物流运输通道和旅游通道。实施涔水干渠和山门干渠改造、赵家峪水库大坝防渗整治，保障灌溉需求和坝区安全。积极推进乡镇管道燃气工程和农网升级改造。

五、工作措施

（一）强化组织领导。成立县“请能人回乡、促产业发展”指挥部，县委书记任政委，县长任指挥长，县人大常委会主任、县政协主席和其余县委常委任副政委，县政府副县长任副指挥长。县指挥部下设办公室，县政府办主任任办公室主任，办公地点设在县政府办。县指挥部下设五大片区分指挥部，分指挥部负责制定年度行动计划，并抓好组织指挥、协调调度、督查考核等各项工作。片区内镇（街道）及县直有关单位为成员单位，负责各项政策措施的具体落实。

（二）强化项目支撑。推进五大片区发展，关键是要将目标任务具体化、项目化、清单化，制定好年度行动计划。各片区要将每一项工作落实到具体项目上，通过凝心聚力抓项目、推项目、促项目，推动产业发展实现量的提升和质的飞跃。要牢固树立精品意识，力争将每个项目打造成优质工程、亮点工程。要明确时间表和路线图，加快项目推进速度，尽快把项目一个一个抓落实抓落地，为提升全县产业现代化水平提供强力支撑。

（三）强化能人引领。全面摸清家底，分领域、分片区建好能人信息库。在项目建设、土地流转、税费减免、贷款担保等方面提供支持，鼓励乡贤能人创新创业。积极对接澧县籍在外能人，以最优惠的政策、最优质的服务、最优良的环境，引导能人回乡创业。落实工作补贴和购房补贴等优惠政策，吸引各类中高层次和紧缺人才来澧发展。充分发挥乡贤理事会、校友会、老乡会等组织桥梁纽带作用，广泛激发在外各行业能人、企业家、热心人士的爱乡热情，汇聚共谋家乡产业发展的磅礴力量。压实“请能人回乡”工作责任，县直部门、镇（街道）每年要分别请2个、20个以上能人回乡或下乡创业。

（四）强化政策保障。严格执行招商引资有关政策规定，全面落实国家和省、市、县扶持企业的各项政策，设置产业专项发展基金。加大农产品产地认证、“两品一标”认证奖补力度，提高入规入限企业奖补标准。办好新型农业经营主体创业培训班，培养农业领军人才。加大财政投入，持续推进农田水利、道路交通等基础设施建设，不断夯实产业发展平台。鼓励探索、包容失误，为敢于担当的干部担当、为敢于负责的干部负责。

（五）强化环境整治。在发展五大片区产业的同时，要统筹推进各片区人居环境治理，全力打造各美其美、美美与共的美丽乡村。集镇要重点抓好及时有效保洁、定点划线停车、规范店外经营、拆控违章搭建等工作，乡村要按照“三面五清”的要求，扎实开展好“空心房”整治行动、主干道“清六乱”行动、沟塘河湖“清四乱”行动、“厕所革命”攻坚行动、路肩培护补绿行动、畜禽粪污清理行动六大行动。每个镇（街道）每年要打造亮点项目20个以上。

（六）强化调度考核。片区发展实行清单化管理、项目化运作，明确投资人、推进时间表等。要按照“五个一”的推进机制，加大项目建设的调度频率和力度，书记县长每季一调度，各片区发展领导小组一月一调度，包联县领导一旬一调度，责任单位一周一调度。每月开展一次项目进展情况大督查，对不按要求落实工作任务的单位，下发督办函，限期整改；对工作推进不力突出的典型，要约谈问责相关单位主要负责人。将各片区产业发展任务完成情况纳入年终绩效考核，严格兑现奖惩。

中共澧县县委办公室　澧县人民政府办公室关于印发《澧县发展壮大村级集体经济消灭“空壳村”三年行动计划（2020—2022年）》的通知

澧办发〔2020〕4号

各镇（街道）党委（工委），各镇（街道）人民政府（办事处），县直及省市驻澧有关单位：

《澧县发展壮大村级集体经济消灭“空壳村”三年行动计划（2020—2022年）》已经县委、县政府同意，现印发给你们，请结合实际认真贯彻执行。

中共澧县县委办公室
澧县人民政府办公室
2020年9月17日

澧县发展壮大村级集体经济消灭“空壳村”三年行动计划（2020—2022年）

为发展壮大村级集体经济，增强农村基层党组织凝聚力和战斗力，全面实现乡村振兴战略目标，完成决战脱贫攻坚、决胜全面小康的重要任务，根据省市有关工作要求，特制订本行动计划。

一、总体要求

（一）指导思想

深入学习贯彻落实党的十九大精神和习近平新时代中国特色社会主义思想，以全面加强党的基层组织建设为引领，积极探索新形势下村级集体经济的有效实现形式，激活村级集体经济发展要素，不断增强村级集体经济组织“造血”功能，推动村级集体经济总量提升、质量提效、实力增强，为巩固党在农村的执政基础和执政地位提供坚强的物质保障。

（二）推进原则

——坚持因地制宜、精准施策。以村为主，坚持因地制宜，突出特色，多样化发展，按一村一策或一村多策的要求，制定村级集体经济发展方案，通过发挥村级基层组织的作用，把村集体增收和产业扶贫、乡村治理有机结合起来。

——坚持市场导向、自愿合作。遵循市场经济规律，用政策引导村级集体经济健康有序发展。防范因发展集体经济而增加村级债务、农民负担和侵害农民利益的现象发生。尊重农民专业合作社、企业和群众的意愿，在自愿的基础上平等协商，自愿合作发展村级集体经济。

——坚持生态先行、着眼长远。牢牢把握生态底线，注重开发生态资源、发展生态经济，合理推进空间开发和功能布局，推动村级集体经济发展。

——坚持整体联动、梯次推进。各镇（街道）要统一部署，广泛动员各方力量参与，形成推动村级集体经济发展的整体合力。各村（社区）要制订年度实施计划，分年度分任务逐步推进。

（三）目标任务

通过三年时间攻坚，全县基本消除集体经济“空壳村”110个。2020年，所有村（社区）

至少成立1家合作社或企业，消灭30%的“空壳村”；2021年，每个村（社区）形成1-2个主导产业，消灭70%的“空壳村”；2022年，村主导产业形成完整产业链，三产融合发展态势良好，“空壳村”全部消灭，普遍收入达到4万元以上。

二、发展模式

落实好中央和省、市关于培育发展壮大村级集体经济的各项政策措施，结合区域位置、主导产业和环境资源等优势，积极开拓发展村级集体经济的有效路径和模式，相关单位要结合职能职责积极支持帮扶。

（一）资源盘活型。通过盘活村级现有的和合同到期的村级资源，增加村级集体经济收入。依法将现有集体机动耕地、山林、“四荒”（荒山、荒水、荒地、荒滩）等资源的所有权和经营权分离，通过流转、租赁、股份合作等实现增收。对已到期的鱼塘、水库、耕地等资源要重新签订合同，租金和租期通过“四议两公开”的方式进行确定，租期符合国家有关法律法规，原则上不超过10年，租金分次收取，每届村委会只能收取本届任期内的租金。

（二）产业带动型。按照“县抓产业、镇村抓特色、区域化布局、基地化生产”的思路，大力发展高效农业、设施农业、精细农业、生态农业、观光农业等。

1. 建设绿色农产品生产基地。村（社区）成立专业合作社，通过土地流转、整治“空心房”、捡拾抛荒地等方式集中耕地面积，带动农民发展“一村一品”或“一村多业”，每个村（社区）建设一个100-500亩的现代产业园或绿色农产品标准化生产基地，打造县域农业品牌，增加村级集体经济收入。

2. 推进农产品加工业。以优质稻、油菜、葡萄、柑橘、蔬菜、茶叶、食用菌、药材等特色农产品为依托，发展订单农业，推进农产品保鲜、储藏、烘干、分级、包装等初加工和精深加工，开发多元产品，提升产品附加值，延长产业链。

3. 推行“互联网+农业”，进一步加强冷链物流体系建设和农产品交易市场建设。引导农产品加工业与休闲、旅游、文化、教育、科普、养生养老等产业深度融合，积极发展电子商务、农商直供、加工体验、中央厨房、个性定制等新产业新业态新模式，推动产业发展向“产品+服务”转变。

（三）服务创收型。

1. 鼓励村级集体经济组织领办创办专业合作社、运输公司、益农信息社等服务实体，通过提供土地托管、粮食烘干、统防统治、育种育苗、农机作业、打井灌溉、订单收购、代购代销、加工物流、集中运输等生产型服务创收。

2. 鼓励村集体经济组织牵头组建劳务合作社或劳务中介公司，承接劳务输出、环卫清洁、河道保洁、物业管理、社区服务、工程养护、绿化管护、家政服务、机关和企事业单位后勤等业务，增加集体经济收入。

3. 支持具备条件的村（社区），利用村级服务平台，开展代办通讯、电力、金融、保险、快递等业务，合理确定个人和集体分成比例，拓展集体经济收入渠道。

（四）资产增值型。鼓励村集体以资产、资源、资金等方式入股经营状况良好、有发展前途的专业合作社或企业，每年从该合作社或企业获得投资分红总额的20%作为村（社区）村级集体经济收入。鼓励村级自有闲置资金置业，购买门面商铺等优质固定资产，实现资金保值增值。

三、实施步骤

（一）调查摸底阶段（2019年9月—2019年12月）。以镇（街道）为主体指导村（社区）开展调查摸底，通过召开村民代表大会和村（社区）民主监事会等会议，集中民智，分析各村优势和特点，按照一村一规划、一村一策制定村（社区）主导产业规划，确定集体经济发展模式，并报镇农经站备案。[责任单位：县驻村办，各镇（街道）、村（社区）]

（二）清理整治阶段（2020年1月—2020年12月）。利用清产核资成果，集中对全县农村集体资产资源进行大盘点、大清查、大起底，下大力解决因村级集体管理不规范或单位个人采取非法手段导致的农村集体资产流失、资源管理无序等问题。建立健全农村资产资源管理、使用、处置等规范性制度及工作台账，有效有序推动全县农村集体经济发展壮大。[责任单位：县纪委监委、县委组织部、县农业农村局、县农村经营服务站、县林业局、县自然资源局、县司法局、县公安局，各镇（街道）]

（三）整体推进阶段（2020年1月—2022年10月）。根据确定的产业发展规划，各村（社区）党组织引领示范，着力破解村级集体经济发展难题。按照第一年打基础、第二年稳定发展、第三年巩固提质的步骤，到2022年，消灭全县集体经济“空壳村”。[责任单位：县农业农村局、县财政局、县驻村办、县供销社，各镇（街道）]

（四）总结验收阶段（2022年11月—2022年12月）。对发展壮大村级集体经济工作进行全面验收，做好经验总结，巩固提高发展成果。（责任单位：县委组织部、县委宣传部、县农业农村局、县财政局、县驻村办、县农村经营服务站）

四、保障措施

（一）强化组织领导。进一步强化各级党组织责任，引导鼓励党员干部和群众大力发展村级集体经济。

1. 成立县发展壮大村级集体经济工作领导小组，县长任组长，县委常委、常务副县长，县委常委、县委组织部部长，分管农业农村工作副县长任副组长，县委组织部、县委宣传部、县农业农村局、县发改局、县财政局、县商务局、县工信局、县自然资源局、县科技局、县扶贫办、县供销社、县水利局、县林业局、县农村经营服务站、县农机事务中心、县畜牧水产事务中心等部门单位负责人为成员。领导小组办公室设在县农村经营服务站，站长兼任办公室主任。

2. 镇（街道）成立发展壮大集体经济领导班子，明确党委（工委）书记为第一责任人，镇长（主任）为具体负责人。镇（街道）要整合帮扶部门、驻村工作组、村（社区）“两委”、团组织、妇代会等人员力量，制订年度实施计划，落实发展任务。

3. 各村（社区）要明确党组织书记为主的专门班子抓好发展壮大村级集体经济具体工作。分年度制定村级集体经济发展实施方案，明确阶段性目标任务，并认真抓好实施。

（二）强化部门职责。相关部门要协作配合，出台扶持村级集体经济发展的具体办法。实行部门联点帮扶，与乡村振兴、脱贫攻坚联点工作统筹安排。

县委组织部：负责牵头开展考评、督导、协调等工作，将发展壮大村级集体经济工作纳入基层党建述职内容。

县农业农村局：负责制订产业发展规划，指导村（社区）发展特色产业，创建绿色食品原料基地，争创“二品一标”农产品。

县发改局：负责争取农业项目，做好产业布局。

县财政局：负责整合相关涉农资金，提供发展保障。

县商务局：负责三产业发展的指导培训。

县农村经营服务站：负责领导小组办公室日常工作，强化村级财务管理，指导村级成立合作社等。

县供销社：负责指导规范合作经济组织运行，完成村级惠农合作社的设立。

（三）强化资金保障。县财政、发改、农业农村等部门每年整合调剂各类支农资金500万元，专项用于奖励帮扶等。联点县直单位，要立足部门职能，积极向上争取资金，充分发挥后盾单位作用。有关部门要保障培训资金，加大农业农村实用技术培训力度，培育新型职业农民，提升农民现代科技水平。

（四）强化示范引领。注重挖掘、培植、树立、宣传先进典型，及时推介发展壮大村级集体经济好做法、好经验，充分发挥引领带动作用。

镇（街道）要发挥主体作用，每年办好一个“脱帽”示范村，县直单位要发挥项目申报、资金扶持等职能优势，办好各种发展模式的样板，形成发展合力。

（五）强化考核激励。将发展壮大村级集体经济工作纳入全县基层党建和乡村振兴考核内容，分别由县委组织部、县农业农村局组织实施。要建立健全村级集体经济考核奖励机制。对兼任集体经济组织负责人的村“两委”成员及其他领取财政报酬的专干，不再另发固定报酬，但允许各村根据其付出劳动多少发放奖励资金，奖励资金总额不得超过当年村级集体经济净利润的20%。对集体经济组织其他成员，可按“基本报酬+绩效奖励”的办法发放报酬。村级集体经济收入分配方案需经镇（街道）和县农村经营服务站审核把关。

1. 对工作成效显著的给予奖励。每年奖励20个工作成效明显的村，其中10个用于奖励“空壳村”发展集体经济突破明显的，10个奖励发展集体经济特别突出、巩固明显的。

2. 对工作不力、未完成消灭“空壳村”任务的镇（街道）、村（社区），取消扶持资格，并严肃问责追责。因自然灾害、市场等不可控因素导致未完成任务的，结合实际情况免于追究相关人员责任。

中共澧县县委办公室　澧县人民政府办公室印发《关于从事生产经营活动事业单位改革的实施意见》的通知

澧办通字〔2020〕4号

县直及省市驻澧有关单位：

《关于从事生产经营活动事业单位改革的实施意见》已经县委、县政府同意，现印发给你们，请结合实际认真贯彻执行。

中共澧县县委办公室
澧县人民政府办公室
2020年4月27日

关于从事生产经营活动事业单位改革的实施意见

为贯彻落实《中共湖南省委办公厅湖南省人民政府办公厅印发〈关于从事生产经营活动事业单位改革的实施意见〉的通知》（湘办〔2017〕39号）和《中共常德市委常德市人民政府关于分类推进事业单位改革的实施意见》（常发〔2014〕6号）、《中共常德市委办公室常德市人民政府办公室印发〈关于从事生产经营活动事业单位改革的实施意见〉的通知》（常办〔2018〕16号）精神，现就做好全县从事生产经营活动事业单位（以下简称“经营类事业单位”）改革工作提出如下实施意见。

一、改革目标

通过改革，推进经营类事业单位依法转制为自主经营、自负盈亏、平等竞争、自我发展的市场主体，建立产权清晰、权责明确、政企分开、管理科学的现代企业制度。在抓紧完成经济效益较好经营类事业单位改革的基础上，对经济效益一般，但具有发展潜力、转制后能够激发活力、正常经营的，要创造条件，通过减轻负担等政策支持，稳妥推进转企改制，于2020年9月底前基本完成。长期亏损、资不抵债、债权债务不清晰、历史遗留问题多的，要摸清情况，实行财政拨款只减不增、人员只出不进，依法依规处理债权债务，稳妥退出事业单位序列。全县已列入经营类事业单位的县建筑勘察设计院、县挖泥船队、县水利水电工程队等3家单位要于2020年9月底前完成转企改制任务。县湖洲管理所等其他实际从事生产经营活动的事业单位按本意见精神稳步推进改革，于2020年底前完成转企改制任务。

二、改革任务

（一）支持多种形式转企改制。具备条件的经营类事业单位，可根据实际生产经营状况和发展需要，采取国有独资、混合所有制等多种形式转企改制。积极引入各类投资主体，通过控股、参股、收购、兼并等方式，推进公司制股份制改革。按照简政放权、放管结合、优化服务的要求，依法赋予转制企业法人财产权和经营自主权，充分激发其发展活力和创造力。进一步完善监管制度，提高监管效能，防止国有资产流失，实现保值增值。

（二）**严格国有资产处置管理**。按照权属清晰、风险控制、安全完整的原则，对转制单位资产进行全面清理、核对和查实，准确核查债权债务。转制单位的债权债务原则上由转企改制后的企业承接。稳步将经营类事业单位国有资本纳入经营性国有资产集中统一监管体系。涉及国有资产出售的，按照规定程序批准后，在产权交易机构通过公开竞价方式处置。强化交易主体和交易过程监管，防止暗箱操作、低价贱卖、利益输送、化公为私、逃废债务，杜绝国有资产流失。

转制单位应将全部资产纳入转企改制范围，进行全面清查登记，提出资产清查结果处理建议。涉及资产损失核销、资产盘盈和资金挂账的，按规定程序和权限报批。财务审计和资产评估应由主管部门委托具备资质的中介机构承担，其结果应在转制单位内部公示，经主管部门审核后，按照有关规定报国资部门核准或备案。

县政府办、县机关事务中心要会同有关部门研究制定经营类事业单位转企改制有关国有资产管理的具体办法，切实加强国有资产监管。

转制单位涉及的原划拨土地，转制为企业后用途符合划拨用地目录的，可继续以划拨方式使用；不符合划拨用地目录的，应当依法实行有偿使用。转制为一般竞争性企业的，原生产经营性划拨用地可采取协议出让或租赁方式进行土地资产处置。

（三）**建立现代企业制度**。健全企业法人治理结构，推动形成权责对等、运转协调、有效制衡的决策执行监督机制，落实国有资产保值增值责任，完善经营业绩考核。探索建立自主灵活、适应市场竞争的经营管理机制，实行管理人员能上能下、员工能进能出的用人制度，建立与劳动力市场基本适应、与企业经济效益和劳动生产率挂钩的工资决定和正常增资机制，合理确定并严格规范企业管理人员履职待遇和业务支出，着力提升企业发展活力和抵御风险能力。

（四）**严控人员编制**。改革过程中要采取有力措施，严控人员编制，现有空编一律由机构编制部门收回，人员编制一律实行“只出不进、出一减一”的管理方式。已转制为企业的事业单位，要按照规定程序及时撤销事业单位建制，收回事业编制，注销事业单位法人登记，核销人员编制实名制信息。具有事业企业“双法人”资格的，注销事业单位法人，核销事业编制，直接转制为企业。

（五）**做好社会保障衔接**。对目前已经划入经营类但尚未转企改制到位的事业单位，已参加企业职工基本养老保险的仍继续参加；尚未参加的，先参加机关事业单位基本养老保险，待转企改制到位后，再按照有关规定纳入企业职工基本养老保险范围。社会保障具体衔接办法及相关政策由人社部门会同有关部门研究制定。

（六）**妥善安置人员**。转制单位原则上应继续聘用原事业单位工作人员，依法与职工签订劳动合同，并做好养老保险、医疗保险等的过渡衔接。转企改制时距国家法定退休年龄5年以内的人员，本人申请并经转制单位批准，可以提前离岗，离岗期间的工资福利等基本待遇不变，由转制单位发放。单位和个人继续按规定缴纳各项社会保险费，达到国家法定退休年龄时，按照国家规定办理退休手续。符合安置的人员由组织、编制、人事等部门研究具体方案。

（七）**加强党的建设**。改革中要坚持党的建设同步谋划、党的组织及工作机构同步设置、党组织负责人及党务工作人员同步配备、党的工作同步开展，实现体制、机制、制度、工作对接到位。把党建工作总体要求和党组织机构设置、职责分工、工作任务等写入改制企业章程或合作协议，明确国有企业党组织在公司法人治理结构中的法定地位，强化党组织的领导核心和政治核心作用。落实党建工作责任，充分发挥基层党组织战斗堡垒作用和党员先锋模范作用。注意保持党的工作连续性，转制单位与原主管部门脱钩前，保持党的组织隶属管理不变；脱钩过程中，要按照有关规定及时理顺党组织隶属关系、接转党员组织关系，正常开展党组织活动，并做好深入细致的思想政治工作；脱钩后，要平稳有序衔接，确保将党的领导贯穿改革始终。

三、组织实施

（一）加强领导，明确职责。积极稳妥推进经营类事业单位改革，是事业单位分类改革的一项重要任务。各有关部门要充分认识此项工作的重要性，切实加强领导、负起责任。涉改单位主管部门为所属经营类事业单位改革的责任主体，要切实履行职责，精心组织谋划，抓好工作落实。县经营类事业单位改革工作推进小组成员单位和其他有关职能部门要密切配合、形成合力，确保改革顺利推进，如期完成任务。

（二）精心谋划，稳妥实施。涉改单位主管部门要根据经营类事业单位经营状况和客观条件，选取适当方式，合理把握进度，分步推进改革。要注重与有关行业体制改革政策相衔接，中央和省、市、县已经作出部署的有关行业体制改革，由主管部门负责本系统改革的推进落实。分类中未划入经营类的事业单位，其开展的竞争性生产经营活动，要按照本意见精神，通过剥离或与其他经营类事业单位整合等方式稳步推进改革。要深入调查研究，充分听取各方面意见，细致分析情况，在把握好相关政策的前提下，注意研究和妥善处理改革过程中出现的新情况和新问题，并及时上报。要加大政策宣传力度，通过多种形式和渠道，广泛宣传转企改制的目的、意义及相关政策规定，引导干部职工积极支持改革、主动参与改革。

（三）规范操作，严明纪律。严格执行政治纪律，确保政令畅通。严格执行机构编制纪律和组织人事纪律，严禁突击提拔干部，严禁突击进人。严格执行财经纪律，国有资产变更等事项要按照规定程序报批，严禁突击花钱，严禁转移、侵吞、挤占国有资产，严禁随意处置国有资产。严格按政策规定实施，严格按规定程序操作，依法依规处置国有资产，保障干部职工知情权、参与权、表达权、监督权，切实维护相关各方合法权益。营造良好改革氛围，确保改革和各项工作平稳有序推进。纪检监察、组织人事、机构编制、审计等部门要加强监督，对违反法律法规和政策规定的，要严肃追究相关单位和责任人责任。主管部门要及时跟踪了解改革进展情况，加强监督检查。

中共澧县县委办公室　澧县人民政府办公室关于印发《澧县全面小康决胜年行动实施方案》的通知

澧办通字〔2020〕8号

各镇（街道）党委（工委），各镇（街道）人民政府（办事处），县直及省市驻澧有关单位：

《澧县全面小康决胜年行动实施方案》已经县委、县政府同意，现印发给你们，请结合实际认真贯彻执行。

中共澧县县委办公室
澧县人民政府办公室
2020年7月27日

澧县全面小康决胜年行动实施方案

为深入贯彻落实省委、市委、县委关于开展全面小康决胜年行动的决策部署，确保如期全面建成小康社会，制定本实施方案。

一、总体要求

以习近平新时代中国特色社会主义思想为指导，全面贯彻党的十九大和十九届二中、三中、四中全会精神，认真落实中央和省委、市委、县委经济工作会议精神，坚持稳中求进工作总基调，坚持新发展理念，坚持以人民为中心的发展思想，深入推进开放强县产业立县，对标对表全面建成小康社会目标，聚焦短板弱项，实施精准攻坚，坚决打赢三大攻坚战，以“全面小康决胜年”为抓手，扎实推进“一脱贫三促进六覆盖”，努力实现农村贫困人口全部脱贫，促进经济增长、促进充分就业、促进安全稳定，推动义务教育、社会保障、农村安全饮水、基层公共服务（一门式）、农村危房改造、农村通组道路全覆盖，增强人民群众的幸福感获得感安全感，确保圆满完成决胜全面建成小康社会、决战脱贫攻坚各项目标任务。

二、工作安排

（一）实现农村贫困人口全部脱贫（牵头单位：县扶贫办）

1. 工作目标：到2020年9月底，全县现行标准下农村贫困人口全部脱贫，脱贫攻坚任务如期全面完成。

2. 重点任务：（1）保持脱贫攻坚总体政策稳定，坚持摘帽不摘责任、不摘政策、不摘帮扶、不摘监管，稳定扶贫工作队伍，强化扶贫责任落实（县扶贫办牵头负责）。（2）集中力量抓好剩余1219户2450名贫困人口的脱贫，持续推进“问题清零”“厘清脱贫路径”行动，组织对脱贫人口开展“回头看”，加大兜底保障力度，确保基本政策落实不漏一项、不落一人（县扶贫办牵头负责、县民政局配合）。（3）对特困贫困群体落实低保、医保、养老保险、特困人员救助供养、临时救助等综合社会保障政策，实现应保尽保（县人社局、县民政局、县医保局牵头负责）。（4）强化产业扶贫、就业扶贫，大力实施扶业增收、政策保障、扶志扶智、基础设施、基础工作、党建促脱贫等六大提升工程，加大易地扶贫搬迁后续扶持力度（县委组织部、县发改局、县人社局、县农业农村局、县教育局、县住建局、县民政局、县水利局、县扶贫办牵头负责）。（5）建立返贫监测预警机制，重点关注有致贫返贫风险的“边缘户”，将返贫人口和新发生贫困人口及时纳入帮扶（县扶贫办牵头负责）。（6）持续开展扶贫领域腐败和作风问题专项治理（县纪委监委牵头负责）。（7）配合做好脱贫攻坚督查、普查（县扶贫办、国家统计局澧县调查队牵头负责）。（8）研究接续推进减贫工作，建立解决相对贫困的长效机制，推进脱贫攻坚与实施乡村振兴战略有机衔接（县扶贫办、县农业农村局牵头负责）。

（二）促进经济增长（牵头单位：县发改局）

1. 工作目标：持续推动经济高质量发展，深入推进开放强县产业立县，2020年全县地区生产总值增长8%左右，规模工业增加值增长8%左右，地方一般公共预算收入增长8%，固定资产投资增长10%以上。

2. 重点任务：（1）坚持抓重点、补短板、强弱项，力争全年开工亿元项目10个以上，新投产亿元项目15个以上；创新体制机制，积极探索推行EPC+O模式，确保东部新区标准化厂房入驻率达90%以上；进一步推进重点项目，确保膜科技、冠源制衣等项目建成投产；采取兼并重组、腾笼换鸟等方式，努力盘活“僵尸企业”；实施市场主体增量行动，着力培育“小巨人”，新增规模工业企业15家以上。（县发改局、县高新区、县工信局、县商务局牵头负责）。（2）打好污染防治攻坚战，深入贯彻落实习近平生态文明思想，统筹山水林田湖草系统治理，深入实施澧阳平原生态环境保护三年行动计划，积极创建省级生态文明建设示范县；持续打好蓝天碧水净土保卫战，全面完成污染防治攻坚战三年行动计划任务；开展大气污染联防联控联治，县城区环境空气质量优良率达到90%以上；抓好城镇污水治理，实现集镇污水处理设施配套全覆盖，完成城乡黑臭水体综合治理任务；深化河湖长制工作，确保省控考核断面水质稳定达标；开展砂石土矿专项整治行动，关闭退出23家；抓好重金属污染源排查整治、耕地修复治理、绿色矿山建设。（县生态环境分局、县住建局、县水利局、县自然资源局、县农业农村局牵头负责）。（3）实施创新驱动发展战略，积极对接全省创新县培育计划，大力培育科技型中小企业，力争新增高新技术企业6家以上。落实科技创新优惠政策，引导全社会加大科研投入，支持平安科技创建医用高分子制品省级重点实验室；加快创新创业园建设，打造湘西北一流的创新创业基地和中小微企业孵化基地；加大知识产权的创造、保护和运用力度，主动对接湖南文理学院教授博士“沅澧行”活动，力争在重大科技成果转移转化上实现突破（县高新区、县科技局、县市场监管局牵头负责）。（4）促进产业融合发展、全面发展，大力发展现代农业、先进制造业和现代服务业，加速推进“两化”融合、军民融合，着力培育平台经济、数字经济、创意经济、共享经济，大力推动生产性服务业向专业化和价值链高端延伸，大力促进生活性服务业向高品质和多样化升级（县发改局、县农业农村局、县商务局牵头负责）。（5）促进区域协调发展，加强城乡基础设施建设，加快农村水电路讯建设，推动交通、能源、水利、信息、物流、环保设施向农村延伸；研究出台相关政策措施，促进县域经济高质量发展（县发改局、县财政局、县住建局、县农业农村局牵头负责）。（6）营造透明公正便捷高效的营商环境，落实好减税降费政策，推进“一件事一次办”，打造放管服改革升级版，支持和引导非公有制经济发展（县发改局、县财政局、县工信局、县税务局、县行政审批局、县工商联牵头负责）。

（三）促进充分就业（牵头单位：县人社局）

1. 工作目标：2020年，新增城镇就业5600人，新增农村劳动力转移就业5000人，城镇登记失业率3%以内，确保零就业家庭动态清零。

2. 重点任务：（1）落实促就业稳就业二十条措施，加大创业支持力度，完善就业服务体系，突出抓好高校毕业生、下岗失业人员、农民工、退役军人等重点群体就业工作。（2）落实稳岗补贴、技能提升补贴、社保降费等援企稳岗政策，完善创业担保贷款贴息和创业资金奖补政策。（3）开展职业技能提升行动，加强政府补贴性职业技能培训5000人次，其中农村劳动力转移技能培训1200人次。（4）做好返乡农民工就业创业工作，健全保障农民工工资支付长效机制。

（四）促进安全稳定（牵头单位：县委政法委）

1. 工作目标：抓好政治安全、金融安全、生产安全、交通安全、社会治安安全、食品和药品安全、网络信息安全等，杜绝重特大事故，有效防范和坚决遏制各类生产安全事故，确保社会安全稳定。

2. 重点任务：（1）开展维护国家政治安全系列专项行动，加强政治安全风险排查预警，严格落实意识形态工作责任制（县委政法委、县委宣传部牵头负责）。（2）有效防范化解财政金融风险，严格控制隐性债务增量，积极化解隐性债务存量，禁止违法违规举债，推动融资平台公司转型发展；打击和处置非法集资，维护区域金融稳定［县财政局、县国资中心、县政府办（金融办）牵头负责］。（3）落实安全生产责任，强化安全监管执法，深入开展事故隐患大排查大整治；综合做好森林火灾、水旱灾害、地质灾害等防灾减灾救灾工作，不断完善应急救援体系建设（县应急局牵头负责）。（4）集中整治道路交通顽瘴痼疾，大力推进交通问题顽瘴痼疾集中整治行动，加大典型案例和风险隐患曝光力度（县交警大队牵头负责）。（5）健全立体化信息化社会治安防控体系，加强基层派出所建设，深化农村辅警和城市快警管理应用，全面抓好中央扫黑除恶督导问题整改，集中打击突出违法犯罪活动，推动扫黑除恶常态化长效化（县委政法委、县公安局牵头负责）。（6）抓好“双安双创”工作，严防严控食品药品和农产品质量安全风险，确保成功创建全国食品安全示范县和农产品质量安全县（县市场监管局、县农业农村局牵头负责）。（7）实施网络内容建设工程，加快建立网络综合治理体系，抓好网络生态治理（县委宣传部牵头负责）。

（五）推动义务教育全覆盖（牵头单位：县教育局）

1. 工作目标：精准落实义务教育阶段家庭经济困难学生教育资助政策，决不让一个孩子因贫辍学失学，扎实推动义务教育优质均衡发展，全面提升教育质量，推进学前教育普及普惠安全优质发展，着力促进教育公平，加快推进教育现代化。

2. 重点任务：（1）坚持教育优先发展，实现义务教育优质均衡。（2）确保建档立卡户等困难学生资助率达100%，就学率达100%。（3）统筹推进县域内义务教育城乡一体化发展，全面加强乡村小规模学校、乡镇寄宿制学校、义务教育阶段标准化学校建设，全面完成农村学校建设三年行动计划2020年年度任务，加快推进芙蓉学校建设。新建教师周转房179套、新建塑胶运动场4个、新建和改扩建学生食堂2200平方米。（4）抓好教师队伍建设，树立良好师德师风，着力减轻教师负担，提高乡村教师待遇（县教育局、县财政局、县人社局牵头负责）。（5）持续深化新高考改革，确保高考成绩继续保持全省领先。（6）加快推进澧州实验小学和原二中提质改造，全面消除义务教育大班额157个。（7）大力发展公办幼儿园和普惠性民办幼儿园，公办幼儿园在园幼儿占比达50%以上，建设普惠性幼儿园8所，普惠性幼儿园覆盖率达到80%。

（六）推动社会保障全覆盖（牵头单位：县民政局、县人社局、县卫健局、县医保局）

1. 工作目标：提升基本医疗卫生服务水平，基本实现法律和政策规定人员基本医疗保险全覆盖，全县常住人口参保率稳定在95%以上。

2. 重点任务：（1）实施健康澧县促进行动，开展公立医院建设三年行动，提升县、乡医院综合服务能力；加快乡镇卫生院、行政村卫生室标准化建设，达标率分别达到90%以上、

100%以上；深化医药卫生体制改革，做实做好县域医共体，推进分级诊疗和现代医院管理制度建设，切实缓解“看病难、看病贵”问题（县卫健局牵头负责）。（2）基本实现城乡居民养老保险法定人群全覆盖，加快医疗保障市级统筹，实现贫困人口基本医保、大病保险、医疗救助制度全覆盖；完善医保征缴工作机制，做实全面参保计划，巩固参保率；落实医疗保障待遇清单动态调整机制，做好基本医保、大病保险与医疗救助政策衔接，持续开展打击欺诈骗保专项行动，确保医保基金运行安全（县医保局、县税务局牵头负责）。（3）继续推进全民参保计划，扩大各类社会保险覆盖面，降低社会保险费率，推进国家居家和社区养老改革试点（县人社局、县医保局牵头负责）。（4）提升城乡低保标准和补助水平，城市低保保障标准达到6720元/年，农村低保保障标准达到4560元/年，城乡特困供养人员基本生活标准分别达到8760元/年、6000元/年；新建区域性中心敬老院1所，新增床位数80张，新增护理床位80张；加强残疾人康复服务，实现0-6岁残疾儿童康复救助全覆盖（县民政局、县残联牵头负责）。

（七）推动农村安全饮水全覆盖（牵头单位：县水利局）

1. 工作目标：推进农村饮水安全巩固提升工程，确保农村居民能够及时取得足量够用的安全生活用水。

2. 重点任务：（1）抓好农村安全饮水项目的前期工作和组织实施，进一步提升农村自来水普及率、水质达标率。（2）巩固和新增农村通自来水人口1.15万人。（3）实施农村饮水安全提质工程7处，提高供水能力和保证率。（4）加强农村饮用水水源保护，健全水质监测体系（县生态环境分局、县水利局牵头负责）。

（八）推动基层公共服务（一门式）全覆盖（牵头单位：县委组织部）

1. 工作目标：全面完成村（社区）服务中心建设，设立便民服务大厅，实现所有村（社区）服务中心均能提供“一门式”办理、“一站式”服务。

2. 重点任务：（1）全面加强基层建设，不断完善基层组织体系，全面推行“党建引领、互助五兴”农村基层治理模式。（2）持续加强智慧党建平台建设，全面完成村（社区）服务中心建设。（3）积极推选班子坚强有力、制度建设规范、工作条件完善、治理成效显著的先进社区，争创全国全省“城乡社区治理和服务创新实验区”、全省“城市和谐社区”“农村幸福社区”。（4）启动国家基本公共服务标准化综合试点。

（九）推动农村危房改造全覆盖（牵头单位：县住建局）

1. 工作目标：确保4类重点对象（建档立卡贫困户、低保户、农村分散供养特困人员和贫困残疾人）的危房改造全部落实。

2. 重点任务：（1）做好农村危房改造“回头看”排查工作，及时整改消除安全隐患，确保房屋安全。（2）原有4类重点对象的新增危房，全部改造到位。（3）巩固农村危房改造成果，确保农村危房全部改造到位。（4）加大对农村危房改造补助对象、补助标准、改造方式等基本政策的宣传力度。

（十）推动农村通组道路全覆盖（牵头单位：县交通运输局）

1. 工作目标：全面实现全县25户以及100人以上自然村通水泥路。

2. 重点任务：抓好“四好农村路”建设，完成新改建农村公路165公里，改造农村危桥13座，做好新改建道路工程竣（交）工验收，提升农村公路管护养护水平。

三、保障措施

（一）加强组织领导。建立县委、县政府统筹协调，县直部门分工协作的工作组织领导机制。县委、县政府主要领导为第一责任人，相关县级领导根据分工各负其责，县直牵头单位制定实施专项工作方案，县直相关单位协同配合，实行一项工作、一名领导、一个班子、一套方

案的工作推进机制，确保全面小康决胜年行动顺利推进，取得实效。（牵头单位：县委办、县政府办）

（二）强化要素保障。创新投入机制，加大财力倾斜，强化全面小康决胜年行动相关工作资金保障。全力做好相关项目用地、用水、用气等保障工作。优化项目审批流程，加快项目审批进度。（牵头单位：县发改局、县财政局、县自然资源局、县行政审批局）

（三）严格考核奖惩。把全面小康工作纳入全县绩效评估，满分2分，设基分1.5分（加分不超过0.5分，扣分不设下限，扣完为止）。根据《澧县全面小康决胜年行动实施方案》和《2020年澧县全面建成小康社会补短板监测考评指标工作目标》，年终完成目标任务的计基分，每超过（低于）目标任务1个百分点加（减）0.1分。对在全面小康决胜年行动中推进较快、成效明显的，予以通报表扬和奖励；对推进落实不力的，进行通报批评、约谈、挂牌督办等处理。（牵头单位：县委办）

（四）抓好宣传引导。制定宣传专项方案，全方位、多角度、立体式对全县全面小康决胜年行动进行宣传，激发人民群众参与全面小康决胜年行动的积极性和主动性。大力宣传全县全面建成小康社会取得的巨大成就和涌现出的先进典型。加强社会舆情监测和应对处置，形成良好舆论氛围。（牵头单位：县委宣传部）

附件

2020年澧县全面建成小康社会补短板监测考评指标及任务分解表

类别	序号	指标名称		单位	目标值	权重	责任单位	分管县领导
一脱贫	1	建档立卡贫困人口全部脱贫		%	100	10	县扶贫办	罗先春
三促进	2	促进经济增长	固定资产投资增长率	%	10.4	4	县发改局	翦　鹰
			社会消费品零售总额增长率	%	10.5	4	县商务局	刘　黎
			利用内外资增长率（累计）	%	≥70	4	县招商促进事务中心	王　毅
			城镇化率	%	≥60	4	县统计局	翦　鹰
			产业投资占固定资产投资比重	%	≥58	4	县发改局	翦　鹰
			农产品加工产值与农业总产值比重	%	≥250	4	县农业农村局	罗先春
			高新技术产业增加值占GDP比重	%	≥22	4	县科技局	王　毅
			地方税收占地方一般公共预算收入比重	%	≥70	4	县财政局	翦　鹰
	3	促进就业增收	城镇登记失业率	%	≤4.5	4	县人社局	王　毅
			城镇居民人均可支配收入	元	37333	5	国家统计局澧县调查队	翦　鹰
			农村居民人均可支配收入	元	21186	5	国家统计局澧县调查队	翦　鹰

续　表

类别	序号	指标名称			单位	目标值	权重	责任单位	分管县领导
三促进	4	促进社会稳定	防范化解重大风险指数	债务率	%	≤120	3.6	县财政局	翦　鹰
				陈案化解率	%	≥80	2.4	县政府办（金融办）	刘　黎
			污染防治指数	优良以上空气质量达标率	%	≥85	1.2	县生态环境分局	刘　黎
				地表水达到Ⅲ类或优于Ⅲ类水体比例	%	≥95	1.2	县生态环境分局	刘　黎
				城镇污水处理率	%	≥70	1.2	县住建局	丁保国
				农村生活污水处理率	%	≥60	1.2	县生态环境分局	刘　黎
				对农村生活垃圾进行处理的行政村比例	%	≥90	1.2	县城管执法局	丁保国
			社会安全指数	刑事犯罪率	人/万人	≤5.06725	1.2	县法院	陈世杰
				交通事故死亡率	人/万人	≤0.74045	0.9	县交警大队	陈世杰
				火灾事故死亡率	人/万人	≤0.02393	0.9	县消防大队	王　毅
				亿元GDP生产安全事故死亡率	人/亿元	≤0.1	0.9	县应急局	王　毅
				群体性食品安全事故年报告发生数	起	—	0.9	县市场监管局	刘　黎
				公众安全感	%	≥90	1.2	县委政法委	高建平
六覆盖	5	教育发展水平		义务教育就学保障率	%	100	1.6	县教育局	翦　鹰
				公办幼儿园在园幼儿占比	%	≥50	1.2	县教育局	翦　鹰
				消除义务教育大班额比例	%	—	1.2	县教育局	翦　鹰
	6	社会保障水平		基本医疗保险覆盖率	%	≥95	1.5	县医保局	翦　鹰
				行政村卫生室标准化达标率	%	≥75	1.5	县卫健局	丁保国
				乡镇卫生院2名以上全科医生覆盖率	%	100	1.5	县卫健局	丁保国
				农村低保应保尽保率	%	100	1.5	县民政局	刘　黎
	7	农村饮水安全覆盖率			%	100	4	县水利局	罗先春
	8	基础公共服务（一门式）覆盖率			%	100	4	县委组织部	胡元琴
	9	住房安全保障率			%	100	4	县住建局	丁保国
	10	农村通组道路（水泥或沥青）覆盖率			%	100	4	县交通运输局	王　毅

中共澧县县委　澧县人民政府
关于2020年度全县绩效评估结果的通报

澧通字〔2021〕2号

各镇（街道）党委（工委），各镇（街道）人民政府（办事处），县直及省市驻澧各单位：

2020年，县委、县政府团结带领全县广大党员干部群众，坚持以习近平新时代中国特色社会主义思想为指引，认真贯彻上级决策部署，大力弘扬澧州精神，深入实施扬长补短战略，砥砺奋进、共克时艰，完成了年初确定的各项目标任务。按照《2020年度全县绩效评估方案》，县委、县政府对全县绩效评估结果予以通报。希望获得优秀等次的单位再接再厉，争创新的业绩；未进入优秀等次的单位认真查找差距，分析原因，确保2021年的各项工作取得新的进步。

附件：2020年度全县绩效评估结果

中共澧县县委

澧县人民政府

2021年2月8日

附件

2020年度全县绩效评估结果

一、镇、街道

1. 优秀等次（7个）：复兴镇、澧南镇、金罗镇、小渡口镇、城头山镇、澧阳街道、澧浦街道

2. 良好等次（8个）：盐井镇、码头铺镇、官垸镇、如东镇、涔南镇、王家厂镇、澧西街道、澧澹街道

3. 合格等次（4个）：甘溪滩镇、大堰垱镇、火连坡镇、梦溪镇

二、县直单位

1. 优秀等次（46个）：财政局、自然资源局、农业农村局、住建局、发改局、工信局、招商促进事务中心、商务局、住房保障服务中心、国资中心、卫健局（计划生育协会）、信访局、退役军人局、民政局、教育局、人社局、扶贫办、澧州涔槐国家湿地公园管理处、医保局、农村经营服务站、应急局（消防大队）、审计局、市场监管局、人民检察院、人民法院、总工会、科协、编办、妇联、纪委监委（巡察办）、县委办、政府办、组织部、宣传部、政法委、统战部（侨联）、人大机关、政协机关、党校、王家厂水库管理处、澧阳大垸管委会、人民医院、疾控中心、中医医院、一中、职业中专（教师进修学校）

2. 良好等次（22个）：农机事务中心、畜牧水产事务中心、交通运输局、水利局、林业局、融媒体中心、文旅广体局、行政审批局、科技局、公路建设养护中心、七里湖管理处、司法局、城管执法局、交警大队、团县委、残联、接待服务中心、工商联、澧阳平原灌区管理处、澧

淞大垸管委会、六中、二中

3. 合格等次（13个）：供销社、艳电局、市场服务中心、湖洲管理所、统计局、城头山管理处、公安局、森林公安局、党史研究室、文联、档案馆、澧水灌区管理处、羊湖口电排站

三、省市驻澧单位(评价)

优秀等次（28个）：税务局、生态环境分局、气象局、国家统计局澧县调查队、人民银行、公积金管理部、国网澧县供电公司、新华书店、烟草局、农商银行、工商银行、建设银行、农业银行、农发行、中国银行、沪农商村镇银行、邮政储蓄银行、华融湘江银行、长沙银行、财产保险公司、人寿保险公司、平安保险公司、邮政公司、电信公司、移动公司、联通公司、盐务局、石油公司

良好等次（1个）：欣运集团

四、独立考核单位

优秀等次（1个）：砂管办

良好等次（1个）：高新区管委会

五、独立核算副科级单位

1. 优秀等次（13个）：地震局、就业服务中心、社会保险服务中心、市政建设服务中心、征收办、城防处、农教办、农技推广中心、农科所、第三人民医院、卫生计生综合监督执法局、职工学校、社会救助事务中心

2. 良好等次（10个）：工伤保险服务中心、园林绿化服务中心、水运事务中心、观音港电排站、棉花原种场、食用菌研究所、天供山林场、全民健身服务中心、妇幼保健计划生育服务中心、文化市场综合行政执法局

3. 合格等次（4个）：技工学校、山门太青水库管理处、嘉山良种场、能源服务中心

六、独立核算股级单位

1. 优秀等次（19个）：城关中学、一完小、如东镇中学、甘溪滩镇中学、码头铺镇中学、澧州幼儿园、实验小学、澧州实验学校、大堰垱镇中学、王家厂镇中学、弘毅学校、澧阳血防站、小渡口血防站、精神康复医院、码头铺镇中心卫生院、大堰垱镇中心卫生院、甘溪滩镇中心卫生院、梦溪镇中心卫生院、城头山镇中心卫生院

2. 良好等次（19个）：梦溪镇中学、银谷国际实验学校、澧阳中学、一完小黄桥分校、五完小、一完小桃花滩分校、涔南镇中学、金罗镇中学、澧浦完全小学、澧州翊武学校、澧澹中学、澧南镇卫生院、盐井镇卫生院、结核病防治所、澧浦街道社区卫生服务中心、小渡口镇中心卫生院、码头铺镇方石坪卫生院、如东镇卫生院、复兴镇卫生院

3. 合格等次（18个）：城头山镇中学、小渡口镇中学、官垸镇中学、盐井镇中学、英才幼儿园、育才实验学校、青少年活动中心、澧南镇中学、复兴镇中学、火连坡镇中学、澧西街道社区卫生服务中心、金罗镇卫生院、火连坡镇卫生院、王家厂镇卫生院、澧澹街道社区卫生服务中心、涔南镇卫生院、官垸镇卫生院、盐井镇宜万卫生院

附 录

2020年获省以上表彰单位一览表

获国家级荣誉单位

<table>
<tr><th>获奖单位</th><th>荣誉称号</th><th>颁奖单位</th></tr>
<tr><td>澧县（文旅广体局）</td><td>第二批革命文物保护利用片区</td><td>中宣部、财政部、文化和旅游部、国家文物局</td></tr>
<tr><td>澧县（发改局）</td><td>县城新型城镇化建设示范单位</td><td>国家发改委</td></tr>
<tr><td>澧县（农机事务中心）</td><td>全国第五批率先基本实现主要农作物生产全程机械化示范县</td><td>农业农村部</td></tr>
<tr><td rowspan="2">澧县（农业农村局）</td><td>全国脱贫攻坚先进集体</td><td>农业农村部</td></tr>
<tr><td>中国阳光玫瑰标准化生产示范县</td><td>中国农学会葡萄分会</td></tr>
<tr><td>澧县（信访局）</td><td>全国信访工作“三无”县</td><td>国家信访局</td></tr>
<tr><td rowspan="2">澧县（教育局）</td><td>“新时代好少年”主题教育读书活动“美好生活劳动创造”先进集体</td><td>教育部关心下一代工作委员会</td></tr>
<tr><td>澧县特色国学教育体系与运行机制获通报表彰</td><td>国务院教育督导委员会</td></tr>
<tr><td>王家厂水库管理处</td><td>为全国水利文明单位</td><td>水利部</td></tr>
<tr><td>公安局特巡警大队</td><td>全国公安系统抗击新冠肺炎疫情先进集体</td><td>公安部</td></tr>
<tr><td>常德市生态环境局澧县分局</td><td>全国第二次污染源普查表现突出集体;</td><td>国务院污染源普查领导小组</td></tr>
<tr><td>民政局
（县革命老区工作办公室）</td><td>2020年度全国老区宣传工作先进单位</td><td>中国老区建设促进会</td></tr>
<tr><td>财政局</td><td>财经报刊宣传先进集体</td><td>财政部中国财政杂志社、财政部中国财经报社</td></tr>
<tr><td>科协</td><td>2020年全国科普日活动优秀组织单位</td><td>中国科协</td></tr>
<tr><td>澧县职业中专学校</td><td>获2020年全国职业院校技能大赛改革试点赛中职组建筑装饰技能团体三等奖</td><td>教育部、人社部等</td></tr>
<tr><td>天供山林场</td><td>全国2020年第一批休闲农业与乡村旅游精品企业</td><td>中国旅游协会</td></tr>
<tr><td>澧阳街道团工委</td><td>全国五四红旗团委</td><td>共青团中央</td></tr>
<tr><td>澧南镇乔家河社区</td><td>2020年中国美丽休闲乡村</td><td>农业农村部</td></tr>
<tr><td>澧南镇仙峰村</td><td rowspan="2">第一批国家森林乡村</td><td rowspan="2">国家林业和草原局</td></tr>
<tr><td>复兴镇双堰村</td></tr>
</table>

续　表

获奖单位	荣誉称号	颁奖单位
王家厂镇双庆村	第二批国家森林乡村	国家林业和草原局
码头铺镇刻木山村		
码头铺镇万家岗村		
城头山镇国富村	第六届全国文明村镇	中央文明办
城头山古文化遗址博物馆	国家三级博物馆	中国博物馆协会
湖南平安医疗器械有限公司	国家级小巨人企业	工信部
湖南重庆啤酒国人有限责任公司	全国模范职工之家	中华全国总工会

获省级荣誉单位

获奖单位	荣誉称号	颁奖单位
澧县（县委政法委）	2020年度全省平安建设（综治工作）先进县；保留全省“平安县”称号	省委、省政府
澧县（应急管理局）	2020年度全省安全生产和消防工作优秀县	省委、省政府
澧县（退役军人事务局）	全省拥军优属拥政爱民模范县	省委、省政府、省军区
澧县（卫健局、疾控中心）	2020重点工作综合大督查通报表扬	省政府
澧县（财政局）	2020年度全省财政监督工作先进单位	省财政厅
	全省市县财政部门预算绩效管理先进单位	
澧县（农业农村局）	湖南省中药材种植基地示范县	省农业农村厅
澧县（工信局）	2020年度全省工业经济运行监测协调工作先进单位	省工信厅
人民医院新冠肺炎救治一线临时党支部	被评为湖南省抗击新冠肺炎疫情先进集体	省委、省政府
	湖南省先进基层党组织	省委
县政协办公室	全省政协宣传工作先进单位	省政协
生态环境局澧县分局	生态环境保护工作先进集体	省人社厅、省生态环境厅
县医保局	全省基金监督管理工作先进单位	省医保局
消防大队	2020年全省防汛救灾先进集体	省防汛抗旱指挥部
官垸镇		
如东镇		
县检察院	全省检察机关扫黑除恶专项斗争先进集体	省检察院
	全省信息工作表现突出集体	
县交警大队	2020年全省公安机关春运疫情防控和交通安保工作成绩突出集体	省公安厅

续　表

获奖单位	荣誉称号	颁奖单位
县教育局	全省第五届中学生班级合唱比赛优秀组织奖	省教育厅
	湖南省2020年度空军招飞工作先进单位	省教育考试院、空军招飞局广州选拔中心
澧县一中	清华大学2020年生源中学	清华大学
	被评为湖南省中小学心理健康教育特色学校（第四批）	省教育厅
	湖南省2020年度空军招飞工作先进单位	省教育考试院、空军招飞局广州选拔中心
县民政局	全省五化民政建设创新实验先进单位	省民政厅
澧州涔槐国家湿地公园管理处	2020年全省湿地公园质量管理评估优秀单位	省林业局省科协
	湖南省科普教育基地（2020—2025年度）	
县文旅广体局	2020年直播卫星户户通工程建设先进单位	省广播电视局
	2020年度文化市场综合行政执法考评先进单位	省文化和旅游厅
	澧县孙家岗遗址获“十三五”湖南省十大考古新发现	省文化和旅游厅
农机事务中心	2020年农机事务工作综合先进单位	省农机事务中心
总工会	第八届“书香三八”读书活动优秀组织奖	省总工会
	2020年度全省“安康杯”竞赛组织工作优秀单位	
县自然资源局	农村房地一体确权登记工作获通报表扬	省自然资源厅
	农村乱占耕地建房问题整治摸排工作获通报表扬	
	绿色矿山建设获通报表扬	
县自然资源局退休干部第一党支部	第五批全省示范离退休干部党支部	省委离退休干部工作委员会
澧阳街道工会联合会	2020年湖南省百佳乡镇（街道）工会	省总工会
王家厂镇双庆村	省级美丽乡村示范村	省委农村工作领导小组
澧浦街道财政所	湖南省2020年度星级乡镇财政所	省财政厅
官垸镇财政所		
大堰垱镇九旺村	全省首届“十佳”村规民约	省民政厅
天供山林场	省五星级企业	省农业农村厅
常德九旺农业发展有限公司	湖南省绿色食品示范基地	省农业农村厅
康哲（湖南）制药有限公司	为省级小巨人企业	省工信厅
湖南运达绿色包装股份有限公司		
湖南平安医械科技有限公司	第三批湖南省工业设计中心	省工信厅

续　表

获奖单位	荣誉称号	颁奖单位
澧县彭山文旅农业产业化联合体	农业产业化省级联合体	省农业农村厅
湖南洞庭春农业产业化联合体		
湖南城头山丝念食品股份有限公司		
澧县腾宏米业有限责任公司	湖南省农业产业化省级龙头企业	省农业农村厅
澧县万古台生态农业科技发展有限公司		
湖南林套禽农牧有限公司	“道河郭记”豆制品获颁发“湖南老字号”称号	省商务局

补录2019年获省以上表彰单位一览表

获国家级荣誉单位

获奖单位	荣誉称号	颁奖单位
生态环境局澧县分局	2019年生态环境信访工作表现突出集体	生态环境部

获省级荣誉单位

获奖单位	荣誉称号	颁奖单位
县扶贫办	2019年度脱贫攻坚工作综合评价为“好”等次；	省委、省政府
	2019年度易地扶贫搬迁工作获通报表彰	省易地扶贫搬迁工作联席办表彰
	2019年“互联网+”社会扶贫工作先进单位	省扶贫办
县高新技术开发区	高新区高新技术产业增加值排名全省前3名、2019年度真抓实干激励表彰	省政府
县科技局	2019年度真抓实干激励表彰	省政府
县委办	2019年度全省党委信息工作先进单位	省委
县检察院	省以下检察院2019年度部门决算工作优秀集体	省检察院
县交通运输局	2019年度“四好农村路”省级示范县	省政府
县发改局	获2019年度省政府真抓实干激励表彰	省政府
县自然资源局	闲置土地处置率高，土地节约集约利用成效明显，获2019年度省政府真抓实干激励表彰	省政府

2020年获省级以上表彰个人一览表

获奖个人	所在单位	荣誉称号	颁奖单位
龚佑琼	常德市锦绣千村农业开发有限公司	2020年度“全国十佳农民”	农业农村部
刘　利	复兴镇	全国抗击新冠肺炎疫情优秀城乡社区工作者	民政部
陈章波	国资中心	湖南省劳动模范	省委、省政府
辛继林	常德盛泰水稻专业合作社		
王建华	澧县万古台生态农业科技发展有限公司		
刘霞平	疾控中心	湖南省抗击新冠肺炎疫情先进个人	省政府
李松柏	中医医院		
陈世波	公安局		
金则兴	水文局	2020年全省防汛救灾先进个人	省委、省政府
陈　林	公安局		
张　滔	融媒体中心		
谭杰成	财政局	财政系统部办报刊宣传先进个人	
郝　进	城头山镇	“助人为乐好人”	中央文明办
高德松	码头铺镇	全国模范人民调解员	司法部
皮军波	检察院	全省信息工作表现突出个人	省人民检察院
袁其帅	检察院	全省检察机关扫黑除恶专项斗争先进个人	省人民检察院
刘凯峰	消防救援大队	全省消防救援优秀共产党员	省委
陈　云	科技局	2020年度湖南省科技统计工作先进个人	省科技厅
杨铮传	县关工委	最美老干部	省委老干部局
邓丽家庭	疾控中心	2020年度“湖南省抗疫最美家庭”称号	省妇联
余　波	县法院	扫黑除恶先进个人	省法院
周莉莉	城头山镇	湖南省家庭工作先进个人	省妇联
杨孚才	畜牧水产事务中心	湖南省畜牧兽医行业特别贡献奖	省畜牧兽医学会
严汉林	自然资源局	湖南省地质灾害防治工作优秀个人	省国土资源厅

续　表

获奖个人	所在单位	荣誉称号	颁奖单位
岳　峰	农业农村局	湖南省农业技术推广和农业科普宣传先进个人	省农业农村厅
池晓艺	财政局	全省财政系统先进个人； 湖南省2020年“百名最美扶贫人物”	省财政厅
陈远军	如东镇	湖南省2020年“百名最美扶贫人物”	省委宣传部、省扶贫开发办等
张子豪	职业中专	湖南省科技创新比赛一等奖	省科技厅、省教育厅
颜卓俊			
王喜云	澧县一中	全国中小学实验教学能手	中国教育装备行业协会、中国教师发展基金会
傅　华		湖南省2020年度空军招飞工作先进个人	省教育考试院、空军招飞局广州选拔中心
覃祥辉		高考阅卷先进工作者	湖南省教育考试院
曾　斌		湖南省第十一届特级教师	湖南省教育厅
谭勇健 李桂芝 黄露茜		湖南省学校心理健康教育先进工作者	湖南省教育学会

补录2019年获省级以上先进个人一览表

获奖个人	所在单位	荣誉称号	颁奖单位
万绍锋	县委办	2019年度全省党委信息工作先进个人	省办公厅
詹丽芬	县委办	2019年度全省党政系统先进机要工作者	省委办公厅
宋佳源	教育局	2019年全省“互联网+”社会扶贫工作先进个人	省扶贫开发办
李凌云	文旅广体局	2019年度全省非物质文化遗产保护工作先进个人	省文化和旅游厅

澧县2020年95岁以上老人名录

（截至2020年12月31日，全县90岁以上老人1972人，其中100岁及以上老人29人，95—99岁老人396人，90—94岁老人1547人）

一、100岁及以上老人名录（29人）

序号	老人姓名	年龄	属地
1	曾凡湘	105	湖南省常德市澧县澧阳街道高桥社区居委会
2	熊必兰	105	湖南省常德市澧县澧阳街道澹坪社区居委会
3	王焕千	104	湖南省常德市澧县澧阳街道桃花滩社区居委会
4	辛绪梅	104	湖南省常德市澧县澧阳街道群玉社区居委会
5	张学松	104	湖南省常德市澧县澧阳街道龙潭寺社区居委会
6	易善根	103	湖南省常德市澧县澧阳街道翊武东路金民巷
7	胡德明	102	湖南省常德市澧县澧西街道关心社区居委会
8	夏业标	102	湖南省常德市澧县澧阳街道新河社区居委会
9	阳业鹏	102	湖南省常德市澧县澧阳街道珍珠社区居委会
10	陈本仁	102	湖南省常德市澧县澧阳街道平阳社区居委会
11	彭国栋	102	湖南省常德市澧县澧阳街道澹阳社区居委会
12	蒋体纯	101	湖南省常德市澧县澧阳街道澹阳社区居委会
13	李传怀	101	湖南省常德市澧县澧阳街道黄桥社区居委会
14	张运英	101	湖南省常德市澧县澧阳街道澹阳社区居委会
15	龚光勋	101	湖南省常德市澧县澧阳街道万寿宫社区居委会
16	戴香云	101	湖南省常德市澧县澧阳街道龙潭寺社区居委会
17	任秋兰	101	湖南省常德市澧县澧阳街道芬司街社区居委会
18	王光生	100	湖南省常德市澧县澧阳街道芬司街社区居委会
19	邹先治	100	湖南省常德市澧县澧阳街道群玉社区居委会
20	梁惠珍	100	湖南省常德市澧县澧阳街道棚场街社区居委会
21	李惠兰	100	湖南省常德市澧县澧阳街道群玉社区居委会
22	周召秀	100	湖南省常德市澧县澧阳街道棚场街社区居委会
23	李远秀	100	湖南省常德市澧县澧阳街道群玉社区居委会
24	杨家法	100	湖南省常德市澧县澧阳街道群玉社区居委会

续　表

序号	老人姓名	年龄	属地
25	蔡永麒	100	湖南省常德市澧县澧阳街道芬司街社区居委会
26	胡业报	100	湖南省常德市澧县澧阳街道芬司街社区居委会
27	沈红兰	100	湖南省常德市澧县澧阳街道永兴寺社区居委会
28	李祖明	100	湖南省常德市澧县澧阳街道棚场街社区居委会
29	舒旭斋	100	湖南省常德市澧县澧阳街道洗墨池社区居委会

二、95—99岁老人名录（396人）

序号	老人姓名	年龄	属地
30	李超喜	99	湖南省常德市澧县澧阳街道永兴寺社区居委会
31	张玉兰	99	湖南省常德市澧县澧阳街道棚场街社区居委会
32	彭德清	99	湖南省常德市澧县澧阳街道群玉社区居委会
33	宋泽兰	99	湖南省常德市澧县澧阳街道万寿宫社区居委会
34	张景海	99	湖南省常德市澧县澧阳街道棚场街社区居委会
35	刘连珍	99	湖南省常德市澧县澧阳街道平阳社区居委会
36	戴述桃	99	湖南省常德市澧县澧西街道护城社区居委会
37	唐玉梅	99	湖南省常德市澧县澧西街道石塘堰村委会
38	廖贻寿	99	湖南省常德市澧县澧西街道石塘堰村委会
39	肖世上	99	湖南省常德市澧县澧西街道向阳社区居委会
40	周召协	99	湖南省常德市澧县澧西街道荣家河社区居委会
41	李开润	99	湖南省常德市澧县澧西街道澄坪社区居委会
42	熊玉华	99	湖南省常德市澧县澧西街道白米社区居委会
43	严珍英	99	湖南省常德市澧县澧西街道荣家河社区居委会
44	陈方金	99	湖南省常德市澧县澧西街道金牛池社区居委会
45	黄大珍	99	湖南省常德市澧县澧西街道石虎社区居委会
46	戴书兰	99	湖南省常德市澧县澧西街道石虎社区居委会
47	许先诗	99	湖南省常德市澧县澧西街道荣家河社区居委会
48	皮修炎	99	湖南省常德市澧县澧西街道小西门社区居委会
49	李后珍	99	湖南省常德市澧县澧西街道澄坪社区居委会
50	蔡立秀	99	湖南省常德市澧县澧西街道澄坪社区居委会
51	夏经珍	99	湖南省常德市澧县澧西街道澄坪社区居委会
52	朱如国	99	湖南省常德市澧县澧西街道四马社区居委会
53	陈泽春	99	湖南省常德市澧县澧西街道黄泥社区居委会

续 表

序号	老人姓名	年龄	属地
54	马泽生	99	湖南省常德市澧县澧西街道朱家岗社区
55	肖汉发	99	湖南省常德市澧县澧西街道向阳社区居委会
56	刘玉桃	99	湖南省常德市澧县澧西街道荣家河社区居委会
57	李德珍	99	湖南省常德市澧县澧西街道关心社区居委会
58	王永珍	99	澧西街道高路铺村
59	黄大玉	98	湖南省常德市澧县澧澹街道东洲社区居委会
60	汪圣英	98	湖南省常德市澧县澧澹街道东洲社区居委会
61	郑士英	98	湖南省常德市澧县澧澹街道蔡津社区居委会
62	薛先英	98	湖南省常德市澧县澧澹街道民堰村委会
63	郭绍英	98	湖南省常德市澧县澧澹街道邓家滩村委会
64	周泽告	98	湖南省常德市澧县澧澹街道蔡津社区居委会
65	卢宏菊	98	湖南省常德市澧县澧澹街道蔡津社区居委会
66	黄道兰	98	湖南省常德市澧县澧澹街道民堰村委会
67	王丕兰	98	湖南省常德市澧县澧澹街道民堰村委会
68	周乃英	98	湖南省常德市澧县澧澹街道澧东村委会
69	贺修珍	98	湖南省常德市澧县澧澹街道蔡口滩村委会
70	涂绍兰	98	湖南省常德市澧县澧澹街道樟柳社区居委会
71	汪圣秋	98	湖南省常德市澧县澧澹街道樟柳社区居委会
72	黄大珍	98	湖南省常德市澧县澧澹街道永固社区居委会
73	尹宏立	98	湖南省常德市澧县澧澹街道永固社区居委会
74	王焕珍	98	湖南省常德市澧县澧澹街道澧东村委会
75	柏广远	98	湖南省常德市澧县澧澹街道民堰村委会
76	王永秀	98	湖南省常德市澧县澧澹街道白羊湖社区居委会
77	红明英	98	湖南省常德市澧县澧澹街道蔡口滩村委会
78	杨祖秀	98	湖南省常德市澧县澧浦街道卢家社区居委会
79	任凤振	98	湖南省常德市澧县澧浦街道十回港村委会
80	高守其	98	湖南省常德市澧县澧浦街道多安桥社区居委会
81	雷立英	98	湖南省常德市澧县澧浦街道三贤社区居委会
82	向才琼	98	湖南省常德市澧县澧浦街道黄沙湾社区居委会
83	王道菊	98	湖南省常德市澧县澧浦街道任家巷社区居委会
84	刘云章	98	湖南省常德市澧县澧浦街道襄阳社区居委会
85	邹永秀	98	湖南省常德市澧县澧浦街道襄阳社区居委会
86	张兴汉	98	湖南省常德市澧县澧浦街道皇山社区居委会

续　表

序号	老人姓名	年龄	属地
87	张修英	98	湖南省常德市澧县澧浦街道三贤社区居委会
88	任丕安	98	湖南省常德市澧县澧浦街道羊古社区居委会
89	刘后英	98	湖南省常德市澧县澧浦街道澧阳社区居委会
90	向多英	98	湖南省常德市澧县澧南镇刘市社区居委会
91	杜慎珍	98	湖南省常德市澧县澧南镇刘市社区居委会
92	张如英	98	湖南省常德市澧县澧南镇乔家河社区居委会
93	揭祖秀	98	湖南省常德市澧县澧南镇乔家河社区居委会
94	易善秀	98	湖南省常德市澧县澧南镇盖天村委会
95	向多秀	98	湖南省常德市澧县澧南镇盖天村委会
96	汪关珍	98	湖南省常德市澧县澧南镇盖天村委会
97	聂二英	98	湖南省常德市澧县澧南镇栗木村委会
98	向转英	98	湖南省常德市澧县澧南镇大堰村委会
99	杨兵秀	98	湖南省常德市澧县澧南镇彭坪村委会
100	黄秋英	98	湖南省常德市澧县澧南镇天子山社区居委会
101	向多槐	98	湖南省常德市澧县澧南镇栗木村委会
102	尹运满	98	湖南省常德市澧县澧南镇双荷村委会
103	甘瑞珍	97	湖南省常德市澧县澧南镇回龙村委会
104	唐世英	97	湖南省常德市澧县澧南镇松林村委会
105	汪学英	97	湖南省常德市澧县澧南镇邢家河村委会
106	金兴付	97	湖南省常德市澧县澧南镇刘市社区居委会
107	金兴才	97	湖南省常德市澧县澧南镇刘市社区居委会
108	余光英	97	湖南省常德市澧县澧南镇上官宫村委会
109	汪国秀	97	澧南镇双荷村
110	熊光洋	97	湖南省常德市澧县城头山镇张公庙社区居委会
111	熊宗追	97	湖南省常德市澧县城头山镇大庙村委会
112	王登初	97	湖南省常德市澧县城头山镇万兴村委会
113	彭德国	97	湖南省常德市澧县城头山镇彭头山村委会
114	严其玉	97	湖南省常德市澧县城头山镇周家坡社区居委会
115	谭永英	97	湖南省常德市澧县城头山镇车溪河社区居委会
116	毛宏次	97	湖南省常德市澧县城头山镇翊武村委会
117	聂继珍	97	湖南省常德市澧县城头山镇万兴村委会
118	李生达	97	湖南省常德市澧县城头山镇车溪河社区居委会
119	王先清	97	湖南省常德市澧县城头山镇护国村委会

续 表

序号	老人姓名	年龄	属地
120	王汉珍	97	湖南省常德市澧县城头山镇红星村委会
121	熊学炳	97	湖南省常德市澧县城头山镇红星村委会
122	陈木秀	97	湖南省常德市澧县城头山镇牌楼村委会
123	张如南	97	湖南省常德市澧县城头山镇车溪河社区居委会
124	邓定英	97	湖南省常德市澧县城头山镇玉皇寺村委会
125	廖一秀	97	湖南省常德市澧县城头山镇车溪河社区居委会
126	聂兴南	97	湖南省常德市澧县城头山镇车溪河社区居委会
127	孟繁兄	97	湖南省常德市澧县城头山镇车溪河社区居委会
128	李明秀	97	湖南省常德市澧县城头山镇黄河村委会
129	白雪珍	97	湖南省常德市澧县城头山镇护国村委会
130	黄光庭	97	湖南省常德市澧县城头山镇万兴村委会
131	肖叔兰	97	湖南省常德市澧县城头山镇玉皇寺村委会
132	苏国武	97	湖南省常德市澧县城头山镇玉皇寺村委会
133	蔡德校	97	湖南省常德市澧县城头山镇万兴村委会
134	蔡祖英	97	湖南省常德市澧县城头山镇万兴村委会
135	肖宗炳	97	湖南省常德市澧县城头山镇大庙村委会
136	李家珍	97	湖南省常德市澧县城头山镇张公庙社区居委会
137	周家秀	97	湖南省常德市澧县城头山镇张公庙社区居委会
138	张祖珍	97	湖南省常德市澧县城头山镇周家坡社区居委会
139	李生普	97	湖南省常德市澧县城头山镇车溪河社区居委会
140	张儒南	97	湖南省常德市澧县城头山镇翊武村委会
141	潘启嘉	97	湖南省常德市澧县城头山镇车溪河社区居委会
142	张安好	97	湖南省常德市澧县涔南镇双铺村委会
143	唐西祥	97	湖南省常德市澧县涔南镇河口村委会
144	徐述英	97	湖南省常德市澧县涔南镇团结村委会
145	姚正西	97	湖南省常德市澧县涔南镇双林村委会
146	吴光秀	97	湖南省常德市澧县涔南镇崔家岗村委会
147	王廷英	97	湖南省常德市澧县涔南镇崔家岗村委会
148	严克珍	97	湖南省常德市澧县涔南镇曾家河社区居委会
149	龚道芝	97	湖南省常德市澧县涔南镇黑马垱村委会
150	刘后祥	97	湖南省常德市澧县涔南镇曾家河社区居委会
151	宾承南	97	湖南省常德市澧县涔南镇曾家河社区居委会
152	杨在悦	97	湖南省常德市澧县涔南镇河口村委会

续　表

序号	老人姓名	年龄	属地
153	龚光宝	97	湖南省常德市澧县涔南镇河口村委会
154	林君桂	97	湖南省常德市澧县涔南镇双林村委会
155	姜求英	97	湖南省常德市澧县涔南镇双林村委会
156	杨光彩	97	湖南省常德市澧县涔南镇东田堰村委会
157	王福秀	97	湖南省常德市澧县涔南镇崔家岗村委会
158	刘秋凡	97	湖南省常德市澧县涔南镇黑马垱村委会
159	杨先菊	97	湖南省常德市澧县涔南镇曾家河社区居委会
160	杨祖化	97	湖南省常德市澧县涔南镇团结村委会
161	任泽秀	97	湖南省常德市澧县涔南镇鸡叫城村委会
162	王光家	97	湖南省常德市澧县涔南镇黑马垱村委会
163	彭孝英	97	湖南省常德市澧县涔南镇东田堰村委会
164	王福汉	97	湖南省常德市澧县涔南镇崔家岗村委会
165	唐纯和	97	湖南省常德市澧县大堰垱镇陈管垱村委会
166	谭灰秀	97	湖南省常德市澧县大堰垱镇亘山村委会
167	刘先秀	97	湖南省常德市澧县大堰垱镇中武桥社区居委会
168	熊友青	97	湖南省常德市澧县大堰垱镇花圃村委会
169	张淑南	97	湖南省常德市澧县大堰垱镇熊家湾村委会
170	陈克珍	97	湖南省常德市澧县大堰垱镇宋家台村委会
171	唐登秀	97	湖南省常德市澧县大堰垱镇戴家河村委会
172	张儒财	97	湖南省常德市澧县大堰垱镇星星村委会
173	唐纯喜	97	湖南省常德市澧县大堰垱镇戴家河村委会
174	王仕珍	97	湖南省常德市澧县大堰垱镇花圃村委会
175	陈克英	97	湖南省常德市澧县大堰垱镇筒车村委会
176	陆经玉	97	湖南省常德市澧县大堰垱镇星星村委会
177	李传珍	97	湖南省常德市澧县大堰垱镇星星村委会
178	周玉英	97	湖南省常德市澧县大堰垱镇星星村委会
179	陈本生	97	湖南省常德市澧县大堰垱镇星星村委会
180	胡达秀	97	湖南省常德市澧县大堰垱镇星星村委会
181	裴兴英	97	湖南省常德市澧县大堰垱镇筒车村委会
182	杨翠秀	97	湖南省常德市澧县大堰垱镇玉圃村委会
183	苏玉兰	97	湖南省常德市澧县大堰垱镇文昌阁社区居委会
184	赵业秀	97	湖南省常德市澧县大堰垱镇熊家湾村委会
185	李泽仿	96	湖南省常德市澧县大堰垱镇陈管垱村委会

续　表

序号	老人姓名	年龄	属地
186	翟振英	96	湖南省常德市澧县大堰垱镇九旺村委会
187	彭传国	96	湖南省常德市澧县大堰垱镇九旺村委会
188	周茂英	96	湖南省常德市澧县大堰垱镇干河村委会
189	龚德秀	96	湖南省常德市澧县梦溪镇彭家厂村委会
190	温祥珍	96	湖南省常德市澧县梦溪镇五福村委会
191	陈克桂	96	湖南省常德市澧县梦溪镇三元官村委会
192	朱传秀	96	湖南省常德市澧县梦溪镇梦溪寺社区居委会
193	覃菊珍	96	湖南省常德市澧县梦溪镇新堰村委会
194	范井桃	96	湖南省常德市澧县梦溪镇雷公塔社区居委会
195	施大义	96	湖南省常德市澧县梦溪镇顺林驿村委会
196	田家胜	96	湖南省常德市澧县梦溪镇宋鲁湖村委会
197	孙圣清	96	湖南省常德市澧县梦溪镇五福村委会
198	余习凤	96	湖南省常德市澧县梦溪镇八根松村委会
199	周用莲	96	湖南省常德市澧县梦溪镇大码头社区居委会
200	李远桃	96	湖南省常德市澧县梦溪镇彭家厂村委会
201	董承秀	96	湖南省常德市澧县梦溪镇彭家厂村委会
202	池志兰	96	湖南省常德市澧县梦溪镇大宗堰村委会
203	朱远秀	96	湖南省常德市澧县梦溪镇三元官村委会
204	万芝文	96	湖南省常德市澧县梦溪镇八根松村委会
205	施大南	96	湖南省常德市澧县梦溪镇顺林驿村委会
206	谭灰珍	96	湖南省常德市澧县梦溪镇涔河村委会
207	胡友秀	96	湖南省常德市澧县梦溪镇凡家铺村委会
208	彭信珍	96	湖南省常德市澧县梦溪镇凡家铺村委会
209	任泽英	96	湖南省常德市澧县梦溪镇涔河村委会
210	叶正秀	96	湖南省常德市澧县梦溪镇彭家厂村委会
211	张运亚	96	湖南省常德市澧县梦溪镇彭家厂村委会
212	李兰玉	96	湖南省常德市澧县梦溪镇彭家厂村委会
213	赵道财	96	湖南省常德市澧县小渡口镇毕陈村委会
214	王祖云	96	湖南省常德市澧县小渡口镇毕陈村委会
215	张光耀	96	湖南省常德市澧县小渡口镇甘家湾村委会
216	易善玉	96	湖南省常德市澧县小渡口镇甘家湾村委会
217	陈章秀	96	湖南省常德市澧县小渡口镇出草坡村委会
218	董成香	96	湖南省常德市澧县小渡口镇仁和村委会

续 表

序号	老人姓名	年龄	属地
219	彭兴元	96	湖南省常德市澧县小渡口镇恒公台村委会
220	刘清英	96	湖南省常德市澧县小渡口镇添围村委会
221	伍文清	96	湖南省常德市澧县小渡口镇许家铺村委会
222	李玉珍	96	湖南省常德市澧县小渡口镇五公村委会
223	李丙金	96	湖南省常德市澧县小渡口镇毕黄村委会
224	谭文英	96	湖南省常德市澧县小渡口镇毕黄村委会
225	何仁英	96	湖南省常德市澧县小渡口镇小渡口社区居委会
226	易清泉	96	湖南省常德市澧县小渡口镇毛家岔村委会
227	李寿金	96	湖南省常德市澧县小渡口镇夹堤口村委会
228	封德珍	96	湖南省常德市澧县小渡口镇黄丝村委会
229	石瑞武	96	湖南省常德市澧县小渡口镇土地洲村委会
230	刘士秀	96	湖南省常德市澧县小渡口镇土地洲村委会
231	龚光珍	96	湖南省常德市澧县小渡口镇黄丝村委会
232	齐宏玉	96	湖南省常德市澧县小渡口镇许家铺村委会
233	张玉照	96	湖南省常德市澧县小渡口镇红庙村委会
234	周以英	96	湖南省常德市澧县小渡口镇添围村委会
235	杜修耀	96	湖南省常德市澧县小渡口镇小渡口社区居委会
236	曾广兰	96	湖南省常德市澧县小渡口镇仁和村委会
237	李立翠	96	湖南省常德市澧县小渡口镇东风村委会
238	周乃元	96	湖南省常德市澧县小渡口镇五公村委会
239	周业菊	96	湖南省常德市澧县小渡口镇五公村委会
240	陈尚珍	96	湖南省常德市澧县小渡口镇添围村委会
241	陈碧琮	96	湖南省常德市澧县小渡口镇夹堤口村委会
242	雷凡珍	96	湖南省常德市澧县小渡口镇夹堤口村委会
243	李德珍	96	湖南省常德市澧县小渡口镇添围村委会
244	朱希凤	96	湖南省常德市澧县如东镇青龙部村委会
245	江来胜	96	湖南省常德市澧县如东镇青龙部村委会
246	田良发	96	湖南省常德市澧县如东镇青龙部村委会
247	段开玉	96	湖南省常德市澧县如东镇杨家垱村委会
248	贺修莲	96	湖南省常德市澧县如东镇长福村委会
249	何兴炎	96	湖南省常德市澧县如东镇大周村委会
250	郭业福	96	湖南省常德市澧县如东镇大周村委会
251	凡训兰	96	湖南省常德市澧县如东镇大周村委会

续 表

序号	老人姓名	年龄	属地
252	唐灯菊	96	湖南省常德市澧县如东镇梅家港社区居委会
253	杜修职	96	湖南省常德市澧县如东镇曾家港村委会
254	韩克灼	96	湖南省常德市澧县如东镇曾家港村委会
255	周远宜	96	湖南省常德市澧县如东镇裕农村委会
256	胡元珍	96	湖南省常德市澧县如东镇裕农村委会
257	陈德球	96	湖南省常德市澧县如东镇永镇村委会
258	刘大英	96	湖南省常德市澧县如东镇如东铺社区居委会
259	马太加	96	湖南省常德市澧县如东镇传讯村委会
260	肖丛玉	96	湖南省常德市澧县如东镇曾家港村委会
261	彭培英	96	湖南省常德市澧县如东镇杨家垱村委会
262	李日珍	96	湖南省常德市澧县如东镇梅家港社区居委会
263	薛继才	96	湖南省常德市澧县如东镇曾家港村委会
264	王承菊	96	湖南省常德市澧县如东镇青龙部村委会
265	李圣友	96	湖南省常德市澧县如东镇长福村委会
266	李化兰	96	湖南省常德市澧县如东镇传讯村委会
267	郑士桃	96	湖南省常德市澧县如东镇青龙部村委会
268	刘光双	96	湖南省常德市澧县如东镇裕农村委会
269	李远秀	96	湖南省常德市澧县如东镇东红村委会
270	陈逢兰	96	湖南省常德市澧县如东镇永镇村委会
271	万贤英	96	湖南省常德市澧县官垸镇常发村委会
272	毛绍川	96	湖南省常德市澧县官垸镇官垸码头社区居委会
273	曾祥标	96	湖南省常德市澧县官垸镇鸟儿洲村委会
274	熊先英	96	湖南省常德市澧县官垸镇常发村委会
275	陈尚万	96	湖南省常德市澧县官垸镇鸟儿洲村委会
276	周泽秀	96	湖南省常德市澧县官垸镇常发村委会
277	肖启武	96	湖南省常德市澧县官垸镇常发村委会
278	胡定美	96	湖南省常德市澧县官垸镇常发村委会
279	王玉晴	96	湖南省常德市澧县官垸镇凤凰村委会
280	刘学英	96	湖南省常德市澧县官垸镇仙桃村委会
281	明德香	96	湖南省常德市澧县官垸镇余家台村委会
282	凡孝玉	96	湖南省常德市澧县复兴镇温泉村委会
283	傅绍信	95	湖南省常德市澧县复兴镇李家村委会
284	陆仁玉	95	湖南省常德市澧县复兴镇温泉村委会

续 表

序号	老人姓名	年龄	属地
285	孙圣付	95	湖南省常德市澧县复兴镇界湖村委会
286	陆人龙	95	湖南省常德市澧县复兴镇又兴村委会
287	马德双	95	湖南省常德市澧县复兴镇又兴村委会
288	王圣福	95	湖南省常德市澧县复兴镇李家村委会
289	龚光陆	95	湖南省常德市澧县复兴镇双堰村委会
290	谢光英	95	湖南省常德市澧县复兴镇双龙村委会
291	郭家玉	95	湖南省常德市澧县复兴镇双桥村委会
292	王国春	95	湖南省常德市澧县复兴镇界湖村委会
293	赵传文	95	湖南省常德市澧县复兴镇又兴村委会
294	骆昌玉	95	湖南省常德市澧县复兴镇双桥村委会
295	毛善秀	95	湖南省常德市澧县盐井镇万花村委会
296	毛善乾	95	湖南省常德市澧县盐井镇万花村委会
297	彭信玉	95	湖南省常德市澧县盐井镇洪杨村委会
298	段孝群	95	湖南省常德市澧县盐井镇宜万村委会
299	张业祥	95	湖南省常德市澧县盐井镇洪杨村委会
300	李永胜	95	湖南省常德市澧县盐井镇白马庙村委会
301	邓恢方	95	湖南省常德市澧县盐井镇新华村委会
302	龚光英	95	湖南省常德市澧县盐井镇宜万村委会
303	伍远珍	95	湖南省常德市澧县盐井镇豹子岭村委会
304	李远海	95	湖南省常德市澧县盐井镇洪杨村委会
305	张自菊	95	湖南省常德市澧县盐井镇洪杨村委会
306	陈玉珍	95	湖南省常德市澧县盐井镇新华村委会
307	陈克章	95	湖南省常德市澧县盐井镇福新村委会
308	周大正	95	湖南省常德市澧县盐井镇宜万村委会
309	陈世玉	95	湖南省常德市澧县盐井镇宜万村委会
310	黄继珍	95	湖南省常德市澧县盐井镇盐井村委会
311	曾广玉	95	湖南省常德市澧县盐井镇盐井村委会
312	李长云	95	湖南省常德市澧县盐井镇盐井村委会
313	蒋远福	95	湖南省常德市澧县盐井镇盐井村委会
314	龚光玉	95	湖南省常德市澧县盐井镇盐井村委会
315	王代尧	95	湖南省常德市澧县盐井镇洪杨村委会
316	倪于清	95	湖南省常德市澧县盐井镇豹子岭村委会
317	李玉兰	95	湖南省常德市澧县盐井镇新华村委会

续 表

序号	老人姓名	年龄	属地
318	黄圣珍	95	湖南省常德市澧县盐井镇福新村委会
319	谢圣玉	95	湖南省常德市澧县盐井镇福新村委会
320	叶正兰	95	湖南省常德市澧县盐井镇新华村委会
321	雷化清	95	湖南省常德市澧县盐井镇张家垱村委会
322	刘德秀	95	湖南省常德市澧县盐井镇宜万村委会
323	吴学俊	95	湖南省常德市澧县盐井镇金马社区居委会
324	舒方松	95	湖南省常德市澧县盐井镇新华村委会
325	李永利	95	湖南省常德市澧县盐井镇新华村委会
326	苏以珍	95	湖南省常德市澧县盐井镇观山凸村委会
327	张玉珍	95	湖南省常德市澧县金罗镇双溪村委会
328	游述南	95	湖南省常德市澧县金罗镇双溪村委会
329	戴成秀	95	湖南省常德市澧县金罗镇鲁家冲村委会
330	袁光朝	95	湖南省常德市澧县金罗镇金鸡岭社区居委会
331	肖启秀	95	湖南省常德市澧县金罗镇金鸡岭社区居委会
332	张尚金	95	湖南省常德市澧县金罗镇界岭村委会
333	文书友	95	湖南省常德市澧县金罗镇幸福桥社区居委会
334	罗光秀	95	湖南省常德市澧县金罗镇新开寺村委会
335	孙劲秀	95	湖南省常德市澧县金罗镇新开寺村委会
336	向多林	95	湖南省常德市澧县金罗镇界溪河村委会
337	孙际财	95	湖南省常德市澧县金罗镇界溪河村委会
338	曹祚银	95	湖南省常德市澧县金罗镇界岭村委会
339	段传珍	95	湖南省常德市澧县金罗镇金园村委会
340	谭绍满	95	湖南省常德市澧县金罗镇界岭村委会
341	孙圣钰	95	湖南省常德市澧县金罗镇界溪河村委会
342	游述珍	95	湖南省常德市澧县金罗镇金园村委会
343	蔡书桃	95	湖南省常德市澧县金罗镇界溪河村委会
344	颜克元	95	湖南省常德市澧县金罗镇界岭村委会
345	张儒安	95	湖南省常德市澧县火连坡镇古城岗村委会
346	孙际永	95	湖南省常德市澧县火连坡镇古城岗村委会
347	雷志英	95	湖南省常德市澧县火连坡镇柏樟村委会
348	李育富	95	湖南省常德市澧县火连坡镇柏樟村委会
349	皮 氏	95	湖南省常德市澧县火连坡镇三元村委会
350	周庚姑	95	湖南省常德市澧县火连坡镇澧淞村委会

续　表

序号	老人姓名	年龄	属地
351	孙际先	95	湖南省常德市澧县火连坡镇花园湾社区居委会
352	张玉祥	95	湖南省常德市澧县火连坡镇澧淞村委会
353	向么姑	95	湖南省常德市澧县火连坡镇观音阁社区居委会
354	吕文兰	95	湖南省常德市澧县火连坡镇三元村委会
355	汤世岩	95	湖南省常德市澧县火连坡镇三元村委会
356	周远香	95	湖南省常德市澧县火连坡镇三元村委会
357	戴作凤	95	湖南省常德市澧县火连坡镇花园湾社区居委会
358	刘名英	95	湖南省常德市澧县火连坡镇羊耳山村委会
359	彭世珍	95	湖南省常德市澧县火连坡镇新桥村委会
360	杨宗兵	95	湖南省常德市澧县火连坡镇石庄村委会
361	孙际宇	95	湖南省常德市澧县火连坡镇楠木村委会
362	陈本忠	95	湖南省常德市澧县火连坡镇楠木村委会
363	皮明香	95	湖南省常德市澧县火连坡镇金山村委会
364	张儒珍	95	湖南省常德市澧县火连坡镇古城岗村委会
365	周远凤	95	火连坡镇
366	黄继菊	95	湖南省常德市澧县王家厂镇枞杨村委会
367	王宏庆	95	湖南省常德市澧县王家厂镇枞杨村委会
368	李启世	95	湖南省常德市澧县王家厂镇建设街社区居委会
369	陈大森	95	湖南省常德市澧县王家厂镇南河村委会
370	肖启平	95	湖南省常德市澧县王家厂镇大团村委会
371	王大英	95	湖南省常德市澧县王家厂镇长乐村委会
372	黄继玉	95	湖南省常德市澧县王家厂镇建设街社区居委会
373	黄　氏	95	湖南省常德市澧县王家厂镇大团村委会
374	孙家玉	95	湖南省常德市澧县码头铺镇方石坪社区居委会
375	余进群	95	湖南省常德市澧县码头铺镇球山村委会
376	陈么珍	95	湖南省常德市澧县码头铺镇回龙峪村委会
377	龙应玉	95	湖南省常德市澧县码头铺镇桐子村委会
378	昌远生	95	湖南省常德市澧县码头铺镇陆家桥村委会
379	高德凤	95	湖南省常德市澧县码头铺镇码头社区居委会
380	龙喜珍	95	湖南省常德市澧县码头铺镇方石坪社区居委会
381	高祖建	95	湖南省常德市澧县码头铺镇洞市村委会
382	高德松	95	湖南省常德市澧县码头铺镇洞市村委会
383	马玉凤	95	湖南省常德市澧县码头铺镇桐子村委会

续 表

序号	老人姓名	年龄	属地
384	陈本凤	95	湖南省常德市澧县码头铺镇回龙峪村委会
385	刘秋祖	95	湖南省常德市澧县码头铺镇龙洞峪村委会
386	高德梅	95	湖南省常德市澧县码头铺镇桐子村委会
387	汪柏英	95	湖南省常德市澧县码头铺镇陆家桥村委会
388	谭庚英	95	湖南省常德市澧县码头铺镇红岩村委会
389	黄静轩	95	湖南省常德市澧县码头铺镇杨家坊村委会
390	罗丕全	95	湖南省常德市澧县码头铺镇坪河村委会
391	李再珍	95	湖南省常德市澧县码头铺镇桐子村委会
392	高永珍	95	湖南省常德市澧县码头铺镇坪河村委会
393	汪文杏	95	湖南省常德市澧县码头铺镇杨家坊村委会
394	唐玉珍	95	湖南省常德市澧县码头铺镇云台村委会
395	程朝曾	95	湖南省常德市澧县码头铺镇三观寺村委会
396	游春秀	95	湖南省常德市澧县甘溪滩镇河口村委会
397	昌远财	95	湖南省常德市澧县甘溪滩镇探峪村委会
398	袁对宜	95	湖南省常德市澧县甘溪滩镇长冲村委会
399	刘祚南	95	湖南省常德市澧县甘溪滩镇东门村委会
400	皮修菊	95	湖南省常德市澧县甘溪滩镇精华寺社区居委会
401	孙昌玉	95	湖南省常德市澧县甘溪滩镇芦茅村委会
402	皮明光	95	湖南省常德市澧县甘溪滩镇甘溪村委会
403	孙圣娥	95	湖南省常德市澧县甘溪滩镇遇市村委会
404	金兴兰	95	湖南省常德市澧县甘溪滩镇丰年村委会
405	赵序萱	95	湖南省常德市澧县甘溪滩镇丰年村委会
406	杨明协	95	湖南省常德市澧县甘溪滩镇太青村委会
407	曾么秀	95	湖南省常德市澧县甘溪滩镇甘溪村委会
408	皮林姑	95	湖南省常德市澧县甘溪滩镇马溪村委会
409	罗先珍	95	湖南省常德市澧县甘溪滩镇石板村委会
410	游业训	95	湖南省常德市澧县甘溪滩镇古北村委会
411	邓南英	95	湖南省常德市澧县甘溪滩镇东门村委会
412	皮丕林	95	湖南省常德市澧县甘溪滩镇河口村委会
413	丁香兰	95	湖南省常德市澧县甘溪滩镇马溪村委会
414	覃金英	95	湖南省常德市澧县甘溪滩镇岩门村委会
415	覃业春	95	湖南省常德市澧县甘溪滩镇岩门村委会
416	皮修遇	95	湖南省常德市澧县甘溪滩镇遇市村委会

续　表

序号	老人姓名	年龄	属地
417	孙逢琴	95	湖南省常德市澧县甘溪滩镇太青村委会
418	胡二姑	95	湖南省常德市澧县甘溪滩镇岩门村委会
419	皮业群	95	湖南省常德市澧县甘溪滩镇长冲村委会
420	范克政	95	湖南省常德市澧县甘溪滩镇太青村委会
421	田廷凤	95	湖南省常德市澧县甘溪滩镇丰年村委会
422	皮业宏	95	湖南省常德市澧县甘溪滩镇狮象村委会
423	周文珍	95	湖南省常德市澧县甘溪滩镇马溪村委会
424	郭么姐	95	湖南省常德市澧县甘溪滩镇古北村委会
425	江本协	95	湖南省常德市澧县甘溪滩镇长冲村委会